KB141043

투자의 신

─ 워런 버핏 평전 ─

투자의 신

THE STORY OF
WARREN BUFFETT

앤드루 킬패트릭 지음 | 안진환·김기준 옮김

머리말

"시작은 미약하였으나 나중은 창대하였다"라는 말에 꼭 어울리는 경탄스러운 인물이 있다. 바로 워런 버핏이다. 그는 21세기가 시작되고 20년이 더 지난 현재, 1000억 달러에 이르는 천문학적인 규모의 재산을 가진 세계 최고의 부자 중 한 명이다. 버핏은 몇십 년간 〈포브스〉 세계 부자 순위 10위 안에 이름을 올리고 있다. 그는 엄청난 돈을 가졌다는 사실 외에, 지금부터 60여 년 전에 단돈 100달러를 가지고 투자를 시작했다는 전설 같은 이야기로도 세상 사람들의 주목을 받고 있다. 100달러라! 실로 겨자씨만 한 돈이 아닌가. 그것으로 버핏은 세상을 자신의 겨자밭으로 바꿔놓았다.

또 하나 놀랄만한 사실은 버핏이 주식투자만으로 거대한 부를 축적했다는 점이다. 투자의 역사에서 그와 같은 예는 전무후무하다. 그렇다고 버핏의 돈 버는 기술이 아주 대단한 것은 아니다. 빌 게이츠와 함께 출연한 방송에서 그는 10센트가 떨어져 있으면 어떻게 하겠느냐는 한 학생의 질문에 서슴없이 '줍겠다'고 대답했다. 그가 돈을 버는 으뜸 기술은 바로 낭비하지 않는다는 것이다. 그는 오마하의 시가 60만 달러짜리 저택에서 50년 넘게 살고 있다. 도둑이 들었다가 그냥 빈손으로 달아난 사건은 한때 세간의 화제가 되기도 했다.

절약의 미덕 말고도 버핏에게는 또 하나 빛나는 장점이 있다. 2006년 6월 25일, 그는 빌 게이츠와 함께 상속세 폐지에 반대한다는 성명을 발표했다. 버핏은 말한다. "왜 미국이 세계 최강국인가. 재산을 물려주는 것은 미국의 정신이 아니다. 모든 사람에게 돈을 벌 수 있는 동등한 기회를 주는 것이 미국의 정신이다." 그리고 그는 자신의 재산 가운데 85%를 자선단체에 기부하기로 결정했다.

버핏은 2006년, 자신의 재산 대부분을 기부하겠다고 약속했고, 지금까지 그 약속을 착실히 이행해가고 있다. 버핏은 2018년 한 해에만 자선단체에 34억 달러(약 3조 8000억 원)을 기부해 누적 기부액 총액은 467억 달러(52조 원)에 육박했다. "천국으로 가는 길은 여러 가지 길이 있지만 이 길(기부)이 가장 큰길이다." 이 같은 버핏의 기부에 대한 철학은 아마 그가 천국 갈 때뿐만 아니라 가고 나서도 이어지지 않을까.

버핏은 일확천금을 꿈꾸는 사람들에게 다음과 같이 조언한다.

"자신에게 투자하라. 그리고 내면의 열정에 따르라."

"당신이 좋아하는 일을 하라. 그러면 성공도 뒤따라오게 마련이다."

그리고 자신의 투자 비법에 대해서는 이렇게 간략히 설명한다.

"첫 번째 원칙은 돈을 잃지 않는 것이다. 두 번째 원칙은 첫 번째 원칙을 반드시 지켜낸다는 것이다."

"10년 동안 보유할 주식이 아니라면, 단 10분도 보유하지 마라."

버핏은 가치투자의 창시자인 스승 벤저민 그레이엄의 투자이론을 발전시키고 실제 투자를 통해 이를 입증해 보였다. 수익성 높은 기업의 주식이 저가일 때 매입해 주가가 기업의 내재가치에 근접할 때까지 장기간 보유하는 것이 이른바 가치투자 전략이다. 버핏은 이 전략을 고수함으로써 연평균 20%가 넘는 투자 수익률을 올렸다. 같은 기간 다우존스 지수와 S&P 500 지수의 2배가 넘는 수익률이다. 그는 자신이 잘 알고 있고 미래에 이익을 낼 것이 확실한 기업의 주식을 장기간 보유하면서 기업의 성장과 함께 수익률을 지켜보았다. 그것이 차트 앞에 앉아서 끊임없이 자료를 분석하고 매매를 반복하는 대다수 투자자의 투자법에 비해 훨씬 쉬울 뿐만 아니라 고수익을 올릴 수 있는 가장 확실하고 안전한 방법이라는 것을 그는 잘 알고 있었다.

'투자의 현인' 워런 버핏은 말한다. "어떤 주식을 선택할지 고민스러울 때는 종잇조각이 아니라 기업의 한 조각을 산다고 생각하라. 그런 식으로 생각하면 투자자는 보다 건전한 선택을 할 수 있을 것이고 주가가 주기적으로 히스테리를 부릴 때 인내심과 끈기를 발휘하기가 더 쉬울 것이다."

나는 이 책 안에다 지상 최대의 부자이자 투자 세계의 최고 거인인 버핏의 모든 것을 담으려 애썼다. 그 결과 굵직굵직한 사건부터 세세한 에피소드까지를 아우르게 되었다. 그야말로 버핏에 관한 거의 빈틈없는 박물지라 보아도 무방할 것이다.

이 책은 1992년 『Warren Buffett: The Good Guy of Wall Street』라는 제목으로 뉴욕의 한 출판사를 통해 처음 세상에 모습을 드러냈다. 그로부터 2년 후인 1994년에 지금의 책 제목과 같은 『Of Permanent Value, The Story of Warren Buffett』이 출간되었으며, 이후로 1년 혹은 2년마다 꾸준히 개정판을 내고 있다.

이 책은 첫 출간 때부터 지금까지 버핏의 장대한 투자 행보를 따라왔으며, 앞으로도 그와 더불어 여정을 계속해나갈 것이다. 다시 말해 자신만의 오디세이를 숙명적으로 펼쳐가고 있는 셈이다. 나는 이 숙명의 성실한 완수를 위해 1년 중 364일은 자료 수집과 집필에 할애하고, 나머지 하루는 버크셔 해서웨이의 정기 주주총회에 참석한다. 이처럼 노력을 아끼지 않는 가장 뿌리 깊은 이유는 무엇보다 나 자신이 버핏의 인간적인 모습에 깊이 매료되었기 때문이다. 이것이 내 인생이고,

나는 기꺼이 이런 삶을 감수하고 있다. 솔직히 말해 버핏이 보여주는 한결같은 모습에 지루할 때도 있지만 그의 매력에서 아직 벗어나지 못하고 있다.

나는 버핏을 일컫는 여러 말 중에 '오마하의 현인'이라는 묘사가 가장 마음에 든다. 투자가로서 이룰 것은 거의 다 이룬, 세계에서 최고로 돈이 많은 버핏을 사람들은 '갑부'라고 하지 않고 '현인'이라고 부른다. 소탈하고 인간적인 버핏이 투자 대가로서의 버핏을 압도하기 때문이다. 버핏의 성공담은 어쩌면 진부하기조차 하다. 그래서 나는 이 책에서 불세출의 투자 영웅 이야기를 또다시 복창하기보다는 콜라와 햄버거를 즐겨 먹는 자연인 버핏에게 더 많은 관심을 기울였다. 물론 투자 세계에서 이룬 경이로운 실적들이나 통 큰 기부로 세상의 상식을 뒤흔든 투자자이자 지도층 인사로서 버핏에 대한 애정도 적지 않다.

이 책은 두 부로 이루어져 있다. 1부는 버핏에 대한 백과사전적인 풀 스토리라고 할 수 있다. 여러분은 1부에서 투자 대가로서 버핏보다는 자연인 버핏의 모습을 좀 더 흥미롭게 관찰할 수 있을 것이다. 나는 심층취재와 여러 경로를 통해 수집한 많은 자료를 가급적이면 가공하지 않고 날것인 채로 제시하려 애썼다. 어떤 한 인간에 대한 지극한 공감은 수식이나 사실의 과장 또는 호의적인 평가로부터 비롯되는 것은 아니지 않은가.

1부는 4장으로 구성되어 있는데 1장은 버핏의 기부와 자기 자신에 대한 평가, 삶에 대한 통찰을 담았다. 버핏의 어록은 그 자체만으로도 만평 같기도 하고 기억할 만한 가치가 있다고 여겨 그대로 실었다. 2장은 버핏의 출생과 성장 등의 개인적인 이력과 버핏 투자조합, 그리고 버크셔 해서웨이의 역사를 연대기적으로 기술하고 있다. 3장에서는 벤저민 그레이엄을 필두로 한 가치투자의 학문적 이론가 및 실천적 경영자들에 관한 내용을 담고 있다. 4장에서는 자연인으로서 그리고 투자자로서 버핏의 면모를 다각적으로 살펴볼 수 있는 평가와 코멘트, 활동 상황 등을 소개한다.

2부는 투자가로서 버핏의 삶을 들여다볼 수 있는 내용으로, 1장에서는 버핏의 투자관을 절약·효율성·균형과 도전이라는 세 개의 키워드를 중심으로 살펴본다. 2장은 투자 세계에서 부단히 도전하고 성공을 이루어온 버핏의 장구한 역정을, 3장은 버핏과 관련된 인물들에 대한 이야기를 담고 있다. 4장은 버핏 투자 제국의 본부라 할 수 있는 버크셔 해서웨이에 관한 정보를 다루고 있다.

나는 버핏의 초월적인 경력은 물론 그의 재치와 지혜에 주목할뿐더러 최근 버크셔 해서웨이에서 벌어진 수많은 사건도 최대한 반영하고자 노력했다. 그 때문에 자연스레 커진 책의 부피에도 불구하고 나는 여러분에게 편안한 독서를 권장하는 바이다. 가급적 의자에 편하게 기댄 채로 책을 읽기를. 절대 속독을 하려 하지 말고 순서대로 읽으려고도 하지 마라. 나는 이 책에서 버핏을 있는 모습 그대로 기록해놓았다. 지난 30년 동안 내가 버핏과 함께한 시간은 150여 시간 정도인데, 그 순간에도 버핏은 쉴 새 없이 일했다. 그리고 나도 그에 관한 관찰과 기록을 멈추지 않았다.

사람들은 언젠가 버핏이 직접 쓴 책을 보고 싶어 한다. 그런 바람이 성취되기 전까지 버핏을 다룬 책은 끊임없이 출간될 것이다. 이 책을 쓴 목적은 독자 여러분에게 투자 가이드를 제공하려는 데 있지 않다. 여기에서 언급하고 있는 버핏과 버크셔 해서웨이의 모든 투자 활동은 그것이 무엇이든 이미 세상에 알려진 내용이라는 사실을 염두에 두어야 한다. 또한 평범한 주식투자자가 자신이 소유한 회사에 대해 알아가는 여정의 연장선상에서 이 책을 썼다는 사실을 유념해주기 바란다. 실제로 나는 버크셔의 주주이기도 하다.

대부분의 사람이 그렇듯이 나 역시 버핏을 경이로운 인간으로 받아들인다. 투자에 관한 천재성과 흠잡을 데 없는 도덕성, 돈으로는 환산할 수 없는 유머 감각을 동시에 갖춘 보기 드문 인물이기 때문이다. 따라서 버핏은 자신이 투자 세계에서 이룩한 모든 것을 초월하여 오늘도 후회 없는 인생을 위해 열정을 사르는 사람들의 빛나는 사표가 되고 있다.

한국의 독자들과 만나게 되어 정말 기쁘다. 이 책을 통해 투자가로서 버핏뿐만 아니라 자연인으로서 버핏의 인간적인 면모에도 주목해주었으면 하는 바람이다.

존경을 담아, 앤드루 킬패트릭

감사의 말

돈 피펜에게 감사한다. 그는 모든 부분에서 이 책의 출판에 도움을 준 사람이다. 그리고 1년에 걸친 암과의 사투 끝에 결국 세상을 떴다. 나는 단 한 번도 그가 불평하는 소리를 들어보지 못했고 심지어 임종을 앞둔 상황에서도 자신의 병에 대해 싫은 소리 한마디 하지 않았다. 그는 44세로 사망했다. 그는 완벽한 신사였다. 이 책의 편집 과정에서 돈이 책임질 일은 거의 없다.

책을 쓰는 일은 오디세우스가 고향 이타카로 돌아가는 여정만큼이나 험난하고 고단하다. 그래서 나는 주위의 도움이 절실했다. 제일 먼저 어머니 프랜시스 킬패트릭과 아내 패트리샤 앤 테럴 킬패트릭에게 감사의 뜻을 전한다. 특히 아내는 자신이 '출판과부'가 됐다고 불평이 극심했다. 나는 이 책을 집필하면서 너무나 큰 즐거움을 맛보았기 때문에 아내에게 사후에는 책 속에 묻히고 싶다는 말까지 했다. 아내는 흔쾌히 그렇게 해주겠다고 대꾸했다.

버크셔 해서웨이 부회장 찰스 멍거와 전임 코카콜라 회장 돈 커우, 버핏의 아들인 하워드 버핏 등 인터뷰에 응해준 모든 사람에게 감사한다. 편집 과정에서 가장 많은 도움을 준 사람은 뉴욕시에 거주하는 마이클 아셀이다. 그의 아내 에이코에게도 감사의 뜻을 전한다.

코네티컷 그린위치의 필 맥컬과 네브래스카주 오마하의 1인 스크랩 서비스 운영자 앨런 맥스웰과 테리 하니, 텍사스주 오스틴의 전문 사진가 마이클 오브라이언에게도 고마움을 표시하고 싶다. 버밍햄의 전문 사진가 라베네 램지와 버핏 추종자들의 최고 사령관인 네브래스카주 오마하의 조지 모건은 언제나 기꺼이 나의 버핏 취재 여정에 동참해주었다. 오마하의 낸시 라인 제이컵스와 네브래스카주 콜럼버스의 제인 리스, 조지아주 액워스의 낸시 버지스 등도 이 책의 완성을 거든 진정한 동지들이다. 오마하 공공도서관과 〈오마하 월드 헤럴드〉의 임직원 여러분에게도 감사드린다. 그들은 많은 이야기와 사진자료를 제공해주었다. 또한 뉴욕에 있는 AP · 월드 와이드 포토스의 조앤 캐럴에게도 정말 많은 도움을 받았다.

버밍햄의 메리 포터허브, 스클레너와 얼 블룸, 보비 럭키, 앤디 캠벨, 릭 에빙하우스, 데이비드 디어, 비서이자 동시에 상사였던 팜 콘리 그리고 베버리 발린, 도리스 가너, 카렌 살레르노도에게도 감사한다. 앨라배마주 버밍햄의 보니 크렙스와 메리 토드 데이비스, 그리고 텍사스주 타일러의 리사 니콜스에게도 감사의 마음을 전한다. 특히 리사의 경우 여러 가지로 이 책의 출판에 도움을 주었다. 이리저리 뒤섞여 있는 한 무더기의 사진들을 전문가적인 솜씨로 정리해냈으며 이 책의 교정에도 참여했다. 스티븐 에몬슨은 버밍햄에서 활약하는 특출한 기자이다. 아울러 앨라배마주 램랩의 진 배스웰과 버밍햄의 낸시 피어스에게도 감사의 뜻을 전한다. 캘리포니아주 알람브라의 빌 틸리, 호손의 롤랜드 생크, 샌타바버라의 랄프 시퍼와 짐 페퍼를 비롯해 특별히 오래전부터 버크셔의 추종자였던 샌프란시스코의 빌 스카글, 버지니아주 알링턴의 켄 먼로와 린다 해넷, 오스트레일리아 시드니의 이언 달링, 뉴욕주 버펄로의 앤서니 브레크너, 윌슨 자판기 회사 시절부터 버핏의 초기 파트너이자 이제는 고인이 된 플로리다주 펜서콜라의 돈 댄리, 캘리포니아주 카멜의 찰스 페이지, 인디애나주 인디애나폴리스의 리치 록우드, 미네소타주 우드버리의 짐 메이브스도 이름을 언급하지 않을 수 없다. 위스콘신주 매디슨의 프랭크 킬패트릭 박사와 메리 조, 로버트, 존, 사라와 미시간주 그로스포인트팜스의 주디스 굿나우 프루스도 고맙게 생각한다.

개가 내 원고를 먹어치운 일도 있었다. 나는 버밍햄의 리처드 애덤스에게도 마땅히 인사를 해야 한다고 생각한다. 하지만 그러기를 주저하는 데는 이유가 있다. 내가 그의 집 현관 앞에 이 책의 교정본을 두고 온 적이 있는데 그것이 개의 배 속으로 사라진 것이다. 분명 그 견공은 씨즈 캔디가 나오는 부분을 읽고는 이성을 잃은 것임에 틀림없다.

이제 우리 아이들에게 고마움을 표할 때가 됐다. 잭과 애너는 모두 뛰어난 글솜씨를 갖고 있다. 아마 언젠가는 자기 책을 내게 될 것이다. 잭은 두 개의 소설을 구상하고 있으며 버크셔에도 흥미를 갖고 있다. 누가 알겠는가. 아마 이 책은 다음 밀레니엄까지 속편이 이어질지도 모른다.

시애틀의 플로이드 존스와 위스콘신주 매디슨의 스티브 월먼, 버몬트주 페루의 피터 브래드퍼드에게도 감사의 뜻을 전한다. 버밍햄에 있는 EBSCO 미디어의 바버라 핀치에게도 이 책의 출판과 관련하여 모자를 벗고 경의를 표하는 바이다.

버크셔 해서웨이의 행정비서로 은퇴한 글래디스 카이저에게도 감사의 뜻을 전한다. 그녀는 오랜 시간 사실 확인이라는 지루한 작업을 묵묵히 수행했다. 또한 세인트 데비 보사넥에게도 머리 숙여 감사한다. 그녀의 업무는 버크셔 해서웨이를 시시각각 운영하는 일에서부터 오마하 스파이크의 야구 경기에서 안내원 역할을 하는 일까지 다양했다. 버핏이 편지에 그녀를 'db'로만 표시해도 모두가 알아볼 정도로 많은 일을 하고 있다.

4장
투자 세계의 본부, 버크셔

부록

— 1부 —

워런 버핏이라는 인물

1장
부자가 천국에 가려면

우리는 사람들의 삶에
변화를 일으키기 위해 일한다.

_워런 버핏

무엇이 버핏을
기부하게 하는가

"천국으로 가는 길은 여러 가지 길이 있지만 이 길이 가장 큰길이다." 워런 버핏의 말이다. 여기서 '이 길'은 바로 기부를 뜻한다. 그는 이 같은 소신에 따라 기부를 실천해오고 있다.

버핏은 2006년 자신이 보유한 재산의 99%를 사회에 기부하기로 약속한 바 있다. 그리고 그 약속대로 매년 기부를 실행해오고 있다. 2018년 한 해에만 자선단체 기부액으로 34억 달러를 책정했다. 그는 약 1000억 달러에 달할 것으로 추정되는 자신의 보유 재산 중에서 매년 5%씩 비영리단체에 기부하고 있다. 2021년에도 "사회는 내 돈을 사용할 데가 있지만 나는 그렇지 않다"면서 41억 달러를 기부했다.

버핏은 또한 자신과의 점심식사를 경매에 부쳐 그 수익금을 자선단체에 기부하는 행사도 매년 열고 있다. 2018년 온라인 경매 사이트에 올라온 '워런 버핏과의 점심'은 330만 달러(약 37억 원)에 낙찰됐다. 그 금액을 전 세계 빈곤 퇴치에 앞장서고 있는 글라이드 재단에 기부하고 있다. 버핏은 2000년부터 매년 이 같은 기부 이벤트를 벌이고 있다. 지금까지 버핏이 기부한 누적 총액은 현재 시장가치로 환산하면 500억 달러를 상회한다.

버핏은 자신만 기부하는 것이 아니라 세계적인 부호들을 이 같은 천국행에 동참시키는 일도 해오고 있다. 마이크로소프트 창업주인 빌 게이츠와 함께 2010년 6월 창설한 '더 기빙 플레지The Giving Pledge'를 통해서다. 여기엔 마이클 블룸버그 전 뉴욕 시장, CNN 창업자 테드 터너, 영화감독 조지 루카스, 오라클 창업자 래리 엘리슨 등 억만장자 70여 명이 참여하고 있다. 이들은 각각 자신이 보유한 재산의 절반 이상을 기부하기로 약속하고 해마다 기부를 실천하고 있다.

버핏과 게이츠가 불을 당긴 기부는 이와 같이 전 세계 유명인과 부호들의 참여 행렬로 이어졌다. 영화배우 앤젤리나 졸리는 전 남편 브래드 피트와 함께 2000년대 초반부터 수입의 3분의 1을 기부했고 캄보디아, 에티오피아, 베트남 아이 3명을 입양해 기르고 있다. 페이스북 창업자 마크 저커버그는 "우리 딸이 더 나은 세상에서 살기를 바란다"며 자신이 보유한 페이스북 주식 99%(시가 약 60조 원) 기부를 약속한 바 있다.

〈영웅본색〉의 스타 저우룬파(주윤발)는 2018년 자신의 전 재산인 56억 홍콩달러(약 8100억 원)을 기부하겠다고 약속했다. 그는 "그 돈은 내가 잠시 보관하고 있는 것일 뿐"이라며 "내 꿈은 행복해지는 것이고 보통 사람이 되는 것"이라고 말했다. 그의 말처럼 그는 실제 전철이나 버스를 이용하고, 한 달 용돈은 약 12만 원 정도로 검소하게 살고 있다. 저우룬파의 기부 방침에 아내 천후이렌도 기부단체를 설립해 돕기로 했다.

1919년 사망한 앤드루 카네기는 "부자로 죽는 것은 부끄러운 일"이라는 유명한 말을 남겼다. 그는 생전 '철강왕'이란 별명을 남겼지만 재산 대부분을 사회에 기부하면서 '기부왕'이란 별명을 얻었다.

버핏은 〈포브스〉 2018년 세계 부자 순위에서 제프 베이조스 아마존 CEO, 빌 게이츠 마이크로소프트 창업자에 이어 세계 3위의 부자에 이름을 올렸다. 그에겐 '투자의 귀재', '오마하의 현인'이란 수식어가 붙는다. 하지만 그는 미국 네브래스카주 오마하라는 인구 46만 명의 도시에서 60년이 넘도록 살고 있다. 세계적 갑부라는 별명에 어울리지 않게 그는 언제 어디서나 검소하게 생활하고 있다. 그것이 아마 '갑부'에 어울리지 않는 '현자'라는 별명이 따라붙는 이유일 것이다.

워런 버핏과
빌 게이츠 재단

2006년 6월 25일, 버핏은 세계적인 뉴스의 주인공이 되었다. 하지만 이번에는 사업과 관련된 게 아니었다. 그날 버핏은 그의 엄청난 재산을 빌 앤드 멀린다 게이츠 재단에 기부하겠다고 발표했다.

오랫동안 버핏은 자신이 죽으면 재산을 사회에 환원하겠다고 말해왔다. 그러나 어느 누구도 그가 빌 앤드 멀린다 게이츠 재단에 그의 재산을 맡기리라고는 예상하지 못했다. 역사상 가장 큰 규모의 재산이 세계에서 가장 큰 자선단체로 가게 된 것이다.

버핏은 자신이 보유한 주식의 85%를 다섯 곳의 자선단체에 기부하겠다고 말했다. 게이츠 재단, 수전 톰슨 버핏 재단(기존의 버핏 재단을 사망한 부인의 이름을 따서 수정함), 그의 자식들인 수전과 하워드, 피터 버핏이 설립한 각각의 재단이 그것이다.

버핏은 빌 앤드 멀린다 게이츠 재단에 기부금의 6분의 5를 약속했다. 빌 앤드 멀린다 게이츠 재단은 세계 건강 문제, 특히 개발도상국에서 발생하는 AIDS(후천성 면역결핍증), 결핵, 말라리아와 같은 질병과 미국 도서관 및 고등학교의 질을 개선하는 데 활동의 초점을 맞춰왔다.

게이츠는 2006년 토론토에서 열린 국제 AIDS 콘퍼런스에서 2만 6000명의 연구가와 공중위생 종사자들 앞에서 "멀린다와 나는 AIDS 퇴치를 우리 재단의 첫 번째 사명으로 선정했다"고 발표했다.[1]

빌과 멀린다 게이츠는 부자와 가난한 사람의 건강 상태에 큰 차이가 있다고 자주 말하곤 했다. 게이츠 재단은 이미 유행성 감기나 황열병 같은 질병에 백신을 공급하여 수백만 명의 목숨을 구한 바 있다. 이 재단은 특히 소아 질병에 초점을 맞추고 있다.

게이츠 재단에 돌아갈 버핏의 기부금에는 아무 조건도 없고 그의 이름도 언급되지 않을 것이다. 버핏은 게이츠 재단 이사회의 이사가 되지만 버핏은 게이츠가 자유롭게 재단을 운영할 수 있도록 했다.

버핏은 매년 7월 자신의 남아 있는 재산의 5%를 재단에 제공한다. 버핏이 2006년 빌 앤드 멀린다 게이츠 재단에 기부한 금액은 약 15억 달러에 달한다. 다른 네 곳의 재단에 제공된 금액은 모두 합쳐 3억 1500만 달러였다. 버크셔의 주식 가치가 상승하면 그 금액도 따라 오르게 된다.

〈뉴잉글랜드 저널 오브 메디신〉에 따르면 빌 앤드 멀린다 게이츠 재단의 기부금 지출 금액은 버핏의 기부로 2005년 13억 6000만 달러에서 2006년 약 30억 달러로 증액되었다. 세계 인구의 절반 정도인 가난한 사람 모두가 매년 약 1달러씩 받게 되는 셈이다. 이와 비교하면 세계은행은 2004년 개발도상국에 제공된 총 보건 관련 원조 금액(정부, 국제기구, 민간단체 포함)이 127억 달러라고 추정했다.

버크셔 A급 주식은 B급 주식으로 전환될 수 있다. 이 B급 주식들은 빌 앤드 멀린다 게이츠 재단에 1000만 주, 수전 톰슨 버핏 재단에 100만 주, 자식들의 재단에 각각 35만 주씩 배분될 것이다.

버핏은 2006년 7월부터 5개의 자선재단에 자신이 소유하고 있는 재산 520억 달러 중 370억 달러 정도를 기부하겠다고 발표했다. 그중 가장 규모가 큰 기부금은 빌 앤드 멀린다 게이츠 재단으로 20년에 걸쳐 분납 지급될 것이다. 버핏은 2018년 한 해에만 자선단체에 34억 달러(약 3조 8000억 원)를 기부해 누적 기부액 총액은 467억 달러(52조 원)에 육박했다.

수전 톰슨 버핏 재단은 출산 보건, 가족계획, 낙태권, 핵무기 경쟁 제한과 같은 분야에 초점을 맞추고 있다. 다른 세 곳의 버핏 가족 재단들은 사회의 여러 가지 필요를 충족시키고 있다. 수전 A. 버핏 재단은 주로 저소득 가정 아이들의 조기교육에 초점을 맞추고 있다. 하워드 G. 버핏 재단은 40개국 이상에서 동물 보호에 도움을 주고 있으며, 아프리카 야생동물 보호에도 앞장서고 있다. 피터 버핏의 노보NoVo 자선단체는 교육 기회, 환경, 인권, 다문화 수용 등을 위해 노력해왔다.

게이츠,
버핏은 가장 위대한 투자자

사람들은 버핏의 기부 발표를 버핏에게 있어 최상의 시간finest hour 이라고 불렀다. 몇몇 사람은 그가 병을 앓고 있거나 분별력을 잃어버렸다고 생각하고 주식중개인들에게 버크셔 주식을 내다 팔라고 요구하기도 했다. 하지만 게이츠는 버핏을 지구상에서 가장 위대한 투자자라고 칭했다. 그는 빌 앤드 멀린다 게이츠 재단이 이제 버핏이 평생 벌어들인 돈을 유익하게 사용할 책임이 있다고 밝혔다.

〈포천〉 편집자인 캐럴 루미스와의 인터뷰에서 버핏은 자신이 아프지는 않지만 아내 수전 버핏이 죽은 후 충격을 받은 것은 사실이라고 말했다. "수전은 나보다 두 살이 적었고, 여자들은 일반적으로 남자들보다 더 오래 살잖아요. 나는 항상 수전이 내 소유의 버크셔 주식을 상속받고 사회에 우리의 부를 분배하고 관리할 사람이라고 입버릇처럼 이야기했습니다. 그리고 우리 둘은 부를 당연히 사회에 환원해야 한다고 의견 일치를 보았지요."

버핏의 자식들은 아버지의 결정에 동의했다. 딸 수전은 "우리에게 그렇게 많은 돈을 남긴다면 오히려 제정신이 아닌 사람이겠지요"라고 응수했다. 버핏은 빌 앤드 멀린다 게이츠 재단에 기부한 배경을 두고 이렇게 설명했다.

"나는 게이츠 재단이 이미 규모가 커질 대로 커진 거대한 재단이며 내 돈을 효과적으로 사용할 수 있는 곳이라는 사실을 깨닫게 되었습니다. 나는 오랫동안 빌과 멀린다 게이츠와 친하게 지냈고, 종종 즐거운 시간을 함께 보냈으며, 진지하게 재단 활동에 임하는 그들을 존경하게 되었습니다. 나는 그들의 자선 프로그램에 관한 프레젠테이션에 여러 번 참석했고 그들의 열정과 에너지에 감복했습니다. 그들은 그 일에 심혈을 기울였습니다.

빌은 의학의 발전과 효과적인 자선활동 방법에 관한 서적들을 매년 수천 페이지씩 읽었죠. 멀린다는 종종 빌과 함께 자선활동의 결과를 확인하기 위해 세계를 여행하기도 했습니다. 세상에는 도움의 손길을 기다리는 사람들이 수없이 많습니다. 빌과 멀린다는 이들을 돕기 위해 부단한 노력을 기울이고 있습니다.

여러분의 목표가 돈이 없어 어려움을 겪고 있는 사람들을 위해 재산을 사회에 환원하는 것이라면, 젊고 똑똑하며 생각과 방향이 옳다는 사실이 이미 입증된 이들 부부가 운영하는 재단보다 더 나은 곳은 없다고 생각합니다. 그런 기회를 갖는 것은 쉽지 않습니다. 그들은 자신들의 돈으로 자선 사업을 해왔습니다. 그리고 앞으로도 그 일을 계속해 나갈 것입니다. 그들이 지금까지 해온 것처럼 나는 그들이 성공하는 모습을 또다시 보게 될 것을 확신합니다. 내가 목표를 달성하기 위해 누군가를 찾고 있다면 그들이 바로 그 사람들입니다. 더 이상 누군가를 기다려야 할 아무런 이유가 없습니다.

내가 그들과 하려고 하는 일과 내가 재능과 능력을 보이고 있는 버크셔에서의 상황을 비교해보십시오. 그들도 그들의 사업 운영에 관해서는 내가 하는 것보다 훨씬 더 잘할 수 있을 것입니다. 목표를 달성하는 데 나보다 더 준비가 잘된 사람을 만났는데 더 이상 바랄 게 무엇이 있겠습니까? 큰 상금이 걸린 골프대회에서 자기 대신 뛰어줄 선수로 타이거 우즈를 추천한다면 누가 그 제의를 거절하겠습니까? 지금까지 한 말이 내가 내 돈에 대해 내린 결정의 배경입니다."

기부를 발표한 다음 날 뉴욕 공공도서관에서 열린 기자회견에 빌, 멀린다 게이츠와 함께 참석한 버핏은, "60억 명이나 되는 사람들이 우리보다 더 가난한 삶으로 고통받고 있는 마당에 내가 어떻게 부만 추구할 수 있겠습니까?"라고 반문했다. 사실 버핏은 기부 발표가 있기 1년 6개월 전에 자신의 생각을 처음으로 빌 게이츠에게 비친 적이 있었고 그 생각을 실천으로 옮겼을 뿐이다. 버핏의 기부 발표는 시기가 문제였지 사실상 이미 결정된 것이었고 당연한 결과였다.

뉴욕 공공도서관은 존 제이컵 애스터19세기에 활동한 유명한 모피 무역업자. 모피 무역업과 뉴욕 부동산 투자로 미국 최고의 부자가 되었으며 후에 교회, 박물관, 도서관 등에 대규모 기부를 했다·옮긴이와 앤드루 카네기 등 초기의 자선가들에 의해 설립되고 운영되었다. 2800곳에 도서관이 건립되도록 도운 사람은 카네기였다. 자선가로 잘 알려진 게이츠의 부친 빌 게이츠 시니어도 초기 자선가 명단에 포함되어 있다. 버핏의 기부 발표가 있자마자 자선가 데이비드 록펠러는 버핏의 독창성을 치하하고 그의 기부 행위를 신중한 결정이라고 높이 평가했다.

버핏은 빌 앤드 멀린다 게이츠 재단에 기부한 이유를 간단하게 "나보다 돈을 더 효과적으로 사용할 수 있는 사람들을 알고 있었기 때문"이라고 말했다.

버핏은 빌 앤드 멀린다 게이츠 재단에 몇 가지 제안을 하기도 했다. 그중 하나는 자신이 제공한 기부금은 그해에 사용되어야지 재단에 보관해놓아서는 안 된다는 것이었다. 버핏의 기부금으로 게이츠 재단은 지금까지 매년 쓰던 돈의 두 배 정도를 사용하게 될 것이다(2005년의 경우 14억 달러였다).

빌 게이츠는 버핏이 자선에 대한 자신의 생각을 더욱 심화시켰다고 말했다. "버핏은 놀라운 지식인일 뿐만 아니라 강한 정의감을 가진 사람입니다. 그의 지혜로 인해 우리는 일을 더 잘할 수 있고 동시에 더욱 즐겁게 해낼 수 있게 되었습니다."

버핏이 기부를 공표하기 몇 주 전 게이츠는 마이크로소프트에서 단계적으로 손을 떼고 재단 일에 전념할 계획이라고 발표했다. 버핏은 그 발표와 자신의 결정은 아무 관계가 없으며, 게이츠가 마이크로소프트 일에 전념하더라도 기부 의사에는 변화가 없었다고 말했다.

버핏의 대규모 기부로 다른 사람들도 그와 같은 기부를 생각하게 되었다. 그 후 얼마 되지 않아 영화배우 청룽(성룡)은 버핏에게 영감을 받아 재산의 절반을 자선단체에 기부할 계획이라고 발표했다.

작곡가 앤드루 로이드 웨버도 6000만 달러의 가치가 있는 피카소 작품을 팔아 그 돈을 극장과 예술 등을 포함하여 훌륭한 목적을 위해 사용하겠다고 발표했다. BBC와의 인터뷰에서 웨버는 말한다. "내 피카소 작품을 팔아봐야 워런 버핏만큼 큰일에 사용되지는 못하겠지만 좋은 일에 사용되기를 희망합니다. 나는 젊은 예술가들의 교육과 훈련에 지대한 관심이 있습니다."

2006년 10월 호 〈배니티 페어〉는 "올해 가장 큰 사건은 워런 버핏이 빌 앤드 멀린다 게이츠 재단에 그의 개인 재산 310억 달러를 기부한 것"이라고 발표하면서, "배니티 페어 100의 많은 회원은 유산과 재능, 그리고 강인함을 갖고 태어났다. 버핏 이후의 미래에는 자선활동을 통해 다른 사람에게 도움의 손길을 뻗는 자만이 배니티 페어 100의 회원 자격을 얻게 될 것"이라고 보도했다.

빌 앤드 멀린다 게이츠 재단

버핏은 빌 앤드 멀린다 게이츠 재단 이사회의 이사로 등록되어 있다. 하지만 기부한 돈의 사용을 일임함으로써 자신은 자선활동에 많은 시간을 할애할 필요가 없다. 자선에 관계된 일은 게이츠의 몫이고 버핏은 자신이 가장 잘할 수 있는 일을 계속하면 된다. 버핏이 자신의 일을 잘해나가면 세계에서 가장 큰 자선단체인 빌 앤드 멀린다 게이츠 재단과 버핏 가족의 재단은 더 많은 재원을 확보하게 되는 것이다.

그 돈으로 무슨 일을 할 수 있을까? 모두 그 돈이 인류의 건강 개선에 큰 도움이 될 수 있기를 희망한다. 사람들은 버핏의 기부 결정에 큰 찬사를 보내고 있다. 〈워싱턴 포스트〉의 도널드 그레이엄 회장은 버핏의 기부를 가장 창조적인 활동이라고 하면서, 그런 결정을 내린 것은 그가 얼마나 게이츠를 신뢰하고 있는지 단적으로 보여주는 예라고 말했다.

어린아이들에 대한 의료 서비스가 가장 큰 사회문제라고 생각하고 있던 빌과 멀린다 게이츠는 버핏의 기부로 더욱 세계적인 자선가가 되었다. 게이츠는 자신의 꼼꼼한 관리 스타일을 자선사업에도 적용할 것이다.

1994년에 설립된 빌 앤드 멀린다 게이츠 재단은 소수의 인원으로 하나의 기업처럼 운영되고 있다. 이 재단은 전 세계에서 소아마비를 박멸하기 위해 폴리오 플러스 프로그램을 국제로터리클럽 등 다른 자선단체 및 정부와 함께 진행함으로써 자선활동의 효과를 극대화하고 있다. 현재 소아마비는 전 세계에서 단 3개국에만 그 잔재가 남아 있을 뿐이다.

로터리 회원들과 게이츠의 아버지가 쌓아온 친분 때문에 게이츠 재단은 2500만 달러에서 5000만 달러 정도의 거금을 매년 로터리 클럽에 제공해왔다. WHO와 UNICEF, 테드 터너를 포함한 다른 단체와 개인들도 로터리클럽에 기부했다.

루미스가 전하는 기부의 순간

〈포천〉의 캐럴 루미스에 의하면 2006년 7월 3일 버핏이 오마하 중

심지까지 직접 운전을 하고 가서 U.S. 뱅크 오브 오마하에 걸어 들어가 대형 귀중품 보관함을 열었다고 한다. 버핏은 그날 110억 달러의 가치가 있는 12만 1737주의 버크셔 해서웨이 주권을 꺼냈다. 연도가 1979년으로 되어 있는 주권이었다.

버핏은 그 주권(다른 소액의 주권을 포함하여)을 가지고 돌아와 어떻게 미니애폴리스에 있는 웰스파고 은행까지 보낼 것인가 곰곰이 생각했다. 버핏은 페덱스를 생각해보았지만 마음을 바꿔 버크셔 본사에서 근무하는 16명의 직원 중에서 한 명을 선발해 보내기로 결정했다. 데브라 레이였다. 버핏의 이 어마어마한 기부금은 언제부터 만들어진 것일까? 버핏이 여섯 살 때인 70여 년 전, 그의 아버지가 은행에 저축계좌를 개설하라고 20달러를 주었다. 버핏이 그 돈을 120달러로 만들기 위해서는 5년이라는 세월이 필요했다. 돈을 벌기 위해 그는 잔심부름도 마다하지 않았다. 이렇게 저축을 해서 그는 11세 때 처음으로 주식을 사기 시작했다. 시티 서비스 우선주 3주를 114달러에 매수한 게 기나긴 투자의 처음이었던 것이다.

버핏의 파트너 찰스 멍거는 기부 발표에 관해 버핏과 대화를 나누다가 농담을 던지듯 "결국 좋은 생각을 해냈군"이라고 간결하게 말했다고 전해진다.

클린턴, 왜 게이츠 재단인가

2006년 9월 20일, 게이츠와 버핏은 뉴욕에서 개최된 클린턴 글로벌 이니셔티브CGI에 참석했다. CGI는 빈곤, 질병, 지구온난화, 종교적·인종적 분쟁 등을 해결하여 보다 나은 세상을 만들기 위해 결성되었다.

제2차 CGI에 참석한 1000명의 참석자 중 많은 사람이 1만 5000달러씩 기부했다. 그중에는 버핏, 게이츠, 영국 사업가 리처드 브랜슨, 퍼스트 레이디 로라 부시, 유엔 사무총장 코피 아난, 50명의 전·현직 정상들이 포함되어 있었다. 리처드 브랜슨은 지구온난화 방지를 위해 향후 10년 동안 30억 달러를 기증하겠다고 약속했다. 모임이 끝난 후 클린턴은 다음과 같이 말한 것으로 전해졌다.

"자선가로서 본보기가 되고 있는 워런 버핏이 참석해주어서 매우 기뻤습니다. 그는 게이츠 재단에 기부금을 전달했습니다. 나는 그를 불러 감사하다고 말했죠. 그러고 나서 '워런, 게이츠 재단에 기부한 특별한 이유라도 있나요?'라고 물었습니다. 그는 '나로서도 기념비적인 사건이 될 것이고, 아시다시피 내가 투자자들의 돈을 가지고 그들보다 돈을 잘 벌 수 있기 때문에 돈을 나에게 맡기듯이 나도 빌 게이츠가 나보다 돈을 잘 사용할 수 있기 때문에 그에게 돈을 맡기는 것'이라고 대답했습니다. 그래서 나는 버핏이 영리한 사람이고 우리 모두가 기억해야 할 본보기가 되는 인물이며, 그렇게 하는 게 우리가 가진 돈과 시간을 가장 효율적으로 사용하는 방법이라고 생각하게 되었습니다."

버핏이 말하는
'워런 버핏'

▷ **버핏이 7세 때 했던 다짐** 지금은 돈이 별로 없지만, 언젠가 많이 갖게 될 것이고 신문에 내 사진이 실리도록 해야지.

『버핏 회장의 생각』, 사이먼 레이놀즈

▷ 아마도 프랑스에 있는 3만 2400제곱미터의 조그만 포도밭에서 나는 포도가 이 세상에서 최고겠지만, 나는 99%는 소문이고 나머지 1%가 진짜 맛일 거라는 의심을 품어왔다.

▷ 나는 회사를 내게 팔았다는 사실을 잊고 마치 소유주인 것처럼 행세하는 사람들이 좋다. 그 딸이 나와 결혼한다 해도 그녀는 계속 부모와 사는 셈이 된다.

『워런 버핏은 말한다』, 살로먼 로

▷ 40년이 넘게 나는 상장된 회사들이 공개하는 문서들을 연구해왔다. 너무나 자주, 나는 그 문서들이 무슨 말을 하고 있는지 이해할 수가 없었고, 더 심한 경우에는 아무 내용도 없다는 결론을 내려야 했다.

『증권거래위원회 입문서』 서문

▷ 완전한 익명성이 내게 최선이겠지만, 투자의 규모 때문에 그것은 더 이상 불가능하다.

▷ 내가 원하는 모든 것은 해마다 좋은 아이디어 하나를 얻는 것이다. 만일 누군가 나를 들볶는다면, 나는 2년마다 좋은 아이디어 하나로 합의하겠다.

▷ 투자 제안을 받으면, 나는 5분 이내에 검토할 수 있다. 5분 이내에 제안 내용의 99%를 걸러낼 수 있다.

〈파이낸셜 리뷰〉, 1985년 12월 9일

▷ **인내심** 우리는 집, 아이들, 아내로 장사를 하지는 않습니다. 그렇다면 어째서 기업을 가지고는 장사를 할까요? 나는 회사가 성장, 발전하는 모습을 보면서 그 회사들과 즐거이 지내고 싶습니다. 나는 인생을 즐기고도 싶습니다. 나는 칼 아이칸미국의 억만장자이자 기업 사냥꾼·옮긴이이나 빅터 포스너미국의 백만장자이자 기업가 겸 자선사업가·옮긴이나 테드 터너CNN 설립자이자 자선사업가·옮긴이 같은 사람들을 이해할 수가 없습니다. 결국 내 돈은 모조리 자선기관으로 가게 될 것입니다. 따라서 불편한 상황을 감수하거나 타인에게 불쾌한 존재가 되어 산다는 것은 미친 짓입니다. 버핏 재단의 가치가 'X'이든 마침내 '2X'가 되든 달라질 게 뭐가 있겠습니까?

▷ 나는 내가 하고 싶은 일을 합니다. 나는 1년에 단 5분도 하기 싫은 일을 하는 데 쓰지 않습니다. 다행스럽게도 내게는 그런 호사를 누릴 여유가 있습니다. 나는 다른 사람들이 무슨 일을 하든 신경 쓰지 않습니다. 나는 사람들을 좋아하고, 내 주변 사람들을 좋아합니다. 나는 그 사람들과 그들의 사업을 아낍니다. 물론 재미나게 살고 싶기도 합니다.

〈아나그노스〉, 1986년

▷ 오늘날의 나는 현실주의자다. 나는 내가 하는 일을 좋아한다는 사실을 언제나 알고 있었다. 메이저리그 야구 선수가 되는 것도 멋진 일이었겠지만, 이 부분이 바로 현실주의가 적용되는 부분이다.

▷ 나는 내면의 채점표를 가지고 있다. 남들은 싫어하지만 나로서는 좋은 어떤 일을 하면, 나는 행복하다. 남들이 내가 한 어떤 일을 칭찬하지만 정작 나로서는 불만족할 때, 나는 행복하지 않다.

〈U.S. 웨스트〉, 1987년

▷ **돈** 실적이 좋은 운동선수는 누가 있을까요? 아마 여러분은 테드 윌리엄스나 아널드 파머 같은 훌륭한 선수를 떠올릴 것입니다. 그런데 그 선수들이 벌 만큼 벌고 나면 운동에 대해 어떤 생각을 할까요? 단지 돈 때문에 운동을 하는 것은 아닐 것입니다. 만일 테드 윌리엄스가 야구에서 최고 보수를 받으면서 2할 2푼을 친다면 마음이 어떨까요? 아마 편치 않을 것입니다. 반면에 최저 보수를 받으면서 4할을 친다면 마음은 훨씬 편하겠지요. 이것이 바로 내 일에 대해 내가 갖는 느낌입니다. 돈은 내가 좋아하는 어떤 일을 아주 잘했을 때 생기는 부산물입니다.

1988년 정기 주주총회

▷ 여기(오마하)에서는 보다 제정신으로 지낼 수 있다. 예전에 뉴욕에서 일했을 때는 필요 이상으로 많은 자극이 나를 공격하는 것 같았다. 아드레날린의 수치가 정상인 사람이라면, 그 자극에 반응을 할 것이다. 그러한 자극이 한동안 지속되면, 결국 미치게 될지 모른다. 여기서는 생각하기가 훨씬 쉽다.

▷ 나는 내가 하는 일을 좋아한다. 나는 이기기 너무 어렵지 않은, 지적으로 흥미로운 일종의 게임을 하고 있는 것이고, 버크셔 해서웨이는 내 캔버스다. 나는 2미터 높이의 장대를 뛰어넘으려고 기를 쓰지는 않는다. 나는 내가 넘을 수 있는 0.3미터 높이의 장대를 찾아본다. 나는 세상을 깜짝 놀라게 하는 사람들과 일하고 있고, 인생에서 내가 원하는 일을 하고 있다. 그러면 안 되는 이유라도 있나?

〈뉴욕 타임스 매거진〉, 1990년 4월 2일

▷ 어떤 의미에서 버크셔 해서웨이는 캔버스이고, 나는 내가 원하는 모든 것을 그 캔버스에 그린다. 내가 정말 즐기는 것은 그림의 판매가 아니라 그리는 과정이다.

널리 인용됨

▷ 우리는 완전히 경제적인 동물은 아닙니다…. 삶에 대해서도 이러한 의식을 갖고 있습니다. 조금 더 많이 벌려고 좋아하고 존경하고 재미있는 사람들과의 교제를 끊어버린다면, 부자가 된들 무슨 의미가 있겠습니까? 큰돈을 좋아하기는 하지만, 그렇다고 그 외의 모든 것을 포기할 정도로 좋아하지는 않습니다.

▷ **검소함** 구입할 때 회사 제트기가 무슨 색이었는지 모르지만 현재도 그 색깔입니다. 'WB(워런 버핏)'나 'BH(버크셔 해서웨이)' 같은 표시는 없습니다. 그리고 앞으로도 영원히 그럴 것입니다.

1991년 정기 주주총회

▷ 나는 합리적이다. 나보다 아이큐가 높은 사람도, 더 오래 일하는 사

람도 많지만, 나는 일 처리에서 합리적이다. 단, 내 자신을 통제할 줄 알고 감성이 지성을 흐트러뜨리지 않도록 한다.

▷ 나의 최대 업적은 어리석은 일을 하지 않은 것이었다. 별로 한 일이 없다. 현재는 살 만한 주식이 별로 눈에 띄지 않는다. 할 일이 없다면 아무것도 하지 않으면 된다.

▷ 나는 내 일을 사랑한다. 내가 유일하게 바라는 것은 지금 내가 하고 있는 일을 되도록 오래 하는 것이다. 매일매일 나는 하루 종일 탭댄스를 추는 기분이다. 정말 그렇기도 하다.

널리 인용됨

▷ <u>**MBA를 졸업하는 학생들에게 보내는 조언**</u> 여러분이 가장 존경하는 사람을 위해 일하십시오. 여러분은 자극을 받게 될 것이고, 아침이면 빨리 일어나고 싶어질 것이며, 많이 배울 수 있을 것입니다. 나도 그렇게 했습니다. 나는 벤저민 그레이엄을 위해 일하고 싶었지만, 그는 바로 나를 채용해주지는 않았습니다. 나는 보수를 받지 않고 일하겠다고 제의해보기도 했는데, 그런 제안을 한다는 것은 듣는 것보다 훨씬 힘든 일이었지요. 나는 여러 가지 방법으로 그에게 쓸모 있는 사람이 되려고 노력하기 시작했습니다. 나는 내가 꿈꾸었던 많은 것들을 연구하고, 아이디어를 제안하려고 했습니다. 만일 내가 지금 학생이라면, 아마 내가 일하는 곳의 사람들에게 내가 무엇을 할 수 있는지 보여주려 노력할 것입니다. 만일 워싱턴 레드스킨스의 쿼터백이 되고 싶다면, 훌륭한 패스 몇 개를 보여주려고 하겠지요. 결론적으로 말해 나라면 부정적인 느낌이 드는 회사를 위해서는 절대 일하지 않을 것입니다.

널리 인용됨

▷ 우리는 매사 단순한 것을 좋아합니다…. 그래야 회장이 책상 앞에 앉아 연례보고서를 읽을 수 있기 때문입니다.

찰스 멍거, 1993년 정기 주주총회

▷ **버크셔의 미래** 흥미로운 일이 많이 일어나리라는 것을 알겠는데, 그 흥미로운 일들이 무엇인지는 전혀 모르겠다.

〈PBS 나이틀리 비즈니스 리포트〉, 1993년 4월 26일

▷ **클린턴 대통령의 적자 감축안에 따른 부자들의 세금 인상에 관해** 연봉이 10만 달러에다 이사 수당이 14만 8000달러나 되는 버핏이 말했다. "내가 (납세자의) 상위 1%에 속한다고 해도 전혀 반대하지 않는다. 우리가 아무것도 하지 않는다면 미국에 해로울 것이다. 가만히 앉아서 20개의 법안 중에서 아무거나 골라서는 안 된다. 누진세율이라는 아이디어 자체는 마음에 든다. 다만 그것이 지출 삭감에서 더욱 잘 달성되기를 바랄 뿐이다."

〈USA 투데이〉, 1993년 8월 6일

▷ 나는 사업가이기 때문에 더 나은 투자가이고, 투자가이기 때문에 더 나은 사업가이다.

〈포브스〉, 1993년 10월 19일

▷ **투자업계에 입문하는 사람을 위한 조언** 만일 소액의 자본으로 들어오는 사람이라면, 나는 그에게 내가 40여 년 전에 했던 그대로 하라고 말해 줄 것입니다. 40여 년 전에 내가 했던 일이란 바로 증권을 공개적으로

거래했던 미국의 모든 상장 기업에 대해 공부하는 것입니다. 그렇게 해서 얻은 지식의 저장고는 시간이 흐르면서 그에게 많은 도움을 줄 것입니다.

애덤 스미스 하지만 상장 기업은 2만 7000개나 됩니다.

버핏 그럼 A로 시작하는 회사부터 시작하면 되겠군요.

애덤 스미스의 쇼 〈머니 월드〉, 1993년 10월 21일

▷ **상식과 자신에 대한 믿음에 관해** 결국 나는 다른 그 무엇보다 항상 내 두 눈을 믿습니다.

〈오마하 월드 헤럴드〉, 1993년 10월 28일

▷ **세금** 우리가 소유한 주식에 관한 한, 찰리와 나는 세금에 아무 불만이 없습니다. 우리는 우리보다 유익한 일을 하는 다른 사람들의 노력에 비해 우리가 더 큰 보상을 받는다는 것을 잘 알고 있습니다. 조세제도는 이러한 불평등을 부분적으로나마 바로잡아야 하고, 실제 그렇게 되고 있기도 합니다. 하지만 우리는 여전히 특별 대우를 받고 있습니다.

1993년 연례보고서

▷ 경영자로서 우리가 하고 있는 중요한 일은 대개 4할을 치는 기업을 찾은 다음 스윙 방법을 가르쳐주지 않는 것입니다…. 그다음에 우리가 하는 일은 자본을 배분하는 일입니다. 그 외 브리지 게임도 합니다. 바로 이것이 버크셔입니다.

▷ 버크셔에서는 어떤 종류의 회의도 하지 않고 있습니다. 물론 자산

분배 회의도 해본 적이 없었습니다.

1994년 정기 주주총회

▷ **스스로 생각하기** 사람은 스스로 생각해야 한다. 아이큐가 높은 사람들이 생각 없이 모방하는 것을 보면 언제나 놀랍다. 나는 다른 사람들과 이야기하면서 좋은 아이디어가 떠오른 적은 없다.

〈U.S. 뉴스 앤드 월드 리포트〉, 1994년 6월 20일

▷ 나는 책을 읽는 데 많은 시간을 보낸다. 아마 하루에 최소한 6시간이나 그 이상일 것이다. 전화를 하며 한두 시간을 보내고, 나머지 시간에는 생각을 한다. 버크셔에는 회의가 없다. 나는 회의를 싫어한다.

〈오마하 월드 헤럴드〉, 1994년 10월 11일

▷ 인생에서 자신에게 맞는 적절한 영웅을 선택할 수 있으면 당신은 행운아다. 벤저민 그레이엄이 나의 영웅이었다.

뉴욕 증권분석가협회, 1994년 12월 6일

▷ 내가 가져본 직업 중 가장 쉬운 직업은 네브래스카주 경제 발전을 위한 홍보대사이다.

〈오마하 월드 헤럴드〉, 1995년 1월 11일

▷ 만일 시장이 효율적이라면 나는 깡통을 찬 거리의 부랑자가 되어 있을 것이다.

〈포천〉, 1995년 4월 3일

▷ 나는 주로 읽기를 통해 배워왔다.

〈아웃스탠딩 인베스터스 다이제스트〉, 1995년 8월 10일

▷ 나는 돈을 원하는 것이 아니다. 내가 원하는 것은 돈을 버는 재미와 돈이 불어나는 것을 지켜보는 것이다.

〈타임〉, 1995년 8월 21일

▷ 우리는 미식축구 감독에게 "이기든 비기든 우리는 100% 당신을 지지합니다"라는 메시지를 보내는 태도를 기피합니다.

1995년 연례보고서

▷ 버크셔 사람들이 언제나 항상 물어봐야 할 질문은 "그다음에는?"입니다.

1996년 정기 주주총회

▷ 내가 반복하는 실수 중에 가장 큰 것은 탁월한 기업에 대해 높은 가격을 지불하는 것을 여전히 좋아하지 않는다는 것입니다.
▷ 나는 버크셔에서 99%를 벌었지만, 그 돈은 다른 사람의 돈으로 번 것이었습니다.
▷ 우리는 버크셔에 모든 돈을 투자하겠다는 생각을 좋아하지만, 권하지는 않습니다.

1997년 정기 주주총회

▷ 나는 13세 때 처음으로 세금을 냈지만, 아깝지 않았습니다. 나는 정

부의 도움을 필요로 하느니 세금을 많이 내는 사람이 되겠습니다.

1998년 정기 주주총회

▷ 나는 탭댄스를 추며 출근한다. 사무실에 도착하면 누워서 천장에 그림을 그려야겠다고 생각한다.

〈포천〉, 1998년 7월 20일

▷ 정부가 할 일은 국민의 삶의 수준을 높이는 무역을 촉진하는 동시에, 집을 잃은 사람들에게 사회안전망을 제공하는 것이다…. 자신의 잘못이 없는데도 일자리를 잃은 사람들을 돌보는 정책이 필요하다.

〈오마하 월드 헤럴드〉, 1998년 12월 13일

▷ 내 모습 그대로 알려진 것은 행운이었다. 우연히도 나는 자본 배분이 중요하고 보수도 좋은 직업인 거대 시장경제에 아주 잘 맞아떨어지는 사람이다. 만일 높이뛰기를 잘해야 돈을 벌 수 있다면, 나는 부자가 되지 못했을 것이다. 나는 운이 좋았다. 나는 기꺼이 내 행운에 전념했다. 그러나 지역사회를 돕는 관점에서 볼 때는 오마하에서 보이스카우트 분대를 이끌고 있는 소년보다 내가 더 우월하지 않다는 걸 알고 있다. 나는 그저 바로 그 시간에 그 장소에 있었을 뿐이다.
▷ 몇 년 전까지만 해도 우리는 더 많이 매수하기 위해서 매도했다. 돈이 바닥났기 때문이다. 그때는 돈보다 아이디어가 더 많았다. 지금은 반대로 아이디어보다 돈이 더 많다.

〈비즈니스 위크〉, 1999년 7월 5일

▷ 내게는 내야 할 세금보다 적게 세금이 부과되고 있습니다. 나는 자기네들이 엄청난 부자이고 더 이상 그런 처사를 받아들이지 않을 것이라는 공화당 사람들의 이야기를 듣습니다. 참으로 말도 안 되는 소리지요. 나는 내 비서보다 세율이 낮습니다…. 솔직히 어처구니없는 일이라고 생각합니다.

▷ 사람을 고용할 때 나는 지성, 활력, 청렴을 봅니다. 세 번째 자질이 없다면, 앞선 두 자질도 아무 소용이 없습니다.

컬럼비아대학교 강연, 2000년 9월 27일

▷ **상속세와 관련해** 나는 출생의 신성한 권리를 그리 신봉하지 않는 사람입니다.

시애틀 시티클럽 강연, 2001년 7월 21일

▷ 우리는 자신의 실수에서 배우는 사람에게는 관심이 없다. 우리는 다른 사람의 실수에서 배우는 사람을 찾고 있다.

널리 인용됨

▷ 아우슈비츠에서 살아남은 폴란드계 유대인 친구는 오늘날까지도 어떤 사람이 앞으로 자신의 친구가 될 것인지를 판단할 때 이렇게 자문한다고 합니다. "이 사람이 나를 숨겨줄까?"

하버드대학교 경영대학원 강연, 2001년 10월 18일

▷ 우리는 앞으로도 업무에서 형식보다 내용을 강조할 것이고, 유치한 토론이나 형식적인 활동으로 이루어진 이사회 회의 때문에 시간을 낭

비하는 일이 없도록 할 것입니다.

2002년 연례보고서

▷ 미국에서 계급 간 전쟁이 일어난다면, 내가 속한 계급이 분명 이길 것입니다.

▷ 우리 이사회는 이사회의 최종 실적이 내 후계자의 기록에 의해 결정되리라는 것을 알고 있습니다.

▷ 버크셔를 분석할 때는 우리 회사를 정물 사진이 아니라 상영 중인 영화로 보아야 한다는 점을 명심하십시오. 과거에 그날의 스냅숏에만 집중했던 사람들이 잘못된 결론에 도달하는 경우가 종종 있었습니다.

▷ 찰리와 나는 충분히 보상받고 있다고 느끼지 않는 한, 작은 리스크조차도 감수하는 것을 싫어합니다. 이렇게 리스크를 감수하는 정도는 가끔 유통기한이 지난 '백색 치즈'를 먹는 것과 비슷합니다.

2003년 연례보고서

인간과 삶에 대한
통찰

▷ 부자가 되는 방법은 우선 문을 닫으십시오. 사람들이 탐욕스러울 때 두려움을 가지십시오. 사람들이 두려워할 때 탐욕스러워지십시오.

21세 때 컬럼비아대학교 강연

▷ 나는 매일 아침 같은 쪽부터 면도를 하고, 같은 쪽 신발부터 신는다. 사람은 습관의 동물이다.

〈버펄로 이브닝 뉴스〉, 1977년 11월 4일

▷ 할 필요가 없는 일은 잘할 필요가 없습니다.

1981년 연례보고서

▷ 기하급수적인 진보는 결국 스스로를 정지시키기 위한 브레이크를 만들어냅니다.

1982년 연례보고서

▷ 전국 동전 던지기 대회를 한번 상상해보기를 권합니다. 내일 아침 2억 2500만 미국인을 부추겨 모두 1달러씩 돈을 걸게 한다고 가정해봅시다. 모두 아침에 해가 뜨자마자 나가서 동전 던지기의 결과를 예상해봅니다. 맞추면 틀린 사람들에게 1달러를 따게 됩니다. 매일 패

자가 탈락하고, 이전 상금이 전액 걸리게 되면서 날마다 판돈은 커지게 됩니다. 열흘 동안 아침마다 동전을 던지면, 열 번 연속으로 맞춘 사람들은 미국에 약 22만 명이 될 것입니다. 그 사람들은 모두 각각 1000달러가 조금 넘는 상금을 획득했을 거고요. 이제 이 남은 사람들은 아마 우쭐댈 것입니다. 인간의 본성이 그렇기 때문이지요. 겸손해지려고 애를 써도 이따금 칵테일 파티에서 자신의 기술이 어떻다느니, 자신이 동전 던지기 분야에서 새로운 금자탑을 세웠느니 하면서 매력적인 이성에게 접근하려고 할 것입니다.

컬럼비아대학교 경영대학원, 1984년

▷ 나는 가치투자를 해온 35년 동안 가치투자에서 사람들이 주장하는 것과 같은 어떤 일반적 경향을 본 적이 없습니다. 아마 쉬운 것을 어렵게 만들기 좋아하는 이상한 인간 심리가 있나 봅니다.

컬럼비아대학교 경영대학원, 1985년

▷ 명석하다는 평판이 자자한 경영자가 펀더멘털이 불량하다고 평판이 자자한 기업에 손을 댈 경우, 평판이 손상되지 않는 쪽은 기업입니다.

1985년 연례보고서

▷ 인간이 탐욕, 두려움 또는 어리석음으로 가득 찰 것이라는 사실은 예측 가능합니다. 하지만 어떤 것이 먼저인가는 예측할 수 없습니다.
▷ 돈이 어느 정도는 우리를 좀 더 흥미로운 환경에 처하게 할 때가 있습니다. 그러나 그렇다고 해도 얼마나 많은 사람이 우리를 사랑하는

지, 우리가 얼마나 건강한지를 바꾸어놓지는 못합니다.

▷ 경영대학원은 단순한 행위보다 복잡한 행위에 보상을 해주지만, 실은 단순한 행위가 더욱 효과적입니다.

▷ 어떤 부모 밑에서 태어나느냐에 따라 삶이 달라진다는 생각은 공평함에 대한 내 생각을 돌아보게 합니다.

▷ 군비 통제와 인구 증가의 문제를 해결하지 못하면, 세상은 멸망할 것입니다.

〈채널〉의 퍼트리샤 바우어에게 한 말, 1986년

▷ 올림픽 선수를 선별하는 가장 좋은 방법은 20년 전에 우승한 사람들의 후손을 뽑는 것이라고 말할 사람이 있을까? 부모가 뭔가를 성취했다는 이유만으로 그 자식에게 유리한 지위를 주는 것은 사회의 경쟁력을 떨어뜨리는 어리석은 방식이다.

▷ 부모가 줄 수 있는 가장 큰 혜택은 사랑이다.

〈포천〉, 1986년 9월 29일

▷ 영원히 계속될 수 없는 것은 언젠가 끝이 나게 마련입니다.

1987년 정기 주주총회

▷ 오랑우탄 앞에서 아이디어를 설명하는 똑똑한 사람은 더욱 현명한 의사결정을 내릴 수 있게 된다. 똑똑한 사람이 오랑우탄을 방으로 데리고 들어가 자신의 생각에 대해 설명하면 오랑우탄은 그냥 앉아 바나나만 먹는데, 자신의 생각을 설명했던 사람은 더 똑똑해지게 된다. 오랑우탄 이론이라 불리는 이 얘기를 버핏은 〈워싱턴 포스트〉의 회장

겸 발행인 캐서린 그레이엄에게 해준 적이 있다.

〈포천〉, 1987년 10월 26일

▷ 비범한 결과를 얻기 위해 반드시 비범한 일을 해야 할 필요는 없다.

널리 인용됨

▷ 원칙에 기한이 있다면 그것은 원칙이 아닙니다.

1988년 정기 주주총회

▷ 자신의 능력 밖에 존재하는 좋은 기회를 놓치는 것은 죄가 아닙니다.

1989년 연례보고서

▷ 구덩이에 빠졌을 때 해야 할 가장 중요한 일은 구덩이 파기를 멈추는 일입니다.

1990년 연례보고서

▷ 오늘 어떤 사람이 그늘에 앉을 수 있는 이유는 오래전에 누군가 나무를 심어놓았기 때문이다.

〈버펄로 이브닝 뉴스〉, 1991년 1월

▷ 100미터를 빨리 헤엄치려면 스트로크를 연습하기보다 물의 흐름에 따라 수영하는 편이 낫습니다.

1991년 정기 주주총회

▷ 원칙에 맞는 사람들과 함께해야지, 그 반대가 되어서는 안 됩니다.

주주들에게 보내는 살로먼 보고서, 1991년

▷ 자금에 쉽게 접근할 수 있으면, 생각 없는 결정을 하게 되는 경향이 있습니다.

살로먼의 고객과 회의 중에, 1991년 9월 13일

▷ 정보에는 우리가 알아낼 수 있는 정보와 알아야 할 중요한 정보가 있다. 우리가 알아낼 수 있는 정보는 이미 알려진 정보 중에서 극히 일부분을 차지할 뿐이다.

널리 인용됨

▷ 구조조정은 실수를 달리 표현한 말일 뿐입니다.

1993년 정기 주주총회

▷ 리스크는 자신이 하고 있는 일을 모르는 상태에서 발생한다.

〈오마하 월드 헤럴드〉, 1993년 10월 28일

▷ 풍향계만으로는 부자가 될 수 없습니다.

1994년 정기 주주총회

▷ 돈이 사람을 약하게 하고 가난은 대물림된다고 생각하는 사람들이 바로 자녀에게 큰 재산을 물려주고 싶어 하는 사람들이다.

AP통신, 1994년 10월 16일

▷ 습관의 사슬은 끊기 벅찰 정도가 되기 전까지는 너무 가벼워서 느껴지지 않는다.

노스캐롤라이나대학교의 공공방송센터가 제작한 PBS TV 프로그램

▷ 만일 바보가 10억을 벌었다면 돈이 많을 뿐 여전히 바보다.

〈포브스〉, 1997년 4월 21일

▷ 가격은 여러분이 지불하는 것이고, 가치는 여러분이 얻는 것입니다.

널리 인용됨

▷ 시장의 역사를 살펴보면, 삼라만상이 보입니다.

1998년 정기 주주총회

▷ 나는 대체로 의욕이 좋은 자질이라고 생각합니다. 의욕은 나에게 도움을 주었습니다…. 나는 의욕적인 버크셔의 중역들을 좋아합니다. 이 사람들은 남들이 골프에 의욕을 보이는 만큼이나 일에 의욕적이고 그것이 결과로 나타납니다. 만일 여러분이 의욕이 느껴지지 않는 직업에 종사하고 있다면, 다른 일을 찾으십시오. 자신을 위해 성심껏 일하지 않는 사람이 고용주를 위해 성심껏 일할 리 없으며, 어떤 시점에 이르면 분명 변화를 바라게 될 것입니다. 셜리 매클레인의 말이 옳은 것이 아니라면, 이승에서 우리의 삶은 단 한 번뿐입니다. 그러니 살아가면서 즐길 수 있는 일, 의욕을 가질 수 있는 일을 해야 할 것입니다.

『빌 게이츠와 워렌 버핏 성공을 말하다』, 1998년 5월

▷ 졸업 후에는 멋져 보이는 직업이 아니라 여러분이 좋아하는 직업을 가지십시오. 여러분이 부유해지더라도 선택하고 싶어질 직업을 가지십시오. 돈이 전부가 아닙니다. 함께 일하는 사람들을 좋아하는 것이 가장 중요합니다.

〈마이애미 헤럴드〉, 1998년 12월 27일

▷ 결혼 생활을 오래 유지하는 일에 관심이 있다면, 제가 조언해줄 수 있는 건 한 가지입니다. 기대지수를 낮추라는 거지요.

〈나이트라인〉과의 인터뷰, 1999년 3월 2일

▷ 나는 친구들이 자립 능력을 떨어뜨리는 식권부모에게 물려받는 유산의 비유적 표현·옮긴이과 계속 대물림할 수 있는 부의 특성, 그리고 그것이 얼마나 끔찍한가에 관해서 주고받는 대화를 듣곤 합니다. 살면서 이룬 주요 업적이라고는 잘 고른 자궁에서 태어난 것밖에 없는 이런 사람들이 바로 자식에게 막대한 재산을 남깁니다. 그 자궁에서 그들이 태어날 때 기다리고 있는 것은 복지 사무관이 아니라 신탁 사무관이며, 식권 대신 배당금과 이자를 받습니다.

컬럼비아대학교 강연, 2000년 9월 27일

▷ 시장 모형이 성공한다면, 가격은 결국 적절하게 매겨질 것이다. 즉 많은 자금을 가진 자만이 생존할 수가 있다.
▷ 의회는 군비 경쟁을 끝낼 수 있는 유일한 기관이다. 이 경쟁이 끝나지 않는 한 부유한 단체와 개인들은 지속적으로 막강한 권력을 가지게 될 것이다.

▷ 어떠한 법안이 통과되더라도 정치에는 많은 돈이 계속 흘러들어갈 것이다. 하지만 강력한 법안은 그러한 구린 돈의 액수를 최소화해줄 것이다.

〈워싱턴 포스트〉, 2001년 3월 21일

▷ 부채에 발을 딛는 것은 부채에서 발을 빼기가 너무 어렵기 때문에 미친 짓입니다.

2001년 정기 주주총회

▷ 인간에게는 쉬운 것도 어렵게 만들고 싶어 하는 고약한 특성이 있는 것 같다.

널리 인용됨

▷ 세상을 움직이는 것은 탐욕이 아니라 질투이다.

널리 인용됨

▷ 자신이 하는 일을 즐길 때는 많은 일을 해도 고되지 않다. 즐기며 일을 할 때는 힘에 부치지 않는다. 오히려 일을 함으로써 활력이 생기기 때문이다.

〈포천〉, 2002년 7월 8일

▷ 자신의 잘못은 남에게 지적당하는 것보다 스스로 지적하는 편이 낫다.

〈런던 텔레그래프〉, 2002년 9월 23일

▷ 세상에서 가장 중요한 것은 태어나서부터 몇 년 동안 우리가 아이들에게 가르치는 내용입니다. 여러분이 아이들의 영웅이 될 만한 자격을 갖추도록 하십시오. 그래야 진짜 영웅이 될 테니까요.

펜실베이니아대학교 와튼스쿨 강연, 2003년 10월 10일

▷ **주인의식을 높이 사면서** 결국 누가 렌터카를 세차하겠습니까?

2003년 연례보고서

▷ 우리가 역사에서 배운 점은 사람들이 역사에서 배우지 않는다는 사실입니다.

2004년 정기 주주총회

▷ 여러분은 무엇이든 되고 싶은 대로 될 수 있습니다. 여러분이 서른이든, 마흔이든, 쉰이든, 갖고 싶은 자질을 키울 때는 바로 지금입니다. 우리 몸과 마음은 하나밖에 없습니다. 따라서 잘 돌보십시오. 인생에 되감기 버튼은 없습니다.

▷ 성공이란 여러분이 사랑을 받고 싶어 하는 사람들에게 사랑을 받는 것입니다.

조지워싱턴대학교 경영대학원 강연, 2004년 10월 21일

▷ 세상 어느 것도 끈기를 대신할 수 없다. 재능도 끈기를 대신할 수 없을 것이다. 재능을 지녔음에도 불구하고 성공하지 못하는 경우가 비일비재하다. 천재성도 끈기를 대신할 수 없다. 성공하지 못한 천재가 얼마나 많은가. 교육도 이를 대신할 수 없다. 세상은 교육받은 낙오

자들로 가득 차 있다. 끈기와 결단력만 있으면 못할 일이 없다.

널리 인용됨

▷ 성공은 원하는 것을 얻는 것이고, 행복은 얻은 것을 원하는 것이다.

널리 인용됨

▷ 사람들은 그림이 아니라 미술가에게 투표하고 있다.

널리 인용됨

2장
전설적 투자자의 시작

내가 유일하게 바라는 것은
지금 하고 있는 일을 되도록 오래 하는 것이다.
매일매일 하루 종일 탭댄스를 추는 기분이다.

_워런 버핏

워런 버핏의
가계

워런 버핏은 1930년 8월 30일 네브래스카주 오마하에서 태어났다. 현재 버크셔 해서웨이 본사가 있는 곳에서 불과 몇 블록 떨어져 있지 않은 곳이다. 당시는 1929년에 시작된 경제 대공황이 한창 위력을 떨치던 시절이었다. 버핏은 오마하 시내에 있는 오래된 산부인과에서 태어났다. 그때는 버핏가가 오마하에서 정치적, 상업적으로 어느 정도 입지를 다진 뒤였다.

미국에 처음으로 발을 내디딘 버핏가의 선조는 프랑스 위그노교도 출신의 모직물 직조공 존 버핏이었다. 그는 1696년 한나 타이터스와 결혼했다. 처음으로 네브래스카주에 터전을 잡은 선조는 버핏의 증조부 시드니 호먼 버핏이었다.

뉴욕주 롱아일랜드 딕스 힐스에서 태어난 시드니 버핏은 1869년 8월 20일 오마하 14번가 315번지에 식료품점을 열었다. 시드니 버핏의 아들 어니스트는 1894년 2월부터 아버지와 함께 그 가게에서 일하기 시작했다. 가게는 1915년에 오마하의 던디 구역으로 자리를 옮겼다. 어니스트 버핏의 아들 프레드는 조카 버핏이 태어나기 1년 전인 1929년 6월 1일 던디 구역의 50번가와 언더우드가에 있는 식료품점 사업에 합류했다. 가게는 문을 연 지 100년이 지난 1969년에 문을 닫았다.

버핏은 자신의 선조들이 운영했던 식품점에 관해 "그 지긋지긋한 식품점 버핏 앤드 선Buffett & Son Grocery은 찰스 멍거 같은 친구를 고용해 쥐꼬리만 한 임금을 주고 나면 겨우 한 식구들 입에나 풀칠할 수 있는 정도였다"고 말한 바 있다.**2**

실제로 멍거는 1930년대에 버핏 앤드 선에서 밤 11시까지 일한 경험이 있다. "나는 트럭을 몰고 배달을 다녔는데 애초부터 무리였어요. 사람들이 전화로 주문을 하면 나는 일일이 연필로 받아 적어야 했죠. 만약 계속해서 트럭으로 물건을 배달했다면 그때 이미 우리는, 지금은 없어진 인터넷 식품점 웹밴1996년 루이스 보더스가 설립한 온라인 슈퍼마켓. 2001년 7월 자금난으로 파산함·옮긴이이 당면했던 고비용의 함정에 빠졌을 겁니다."

어니스트 버핏은 완고한 고용주였고 강한 정치적 견해를 고수한 사람이었다. 멍거는 그에 대해 이렇게 회상한다. "그는 12시간 꼬박 일을 시키고 2달러의 급료를 지불했어요. 사회보장제도가 막 제정되던 때였죠. 어니스트는 세금을 지불해야 한다는 명목으로 아르바이트생들에게 2페니를 먼저 요구했어요. 일이 끝나면 나는 어니스트에게 2페니를 주고 2달러짜리 지폐를 받았습니다. 돈을 받으면서 사회보장제도의 해악을 비판하는 지루한 연설도 들어야 했지요."

1950년 6월 16일 자 〈던디 뉴스〉에는 "오마하에서 식료품 판매로 보낸 81년"이라는 헤드라인의 기사가 실렸다. 신문에는 시드니, 어니스트, 프레드 버핏의 사진과 함께 버핏 앤드 선 식품점에 관한 이야기가 게재되었다. 그 기사를 계기로 버핏 일가는 오마하에서 잔뼈가 굵은 시민으로 사람들에게 각인되었다.

아버지,
하워드 호먼 버핏

워런 버핏은 어니스트 버핏의 손자이며, 냉정하고 침착한 성향으로 잘 알려진 골수 공화당 하원의원 하워드 호먼 버핏Howard Homan Buffett의 아들이다.

버핏의 아버지 하워드는 네브래스카대학교에서 〈데일리 네브래스컨〉을 편집하던 시절에 버핏의 어머니 레일라를 만났다. 1924년 레일라는 대학교 학자금을 벌기 위해 직장을 알아보려고 네브래스카대학교에 들렀는데 그곳에서 하워드와 마주친 것이다.

레일라는 당시 네브래스카주 웨스트포인트에서 아버지가 소유하고 있던 주간 신문 〈커밍 컨트리 데모크래트〉의 기자였고, 인쇄소에서 조판도 하고 있었다. 레일라의 아버지 존 스탈은 1905년에 이 신문사를 인수했으며 가족은 신문사 건물 꼭대기 층에서 살고 있었다. 존 스탈은 교육감이기도 했다.

버핏의 할아버지 어니스트 버핏은 슬하에 하워드와 조지, 프레드 외에도 앨리스 버핏과 1937년 텍사스에서 자동차 사고로 숨진 맏아들 클래런스를 두었는데 그중 앨리스는 평생 독신으로 살았다. 그녀는 1935년부터 1969년까지 오마하의 공립학교인 벤슨 고등학교와 센트럴 고등학교에서 교사로 재직하면서 많은 존경을 받았으며 1970년에 세상을 떠났다. 그녀의 공로를 높이 산 벤슨 고등학교는 2004년 앨리스 버핏 매그닛 중학교로 교명을 변경했다. 교육자로서 35년간 종사하면서 타의 모범이 된 고모 앨리스 버핏의 공로를 기리는 의미로 워런 버핏은 '앨리스 버핏 우수 교사상'을 만들고 버핏 재단을 통해 매년

15명의 교사에게 각각 1만 달러의 상금을 주고 있다. 상금에는 아무런 조건도 붙어 있지 않다.

버핏의 아버지 하워드 버핏은 여간해선 잘 웃지 않는 진지하고 강직한 사람이었다. 금 소유가 불법이던 시절, 그는 〈커머셜 앤드 파이낸셜 크로니클〉에 다음과 같은 글을 기고했는데, 그의 타협하지 않는 성격을 잘 알 수 있다. "양당의 정치인들이 비록 표면적으로는 금본위제도의 부활을 옹호하는 것처럼 보이지만 실제로는 반대하는 데 대해 경고를 보낸다. 또한 계속된 인플레이션 덕분에 부를 거머쥔 국내외 사람들도 그러한 안전 재산의 부활을 반대할 것이다. 여러분은 그들의 저항에 현명하고 완강하게 맞설 준비를 해야 한다. ⋯ 전속력으로 질주하고 있는 인플레이션, 전쟁, 노예제도를 여러분의 자녀와 국가에 물려주고 싶지 않다면 금본위제도 부활을 역설하는 주장에 힘을 실어주어야 한다. 인간의 자유가 미국에서 부활하게 하고 싶다면 우리는 금본위제도 부활을 위한 전투에서 반드시 이겨야 한다. 이 문제, 즉 여러분이 노동의 대가로 금을 획득할 수 있는 자유의 부활보다 중요한 당면 과제는 없다."[3]

1948년에 오마하의 실업가들을 대상으로 행한 연설에서도 금융정책에 대한 일관된 입장을 드러낸다. "자유주의 국가에서 통화단위는 독립적으로 금 또는 은의 고정된 기반 위에 안정적으로 정착되어야 하고, 지폐를 보유하고 있는 사람의 자유 선택에 따라 특정 무게의 금으로 상환될 수 있어야 합니다. 우리의 금융정책은 의회가 그렇게 강제할 때 비로소 질서가 잡힐 것입니다. 지폐가 금으로 상환될 수 있어야만 이러한 강제성이 빛을 발휘할 수 있음은 물론입니다." 하지만 의회는 하워드 버핏 하원의원의 주장을 받아들이지 않았다.

주식중개인이었던 하워드 버핏은 의회에서 일하기 전인 1931년 버핏 포크 앤드 컴퍼니Buffett-Falk & Co.를 설립했다. 그는 인플레이션 헤지hedge를 원하던 고객들에게 다이아몬드를 팔았다. 워런 버핏의 누이 도리스 버핏은 아버지에 대해 이렇게 말한다.

"아버지는 서서히 스며드는 사회주의에 두려움을 갖고 있었어요. 아버지는 인플레이션에 관한 한 시대를 앞서가는 사람이었고 이를 경고하는 글을 썼으며, 1932년에는 피해를 막기 위해 헤지를 해야 한다고 고객들에게 조언하곤 했지요. 아버지는 예술 작품과 보석을 사두라고 사람들에게 권고했습니다."

청렴결백한 정신과 보수적인 견해로 명성 높은 버핏의 아버지는 공산주의를 노골적으로 공격하여 논란의 대상이 되었으며, 네브래스카에 있던 존 버치 협회미국 공화당 내 근본보수파 중 반공우익단체. 존 버치John Birch는 미군 정보장교로 1930년대에 중국으로 건너가 장제스의 국민당과 함께 활동하던 중에 중국 공산당에 암살당한 인물로 존 버치 협회는 그를 기념하여 만들어진 단체이다·옮긴이의 초창기 멤버였다.

그는 2년여 동안 네브래스카주의 유일한 존 버치 협회 회원으로 활동했으며, 이 사실은 그가 얼마나 자신의 신념에 따라 행동하고 원칙을 고수하는 사람이었는지 보여준다.

루스벨트의 뉴딜정책과 전쟁에 반대해 외로운 투쟁을 계속했던 하워드 버핏은 1942년부터 1948년까지, 그리고 1950년부터 1952년까지 의회에서 일했다. 그는 보이는 대로 말하는 직설적인 사람으로 정치와 상업 분야에서 영향력 있는 논객이자 기민한 감시자였다. 하워드 버핏은 1964년 4월 29일 60세에 암으로 세상을 떠났다.

버크셔의 부회장 찰스 멍거는 "버핏의 아버지는 세상사에 해박한 지식을 지닌 분으로 재미있는 일화가 무척 많았다"면서 워런은 멋쟁이였던 아버지를 존경했다고 회고한다. "워런은 어릴 때부터 매사에 확고한 신념을 가졌던 아버지를 지켜보았고 아버지의 우직함을 늘 따르고자 노력했어요. 반면 정치적 이데올로기는 위험한 것이라고 확신했고, 그래서 이데올로기와는 일정한 거리를 두기로 마음먹었죠. 그러나 아버지의 직설적이고 강직한 성품의 영향을 받아서인지 워런도 자신만의 생각으로 삶을 영위하고 있어요. 그러한 태도는 버핏이 정확하고 공정하게 사물을 인지할 수 있는 바탕이 되었고요."

하원의원 하워드 버핏은 1963년 8월 5일 유언장에 서명하고 그이듬해 운명했다. 그가 남긴 재산은 56만 3293달러였고, 그중 33만 4739달러는 버핏의 사업에 투자되어 있었다. 버핏의 아버지는 2만 달러를 네브래스카 감리교 병원에, 1만 달러를 이매뉴얼 전도사 회관에, 그리고 5000달러를 아칸소의 하딩대학교에 기부했다. 남은 재산은 사랑하는 아내 레일라에게 남겼고 그녀를 유언 집행자로, 아들을 수탁인으로 지명했다. 하워드 버핏은 "나와 내 아내가 죽었을 때, 수탁인은 유산을 나의 딸에게, 사망했을 경우 그 자녀들에게 균등하게 나눠줘야 한다"고 유언했다.

워런 버핏은 아버지의 개인적인 소장품을 제외하고 아무것도 받지 못했다. 하워드 버핏은 왜 아들에게 아무것도 남겨주지 않는지 설명했다. "나는 아들 워런에게 아무것도 남겨주지 않겠다. 내가 워런을 사랑하지 않아서가 아니라 그 애가 나름대로 이미 상당한 재산을 갖고 있기 때문이다. 그리고 그 아이가 자기는 유산을 바라지 않으니 아무것도 남겨주지 말라고 요청했기 때문이다."

하워드 버핏은 정직함에 걸맞은 재산을 보유하고 있었다. 1961년 그의 재산은 지방은행에 7000달러의 잔고, 3만 달러의 국채가 있는 계좌, 1800달러 상당의 뷰익 자동차 그리고 견실한 주식 포트폴리오가 있었다. 그중에는 다이아몬드를 채굴하는 드비어스 콘솔리데이티드 마인즈 주식 300주와 돔 석유회사 주식 300주, 핸디 앤드 하먼 200주, 케와니 석유회사 500주, 목재 및 제지회사 와이어하우저 100주 등이 들어 있었다. 이 모든 포지션은 인플레이션에 대한 우려를 반영하는 것들이었다. 그는 또한 농업과 보험에도 약간의 투자를 해놓았다. 사우스 오마하 피드 앤드 서플라이 185주와 보험회사 가이코 208주도 소유하고 있었다. 가이코는 워런 버핏이 가장 좋아하는 주식이었고, 훗날 주식 전량을 소유하게 될 회사였다. 결국 아버지 버핏 의원의 견실한 재산 증식을 아들 워런 버핏이 완성한 셈이다. 그러나 워런 버핏의 재산 중 어느 것도 아버지에게서 나온 것은 없었다.

어머니, 레일라 버핏

버핏의 어머니 레일라 버핏은 온화하고 유머 감각이 뛰어나며 늘 활기 넘치는 여성이었다. 그녀는 88세 되던 1992년도 버크셔 정기 주주총회에 당당하게 걸어 들어와 자신은 아직도 건재하다고 의기양양하게 말하기도 했다. 그러나 레일라는 아들의 66번째 생일날이던 1996년 8월 30일, 92세의 나이로 세상을 떠났다.

버핏의 부모는 워런 외에 딸 둘을 두었다. 버지니아주 프레데릭스버그에 살았던 도리스 버핏과 캘리포니아주 카멜의 로버타 비아렉이 그들이다. 세 아이 모두 재학 당시 월반을 했으며, 베이커가 4224번지에서 이사해 레이크가와 53번가 코너에 있는 오마하의 유명한 컨트리 클럽 안에 있는 빨간 벽돌집에서 성장했다.

아버지 버핏 하원의원은 강직한 성품의 소유자로 금전적인 면에서는 아주 보수적인 편이었다. 언젠가 그는 연간 급여 인상분 2500달러(1만 달러에서 1만 2500달러로 인상되었던 때)를 재무성에 반환한 적도 있다.

버핏은 이런 아버지를 존경했고, 아버지 하워드는 조숙하고 혈기방장한 아들 워런을 '불덩어리fireball'에 비유하곤 했다. "남편은 워런을 불덩어리라고 불렀죠. 워런은 그냥 아빠라고 불렀고요. 두 사람은 둘도 없는 친구 사이 같았습니다. 아버지가 돌아가셨을 때 워런은 몇날 며칠 울기만 했죠." 레일라 버핏의 말이다.

버핏은 어머니와도 아주 가깝게 지냈다. 살로먼 위기버핏은 1991년 위기에 빠진 월스트리트의 유명한 투자은행 살로먼 브러더스의 최고경영자를 맡아 회사를 회생시켰다·옮긴이가 정점에 달해 있던 때에도 '미국 관절염협회 네브래스카 총회'에서 올해의 여성으로 선정된 어머니를 축하하기 위해 뉴욕에서 비행기를 타고 고향으로 달려가는 수고를 마다하지 않을 정도였다. 버핏은 "어머니는 살아 계신 동안 언제나 올해의 여성이었다"고 회고한다.

유년
시절

버핏은 자신이 태어난 배경을 다음과 같이 설명한다. "주식시장이 폭락하던 1929년 가을, 나는 아직 어머니 배 속에 있었죠. 모든 것이 시작된 해이니만큼 나는 1929년을 아주 좋아합니다. 아버지는 당시 주식 판매인이었는데 주식시장이 무너진 후에는 사람들에게 전화하기가 두려웠다고 합니다. 주식시장 폭락으로 완전히 망한 사람들밖에 없었으니까요. 그래서 아버지는 오후엔 그냥 집에서 시간을 보냈죠. 그때는 텔레비전도 없었잖아요. 아마도 그래서 1929년 11월 30일쯤 내가 어머니 뱃속에 자리를 잡을 수 있었고, 그로부터 9개월 후인 1930년 8월 30일에 태어난 거지요. 그래서 나는 주가 '폭락'에도 언제나 느긋한 심정을 갖게 되나 봅니다. 만약 당시 아버지 사업이 잘되어서 오후 시간을 집에서 소일하지 않았다면 과연 내가 태어났을지 아무도 모르는 일이죠."

버핏 일가에 닥친 결정적 위기의 순간은 1931년 8월 13일에 발생했다. 버핏의 첫 번째 생일이 바로 눈앞일 무렵 아버지가 다니던 은행이 문을 닫은 것이다. 하워드 버핏은 직장은 물론 저축해두었던 돈도 모두 잃었다. 경제 대공황으로 또 한 명의 희생자가 생긴 것이다. 하워드 버핏은 곧 다른 직장을 구하고 재산도 회복되기 시작했지만 그때는 가족에게 아주 힘든 시기였다.

어린 워런이 가장 좋아했던 장난감 중 하나는 허리에 차는 금속

환전기였다. 버핏을 '전형적인 남동생'이라고 불렀던 도리스는 버핏이 그 환전기를 매우 좋아했다고 회상했다. 아이스크림 판매상처럼 버핏은 여기저기 다니며 돈을 바꿔주는 놀이를 즐겨했다. 돈을 바꿔주고 돈이 늘어나는 것에 어린 버핏은 무척 신이 났던 것이다.

어린 버핏의 진정한 사업 모험은 음료수에서 시작되었다. 훗날 수십억 달러에 달하는 코카콜라 주식을 소유하게 될 아이에게는 적격이었다. 버핏의 어머니는 아들이 사업의 진가를 처음으로 알게 된 것이 여섯 살 때라고 기억한다. 다름 아닌 코카콜라를 판매하는 것이었다.

"아이오와에 있는 오코보지 호수에 갔었죠. 워런이 6병들이 콜라 한 팩을 25센트에 사와서 한 병에 5센트씩 받고 팔더군요. 워런은 항상 돈 버는 일과 관련된 숫자에 빠져 있었죠"라고 어머니는 회상했다. 그때 얻은 20%의 수익률은 후일 버핏의 비즈니스 경력 전반에 걸쳐 거의 지속적으로 유지된 비율이었다. 바로 그것이 버핏을 억만장자로 만들어놓은 이유이기도 하다.

버핏은 오마하에 있는 할아버지의 식료품점에서 코카콜라를 사다가 이웃에 팔기도 했다. 버핏은 자신이 경험한 최초의 사업을 이렇게 회상한다.[4] "내가 처음으로 코카콜라를 팔기 시작한 것은 1935년 아니면 1936년으로 기억합니다. 우리 가족이 운영하던 버핏 앤드 선에서 6개짜리 코카콜라 한 팩을 25센트에 사서 이웃에게 한 병당 5센트를 받고 판 것은 확실히 1936년의 일입니다. 이런 고수익 소매사업을 통해 나는 제품이 가진 놀라운 소비자 흡입력과 상업적 가능성을 실감할 수 있었습니다."

열 살 무렵 버핏은 음료 판매사업의 주 상품을 펩시콜라로 바꾸었다. 훗날 그는 "코카콜라에서 펩시콜라로 바꾼 이유는 1940년 당시 펩시콜라의 용량은 360밀리리터이고 코카콜라는 180밀리리터였는데 가격이 똑같았기 때문입니다. 용량과 가격에서 펩시는 상당한 경쟁력을 갖고 있었죠"라고 설명했다.

또한 버핏은 숫자를 기억하는 비상한 능력을 지니고 있었다. 이는 부모에게서 물려받은 것인데, 아버지는 주식중개인이었으니 말할 나위가 없고, 어머니 또한 숫자 계산에 뛰어났다고 한다. 다른 가족들도 버핏을 두고 숫자와 함께 살고 호흡하는 아이였다고 기억한다.

어린 시절 버핏은 어떤 음료수 브랜드가 잘 팔리는지 알아보려고 자판기 옆 휴지통에서 음료수 용기 뚜껑을 모두 모아 같은 것끼리 구분한 후 개수를 센 적도 있는데 그래야만 정확한 숫자를 도출할 수 있다는 생각에서였다. 이때 드러난 버핏의 능력, 즉 다른 사람이 전해주는 추측성 숫자가 아닌 정확한 숫자를 도출하는 능력은 버핏만의 독특한 트레이드마크로 남아 있다. 그는 결코 전통적인 지혜에 의존하는 법이 없다. 버핏은 전통적인 지혜란 흔히 전통만 강조할 뿐 정작 지혜는 뒷전이기 일쑤라고 말한다.

조숙했던 버핏은 온갖 종류의 숫자를 암기하기도 했는데, 병뚜껑에 있는 숫자부터 야구카드에 있는 통계 수치, 자동차 번호판부터 집 앞을 지나가는 자동차의 종류별 대수에 이르기까지 숫자라면 마다하지 않고 외웠다. 미국의 도시와 인구 수를 모두 외워 그 자리에서 줄줄 말할 수 있을 정도였다고 한다. 열 살 무렵에는 지역 도서관에 있는 웬만한 투자 관련 서적을 두루 섭렵한 상태였다.

오하마의
로즈힐 초등학교 시절

　오마하의 로즈힐 초등학교 시절, 어린 버핏은 운동을 잘하는 아이보다는 월반을 하는 머리 좋은 아이였다. 그는 〈오마하 월드 헤럴드〉를 펼쳐놓고 각각의 알파벳이 몇 번이나 나오는지 세어보기를 즐겼다. 버핏의 초등학교 2학년 담임선생님이었던 마리 메드슨은 어린 버핏을 모범적인 학생으로 기억한다.

　"언제인지 정확하게 기억할 순 없지만 워런이 맹장염으로 3주 정도 학교를 빠진 적이 있습니다. 문제를 일으킨 적은 한 번도 없었죠. 워런은 아주 착하고 모범적인 학생이었습니다. 항상 열심히 노력했죠. 정확히 기억나지는 않지만 수학은 아주 잘했던 것 같아요. 문학도 썩 잘했던 것으로 기억해요. 왜냐하면 내가 틀린 곳을 워런이 되레 지적해준 적이 있었거든요. 약어에 관한 것이었는데 결국 내가 틀렸어요."

　메드슨 선생님은 초등학교 시절 버핏이 '또래들과 떨어져 혼자 놀기 좋아하는' 어린이였다고 회상했다. 버핏은 "부모님과 아내를 제외하면 로즈힐 초등학교 선생님들이야말로 오늘날 내가 성공하기까지 많은 영향을 끼쳤어요. 나는 로즈힐 초등학교에서 보낸 7년이 대학 시절보다 더 중요했다고 생각합니다"라면서 지금도 초등학교 7년 동안의 담임선생님 이름을 모두 기억하고 있다고 말한 바 있다.

　로즈힐 초등학교에 다닐 때 버핏은 이미 경마 관련 정보지를 출간하면서 문학적 경력을 쌓기 시작했다. 진정한 의미에서 1인 출판을 시작한 것이다. 그가 펴낸 〈마구간 소년의 선택〉은 승리마를 예상하고 돈을 걸 수 있게 도와주는 정보지였다. 버핏은 집에 붙어 있는 지하실에서 정보지를 인쇄해서 1부당 25센트에 팔았다. 그가 친구들과 함께 수학을 기초로 개발한 시스템은 승리마를 예측하는 것으로 경마장이 면허가 없다는 이유로 사업을 폐쇄시키기 전까지 지속되었다. 버핏은 8세가 되면서 아버지의 서가에 꽂혀 있던 주식시장과 관련된 책을 읽기 시작했는데, 이미 6~7세 때 주식에 흥미를 느꼈다고 한다.

버핏은 "항상 좀 더 일찍 시작하지 못한 것에 화가 난다"고 말하곤 했다. 주식시장에 대한 광적인 관심은 그 후로도 이어졌고, 버핏은 주가의 등락을 차트로 만들곤 했다. 숫자와 돈에 관한 것이라면 어떤 것이든 푹 빠져들었다. 훗날 버핏은 차트 작성을 비롯한 기업의 펀더멘털경제상태를 표현하는 데 있어 가장 기초적 자료가 되는 성장률, 경상수지 등의 주요 거시 경제지표·옮긴이 분석과 연관성이 없는 대부분의 작업을 가리켜 '치킨 트랙chicken tracks 알아보기 힘든 지저분한 글씨·옮긴이'이라고 부르곤 했다. 그는 심지어 차트를 거꾸로 돌려놓고 본 적도 있다고 농담처럼 말했다.

버핏은 그때 이미 주식시장의 동향을 파악하고 있었으며, 통계를 산출하고 시장을 내다보는 자신의 통찰력이 다른 사람보다 예리하다는 사실을 깨닫기 시작했다. 그는 자신이 주식투자에 관심을 갖기 시작한 때를 정확히 기억하고 있다.

"나는 열한 살 때 아버지가 중개인으로 있던 '해리스 업햄'에서 주가를 기록하던 때부터 주식시장에 흥미를 갖기 시작했습니다. 주식정보 정리나 차트 작성 등 여러 가지 일을 했죠. 그러다 그레이엄의 『증권분석』을 보게 되었습니다. 그 책을 읽으면서 마치 빛을 보는 것 같았습니다."[5]

해리스 업햄은 버핏의 아버지 회사인 버핏 포크 앤드 컴퍼니와 같은 건물에 있었다. 어린 학생인 버핏으로서는 주식투자에 관한 조기교육을 제대로 받은 셈이었다. 버핏이 그때 얻은 교훈 중의 하나는 다른 사람들이 하는 말에 끌려다니지 말고, 다른 투자자들에게 지금 자신이 무엇을 하고 있는지 절대 얘기하지 말라는 것이었다. 이때의 교훈은 훗날 컬럼비아 경영대학원 시절 버핏의 지도교수였던 벤저민 그레이엄에 의해 더욱 확고해졌다. 그레이엄은 다른 사람이 자신의 생각에 동의하든 안 하든 그것이 자신이 지닌 생각의 옳고 그름을 판단하는 기준은 아니라고 가르쳤다. 이 같은 확고한 견해는 버핏의 뇌리에 깊이 각인되었다. 1965년 버핏 투자조합 조합원에게 보낸 서신에 버핏은 이렇게 적었다. "우리는 중요 인사나 영향력을 가진 사람 혹은 절대 다수가 우리의 의견에 동의한다고 해서 안도하지 않을 것이며, 그들이 우리의 의견에 동의하지 않는다고 해서 우려하지도 않을 것입니다."

버핏은 처해 있는 상황을 충분히 이해하고, 사실이 명확하게 규명되었을 때에 비로소 행동에 옮겨야 한다는 말을 덧붙였다. 다수의 의견이라고 해서 자신의 생각을 바꿀 수는 없다는 것이다. 그 행동이 보편적이든 그렇지 않든 또는 다른 사람이 동의하든 반대하든 상관없이 독자 적으로 행동하라는 뜻이다. 확고한 신념이 있다면 다른 사람의 조언은 그저 혼란스러운 이야기에 불과하고 시간 낭비가 될 뿐이다. 1970년대에 모든 사람이 하나같이 신문사업을 거들떠보지도 않았을 때, 버핏은 신문사업의 독점적인 판매망에 주목하면서 언론사 주식을 사 모으기 시작했다.

투자인생 초기부터 버핏은 불가피한 경우를 제외하고는 자신이 진행하는 일을 외부에 노출하는 법이 없었다. 버핏의 투자전략에 월스트리트마저 촉각을 곤두세워야 할 시기에 이르러서는 그의 이러한 전략은 한층 더 중요해졌다. 버핏의 투자방향이 시장에 새어나가는 일은 거의 드물었다. 오늘날까지 버핏은 매년 3월 버크셔 연례보고서버핏이 매년 주주들에게 보내는 편지. 버핏이 쓰는 유일한 투자 관련 글이며 투자가라면 누구에게나 필요한 조언을 담고 있다. 유머러스하면서도 생각할 거리를 제공하며 투자에 대한 지혜가 담겨 있다는 평을 받는 버크셔의 연례보고서는 그 내용이 법적인 보호를 받고 있다. 버크셔 해서웨이 홈페이지에 들어가면 읽을 수 있다. 버크셔의 연례보고서는 단순하게 작성되어 있고 어려운 그래프나 도표가 들어 있지 않으며 흑백으로 인쇄되어 있다. 경영진에 대한 찬사를 늘어놓지도 않고 형식적인 문구도 없으며 세계 경제를 논하는 일도 없이 다만 주주들이 원하는 내용으로만 채워져 있다. 주주들이 편하게 읽을 수 있도록 쉬운 표현을 쓰고 간결한 문장으로 구성되어 있으며 절대 거짓을 말하지 않는 것으로 유명하다·옮긴이가 발표되는 시점까지 자신의 투자전략을 비밀에 부치고 있다.

아버지 회사에서 주식의 거래 가격을 기록하고 주식과 채권을 보관하는 일을 돕던 버핏은 1942년 4월, 11세 때부터 작은 규모였지만 주식을 매수하기 시작했다. 첫 번째로 매수한 주식은 주당 38달러를 주고 산 시티 서비스의 주식이었고, 그것이 당시 버핏의 순자산이었다. 어린 버핏은 누나인 도리스에게 함께 투자하자고 설득했다. 버핏은 초등학교 시절 누나와 함께 걸어가던 등굣길의 추억을 회상하면서, 누나는 실적을 보여준 적이 없다는 점을 상기시키곤 했다고 말했다. 버핏은 주당 40달러를 받고 주식을 매도했고 수수료를 제한 후 5달러의 수익을 거두었다. 하지만 몇 년 후 그 주식은 주당 200달러까지 치솟았다.

다시 오마하로

아버지가 루스벨트 대통령의 뉴딜정책에 반대하면서 하원에 당선되었을 당시 12세였던 버핏은 약 넉 달 동안 조부 어니스트 버핏과 살았던 적이 있다. 1934년도에 오마하 로터리클럽의 회장을 지냈고 식료품 잡화상 주인이었던 어니스트 버핏은 책도 집필하고 있었는데 매일 밤 손자에게 몇 페이지씩 받아쓰기를 시키곤 했다. 책 제목은『식료품점 경영법과 낚시에 관해 배운 몇 가지 것들 How to Run a Grocery Store and a few Things I Have Learned about Fishing』이었다. 훗날 버핏은 감수성이 예민한 나이에 할아버지의 장황한 문장에 진절머리가 날 지경이었다고 얘기하곤 했다.

1942년 아버지가 공화당 하원의원으로 총 네 번의 재임기간 중 첫번째 임기를 시작하면서 오마하에서 평화롭게 지내던 버핏의 일상에도 변화가 찾아왔다. 버핏 가족은 1943년 1월 버지니아주 프레데릭스버그로 이사했다. 두 명의 누이와 달리 버핏은 뿌리를 잃어버린 듯한 느낌을 받았고 불행하다고 생각했다. 버핏은 프레데릭스버그에서 지냈던 시절을 이렇게 회상한다.[6] "그때는 모든 변화가 마음에 들지 않았죠. 이사를 하면서 정말 힘든 시절이 시작된 겁니다. … 지독한 향수병을 앓았어요. 부모님께는 숨을 쉴 수가 없다고 말씀드렸죠. 그래도 걱정할 것 없다고 안심시켜 드리긴 했지만 밤새 잠을 이룰 수가 없었습니다. 오마하에 계신 할아버지는 나를 무척 예뻐하셨죠. 할아버지에게 편지를 써서 내가 얼마나 힘들어하고 있는지 말씀드렸습니다. 결국 할아버지는 '워런을 다시 오마하로 보내라'고 말씀하셨죠."

이사한 지 한 달 만에 버핏은 오마하로 다시 돌아와 할아버지와 독신인 고모 앨리스 버핏과 함께 살면서 로즈힐 초등학교에 계속 다닐 수 있었다. 이즈음 버핏은 종종 칼 포크 가족과 점심식사를 했다. 칼 포크는 하워드 버핏과 버핏 포크 앤드 컴퍼니를 함께 운영한 파트너였다.

다시 가족이 있는 프레데릭스버그로 돌아온 버핏은 1943년 6월 여름의 대부분을 장로교 목사관에서 지냈다. 버핏 가족은 다시 1943년 7월에 워싱턴 D.C. 스프링 밸리에 있는 매사추세츠 대로 근처 49번가 N.W. 4211번지로 이사했다. 당시 군인처럼 머리를 짧게 깎은 어린 버핏이 동에 번쩍 서에 번쩍 워싱턴과 오마하를 너무나 자주 오갔기 때문에 오마하에 살던 한 은퇴한 기업가는 버핏이 마치 유령 같았다고 회상했다.

13세 때 버핏은 워싱턴의 집에서 가출한 적이 있다. 누나인 도리스 버핏은 그때 워런이 친구인 로저 벨과 함께 가출했다가 경찰에게 붙들려 집으로 돌아왔다고 기억한다. 하지만 버핏의 탈선은 여느 청소년들과는 다른 면이 있었다. 사업과 연관된 가출이었다는 점이다.

버핏은 펜실베이니아에 있는 허쉬 초콜릿 공장으로 갔고 경찰이 버핏을 발견한 곳도 그곳이었다. 버핏과 벨, 그리고 또 다른 친구 한 명은 그곳 골프장에서 캐디로 일하면서 돈을 벌 계획이었다. 또한 허쉬 초콜릿 공장 구경도 하고 공짜로 나눠주는 막대 사탕도 얻어먹을 생각이었다. 하지만 공장은 구경도 못했다. 또한 허쉬 주식을 매입할 의사도 분명히 없었던 것 같다. 버핏은 후에 한 경제부 기자가 허쉬의 주식을 매수할 의향이 있느냐고 물었을 때 이때의 가출 사건을 이야기하면서, "나는 평생 동안 차를 타고 다니지만 자동차회사를 인수한 적은 한 번도 없다"고 대답했다.

지금까지도 버핏은 '프랜차이즈' 개념을 설명할 때 허쉬 초콜릿을 종종 언급하곤 한다. 그는 코카콜라나 질레트, 리글리 같은 '유명 상표'들은 이름 이상의 가치가 있다고 말한다. 사람들이 특정 상표를 너무 좋아한 나머지 더 비싼 가격도 기꺼이 감수하고, '더 나은' 상표의 물건을 사기 위해 길을 건너는 수고를 마다하지 않을 때 가치 있는 프랜차이즈가 존재한다는 것이다.

신문배달 그리고
세금 납부 시작

버핏은 워싱턴의 앨리스 딜 중학교에 다녔는데 학교 성적은 그다지 좋지 않았다. 버핏에게 무엇보다 중요했던 신문배달을 그만두라고 아버지가 협박할 때마다 성적이 올라가긴 했지만 말이다. 버핏은 14세 때 신문배달로 벌어들인 1000달러의 수입에 대해 세금을 내기 시작했다. 한때 버핏이 배달한 신문의 부수는 5개 구역에 걸쳐 500부에 달했다. 버핏은 주로 아파트 단지를 도맡아 배달했다.

버핏은 신문배달 하던 이 시기를 잘 기억하고 있다. "내가 원하는 일을 할 수 있게 충분한 돈을 벌고 싶었습니다. 어릴 때 나는 신문을 배달하는 일이 너무나 즐거웠습니다. 그 일을 하면서 내가 하고 싶은 일을 스스로 할 수 있는 능력을 갖게 되었다는 사실이 좋았습니다."[7]

스프링 밸리 지역에서 〈워싱턴 포스트〉를 배달하던 두 구역에다 경쟁 신문이던 〈타임 헤럴드〉도 추가했고 나중에는 웨스트체스터 아파트 단지까지 담당 구역을 확장했다. 보통 새벽 5시 20분에 집을 나서서 매사추세츠 거리까지 버스로 가곤 했다. 버핏이 몸이 아파 쉬는 날

엔 대신 신문을 배달해주기도 했던 어머니는 당시 그의 열정이 엄청났다고 말한다. "돈을 모으는 일이 워런에게 세상에서 가장 중요한 일이었습니다. 워런이 번 돈을 넣어두었던 책상 서랍은 아무도 건드릴 수 없었죠. 마지막 한 푼까지 모조리 그 서랍 안에 들어가 있어야 했어요."

구독자들에게 신문 대금을 수금하는 시간을 더 유용하게 쓰려는 생각에서 버핏은 새로운 잡지를 구독하게 하는 효과적인 방법을 고안하기도 했다. 버려진 잡지에서 구독 기간 만료일이 적혀 있는 스티커를 떼어두었다가 만료일이 가까워졌을 때 고객에게 스티커를 건네주고 구독기간을 연장하도록 권유하는 것이었다.

버핏의 최대 관심사는
숫자와 돈

도리스 버핏은 동생 워런이 신문배달을 할 때나 주식에 투자할 때나 숫자에 밝고 합리적인 생각들을 해냈기 때문에 워런의 성공을 의심해본 적이 없었다고 말한다. 1954년부터 〈포천〉 기자로 활동한, 버핏의 오랜 친구인 캐럴 루미스도 어린 시절 버핏이 『1000달러를 버는 1000가지 방법A Thousand Ways to Make $1000』이라는 책을 거의 외우다시피 했다고 전한다. 특히 버핏은 게임기 대여사업에 관심이 많아서 1대에서 시작하여 수천 대로 대여 규모를 늘려가는 상상을 즐겨하곤 했다고 전해진다.

버핏은 머릿속으로 끊임없이 계산하는 학생이었다. 교회에 가면 찬송가를 만든 작곡자들의 수명을 계산했다. 그들의 종교적 소명이 수

명 연장이라는 보상을 해주었는가 확인하면서 말이다. 버핏이 내린 결론은 '아니다'였다. 아마 버핏이 불가지론자로 남게 된 까닭도 그런 데 있는 것이 아닌가 싶다.

어린 워런이 비상한 수학적 재능을 지녔음에도 불구하고, 신앙심 깊고 검소하며 일신의 안위를 위해 돈을 모으는 데는 큰 관심이 없던 버핏의 아버지는 아들이 금융 분야에 깊은 관심을 보인다는 사실이 놀라울 따름이었다. 그는 성직자의 길을 걷길 바랐던 아들이 황금에 눈이 멀어 혼이 빠졌다고 생각했다. 하지만 젊은 버핏은 애초부터 종교와는 거리가 멀었다. 버핏이 관심을 기울인 것은 합리성과 사실, 숫자 그리고 돈이었다. 버핏은 하느님의 존재에 의구심이 있었기 때문에 자신은 불가지론자이지만 아버지는 아주 신앙심이 돈독한 분이었다고 말한다. 하지만 도덕적 기준에 있어서는 생각이 같았다. "실천적인 문제에 대해서는 아버지와 내가 거의 비슷한 생각을 가지고 있었다고 봅니다. 올바른 행동은 어떤 것이고 사회가 어떤 식으로 돌아가야 하는지에 대한 보편적인 믿음 말입니다. 저는 아버지를 무척이나 존경했습니다. 그 다음으로는 아내를 꼽을 수 있는데, 평생 동안 아버지나 내 아내가 신문의 1면을 장식할 만한 불미스러운 행동을 하는 것을 한 번도 본 적이 없습니다."

버핏 일가는 대대로 충성스런 공화당 지지자들이었지만 각자 나름대로 확고한 소신이 있는 사람들이었다. 하지만 워런 버핏이 아내 수전 버핏과 함께 민주당원이 되었다는 사실은 가족 전체에 엄청난 충격을 주었다. 수전 버핏은 "그야말로 온 집안이 발칵 뒤집어졌죠"라고 회상했다.[8]

버핏은 자신이 민주당으로 돌아선 이유가 1960년대 초반 인권문

제에 대한 그의 견해와 민주당의 노선이 상당히 일치하고 있었기 때문이라고 말한 바 있다.[9]

하버드라는 명성보다
진짜 가치를 찾아서

아버지가 하원의원에 당선되어 이사를 하면서 버핏은 워싱턴 D.C.에 있는 앨리스 딜 중학교와 우드로 윌슨 고등학교를 졸업한다. 1945년 2월, 14세에 중학교를 졸업하고, 1947년 6월 윌슨 고등학교를 졸업했을 때는 16세였다. 정상적인 경우라면 고등학교를 졸업하는 시기가 입학 3년 후인 1948년 2월이 되겠지만 버핏은 2년 6개월 만에 고등학교 과정을 마쳤다. 대부분의 대학 교과과정이 9월에 개강한다는 점에서 시기적으로 아주 잘 맞아떨어진 셈이다.

16세이던 버핏은 같은 반 친구인 17세인 돈 댄리와 함께 볼티모어로 가서 1928년형 롤스로이스 한 대를 350달러에 샀다. 그러고는 하루에 35달러를 받고 대여하는 사업을 시작했다. 당시 댄리의 여자 친구이자 같은 반 친구였던 노마 진 퍼나는 버핏과 댄리가 구입한 롤스로이스를 이렇게 기억하고 있다. "볼티모어에서 그 차를 끌고 집으로 돌아올 때 저도 함께 있었죠. 볼티모어에 있는 폐차장 같은 곳에서 산 차였어요. 돌아오는 길에 우린 완전히 겁에 질렸어요. 그 고물차가 언제 고장 날지도 모르는 데다 번호판도 없었거든요. 원래 회색이던 차를 우리가 파란색으로 칠했어요. 워런의 집에서 돈과 제가 색칠했어요. 그때마다 워런의 어머니가 점심을 차려주셨죠."

어쩌면 버핏이 자동차 업계에 뿌리 깊은 편견을 갖게 된 것도 이때쯤이 아닌가 한다. 버핏은 제너럴 모터스를 가리켜 "자동차사업이 부수적으로 붙어 있는 형편없는 회사"라고 말했다. 투자자들이 사회 발전과 돈을 벌 수 있는 기회를 혼동해서는 안 된다는 것이 버핏의 지론이다. 그는 자동차와 항공산업이 사회적 발전의 산물이기는 하지만 투자자에게 돌아오는 수익은 아주 낮다고 말한다.

댄리는 생명공학 기업 몬산토의 기술이사직에서 은퇴한 후 2002년 사망할 때까지 플로리다주 펜서콜라에서 살았는데, 그는 중고차를 사려고 버핏과 함께 볼티모어에 갔던 날을 이렇게 회상한다. "볼티모어에서 차를 가지고 올 때 아직 번호판이 없는 상태였습니다. 워싱턴에 들어서니 경찰이 우리가 탄 차를 세우더군요. 워런이 아버지가 하원의원이라고 말했더니 그냥 보내주었어요. 집에 도착하자 문제의 롤스로이스를 차고에다 세워놓고 작업을 시작했죠. 난 기술 쪽에 재능이 있었는데 워런은 그보다는 경제 분야에 뛰어난 친구였습니다. 워런은 기계에는 전혀 문외한이었는데 너트에 볼트를 끼워 맞출 줄도 몰랐죠. 하지만 두 자리 숫자 20개를 암산으로 더할 수 있는 재주가 있었지요. 내가 작업하는 동안 워런은 차고에 앉아서 나에게 경제서적을 읽어주곤 했죠. 워런이 고등학교를 졸업하기 전까지 읽은 경제서적만도 100권이 넘을 겁니다."

댄리는 두 사람이 항상 구식 자동차에 관심이 많았다고 말했다. 나중에 버핏은 1980년대에 네바다주 리노에 있는 '헤라 골동품 자동차 박물관'의 인수를 제의받기도 했지만 가격 합의까지는 이르지 못했다.

코넬대학교로 진학한 댄리는 버핏을 숫자에 관한 한 놀라운 능력을 가진 친구로 기억했다. "가끔 워런은 내게 두 자리 숫자를 20개 정도 말하게 한 다음 그걸 머릿속으로 암산을 하곤 했어요. 보통 사람이라면 20개의 숫자를 더할 때 종이와 연필이 필요했을 테지만 워런은 달랐지요. 그런데 정확하게 맞히는 거예요. 정말 놀라운 일이었지요."

댄리는 버핏이 성공할 거라는 사실을 일찍감치 확신했고 부친이 일찍 돌아가신 후 유산으로 물려받은 6000달러를 버핏에게 맡기고 알아서 투자하도록 했다. 버핏은 1951년부터 10년간 댄리에게 돈이 어떻게 투자되고 있는지 계속 알려주었다. 이후 댄리는 1961년 버핏 투자조합에 2만 5000달러를 투자한 것을 시작으로 버크셔 주식을 소유하게 되었고 단 한 주도 팔지 않았다. 댄리는 40년이 넘도록 매일 아침 버크셔의 주가를 확인하는 일을 인생의 낙으로 삼았다고 한다.

댄리는 우드로 윌슨 고등학교의 1947년도 동창생 중 졸업성적이 공동 1위였던 11명 가운데 한 명이었다. 댄리는 워런의 성적이 전교생 350명 중 16위였다고 기억한다. 그러나 워런은 이미 서른 살이면 자신이 백만장자가 될 거라고 친구들에게 공언하곤 했다. 댄리를 포함한 친한 친구들은 그의 말을 믿어 의심치 않았다.

1947년 우드로 윌슨 고등학교 졸업앨범에 소개된 버핏의 기록은 동창생들에 비해 다소 초라하다. "토론 그룹과 골프 팀에 소속. 농구와 골프를 좋아하는 스포츠맨. 제일 좋아하는 과목은 수학. 미래의 주식중개인."

윌슨 게임기 회사

롤스로이스 대여사업 외에도 버핏은 친구 돈 댄리와 함께 25달러짜리 중고 핀볼 게임기 대여사업도 시작했다. 기술에 재능이 있던 댄리가 기술이사를 맡고 버핏이 자금공급 담당을 했는데, 중고 게임기를 구입한 후 깨끗이 수리해 번화가인 위스콘신가의 이발소에 설치한 것이다. 게임기를 설치한 후 하루 만에 두 젊은 사업가는 동전함에 가득 찬 5센트짜리 동전을 수거하여 4달러의 수익을 거두었다. 버핏은 그때 자신이 돈 만드는 기계를 발명한 것 같았다고 말했다.

많은 이발소가 핀볼 게임기를 설치해달라고 간청하자 두 사람은 고집 센 윌슨 사장과 상의해보겠다고 능청을 떨었다. 윌슨 사장이란 바로 자신들이었다. 게임기가 7대로 불어나자 이제 일주일에 50달러의 수익을 올릴 수 있었다. 버핏은 작은 사업체였지만 당시에도 매월 회사의 손익 계산서를 타자로 작성해서 보관했다. 버핏은 그때를 회상하며 "인생이 그렇게 멋진 것인 줄 미처 몰랐다"고 말했다.

버핏은 또한 신문배달로 매월 175달러씩 벌고 있었다. 그는 이미 고등학교 재학 시절에 네브래스카 북서쪽에 있는 약 16만 제곱미터의 미개발지를 살 수 있을 만큼 충분한 자금(1200달러)을 확보하고 있었다. 사실 그 땅은 버핏의 아버지가 수년 전에 구입한 것으로 그는 아버지에게 현금을 지불하고 땅을 넘겨받아 농민에게 빌려주고 임대료를 받았다. 윌슨 핀볼 게임기 회사는 댄리와 버핏의 대학 진학 때문에 1947년 8월 1200달러에 한 퇴역 군인에게 팔았다. 버핏은 자기 몫을 챙긴 후 펜실베이니아대학교 와튼 경영대학교에 진학했다.

고등학교 시절의 버핏은 겉으로 볼 때 그저 자기 할 일만 묵묵히 하는 학생이었다. 그 시절 버핏은 오마하에서부터 알고 지내던 캐럴린 포크를 무던히 쫓아다녔지만, 훗날 역시 그녀를 쫓아다니던 피터 키윗선이라는 거대기업의 수장이 된 월터 스콧과 결혼하였다. 버핏은 이를 두고 "불행히도 언제나 최후에 남는 자는 최고의 남자 한 명뿐"이라고 너스레를 떨었다.

비록 학교에서는 그리 두각을 나타내지 못했지만 비즈니스 세계에서 버핏은 이미 주목받는 인물이었다. 1947년 고등학교를 졸업한 16세의 버핏은 주식시장에 관한 한 이미 전문가의 경지에 이르러 있었다. 그때까지 버핏은 약 6000달러를 벌어들였다. 대부분의 수입은 신문배달로 벌었다. 충분히 자신의 힘으로 학비를 충당할 수 있었지만 버핏이 대학 등록금을 스스로 해결한 것은 아니었다. 버핏이 자신의 돈을 다른 투자에 사용할 수 있도록 대학 학비를 부모님이 해결해준 덕분에 1950년대 말 20대의 청년 버핏의 자산은 9800달러가 되어 있었다.

대학 진학

아버지의 성화로 버핏은 사업을 접고 대학 진학을 결심한 후 펜실베이니아대학교 와튼 경영대학원 학부과정을 선택했다. 버핏은 학교에서 '청년 공화당원 클럽' 회장으로 활동하면서 '공화당 승리행진'에 사용할 코끼리를 대여할 계획을 세우기도 했다. 하지만 민주당의 트루먼이 공화당의 듀이를 물리치면서 버핏의 계획도 취소되고 말았다.

버핏은 1947년부터 1949년까지 2년 동안 펜실베이니아대학교에서 수학과 통계학을 전공한 뒤 3학년 때 네브래스카대학교 링컨 경영대에 편입하여 1950년 졸업과 함께 학위를 받았다. 단지 3년 만에 두 곳의 대학을 섭렵하며 학위를 받은 것이다. 대학에서 버핏은 교내 신문사 활동과 브리지 게임 등을 즐기면서도 줄곧 A학점을 유지했고 돈을 벌 수 있는 일에도 많은 시간을 할애했다. 한번은 100달러의 상금을 타려고 버마 셰이브면도용 크림 제조회사·옮긴이가 벌인 징글 콘테스트에 한꺼번에 12번이나 응모하기도 했다. 그가 제출한 최고의 응모작은 "키스할 때 잊은 게 있다면 이건 어때요? 버마 셰이브를 써보세요!"였다.[10]

헤리 베자는 펜실베이니아대학교 시절 버핏의 친구였다. 두 사람은 산업Industry 과목에서 수석을 다투는 사이였지만 베자는 성적을 얻기 위해 버핏보다 훨씬 많은 노력을 기울여야 했다. 버핏은 펜실베이니아대학교에서의 경험을 얘기하면서, "많은 것을 배우고 있다고는 생각하지 않았다"고 말했다. 그가 펜실베이니아대학교를 계속 다니지 않은 이유도 그럴싸한 비즈니스 이론에만 만족할 수는 없었기 때문이다. 버핏은 항상 현실적인 결과물을 도출할 수 있는 것에 관심이 있었다.

펜실베이니아대학교 시절 버핏은 여름방학과 겨울방학 동안 오마하에 있는 '페니스'에서 남성 의류를 판매하면서 시급 75센트를 받기도 했다. 버핏은 "그 일로 최저임금법의 권위자가 되었다"는 농담을 하곤 했다. 하지만 버핏이 실제로 얻은 것은 비즈니스가 어떻게 돌아가는지에 대한 직접 체험이었다.

네브래스카대학교에서도 버핏은 〈링컨 저널〉 배포를 담당하는 구역 책임자로 일하면서 6개 지역에 걸쳐 50명이나 되는 신문배달원을 감독했다. 또한 버핏은 고등학교 시절부터 골프장에 버려진 골프공을 주워 모아 깨끗이 씻어 되파는 일을 하곤 했었는데, 대학을 졸업할 때쯤 그동안 주워 모은 골프 공이 무려 2640개나 되었다. 버핏은 이 공들을 1200달러에 팔아 이윤을 남겼다.

버핏의 입학을
거절한 하버드

1950년 여름, 1년 만에 열네 과목을 수강한 후 19세의 나이로 네브래스카대학교를 졸업한 버핏은 하버드 경영대학원에 지원했다. 이 무렵 버핏은 오마하 공공도서관을 수시로 드나들며 경영서적을 지속적으로 읽고 회계와 보험에 관련된 거의 모든 자료를 훑어보고 있었다.

버핏은 면접을 보려고 기차를 타고 하버드가 있는 시카고로 향했다. 훗날 버핏은 당시를 회상하며 "하버드의 면접관들이 본 것은 겨우 열여섯 살쯤 되어 보이는, 사교성이라곤 고작 열두 살 아이 수준인 작고 왜소한 열아홉 살 난 학생이었다"고 말했다. 면접이 끝났을 때 버핏이 품었던 하버드에서의 포부도 끝났고 하버드 입학처의 무과실책임고의나 과실이 없더라도 손해의 결과에 대하여 책임을 지는 일·옮긴이도 거기서 끝을 맺었다.

시카고에서 면접은 10분 정도 진행되었고 하버드는 버핏을 거부했다. 하버드는 나이가 너무 어리니 1~2년 후에 다시 응시하라고 했다. 버핏은 친구 제리 오렌스에게 편지를 보냈다. "이건 정말 불행이야. 그 잘난 체하는 하버드에서 입학을 허가해주지 않았어. 열아홉 살은 너무 어리다는 얘기지. 나보고 한 1~2년 더 기다리라고 하더군. 이곳에서 4주 동안이나 숙식을 했는데 결국 인생의 암울한 현실과 맞닥뜨린 꼴이 되어버렸어. 아버지는 다른 대학원으로 진학하길 원하지만 나는 그러고 싶지 않아."

2주 후 버핏은 다시 친구에게 편지를 썼다. "솔직히 말하면 나는 하버드라는 명성에 혹했던 것 같아. 지금 난 컬럼비아대학교 입학 신청서 양식을 기다리는 중이야. 거기에 꽤 괜찮은 대학원 과정이 있어. 적어도 컬럼비아에는 벤저민 그레이엄과 데이비드 도드 같은 주식의 가치평가를 가르치는 뛰어난 교수진이 있거든."

세계 최고 가치투자자의
성장 과정

하버드 입학을 거부당한 것은 쓰라린 경험이긴 했지만 버핏에게는 뜻하지 않게 좋은 결과를 가져다주었다. 왜냐하면 정말 훌륭한 경제학 교수가 컬럼비아대학교에 있다는 사실을 알게 되었기 때문이다. 컬럼비아대학교 경영대학원은 즉시 버핏의 입학을 허가해주었고, 그는 그레이엄의 수제자로서 1951년 학업을 마쳤다.

그레이엄 교수의 본명은 벤저민 그로스바움Benjamin Grossbaum이다. 독일식 성을 제2차 세계대전 중에 그레이엄으로 바꾼 것이다. 그는 1894년 런던에서 출생했고 부모는 골동품 상점을 운영하는 유대인 출신이었다. 벤저민이 9세 때 그의 아버지는 폐렴으로 세상을 떠났다. 어머니가 가업을 이어받았지만 운영이 어려워진 골동품 상점은 1년이 채 되지 않아 문을 닫고 말았다.

집안 살림이 어려운 중에도 그레이엄은 학업에 뛰어난 재능을 보였다. 그레이엄은 1910년 브루클린의 보이스 고등학교를 졸업하고 컬럼비아대학교에 진학했다. 그는 아주 우수한 학생이었다. 그는 대학에서 고전을 공부했고 그리스어와 라틴어, 독일어, 스페인어 등 4개 국어에 능통했다. 훗날 그레이엄은 『트루스』라는 소설의 스페인어 원문을 번역하기도 했다. 20세에 대학을 졸업할 때 그의 성적은 졸업생 전체에서 2등이었다.

졸업 직후 그레이엄은 월스트리트로 향했고 학교에서 공부할 때 자신이 만들어두었던 노트를 1934년 책으로 출간했다. 735쪽짜리 책의 제목은 『증권분석Security Analysis』이었다. 『벤저민 그레이엄의 증권분석 이론』 저자인 제프리 빙햄은 그레이엄의 『증권분석』은 이전까지 혼돈스럽기만 했던 투자이론을 명확히 확립해주고 전문적 투자의 길로 이끌어준다고 평했다. 버핏은 1940년에 발간된 이 책의 증보판을 두고 1934년에 발간된 초판에 비해 내용이 '크게 향상된' 책이라고 평가했다. 현재 여섯 번째 개정판이 발간된 상태이다.

벤저민 그레이엄, 가치투자의 현자

그레이엄이 자신의 가치투자 방식을 개발한 것은 1929년 주식시장이 완전히 몰락한 이후였다. 1949년 그는 보다 적은 분량으로 책을 발간했는데 이것이 바로 『현명한 투자자Intelligent Investor』이다. 이 책은 투자의 체계를 세우려는 초보자를 위한 것이다. 공저자인 데이비드 도드David Dodd와 함께 집필한 『증권분석』 초판본은 1만 달러를 넘어섰다. 2000년에는 저자의 자필 서명이 있는 『증권분석』 초판본이 2만 달러에 팔리는 기록을 세웠다. 이는 20세기에 출간된 비소설로는 거의 독보적인 기록이라고 할 수 있다.

버핏은 1950년대 초 네브래스카대학교 3학년에 재학 중일 때 벤저민 그레이엄이 쓴 『현명한 투자자』를 읽었다. 이 책은 가치투자를 역설한 것으로 주식시장에서 저평가된 기업, 즉 내재가치가 주식시장에서 주어지는 가치보다 실질적으로 큰 기업을 찾아 투자해야 한다는 이론을 담은 책이었다.

실제 비즈니스 세계에서 가치투자자는 기본적으로 기업의 가치보다 실질적으로 낮게 평가된 자산, 즉 '내재가치'를 사고자 노력한다. 결국 내재가치에 비해 상당히 저평가된 가격에 팔리고 있는 주식을 사는 것이 목표인 셈이다.

그레이엄은 또한 투자자는 순수 운영자본의 3분의 2보다 낮은 가격에 거래될 때에만 주식을 사야 한다고 생각했다. 그레이엄에게 건전한 투자란 높은 순자산 가치와 낮은 수익배수Earning Multiple를 필요로 하는 것이었다.

그는 이자율과 연관된 가격을 특히 강조했다. 이러한 가치투자의 기본을 역설한 『현명한 투자자』는 양장본이 100만 부 이상 판매되었으며, 버핏에게는 핵심적인 비즈니스 신념을 심어준 책이기도 하다. "가장 비즈니스적인 투자가 가장 현명한 투자다. 다시 말해 투자는 희망이나 두려움 같은 감정이나 일시적 유행에 좌우되지 말아야 한다는 의미이다. 그레이엄의 책을 읽기 전까지 나는 지능보다는 본능에 의존한 투자를 하고 있었다"고 버핏은 말했다.

훗날 지도자의 위치에 선 그레이엄은 투자자들에게 비즈니스의 내재가치에 주의를 기울일 것을 권했다. 분별력 있는 투자자라면 누구나 관심을 갖게 되는 말이다. 그레이엄은 "투자자에게 최대의 적은 바로 자기 자신일 가능성이 높다"는 말을 한 적도 있다. 또한 투자자는 '안전마진Margin of Safety', 즉 비즈니스의 실제 가치가 주식시장에서의 가격보다 훨씬 높아야 한다는 점을 항상 염두에 두어야 한다고 지적했고, 가장 중요한 것은 가격과 가치라고 역설했다.

버핏도 후에 투자에서 가장 중요한 단어는 바로 '안전마진'이라고 말했다. 이외에도 투자에 앞서 고려해야 할 항목은 무수히 많다. 예를 들어 기업경영의 공정성, 경쟁적 위치, 영업권의 항구성, 가격 등이 그 것이다. 그러나 가격이라는 중요 쟁점을 놓고 볼 때, 벤저민 그레이엄이 『현명한 투자자』에서 역설한 '안전마진'은 버핏을 사로잡은 투자의 가장 중요한 열쇠였다. 안전마진은 저평가된 증권 또는 증권 저가 매수와 관련지을 때 그 가치가 가장 분명해진다.

여기서 우리는 정의에 의한 가격과 평가된 가치 사이에 차이가 있음을 알 수 있다. 이 차이가 바로 안전마진이다. 안전마진은 계산상의 착오 또는 평균 이하의 수익에 따른 충격을 흡수하는 데 사용된다. 저가 매수자는 부정적인 상황이 전개될 때 나타나는 저항에 특히 중점을 둔다. 미래의 전망이 명백히 나쁘다면 투자자는 가격이 아무리 낮더라도 증권 구매를 꺼릴 것이다. 하지만 저평가된 주식들 대부분은 미래에 대한 전망의 불투명성으로 야기되는 우려 때문에 과소평가되는 것이다. 이런 주식들을 저가에 매입했다면 약간 손실이 발생한다 해도 투자에 따른 만족할 만한 결과를 도출하는 데 장애 요소가 되지는 않을 것이다. 바로 이런 경우에 안전마진이 소기의 목적을 달성하게 된다.

성공 투자의 필독서
『현명한 투자자』

버핏은 현존하는 세계에서 가장 뛰어난 가치투자자이다. 버핏에게 가치투자라는 개념을 확고하게 심어준 책은 그의 스승 벤저민 그레이엄의 『현명한 투자자』이다. "나는 이 책 초판을 1950년 초에 읽었습니다. 그때 나는 19세였죠. 당시에도 사상 최고의 투자 관련 서적이라고 생각했고 지금도 그 생각에는 변함이 없습니다."

버핏은 후에 이런 말을 하기도 했다. "인간이 가진 무수한 나침반 중에서 벤저민 그레이엄이야말로 정확하게 북쪽을 가리키는 나침반입니다."

『현명한 투자자』는 벤저민 그레이엄이 컬럼비아대학교의 데이비드 도드 교수와 공동 집필한 『증권분석』의 보급판이라고 할 수 있다. 도드 교수는 "더 이상 새로운 시대는 없다. 다만 새로운 실수가 있을 뿐"이라는 말을 자주 했는데, 버핏은 "내가 광적인 종교인처럼 보이길 바라지 않지만 나는 도드 교수의 이 짧은 말에 완전히 사로잡혔다"고 말했다.[11]

2000년 5월, 샌프란시스코에 살던 도드 교수의 딸 바버라 도드 앤더슨은 아버지가 직접 주석을 달아놓은 『증권분석』의 초판을 버핏에게 전달했는데, 증정식은 컬럼비아대학교 경영대학원에서 열렸다. 2년마다 컬럼비아대학교에서 강의하는 버핏은 자신이 입학할 당시 종신 교수직에 있던 도드 교수가 여러모로 도움을 주었다고 말했다. 도드 교수는 1988년 93세의 나이로 세상을 떠났다.

버핏은 『현명한 투자자』를 한 단어도 빠짐없이 머릿속에 옮겨두고 있었다. 버핏이 IBM의 반트러스트법시장의 독점을 목적으로 하는 기업 합동을 금지하거나 제한하는 법률. 우리나라의 '독점규제 및 공정거래에 관한 법률'에 해당·옮긴이 위반 사건에서 증언할 당시 IBM 측 변호사가 버핏이 책에 나와 있는 내용을 부정하고 있다고 하자, 그는 지금 변호사는 세 번째 개정판에 있는 구절을 인용한 것인데, 세 번째 개정판에는 그레이엄과 도드 외에 또 다른 공저자가 있었다고 반박했다.[12]

버핏은 언제나 성공을 갈망하는 투자자들에게 『현명한 투자자』를 필독서로 추천한다. 그는 이 책의 8장에 소개된 변덕스럽고 예측 불허인 주식시장에 대한 투자자의 태도, 그리고 20장에서 소개하는 저가 매수에 관한 '안전마진' 부분은 투자에 대한 조언을 제공하는 현존하는 자료 중 가장 중요한 자료라고 평가했다. 진정한 투자자는 주가가 터무니없이 낮거나 혹은 터무니없이 높은 양쪽 모두의 시기를 잘 이용할 줄 알아야 하며, 순수 비즈니스가 지닌 가치와 비교하여 최적의 가격에 구매할 수 있어야 한다는 내용이다.

8장은 주식시장에서 날마다 주식가격을 알려주는 '미스터 마켓_{Mr. Market}가치투자의 창시자인 그레이엄은 주식시장을 미스터 마켓이라는 인물로 의인화해서 표현했다·옮긴이'을 어떻게 다루어야 하는지 설명하고 있다. 미스터 마켓은 변덕이 아주 심한 데다 기분이 아주 좋을 때나 그렇지 못할 때 그 상태가 그대로 겉으로 드러나는 편이므로 늘 주의를 기울여야 할 존재라는 것이다.

8장의 대략적인 내용은 다음과 같다. "기본적으로 진정한 투자자에게 가격변동이란 단 한 가지 아주 중대한 의미를 갖는다. 가격이 급격하게 하락할 때 현명하게 매수하고 큰 폭으로 상승할 때 현명하게 매도할 수 있는 기회를 제공하는 것이 그것이다. 가격변동이 없을 때에는 주식시장에 대한 생각은 떨쳐버리고 투자회사의 운영 결과와 배당금에만 주의를 기울인다면 좀 더 훌륭한 투자자가 될 수 있을 것이다."

20장에서는 시장에서의 거래 가격과 평가된 가치 사이에 차이가 있음을 지적하고 그 차이가 바로 안전마진이라고 설명하고 있다. 그러므로 안전마진이란 지불된 가격에 따라 달라지는 것이다. 매력적인 매수 가격은 대개 시장이 불황일 때 형성된다. 투자의 세계에서는 경기가 저조할 때가 바로 돈을 벌 수 있는 절호의 기회인 것이다. 다만 그 순간에는 그렇게 보이지 않을 뿐이다.

컬럼비아 경영대학원 사상
최고의 성적

버핏의 학교 성적은 컬럼비아 경영대학원 사상 가장 뛰어났다. 버핏은 1951년 컬럼비아에서 경영학 석사학위를 받았다. 그레이엄은 이 젊은 제자가 훗날 당대를 주름잡을 만한 훌륭한 경영인이 될 것이라 믿어 의심치 않았다. 컬럼비아 경영대학원 전 총장인 존 버턴 교수에 따르면 버핏이 그레이엄 교수가 가르치던 과목에서 모두 최고 성적인 A$^+$를 얻었다고 한다. 버턴 교수는 버핏을 이렇게 평했다. "그는 수학적 재능을 타고난 학생이었습니다. 또한 경제적 가치를 감지해내는 능력이 월등했지요."

그레이엄과 버핏

벤저민 그레이엄 또한 컬럼비아대학교 장학생이었고 20세가 되던 1914년도에 차석으로 졸업했다. 하지만 그레이엄이 컬럼비아대학교에 입학한 경위는 좀 더 복잡하다. 고등학교를 마친 후 그레이엄은 국가시험에 응시했다. 그러나 뛰어난 학생이었던 그의 성적이 형편없이 나왔다는 사실에 주변에서는 충격을 받았다. 하지만 같이 시험을 본 그레이엄의 친척은 이제껏 나온 성적 중 두 번째로 높은 점수를 기록했다. 그레이엄은 취업했고 그 친척은 컬럼비아로 진학했지만 막상 학교 성적은 형편없었다. 결국 국가시험에서 두 사람의 성적이 뒤바뀐 것이 뒤늦게 밝혀졌고 그제야 벤저민 그레이엄은 컬럼비아에 입학할 수 있었다.

그레이엄은 광범위한 분야에서 지적 수양을 쌓은 수재였다. 그는 독창적인 사상가였으며 다작의 작가였다. 버핏은 그런 그레이엄의 수제자였다. 그레이엄과도 알고 지내던 버크셔 부회장 찰스 멍거는 이 위대한 스승에 대해 이렇게 평했다. "워런에게는 지도교수이자 스승인 벤저민 그레이엄이 있었습니다. 그는 그레이엄을 매우 존경했습니다. 그레이엄은 학문적으로 아주 뛰어난 인물이었습니다. 그가 컬럼비아를 졸업할 때 교수직을 겸하면서 박사과정을 밟을 수 있게 해주겠다고 권유한 학과만 해도 그리스와 라틴 고전문학, 수학 이렇게 세 곳이었으니까요."

하버드 경영대학원 출신인 빌 루앤도 컬럼비아에 있던 벤저민 그레이엄과 데이비드 도드의 가르침에 흥미를 느껴 벤저민 그레이엄의 강의를 신청했고, 이로써 버핏과는 1951학년도 동기생이 되었다. 루앤은 투자관리회사 루앤 커니프 앤드 컴퍼니Ruane, Cunniff & Co.를 경영했고, 수십 년 동안 버크셔를 비롯한 여러 주식에 많은 투자를 하고 있는 시쿼이어 펀드Sequoia Fund를 운영했다. 또한 〈워싱턴 포스트〉의 이사로 있었고 버크셔가 모든 지분을 완전히 인수하기 이전까지 가이코의 이사직을 맡기도 했다.

버핏과 자신에게 다른 점이 있다면 수십억 달러의 돈과 100 이상 벌어지는 지능지수밖에 없다고 우스갯소리를 하는 루앤은 그레이엄 교수와 버핏 사이에는 일종의 지적 전기가 통하고 있어서 강의실에 있던 나머지 학생들은 그저 넋을 빼앗긴 청중일 뿐이었다고 회상한다. "불꽃이 튀었죠. 그때 이미 버핏이 어딘가 범상치 않은 사람이란 걸 알수 있었습니다."

1960년대에 루앤은 버핏의 주식중개인으로 일했다. 컬럼비아에서 버핏과 함께 공부했던 동기생 프레드 스탠백도 버핏이 신용평가회사 스탠더드 앤드 푸어스S&P의 주식 보고서를 손에서 놓지 않았다고 기억한다.

컬럼비아대학교를 졸업한 후 버핏은 그레이엄의 투자회사인 그레이엄 뉴먼 앤드 컴퍼니Graham-Newman & Co.에서 무보수로 일하겠다고 자청했다. 하지만 벤저민은 늘 그랬듯이 가치에 근거를 둔 계산을 해보더니 그 제안을 거절했다. 20세에 이미 컬럼비아대학교에서 석사학위까지 받은 버핏은 하는 수 없이 고향인 오마하로 돌아가 아버지의 주식중개회사 버핏 포크 앤드 컴퍼니에서 증권 세일즈맨으로 1951년부터 1954년까지 일했다. 버핏은 아버지 회사에서 자신의 능력을 유감없이 발휘했다. 누군가 그의 부친에게 회사 이름을 '버핏 앤드 선Buffett & Son'으로 바꾸는 게 어떻겠냐고 말할 정도였다. 그런 말을 들을 때면 버핏은 "아니요. 버핏 앤드 파더Buffett & Father라고 할 겁니다"라고 되받아치곤 했다고 한다.

자신의 취약점이 대중 앞에서 연설하는 데 자신이 없는 것이라고 생각한 버핏은 100달러의 수강료를 지불하고 데일 카네기 강좌에 등록했다. 이때 그의 나이 21세였다. 그러는 중에도 버핏은 오마하대학교훗날 네브래스카대학교로 통합됨·옮긴이 사회 교육 프로그램에서 투자 관련 강의를 맡고 있었다. 어느 날 수업에 들어가니 고작 4명의 수강생만이 앉아 있는 것을 본 버핏은, 강좌를 계속 이끌어가기에는 관심이 턱없이 부족하다는 유감의 말과 함께 휴강을 해버린 적도 있었다. 하지만 버핏의 강의는 시간이 흐르면서 호응을 얻게 되었다. 당시 평균 연령이 40세이던 수강생들은 강의실에 모습을 나타낸 젊은 버핏을 보고 낄낄거리며 조소를 보냈다. 그때 버핏은 지금보다 훨씬 마른 체구에 고등학생과 농구 시합을 해도 좋을 만큼 어려 보였기 때문이다. 그러나 버핏이 입을 여는 순간 강의실 여기저기에서 들리던 낄낄거리는 웃음소리가 일제히 멈췄다. 강의를 시작한 지 2분도 안 되어 완전히 분위기를 압도해버린 것이다.

당시에 버핏의 강의를 들었던 소아과 의사 캐럴 앵글은 버핏의 인상적인 강의를 생생히 기억하고 있다. "워런은 계산기를 사용하면서 돈이 어떻게 불어나는지 산출하는 방법을 우리에게 가르쳐주었습니다. 우리가 복리의 기적을 확실히 믿을 수 있도록 생각을 완전히 바꿔놓았죠."

버핏의 강의는 쉽고 간결한 설명과 유머, 깊이 있는 통찰력으로 유명세를 탔다. 버핏은 늘 금융서적을 열심히 탐독했다. 아버지 회사에서 일하던 시기에는 보험회사들의 통계자료를 보려고 네브래스카 주도州都인 링컨까지 가는 수고를 마다하지 않았다. 버핏은 그 시절을 이렇게 회상한다.

"나는 한 글자도 빼놓지 않고 모조리 읽었습니다. 주식중개인들이 만든 보고서 따위는 읽지 않았죠. 오로지 '미가공 데이터'에만 집중했습니다. 정말 흥미진진한 데이터였죠. 그 자료들을 통해 캔자스시티 생명보험과 웨스턴 보험증권이 각각 3배와 1배의 수익을 올리고 있다는 사실도 알았지요. 나는 여윳돈도 없었고 돈을 빌리는 것도 싫었습니다. 결국 다른 주식을 사기 위해 가지고 있던 주식을 너무 성급하게 팔아버렸죠. 그 시절의 나는 지나치게 고무되어 있었던 반면 지금은 충분한 자극을 받지 못하는 것 같습니다. 무연탄기업 주식을 샀다가 풍력발전 소회사 주식을 사기도 하고 도시철도회사에 투자하기도 했습니다. 경우에 따라서는 한 번에 한 가지 이상의 주식을 매수하기도 했습니다."[13]

당시 버핏은 값싼 주식에 투자했고 주가가 저렴한 데는 그럴만한 충분한 이유가 있다는 것을 비로소 깨달았다.

버핏은 통계수치상 저렴한 주식을 골라 매수하는 것을 '피우다 만 담배꽁초' 투자법이라고 부른다. 1993년 10월 27일, 컬럼비아 경영대학원 학생들을 위한 강연에서 버핏은 "피우다 만 담배꽁초와 같은 주식에 투자했다면 하루빨리 처분해야 합니다. 꽁초는 꽁초일 뿐 길게 피울 수 없으니까요"라고 하면서 이렇게 덧붙였다. "졸업 후 내가 들어간 첫 번째 직장은 아버지께서 설립한 5명의 직원이 일하는 오마하의 한 증권회사였습니다. 회사에서는 무디스의 업계편람, 은행과 금융계편람, 공익 사업체편람 등을 정기적으로 구독하고 있었는데 나는 그런 자료들을 한 글자도 빼놓지 않고 꼼꼼히 읽었습니다. 예컨대 뉴욕주 로체스터 근교에 제네시 밸리 가스라는 작은 회사가 있었습니다. 22만 주의 공모주가 있었죠. 이 공익사업체의 주식은 주당 순이익이 5달러였고 더욱 매력적인 사실은 1주당 5달러만 주면 살 수 있다는 것이었습니다. 캔자스주 포트 스콧에 있던 웨스턴 보험회사의 경우, 무디스의 연례보고서에 따르면 주가의 범위가 12달러에서 20달러 사이였고 주당 순이익은 16달러였습니다. 나는 포트 스콧 지방신문에 이 회사의 주식을 매수하겠다는 광고를 냈습니다. 매사추세츠주 뉴베드퍼드에 소재한 유니언 스트리트 레일웨이는 버스회사입니다. 당시 거래 가격은 45달러 정도였고 주당 현금 보유고가 120달러에 달했으며 부채는 없었던 것으로 기억합니다. 유니언 스트리트 레일웨이나 제네시 밸리 가스처럼 작은 회사에 대해 투자 조언을 해줄 사람은 아무도 없습니다. 이런 작은 기업은 때로는 경영진이 자체적으로 주식을 매수해버리기도 합니다. 이런 경우 큰돈을 버는 방법은 될 수 없겠지만 기본 원칙은 같다고 할 수 있습니다. 결론은 투자 대상은 스스로 찾아야 한다는 것입니다.”

훗날 버핏은 제네시 밸리 가스에 투자한 이유를 다음과 같이 말했다. “나는 무디스의 산업편람이나 운송편람, 은행 및 금융편람 등을 꼼꼼히 살펴보면서 투자 대상을 물색하고 있었습니다. 그러다 주당 순이익이 1배인 주식을 찾아냈습니다. 제네시 밸리 가스회사가 그중 하나였습니다. 뉴욕 북부에 위치한 소규모 회사였죠. 이 회사의 주식에 관해서는 중개 기사는 물론 그 어떤 정보도 공개되어 있지 않았으므로 그냥 책자만 들여다보면 되었습니다. 그 방법이 효과가 있었기 때문에 관련 책자들을 두 번이나 읽었습니다. 그리고 나서 투자를 결정했지요.”

그레이엄 뉴먼 투자회사

버핏은 벤저민 그레이엄에게 함께 일하게 해달라고 간청했다가 거절당했던 때를 이렇게 기억한다. “벤저민은 대학 졸업 후 무보수로 일하겠다는 나를 거절했죠. 대신 그는 시어스와 로벅미국의 대표적인 유통업체 시어스 로벅 앤드 컴퍼니의 창업주·옮긴이을 거상으로 키워낸 줄리어스 로젠왈드의 아들인 빌 로젠왈드에게 나를 추천했고, 나는 그 일가를 위해 일할 의사가 있는지 타진하는 예비 서신까지 받게 되었습니다. 하지만 당시 나는 군복무 문제로 오마하를 떠날 수 없었습니다. 벤저민이 정말로 빌 로젠왈드를 위해서 나를 추천한 것인지 아니면 성가시게 구는 나를 떼어내려고 한 것인지 그건 앞으로도 영원히 풀리지 않는 의문으로 남아 있을 겁니다."

오늘날 버핏은 자신을 위해 일하고 싶어 하는 수많은 사람의 요청을 받는다. 그중 몇몇은 심지어 급여를 받지 않고 일하겠다고 말한다. 그러면 버핏은 "좋습니다. 당신의 급여를 두 배로 올려주겠소"라는 농담으로 부드럽게 거절하곤 한다.

1954년, 마침내 버핏은 월스트리트의 그레이엄 뉴먼 회사에서 그레이엄과 함께 일할 수 있었다. 그레이엄과 제롬 뉴먼이 1926년에 함께 설립한 이 투자조합은 1956년까지 유지되었다. 그레이엄은 버핏에게 연봉 1만 2000달러를 지불했고, 저녁에는 스카스데일 직업학교에서 투자 관련 강의를 할 수 있도록 주선하기도 했다.

"연봉이 얼마인지는 물어보지도 않고 1954년 8월부터 그레이엄 뉴먼에서 일을 시작했습니다. 연봉은 1만 2000달러였고 이듬해에는 보너스로 2000달러를 더 받았습니다. 나는 두 가지 업무를 수행했는데, 그레이엄 뉴먼에서 한 일은 일반적인 투자업무였고 뉴먼 앤드 그레이엄 법인 쪽의 일은 오늘날 우리가 헤지펀드국제증권 및 외환시장에 투자해 단기이익을 올리는 민간 투자기금·옮긴이라고 부르는 일이었습니다. 두 가지를 합친 운영자금의 규모가 1200만 달러 정도였죠."14

1950년대에 그레이엄 뉴먼의 준사원이 된 워런 버핏은 1926년부터 1956년 사이의 차익거래 소득에 대한 세밀한 연구를 했는데, 이것은 기업의 전체 수명 주기에 관련된 것이었다. 그는 이 연구를 통해 차익거래에서 발생하는 비투기성 수익이 평균 연간 20%라는 사실을 알게 되었다. 버핏은 차익거래에 완전히 매료되어 그레이엄 뉴먼에서 이를 활용했을 뿐 아니라 그 후로도 계속 발전시켜 나갔다.

버핏은 그레이엄이 투자조합을 해산하고 은퇴한 1956년까지 2년 동안 그곳에서 일했다. 그레이엄은 버핏에게 투자자금을 대준 적이 한 번도 없었다. 후에 버핏은 벤저민이 자신에게 매우 무신경했다면서 그 점이 몹시 불만스러웠다고 농담을 하기도 했다.

그레이엄과 그의 파트너였던 제롬 뉴먼, 두 사람은 모두 부유한 삶을 살았다. 벤저민 그레이엄은 인생의 마지막 해를 태평양이 내려다보이는 캘리포니아 라호이아에 있는 고급 아파트에서 지내다가 1976년 세상을 떠났다.

그레이엄 뉴먼은 소규모 회사였다. 버핏에 따르면 회사는 600만 달러의 자본금으로 운영되었다.[15] 그레이엄 뉴먼에서 함께 일했던 제롬 뉴먼의 아들 미키 뉴먼은 2002년 버크셔 정기 주주총회에 참석하여, "버핏은 50년 전에도 지금과 다름없이 정직하고 재치가 뛰어난 사람이었다. 차이점이 있다면 지금은 더 많은 경험을 했다는 사실이겠지만 그래도 여전히 예전과 다름없다"고 말했다. 언제 버핏의 재능을 알아보았느냐는 질문에 뉴먼은 "그가 일하는 모습을 지켜본 그 순간"이라고 대답했다. 버핏 외에도 그레이엄 뉴먼 투자조합은 월터 슐로스와 톰 냅과 같은 인재를 고용했는데, 두 사람 모두 훗날 유명한 가치투자자가 되었다.

벤저민 그레이엄을 넘어서

뉴욕에 있는 칸 브러더스 앤드 컴퍼니 회장인 어빙 칸은 컬럼비아 대학교를 거쳐 그레이엄 뉴먼 투자회사에 이르기까지 27년간 벤저민 그레이엄과 함께 일한 인물이다. 그는 주급 25달러를 받고 조교로 일하면서 그레이엄의 저서 『증권분석』의 일람표를 만들기도 했다.

"내가 벤저민 그레이엄을 처음 만난 것은 1928년 회원사를 관리하는 에이치 헨츠 앤드 컴퍼니H. Hentz & Co.에서 오후와 주말에 시간제 근무로 장부 정리를 돕고 있을 때였습니다. 나는 거기서 나이 든 고참 직원에게 꾸준히 수익을 올리고 있는 회원사가 있는지 물었는데, 그가 내게 보여준 장부에 벤저민 그레이엄이라는 이름이 적혀 있었습니다. 나는 사무실이 같은 건물에 있다는 걸 알고 그가 낯선 젊은이를 상대해줄지 걱정하면서 무작정 찾아갔습니다. 뜻밖에도 그레이엄은 매우 친절하고 호의적이었습니다. 그리고 자신의 투자기법을 흔쾌히 설명해주었습니다. 심지어 컬럼비아 경영대학원에서 새롭게 시작한 '증권 분석의 적용' 강의에 나를 초대해주기까지 했습니다."

칸은 그레이엄 뉴먼에서 일하던 젊은 시절의 버핏이 그레이엄의 중요한 피후견인이었다고 회상한다. "버핏은 지금과 크게 다르지 않았지만 지금보다는 성미도 급하고 항상 자기 일에 바쁜 청년이었습니다. 항상 활기가 넘쳤고 일단 대화를 시작하면 상대방을 녹초가 되게 만들었죠. 버핏은 돈을 벌겠다는 야망에 가득 차 있었습니다."

칸은 버핏이 사업이 돌아가는 방식에 탁월한 이해력을 지니고 있었다고 덧붙였다. 버핏의 부친 또한 벤저민 그레이엄과 친분이 있었다. 칸의 표현을 빌리자면 두 사람은 모두 험난한 대공황 시기를 헤쳐나온

세대로서 예전의 가치를 회복하고 가격 안정을 도모할 방법을 모색한 인물들이었다.

"오마하에 살던 워런의 부친은 대공황 시기를 온몸으로 체험한 세대였습니다. 특히 기반이 송두리째 붕괴된 농업 분야 종사자들에게 깊은 연민을 느꼈죠. 물론 그건 당시 널리 퍼져 있던 일반적인 정서이기도 했습니다. 그는 증권사업에도 관여했죠. 대공황에서 벗어나면서 워싱턴에 있던 벤저민 그레이엄을 알게 된 겁니다. 두 사람은 주로 물가 안정과 저개발국가가 필요로 하는 것들 사이의 상관관계를 주제로 많은 대화를 나누었습니다."

그레이엄 뉴먼에서 일하던 시절 젊은 가장이었던 버핏은 화이트플레인스의 웨스트체스터 카운티에 있는 아파트에서 월스트리트까지 기차로 통근했다. "그다지 멋지다고 할 만한 인생은 아니었습니다. 사람들이 끊임없이 내 귀에 대고 꽤 괜찮은 비즈니스가 있다고 꾀었죠. 그럴 때마다 나는 항상 흥분했어요. 주식중개인들에게 나는 훌륭한 고객이었어요. 그렇게 생각하는 사람은 나뿐만이 아니었습니다."

버핏은 다른 사람 회사에서 일하기보다는 직접 부딪쳐보기로 마음먹었다. 그러면서 그레이엄과 자신이 실제 투자에서는 상반된 견해를 갖고 있다는 사실을 깨닫게 되었다. 버핏은 기업분석을 더 깊이 있게 파고들기를 원했지만 벤저민은 그렇지 않았던 것이다. 1992년도 버크셔 주주총회에서 버핏은 "그레이엄은 투자자에게 안전성을 제공할 수 있는 단순한 투자법을 추구하기 때문에 주식을 선택할 때 주가가 저렴하게 책정된 주식에 집중했다"고 말한 바 있다. 그레이엄은 회사 순운용자산의 3분의 2를 주식을 매수하는 데 할당하면서 이러한 기준을 철저히 고수했다.

그러나 버핏은 저가매수 기준만을 살펴보는 데서 한 걸음 더 나아가기 시작했다. 그는 보다 넓은 범위의 비즈니스적인 통찰력을 갖기 위해 노력했다. 버핏은 주식을 변화하는 비즈니스로 바라보았으며, 그 과정에서 기본적으로는 가치를 추구하면서 '성장'을 가치의 또 다른 부분으로 간주하게 되었다.

물론 하나의 가격으로 둘을 매수하는 것이 고전적인 버핏의 방식이다. 그러나 버핏은 성장이 가치를 계산하는 중요 구성요소로, 무시해도 좋을 만큼 사소할 수도 있지만 엄청나게 중요할 수도 있는 변수 역할을 한다고 생각했다.

귀향,
오마하에 투자 제국을 건설하다

버핏은 궁극적으로 엄격한 가치투자의 원칙을 가지고 기업의 대차대조표에 중점을 두는 것은 물론 회사의 펀더멘털과 성장 전망에 관심을 갖게 되었다. 버핏은 25세에 다시 고향인 오마하로 돌아왔고, 그곳에서 뿌리를 내리기로 결정했다. 월스트리트에서 1800킬로미터나 떨어진 중서부의 한 도시에서 남은 인생을 보내기로 마음먹은 것이다. 버핏은 네브래스카의 기업 환경을 선전하는 홍보대사로도 활동하면서 네브래스카의 기업중심 도시로서의 성장 가능성을 열심히 알렸다.

"내가 네브래스카에 정착하기로 마음먹은 이유는 이곳이 무한한 가능성을 가지고 있기 때문입니다. 한 가지 예로 네브래스카의 전문화된 기업 환경은 어떤 형태의 사업이건 진정한 의미에서 경제적 타당성을 보장해줍니다. 또 이미 잘 알려진 대로 네브래스카의 특징인 맑은 공기와 낮은 범죄율, 좋은 학군 그리고 중서부 지방 특유의 직업윤리 등 더할 나위 없이 완전한 조건을 갖추고 있지요."[16]

컬럼비아를 졸업한 1951년, 버핏이 투자사업에 뛰어들겠다고 선언했을 때 그를 격려해주는 사람은 거의 없었다. 버핏이 젊은 시절 가장 존경하는 사람은 그의 아버지와 벤저민 그레이엄이었는데, 둘 다 당시는 투자사업을 시작하기에는 시기가 적절하지 않다고 조언했다.

무엇보다 재택근무로 시작한다는 것은 용기가 필요한 일이었다. 일을 하려고 자기 방으로 간다는 말에 깊은 인상을 받을 사람은 그리 많지 않을 것이기 때문이다. 뮤추얼 오브 오마하의 전 중역이었던 윌리엄 오코너는 그 시절의 버핏을 진지하고 유쾌한 사람으로 기억했다.

"내가 버핏을 처음 만난 것은 그가 벤저민 그레이엄의 회사를 그만두고 고향인 오마하로 돌아왔을 때였습니다. 나는 오마하에 있는 한 투자 동호회를 통해 버핏과 친분을 맺게 되었지요. 내가 버핏을 우리 투자 클럽으로 초대했습니다. 버핏은 우리 동호회원들과 같은 연배인 24세 정도였습니다. 하지만 나를 포함해서 다른 회원들과는 달리 버핏은 비즈니스와 금융에 관해서 너무나 진지했습니다. 그는 모두에게 환영을 받았고 이듬해에도 우리는 다시 버핏을 초대했습니다."

오코너는 지금은 네브래스카대학교로 바뀐 오마하대학교에서 버핏이 가르쳤던 10주 과정의 투자 관련 강의를 수강하기도 했다. 쉬는 시간이면 학생들은 버핏을 둘러싸고 앉아 펩시콜라를 마시며 그의 투자에 대한 통찰력에 완전히 매료되곤 했다. 오코너는 당시 버핏의 수업 방식을 이렇게 회상한다. "버핏이 명확한 조언을 해주는 경우는 아주 드물었습니다. 하지만 그는 많은 것을 생각하게 해주는 선생님이었습니다. 버핏은 강의를 듣는 학생들에게 복리의 원칙을 완벽하게 주지시켰죠."

1958년대 후반, 오코너는 자신이 소유하고 있던 1만 6000달러 상당의 IBM 주식과 다른 소액주들을 모두 매각하고, 1959년 1월 1일 1만 8600달러를 버핏의 투자조합에 투자했다.

오코너는 아내 진이 자신의 결정을 못 미더워하자, 버핏을 자신만큼 잘 알고 있다면 누구나 그렇게 했을 것이라는 말로, 많은 돈을 한꺼번에 한 곳에 투자한 것을 두고 걱정하는 아내를 이해시켰다. 오코너의 믿음은 엄청난 보상으로 되돌아왔다. 그는 버핏이 만들어낸 수많은 오마하의 백만장자 중 한 사람이 되었다. 오코너는 자신이 버핏의 유머, 유쾌한 태도, 투자에 관한 방대한 지식에도 반했지만 무엇보다 끊임없이 자료를 연구하고 더 많은 지식을 얻고자 노력하는 모습에 높은 점수를 준 것이 투자 이유라고 밝혔다.

버핏은 투자인생 초기와 마찬가지로 지금도 여전히 책 읽기를 즐기고 자료를 읽는 데 많은 시간을 할애한다.

버핏의 사랑과
결혼

1952년 4월 19일, 워런 버핏은 던디 장로교회에서 같은 고향 출신의 수전 톰슨과 결혼식을 올렸다. 키가 작고 맵시 있는 몸매에 자신에 찬 미소와 매너를 겸비한 수전 톰슨은 저명한 윌리엄 톰슨 교수의 딸이었다. 윌리엄 톰슨은 심리학 교수이자 오마하대학교 예술과학대학 학장이었다. 노스웨스턴대학교에 재학 중이던 수전 톰슨은 양가의 부모님끼리도 안면이 있었고 버핏의 누이인 로버타의 룸메이트이기도 했다. 버핏에게 수전 톰슨을 소개해준 사람도 다름 아닌 로버타였다.

신혼여행 기간 버핏이 무엇을 했을 것이라 생각하는가? 워런 버핏은 1950년에 이미 『현명한 투자자』를 독파하여 그레이엄과 도드 교수에게서 원천 지식을 습득한 후 신혼여행 중에는 『증권분석』의 초판을 읽고 있었다.

아직 신혼이던 1952년, 버핏과 그의 아내 수전은 다 쓰러져가는 임대 아파트에 살았다. 결혼식 직후 수전은 집을 사고 싶어 했지만 버핏의 수중에는 1만 달러 정도밖에 없었다. 당시 버핏이 아내에게 말하기를, 자신에게 그 비상금은 목수의 연장과도 같은데 목숨과도 같은 연장을 내어주는 목수는 어디에도 없을 것이라고 했다. 그렇게 해서 버핏은 둘이 살 집을 임대하게 되었고, 이때는 가이코 주식에 7500달러를 투자한 시기와 거의 일치한다.

그 후 버핏 부부는 복식 아파트실내 계단을 이용하는 아래위층 통합 아파트·옮긴이로 옮겼고 뉴욕으로 이사하기 전인 1954년까지 그 아파트에서 살았다. 1956년 봄, 버핏이 그레이엄 뉴먼 투자회사를 그만두면서 다시 오마하로 돌아온 부부는 버핏가의 식료품점에서 그리 멀지 않은 언더우드가에 있는 집을 임대했다. 1958년, 결혼한 지 6년 만에 버핏 부부는 집을 장만할 수 있었는데 지금까지 그곳에서 살고 있다. 버핏은 자신이 집을 장만한 과정을 철저히 투자의 관점에서 말한다.

"갓 결혼했을 당시 우리 수중에는 1만 달러가 있었고, 두 가지 중 하나만 선택할 수 있었습니다. 아내에게 말했죠. 그 돈으로 집을 사든가 주식에 투자한 후 불어나길 기대하는 것 중에서 하나를 선택할 수 있다고. 우리는 오랫동안 기다렸고 내가 가진 순자산의 10%에 해당하는 금액으로 집을 구입했습니다."[17]

워런과 수전 부부는 세 명의 자녀를 두었다. 자녀들이 모두 성장하고 25주년 결혼기념일이 막 지난 어느 날, 부부는 각자의 삶을 찾아 서로 떨어져 살기로 합의했다. 여행과 음악에 관심이 많았던 수전은 블루스와 재즈를 연주하고 싶어 했다. 그래서 아이들이 어느 정도 성장한 1970년대 중반, 음악을 향한 열정을 실행에 옮기기 위해 샌프란시스코로 갔다.

수전 버핏
자유로운 영혼의 소유자

수전은 남편에 대해 '책 한 권과 60와트 전구'만 있으면 행복해할 사람이라고 말하곤 했으며 늘 차분하고 이해심 깊은 모습을 보여주었다. 그녀는 워런을 자신이 만나본 사람 중 가장 재미있는 사람이라고 말해왔다. 그럼에도 그녀는 남편과 떨어져 오랫동안 샌프란시스코에서 살았다. 하지만 다양한 사회문제, 특히 인권과 미국 가족계획연맹을 위해, 그리고 오마하의 무주택 주민들을 돕는 데 자발적으로 나서면서 여기저기 빈번하게 돌아다녔기 때문에 한 곳에서만 살았다고는 할 수 없다. 그녀는 불우한 청소년들에게 학업 의지를 북돋우고 수년에 걸쳐 편지를 주고받는 등 관계를 이어가면서 많은 도움을 베풀었다.

수전과 워런은 비록 떨어져 살았지만 늘 가까운 관계를 유지했다. 수전과의 관계에 대해 워런은 이렇게 말했다. "우리는 지금과 같은 방식으로 잘 지내고 있다. 수전은 이곳저곳 정처 없이 돌아다니는 기질을 지닌 자유로운 영혼의 소유자이다. 버크셔의 넷제트 항공여행 서비스 이용 빈도도 1년 200시간에서 300시간으로 급속히 늘어났다. 수전은 린드버그처음으로 대서양을 무착륙 비행한 미국의 비행사·옮긴이보다 더 많이 항공여행을 하고 있다."

아들 하워드는 수전 버핏을 언제나 존경했다며 그녀가 인격적으로 완전한 사람이었음을 강조했다. "'모든 훌륭한 남자들의 뒤에는 훌륭한 여자가 있다'는 말을 믿는다면, 여러분은 아버지가 거둔 성공의 상당 부분이 어머니 덕이었다는 점을 수긍해야 할 것입니다. 어머니는 내가 알고 있는 사람들 가운데 가장 이해심 많고 친절한 분이며, 아버지의 사회생활 전반에 어머니의 지원은 정말로 큰 힘이 되었습니다."

딸 수전이 아들 마이클을 임신하고 힘든 시기를 보내고 있을 때 수전은 딸을 위해 무척 많은 시간을 할애했다. 하워드가 군 자치위원에 출마했을 때는 선거운동도 거들어주었다. 또한 그녀의 언니가 암으로 오랜 투병생활을 할 때도 바로 곁에 있었다.

1991년 수전은 버크셔 이사회 이사에 임명되었다. 워런은 버크셔의 특성을 일관되게 유지하려는 자신의 견해와 그녀의 의견이 항상 일치했다고 말했다. 수전이 남편보다 오래 살았다면 그녀는 남편의 지분을 모두 상속받았을 것이고, 30% 이상의 지분으로 버크셔를 효율적으로 운영했을 것이며, 세계에서 가장 부유한 사람이 되었을 것이다. 하지만 수전은 이미 고인이 되었고 그녀의 버크셔 주식은 버핏 재단을 통해 자선단체에 기부되었으며 궁극적으로 사회에 환원되었다.

버핏이 그 주식들을 자선단체로 보내겠다는 내용의 서면계약을 아내와 맺은 적은 없지만 그들 사이에는 그렇게 하리라는 묵시적인 동의가 있었다. 버핏은 그 계획에 대해 다음과 같이 표명한 바 있다. "아내와 이렇게 의견 일치를 보았다. 마지막으로 죽는 사람이 누구든 버크셔 해서웨이의 주식을 하나도 빠짐없이 남겨두고 가겠다는 것이다. 결국 25~30%의 성장률로 증가하고 있는 이 기금을 내가 책임지게 되었다. 내가 죽을 때도 여전히 지금처럼 사회적으로 심각한 문제들이 존재하리라 생각한다. 그러므로 내가 그 모든 걸 지금 기부하기보다는 훗날에 사용하는 게 사회에 더 큰 혜택을 주게 될 것이다."

버핏은 수전이 자신보다 오래 살았다면 자신의 재산을 뜻깊게 썼으리라는 확고한 믿음을 지니고 있었다. 그만큼 버핏은 아내 수전에 대한 믿음이 강했다.

언론에 노출되기를 좋아하지 않는 수전은 사생활에 누구도 침범하지 않기를 원했다. 어머니 얘기를 해달라고 부탁하면 딸 수전 버핏은 이렇게 말하곤 했다.

"저는 어머니에 대해선 어떤 얘기도 하고 싶지 않아요. 어머니 스스로 사생활 보호에 많은 신경을 쓰고 있거든요. 내가 말하고 싶은 것은 어머니는 내가 아는 최고의 사람들 가운데 한 명이라는 것입니다. 누가 영웅인지 물었을 때 아버지가 처음 거명한 사람이 바로 어머니였어요. 두 분은 여전히 돈독한 관계를 유지하고 있습니다. 매우 가깝게 지내고 있고 서로에게 깊은 존경심과 사랑을 품고 있지요. 실제로 아버지는 자신의 삶에 가장 큰 영향을 미친 두 사람이 바로 어머니와 할아버지라고 말하곤 합니다."

2003년 10월, 수전은 구강암 진단을 받았다. 그녀는 재건 수술과 방사선 치료는 물론 구강에 자리 잡은 종양제거 수술도 받았다. 이 모든 치료는 샌프란시스코의 캘리포니아대학교에서 이루어졌다. 그 이후 워런은 수전의 투병을 도와준 데 대한 감사의 표시로 캘리포니아대학교의 교수 5명에게 연구를 지원하기 위해 600만 달러 이상의 돈을 전달했다.

수전은 인생에서 중요한 것은 신분이나 지위가 아니라 한 인간으로서 일생 동안 성취하고자 노력하는 그 자체라는 생각을 지닌 사람이었다. 수전은 친구에게 다음과 같은 글이 실려 있는 액자를 보낸 적도 있다. "지금으로부터 백 년 후에는 내 은행계좌가 어떠했는지, 내가 어느 수준의 주택에 살았는지, 또는 내가 어떤 종류의 차를 몰았느지는 중요하지 않을 것이다. 하지만 내가 자식들에게 잘해줌으로써 세상은 더 나은 곳이 되어 있을 것이다."

수전은 버크셔 주주총회 중 주말에 열리는 오마하의 파티에 수차례 참석했지만 2004년 봄에는 애석하게도 참석할 수 없을 거라는 음성 메일을 보냈다. 구강 수술로 인해 발음이 분명치 않지만 수전은 "파티를 그리워할 것이고, 언제나 멋진 파티였으며, 파티는 계속 되어야 한다"는 말을 남겼다.

찰리 로즈와의 인터뷰

수전은 인터뷰를 한 적이 거의 없지만 TV 저널리스트 찰리 로즈는 수전이 숨을 거두기 약 3개월 전에 인터뷰를 하는 데 성공했다. 그 내용은 2004년 8월 26일 워런 버핏을 다룬 쇼에서 방송되었다. 인터뷰에서 수전은 그녀의 인생이 "실제로 있었던 일이라고 하기엔 너무 멋진 것"이었으며 다른 이들을 도우면서 '즐거움'을 만끽했다고 말했다. 그녀는 "워런은 비범한 인지력의 소유자이며, 내가 그에게 줄 수 있었던 최고의 선물은 조건 없는 사랑이었고 나도 그런 사랑을 받았다고 생각한다"고 말했다.

수전은 워런 버핏이 역대 가장 훌륭한 투자자이지만, 한편으로 그의 머릿속은 늘 공상으로 가득 차 있다고 말했다. 사람들이 그와 함께 있을 수는 있지만, 그의 정신 능력이 보통을 훨씬 뛰어넘어 있기 때문에 사실상 그와 함께 있는 게 쉬운 일은 아니라고 그녀는 덧붙였다. 버핏은 아내가 없었다면 성공할 수 없었을 거라고 말한 바 있다. 수전은 인터뷰에서 자신이 남편에게 도움이 되는 사람이었다는 사실을 인정하면서 그럴 수 있어 기뻤다고 말했다.

인터뷰에서 수전은 자신이 워런 버핏에게 자극을 주어 인권에 대한 의식을 일깨워주었다고 말했다. 실제로도 이후에 버핏은 여성들이 세계의 노예였다는 사실을 언젠가는 깨닫게 될 거라고 말할 만큼 여성의 권리를 이해하게 되었다.

수전은 워런 버핏에 대해 늘 무언가를 읽는 사람이며 집에서도 항상 읽는다고 말했다. 수전은 워런이 수익에 관한 숫자를 제외하고는 돈에는 정말로 신경을 쓰지 않지만, 늘 세계에서 가장 부유한 사람이 되고 싶다는 말을 해왔다고 말했다. 그럴 때마다 수전은 "그래요. 그렇게 될 거예요"라고 맞장구를 치고는 했다.

버핏의 바람이 하나둘 현실이 되어가는 동안, 수전 역시 그녀만의 세계를 갈망하고 있었다. 수전은 집 안에서 버핏과 신체적 접촉을 한다고 해서 함께 있는 것은 아니라고 말했다. 수전은 자신의 새로운 거처를 '나만의 방영국 소설가 버지니아 울프가 동명의 작품을 통해 제안한 개념으로 여성이 자립하려면 돈과 자기만의 방이 있어야 한다고 했다·옮긴이'이라고 불렀다. 1977년에 수전은 샌프란시스코로 이사했지만, 시민단체 활동을 위해 여러 곳을 방문하느라 일상의 겨우 20% 정도만 그곳에 머물렀다.

로즈가 그녀에게 오마하에서 멀리 떨어진 곳으로 거처를 옮긴 이유를 묻자, 수전은 그저 개인적인 삶을 원했기 때문이라고 대답했다. "그 덕에 내가 지금 당신 프로그램에 출연하고 있잖아요"라고 그녀는 농담을 했다.

로즈가 현재 워런과 함께 살고 있는 애스트리드를 워런에게 소개해준 사람이 수전이 맞느냐고 묻자, 그녀는 애스트리드가 워런을 도울 수 있는 사려 깊은 사람이어서 그렇게 했다고 대답했다. 수전은 워런이 조명 스위치 하나도 제대로 올리고 내리는 경우가 거의 없다고 말하면서, 일상생활에서만큼은 워런은 다른 사람의 도움이 필요하다고 말했다. 수전은 과거에 있었던 일을 예로 들었다. 감기로 누워 있을 때 수전은 토할 것 같으니 그릇 하나만 가져다 달라고 워런에게 부탁했다고 한다. 부엌으로 간 뒤 잠시 요란한 소리가 들리더니 워런은 여과기를 들고 돌아왔다. 수전이 여과기는 구멍이 뚫려 있어 안 되겠다고 말하자 버핏은 다시 부엌으로 갔다. 더욱더 시끄러운 소리가 난 뒤 이번에는 여과기 아래 쿠키를 굽는 철판을 덧대어 가지고 돌아왔다고 한다. 수전은 "버핏에게는 도움이 필요해요"라고 말했다.

수전이 구강암으로 투병생활을 할 때, 버핏은 26주 연속 주말마다 샌프란시스코로 찾아왔다. 수전은 항상 같이 있어줘서 정말 행복했노라고 말했다.

수전 버핏의 죽음과 유산

수전은 투병생활 끝에 2004년 7월 29일, 와이오밍주 코디에서 세상을 떠났다. 수전의 장례식은 그해 8월 3일 오마하에서 비공식적으로 거행되었다. 록 그룹 U2의 보컬 보노그와 수전은 에이즈 예방 프로그램에서 함께 활동했다·옮긴이는 장례식에서 추모곡을 불렀고, 그 곡은 고인을 위해 '핵폭탄을 퇴치하는 방법'이라는 제목으로 U2 CD에 실려서 판매되었다. 장례식은 컨트리사이드 커뮤니티 교회에서 치러졌고 시신은 화장되었다.

사망 당시 72세였던 수전은 1991년 이후 버크셔의 이사로 일했고 약 30억 달러어치의 버크셔 주식(2.2%의 지분)을 보유하고 있었다. 그녀는 버핏이 먼저 죽게 될 경우 남편의 재산을 상속받기로 되어 있었다. 또한 버핏이 소유하고 있는 주식 대부분은 그가 죽는 시점에 수전이 대표로 있던 버핏 재단에 기증하기로 되어 있었다.

버크셔는 수전의 재산 중 세금과 비용, 여타의 현금 유산들을 처리하기 위해 그녀가 사망한 뒤 2년 동안 A급 주식 1200~1500주를 처분하게 될 것이라고 발표했다. 버크셔에 따르면 그녀의 나머지 주식들 또한 버핏 재단에 기부될 것이라고 했다. 그리고 2005년 유산 절차가 완료되는 시점에 수전의 재산은 1억 5000만 달러어치의 일반 주식으로 전환되어 버핏의 자녀들이 설립한 세 개의 개인 재단에 동일하게 분배될 것이라고 덧붙였다.

워런 버핏은 수전의 재산을 관리할 유언 집행인이다. 수전은 사망 시점에 3만 1530주의 A급 주식과 177주의 B급 주식을 소유하고 있었다. 버크셔의 이사회 멤버인 로널드 올슨이 주식의 수탁자였다.

수전은 '내가 남기는 큰 사랑'이라는 명목으로 9명의 손주에게 유산으로 10만 달러씩을 남겼으며, 교육비로 200만 달러를 수탁해두라고 유언했다. 수탁자 올슨은 손주들이 남아 있는 돈을 받게 되는 25세가 될 때까지 교육과 여타 지원에 그 돈을 사용할 것이라고 밝혔다. 또한 1050만 달러의 신탁금은 증손주들을 위한 교육비로 사용될 것이다. 2003년 10월, 수전 버핏이 유언장에 서명할 당시 그들 부부에게는 5명의 증손주가 있었다.

수전은 세 자녀에게 각각 1000만 달러씩 남겨주었고 친구 25명에게 총 1300만 달러를 남겼다. 그녀가 살던 집을 포함한 개인 소유물은 남편에게 맡겼다. 유언장에는 버핏이 그 소유물들을 자녀에게 나누어줄 때 딸과 상의할 수 있다고 명시되어 있다. 수전의 나머지 주식은 유언 검인이 마무리된 뒤 버핏 재단에 돌아갔다.

빌 게이츠는 그녀에 대해 "멀린다와 나는 수전과 함께 전 세계의 불우한 사람들에 관해 자주 이야기를 나누곤 했다. 그녀는 우리의 박애 정신을 일깨우는 데 큰 영향을 주었다. 수전이 느낀 연민과 그녀가 보여준 헌신은 어느 누구와도 견줄 수 없으며, 우리 모두를 위한 훌륭한 본보기가 되었다"고 말했다.

조용한 박애주의자

수전 버핏이 운영하던 버핏 재단의 전무이사인 앨런 그린버그는 그녀를 옆에서 오랫동안 지켜본 사람으로서 그녀가 어떤 인물이었는지 들려주었다.

"수전 버핏을 아는 모든 이는 그녀를 세계 곳곳에서 도움을 받지 못하는 여성들을 위해 목소리를 높인 조용한 박애주의자로 영원히 기억할 것이다. 그녀는 전 세계의 가난한 이들, 특히 여성들이 직면한 고통에 진심으로 가슴 아파했다. 수전은 그들의 욕구가 간과되고 있던 국가에서 그들을 돕기 위한 프로그램을 개발하는 데 많은 노력을 기울였다. 그녀는 그 일을 묵묵히 추진했으며 타인에게 인정을 받으려고 하거나 남의 시선을 전혀 개의치 않았다. 40년이 넘는 세월 동안 수전은 개인적인 활동을 통해 그리고 버핏 재단의 대표로서 사회정의를 위해 충실히 헌신해왔다. 그녀는 1960년대 이후 다양한 시민단체와 교육단체에서 활동했다. 그녀의 일은 미국은 물론 전 세계적으로 가족계획과 출산 건강 분야에서 활동하는 조직들을 지원하는 것으로 확대되었다. 수전 버핏은 여성들이 직면하고 있는 문제점들을 직접 확인하기 위해 멕시코와 남아프리카, 가나, 인도, 터키, 베트남 등 많은 국가를 방문하기도 했다. 그녀는 미국에 있는 친구의 집에 있는 것처럼 인도의 작은 마을에서도 편안하게 지냈다. 수전은 다양한 사람들과 함께 그들의 삶에 대해 이야기하는 것을 무척 좋아했다. 그녀는 누구와도 쉽게 관계를 맺는 놀라운 능력을 지니고 있었다. 그들은 그녀가 진심으로 걱정하고 자신들의 생활을 개선하려고 그녀가 할 수 있는 모든 일을 기꺼이 하리라는 사실을 알고 있었다. 또한 그녀는 죽음에 직면한 많은 친구를 도왔던 인정 많고 사려 깊은 여성이었다. 수전은 에이즈 말기에 있는 오랜 친구를 데리고 인도에 있는 달라이 라마를 찾아갔다. 그것은 친구의 평생에 걸친 꿈이었고 그것이 실현되도록 돕는 것이 수전의 사명이었다."

많은 사람이 고인이 된 수전에게 조문을 보냈는데 다음은 조문의 일부이다.

"수전의 이해심과 존재가 없었다면 워런은 분명 오늘날 완전히 다른 상황에 처해 있을 것이다. 그녀는 자신만의 유일무이한 영혼을 지녔으며, 동시에 버핏이 결정적인 시기에 놓여 있을 때 그의 빈 부분을 채워주었다. 몇 달 전 마지막 대화를 나눌 때, 수전은 힘겨운 투병생활을 하는 동안 버핏이 곁에 있어줘서 큰 위안이 되었다고 눈시울을 적셨다."

TV 저널리스트 찰리 로즈

"수전은 기품이 있고 유머 감각이 뛰어났다. 워런을 조금이라도 알고 있는 사람이라면 오늘날의 워런이 있기까지 수전이 얼마나 엄청난 역할을 해왔는지 잘 알 것이다."

〈워싱턴 포스트〉 회장 도널드 그레이엄

"수전 버핏은 뛰어난 여성이고, 자기를 내세우지 않으며, 겸손하고, 더 나은 세상을 만들기 위해 헌신했다. 그녀는 전 세계 여성을 도우려는 굳건한 의지와 따스함 그리고 지성을 겸비한 여성으로 모두의 기억 속에 길이 남을 것이다."

ABC 은퇴이사회 의장 토머스 S. 머피

물론 "아내는 그 자체로 좋은 본보기이다. 그녀는 단지 바라보는 것만으로도 공부가 되는 사람"이라고 말하곤 했던 그녀의 남편 워런 버핏과 세 자녀 수전 버핏, 하워드 버핏, 피터 버핏 그리고 아홉 명의 손주와 증손주들의 마음속에도 수전 버핏은 영원히 살아 있을 것이다.

애스트리드 멩크스

애스트리드 멩크스Astrid Menks는 수전이 샌프란시스코로 떠나고 1년 후인 1978년부터 버핏과 함께 지낸 사람이다. 워런 버핏보다 17세 연하이고 성격이 활달한 애스트리드는 한때 수전이 노래를 부르던 카페에서 종업원으로 일하기도 했다. 버핏의 딸 수전 버핏은 "애스트리드는 어머니가 샌프란시스코로 떠나기 전까지는 그렇게 가깝게 지내지 않았어요"라고 말한 바 있다. 버핏과 수전 부부는 한 달에 한 번씩 만나고 가족들과 함께 라구나 해변에서 크리스마스를 보내기도 했다. 사업상 출장이 아닌 한 버핏은 자주 아내와 동행했다.

버핏과 수전 그리고 멩크스 세 사람은 1990년 버크셔 정기 주주총회 하루 전날 버크셔 소유의 보석상점인 보셰임에서 열린 주주 파티에 나란히 등장했다. 매년 같은 파티에 참석하고 있는 세 사람은 평소처럼 서로를 진심으로 대하는 모습이었다. 친척들에게 선물을 보낼 때도 "워런, 수전 그리고 애스트리드가"라고 세 사람의 이름을 나란히 적어서 보냈다.

벼룩시장을 즐겨 찾고 재활용, 정원 꾸미기, 눈 치우기처럼 소박한 취미를 즐기는 멩크스는 버크셔의 오랜 주주이기도 하다.

버핏이 76세가 되던 2006년, 딸 수전의 집에서 버핏의 오랜 동반자인 애스트리드 멩크스를 위해 웨딩벨이 울려 퍼졌다. 당시 60세였던 멩크스는 15분간의 조촐한 결혼식을 올렸다. 새 커플은 결혼식이 끝난 후 오마하의 리전시 코트 쇼핑몰에 있는 해산물 요리 전문식당인 본피시 그릴에서 저녁식사를 했다. 허니문 계획은 없었다. 딸 수전은 "아버지는 매일 사무실로 허니문을 간다"고 말했다.

수전은 멩크스를 "다른 사람을 잘 도와주는 사람"이라고 칭찬했다. 한 언론과의 인터뷰에서 버핏의 딸 수전은, "그분은 아버지와 오랫동안 함께 지냈습니다. 아버지를 사랑했고 정성스럽게 돌봐주었습니다. 정말 감사드리고 싶습니다. 아버지가 빈털터리였다고 해도 그분은 아버지와 함께 있었을 것입니다"라고 말했다.

버핏의
가족

버핏 부부는 활기 넘치는 세 명의 자녀를 두었다. 1953년 7월 30일생 수전 버핏, 1954년 12월 16일에 태어난 하워드 그레이엄 버핏 (이 이름은 버핏의 아버지 하워드 버핏과 벤저민 그레이엄의 이름에서 따왔다), 그리고 1958년 5월 4일생이며 '지금껏 한 주의 주식도 매수해본 적이 없다'는 피터 버핏이 그들이다.

버핏의 자녀들 모두 대학에 들어가기는 했지만 아무도 끝까지 공부를 마친 사람은 없다. 하지만 자식들 모두 나름대로 건강하게 삶을 꾸려가고 있다.

수전 버핏

초등학교 때 '어린 미스 머핏'이라고 불리곤 했던 수전은 캘리포니아에서 부동산 전문 기업 센추리21 CEO의 비서로 일했고, 그 뒤 〈뉴 리퍼블릭〉과 워싱턴 D.C.에 있는 〈U.S. 뉴스 앤드 월드 리포트〉에서 편집자 보좌로 일했다. 그 후에는 오마하로 돌아와 로즈 블럼킨 공연예술센터를 운영했다.

수전은 아버지 워런 버핏에 대해 재미있는 추억을 많이 가지고 있다. 그중 가장 재미있는 일화가 어릴 적 같은 반 친구들이 아버지 버핏의 직업에 대해 생각했던 것이다.

"수년 동안 나는 아버지가 무슨 일을 하고 있는지조차 몰랐어요. 학교에서 아이들이 나에게 아버지 직업이 뭐냐고 물었어요. 나는 증권 분석가라고 대답했죠. 그러자 아이들은 아버지가 보안장치를 확인하고 다니는 사람이라고 생각했어요security라는 단어가 보안이라는 의미로도 쓰이기 때문에 수전이 security analyst라고 말했을 때, 같은 반 아이들이 보안 분석가라고 착각한 것이다·옮긴이."

수전은 아버지가 어떤 주식을 매수하고 있는지 전혀 아는 게 없었다. 버핏이 집안에서 무슨 훌륭한 주식을 매수했다거나 하는 말을 결코 입 밖에 낸 적이 없기 때문이다. 수전은 "아버지를 행복하게 하는 것은 집에 머물며 책을 읽거나, 브리지 게임을 하거나, 식구들과 이야기를 나누는 것이었죠. 아버지는 여러분이 보는 것 이상으로 평범한 사람입니다"라고 말한다.

하워드 버핏

하워드 버핏은 거의 한 임기 동안 더글러스 구의원회 위원장으로 봉직했던 공화당원이며, 의원회에서 불우한 환경에 있는 사람들을 위한 프로그램의 대변자로 유명세를 떨쳤다. 그는 오마하 북부에 있는 1.64제곱킬로미터 규모의 농장에서 옥수수와 콩을 재배했다. 하워드는 또한 네브래스카주의 에탄올 산업 진흥을 위해 열심히 노력했으며, 자동차 번호판에 '에탄올'이라고 적힌 오래된 코르벳 컨버터블을 몰고 다니기도 했다. 그는 또한 옥수수와 설탕을 재료로 하는 연료첨가제의 이점을 널리 알리는 데 힘을 쏟은 열성적인 연설가였다. 그는 네브래스카 가소홀휘발유에 알코올을 약 10% 탄 연료·옮긴이 위원회에서 일했고, 네브래스카 에탄올 당국과 개발이사회에 재직했다. 그러던 중 1991년 부시 행정부의 자문기관인 국제무역과 국제정책 자문위원회에 임명되면서 그곳으로 자리를 옮기기도 했다.

하워드는 또한 일리노이주 디케이터에 기반을 두고 있는 식품가공 회사 ADM의 이사회에 임명되었다. 1992년 초, 하워드는 ADM의 회장 드웨인 안드레아스 밑에서 부회장이자 회장의 보좌관으로 일하기 위해 구의원직에서 사임하면서 말했다. "이건 아주 중요한 결정이다. 아마도 내 인생에서 가장 큰 의사결정일 것이다. 나처럼 농업에 관심이 있는 사람이 그의 밑에서 일할 기회를 잡은 것은, 마치 투자에 관심이 있는 사람이 아버지 밑에서 일하는 기회를 잡은 것과 마찬가지일 것이다."

하워드는 아버지에게 조언을 청했다. 워런은 아들에게 '인생에 한 번뿐인 기회'라고 말했다고 한다.

1995년 ADM에서 사임한 하워드는 같은 해 일리노이주 어섬션에 있는 농업장비 제조업체 GSI 그룹의 이사회 회장을 맡았다. 그리고 사장 조르제 안드라데가 사임하고 회사 설립자이자 CEO인 크레이그 슬론에게 비주력 사업체를 매각한 2001년에 자리에서 물러났다. 2002년에 하워드 버핏은 미국에서 두 번째로 큰 식품회사 콘아그라 이사에 지명되었다.

버크셔의 차기 회장

버핏은 자신에게 갑작스런 일이 생기면 아들 하워드 버핏이 버크셔의 회장직을 물려받게 될 거라고 말한 바 있다. 버핏은 "내 건강은 아주 양호하다. 하지만 만일의 경우 내 자리는 하워드가 맡을 것"이라고 언급했다.[18] 그럴 경우 하워드는 회장직을 맡되, 경영 일선에 직접 나서지는 않게 될 것이다. 〈뉴욕 타임스〉는 워런의 말을 인용해, 비록 그의 아들이 회사를 운영하지는 않더라도 회사를 감독하는 중요한 역할을 하게 될 것이라고 보도했다. 버핏은 "나는 버크셔와 그 기업문화가 지속되기를 바란다. 아들은 그것을 지켜보기 위해 그 자리에 있게 될 것이다. 그리고 아들은 버크셔를 누가 운영해야 하는지 내 생각을 알고 있다"고 언급했다.

하워드 버핏은 아버지가 언제나 열심히 일했음을 잘 알고 있다. "아버지가 당시 집에 있던 사무실에서 〈무디스〉 같은 것을 읽고 있던 기억이 납니다. 아버지는 정말 열심히 일했어요. 보통 하루에 18시간 정도 일했을 겁니다. 예전에 캘리포니아로 휴가를 떠났을 때 있었던 일도 또렷이 기억합니다. 그곳에서 아버지는 버펄로 뉴스의 스탠퍼드 립시와 3일 정도 계속 전화 통화를 했습니다. 신문사 경영과 관련된 문제였는데, 아버지는 해결의 실마리를 풀려고 일에 계속 몰두하고 있었습니다." 하워드 버핏의 말에 따르면 당시 버핏은 신문을 폐간하는 것이 계속 발행하는 것보다 낫다는 결론을 거의 내려놓은 상태였다고 한다.

결과적으로 신문사업은 정리되지 않았지만 아버지는 신문사업 정리를 굉장히 고심했다고 하워드는 말했다. 버핏의 이성적인 판단으로는 사업을 폐쇄하는 게 옳았기 때문이다. "나는 아버지가 그 전 과정을 처리해나가는 것을 지켜보았습니다. 아버지는 판단을 내릴 때 감정적인 것을 모두 배제합니다. 그리고 근본 요인들을 철저히 따져보지요. 이 부분에서 아버지는 예외가 없습니다." 버핏은 배려 깊은 사람이지만 사업의 의사결정에 있어서만큼은 사실과 이성에 기초하여 일을 처리한다는 것이다.

하워드는 "아버지는 잔디 깎는 기계조차 다룰 줄 모릅니다. 나는 아버지가 풀을 깎거나 울타리를 손질하고 세차하는 것을 한 번도 보지 못했습니다. 어릴 때는 아버지의 그런 점에 짜증이 나곤 했습니다. 나이가 들고 시간의 가치를 이해하고 나서야 나는 아버지가 왜 그랬는지 깨닫게 되었습니다. 아버지의 시간은 가치가 어마어마하거든요"라고 말하며 아버지에 대해 존경을 표하기도 한다.

하워드는 자신도 인생에서 다른 관심사들을 위해 시간을 아끼려 노력하고 있다고 말했다. 농장 일과 다른 일들을 할 시간을 원한다는 하워드 버핏은 아버지가 편안함이나 외형적인 것에 전혀 신경을 쓰지 않는다고 했다. "아버지는 낡은 폭스바겐을 수년간 몰고 다녔고 안전하지 않다는 생각이 든 후에야 처분했습니다. 지금은 다른 차를 몰고 있지만 근본적으로 차에는 별 관심이 없습니다. 그것이 말이라 해도 별로 상관하지 않았을 겁니다. 그저 목적지에만 도달하면 된다는 생각이지요."

한번은 버핏이 회사 전용기를 타고 동부에서 돌아오는 길에 비행기에 유압 문제가 생겨 어쩔 수 없이 인디애나폴리스에 착륙하게 되었고, 그곳에서 발이 묶여버렸다. 버핏이 어떻게 오마하로 돌아올 수 있었을까? 하워드는 아버지가 다른 비행기의 이코노미 클래스를 타고 돌아왔다고 밝혔다. 그는 〈포브스〉와의 인터뷰에서 "아버지는 3등석을 타고 온 걸 자랑스러워하셨어요. 그렇다고 아버지가 퍼스트 클래스를 원치 않으셨을 거라는 확신은 없어요. 만약 퍼스트 클래스에 자리가 있었다면 그냥 참고 계시지만은 않았을 것 같네요"라고 웃으며 말했다.

아버지는 나의 스승

하워드는 1973년 고등학교를 졸업할 때 신형 코르벳 자동차가 너무나 갖고 싶었다. 그때 버핏은 무조건 안 된다고 하지는 않았다. 그렇다고 선뜻 지갑을 열지도 않았다. 버핏은 대신 거래를 하자고 했다.

버핏은 5000달러를 주는 대신 3년 동안의 생일선물과 크리스마스 선물 그리고 앞으로의 모든 졸업선물이 그 안에 모두 포함되어 있으며, 2500달러의 잔고를 유지해야 한다는 조건을 제시했다.

마침내 하워드는 코르벳을 손에 넣었다. 얼마 뒤 누군가 뒤에서 차를 들이받았다. 그때 하워드는 지나가는 사람이 "별일 아니네! 버핏 아들이잖아. 집에 훨씬 많은 돈이 있을 텐데, 뭘" 하는 소리를 들었다. 하지만 하워드는 자동차 수리비를 스스로 감당해야 했다.

하워드는 1974년에 오거스타나대학교, 1975년에 채프먼대학교, 그리고 1976년에는 캘리포니아대학교 어바인 캠퍼스에 다녔다. 불도저 운전기사, 씨즈 캔디 사원, 농장 일 등을 전전한 뒤 하워드는 정치 입문을 결심했다. 실행에 옮긴 것은 1988년이었고, 오마하의 더글러스 카운티 구의원에 입후보했다. "아버지에게 물었어요. 만일 아버지가 다른 대답을 했다면 나는 공직에 입후보하지 않았을 겁니다. 만일 구의원에 입후보해 낙선하면 유권자들이 나를 우습게 여기지는 않을지 물어보았지요. 아버지는 지체 없이 '전혀 그렇지 않을 거다. 네가 정치에 참여할 의사가 있고 네 스스로 그 자리에 선다면 사람들은 네 생각을 존중할 것'이라고 말씀하셨어요."

선거운동 중 오마하의 한 빈민촌에서 토론회가 열렸다. 하워드는 긴장했다. 모두 자신을 오마하 서부에서 온 부유한 집안의 자식에 지나지 않는다고 생각할 게 뻔했다. 하워드는 아버지에게 속마음을 털어놓고 또 한번 조언을 구했다. 그때 워런은 이렇게 충고했다. "그냥 그곳에 가서 진심으로 사람들과 악수하고 친절하게 대해라. 그들 모두 네가 얼간이라고 생각할 수도 있겠지만, 얼간이가 아닌 한 결국 네가 이기게 될 거다."

하워드 버핏에게 아버지는 종종 자신에게 삶의 지혜를 가르쳐주는 스승이다. "아버지와 도지 스트리트의 맥도날드 근처에 서 있었을 때가 기억납니다. 아버지는 '명성을 쌓는 데는 평생이 걸리지만 잃는 데는 5분밖에 걸리지 않는다'고 하셨어요. 또한 아버지는 기본에 무척 충실한 사람이고 그래서 무엇을 하든 그 기본에 따라 신속하게 처리합니다. CEO들을 보면 모두가 그런 것은 아니지만 많은 이가 외관이 화려한 편입니다. 하지만 아버지는 그렇지 않습니다. 그리고 매우 성실한 편입니다."

하워드는 아버지 곁에 있으면 한 가지 문제점에 봉착하게 된다고 실토했다. "아버지는 지나치리만큼 아는 게 많아서 곁에 있다 보면 좌절감이 들기도 합니다. 아버지는 걸어 다니는 백과사전입니다. 어렸을 적에는 아버지의 그런 점에 기가 눌렸지요. 너무 압도적이었습니다." 하워드는 아버지가 모르고 있는 것을 말하거나 아버지의 성공에 버금가는 성공을 거두기란 거의 불가능하다는 것을 일찌감치 깨닫게 되었다고 한다.

나는 농장 일이
너무나 좋다

하워드 버핏은 〈포천〉과의 인터뷰에서 1.64제곱킬로미터에 이르는 농장을 일구게 된 경위와 자신이 농장 일을 얼마나 좋아하는지 털어놓았다. "나는 9년 동안 농장 일을 하고 있습니다. 농장 일은 매우 독립적인 활동입니다. 모든 것이 내가 마음먹기에 따라 달라지지요. 그것은 나에게 가치체계를 일깨워줍니다. … 내가 농장 일에 관심을 갖고 있다는 것을 아버지가 아시고 농장을 사들인 것이 나에게는 무척이나 행운이라고 생각합니다. 그것이 나의 꿈이었습니다. 하지만 농장의 소유자는 엄연히 아버지이므로 임대료를 어떻게 받을지 결정하는 것도 당연히 아버지의 마음이죠."

후에 하워드 버핏이 일리노이주 디케이터로 이사를 가게 되었을 때, 그는 농장을 자신이 지불했던 것보다 높은 임대료를 받기로 하고 다른 사람에게 전대해주었다. 하지만 하워드는 여전히 농사일을 그리워했다. 그가 디케이터로 옮긴 후 이웃들은 눈이 올 때마다 도로가 말끔히 치워져 있는 것을 보았다. 어느 날 한 남자가 하워드가 눈을 치우는 것을 보고 왜 그 일을 하는지 물어보았다. 하워드는 트랙터를 몰던 때가 그리워 밖으로 나왔고 눈을 치울 수 있어 행복하다고 말했다.

하워드는 이사를 가기 전까지 아버지와 매주 화요일 점심식사를 함께했다. 하워드는 〈오마하 월드 헤럴드〉에서 "아버지와 나의 관계는 무척 건설적입니다. 아버지는 탁월한 지도자이자 훌륭한 스승입니다. 나에게 아버지는, 다른 사람들이 〈포브스〉를 통해 알고 있는 워런 버핏이 아닙니다. 그저 아버지일 뿐이죠. 하지만 동시에 나는 아버지가 무척 많은 지식과 경험을 전수해줄 수 있다는 것도 잘 알고 있습니다"라고 말했다.

재산의 사회 환원은
버핏의 기본철학

하워드 버핏은 워런 버핏을 보다 돋보이게 해주는 것이 무엇인지 누구보다도 잘 알고 있다. "아버지는 벌어들인 것을 사회에 돌려주는 게 마땅하며, 그것을 단지 소유하려고만 해서는 안 된다고 생각하십니다. 그것이 아버지의 기본철학입니다. 그런 철학은 아버지의 행동과 정확히 일치합니다. 아버지는 성공을 진심으로 열망하며 항상 좀 더 창의적인 사람이 되고 싶어 하셨죠. 지금도 무척 창의적이고 해박하지만 말입니다. 아버지는 자신의 목적을 달성할 수 있는 모든 수단을 갖추고 있고 추진력과 판단력까지 겸비하고 있습니다. 아버지는 선행을 베풀고 싶어합니다. 또한 존경받기를 원하고 적극적으로 영향력을 행사할 수 있는 위치에 서고 싶어 합니다." 하워드는 살로먼 스캔들이 일어나기 몇 달 전에 "아버지가 정말로 좋아하는 것은 도전입니다. 도전에 맞설 더 나은 방법을 찾는 것, 그것이 바로 아버지가 항상 염두에 두고 있는 것이죠"라고 말하기도 했다.

1993년 6월, 버크셔는 이사회 멤버를 5명에서 6명으로 늘리면서 하워드 버핏을 이사로 임명했다. 하워드는 2003년 네브래스카주 린지의 관개수로 제조업체 린지 매뉴팩처링 회장직에서 사임했다. 그는 버핏 앤드 선의 현대적 버전인 코카콜라 엔터프라이즈의 이사직을 맡았으며 이 회사 지분 43%를 보유했다. 하워드는 칠면조 내장을 비롯한 폐기물로 오일을 생산하는 체인징 월드 테크놀로지의 열해중합공장에서 콘아그라의 투자 대변인으로 활동하는 한편으로 환경단체에 조언을 해주고 있다.

하워드 버핏은 정치적 활동과 농업 관련 사업경력 이외에 환경 관련 사진가로도 활동했다. 그는 지구 전역의 야생 동식물을 사진에 담고 있다. 야생생물보존협회, 세계야생생물기금, 자연보호위원회, 야생자연환경보호회, 〈프레리 파머〉와 월드북 출판사 등에서 나온 책들에 그의 사진이 다수 실렸다.

2002년 하워드 버핏은 사진집 『삶의 태피스트리』를 펴냈다. 서문은 NBC 앵커 톰 브로코가 썼다. 화보집 제작비는 하워드 G. 버핏 재단이 댔으며 판매 수익금은 월드비전에 기부되었다. 2004년 하워드 버핏은 남캘리포니아대학교의 애넌 버그 스쿨에서 〈삶의 태피스트리〉 사진 전시회를 열었고 마운틴 고릴라 보호 문제를 다룬 『위협받는 왕국』을 집필하기도 했다.

2004년 하워드 버핏은 아버지의 집 근처 오마하 던디 지역에 30만 달러짜리 집을 샀다. 하워드는 오마하로 다시 이사할 계획은 없지만, 모친 사후에 가족이 오마하에서 더 많은 시간을 보내고 있으며, 자신의 두 딸과 여섯 명의 손주가 오마하에서 살고 있다고 말했다.

피터 버핏

2년간 스탠퍼드대학교에서 사진과 물리학, 음악을 공부한 피터 버핏은 밀워키주에서 성공한 음악가이며 사업가이다. 그는 인디언 역사를 다룬 8시간짜리 미니시리즈 〈500개 나라〉를 위한 사운드 트랙을 녹음했다. 〈500개 나라〉는 케빈 코스트너가 연출한 것으로 CBS에서 방송되었고 수상도 했다.

뉴에이지 작곡가인 피터는 인피니티 텔레비전의 특별 코너들을 위한 배경음악을 비롯해, 케빈 코스트너 주연의 영화 〈늑대와 춤을〉의 여러 장면에 나오는 음악을 작곡했다. 피터의 주 사업은 듀폰, 인피니티, CNN, 리바이스와 같은 기업들의 광고 음악을 제작하는 것이다.

피터는 아버지로서 워런 버핏에 대해 이렇게 말한 적이 있다.[19] "아버지는 돈이 자신에게 중요하지 않다고 말하지만 돈은 아버지에게 매우 중요하다. 돈을 쓰려는 것이 아니라 그 자체가 아버지를 승리자로 만들어주기 때문이다. 아버지는 나에게 큰 그림자를 드리우고 있다. 아버지와 함께 저녁식사 자리에 앉아 있던 때가 기억난다. 자리에서 오가는 얘기를 이미 모두 섭렵하고 있었기 때문에 내가 무슨 말을 하든 아버지가 모르는 것을 말하기란 불가능했다. 나는 내가 무엇을 선택하든 아버지가 지지해줄 거라는 생각을 항상 해왔다."

피터는 아버지가 자주 전화를 걸거나 종종 방문해 음악산업에 관한 이야기를 즐겨 해준다고 말한다. "내 삶에서 일어나고 있는 일을 아버지에게 이야기할 수 있어 정말 좋습니다. 대신 아버지의 삶에서 일어나고 있는 일은 신문이나 잡지를 통해 자주 접하지요"라고 피터는 말한다.

피터 또한 자신의 어린 시절이 그다지 특별하지 않았다고 말했다.

"내 어린 시절은 극히 평범했다. 아버지는 1980년대까지도 그리 유명하지 않았다. 어릴 적에 나는 아버지가 누구인지, 무엇을 하고 있는지별로 생각해본 적이 없다. 우리는 특별한 지역에 살지도 않았고, 특별한 학교에 다니지도 않았으며, 특별한 친구도 없었다. 나는 평범함 이상의 것을 접한 적이 거의 없다."

돈이 아닌 행복을

피터 버핏은 아버지 워런의 자녀 양육철학에 대해 이렇게 말한다.[20] "내가 기억하기로 아버지는 우리 세 명이 행복을 느낄 수 있는 일을 해야 한다고 생각했습니다. 그런 면에서 아버지는 훌륭했지요. 아버지는 근본적으로 30년 전과 하나도 변한 게 없습니다. 아버지는 나에게 '『주홍 글씨』를 읽고 무엇을 얻었니?'라고 물어볼 겁니다. '글쎄요. 그냥 이것저것이요'라고 대답하면, 아버지는 '와, 그것 참 큰돈을 벌었구나!'라고 하시겠죠."

피터는 현재의 가치로 환산해 약 5000만 달러에 달하는 그의 버크셔 주식을 오래전에 팔아치웠다고 한다. 워런 버핏은 자식에게 많은 돈을 남길 계획이 없다. 워런 버핏은 그 이유를 다음과 같이 설명했다.

"제시 오언스베를린 올림픽에서 육상 4종목 금메달을 획득하고 세계 기록을 세웠던 미국의 단거리 육상선수·옮긴이의 공로를 인정해 그의 아이를 100미터 경주에서 50미터 앞서 출발하게 해준다고 해서 그 아이가 성공할 수 있는 것은 아닙니다."

피터는 아버지에게 돈을 빌려달라고 딱 한 번 부탁한 적이 있다.

밀워키로 거처를 옮길 때였는데 버핏은 피터의 부탁을 일언지하에 거절했다.

"아버지는 '나는 우리 관계가 끝까지 깔끔했으면 한다. 일단 한번 돈이 개입되면 복잡해지게 마련이다'라며 거절하셨습니다. 훌륭한 말씀이었지만 사실 당시에는 그렇게 생각할 수 없었죠. 하지만 덕분에 은행과 관련된 일을 훨씬 더 많이 배울 수 있었습니다. 내가 아버지의 도움을 받았더라면 지금도 모르고 있을 많은 것들을 알게 된 것이죠."

버핏의 딸 수전은 자식들에게 재산을 물려주지 않겠다는 아버지의 인색한 방침에 대해 "때때로 그 때문에 좌절감을 느끼는 것도 사실이지만, 저는 기본적으로 아버지의 의견에 동의해요"라고 말한다.

아버지가 버핏이기 때문에 많은 사람이 수전이 부자일 거라고 추측한다. 하지만 그녀는 전혀 사실무근이라고 말한다. 수전은 워싱턴 D.C.에서 있었던 일을 떠올렸다. 당시 그녀는 주차료를 지불해야 했는데 현금이 없었다. 수전은 바로 옆에 있는 아버지에게 돈을 빌리기 위해 20달러짜리 수표를 써야 했다. 수전은 〈로스앤젤레스 타임스〉 린다 그랜트 기자에게 미국 최고의 부자가 딸에게 20달러짜리 수표를 받은 후 현금을 건네주었다는 것을 사람들은 이해하지 못할 거라고 말했다.

도리스 버핏, 선한 자본가

워런 버핏은 뛰어난 비즈니스 수완으로 잘 알려져 있지만 그의 누나 도리스는 다른 이유로 유명하다. 바로 자선사업이다. 그녀는 스스로를 '선한 자본가virtue capitalist'라고 부른다. "나는 운이 좋아요. 워런은 돈 벌기를 좋아하고 나는 나눠주기를 좋아하니까요."

도리스는 일찍이 버핏과 함께 시티 서비스 우선주에 투자했다가 너무 빨리 매도했는데, 이 주식은 후에 고수익 종목이 되었다. 도리스 는 워런의 충고에 따라 버크셔 해서웨이 자회사인 가이코 주식을 매수 함으로써 다시 수익을 얻었다.[21] 1996년, 어머니가 임종하면서 버크셔 해서웨이 주식을 유산으로 물려주자 그녀는 선샤인 레이디 재단SLF을 설립했다. "내겐 선택권이 있었습니다. 돈을 물 쓰듯 쓸 수도 있었고, 자선사업으로 나누어주면서 즐거움을 느낄 수도 있었습니다."

도리스는 '사람들의 삶에 햇빛을 비춘다'는 아이디어를 마음에 들 어 했고, 그래서 재단 이름도 선샤인 레이디 재단으로 했다.

선샤인 레이디 재단

도리스의 첫 번째 자선사업은 버핏이 오마하에서 시작한 프로그 램을 본뜬 것으로, 뛰어난 공립학교 교사를 선발해 상을 수여하는 것이 었다. 워런은 앨리스 고모의 이름을 땄고, 도리스는 에디스 이모의 이 름을 따서 상을 만들었다. 이 자선사업은 간단하면서 정치성을 띠지 않 아 출발이 좋았고, 미국 전역에 적용할 수 있는 프로그램이었다. 그 후 그녀는 지역의(당시 그녀는 노스캐롤라이나주 모어헤드 시티에 살고 있었음) 고등학교 교사들을 영국 옥스퍼드대학교 여름학교에 연수를 보내고, 연사들을 학교로 초청하는 일에 힘썼다. 그녀는 수백 명의 어린이가 유 대인 대학살에서 살아남은 생존자의 이야기를 꼼짝 않고 경청하는 모습을 보면서 크나큰 보람을 느꼈다. 두 번째 자선사업은 나쁜 길로 빠질 위험에 있는 아이들을 여름 캠프에 보내는 것이었다.

선샤인 레이디 재단이 소수의 직원들에 의해 한정적으로 운영되고 있음을 깨달은 후, 도리스는 정식으로는 '프로그램 보조 감독', 친근하게는 '햇살'이라 부르게 된 가족과 친구, 전문가 동료들을 참여시켜 활동범위를 넓혀갔다. 이 햇살들은 자신이 사는 지역사회에서 자선을 필요로 하는 여러 가지 사항들을 알려주는 역할을 수행한다. 그들은 재단의 눈과 귀로서 재단에 다양성과 상상력, 열정을 불어넣는 존재들이다. 그들을 통해 재단은 크고 작은 사회문제들을 해결하는 전국의 선한 사람들을 격려하고 지원하고 있다. 햇살들 덕택에 선샤인 레이디 재단은 초등학교 건립, 여성 쉼터 건립, 독서 프로그램 후원, 폭력 피해 여성 지원, 말기 환자가 유질처분담보 잡은 물건을 처분하여 빚을 갚는 절차·옮긴이을 피할 수 있도록 지원하는 등의 일을 이룰 수 있었다.

지역사회의 일은 해당 지역의 햇살 자원봉사자들에게 맡기고, 도리스는 긍정적으로 변화될 잠재력이 큰 가정폭력을 자선활동의 목표로 삼고 관심을 기울였다. 가정폭력 희생자들은 일단 쉼터를 제공받지만 그 이후 스스로 살아갈 방법을 찾아내야 한다. 가정폭력에 대해 알아가면서 도리스는 대학 진학을 열망하는 가정폭력 생존자를 여럿 만나게 되었다. 이러한 필요를 충족하기 위해 2001년, 도리스는 WISP Women's Independence Scholarship Program를 만들었다. 이 프로그램은 가정폭력 생존자들에게 지역의 후원기관이 정신적으로 조언을 해주고, 이들이 선택한 교육을 받을 수 있도록 장학금을 지급하는데, 미국 전역에서 장학금 신청이 쇄도하고 있다. 혜택을 받는 여성들은 동기부여가 대단하여 프로그램에 열심일 뿐만 아니라, 무엇보다 그들의 자녀들은 폭력 없는 가정에서 성장하고 있다.

WISP 외에도 선샤인 레이디 재단은 노스캐롤라이나주 동부 지역에 2개의 대학 장학금 프로그램을 운영하고 있다. 상당수의 '선샤인 장학생들'은 WISP의 도움을 받은 가족 중에서 최초로 대학에 진학한 경우가 대부분이다. 또한 프로그램 감독자들이 학생들과 개인적인 관계를 쌓아가는 덕분에 '선샤인 장학생'의 사회진출 성공률은 아주 높다. 프로그램 감독자들은 학생들을 지도하고 격려하고 칭찬해주면서 변화를 이끌어낸다.

확대되는 자선사업

도리스는 선샤인 레이디 재단의 건립을 위한 돈을 건전한 투자로 벌어들였으며, 재단이 사용하는 돈은 반드시 성공적인 결과를 거둬야 하는 투자행위로 본다고 말한다. 도리스에게는 두 가지 중요한 규칙이 있다.

첫째, 제대로 알지 못하는 것에는 절대 기금을 쓰지 않는다. 그녀는 유행어, 추측, 화려함을 피한다. 둘째, 선샤인 레이디 재단의 크고 작은 지원금에 대해서 지원을 받은 사람들의 협력을 요구한다. 협력이 없는 돈은 동냥에 지나지 않으며, 선샤인 레이디 재단은 절대 동냥은 하지 않는다.

선샤인 레이디 재단은 건립 이후 3000만 달러 이상을 투자해왔다. 도리스는 "죽기 전에 재단의 돈을 가능한 많이 더 좋은 일에 쓰려고 하며, 이를 점점 더 크게 생각하고 있다"고 말한다. 버지니아주 프레데릭스버그는 도리스의 이러한 목표의 혜택을 직접적으로 받고 있는 곳이다.

도리스는 1942년 아버지 하워드 버핏이 의회에 당선된 후 10대 시절을 보냈던 프레데릭스버그로 다시 이사 왔다. 도리스는 프레데릭스버그 청소년 클럽의 새 건물 건립을 위해 150만 달러를 기부했고, 브랙 패밀리 라이프센터의 체육관 및 건강센터 건립에 110만 달러를 기부했다. 선샤인 레이디 재단은 노스캐롤라이나주 모어헤드 시티 및 브레바드의 청소년 클럽 건립에도 큰 역할을 했다. 도리스 버핏은 자신의 자선사업에 대해 그리 자랑할 것도 없으며, 단지 자신이 누리고 있는 행운을 나누어주고 있을 뿐이라고 겸손하게 말한다.

2006년 워런 버핏이 자신의 재산을 기부하겠다는 의사를 밝히면서 도리스의 자선활동도 확대됐다. 워런은 약 500만 달러를 도리스에게 기부했다. 도리스는 2010년 『다 나눠주어라Give it all away』라는 제목의 자서전을 쓰기도 했다. 도리스는 2020년 8월 5일 92세의 나이로 메인주 록포트 자택에서 숨을 거뒀다.

버핏
투자조합

1956년 마침내 버핏 투자조합을 설립하면서 투자자들에게 버핏은 이렇게 말했다. "나는 내 돈을 운용하는 것처럼 투자자금을 운용할 것입니다. 이익은 물론 손실에 대한 책임도 똑같이 나누어질 것입니다. 그리고 내가 투자자금을 운용하는 방법은 공개하지 않겠습니다."

버핏은 조합원들을 의사결정권이 없는 유한책임조합원조합원이 출자액 한도까지 책임을 지는 것. 조합원은 조합 재산으로 책임을 완전히 변제할 수 없는 경우 출자액만큼 부분적인 책임을 진다·옮긴이으로 정하고 투자조합을 운영했다. 버핏에게 자금을 투자한 투자자가 누구인지는 그가 수익보고서를 제출하기 전까지는 전혀 알 길이 없었다.

그 무렵 투자자문을 구하는 일이 많았던 친구들과 친척들로부터 끌어들인 10만 5100달러의 자금으로 버핏 투자조합을 설립했다. 시내를 돌아다니며 주로 의사들을 상대로 투자를 권유한 것을 빼고는 다른 비용은 거의 들지 않았다. 임차료도 최소화했다. 버핏은 항상 저비용으로 사업을 운영하는 방식을 소중하게 여기는 편이다.

그가 투자조합을 운영한 장소는 자신이 살던 집 이층 침대 방 옆에 있는 햇빛이 잘 드는 베란다였다. 자금관리 분야에 첫발을 떼어놓는 순간이었다. 장차 투자계의 현인이라 불릴 인물은 그렇게 자신의 여정을 시작했다.

1956년 여름, 물리학 교수이자 버몬트에 있는 노리치대학교 학장

호머 도지 교수가 카누 여행을 마치고 오마하에 도착했다. 벤저민 그레이엄의 친구였던 그는 버핏에 대해 익히 들어 알고 있던 터였다. 버핏을 찾아온 도지 교수는 버핏 투자조합 최초의 원외 투자자조합에 가입하지 않은 투자자·옮긴이가 되었다. 카누 여행은 부수적인 것이었다. 도지 교수는 25세의 버핏에게 가산의 운영을 맡기겠다는 일념으로 홀로 2500킬로미터를 달려온 것이다. 버핏은 맨발로 대문까지 나와 도지 교수를 마중했고 두 사람은 격의 없는 대화를 나누었다. 도지 교수는 버핏에게 12만 달러를 맡기며 가족을 대신해 투자해줄 것을 부탁했다.

버핏은 그때 일을 이렇게 회상한다. "호머 교수는 내게 말했습니다. '자네가 내 돈을 운영해주었으면 하네.' 저는 '전 그저 가족들끼리 조합을 만들어놓고 있을 뿐입니다'라고 했죠. 그랬더니 '그래, 그럼 나도 가족의 일원이 되겠네'라고 하시더군요. 그렇게 해서 호머 교수와 그의 아내, 아이들 그리고 손주들을 위한 구좌를 만들게 된 것입니다."

도지 교수는 가족들을 위해 버핏 투자조합에 투자했고 1983년 그가 세상을 떠날 때 투자금은 수백만 달러로 불어나 있었다.

메릴랜드대학교의 소련 경제 전문가이자 도지 교수의 아들인 노턴은 4만 달러의 기부금을 내놓았다. 소련으로 여행할 기회가 많았던 그는 공산주의를 찬양하지 않는다는 이유로 전시회를 열지 못하는 수많은 재능 있는 예술가를 알게 되었다. 노턴 도지는 버크셔 주식을 일부 매각하여 그 돈으로 소련 예술가들의 작품을 사고 대중에게 알리는 일에 사용했다. 훗날 노턴 도지는 2000만 달러 상당의 예술품을 럿거스대학교에 기증하기도 했다. 그는 이 예술품들이 '버핏의 수집품'이라고 해도 무방하다고 말했다. 노턴은 버핏의 비범함을 알아본 아버지의 현명한 선택에 대해 다음과 같이 언급했다. "아버지는 워런이 재무

분석에 뛰어난 재주를 가졌다는 사실을 단번에 알아보았습니다. 지금 생각해보면 오히려 그 이상을 간파했던 거죠." 호머 도지는 모든 투자 방법을 완벽하게 습득하고 투자의 과정을 즐기며 투자에 탁월한 재능을 지닌 장인을 알아보았던 것이다.

후에 CBS가 최대 주주인 로스 주식회사의 회장이 된 로런스 티시도 초기 투자자 중 한 사람이다. 1965년 로런스 티시는 "나도 끼워주시오"라고 적힌 메모와 함께 버핏에게 30만 달러 짜리 수표를 보냈다. 투자자로서 일가견이 있던 티시는 후에 버핏을 가리켜 "당대의 위대한 투자자"라고 말했다.

이처럼 초창기에 버핏과 계약을 맺은 투자자도 있었지만 그렇지 않은 투자자가 훨씬 더 많았다. 투자 평론가 존 트레인은 버핏과 계약을 맺지 않은 이유를 이렇게 밝혔다. "가지고 있던 자금을 투자할 만한 곳을 물색하던 중에 버핏을 처음 만나게 되었고, 그때 나는 부정적인 결정을 내렸습니다. 초창기에 버핏은 사무실도 없이 자신의 침실 옆에 있던 조그만 방에서 사업을 꾸리고 있었죠. 비서도 없고 계산기도 없었습니다. 더군다나 주식을 공개하지 않는다는 원칙을 알고 나서는 계약하지 않기로 결정했습니다."[22]

1956년, 25세의 버핏은 두 자녀를 둔 가장이 되었다. 1950년에 9800달러였던 순자산은 1956년에 14만 달러로 불어나 있었다. 버핏은 후에 당시를 떠올리며 "그때는 은퇴해도 좋을 만큼 충분히 돈을 모았다고 생각했습니다. 마스터플랜 같은 건 없었죠"라고 말한 바 있다.

언젠가 버핏은 이웃에 살고 있고 그 당시 버터 너트 커피 회사 중역이던 돈 커우를 방문한 적이 있다. 커우는 수차례에 걸친 인수합병의 결과로 코카콜라에서 일하게 되었고 마침내 코카콜라 사장이 되었다.

동시에 〈워싱턴 포스트〉와 맥도날드 이사회 임원으로 일했다. 젊은 커우는 티셔츠 차림으로 앉아 하루 종일 무언가를 읽고 있는 버핏의 투자 제안을 거절했다. 커우는 "나는 그때 아이가 다섯 명이었고 매일 아침 출근을 했다"고 말하면서, 당시의 버핏을 이렇게 회상했다.

"아이가 셋이던 버핏은 항상 집에 있었습니다. 그는 취미 삼아 모형 기차놀이를 했는데 우리 애들이 우르르 몰려가면 함께 놀아주기도 했습니다. 그러던 어느 날 버핏이 불쑥 찾아와서는 아이들 교육자금을 생각해본 적이 있느냐고 묻더군요. 나는 열심히 일할 생각이고 그런 건 천천히 궁리해볼 것이라고 대답했습니다. 워런은 자신에게 5000달러를 투자하면 그 어떤 방법보다 훨씬 나을 것이라고 하더군요. 나는 아내와 그 문제를 상의하다가 문득 직업도 변변히 없는 것 같은 사람에게 5000달러를 투자할 수는 없다는 생각이 들었습니다. 그 후로 우린 줄곧 자신을 원망하고 있죠. 그때 투자를 했더라면 지금쯤 대학 하나쯤은 소유하고 있었을지도 모르니까요."[23]

조합원 7명, 투자금 10만 5000달러

전설적인 투자자로서 첫걸음을 뗀 1950년대 투자조합 시절로 돌아가보자. 한 조합원은 버핏의 초창기 시절을 두고, "사업 첫해에는 버핏과 얼굴을 맞대고 얘기하려면 집 뒷문으로 들어가 부엌과 거실을 거쳐 침실로 들어갔지요. 만일 겉모습으로 판단하는 사람이라면 워런과 인연을 맺기는 어려웠을 겁니다"라고 털어놓았다.

1956년부터 1969년까지 투자조합을 운영하는 동안 연평균 수익률은 30%였다. 1만 달러가 30만 달러로 늘어났다는 의미다. 투자조합 초기에 버핏은 결혼한 지 4년이 되었고 아이가 둘 있었다. 그는 대학을 갓 나온 풋내기였고 월스트리트에서 2년의 경험이 있을 뿐이었다.

1956년 5월 1일, 25세의 버핏은 7명(가족 4명, 친구 3명)으로 투자조합을 구성했다. 조합원들은 10만 5000달러를 내놓았지만 조합을 운영하는 데에는 어떤 발언권이나 의결권을 행사할 수 없었다. 1956년 5월 5일, 저녁에 조합원들이 모이자 버핏은 '기본원칙'이라고 부르는 간단한 서류를 돌렸다. 그 서류에는 "우리가 일을 잘하는지 못하는지는 증권에서의 보편적인 경험에 비추어 측정해야 한다"라는 조항이 들어 있었다.

아래의 몇 안 되는 조합원들이 1956년부터 시작된 투자자 차트에서 현재까지 최상위권을 유지하는 투자자들이 되었다.

- 찰스 피터슨 5000달러(친구)
- 엘리자베스 피터슨 2만 5000달러(찰스 어머니)
- 도리스 우드 5000달러(누나)
- 댄 모넨 5000달러(변호사, 친구)
- 윌리엄 톰슨 2만 5000달러(장인)
- 앨리스 버핏 3만 5000달러(고모)
- 트루먼 우드 5000달러(매부)

버핏은 조합 초기의 투자자들에 대해 "그 사람들은 나만 믿었지요. 그 믿음에 변함이 없었어요. 고모는 누가 칼을 들고 위협해도 내가 추천한 주식은 팔지 않겠다고 했습니다"라고 말했다. 첫 번째 조합원 모임은 시내 오마하 클럽에서 있었다. 기록에 따르면, 언더우드가 5202번지에 사무실을 얻은 조합 관리자 워런 버핏은 그 모임에 100달러를 출연했고, 따라서 조합은 100달러로 시작된 셈이었다. 버핏이 초기에 투자한 100달러를 제외하면 울워스 가게에서 49센트를 주고 산 장부와 고급 타자기 한 대가 전부였다. 그는 나중에 사업이 성공하면 차차 투자를 확대할 요량이었다. 버핏은 투자운용가로서 매년 국채 이자에 상당하는 6%를 제외한 수익의 25%를 받았고 손실은 이월되었다. 수수료는 젊은 버핏에게 막대한 금액이었다. 조합의 형태에 대해 버핏은 이렇게 말했다. "벤저민 그레이엄 교수와 일한 적이 있기 때문에 조합 형태에 대해서는 아이디어가 있었어요. 순전히 내가 생각해낸 형태는 아니고 벤저민 교수의 것을 약간 바꾸었지요."

투자조합을 계속 운영하는 동안 버핏은 부자가 되었다. 1956년에 만 한 가족으로 구성된 투자조합이 두 개나 결성되었다. 1957년 1월 1일까지 합산된 자산은 30만 3726달러였다.

버핏은 투자가들을 찾아가 납세신고서를 보여주면서 "이 정도로 세금을 많이 내고 싶지 않습니까?"라며 접근했다. 1957년 어느 날 저녁, 부유한 이웃 도로시 데이비스가 버핏을 초대했다고 한다. 버핏은 그때 일을 다음과 같이 회상한다. "그녀는 나에게 '당신이 돈을 관리하고 있다고 들었어요'라고 말을 꺼냈습니다. 그러고는 두 시간 동안 투자 철학에 관해 이것저것 꼬치꼬치 캐물었죠. 그러나 남편 데이비스 박사는 일언반구도 없었어요. 그는 대화에 관심조차 없는 것 같았습니다. 그런데 갑자기 박사가 나에게 '우린 당신에게 10만 달러를 맡기려고 합니다'라고 말했어요. '아니, 왜요?' 내가 놀라서 물었죠. '왜냐하면 당신을 보니 찰스 멍거가 생각나서요.' 나는 의아해했죠. '찰스 멍거가 누굽니까?' 나는 그때 멍거를 알지 못했습니다. 2년 후 데이비스 박사가 멍거를 소개해주더군요."[24]

버핏 투자조합으로
이름 변경

초기 조합원 가운데는 오마하에 있는 하이더와이즈 투자조합의 무한책임조합원 찰스 하이더가 있다. 하이더는 가족들에게 "글쎄, 버핏이 하루도 쉬지 않고 일주일 내내 우리 돈을 투자할 방법을 궁리할 거라더군"이라고 말했다. 또 다른 투자가 프레드 스탠백도 컬럼비아에서 버핏을 만나 감동을 받은 사람이다. 스탠백은 버크셔와 식품회사 푸드 라이언 등의 주식에 장기간 투자하는 것으로 유명하다.

시간이 지나면서 최초의 투자가들이 돈을 더 보탰고 다른 투자가들도 속속 합류했다. 다른 투자조합이 결성되었고 처음의 투자조합도 형태가 수정되었다. 버핏은 1961년 말이 되자 10개 조합을 통합해서 명칭을 버핏 어소시에이츠에서 버핏 투자조합으로 변경했다.

연도	다우존스지수	버핏 투자조합
1957	-8.4	10.4
1958	38.5	40.9
1959	20.0	25.9
1960	-6.2	22.8
1961	22.4	45.9
1962	-7.6	13.9
1963	20.6	38.7
1964	18.7	27.8
1965	14.2	47.2
1966	-15.6	20.4
1967	19.0	35.9
1968	7.7	58.8
1969	-11.6	6.8

* 단위는 %

1957년 투자조합은 3만 1615달러 97센트의 소득을 올려 전년보다 수익률이 10.4% 증가했다. 이 정도의 수익률은 별것 아닌 것처럼 보인다. 하지만 그해 다우존스 지수가 8.4%나 내려간 것을 고려하면 대단한 성적이었다. 1957년부터 1969년까지 다우존스 지수와 투자조합의 성과를 비교해보면 앞의 표와 같다.[25]

투자조합의 수익률은 다우존스 지수에 결코 뒤진 적이 없었고, 단 한 번도 감소한 적이 없었다. 1957년부터 1962년까지 평균 다우존스 지수가 8.3% 성장했을 때 투자조합은 매년 26%씩 성장했다. 버핏이 1956년 투자조합을 시작했을 때 10만 달러였던 자산이 3년이 지난 1959년에는 40만 달러가 되어 있었다.

줄곧 풍차 제조업체와 무연탄 제조업체에 투자하던 버핏은 1962년 11월에 직물 주를 사들이기 시작했다. 그것이 바로 버크셔 해서웨이였다. 버크셔 해서웨이의 주가가 장부가치 아래로 떨어졌고, 심지어 은행에 예치되어 있는 현금보다 주식가치가 낮았다. 버핏은 버크셔 주식을 7.60달러에 사기 시작하여 계속 주당 7달러와 8달러 사이에서 사들였다. 1965년 워런 버핏은 마침내 버크셔의 경영권을 획득하고 이사가 되었다.

처음부터 버핏은 자신의 임무가 현금을 빠르게 복리로 불려가는 것임을 알고 있었다. 1963년, 그는 '복리의 즐거움'을 조합원들에게 편지로 전했다.

"나는 어떤 믿을 만한 자료에서 이사벨라 여왕이 콜럼버스에게 지원해준 항해 비용이 대략 3만 달러였다고 들었습니다. 신대륙을 발견해서 얻은 심리적 보상을 제외했을 경우, 그 액수가 대충 IBM의 가치 정도일 것이라고 생각한다면 큰 오산입니다. 3만 달러를 대략 연 4%의 복리로 계산해보면 1962년에는 2조 달러에 이르게 됩니다. 역사적으로 맨해튼의 인디언을 옹호하는 사람들도 같은 계산 방식으로 위안거리를 찾을 수 있을 것입니다1626년 인디언들이 24달러의 장신구를 받고 이주민들에게 맨해튼을 넘겨주었는데, 이를 복리로 환산하면 오늘날 2조 5000억 달러가 된다는 것을 가리킴·옮긴이. 이러한 환상적인 복리계산의 결과는 결국 오래 살고 볼 일이라는 것과 돈은 복리로 불려야 한다는 사실을 보여줍니다."

거침없이 전진하는
버핏 투자조합

1962년, 버핏은 조합 사무실을 집 침실에서 키윗 플라자 810번지로 옮겼다. 그때 큰맘 먹고 첫 번째 직원 빌 스코트를 고용했다. 빌은 버크셔의 채권 포트폴리오를 1993년 은퇴할 때까지 관리했다.

처음부터 투자조합의 운영비용은 걱정거리였다. 1963년부터 1969년까지 임대비용은 3947달러에서 5823달러까지 치솟았다. 각종 회비와 구독료가 900달러에서 994달러로 올랐다. 1969년 1월, 조합원에게 보낸 편지에서 버핏은 "적어도 아직까지는 운영비용이 큰 부담이 될 정도는 아닙니다"라고 썼다.

1963년 세계적인 신용평가기관인 던 앤드 브래드스트리트는 11월 13일 자 보고서에서 이 새내기 회사에 대해 우호적인 평가를 내렸다. "총매출 양호. 재무상태 건전" 그러고는 "이 기업은 상업 신용 대출을 하지 않으며 지불할 모든 대금은 미루지 않고 즉각적으로 처리하고 있다"고 높은 신용평가를 했다.

조합의 재무에 관해서는 이렇게 보고하고 있다. "1963년 초 이 조합은 현금자원과 수입을 창출하는 유가증권과 기타 투자를 합해 940만 달러의 가치를 지니고 있으며 견실한 상태가 꾸준히 지속되고 있다. 현금은 적게 보유해서 보통 10만에서 수십만 달러 정도를 두 군데 지방은행에 예치해두고 50만 달러 이상의 금액은 증권에 투자되어 있다. 고용 인원은 1명이다. 사무실은 시 외곽 상업지역에 있는 고층 오피스 빌딩 8층을 임대해서 사용하고 있다. 내부는 깨끗하고 잘 정돈되어 있다."

그 당시에는 약 90명의 조합원이 있었다. 1964년 1월 18일 조합원에게 보낸 편지에서 버핏은 그해 조합이 1745만 4900달러의 자산으로 시작한다고 보고했다.

"아내인 수전과 나는 이 조합에 239만 2900달러를 투자해놓고 있습니다. 처음으로 나는 세금을 포함해 월 납부액뿐만 아니라 일정량의 자금을 인출할 수밖에 없었습니다. 하지만 국세청의 비위를 맞추기 위해서는 어쩔 수 없는 선택이었습니다."

1964년 버핏 투자조합은 1963년보다 현저히 늘어난 440명의 오마하 조합원이 참여하여 1인당 평균 9만 8430달러를 투자하고 있었다. 그 투자자들이 그대로 남아 있다고 가정하면 1998년까지 9만 8430달러가 1억 1200만 달러로 불어났을 것으로 추정된다.[26]

1965년 버핏은 조합원들에게 "만일 우리 기록이 시장보다 낮다면 플러스이건 마이너스이건 간에 그것은 잘한 것이라고 생각합니다. 하지만 만일 우리가 그보다 못하다면 토마토 세례를 받아 마땅하지요"라고 말하며 상대적인 평가를 해줄 것을 당부했다. 1969년 투자조합의 자산은 1억 442만 9431달러로 늘어났다. 그야말로 해를 거듭하면서 눈덩이처럼 자산이 불어난 것이다.

1965년 1월 18일 자 편지에서 버핏은 투자조합이 관여하여 투자하고 있는 세 분야의 주식을 밝힌다.

- **일반 주식** 일반적으로 장기간 보유해야 할 저평가된 주식
- **워크아웃 주식** 매각, 합병, 개편 중인 유가증권
- **경영권 인수 주식** 상당한 규모의 주식을 소유해서 조합이 기업경영권을 인수하는 주식

버핏은 세금에 대해서도 언급했다. "조합원들의 납세 의무를 생각하니 절로 신음이 나옵니다. 물론 소득 신고란을 공란으로 제출했다면 더 큰 비명을 질렀을 겁니다. 약삭빠른 사람들은 절세하려다가 더 큰 실수를 범하게 됩니다. 유명한 철학자인 내 친구가 하는 말이 '인생에서 중대한 실수는 작은 것을 피해 가려다 큰 것을 놓침으로써 생긴다'고 합니다. 이 말은 확실히 세금 같은 부담스러운 존재에도 그대로 적용될 듯싶습니다. 우리는 훌륭한 경영진과 성장 가능성이 높은 기업을 좋아합니다. 우리에게는 수동적인 경영진이나 주주들을 능동적으로 만들 수 있는 자극제가 필요합니다. 또한 우리가 투자한 만큼 가치를 요구합니다."

1965년, 투자조합의 순자산은 출자와 복리이율 효과로 10년 전 10만 5100달러에서 2600만 달러로 성장했다. 버핏은 봄에 사무실을 21제곱미터 더 넓혀 보통 규모의 사무실로 확장한 것을 자축했다. 1966년 1월 20일, 조합원에게 보내는 편지는 "올해 가난과의 전쟁은

성공적이었습니다. 특히 우리는 연말에 1230만 4060달러만큼 덜 가난해졌습니다"라는 말로 시작했다. 1965년 한 해 동안 다우존스 지수는 14.2% 상승했지만 버핏 투자조합은 47.2%나 성장했다. 그때 버핏은 "민주주의는 위대하지만 투자 결정은 그렇지 않다"는 유명한 말을 남겼다. 버핏은 늘 다우존스 지수보다 10% 앞서는 것이 목표라고 말했지만 사실상 그보다 20% 많은 성취를 이루었다. 1957년부터 1965년까지 다우존스 지수는 11.4% 상승했다. 투자조합의 소득은 매년 29.8%였다. 언제나 목표를 초과 달성한 것이다.

버핏은 언젠가 "이제 나는 우리의 규모가 목표 수익을 달성하는 데 불리한 지경에까지 커졌다고 느끼고 있습니다"라고 말한 바 있다. 사실 그는 40년간 매년 그와 같은 말을 되풀이해왔다. 그럼에도 수익률은 매년 20% 이상이었다. 버핏은 2003년 버크셔 연례보고서에서도 장부가치가 21% 증가했다고 보고하면서 "미래의 수익은 과거보다 상당히 떨어질 것으로 예상된다"고 말했다.

버크셔 주식을 사들이다

1962년 버핏 투자조합은 버크셔 해서웨이를 주당 8달러 이하에 사들이기 시작했다. 그때 버크셔는 운영자본으로만 주당 16달러의 가치가 있었다. 버핏은 1966년 버크셔에 대해 이렇게 평가했다.

"우리는 버크셔 주식을 1962년 주당 7.62달러에 사들였습니다. 이 가격은 이전 경영진이 직물산업의 상황 변화로 말미암아 쓸모없는 방적 공장 일부를 폐쇄했을 때 입은 대규모 손실을 반영한 것이었습니다.

구 경영진은 상황 변화를 잘 인식하지 못했지요. 버크셔는 1948년에 정점에 이르러 2950만 달러의 세전이익을 올렸고 11개 공장에서 1만 1000명의 종업원을 고용하고 있었습니다. 그 이후 회사는 내리막길을 걸었습니다. 우리가 1965년 봄에 경영권을 완전히 장악했을 때 버크셔는 공장 2개와 종업원 약 2300명으로 규모가 줄어들어 있었습니다. 하지만 정말 놀랍고 기쁘게도 현재 회사에는 매우 우수한 경영 인력이 남아 있습니다. 그래서 다행히 외부에서 한 사람도 경영자를 영입할 필요가 없습니다. 주당 평균 7.60달러의 초기 인수비용(1965년 기준 인수비용은 주당 14.86달러)과 관련해 설명을 드리자면 1965년 12월 31일 기준으로 이 회사는 기계나 장비의 가치를 따지지 않고 순운용자산만 주당 19달러의 가치가 있었습니다. … 버크셔는 탐나는 회사입니다. 직물 산업은 수익성이 아주 높은 분야입니다. 우리는 매우 운이 좋게도 켄 체이스 같은 훌륭한 경영자에게 이 업체를 맡길 수 있었습니다. 그리고 올해 말에는 각 지역의 영업부서를 이끌 최고의 세일즈맨을 채용할 것입니다. 비록 버크셔는 경쟁이 치열한 시장에서 제록스나 페어차일드 카메라, 또는 내셔널 비디오만큼 수익성이 좋지는 않지만 회사는 아주 안정적입니다."

조합 설립 10주년

1966년 7월 12일 자 조합원에게 보내는 편지에서 버핏은 투자조합이 볼티모어에 본사를 둔 개인 소유의 백화점 체인회사 혹스차일드 콘Hochschild, Kohn & Co.을 500만 달러에 사들였다고 보고했다. 버핏 투자조합이 유통회사인 디버시파이드 리테일링Diversified Retailing Co.의 80%를 샀고 디버시파이드는 혹스차일드를 산 것이다. 이 체인점은 경영이 잘 되지 않아서 1969년 12월 1일 샀던 가격으로 슈퍼마켓 제너럴에 되팔 았다. 그런 김빠진 거래에도 불구하고 투자조합은 1966년 전반적으로 놀라운 성과를 거두었다.

1967년 1월 25일 편지에 버핏은 조합원들에게 성과를 알렸다. "1966년으로 조합 설립 10주년이 되었습니다. 이는 경축할 만한 일입니다. 우리가 거둔 성과를 다우존스 지수와 견주어 볼 때 전무후무한 기록을 세웠습니다. 우리 조합은 플러스 20.4%였고 다우존스 지수는 마이너스 15.6%로 우리가 36%나 더 달성했습니다."

1967년에도 버핏 투자조합의 놀라운 상승 행진은 계속되었다. "여러모로 보아 1967년 성적은 아주 좋습니다. 전반적인 성적은 다우 존스 지수가 19.0% 상승한 데 비해 우리는 35.9%나 상승했습니다. 그리하여 다우존스 지수보다 10포인트 앞선다는 목표치를 초과 달성했습니다. 우리의 전체 수익은 1938만 4250달러입니다. 인플레이션이 가속화되는 상황이므로 인플레에 영향을 받지 않는 펩시콜라 주식을 많이 살 것입니다당시 펩시는 체리 시럽을 이용하여 매출을 급격히 늘리고 있었다·옮긴이. 유가증권을 장기 보유한 덕분에 우리는 1967년 소득과는 별개로 과세 대상 소득 2737만 6667달러를 실현했습니다. 납세일인 4월 15일이 되면 다소 속은 쓰리겠지만 우리가 '위대한 미국 사회'에 당당하게 기여했다는 자부심으로 위안을 삼읍시다."[27]

이때 투자조합은 조합이 운영하고 있는 디버시파이드 리테일링과 버크셔를 통해 두 개의 다른 회사를 사들였다. 한 회사는 어소시에이티드 코튼 숍나중에 어소시에이티드 리테일 스토어로 이름을 고침·옮긴이이었

고, 또 하나는 내셔널 인뎀니티National Indemnity로 내셔널 화재해상보험
이라는 계열사가 딸린 보험회사였다. 어소시에이티드는 디버시파이드
리테일링에서 매입했고 내셔널 인뎀니티는 버크셔가 매입했다.

투기로 수익을 얻지 않는다

1968년 조합원에게 보내는 편지에서 버핏은 주식시장의 투기 폭
등을 우려한다. "나는 경기나 주식시장을 예측하려고 노력하지는 않습
니다. 하지만 현재 주식시장과 비즈니스 세계는 거래가 급증하고 있습
니다. 단기간의 가치도 예상할 수 없는 게 증시인 만큼 장기간이 지나
면 결과가 어떻게 될지 심히 우려됩니다. 기업가와 고위급 회사간부,
전문 투자자, 은행가, 그리고 주식 투기꾼들을 포함하여 주식 투기 분
위기에 휩쓸린 참여자들이 어마어마한 돈을 벌어들이고 있습니다."**28**

더불어 빠르게 변화하는 주식시장의 현실을 이렇게 평가한다. "과
거에는 투자관리 업계가 지나치게 정체되어 있었는데 지금은 여러 지
역에서 크게 활성화되었습니다. 10억 달러 이상의 뮤추얼펀드를 다루
는 한 유명 투자관리인은 1968년에 새로운 투자자문 서비스를 시작하
면서 '국내 및 국제 경제가 복잡해지면서 자금관리가 더더욱 중요해졌
다. 훌륭한 투자관리인은 주식연구를 주 단위나 하루 단위로 해서는 안
된다. 분 단위로 연구해야 한다'고 말했습니다. 와우! 나는 한숨이 절로
나왔습니다."

1969년에는 경영평가의 기준에 대한 조합의 입장을 피력했다.
"때때로 나는 아직도 조합원들에게 이런 말을 듣습니다. '이봐, 버크셔

가 4포인트 올랐어. 대단해'라든가 '우리에게 무슨 일이 있었지? 지난
주 버크셔가 3포인트 하락했다니까'라고 말입니다. 주식시장은 우리의
경영 평가와 아무런 관계가 없습니다. 우리의 투자는 사업실적에 따라
번창하거나 시련을 겪게 됩니다. 그렇지만 우리는 증권시장에서 투기
를 하여 수익을 얻으려 하지는 않습니다."**29**

버핏 투자조합 해산

1969년 5월 29일 자 조합원에게 보내는 편지에서 버핏은 조합의
해산을 언급한다. "18개월 전에 나는 여러분에게 미래의 목표를 수정
해야 할 환경의 변화에 대해 썼습니다. 투자 상황은 더욱 부정적이고 좌
절감을 갖게 합니다. 나는 언제라도 투자라는 토끼를 앞지르는 데 골몰
하지는 않을 것입니다. 속도를 줄이는 유일한 길은 중지하는 것입니다."

버핏은 1969년 투자조합을 해산했다. 뮤추얼펀드의 선두주자가
되어야 한다는 부담감에 피로를 느꼈고, 주식시장이 과대평가되었다
고 생각했으며, 조합원의 숫자가 정부의 규정에 따라 투자회사로 등록
을 해야 할 만큼 성장했기 때문이다. 무엇보다 이제 그는 더 이상 다른
사람의 돈이 필요하지 않았다.

1957년 설립 초기부터 1969년 해산할 때까지 버핏 투자조합은 무
려 29.5% 복리로 수익을 올렸다. 반면에 다우존스 지수는 7.4%의 수익
에 불과했다. 버핏은 투자조합을 청산하고 조합원들에게 수익과 버크
셔의 권리를 비율에 따라 분배했다. 버핏은 조합원들에게 여러 가지 선
택권을 주었다. 디버시파이드 리테일링이나 버크셔의 주식을 제공하

기도 하고 현금으로도 찾을 수 있게 했다. 또한 조합원들에게 채권에 투자하도록 권유하기도 했다. 오랜 친구이자 또 다른 투자관리인인 빌 루앤을 추천해서 투자조합이 완전히 해체된 1970년 7월 15일, 시쿼이어 펀드를 설립하여 조합원들을 돕도록 했다. 시쿼이어 펀드는 처음부터 버크셔가 가지고 있던 것과 같은 종목의 주식에 투자하여 높은 수익을 올리기 시작했다. 시쿼이어 펀드의 4분의 1 정도는 버크셔 주식에 투자되었다.

버핏 투자조합은 1969년 말에 종지부를 찍었다. 그 이후 주식시장은 장기간 침체기에 접어들었고 1973년과 1974년에 이르러 크게 붕괴되었다. 버핏의 신중한 대처와 철수 결정은 타이밍이 절묘하게 들어맞았다. 투자조합이 문을 닫았을 때 버크셔가 발행한 총 주식 98만 3582주 중에 69만 1441주를 버핏 투자조합이 소유하고 있었다. 버크셔의 시장가치는 1억 500만 달러로 성장했고, 버핏의 몫은 2500만 달러의 가치가 있었다. 버크셔에서 버핏이 지니고 있는 경영상의 권한도 증가했다. 1969년 버크셔는 일리노이주 록포드에 소재한 일리노이 내셔널 뱅크 앤드 트러스트를 사들였다.

버크셔 시대의 개막

1970년 8월 1일, 버핏은 버크셔 본사를 키윗 플라자 14층으로 옮겼다. 그때 버크셔는 3개의 주요 사업 분야로 분리되어 있었다. 하나는 본업인 직물 영업이고, 두 번째는 내셔널 인뎀니티, 내셔널 화재해상, 내셔널 뱅크 앤드 트러스트 등이 수행하는 보험 영업이었다. 세 번째로는 〈선〉 신문사와 블래커 프린팅 컴퍼니, 그리고 게이트웨이 언더라이터스의 주식 70%를 소유하고 있었다. 하지만 이 세 번째 그룹의 회사들은 재정적인 면에서 그리 중요하지 않았다. 이외에도 버크셔는 1969년 여러 종의 주간지를 발행하는 〈오마하 선〉을 사들여 운영하다 1979년 매각했는데, 이 회사는 2년 후인 1981년 문을 닫는다.

1970년 2월 18일, 버핏은 조합원들에게 자신을 자유롭게 해줘서 감사하다는 내용의 마지막 편지를 보낸다. "이제 나는 미리 예측하거나 억지 논리를 펴야 하는 부담에서 벗어났습니다. 그리고 여러분들은 이제 내가 어떤 클럽을 사용해야 하는지, 그립을 어떻게 잡아야 하는지, 다른 선수들이 얼마나 잘하고 있는지 구구절절 설명할 필요 없이 나 혼자 게임을 할 수 있도록 해주었습니다. 그 사실에 감사를 드립니다. 여러분이 달성한 결과는 여러분의 태도와 행동을 반영하는 것입니다. 만일 그렇게 생각하지 않는다면, 여러분은 인간의 노력과 성취를 극대화하는 데 개인적인 용기와 감정이 얼마나 중요한지를 과소평가하는 것입니다."

버핏이 개인들을 조합원으로 구성해 자신의 이름을 건 투자조합을 운영하면서 보여준 능력은 크게 다음의 세 가지 범주로 압축할 수 있다.

- **재무** 버핏은 투자에서 수익이 가장 중요하다는 사실을 알고 있다. 그는 투자한 만큼 가치를 요구한다. 그는 자본을 효율적으로 투입해서 버크셔를 큰 수익을 올릴 수 있는 구조로 만들었다.
- **경제 인식** 버핏은 변화하는 경제 환경에 촉각을 세우면서도 버크셔에 유리하도록 장기적인 투자를 한다. 그는 소비자의 심리를

읽고 문명사회의 욕구를 잘 이해하고 있다. 또한 산업소비 패턴을 정확히 측정하고, 어떤 기업이 가장 강한 경쟁력을 갖는지 예측할 수 있다.

- **경영과 인간관계** 버핏은 사람들에게 동기를 부여하고 성취를 극대화하는 데 적절한 자극과 감정이입이 얼마나 중요한지 잘 알고 있다.

이 세 가지 능력이 긴밀하게 상호작용을 하며 시너지 효과를 내는 것이다. 무엇보다 인간 본성에 대한 깊은 이해가 가장 핵심이라 할 수 있다. 경제활동의 주체인 인간을 이해하는 일이야말로 투자가가 기본적으로 갖추어야 할 덕목임을 버핏은 알고 있었다.

그러나 버핏의 투자 역사는 여기서 끝나지 않는다. 투자조합을 운영한 것은 그에게 훌륭한 실전 투자의 장이 되어주었으며, 비로소 그는 제1의 투자자이자 전문 경영인으로서 버크셔를 운영하게 된다.

버크셔 해서웨이의
역사

만일 〈포브스〉가 150년 전에 세계 400대 부호를 선정했다면 로치, 홀랜드, 로드먼, 앨런과 같은 이름들이 포함되었을 것이다. 그들은 모두 매사추세츠주 뉴베드퍼드 출신이다. 1850년대 인구 2만의 도시였던 뉴베드퍼드는 미국에서 가장 거대한 부가 집중되던 곳이다. 그 부의 출처는 고래기름이었다.

워런 버핏의 부가 어디서 비롯되었는지 알아보려면 보스턴에서 남쪽으로 80킬로미터 떨어진 곳, 즉 매사추세츠주 뉴베드퍼드의 섬유 촌에 자리 잡았던 초창기 버크셔에서부터 시작해야 한다. 19세기에 뉴베드퍼드는 고래잡이로 유명한 도시였다. 당시 뉴베드퍼드는 고래잡이와 삭구배에서 쓰는 로프나 쇠사슬 따위를 이름·옮긴이 제조업자, 배 수리공, 대장장이들로 북적이던 곳이었다.

1820년부터 1860년까지 지속된 고래잡이는 산업혁명이 가속화되고 기름 수요가 급증하면서 황금기를 맞았다. 채권 수익률이 6%였던 시대에 소수의 상인은 25%의 수익을 거두기도 했지만, 일반적으로 고래잡이에서 얻은 수익은 약 15%였다. 그러나 1859년에 펜실베이니아주 타이터스빌에서 석유가 발견되어 기름에 대한 수요가 사라지면서 고래잡이는 갑자기 끝났다. 이에 따라 많은 자본가가 뉴베드퍼드를 섬유와 같은 다른 사업의 투자처로 바꿨다. 버크셔 해서웨이라는 이름의 뒤쪽 절반은 고래잡이에서 번 돈을 바탕으로 1868년에 설립된 뉴베드포 드의 섬유업체 해서웨이 매뉴팩처링에서 비롯된 것이다. 1880년까지 뉴베드퍼드는 뉴잉글랜드에서 네 번째로 큰 섬유 생산지였다. 고래잡이가 중단됨에 따라 면화, 섬유공장 등 새로운 산업이 급부상한 것이다.

해서웨이의 초창기 주주 중에는 지독한 구두쇠로 악명 높은 헤티 그린도 있었다. 1887년 창업 투자자 가운데 하나였던 그녀는 매사추세츠주 뉴베드퍼드에서 성장했고 20대에 교역과 운송업의 지분을 재산으로 물려받았다. 투자에 일가견이 있는 그녀가 철도 부문에 투자했다는 소문이 퍼지자 철도 업종이 상승장을 주도하면서 큰돈을 벌어들이기도 했다. 1916년 사망할 당시 그녀는 지금 시세로 35억 달러에 상당하는 재산을 남겼다.

헤티 그린은 저축으로 부자가 된 게 아니라 투자를 통해 부를 거머쥐었다. 그녀는 철도와 여러 기업, 주식과 채권뿐 아니라 미국 전역에 부동산을 소유하고 있었다. 하지만 소득의 가장 큰 원천은 대부업이었다. 그녀는 돈을 대출해주고, 시카고 주변의 대규모 토지에서 올린 수익으로 어마어마한 재산을 축적했다. 뉴욕에서 사망할 당시 헤티 그린은 그동안 축적한 1억 달러 이상의 재산을 자녀들에게 남겼다. 이 금융업자는 수수하고 눈에 띄지 않는 삶을 영위함으로써 낯선 이들의 구걸을 피했다. 그녀는 세탁도 하지 않은 검은 상복을 입는 것으로 유명했으며, 세금을 회피하고자 빈번하게 거주지를 옮겨 다니는 것으로도 악명이 높았다. 그래서 그녀는 '미국인이 가장 혐오하는 가장 부유한 여성'으로 널리 알려졌다. 또한 그녀는 극도의 인색함으로 '월스트리트의 마녀'라는 별명을 얻기도 했다.[30] 한번은 헤티 그린이 연발권총 소지 면허증을 가지고 다니는 이유를 질문받은 적이 있다. 그때 그녀가

한 대답은 "주로 변호사에게서 나를 보호하기 위해서죠. 노상강도는 별로 두렵지 않아요"였다.

해서웨이 매뉴팩처링과
버크셔 공장

버크셔의 기원은 약 1790년경 로드아일랜드에 미국 최초의 섬유 공장을 세웠던 새뮤얼 슬레이터로 거슬러 올라간다. 최초의 버크셔 공장은 로드아일랜드주 프로비던스에서 1806년에 문을 열었다. 이 기업의 설립자는 슬레이터와 일했던 목수이자 버크셔 해서웨이의 이사회 멤버 맬컴 G. 킴 체이스 3세의 조상인 올리버 체이스이다. 이 업체는 한 번에 국가 전체가 필요로 하는 무명실의 25%를 뽑는 섬유계의 거인으로 성장했다.

1929년에 공동소유였던 몇 개의 섬유공장이 버크셔 코튼 매뉴팩처링(1889년 법인이 됨)으로 통합되었고 이어 버크셔 파인 스피닝 어소시에이츠로 이름이 바뀌었다.

1930년대까지 버크셔의 제조공장들은 뉴잉글랜드주 발전량의 약 1%를 사용할 정도로 위세가 대단했다. 하지만 회사는 수익성이 나빠져 1930년대 후반 이후 6년 동안 우선배당금을 거의 지급하지 못했다. 그러다 제2차 세계대전이 발발하면서 큰 수익을 거두기 시작했다. 버크셔의 사장 시버리 스탠턴은 1961년 뉴커먼 소사이어티를 대상으로 한 연설에서 제2차 세계대전이 회사의 전환점이 되었다고 밝혔다.

"전쟁이 발발했을 때 우리는 전시에 적합한 생산설비를 갖추고 있었고 이를 잘 운용했습니다. 생산 물품은 탄약 자루, 전투복, 판초, 모기장, 그리고 그 외 많은 군수품이 포함되어 있었습니다. 특히 낙하산 원단 생산 병참부대는 납품을 맞추기 위해 국가 전역의 섬유 제조업체들을 불러모았습니다. 병참부대는 섬유업체들에게 나일론 낙하산 원단을 개발하고 제조해줄 것을 주문했습니다. 당시 나일론 원단을 만들어본 경험이 거의 없었기 때문에 업체들 모두 망설이는 모습이 확연했습니다. 납품을 책임지고 있는 정부 관료는 제조업체 명단을 꼼꼼히 검토했고, 업체들과 개별적으로 주문량을 협의했습니다. 업체들은 새로운 영역에 진입하는 것을 주저했기 때문에 대부분 제안하는 수량이 매우 적었는데, 보통 2만 5000미터 정도 되었던 것으로 기억합니다. 차례가 되었을 때 우리는 '300만 미터'라고 단호하게 말했습니다. 순간 회의실에 적막이 감돌았죠. 그 후 우리에게 더 많은 주문을 했고, 우리는 병참부대의 요청에 따라 초기 납품량을 500만 미터까지 올렸습니다."

버크셔 해서웨이의 탄생

앞서 언급했듯이 뉴베드퍼드에 있던 해서웨이 공장은 그 지역 경제가 저수익의 고래잡이에서 고수익의 섬유 쪽으로 방향을 전환하던 시점과 때를 맞춰 문을 열었다. 1881년부터 제1차 세계대전이 발발할 때까지 자그마치 32개의 면직물 제조업체가 설립되었다. 제2차 세계대전 기간 해서웨이 공장은 낙하산 원단 생산에 집중했고 전쟁 이후에는 레이온 안감 원단을 생산하는 가장 큰 제조업체가 되었다. 제2차 세계대전 이후인 1948년, 버크셔 파인 스피닝 어소시에이츠와 해서웨이는 1800만 달러의 수익을 올렸고, 뉴잉글랜드 전역에 있는 12개 대규모 공장에서 1만 명을 고용했다. 비교하자면 그해에 IBM은 2800만 달러의 수익을 올렸다고 발표했다.

1954년 허리케인으로 해서웨이 공장 한 곳이 큰 피해를 입고 문을 닫은 후, 해서웨이는 버크셔 파인 스피닝과 합병했다. 이 합병으로 기업의 이름이 버크셔 해서웨이로 바뀌게 된다. 맬컴 체이스가 뉴베드퍼드에 있는 해서웨이 공장과 매사추세츠주 서부와 로드아일랜드에 있는 버크셔의 공장들을 통합해서 관리했다. 합병된 기업의 주식 총액은 5544만 8000달러에 달했다.

그 당시 섬유사업은 고전을 면치 못했고, 그 후 9년간에 걸쳐 주식 총액은 2213만 9000달러까지 하락했다. 하지만 1961년 말 버크셔 해서웨이의 경영자들은 여전히 밝은 미래가 보장된 우량기업이라고 주장했다. 당시 회사 대표 스탠턴이 뉴커먼 소사이어티를 대상으로 했던 연설에서도 이를 피력하고 있다.

"오늘날(1961년) 버크셔 해서웨이는 뉴잉글랜드에서 합성섬유와 면직물을 생산하는 제조업체 중 가장 큰 규모를 자랑하고 있습니다. 100만 개의 방추실을 감기 위한 부속품·옮긴이와 1만 2000대의 직기는 매년 화려한 색상의 드레스와 손수건 원단, 보일무명, 양털, 명주 등으로 만든 반투명의 얇은 피륙·옮긴이, 골이 지게 짠 무명, 골이 있고 프린트된 새틴, 레이온 안감, 데이크론으로 된 얇고 투명한 커튼 원단과 데이크론 면 혼방 섬유 등 총 2억 500만 미터의 직물을 생산하고 있습니다. 버크셔 해서웨이의 총 고용 인원은 5800명이고, 7개의 공장은 3교대로 돌아가고 있으며, 연 6000만 달러 이상의 매출을 올리고 있습니다."

1962년에도 버크셔 해서웨이는 7개의 공장에서 6000명의 인원이

6000만 달러 이상의 판매고를 올리며 연간 약 2억 2800만 미터의 직물을 생산했다. 하지만 무엇보다 중요한 사실은 회사가 보유하고 있는 현금이 주식시장의 마법사 워런 버핏의 시야에 들어왔다는 것이다.

버핏, 버크셔를 주목하다

버핏 투자조합에서 주당 7달러에 버크셔 해서웨이 주식을 인수하기 시작한 것은 1962년의 일이다. 몇 년 후 당시 버크셔 사장이던 스탠턴은 남아 있는 버크셔 해서웨이 주식들을 11달러 50센트에 매도하겠다고 버핏에게 약속했다. 하지만 스탠턴은 약속을 지키지 않았다. 버핏의 투자 철칙 중 하나인 '악수와 신용' 거래가 실현되지 않았던 유일한 경우였다. 약속을 지키지 않은 스탠턴에게 화가 난 버핏은 스탠턴의 처남과 당시 해서웨이 이사회 회장이던 맬컴 체이스에게서 버크셔 주식을 사들이기 시작했다. 스탠턴에게 마찬가지로 짜증이 나 있던 체이스도 자신이 보유하고 있는 버크셔 해서웨이 주식들을 버핏에게 매각해 버렸다. 그때가 바로 1965년으로 이로써 버핏이 버크셔의 경영권을 손에 넣게 되었다.

1964년까지 회사 경영은 거의 만신창이라 할 만큼 악화되었다. 두 곳의 공장과 약 2200만 달러의 순자산이 전부였다. 그해 버크셔는 장부상으로 17만 5586달러, 즉 주당 15센트의 수익을 올렸다. 주당 주식 가격은 장부가치 이하로 떨어졌다. 버핏에 따르면, "우리가 경영권을 인수하던 시점에 버크셔에는 현금자산이 없었다. 당시 모든 자본은 섬유업체에 묶여 있었다"고 한다.

1965년에 체이스와 오티스 스탠턴의 도움으로 버핏은 회사 경영권을 인수했다. 그와 동시에 사장 시버리 스탠턴과 법정상속인이자 경리부장이던 그의 아들 잭이 퇴출되었다. 주식시장의 거물 투자자에게 매각됨으로써 버크셔 해서웨이도 오랜 역사를 지닌 다른 많은 제조업체가 걸었던 길을 걷게 된다. 즉 처음에는 제조품으로 상품거래를 하다가 투자회사로, 그리고 마침내는 순수한 금융회사로 탈바꿈하게 된 것이다. 이제 회사의 주요 제품은 투자에 사용하는 돈이 되었다.

버크셔 해서웨이 경영권 장악

1964년 10월 3일, 버크셔의 대차대조표에는 자산이 2788만 7000달러, 발행 주식 총액은 2200만 달러로 기록되어 있었다. 당시 버크셔의 발행주식 수는 113만 7778주였다. 오늘날 버크셔의 A급 주식 수는 153만 6630주이다. 지속적인 매수로 1965년까지 버핏 투자조합은 약 4700대의 직기를 포함해 70%의 지분을 확보했다. 버크셔 내 버핏의 총 지분은 약 1400만 달러에 달했다. 버핏은 버크셔가 약 1800만 달러의 시장가치를 지니고 있던 1965년 5월 10일, 마침내 버크셔의 경영권을 손에 넣게 된다. 1960년대 후반 버크셔에는 약 1200명의 주주들이 있었다. 현재는 약 56만 5000명의 주주들이 있다.

1965년 버핏 투자조합은 버크셔 주식의 약 49%인 50만 975주의 주식을 보유했다고 버크셔 경영진에게 통보했다. 버핏 투자조합은 버크셔의 대주주가 되었고 인수권을 확보했다. 1967년 1월까지 투자조합은 버크셔 주식의 59.5%를 보유했고 1968년 4월에는 70% 가까이 확보했다.

버핏이 관리하게 된 버크셔는 기업인수 작업에 착수했고 1967년 2월 23일 내셔널 인뎀니티에 대한 주식 공개매수를 시작하면서 처음으로 보험사업에 뛰어들었다. 1969년 초 버크셔는 일리노이 내셔널 뱅크 앤드 트러스트의 지분 97%를 매수했고, 거의 같은 시기에 〈선〉 신문사와 블래커 프린팅 컴퍼니를 인수하면서 출판사업에 처음으로 진출했다.

〈선〉 신문은 총 발행부수가 약 5만 부였으며, 오마하에서 5개의 주간 신문들을 발행하고 있었다. 인쇄사업체는 스탠퍼드 립시가 운영했다. 신문사와 인연이 깊은 버핏가의 혈통버핏의 어머니 레일라 스탈은 신문사에서 일했던 경험이 있다. 스탈의 아버지, 즉 버핏의 외할아버지는 신문사를 운영했다·옮긴이을 계승한 워런 버핏은 지속적으로 신문사업에 큰 애착이 있었다.

1970년 버핏 투자조합은 버크셔의 모기업과 주주가 되기를 포기했고, 버핏은 조합원들에게 일정 비율로 69만 1441주의 버크셔 주식을 나눠주었다. 모든 청산 작업이 끝난 후 버핏은 혼자서 조용히 버크셔 주식들을 매수했다.

워런 버핏은 잔여자산 분배에 이어서, 1970년 1월에 잔여자산 분배로 주식을 받은 버핏 투자조합의 다른 조합원들로부터 버크셔의 보통주 8만 7591주를 추가 매수했다. 또한 1월에 공개시장에서 버크셔의 보통주 2100주를 추가 매수했다. 1970년 1월 31일, 버핏은 혼자서 총 24만 5129주, 즉 공모 중인 보통주로 등록된 97만 9582주의 약 25%를 보유하게 되었다. 이러한 매매의 결과로 워런 버핏은 버크셔의 실질적인 주인이 되었다.

1970년, 버크셔에 관한 스탠더드 앤드 푸어스의 평가 자료는 다음과 같다.

이 회사는 주로 면직물을 생산하고 있으며 최근 합성 혼방섬유도 생산량을 확대하고 있는 섬유 생산업체이다. 또한 1967년 기업인수를 통해 자동차보험에 주력하는 보험업체를 운영하고 있다. 그 외에도 기업 다각화 조치에 따라 신문사와 일리노이 뱅크를 인수했다. 버크셔 해서웨이는 오건디얇고 반투명한 모슬린 천·옮긴이, 손수건 천, 셔츠 원단, 새틴 등을 포함하는 면직물과 레이온, 나일론, 데이크론 같은 합성섬유를 생산하고 있다. 또한 1967년 오마하의 내셔널 화재해상보험과 내셔널 인뎀니티의 인수를 통해 보험업으로 다각화가 이루어졌다. 1969년 초 버크셔는 〈선〉 신문사와 블래커 프린팅 컴퍼니를 매입했고, 일리노이주 록퍼드의 일리노이 내셔널 뱅크 앤드 트러스트를 인수했다.

산업계 전반의 과잉생산으로 인해 1969년 이 회사는 주력상품인 면직물의 생산을 단계적으로 중단했다. 동시에 반독점적 이점을 누리고 있거나 개발의 여지가 있는 부문인 합성 혼방 직물의 생산을 계속해서 늘려왔다. 또한 완제품 직물을 판매하는 홈 패브릭 부문을 포함해 새로운 마케팅 프로그램도 개발했다.

내셔널 인뎀니티와 내셔널 화재해상보험은 자동차보험 부문에서 이회사 매출의 80% 이상을 끌어냈다. 〈선〉 신문사는 네브래스카주 오마하에서 5개의 주간지 약 5만 부를 발행하고 있다. 이와 관련된 인쇄사업은 블래커 프린팅 컴퍼니가 맡고 있다.

1969년 12월 31일 현재 일리노이 내셔널 뱅크의 총 예금액은 한 해

전의 9908만 5440달러에서 9955만 4818달러로 늘었다. 1970년 1월 3일 현재 이 회사의 포트폴리오는 29만 4165달러에 매수한 미국 재무부 증권재무부 발행의 단기채권·옮긴이으로 이루어져 있으며, 그 시장가치는 29만 7120달러에 이른다.

┌ 최근 상황 ┐

1970년 1월 3일 자로 마감된 52주 동안의 섬유 부문 순매출은 1968년 매출보다 12% 하락했다. 비용 삭감 노력으로 마진이 확대됨에 따라 영업이익 하락폭은 6.6%로 축소되었다. 세전이익은 43% 감소했다. 세후이익은 40.7% 수준이다. 1970년 7월 4일로 마감된 6개월 동안의 매출은 전년 대비 41% 정도 떨어졌지만 순수익은 2.7% 향상되었다. 발행주식이 줄어들면서 수익은 주당 1.81달러에서 주당 1.89달러로 올랐다.

┌ 주식에 관한 자료 ┐

이 회사는 버크셔 코튼 매뉴팩처링이라는 회사명으로 1889년에 설립되었다. 현재의 명칭은 1889년에 설립된 해서웨이 매뉴팩처링과의 합병으로 1955년에 채택되었다.

1947년에 보통주는 1대 3의 주식분할로 300만 주까지 증가했다. 1952년 이 보통주들은 제로 액면가에서 5달러로 바뀌었다. 그리고 1955년 합병 때 해서웨이의 발행주식 10만 주의 1주마다 4주의 보통주가 발행되었다.

1962년 12월 수권주식authorized stock주식회사가 발행할 수 있는 주식의 총수·옮긴이은 68만 7184주의 자사주들을 매입, 소각함으로써 231만

2816주까지 감소했다. 그리고 46만 9602주가 11달러 37센트~11달러 50센트에 매입된 시점인 1964년 12월, 수권주식은 184만 3214주로 줄어들었다. 또 1965년에 12만 231주가 또다시 매입되어 수권주식은 172만 2983주로 감소되었다. 워런 버핏은 그 주식의 70%를 소유하고 있다.

┌ 금융 ┐

1969년 9월 24일, 이 회사는 4개의 은행과 3년 만기 대출계약서에 서명하고 750만 달러를 대출했다고 보고했다. 대출금은 일리노이 내셔널 뱅크 앤드 트러스트의 주식매수에 활용된 주식 포트폴리오의 청산에 따른 단기부채를 상환하는 데 사용되었다. 1970년 1월 3일, 통합되지 않은 보험 자회사들에 대한 총투자는 1531만 4965달러에 달했고, 통합되지 않은 은행 자회사에 대한 투자는 1886만 8404달러였다.

┌ 자본화 ┐

- **장기부채** 589만 1300달러
- **보통주** 97만 9582주(액면가 5달러)

버핏은 1970년에 이사회 회장이 되었지만 1970년대 후반까지 섬유 사업의 수익성은 나날이 악화되었다. 하지만 버핏은 헐값에 인수 가능한 섬유사업에 여전히 관심을 갖고 있었다. 1979년 연례보고서에 버핏은 이렇게 적었다. "여러분의 이사회 회장버핏 자신을 일컬음·옮긴이은 몇 년 전 뉴햄프셔주 맨체스터에 있는 웜벡 밀즈를 인수하겠다는 의사결정을 했고, 그로 인해 섬유사업이 확장되었습니다. 한 통계조사

결과에 의하면 인수가격은 보기 드문 헐값이었습니다. 그래서 우리는 그 회사를 운영자본 이하의 가격에 인수할 수 있었지요. 사실상 거의 헐값에 꽤 많은 부동산과 기계들을 손에 넣었습니다. 하지만 결과적으로 인수는 실수였습니다. 우리가 전력을 다해 일하고 있는 동안 과거의 문제들이 무마되기 바쁘게 새로운 문제들이 생겨났지요."

1980년 편지에서는 이렇게 설명하고 있다. "지난해 동안 우리는 섬유 사업의 규모를 축소했습니다. 역시 섬유 회사인 웜벡 밀즈의 경영은 어쩔 수 없이 포기할 수밖에 없었습니다. 몇몇 장비들은 뉴베드퍼드로 이전했지만 대부분은 팔렸거나 앞으로 팔릴 것입니다. 부동산도 마찬가지입니다. 여러분의 회장은 이러한 현실에 좀 더 빨리 대처하지 못함으로써 값비싼 실수를 저지르고 말았습니다."

버크셔의 섬유 부문은 1980년대 초반 경기침체기 내내 손실을 기록했다. 1983년에 얼마간 회복되기는 했지만 1984년의 손실은 총 200만 달러에 달했다. 그리고 매년 손실이 되풀이되었다.

버크셔 섬유 부문 매각

1984년 말 버크셔 섬유 부문 대표인 게리 모리슨은 새로운 기계의 도입을 요구하면서 버핏에게 세부적인 계획안을 보냈다. 모리슨은 새 기계가 없으면 공장이 수익을 낼 수 없을 것이라고 말했다. 버핏이 응답을 하지 않자 그는 끝이 멀지 않았음을 직감했다. 1985년 5월 1일, 모리슨은 공장이 문을 닫게 될 것이라고 회사 관리자들에게 말했다. 관리자들은 사기를 꺾지 않으려고 공장이 가동을 중단하는 마지막 날까지 직원들에게 그 말을 전하지 않았다. 8월 12일, 공장 노동자들에게 소식이 전해졌고 담당부서는 공장 폐쇄 작업을 시작했다. 크리스마스 바로 직전까지 공장은 모든 원료를 소진하고, 주문량을 모두 납품했다. 기계들은 팔거나 재활용을 위해 처분하고 마지막으로 가동을 멈췄다. 기계들이 가동을 중단한 그날 버크셔 주식은 버핏이 20년 전에 지불했던 평균가 11달러에서 주당 2600달러로 올라 있었다.

버핏은 버크셔를 인수한 1965년부터 1985년까지 섬유사업을 운영했다. 버크셔는 비록 미국 양복 안감 시장의 절반을 차지하고 있었지만 그것은 상품사업이었기에 많은 수익이 날 수 없었다. 방추와 직기를 쉼 없이 가동하고, '올해의 공급업체'로 선정되기도 했지만 수익은 떨어졌다. 버핏은 레이온 생산이 단지 사업체를 다른 업종과 구분해주는 역할밖에 하지 못했다고 실토했다.

그때까지 버핏은 단기적으로 사업이 잘될 때의 수익금과 운영자금을 줄여 현금을 짜냈다. 그렇게 만든 현금은 더 나은 사업에 투자되었다. 결국 그는 낮은 금액만 받고 100년 이상의 역사를 지닌 사업체를 매각했다. 이는 버핏이 손실을 경험한 몇 안 되는 거래 중 하나였다.

버핏은 1991년 버크셔 정기 주주총회에서 섬유사업은 상품제조업이고, 비록 제2차 세계대전 동안 많은 남성복에 해서웨이 안감이 쓰이기는 했지만, 외국 업체들이 더 값싸게 만들어낼 수 있게 되자 아무런 의미가 없어졌다고 설명했다. 버핏은 저비용 생산업체들과 경쟁하는 게 어떤 것인지 교훈을 얻게 되었다며 이렇게 말했다. "나는 그것이 힘겨운 사업이라는 사실을 뼈저리게 깨달았다. 나는 당시에 다소 오만했거나 순진했다. 많은 교훈을 얻은 것도 사실이지만, 다른 곳에서 그 교훈을 배울 수 있었더라면 더 좋았으리라고 생각한다."

나중에 버핏은 버크셔의 섬유사업을 언급하면서 자산은 생각했던 만큼 가치가 없었지만 "부채만큼은 철옹성 같았다"고 농담을 했다. 그리고 단지 싸다는 이유로 끔찍한 사업에 발을 들여놓는 실수를 했다고 인정했다. 버핏은 운전자본기업자본 중에서 일상적인 기업운영에 필요한 부분·옮긴이보다 낮은 금액으로 버크셔를 인수했지만, 훗날 그 운전자본이 '망상'에 불과했다는 것을 알게 되었다고 말했다. 그리고 버크셔는 '담배꽁초', 아니 '흠뻑 젖은 담배꽁초'였다고 덧붙였다.

버크셔 자체는 명백한 실수

버핏은 버크셔에 대한 투자를 두고 다음과 같이 평가했다. "버크셔 그 자체는 믿든 안 믿든 실수였다. 우리는 1960년대 초반 단지 일반적인 투자금 회수 측면에서 저렴하다는 이유로 버크셔에 발을 들여놓았다. 지난 10년 동안 버크셔는 거의 수익을 내지 못했다. 엄청난 액수의 순손실을 초래했을 뿐이다. 하지만 회사는 운전자본 이하의 금액으로 인수하였다. 그러므로 버크셔 그 자체는 피다가 만 담배꽁초였다고 할 수 있다. 마이너스가 아닌 0의 기반에서 기업회생 작업을 할 수 있었더라면 우리는 좀 더 잘해 낼 수도 있었을 것이다. 하지만 재미는 있었다."[31]

버핏이 1985년 쇠락해가는 사업을 중단할 당시, 가격이 1200만 달러였던 기계들은 20만 달러 이하에 판매되었다. 버핏은 18만 5000제곱미터의 땅은 팔지 않고 1제곱미터당 20~54달러에 임대했다. 그는 장부가치상 86만 6000달러였던 기계를 16만 3000달러에 처분했다.

5000달러에 구입했던 직기들은 철거비용보다 낮은 금액인 1대당 26달러의 고철 가격에 팔렸다. 오늘날 뉴베드퍼드에 있는 버크셔의 공장 부지들은 경제적 참상의 단면을 보여주는 잔재로 남아 있다.

하지만 그 당시보다 오래전에 공장의 보유 현금으로 재정을 충당했던 버크셔의 다른 사업들은 번창하고 있었다. 항구에서 조금 더 내륙에 위치해 허리케인의 영향에서 벗어날 수 있었던 31곳의 공장단지는 임대되어 비즈니스 창업지원 육성센터로 쓰였고 사업가 28명에게 사업 터전이 되었다. 버크셔 해서웨이는 여러 분야의 사업체에 임대해주고 있었다. 공장단지 9만 2900제곱미터 중 7만 4320제곱미터가 채워질 만큼 성장했으며, 그 지역에서만 500명에 이르는 고용을 창출했다.

이제 오래된 붉은 건물들은 거의 아무짝에도 쓸모가 없었다. 하지만 빌 베츠의 관리하에 사무실과 창고 용도로 임차한 건물은 버크셔의 작은 소득원이 되어주었다. 버크셔는 2000년대 초반 사무실 단지를 완전히 매각했다.

합병의 역사

시간과 장소를 한참 거슬러 올라가 버핏이 거액의 투자를 하기 전에는 시냇물에서 물고기를 낚듯 훨씬 작은 투자처에서 활동하고 있었다. 그는 작은 시냇물들을 한데 묶어 커다란 강으로 흘러가게 하고, 마침내는 자산의 대양으로 흐르도록 만들었다.

1978년 말쯤 버크셔는 디버시파이드 리테일링을 합병했다. 오랫동안 버크셔의 최대주주였던 버핏은 이때 이미 백화점 체인 디버시파이드 주식의 56%를 보유한 대주주였다. 그는 버크셔 주식을 매수하기 시작한 지 얼마 지나지 않아 디버시파이드 주식도 매수하기 시작했고 1966년 디버시파이드의 CEO가 되었다. 1976년에는 두 회사의 회장으로서 버크셔 지분의 36%, 디버시파이드 지분의 52%를 보유하고 있었다. 당시 버크셔와 디버시파이드 본사는 각각 매사추세츠주 뉴베드퍼드와 메릴랜드주 볼티모어에 있었다.

1966년 법인회사가 된 디버시파이드는 80개 이상의 점포를 보유하고 있는 어소시에이티드 리테일 스토어 체인의 전신이다. 또한 디버시파이드는 자회사인 블루칩 스탬프Blue Chip Stamps 주식뿐만 아니라 버크셔 주식을 대량으로 보유하고 있었다.

뉴욕에 근거를 두고 있는 어소시에이티드는 1967년 디버시파이드에 인수되었다. 이 회사는 요크, 에이미, 골드윈, 게이타임, 패션 아울렛, 매디슨, 요크스터, 레인스, 탑스 앤드 보텀스 등의 이름으로 11개 주에서 점포를 운영했다. 버크셔는 기업을 매각하는 일이 거의 없었지만 1987년 어소시에이티드 리테일 스토어를 뉴욕의 조셉 노번에 넘겼다. 버핏은 소매업 진출 초기에 계속 이렇다 할 성공을 거두지 못했다.

버크셔와 디버시파이드의 합병안에 대해 버핏은 다수의 주주가 찬성하는 것을 전제로 합병에 동의했다. 이 합병을 통해 버핏은 자신의 제국을 이루고 있는 광범위한 구성요소들을 하나의 이름, 즉 버크셔 밑에 두고자 했다.

협상에는 버크셔를 대표하여 전 회장인 맬컴 G. 체이스 2세가, 디버시파이드에서는 이사인 데이비드 S. 고츠먼이 대표로 나섰다. 고츠먼은 버핏의 절친한 친구이고, 훗날 버크셔의 부자 주주가 되었다. 고츠먼은 디버시파이드의 많은 지분을 갖고 있었기 때문에 버크셔와 디버시파이드의 합병으로 1만 7977주의 버크셔 주식을 보유하게 되었다. 그가 대표로 있던 뉴욕시의 퍼스트 맨해튼 투자회사 직원 중에도 많은 이가 디버시파이드에 투자하고 있었고, 그로 인해 총 1만 3158주의 버크셔 주식을 갖게 되었다.

버핏이 버크셔와 디버시파이드 두 회사에서 중요한 위치에 있었기 때문에 협상은 버핏을 제외한 채 각 회사의 독립 이사들에 의해 진행되었다. 합병 위임장에는 이렇게 설명되어 있었다. "버크셔와 그 자회사들은 미국 전역에서 손해보험과 상해보험 사업을, 미국과 캐나다에서 섬유 생산 및 판매업을, 일리노이주 록퍼드에서는 1981년까지 사업철수 명령을 받은 자회사를 통해 은행업을 운영하고 있다. 그 외에도 버크셔와 자회사들은 많은 다른 사업에도 장기투자를 하고 있다. 버크셔는 장외시장에서 거래되고 있는 블루칩 스탬프의 보통주식 18.8%를 보유하고 있고, 버크셔의 보험 자회사들은 회사의 투자 포트폴리오에 블루칩 스탬프 보통주식 22.6%를 보유하고 있다."

블루칩 스탬프가 소유한 기업에는 씨즈 캔디, 버펄로 뉴스, 파이낸셜 보험회사, 웨스코Wesco가 있다. 웨스코는 미시간주의 디트로이트와 캐나다 온타리오주의 윈저를 잇는 유료 다리 앰배서더 브리지의 사업자인 디트로이트 인터내셔널 브리지의 지분 22%를 보유한 적이 있다. 하지만 버크셔는 더 이상 앰배서더 브리지의 지분을 갖고 있지 않다.

다음은 위임장에서 디버시파이드에 대해 밝히고 있는 내용이다. "디버시파이드는 어소시에이티드 리테일 스토어와 어소시에이티드의 완전 소유 자회사인 컬럼비아 보험회사, 컬럼비아 보험회사의 완전 소유 자회사인 서던 상해보험회사에 재정 및 경영 자문을 하고 있는 지주회사이다. 어소시에이티드는 대중적인 가격의 여성복과 아동복 소매업에 종사하고 있는 완전 소유 자회사이며, 컬럼비아는 기본적으로 버크셔 보험 자회사들의 재보험 계약 가운데 일부를 취급하는 화재 및 상해보험 회사이다. 서던 상해보험회사는 루이지애나주에서 고용보험을 취급하고 있으며 임업에서는 거의 독점적이다. 디버시파이드 경영진의 견해에 의하면, 버크셔 주식 외에 디버시파이드에서 가장 중요한 자산은 블루칩 스탬프 보통주 약 16.3%에 대한 실소유권이다."

1976년 블루칩 스탬프 회장으로 취임했고 디버시파이드의 이사로도 활동한 멍거가 버크셔 이사로 일하게 되었음에도 합병은 회사 경영에 큰 변화를 가져오지 않았다. 버핏은 여러 해 동안 이 두 회사의 실질적인 합병을 원했다. 그는 특히 버크셔 산하의 기업구조를 단순화하기 위하여 두 회사의 블루칩 스탬프 지분을 통합하고자 했다. 합병을 통해 버크셔는 블루칩 스탬프의 58%를 소유하게 되었고, 버핏과 그 일가가 다른 13%를 소유했다. 블루칩 스탬프가 버크셔에 완전히 합병된 것은 1983년에 이르러서였다. 당시 버핏과 멍거는 새 회사를 '진정으로 굶주린 버핏 앤드 멍거Buffett and Munger Strictly from Hunger'라고 농담을 나누었다고 한다.

작은 시내가 다른 작은 시내와 합쳐지고 큰 강으로 흘러 바다로 향하고 있었다. 버핏은 버크셔와 디버시파이드, 블루칩 스탬프를 대표하여 투자하고 있었다. 블루칩 스탬프는 1972년에 웨스코 주식을 매수하기 시작했다. 나중에 중단되었지만 웨스코가 당시 합병안에 동의함으로써 일은 더욱 복잡해졌다. 블루칩 스탬프가 웨스코를 인수하면서 치른 값이 문제가 된 것이다. 그리고 버핏과 멍거는 동시에 디버시파이드를 버크셔에 합병하려는 시도를 하고 있었다. 증권거래위원회는 버크셔, 블루칩 스탬프, 그리고 버핏에 대한 조사에 착수했다.

버핏은 증권거래위원회에서 모든 문제를 해명해야 했다. 그러나 이 사건은 1976년 혐의를 인정하거나 부인도 하지 않은 채 수습되었다. 증권거래위원회는 웨스코 주주들이 블루칩 스탬프가 행한 매매로 피해를 입었음을 밝혀냈고, 이에 따라 주주들이 11만 5000달러를 배상받는 것으로 문제는 마무리되었다.

버크셔 해서웨이의
현재

버핏이 버크셔를 인수한 지 50년이 넘은 오늘날 버크셔는 전 세계 보험회사의 주주자본을 가장 많이 소유한 투자지주회사이며, 〈포천〉 500대 기업 중 장부가치가 세 번째로 높은 회사가 되었다. 또한 많은 주식과 채권, 현금과 은 등을 보유하고 있는 보험의 제국이다. 게다가 수많은 사업체도 운영하고 있다. 버크셔는 거의 모든 카테고리에 포함되는 기업들을 운용하고 있다. 보험, 제과, 미디어, 제2금융권, 투자회사, 다목적 또는 복합기업들이 버크셔라는 이름을 통해 전방위적으로 운영되고 있다. 버크셔는 혼성기업이다. 버크셔를 전형적인 방식으로 설명하자면 다음과 같다.

"버크셔는 손해보험과 상해보험을 제공하고, 잡지를 발행하며, 여타의 서비스를 제공하는 기업을 소유하고 있는 투자지주회사이다."

1998년에 증권분석가 앨리스 슈로더가 버크셔에 관한 분석을 시작하기는 했지만 사실상 현재 버크셔를 낱낱이 파악할 수 있는 분석가는 없다. 버크셔를 알려면 여러분 스스로 조사를 해야만 한다. 이 회사는 1년에 몇 차례 새로운 투자에 관한 한 줄짜리 발표문을 내보낸다. 그 짧은 발표문을 통해서 모습을 잘 드러내지 않는 회장, 파남가 키윗 플라자에 있는 오마하의 소규모 본사, 단순함을 지향하는 연례보고서, 전반적인 노코멘트 정책 등을 엿볼 수 있다. 그리고 버크셔에 관해 알아볼 수 있는 거의 유일한 방법은 회사에 연례보고서를 요청하는 것뿐이다.

경기 침체기에 버핏의 단순한 사업들은 때때로 50%의 자기자본
수익률을 기록했고, 1989년에는 비용절감 노력으로 67%의 자기자본
수익률까지 도달했다. 그 수치는 경이로운 수준임에 틀림없다. 대부분
의 사업가는 10~15%의 자기자본수익률로도 행복하다고 말한다.

버크셔의 알짜 사업체들

만일 여러분이 수익성을 염두에 두고 있다면 유니폼, 신발, 진공
청소기 등의 제조업은 매력적인 사업이라 할 수 있다. 이들 중 일부는
20%의 자기자본수익률을 올리고 있다. 이는 분명히 뛰어난 수준이다.
간혹 30~40%를 벌어들일 때도 있다.

뉴욕주 북부에 위치한 버펄로 뉴스, 신시내티에 기반을 두고 있는
유니폼 업체 페치헤이머, 다양한 제조업체를 보유하고 있는 시카고의
스콧 펫처 매뉴팩처링 그룹, 시카고의 백과사전 업체 월드북, 오하이오
주 클리블랜드에 기반을 둔 진공청소기 제조업체 커비, 오마하에 위치
한 대형 가구점 네브래스카 퍼니처 마트, 서부 연안 지역에만 200개 이
상의 점포가 있는 샌프란시스코의 제과업체 씨즈 캔디, 그리고 뉴햄프
셔주 허드슨의 로웰 슈를 소유하고 있는 코네티컷주 그리니치의 신발
제조업체 H.H. 브라운 슈 컴퍼니 등이 바로 훌륭한 수익을 올리고 있
는 버크셔의 견실한 사업체들이다.

버크셔는 또한 메인주 덱스터의 신발 제조업체 덱스터 슈를 비롯
해 미주리주 캔자스시티의 헬즈버그 다이아몬드 숍, 유타주 솔트레이

크시티의 R.C. 윌리 홈퍼니싱, 뉴욕주 플러싱의 조종사 훈련회사 플라이트세이프티 인터내셔널, 텍사스주 휴스턴의 스타 퍼니처, 미네소타주 미니애폴리스의 아이스크림 제조업체 인터내셔널 데어리 퀸, 뉴저지주 몬트베일의 넷제트, 매사추세츠주 에이번의 조던 퍼니처 컴퍼니, 아이오와주 디모인의 미드아메리칸 에너지, 버지니아주 페어팩스의 코트 비즈니스 서비스, 시애틀의 벤 브리지 보석상, 텍사스주 포트워스의 저스틴 인더스트리스, 조지아주 달튼의 쇼 인더스트리스, 아이오와주 디모인의 홈메이커스 퍼니처, 뉴저지주 몬트베일의 벤자민 무어 페인트, 콜로라도주 덴버의 존스 맨빌, 미주리주 체스터필드의 마이텍, 인디애나주 앤더슨의 델코 레미, 코네티컷주 웨스트포트의 XTRA, 시카고의 프루트 오브 더 룸, 애틀랜타의 라슨줄, 솔트레이크시티의 윌리엄스 컴 리버 가스 트랜스미션, 뉴욕시의 개런, 한때 휴스턴에 있었고 현재 오마하에 위치한 노던 내추럴 가스, 인디애나주 밀퍼드의 CTB 인터내셔널, 일리노이주 애디슨의 팸퍼드 셰프, 테네시주 녹스빌의 클레이튼 홈즈, 텍사스주 템플의 맥레인 컴퍼니 등을 소유하고 있다.

오마하의 보석가게이며 버크셔가 소유하고 있는 보셰임은 별것 아닌 것 같지만 티파니 뉴욕 본점 매장을 제외하면 미국 내 단일 보석가게로는 최고의 매출을 올리고 있다. 그리고 '베이비 버크셔'라고 할 수 있는 캘리포니아주 패서디나에 위치한 버크셔의 웨스코 파이낸셜도 소수의 사업체들을 소유하고 있다.

또한 버핏은 별도로 독립된 대규모 보험그룹도 소유하고 있다. 손해보험과 상해보험 사업체는 버크셔의 가장 큰 사업체이며 버핏의 투자 수단으로 활용되고 있다. 버핏이 더 많은 돈을 벌어들이고 새로운 사업체에 투자할 수 있도록 현금을 지원하고 있는 것이 바로 위에 언급된 기업들과 버크셔의 주식과 채권투자에 의한 수익들이다.

버크셔에는 28만 8000명 이상의 정규 직원이 일하고 있다. 고용 면에서 버크셔는 미국 내 가장 큰 기업체 중 한 곳이다. 연간 매출이 400억 달러 이상인 이 기업은 현재 뉴욕 증권거래소에 상장되어 있으며, BRK.A와 BRK.B라는 이름으로 거래되고 신문에는 BerkHaA와 BerkHaB로 기재되어 나온다.

1996년 초 그동안 버크셔가 소유하지 못했던 가이코의 주식 절반을 인수하고, 1998년 제너럴 리와 미드아메리칸 에너지, 그리고 쇼 인더스트리스 같은 작지만 좀 더 중요한 일련의 기업들을 인수하면서 버크셔는 획기적으로 변화하기 시작했다. 사람들은 버크셔를 종종 한 꾸러미의 주식으로 여기는 경향이 있지만 버크셔 해서웨이는 자세히 살펴보면 대규모 사업체들을 소유하고 있는 거대한 집합체이다. 버크셔는 현재 세 개의 매우 길고 튼튼한 다리로 걸어가고 있다. 대규모 보험업체, 대규모 주식과 채권 포트폴리오, 그리고 소유와 경영을 완전히 장악한 운영사업체들이 그것이다. 그리고 이 거대한 집합체는 엄청난 현금을 계속해서 벌어들이고 있다.

9·11 테러와
버핏

2001년까지 버크셔는 주주의 자산에 한 번도 손실을 입히지 않았다. 하지만 이 기록은 9·11 테러 공격으로 끝난다. 안정적으로 유지되던 미국 사회에 엄청난 파장을 일으킨 이 초유의 사건은 버크셔의 주요사업인 보험업에도 큰 손실을 입혔다. 그러나 버핏은 흔들림 없이 의연하게 대처하는 저력을 보여주었다.

2001년 9월 11일, 세계무역센터와 펜타곤을 겨냥한 테러공격이 자행되던 시점에 버핏은 오마하에 있는 집의 서재에서 대형 TV 화면을 보고 있었다. 그날 오후에는 버핏이 주최하는 골프 모임이 계획되어 있었다. 버핏은 그 자리에 모인 저명인사들에게 계획대로 골프를 쳐도 좋고 TV를 보아도 상관없다고 말했다. 몇몇은 골프를 쳤지만 모두 걱정에 휩싸여 있었다. 대부분은 그냥 TV를 보면서 오후를 보냈다.

골프 손님 중 한 명은 피듀시어리 트러스트 인터내셔널의 CEO 앤 태틀록이었다. 두 번째 비행기가 남쪽 타워 오른쪽에 충돌했다. 앤의 직원들 650명이 일하고 있던 사무실 쪽이었다. 오마하 매리어트 호텔에 투숙하고 있던 앤은 희비극이 수시로 교차하는 소식을 들으며 직원들의 안위를 알아보려고 전화에 매달렸다. 버핏은 이 충격적인 사건으로 미국 경제는 큰 영향을 받을 것이며, 모든 미국인이 심리적 충격에 휩싸일 것이라고 예상했다.

단 한 주의 주식도 팔지 않을 것

버핏은 주식시장이 재개되기 하루 전인 9월 16일, CBS의 시사 프로그램 〈60분〉에 출연했다. 그리고 다음 날 단 한 주의 주식도 팔지 않을 것이며, 주가가 심하게 떨어진다면 매수에 나설 것이라고 밝혔다. 더불어 "일주일 전에 우량주라고 생각해 매수했던 미국 기업의 주식을 내일 아침 9시 30분에 매도한다면 미친 짓이 될 것이다"라고 말했다.

테러 공격은 버크셔를 비롯한 대부분의 회사에 커다란 영향을 미쳤다. 버크셔와 관련된 업체 중 최악의 타격을 입은 회사는 아메리칸 익스프레스였다. 아메리칸 익스프레스는 세계무역센터에서 11명의 직원을 잃었다.

그 후 약 3500명의 직원이 3개 주, 7개 지점으로 뿔뿔이 흩어져 있다가 2002년 5월에 세계무역센터 근방의 아메리칸 익스프레스 건물로 복귀했다. 그러나 아메리칸 익스프레스의 여행과 엔터테인먼트 관련 사업은 다시 복귀하지 못했다.

버크셔와 오랜 관계를 맺어온 시티그룹은 이 테러로 6명의 인명 피해를 입었다. 9월 11일에 붕괴된 세 번째 빌딩은 세븐 세계무역센터로 2500명의 시티그룹 직원이 근무했던 곳이다. 버크셔가 투자하고 있는 무디스의 직원들은 뉴욕의 처치 스트리트 99번가에 있던 본사를 철수시키고 17개의 지점에서 본사 업무를 처리해야 했다. 〈워싱턴 포스트〉 직원들도 세계무역센터에 있던 자회사의 동료들을 잃었다.

버크셔가 투자하고 있는 화이트 마운틴 보험그룹에서 가장 규모가 큰 재보험사업 부문의 경우, 원 리버티 플라자에 있던 사무실들이 손상을 입어 붕괴 위험에 놓였지만 직원 모두는 무사히 빠져나왔다. 사무실을 수리하는 동안 직원들은 임시 사무실에 재배치되었고 2002년 초 원래의 빌딩으로 다시 복귀했다.

〈월스트리트 저널〉 2001년 9월 24일 자는 보험 부문의 막대한 손실을 계산에 넣지 않더라도 테러에 의한 경제적 여파로 버크셔가 큰 타격을 입었다고 구체적인 사례를 들어 보도했다.

- 데어리 퀸 제품에 들어가는 캐나다산 케이크 재료가 국경 보안이 강화되는 바람에 제때 납품되지 못했다.
- 버펄로 뉴스의 광고수익이 줄어들었다. 특히 여행광고 부문의 하락이 가장 심했다.
- 헬즈버그의 CEO 제프리 코멘트는 다이아몬드의 크리스마스 매출 하락을 경고했다.
- 기존에 네브래스카 퍼니처 마트는 직원들을 외국에 보내 제품을 직접 구매함으로써 비용을 많이 줄여왔다. 테러 이후 그것이 불가능해지자 중간상인에게 비싼 대금을 치르며 제품을 주문해야 했다.
- 브라운 슈의 경영진은 출장비와 운영비를 예전의 수준으로 되돌렸다.
- 넷제트는 테러 이후 비행 운항 횟수가 40%나 줄어들었다고 보고했다(하지만 이후 빠르게 회복되었다).

이외에도 버핏이 테러 공격으로 부담해야 할 손실은 막대했다. 버크셔의 손실과 그것이 초래할 보험료 상승을 염두에 두고 버핏은 〈월스트리트 저널〉에서 이렇게 말했다. "9·11 테러로 버크셔는 약 22억 달러를 부담해야 할 것이다. 눈 깜짝할 사이에 발생한 손실이다. 비록 보험 분야에서 경쟁력이 나날이 나아지고는 있지만, 그러한 경쟁력 우위로도 22억 달러의 손실을 상쇄하기는 힘든 일이다. 우리에게는 실로 엄청난 비용이다. 물론 대부분의 비용이 일정시간을 두고 지불되겠지만, 우리는 내년에만 약 15억 달러를 집행할 예정이다."

버핏은 주주들에게 보내는 2001년 3분기 보고서에 이렇게 적었다. "처음에 우리는 9·11 테러 공격으로 발생한 세전 보험손실을 22억 달러로 보고했다. 우리는 그 액수에 '추정'이라는 단서를 붙였고, 수치는 아직까지도 추정치일 뿐이다. 책임을 둘러싼 중요한 문제들이 수년 동안 풀리지 않은 채 남아 있을 소지가 높기 때문이다. 우리든 다른 업계의 기업들이든 누가 되었든 최종 손실을 현재로서는 합리적으로 정확히 계산해낼 수 없다. 우리는 제너럴 리에서 약 17억 달러의 손실이 발생했고, 버크셔 해서웨이의 재보험 그룹에서 5억 7500만 달러의 손실이 발생한 것으로 추정하고 있다."

나중에 버크셔는 테러 공격으로 인해 2002년 1월부터 9월까지 14억 5000만 달러의 세후 손실을 입었다고 보고하며 다음과 같이 말한다. "대형 참사는 그리 놀라운 일이 아니다. 그런 사건은 간혹 일어날 수 있고 이번이 마지막도 아닐 것이다. 하지만 우리는 인간이 저지르는 대형 참사에 대해 보험료를 책정하지 않았고 이는 참으로 어리석은 일이었다. 사실상 우리와 보험업계 기업들 모두 다른 위험을 담보하는 보험약관에 테러행위에 대한 보상을 포함시켰지만, 그렇게 하는 데 따른 추가적인 보험료는 청구하지 않았다. 그것은 정말 엄청난 실수였으며 스스로 자초한 것이었다. 나는 보험사업을 하고 있다. 그 때문에 지난 몇 달간 값비싼 대가를 치러야만 했다. 내가 너무 어리석은 일을 저지르는 바람에 버크셔 해서웨이에 막대한 비용 부담을 초래했다. 다시 말해 나는 버크셔가 추가 보험료를 받지 않고 어마어마한 참사가 유발한 손실에 대해 보험보상을 하도록 묵인한 셈이다. 우리가 경솔하게 방관했던 그 위험이 테러리즘으로 인한 손실이 되어 부메랑처럼 우리에게 돌아왔다."

버핏은 〈워싱턴 포스트〉에 기고한 칼럼에서 보험 산업계에도 연방예금보험공사FDIC와 같은 조직이 필요하다고 역설했다. "거의 무한한 크기의 잠재적인 손실은 오직 무한한 원천을 지닌 경제 주체만이 책임질 수 있다. 그러한 경제 주체는 사적인 영역에는 존재하지 않는다. 오직 미국 정부만이 그런 피해보상액을 감당할 수 있다. 나는 만일 보험업계에도 우리가 지향하고자 하는 하나의 모델로서 연방예금보험공사와 같은 조직이 설립된다면 이러한 사회문제에 대한 해결책이 될 수 있다고 믿는다. 68년 전에 설립된 연방예금보험공사의 존재 이유는 명확했다. 미국 정부는 금융공황과 예금 대량 인출과 같은 사태를 해결할 필요성을 절실히 느끼고 있었고, 연방예금보험공사가 있기 이전에는 은행이 파산할 경우 그 책임이 예금자들에게 완전히 전가되었다. 하지만 예금자이든 은행이든 그 위험을 일반 보험업체에 부담시킬 수 없었는데, 그 이유는 다음의 두 가지 때문이었다. 첫째는 수반되는 금액이 너무 크고, 두 번째는 몇 개 소수 은행의 파산이 연쇄반응을 일으켜 튼튼한 기업들마저 함께 쓰러질 수 있으며 이것이 엄청난 경제적 손실을 부를 수 있다는 것이다. 다행히도 연방예금보험공사의 출현으로 경제에 치명적인 혼란을 일으킬 수 있는 근원은 제거되었다."

버핏은 미국이 핵무기와 생물학적 병기, 화학무기 등의 공격 위험에 노출되어 있다면서 "이 나라에서 대규모 핵무기 사건이 발생할지도 모른다. 그것이 10년 후가 될지, 10분 후가 될지, 아니면 50년 후가 될지 아무도 모른다. 우리는 가공할 만한 현실 속에서 살고 있다"고 지속적으로 경고해왔다. 9·11 테러 이후 일부 보험업체들이 보험약관에서 테러리즘 항목을 삭제하기 시작했지만, 버크셔와 AIG, 런던 로이즈와 같은 업체들은 엄청난 금액의 보상을 제공하기로 했다. 특히 버크셔는 큰 손실에도 불구하고 재정상으로 여유가 있었기 때문에 9·11 테러 이후에도 새로운 자금을 융통할 필요가 없었던 유일한 보험회사였다.

3장
가치투자의 뿌리와
현명한 투자자들

인생에서 자신에게 맞는 적절한 영웅을
선택할 수 있으면 당신은 행운아다.

_워런 버핏

벤저민 그레이엄과
『증권분석』

금세기 최고의 투자자 워런 버핏의 친구 중에는 월터 슐로스라는 저명한 가치투자자가 있다. 슐로스는 버핏의 스승인 가치투자의 창시자 벤저민 그레이엄 밑에서 일했던 사람이다. 그는 2001년 은퇴할 때까지 45년간 펀드를 운용했다. 직원도 두지 않고 기업 탐방도 하지 않았으며 오로지 재무제표만 보면서 저평가된 주식에 투자해 5년간 보유하는 투자전략을 구사했다. 그가 올린 연평균 수익률은 15.7%였다. 슐로스는 철저히 고객지향적인 인물이었다. 사무실 운영비를 최소로 줄이고 수익이 나지 않은 해는 수수료를 받지 않았다. 그래서 슐로스의 고객 중에는 3대를 이어 투자하는 사례도 적지 않다.

다음은 월터 슐로스가 벤저민 그레이엄의 저서 『증권분석』에 대해 쓴 글이다. 버핏의 가치투자 인생은 이 책과 함께 시작되었다고 해도 과언이 아니다. 버핏은 이 책을 다 읽었을 때 마치 세상을 보는 눈을 새로 얻은 듯했다고 한다. 버핏을 감동시킨 바로 그 책, 『증권분석』에 얽힌 이야기를 들어보자.

벤저민 그레이엄은 명석한 사고력의 소유자였으며 근본에 충실한 사상가였다. 그는 높은 윤리적 잣대를 갖고 있었고 신중하며 겸손했다. 그는 아주 독특한 사람이었다. 나는 증권분석가로서 거의 10년간 그를 위해 일했다.

『증권분석』 초판의 서문을 다시 읽으면서 나는 벤저민의 견해에 한 번 더 감명을 받았다. 다음은 서문 가운데 한 구절이다. "우리는 개념과 수단, 기준, 원리들을 최우선적으로 염두에 두었으며 특히 무엇보다도 논리적 근거에 유념하고 있다. 우리는 이론 그 자체를 위해서가 아니라 실전에서의 가치를 염두에 둔 이론을 강조해왔다. 너무 엄격해서 따를 수 없는 기준이나 가치와 함께, 문제를 더 많이 발생시키는 기술적 방법들은 배제하려 노력했다."

이 짧은 글이 『증권분석』에서 말하고자 하는 모든 것을 담고 있다. 벤저민의 아이디어를 실전에 옮기는 것은 분석가와 투자가들의 몫이다.

┌ **명석한 사고력의 소유자, 근본에 충실한 사상가** ┐

1935년에 러브 로즈(당시에는 Carl M. Loeb & Co.였다)에서 일할 때, 나는 동료 아먼드 어프에게 어떻게 하면 '통계 부서'에 들어갈 수 있는지 물었는데, 그는 아주 좋은 조언을 해주었다. 오늘날도 그렇지만 그 시절에도 출세를 하는 빠른 방법은 사업을 하는 것이었다. 만일 부유한 가족이나 친구들이 있다면 투자를 유도해 수수료를 벌 수 있었다. 당시 증권분석은 태동단계에 불과했고 누구를 알고 있는지가 무엇을 알고 있는가보다 훨씬 더 중요했다. 인맥 없이는 출세하기 어려운 시절이었다. 어쨌든 어프는 벤저민 그레이엄이 최근 출간한 『증권분석』이라는 신간이 있다고 알려주었다. "그 책을 읽어봐. 자네가 그 책 내용을 모조리 섭렵한다면, 그 외의 책은 더 이상 읽을 필요가 없을 거야."

나는 뉴욕 증권협회의 증권분석 고급반에서 벤저민의 강의를 들었다. 벤저민은 열정적이고 논리적이었으며 훌륭한 강사였다. 벤저민의 강의는 나에게 무척 생소한 것이었다. 그는 볼드윈 기관차의 파산 채권처럼 당시 저평가된 경우를 예로 들어 설명하곤 했으며, 새로운 증권들이 예상 수익과 자산에 기초해 얼마 정도의 가치를 지니게 될지, 그리고 채권들의 가격과 가치 사이에 어떤 관련이 있는지 알려주곤 했다. 훗날 미국에서 최고로 손꼽히는 차익거래자가 된 골드만삭스의 거스 레비와 같은 월스트리트 사람들 다수가 그의 강의를 들었다. 나는 사람들이 벤저민의 아이디어를 투자에 접목함으로써 얼마나 많은 돈을 벌어들였을지 종종 궁금했다.

벤저민은 많은 시간을 할애하여 자신의 생각을 전수해주었다. 특히 젊은이들에 대한 배려가 넘치는 사람이었다. 내가 막 제대할 무렵인 1945년 말, 벤저민은 증권분석가로 일해보지 않겠느냐고 제의해왔고, 그 이후 내 인생은 완전히 달라졌다. 나는 벤저민이 이 분야에 있는 다른 이들에게도 나에게 했던 것과 마찬가지로 도움의 손길을 내밀었음을 알고 있다.

벤저민을 기리는 추도식에서 『증권분석』의 공동저자였던 데이비드 도드 교수는 자신이 어떻게 그 책에 관여하게 되었는지 말해주었다. 벤저민은 컬럼비아대학교에서 투자학을 강의해달라는 제안을 받았다. 벤저민은 누군가 자신의 강의 내용을 모두 받아 적는다는 조건으로 제안을 수락하기로 했다. 젊은 전임강사였던 데이비드 도드가 자원하고 나섰고, 벤저민의 강의를 자세하고 꼼꼼하게 필기했다. 벤저민은 그 노트를 발전시켜 『증권분석』을 출간했다. 벤저민은 자신이 책을 출간했지만 데이비드도 공동저자로서 자격이 있다고 끝까지 주장했다. 도드 교수도 훗날 성공적인 투자자가 되었고, 더 나아가 벤저민이 그의 동료 제롬 뉴먼과 1936년에 설립한 투자회사 그레이엄 뉴먼의 이사로도 활동했다.

┌ 최상의 방법은 손실 가능성을 줄이는 것 ┐

투자 분야에서 부수적인 감정에 휩쓸리지 않고 명철하게 생각하는 능력은 쉽게 얻어지는 것이 아니다. 두려움과 욕심이 판단에 영향을 미치기 때문이다. 벤저민은 돈을 버는 것에 심하게 집착하지 않았기 때문에 다른 이들보다 그러한 감정에 크게 영향을 받지 않았다.

벤저민은 대공황 시절에 손실을 입은 적이 있기 때문에 경기침체기에 자신을 보호해줄 방법을 모색했다. 최상의 방법은 손실 가능성을 줄일 수 있는 규칙들을 정해놓는 것이었다. 이에 대한 좋은 사례가 있었다. 내가 우연히 그레이엄 뉴먼에 들렀을 때 벤저민은 자신의 회사가 가이코 주식 50%를 매수했다는 전화를 받고 있었다. 그는 나를 돌아보며 "월터, 이게 잘못된다고 해도 우리는 언제든지 그것을 청산해 돈을 회수할 수 있다네"라고 말했다.

격언에도 있듯이, 엄선된 주식매수는 이미 반을 판 것이나 다름없다. 나는 벤저민이 그 영역에서 전문가였다고 생각한다. 그레이엄 뉴먼은 벤저민이 세운 규율을 따랐고 회사는 번영을 누렸다. 오늘날의 투자회사와 비교해보면 물론 소규모 회사에 불과했지만 1946년 1월 31일 자로 그레이엄 뉴먼의 순자산은 330만 달러에 달했다.

벤저민이 강조했던 것은 최소한의 리스크로 기대수익을 보호하는 것이었다. 1947~1956년 동안의 무디스 투자매뉴얼에서 그레이엄 뉴먼이 보유하고 있던 주식을 보면 흥미로운 점을 발견할 수 있다. 보유물의 대다수는 소규모로 사실상 잘 알려져 있지 않은 기업들이면서 저렴한 것들이었다. 1946년 1월에 마감된 한 해 동안의 연례보고서를 읽는 것도 유익하다. 거기에는 그레이엄 뉴먼의 일반적인 투자정책 두 가지가 나와 있다.

- 청산가치보다 낮은 가격에 주식을 매수하는 것에 특히 주안점을 두고, 신중한 분석을 바탕으로 판단을 내림으로써 내재가치보다 낮은 가격에 주식을 매수한다.
- 차익거래와 연계매매보유 주식의 하락 가능성이 클 경우 신용거래를 이용해서 성격이 비슷한 주식을 공매하여 손실을 벌충하는 것·옮긴이를 활용한다.

나는 1951년에 출간된 『증권분석』의 세 번째 개정판 작업을 도왔다. 그 책의 부록에는 특수한 사례들을 분석한 논문이 실려 있다. 그 논문은 1946년 〈애널리스트 저널〉에 처음 선보였던 것이다. 논문에서 그는 37년이 지난 오늘날에도 적용 가능한 위험 보상 수익에 관한 수학 공식을 산출해놓았다.

1949년에는 『현명한 투자자』가 출간되었다. 그 책은 아마추어를 위한 책이었지만, 증권분석에 초점을 맞췄으며 그 분야에서 명성을 떨쳤다. 지금도 개정판이 계속 출간되고 있다.

일전에 나는 가치에 비해 주가가 매우 저렴했던 루켄스 스틸의 주식을 우연히 찾아낸 적이 있다. 우리는 어느 정도 매수했지만 조금 더 매수할 생각이었다. 그 무렵 벤저민은 블루칩에 대해서만 줄곧 이야기하던 한 남자와 점심을 먹으러 나갔다. 식사가 끝날 때쯤 그 남자는 벤저민에게 특별히 선호하는 다른 주식이 있는지 물었다. 벤저민은 우리가 현재 루켄스 스틸을 매수 중이라고 말했다. 나는 그 남자가 식당을 나가자마자 막대한 양의 루켄스 주식을 매수할 것이고, 우리의 매수 범위 밖으로 주가를 끌어올리는 데 채 하루도 안 걸릴 거라는 생각이 들었다. 그때 나는 벤저민이 했던 말에 큰 감명을 받았다. 벤저민은 단지 무례를 범하고 싶지 않았으며, 그가 언급했던 것이 얼마나 중요한지 미처 깨닫지 못하고 있었다고 솔직하게 말했다.

┌ 벤저민을 알고 있다면 특권을 손에 쥔 것 ┐

벤저민은 모든 일을 단순하게 생각하려고 노력했다. 그는 증권분석가들이 투자결정을 내리는 데 복잡한 수식을 활용할 필요는 없다고 믿었다. 벤저민은 다방면에 관심을 갖고 있는 사람이었기 때문에 다른 것들과 마찬가지로 투자에도 그리 많은 시간을 할애하지 않았다.

벤저민은 새로운 아이디어를 행동으로 옮기고 도전해보는 것도 즐겼다. 그는 1930년대 후반에 상평창 이론ever-normal granary theory을 발전시키는 데 몰두했고, 그에 관한 책을 한 권 집필했다. 『저장성과 안정성Storage and Stability』이라는 제목의 이 책은 일부 일차상품과 금속이 통화를 뒷받침하는 수단으로 활용될 수 있다는 것이 골자였다. 벤저민의 생각은 충분히 타당성이 있었으며, 벤저민의 친구 버나드 바루크도 벤저민의 아이디어를 지지했다. 하지만 벤저민은 그것이 농부들을 돕고 인플레이션의 위험을 줄이는 유용한 수단이 될 수 있었음에도 불구하고 자신의 아이디어를 의회에 상정해야겠다는 생각은 가져본 적이 없었다.

벤저민이 전 생애에 걸쳐 달성했던 모든 것 중에서 특히 『증권분석』은 가장 위대한 업적이다. 벤저민 그레이엄은 증권분석가에게 높은 지위와 명성을 안겨 주는 데 선도적인 역할을 했다. 그를 안다는 것은 특권을 손에 쥔 것과 다를 바 없었다.

버핏의 투자 영웅,
필립 피셔

이미 널리 알려져 있듯 워런 버핏은 자신에게 가장 큰 영향을 준 사람으로 벤저민 그레이엄과 필립 피셔 두 사람을 꼽는다.

필립 A. 피셔는 1907년에 샌프란시스코에서 출생해 2004년 캘리포니아주 샌머테이오에서 96세의 나이로 세상을 떠났다. 피셔는 스탠퍼드 경영대학원에 입학한 후, 투자자문회사 피셔 앤드 컴퍼니를 설립했고, 그로부터 60년 넘게 개인고객의 투자관리를 했다.

1930년대 초에 피셔는 경쟁시장에 있는 해당 비즈니스의 펀더멘털에 기초해 성장하는 기업을 분석하는 틀을 고안해냈다. 피셔의 이 이론은 후에 비즈니스 전략 또는 경영분석이라 불리는 이론으로 통합되었다. 지금은 실리콘밸리로 유명한 베이 에어리어에 거주했던 피셔는 개별적인 비즈니스의 경쟁자, 잠재적 시장 진입자, 고객, 공급자, 그리고 이전의 피고용인들을 연구함으로써 성장하는 기업체에 관해 상세히 알 수 있다고 주장했다. 피셔는 기업 외부에 있는 사람들과 체계적인 대화를 나누는 과정을 '사실수집scuttlebutt본래 갑판 위의 음료수 통이라는 의미이나, 과거 영국에서 미국으로 이주하는 이주민들이 갑판 위 음료수대 주위에 모여 신대륙에 대한 갖가지 정보를 교환했다는 뜻에서 '소문'이라는 의미로도 쓰인다. 일종의 '카더라 통신'이라 할 수 있음·옮긴이'이라고 불렀다.

피셔의 첫 책 『위대한 기업에 투자하라』는 1958년에 출간되었다. 그것은 베스트셀러 목록에 오른 첫 번째 투자 관련 서적이었고, 오늘날에도 여전히 인쇄되고 있다. 피셔는 책에서 성장하는 기업에 투자하고 매수 후 보유buy-and-hold 방식을 취하며 지속적으로 경쟁우위를 찾을 것을 강조하고 있다.

버핏과 마찬가지로 피셔도 스탠퍼드 경영대학원에서 펀더멘털 투자에 대한 강연으로 많은 학생에게 영감을 주었다. 1946년 이래로 스탠퍼드의 MBA 투자학 코스를 강의했던 교수는 두 명이었다. 1946년부터 1968년까지 22년 동안 허버트 두걸 교수가 투자학을 가르쳤고, 1968년부터 2004년까지 36년 동안은 잭 맥도널드 교수가 가르쳤다. 1976년 이래로 버핏은 맥도널드와 함께 적극적으로 강의에 참여하기 시작했다. 1960년대 초반에 피셔는 두걸 교수가 잠시 학교를 떠나 있는 동안 투자학 수업을 위한 강사로 스탠퍼드대학교에 두 번 초빙된 바 있다.

소수의 뛰어난 주식을
보유하라

맥도널드는 피셔가 투자학 강사로 처음 초빙되었을 때 그의 강의를 들었다. 펀더멘털 투자에 관한 피셔의 강연, 그리고 그의 책은 맥도널드는 물론 1961년도 MBA 학생들 대다수에게 큰 영향을 끼쳤다. 피셔는 2000년 봄, 맥도널드의 강의실에서 마지막 강의를 했다. 탁월한 경영의 중요성을 역설한 피셔의 강연을 들어보자.

"장기적인 수익을 창출하기 위해서는 필수적인 것들이 있습니다. 첫 번째는 탁월한 경영진입니다. 경영진이 능력이 있는지 판단할 수 있는 방법 중 한 가지는 변화에 어떻게 반응하는지 알아보는 것입니다. 이것이 오늘 강연의 기본 요지입니다. 여러분 중 몇몇이 좀 더 똑똑해서, 나머지 대부분의 친구들은 존재 자체도 깨닫지 못하는 기회를 포착하는 것과 마찬가지지요. 그리고 그러한 차이가 일으키는 변화는 언제나 놀랍습니다. 때때로 그러한 차이로 인해 어떤 특정 기업은 시장점유율이 30%에서 15%로 반 토막이 나기도 하고, 종종 생존의 문제로까지 확대됩니다. 이는 개인들과 기업들뿐만 아니라 국가에도 적용됩니다. 유능한 국민과 자신을 향상시키려는 열의를 지닌 국가들은 성장하고 진보할 겁니다. 반면 현상유지 정도에 머무르는 국가들은 쇠퇴하게 마련이지요."

피셔는 경영과 더불어 그 사업체의 프랜차이즈와 고객충성도, 브랜드 네임 역시 중요한 요소라고 생각했다. 그는 자신이 분산투자를 강하게 신봉하고 있다고 항상 말했다. 이 말은 7~8종목의 주식오늘날의 용어로 '집중된 포트폴리오'·옮긴이을 보유하는 것을 의미한다. 피셔는 피셔 앤드 컴퍼니의 고객들이 보유하고 있는 기업의 주식들에 관하여 면밀한 투자분석을 대부분 직접 수행했다. 따라서 그는 그 7~8종목의 주식들 각각에 관한 확신이 있었고 그 주식들에 대한 상당한 수준의 지식을 갖고 있었다.

분산투자

피셔는 2000년 맥도널드의 강의실에서 분산투자에 대해 언급한다. "나는 과도한 분산투자는 믿지 않습니다. 내 기본이론은 소수의 기업들을 아는 것이고, 그것도 아주 잘 아는 것입니다. 여러분의 분산투자가 진정한 분산투자인지 명확히 하십시오. 포드와 제너럴 모터스 주식을 동시에 보유하는 것은 분산투자가 아닙니다. 분산투자란 동일한 시장에서 활동하지 않는 기업들, 즉 실질적으로 차이가 있는 기업들의 주식을 보유하는 것을 의미합니다. 내 개인적인 견해로는, 만약 8~10종목이 넘는 주식을 보유하면 위험에 빠지게 될 것입니다. 인간은 그렇게까지 치밀하지 못하기 때문이지요. 인간이 이용할 수 있는 기회는 그렇게 많지 않습니다. 결론적으로 말하자면 나는 우량 주식을 대량 보유하기를 선호합니다. 소수의 뛰어난 주식을 보유하는 것이지요."

맥도널드는 당시 피셔가 들려준 감동적인 강연을 생생히 기억한다. "그 강의는 피셔가 했던 강의 중 내가 경험한 최고의 것이었다. 강의 당시 그는 92세였으며 병을 앓고 있었다. 훌륭한 투자자와 함께했던 강연은 진심으로 영감을 불러일으켰으며 절대로 잊지 못할 기억으로 남아 있다. 그리고 그때가 필립의 마지막 수업이었다."

피셔는 늘 장기적 관점에서 생각해야 하며 포트폴리오 안에서 회전율을 낮게 유지해야 한다고 말했다. 피셔는 경찰차에 무선시스템을 장착할 것을 예상하면서 1955년에 모토로라 주식을 매수했다. 1956년에 맥도널드가 투자학 강의를 수강할 때 피셔는 모토로라를 '훌륭한 성장 기업'이라고 말했다. 당시 모토로라의 시가총액은 3억 달러에 달했다. 장기투자의 대가인 피셔는 주식매수 후 43년이 지난 2004년 임종시에도 여전히 모토로라 주식을 보유하고 있었다.

주식시장은
영원히 계속된다

2004년 4월 26일 자 〈포브스〉는 피셔의 견해를 이렇게 평가했다. "그는 불황과 여러 가지 부정적인 사건들에도 불구하고 자본주의의 기본적인 역량이 인류의 사회적 조건을 더 좋게 만든다고 깊이 믿었다. 그러한 믿음을 바탕으로 피셔는 주식시장이 언제까지나 계속될 거라는 결론에 도달할 수 있었다."

피셔는 혼란 속에서도 침착성을 유지할 수 있게 해주는 러디어드 키플링의 시 〈만일〉을 자주 읊곤 했다. 널리 알려진 그 시의 첫 두 구절은 이렇다.

만일 네가 다른 사람에게 손해를 입혔고
그래서 사람들이 너의 모든 것을 비난할 때도
네가 똑바로 머리를 들 수만 있다면.

피셔는 주식에서 반드시 살펴야 할 것으로 다음의 15가지 원칙을 제시했다.

1. 적어도 향후 몇 년간 매출액이 상당히 늘어날 수 있는 충분한 시장 잠재력을 가진 제품이나 서비스를 갖고 있는가?
2. 최고경영진은 현재의 매력적인 성장 잠재력을 가진 제품의 생산라인을 더 확대하기 어려워졌을 때에도 회사의 전체 매출액을 늘릴 수 있는 신제품이나 신기술을 개발하려는 의지를 갖고 있는가?

3. 기업의 연구개발 노력은 회사 규모를 감안할 때 효과적인가?

4. 평균 이상의 영업조직을 갖고 있는가?

5. 영업 이익률은 충분히 거두고 있는가?

6. 영업 이익률 개선을 위해 무엇을 하고 있는가?

7. 원활한 노사관계를 맺고 있는가?

8. 임원들 간에 긴밀한 관계가 유지되고 있는가?

9. 재능 있고 두터운 기업경영진을 보유하고 있는가?

10. 원가분석과 회계 관리 능력은 얼마나 우수한가?

11. 해당 업종에서 아주 특별한 의미를 갖는 별도의 사업부문을 갖고 있는가? 또한 그 부문이 경쟁업체에 비해 얼마나 뛰어난 기업인가를 알려주는 중요한 단서를 제공하고 있는가?

12. 이익을 바라보는 시각이 단기적인가, 아니면 장기적인가?

13. 성장에 필요한 자금조달을 위해 가까운 장래에 증자할 계획이 있는가, 그리고 이로 인해 현재의 주주가 누리는 이익이 상당 부분 희석될 가능성은 없는가?

14. 경영진이 모든 것이 순조로울 때는 투자자들과 자유롭게 대화하지만, 문제가 발생하거나 실망스러운 일이 벌어졌을 때는 '침묵으로 일관하지' 않는가?

15. 의문의 여지가 없을 정도로 진실한 경영진을 보유하고 있는가?

그리고 투자자가 피해야 할 금기사항으로 다음의 5가지를 강조했다.

1. 이제 막 선전을 시작한 기업의 주식은 매수하지 마라.

2. 훌륭한 주식인데 단지 장외시장에서 거래된다고 해서 무시해서는 안 된다.

3. 연례보고서의 '표현'이 마음에 든다고 주식을 매수하지 마라.

4. 순이익에 비해 주가가 높아 보인다고 해서 반드시 앞으로의 추가적인 순이익 성장이 이미 주가에 반영되었다고 속단하지 마라.

5. 너무 적은 호가 차이에 연연하지 마라.

버핏은 1960년대에 『위대한 기업에 투자하라』를 읽고 나서 필립 피셔를 추종하게 되었다. 그는 피셔에게 '사실수집'이라는 접근방식을 배웠다. 사실수집이란 산업이나 기업이 실제로 어떻게 운영되고 있는지 알아보기 위해 밖으로 나가 경쟁자와 공급자들, 그리고 고객과 대화를 나누라는 내용이다.

버핏이 〈포천〉에 보낸 필립 A. 피셔에 대한 편지가 2004년 5월 10일 호에 게재된 적 있다. 다음은 그 내용의 일부다. "나는 필립 피셔의 첫 책을 읽은 뒤 1960년대 초반에 그를 만났다. 벤저민 그레이엄의 이론과 마찬가지로 그의 아이디어는 단순하지만 강력했다. 나는 내게 큰 영향을 준 그를 꼭 만나고 싶었다. 나는 약속도 하지 않고 갑작스레 그를 방문했다. 물론 필립은 내가 누구인지 전혀 알지 못했지만 그렇게 친절할 수 없었다. 타고난 교사인 그는 열정에 불타는 학생을 저버리지 않았다. 내가 필립 피셔의 사상을 내 투자 철학에 통합시킨 지 40년 이상의 세월이 흘렀다. 결과적으로 말해, 내가 피셔를 만나지 못했다면 버크셔 해서웨이의 주주들은 지금과 같은 수익을 누리지 못했을 것이다. 40년 전에 벤저민 그레이엄과 필립 피셔는 나의 유일한 투자 영웅들이었다. 이 사실은 지금까지도 변함이 없다."

가치투자이론의 맥

　가치투자의 이론이 전수되어온 맥은 명백하다. 벤저민 그레이엄은 1950년대에 컬럼비아대학교에서 워런 버핏의 스승이었고, 필립 피셔는 버핏이 피셔를 만났던 1960년대 초반에 스탠퍼드에서 잭 맥도널드를 가르치고 있었다. 맥도널드는 가치투자 이론이 어떻게 발전되어 왔는지 들려준다. "나는 스탠퍼드에서 30년 이상 강단에 서면서 두 권의 책을 투자학의 교과서로 활용해왔다. 다른 대부분의 MBA 투자학 강의에서는 포트폴리오 이론과 효율적 시장에 관해 지정된 교과서를 채택하고 있다. 반면에 나는 워런 버핏이 머리말을 쓴 벤저민 그레이엄의 『현명한 투자자』와 필립 피셔의 『위대한 기업에 투자하라』를 교과서로 쓰고 있다. 내 학생들은 그들이 남긴 글을 통해, 그리고 워런 버핏과 필립 피셔가 내 강의실을 친히 방문해 들려준 잊지 못할 강연을 통해, 훌륭한 투자자들에게서 가르침을 얻는 특권을 누리고 있다. 1961년에 필립 피셔가 스탠퍼드에서 내 스승이 되지 않았다면, 내가 30년이 넘는 세월 동안 피셔-그레이엄-버핏과 멍거로 이어지는 투자철학을 가르칠 수 있었을까 의심스럽다."

진정한 장기투자가, 필 카레

조부가 나폴레옹의 경리였던 필 카레Phil Carret는 1996년 11월 29일에 100세를 맞이했다. 카레는 가치투자의 할아버지로 일컬어지는 인물이다. 그는 30번 이상의 강세시장과 약세시장, 20번의 경기침체와 대공황을 겪었다. 필 카레는 매사추세츠주 린에서 태어나 1998년 5월 28일 101세를 일기로 세상을 떠났다.

100세 생일을 맞아 〈투데이 쇼〉와 가진 인터뷰에서 카레는 투자에 대해 자신이 할 수 있는 최상의 조언은 결코 빚을 지지 말라는 것이며, 자신이 거둔 최고의 성공은 결혼생활 동안 아내를 행복하게 해준 것이라고 말했다. 카레는 행복한 결혼생활을 유지하는 비결은 단 세 가지 단어라고 했다. "제발, 고마워, 사랑해." 카레는 군이 요청하지 않는 한 조언에는 인색했으나, 아들 돈이 제2차 세계대전 당시 해군에 입대했을 때는 아버지로서 충고를 한마디 했다. "술을 마시지 말라고는 않으마. 어차피 너는 마실 테니까. 여자 꽁무니를 쫓아다니지 말라고도 않으마. 어차피 그럴 테니까. 다만 두 가지를 한꺼번에 하지만 말아다오."

1896년, 다우존스 지수가 만들어진 해에 태어난 카레는 약 반 세기 뒤인 1952년에 버핏과 친구가 되었다. 한번은 자신과 버핏 둘 다 보나도의 주식을 갖고 있는 걸 알고 버핏에게 연락해서 보나도 회장을 알고 있으니 다음에 뉴욕에 갈 때 그를 만나볼 생각이 없느냐고 물었다. 버핏은 그러고 싶다고 대답했다. 세 사람이 함께 점심식사를 한 뒤 버핏은 카레에게 회사의 현 비즈니스 상황에 대한 보나도 회장의 말에 조금도 흥미를 느끼지 못했다고 털어놓았다. 버핏은 "내가 생각한 만큼 리테일링을 이해하지 못하고 있는 것 같다"고 말했다. 카레는 웃으면서 "버핏은 결국 주식을 팔았다"고 말했다.

카레는 말년까지 일주일에 40시간을 일하면서도 월급을 받지 않았다. 버핏은 카레가 본 가장 위대한 두 명의 투자자 중 한 사람이라고 말했다. 다른 한 사람은 하버드대학교 3년 선배인 프레드 애비였다. "애비는 주식중개인으로서 연간 1만 달러 이상을 받아본 적이 없는 대표이사였습니다. 그의 전략은 주식을 사서 보유하는 것이었어요. 고객에게 구입해준 주식 중에서 마음에 드는 것이 있으면 자신을 위해 사기도 했지요. 그러고는 계속 수중에 보유했습니다. 나중에 그 주식들은 수백만 달러가 되었어요. 그의 최고 실적 중 하나는 25세에 산 1400달러어치의 주식이었습니다. 그는 자그마치 60년 동안 그 주식을 갖고 있었고, 가치는 200만 달러에 달했죠."

카레에 따르면 애비는 주식을 너무 오래 보유했기 때문에 종종 비난을 들었고 묵혀두지만 말고 신경을 좀 쓰라는 충고를 많이 들었다. 그럴 때마다 애비는 "충분히 싸게 사두면, 주식은 스스로를 돌본다"고 대답했다고 한다. 후에 애비는 카레에게 자신의 유언 집행자가 되어달라고 부탁했고, 카레는 영광스럽게 받아들였다. 애비는 카레를 보조하기 위해 다섯 명을 더 뽑았지만 그중에서 애비와 비슷한 연배 한 명이 죽자 그들이 자신보다 먼저 죽을지도 모른다는 두려움에 유언 집행자를 더 젊은 사람들로 교체했다. 카레는 웃으며 "그래서 나는 그의 유산을 관리해본 적이 없어"라고 말했다.

최고의 장기투자자

물론 카레 자신도 위대한 투자자였다. 그는 섬유판 컨테이너를 만드는 그리프 브러더스의 주식을 50년 이상 보유했는데, 덕분에 꾸준한 수익을 얻을 수 있었다. 카레가 1946년에 그 주식을 산 것은 버핏 부친의 권고를 따른 선택이었다. 버핏은 그를 두고 "필 카레는 내가 아는 한 최고의 장기투자 기록을 지녔다"고 언급한 바 있다.

필 카레는 경험으로 터득한 투자원칙 몇 가지를 소개한 적이 있다. 그중 하나는 몇 주 앞을 보지 말고 수년을 내다보고 주식을 선택하라는 것이다. 5년 안에 더 많은 가치를 가질 거라고 생각하는 주식에만 투자하고 투자한 주식이 다음 주나 앞으로 몇 달 동안 어떻게 되든 상관하지 말라고 조언한다. 카레는 주식시장의 단기 흐름과 상관없이 그 기업이 좋은 역사를 이룩해왔고 경영진이 도덕적이고 우수하며 대차대조표도 건실하다면 그 주식은 가치가 높아질 확률이 크다고 말한다.

또 하나는 배당금을 많이 주는 회사보다 성장 가능성이 높은 회사에 투자하라고 조언한다. 대부분의 사람이 배당금을 받는 걸 좋아하지만 기업이 성장을 위해서 수익을 재투자하는 것에 비하면 배당금은 그리 중요한 요소가 아님을 강조한다.

그리고 투자자의 미덕으로 인내를 꼽는다. 단순히 주가가 내려간다는 이유로 주식을 파는 것은 가장 우매한 행동의 하나라며 주가보다는 그 회사가 가진 장점이 여전히 매력적이라면 보유할 것을 권한다.

마지막으로 주식을 사기 위해서 절대로 돈을 빌려서는 안 된다고 말한다. 빌린 돈으로 투자했을 때 걱정하게 되는 것은 인지상정이며, 그런 걱정은 투자에 대한 판단력을 흐리게 한다는 이유 때문이다.

뮤추얼펀드의 선구자인 카레가 1970년대에 진행한 최고의 투자 중 하나는 출장 중에 발견한 것이다. 보스턴 호텔에 머무르고 있을 때 글리세린 비누를 사용해본 그는 깊은 감명을 받았다. 비누는 때가 잘 빠졌고, 냄새가 좋았으며 피부를 자극하지도 않았다. 카레는 비누 제조 업체를 찾아 여러모로 연구한 끝에 뉴트로지나 주식을 샀는데, 1994년 존슨 앤드 존슨에 팔리기 전까지 30배가 뛰었다. 카레는 좋은 투자 아이디어는 바로 주변에 있다고 종종 말해왔는데, 뉴트로지나 투자도 그와 같은 맥락이다.

자기중심이 확고한
원칙주의자

1990년대 중반 카레는 정부에서 발행하는 유가증권에 대해 "나는 부실 조직에는 투자하고 싶지 않다"거나 "시장에 들어왔다 나갔다 하는 건 멍청함의 극치"라고 심술궂게 말한 바 있다.[32] 겉으로는 꼬장꼬장해 보이지만 그는 자기중심이 뚜렷한 원칙주의자였다. 버핏과 마찬가지로 카레도 컴퓨터를 사용하지 않았다. 이유를 묻자 카레는 자기 머리를 가리키며 "모든 건 여기에 있다"고 말하면서, "이것도 아주 잘 돌아간다"고 너스레를 떨었다.

오랫동안 현역으로 일해온 카레는 세상을 뜰 무렵 자신의 네 번째 책이 될 『인내하는 투자가The Patient Investor』를 쓰고 있었다. 1930년에 출간되어 경영의 고전이 된 『투기의 기술The Art of Speculation』은 그가 초창기에 저술한 책이다. 카레의 또 다른 저서로는 1924년에 출간한 『채권 구매법Buying a Bond』이 있다.

　제1차 세계대전 때 프랑스에서 공군 조종사로 복무하던 시절과, 보스턴에서 〈배런스〉의 창립자 클래런스 배런을 위해 기자로 일한 것을 제외하고 카레는 자신의 말마따나 늘 월스트리트에 홀려 있었다.

　1928년 2월 13일, 그는 2만 5000달러의 종잣돈으로 미국에서 네 번째로 오래된 뮤추얼펀드인 파이오니어 펀드를 시작해 55년간 성공적으로 이끌었으며, 1963년에는 카레 앤드 컴퍼니를 창립하여 운영했다.

　90대에 접어든 카레와 그의 동료 베츠, 그리고 한 방문객이 점심을 먹으러 갔을 때의 일이다. 카레가 회전문 앞에서 조바심을 치며 깡충거리자 베츠와 방문객은 그 모습을 보고 폭소를 터트렸다. 베츠는 "카레는 티셔츠에 아무것도 씌어 있지 않고, 자전거에 변속장치도 없었던 시절을 모두 기억한다"고 말하며 카레의 결코 적지 않은 나이를 주지시켰다. 카레는 노후에도 원칙을 고수하며 계속 자기 일을 수행한 투자의 노장이었다.

　원래 지하철을 타고 출퇴근하던 카레는 후에 집에서 회사까지 그를 태워줄 운전기사를 고용했다. 비록 노년에 그런 사치를 받아들이긴 했지만, 그는 영국과 프랑스 여행에서도 비행기 1등석에 타지 않으려 했다고 전해진다.

오만함은 경영자들의
치명적인 결함

　1968년부터 블루칩 스탬프의 주주였던 카레는 블루칩 스탬프 주식을 주당 400달러에 버크셔 주식으로 바꿔 버크셔 주주가 되었다. 머크, 재보험사 엑셀, 지방채 재보험사MBIA도 카레에게 커다란 수익을 가져다주었다.

그는 오만함이 최고경영자들의 치명적인 결함이라고 늘 생각해왔다. IBM이 그 고전적인 본보기였다. 카레는 지난 1991년, 전 IBM 회장 존 에이커스가 주주들에게 4.20달러의 배당이 "매우 안전하다"고 말한 것이 오만함을 드러낸 것이라고 지적했다. 이후 배당은 1달러로 떨어졌다. 에이커스는 또한 수익이 매우 좋은 상태라고 말했다. 하지만 IBM은 다음 해에 적자를 기록했다. 새로 IBM을 맡은 루 거스너는 IBM의 회복 가능성에 대해 "나는 우리가 할 수 있다고 생각한다"고 말했다. 그것은 오만함의 반대였고, 그 말에 감명받은 카레는 IBM 주식을 구입했다. 카레는 버핏에 대해서는 당당하지만 오만하지 않다며 그 점을 높이 산다고 말한 바 있다.

카레는 100번째 생일에 150명 이상의 친구들을 만찬에 초대하고 싶다고 말하곤 했는데, 실제로 그렇게 했다. 파티를 좋아하는 카레는 "사실 100번째 생일을 맞이하지 못할까 봐 미리 축하파티를 몇 번 연 적이 있다"고 고백했다. 카레 앤드 컴퍼니의 프랑크 베츠는 카레가 93세 때부터 100번째 생일을 축하해왔다고 귀띔해주었다. 카레의 사무실에는 풍자조의 신문 헤드라인이 걸려 있다. "필 카레, 또다시 100세 기념잔치를 하다."

1995년 봄, 카레는 〈루이스 루카이저와 함께하는 월스트리트〉에서 그가 가장 아끼는 주식은 버크셔라고 말한 바 있다. 버핏은 카레에게 다음과 같은 편지를 쓴 적이 있다.

친애하는 필,

당신이 여전히 장기적인 성장주에 투자하고 있다는 사실은 알고 있지만, 지금 보내드리는 것(씨즈 캔디 한 상자)은 버크셔 해서웨이의 연간 배당금입니다.

작년 주주총회에 당신을 모실 수 있게 되어 영광이었고, 내년 4월에도 참석해주시면 기쁘겠습니다. 당신의 존재는 회의를 한 단계 더 격상시킵니다.

즐거운 연휴 보내시고 훌륭한 1992년을 맞이하시기 바랍니다.

워런 버핏

카레는 몇십 년 동안 일식日蝕에 커다란 관심을 가졌고, 일식을 보기 위해 전 세계를 여행한 경험이 있다. 버핏은 카레에게 이런 편지도 보냈다.

친애하는 필,

당신은 투자계의 루 게릭베이브 루스와 함께 양키스에서 활약한 메이저리그의 전설적인 타자·옮긴이이며, 당신의 기록 역시 결코 잊히지 않을 것입니다.

주주총회에 꼭 와주세요. 제가 일식을 주선해보겠습니다.

연휴 잘 보내십시오.

워런 버핏

세상을 떠나기 1년 전인 1995년 4월 28일, 〈루이스 루카이저와 함께 하는 월스트리트〉에서 루카이저가 카레에게 물었다.

"지난 75년간 투자를 하면서 배운 가장 소중한 교훈은 무엇입니까?"

카레가 간결하게 대답했다.

"인내심."

빌 루앤과
시쿼이어 펀드

버핏의 오랜 친구인 빌 루앤은 하버드 경영대학원 졸업생 중에서도 탁월한 비즈니스 리더들을 다수 배출한 1949년 클래스 출신이다. 버핏도 같은 시기 하버드에 지원했지만 거절당했다. 〈포브스〉는 "하버드 경영대학원이 버핏이 너무 어리다는 이유로 1949년 클래스에 받아들이지 않은 것은 영원한 수치다"라고 쓴 바 있다.[33]

은둔자적 기질을 지닌
투자 세계의 예언자

〈포브스〉는 50주년 기념호에서 1949년 클래스의 몇몇 졸업생들을 기사로 다뤘다. 역시 버핏의 오랜 지기이자 캐피털 시티즈/ABC의 창립자인 토머스 머피, 존슨 앤드 존슨 CEO를 지낸 짐 버크, 제록스의 피터 매컬로, 블루밍데일의 마빈 타우브 등이 그들이다. 648명의 재학생 가운데 292명이 사장, CEO 또는 회장이 되었고, 7명 중 1명이 대주주가 되었다. 이 놀라운 클래스에 관한 책인 『동지들Kindred Spirits』은 빌 루앤에게 초점을 맞추며 이야기를 시작한다. 그가 어떤 인물인지 잘 알 수 있는 내용이다.

1999년 주식시장은 빌 루앤에게는 특히 나쁜 해였다. 약세 수렁에 빠졌던 1973년을 제외하면 그 어느 해보다도 나빴다. 1999년, 20세기가 끝나고 밀레니엄이 시작되었을 때 루앤은 어마어마한 규모의 손실을 입었다. 지난 29년 동안 지속적으로 S&P 500 지수를 뛰어넘는 실적을 거두었던 그의 전설적인 시쿼이어 펀드가 큰 손해를 입은 것이다. 1998년에 50억 달러에 달하던 총액이 1999년 한 해 동안 25%나 폭락했다. 오래전부터 새로운 투자자들에게 문을 걸어 잠그고 있었던 시쿼이어 펀드의 주주들은 거의 10억 달러 가까운 재산을 날렸다. 주주들 가운데는 하버드 경영대학원 시절부터 50년간 교분을 쌓아온 친구들을 포함하여, 루앤의 절친한 친구들도 있었다.

빌 루앤은 보통 사람들보다 프라이버시를 소중하게 여긴다. 월스트리트에서 그는 모습을 드러내지 않는 것으로 유명하다. 은발에 부드러운 목소리, 젊고 생동감이 넘치는 그는, 금융 역사상 가장 성공적인 사모펀드의 창립자이자 수천만 달러의 재력가로서는 보기 드물게 대중에게 거의 노출되지 않았다. 자존심 강한 인간들과 지독한 호사가들이 가득한 이 업계에서 말이다. 루앤은 드물게 겸손하고 조용한 삶에 만족했다. 그는 공원을 마주하고 있는 5번가 북부의 아파트에 살았고, 아내 조이와 함께 서부 코네티컷의 농장에서 긴 주말을 즐겼다. 루앤은 평일 아침이면 빳빳하게 잘 다린 셔츠와 값비싼 양복을 입고 5번가에 있는 플라자 호텔 건너편 GM 빌딩 44층의 회사로 출근한다. 그의 회사 루앤 앤드 커니프의 사무실은 목재 벽과 깔끔한 고가구들로 장식되어 있다. 사무실에서는 센트럴파크의 푸른 잔디 너머로 탁 트인 북쪽 경치가 보이고, 저 멀리로는 조지 워싱턴 다리까지 눈에 들어온다.

지난 30년간 엄청난 수익을 올리면서, 이 회사는 루앤의 비전과 투자 지식에 대한 일종의 기념비가 되었다. 몇 년 전 루앤은 기업의 세부적인 운영을 젊은 세대에게 물려주었다. 이제 그는 회사의 널찍한 사무실에서 시간을 많이 보내지 않는다. 대신 다소 의아스럽지만 길 건너 셰리 네덜란드 호텔에 마련해둔 제2의 사무실로 숨어버렸다. 그곳에서 그는 홀로 아무런 방해도 받지 않고 자신이 가장 좋아하고 그에게 엄청난 재산을 가져다준 것, 즉 기업을 연구하고 주식 고르는 일을 한다. 한 월스트리트 애널리스트는 루앤의 은둔자적 기질과 주식 선택의 탁월함을 고려해 그를 '예언자'라고 부르기도 했다.[34]

루앤은 1947년에 해군을 제대하고 제너럴 일렉트릭GE 교육 프로그램에서 주당 49달러를 받으며 일했는데, 거기서 곧 자신이 '기계치'라는 사실을 깨달았다. 하지만 그는 뛰어난 수학적 재능을 지니고 있었다. 그는 하버드를 졸업한 후 뉴욕 증시 거래 규모가 일일 50만 주이던 시절 투자은행인 키더 피보디Kidder Peabody에서 월급 300달러를 받으며 근무했다. 루앤은 수수료로 고객들에게 3%를 받았다. 루앤에 따르면 후에 멍거가 "왜 10%를 받지 않는 겁니까?"라고 물은 적이 있다고 한다.

1969년 6월 6일, 루앤과 리처드 커니프는 작은 사업체를 시작했다. 그들의 사업체는 늘 소규모를 유지했다. 지금도 직원이 40명에 불과하며, 100억 달러 이상을 관리하는 일도 없다.[35]

업계 최고의 명성
시쿼이어 뮤추얼펀드

뉴욕시 루앤 커니프 앤드 골드파브Ruane, Cunniff & Goldfarb Co.의 회장인 루앤은 1982년 이후 새로운 투자자를 받지 않으면서 업계 최고라고 평가받는 시쿼이어 뮤추얼펀드를 관리해왔다. 지금은 버크셔 주주가 주당 500달러에 시쿼이어 펀드 주식을 살 정도로 확고한 지위를 갖고 있지만, 루앤은 시쿼이어 주주총회에 아무도 나오지 않았던 때를 아직도 기억하고 있다. 루앤의 파트너인 리처드 커니프는 1997년 시쿼이어 주주총회에서 이런 일화를 들려주었다. 시쿼이어 초창기에 주주총회가 시작되기 전 루앤이 커니프에게 물었다.

"오는 사람이 있을까?"

두 사람은 고민 끝에 의자 12개를 빌렸다. 커니프가 말했다.

"의자를 12개나 빌렸는데 아무도 안 오는군."

사람들은 큰 실수를 한 것이다. 왜냐하면 1971년부터 1997년까지 시쿼이어는 연평균 19.6%의 수익을 올려, S&P 500의 14.5%를 훨씬 뛰어넘는 실적을 거두었기 때문이다.

시쿼이어의 주주총회에 아무도 나타나지 않았다는 이야기는 첫 주주총회를 카페에서 치렀다는 버크셔를 떠올리게 한다. 루앤은 자신과 버핏과의 관계를 '타이거 우즈와 그의 캐디'처럼 서로 밀접한 사이라고 말한다.

그레이엄은 구약성서,
버핏은 신약성서

벤저민 그레이엄을 구약성서에, 버핏을 신약성서에 비유하는 루앤은 여러 해 동안 여러 번 버크셔와 동일한 투자를 해왔으며, 시장 관측에서도 버크셔와 흡사하다. 1995년 2/4분기 시쿼이어 보고에서 루앤은 네스케이프 커뮤니케이션의 공모를 둘러싼 광적인 반응에 대해 이렇게 말했다. "우리가 원시인의 길을 따라가고 있다고 생각한다면 이 점을 명심하시기 바랍니다. 작년 어느 날, 언론의 호들갑 때문에 순전한 호기심이 발동한 버핏 회장이 한 기술광 젊은이에게 인터넷을 좀 보여달라고 부탁했습니다. 비슷한 것들을 찾아보다가 그는 버크셔 해서웨이와 관련된 인터넷 '방'이나 '게시판'이 있는지 물어보았지요. 믿거나 말거나지만 진짜로 그런 게 있었습니다. 그 게시판에는 이런 말이 올라와 있었습니다. '내 생각에 버핏은 지나치게 과대평가되었으며 버크셔는 투기업체. 이의 있는 분?' 버핏 회장은 기술적인 정교함이 늘 투자에 대한 비범함과 일치하지는 않는다는 사실을 깨닫고 편안한 마음으로 인터넷으로부터 발길을 돌렸습니다."

물론 1995년 네스케이프의 실적과 버크셔 주가 비교는 버크셔 주주들 입장에서 본다면 불편한 일이었다는 점을 덧붙여야 할 것이다. 그러나 그 후 버크셔의 실적은 놀라웠고 네스케이프는 순위 밖으로 떨어졌다. 결국 1998년에 7만 달러를 기록한 주식을 들고 웃으면서 은행으로 간 것은 버크셔의 주주들이었다. 시쿼이어 펀드 자금의 29%는 버크셔 주식에 투자되어 있다. 버크셔의 주가가 비이성적으로 뛰어오르지만 않는다면 시쿼이어는 버크셔 주식을 항구적으로 소유할 것이다.

버크셔에 대한 평가

1997년 시쿼이어 주주총회에서, 루앤은 버크셔를 어떻게 평가하느냐는 질문을 받고 다음과 같이 대답했다.

시간 많으세요? 이 이야기는 언제 끝날지 모릅니다. 기업을 보는 방식에는 여러 가지가 있을 수 있지만, 우선 수익에 초점을 맞춰봅시다. 가장 최근의 연례보고에서 워런 버핏은 버크셔의 1996년 수익이 약 15억 달러일 것이라는 개략적인 예측을 내놓았습니다. 이것은 많은 개별 기업 보유 주식에 대한 버크셔의 실질적인 수익이자를 꿰뚫어 본 것으로, 버크셔가 지닌 수익의 질은 높으며 성장률 또한 시장의 평균 성장률보다 우월합니다.

다음으로 수익의 원천을 살펴봐야 합니다. 버크셔가 소유하고 있는 은행이나 단독으로 투자한 기업에서 나오는 수익이 얼마나 될 거라고 생각하십니까? 여러분 스스로 계산할 수 있는데, 어떤 사람들 말처럼 그렇게 복잡하지 않습니다. 본사와 대부분의 운영기업에서 일하고 있는 탁월한 경영진을 고려한다면 왜 우리가 이토록 편안하게 투자할 수 있는지 이해할 수 있습니다.

다음으로 자산의 관점에서 접근하자면 포트폴리오의 시장가치를 더한 후 기업들을 평가해볼 수 있습니다. 이 경우 수익력을 기반으로 계산할 때와 크게 다르지 않은 결과가 나올 것입니다. 자산 기반으로 볼 경우 버핏의 능력에 따른 프리미엄이 있을 수 있지만, 제 생각에 그 프리미엄은 정당한 것입니다. 지난번 버크셔 주주들에게 보내는 편지를 쓰면서 워런은, 그와 찰스 멍거가 보기에 버크셔의 주가는 회사의 기업 가치를 고려할 때 몇 년 전보다 훨씬 더 적합한 수준이라고 말했습니다. 버핏이 한 일을 보면 정말 놀랍습니다. 연례보고서를 신중하게 읽어보면 그 사실을 알 수 있지요. 그의 자금관리 능력이나 결과를 평가하자면, 1995년에 그가 운용한 포트폴리오는 60% 이상 껑충 뛰어올랐습니다. 그에 비해 S&P 500은 약 38% 상승했고 시쿼이어 펀드는 41% 성장했지요. 그리고 지난해에 S&P가 약 23%, 우리가 22% 상승한 반면, 버크셔가 디즈니 주식을 1년 내내 보유한 것은 아니기 때문에 계산이 약간 복잡하긴 하지만 버핏의 주식은 30% 이상 뛰었습니다. 오랜 기간 그는 투자 부문의 타이거 우즈 또는 마이클 조던이었으며 지금도 그러합니다. 버핏의 두뇌는 여전히 쌩쌩하지요.

한편 내가 흥미롭다고 생각하는 게 또 한 가지 있습니다. 지난 20년간의 연례보고서를 분석해보면 버핏이 포트폴리오 관리의 대가로서 엄청난 가치 도약을 창출하고 있음을 알게 됩니다. 가이코, 플라이트 세이프티 등이 추가되면서 우리는 이제 매우 중요하고 훌륭하게 운영되는 단독 투자기업들을 보유하게 되었습니다. 나는 개인적으로 버크셔 해서웨이와 그 막대한 재원이라는 우산은 가이코가 빗속에 홀로 서 있을 때보다 훨씬 더 공격적으로 활동할 수 있게 도와준다고 생각합니다. 가이코를 다른 거대기업들과 비교해보면, 상당히 높은 순위에 있다는 것을 알 수 있을 겁니다. 아마 '틀림없는inevitable'은 아닐 겁니다만, '매우 가능성 있는highly probable' 멋진 비즈니스입니다. 루이스 심프슨가이코의 투자책임자·옮긴이과 토니 나이슬리가이코의 CEO·옮긴이는 대단히 훌륭하게 해내고 있습니다. 그리고 그 단독 투자기업은 이제 버크셔 해서웨이에서 매우 중요한 부분을 차지하고 있습니다.

루앤은 시쿼이어의 1997년 연례보고서에서는 다음과 같이 버크셔를 평가했다.

펀드 주주로서는 좀 특이한 경우지만, 시쿼이어 주식을 15주 소유한 주주들은 이제 '워런 버핏이 지난 6개월간은 1온스(28.35그램)를 벌어다주었다'고 선언할 수 있습니다. 최근 공표된 버핏의 은silver 투자는 정말 환상적이라고 할 수 있습니다. 버핏은 '틀 밖에서' 생각하고 행동함으로써 계속해서 우리를 즐겁게 합니다. 나아가 최근 버크셔의 은 매입은 이른바 버크셔 주식의 집중적인 보유가 포트폴리오에 가져다주는 경제적 다양화를 잘 보여줍니다. 다른 수많은 기업을 비롯해 아메리칸 익스프레스, 코카콜라, 질레트 같은 주식이 포함된 버크셔의 모든 구성요소는 우리가 소유한 기업들의 가치에 직접적인 영향을 미칩니다. 버핏이 투자 분야에서 독보적인 존재라는 사실을 알면서도, 이길 수 없다면 연합하라는 원리에 따라 그가 권하는 주식을 사고 뭔가를 하기까지 우리는 너무나도 오랜 시간을 허비했습니다. 통찰을 얻기 위해서는 커다란 대가를 치러야 한다는 말도 있지만, 결국은 목표에 도달했다는 사실이 기쁩니다.

다음은 1999년 시쿼이어 펀드 주주총회에서 루앤이 들려준 버핏에 관한 일화로 버핏의 뛰어난 기억력과 강직함을 엿볼 수 있는 이야기다.

IBM에 대한 정부의 반독점 소송에서 IBM을 변호하던 스웨인 앤드 무어, 크래버스가 버핏에게 법정 증언을 부탁한 적이 있었다. 버핏은

IBM에 조금도 온정적이지 않고 문제를 거리낌 없이 들춰내는 엄격한 판사 앞에서 이틀 동안 증언대에 섰다. 검사가 물었다.

"버핏 씨, 당신은 벤저민 그레이엄이 한 말이 모두 정확하다고 믿지요. 그렇지 않습니까?"

버핏이 대답했다.

"절대적으로 그렇습니다."

그러자 검사가 말했다.

"그럼, 이제 가치하락의 정의를 읽어드리겠습니다."

그리고 나서 검사는 비즈니스 이슈와 관련해 당시 그레이엄과 도드가 제기한 가치하락의 정의를 읽었다. 검사는 버핏을 쳐다보면서 말했다.

"이 정의에 동의하십니까?"

버핏은 '아니요'라고 말했다. 검사가 반박을 하고 나섰다.

"이것은 그레이엄과 도드가 한 말입니다."

그러자 버핏이 물었다.

"그 책은 몇 판입니까?"

검사는 잠시 말을 멈추고는 말했다.

"판사님, 잠시 휴정해도 되겠습니까?"

다음 날 검사가 아직 몇 판인지 알아내지 못했다고 하자, 마침내 버핏이 입을 열었다.

"내 생각에 그건 5판인 것 같군요. 그리고 가치하락에 관한 그 장은 벤저민 그레이엄이 쓴 것이 아닙니다. 공익사업체를 연구하는 전문가가 쓴 것을 인용한 부분입니다. 그러므로 그 정의는 그 사람의 것이지 벤저민 그레이엄의 정의가 아닙니다. 그리고 나는 그 전문가의 의견에 동의하지 않습니다."

나는 지금도 증언이 끝난 뒤 그 뻣뻣한 판사가 버핏을 보고, "흠, 고맙소, 버핏 씨"라고 말한 걸 기억한다. 나는 그가 나중에 버핏에게 주식시장에 대한 조언을 구할 거라고 생각했다. 알다시피 얼마 후 IBM은 무죄를 선고받았다. 나는 그게 버핏 덕분이라고 말하려는 건 아니다. 하지만 그건 정말 대단한 광경이었다. 마치 페리 메이슨미국의 법정 드라마 시리즈·옮긴이의 한 장면을 옮겨다 놓은 것처럼.

캘리포니아 랜초 산타페에 위치한 스펙트럼 어드바이저의 소유주이자 초창기부터 시쿼이어의 주주였던 어윈 아이싱어는 다음과 같이 말했다. "나에게 가장 큰 문제는 지난 25년간 아무리 주변을 둘러보아도 시쿼이어만 한 뮤추얼펀드를 찾지 못했다는 것이다. 작년에 나는 버핏에게 이런 말을 하면서 조언을 구했다. 그는 이렇게 충고했다. '그만두게. 결코 찾지 못할 테니까'." 평소보다 멋들어진 문체로 쓰인 시쿼이어의 2000년 연례보고서는 혼란스러웠던 한 해를 다음의 한 문단으로 정리했다. "새 밀레니엄은 충격과 함께 찾아왔습니다. 지난 두 달 동안 시쿼이어와 시쿼이어가 보유하고 있는 20세기의 고전적인 주식들은 망각 속으로 날아가버리려는 것처럼 보였습니다. 그 짧은 기간 동안 나스닥 지수 평가에 따르면, 21세기 주식들은 24% 뛴 반면 시쿼이어는 18% 하락하면서 먼지 속에 가라앉고 말았습니다. 3월 10일에 누군가가 올해 말이 되면 시쿼이어가 20% 상승하는 반면 나스닥은 39% 떨어질 것이라고 말해주었다면, 우리는 모두 책상 아래서 기어 나와 그에게 입을 맞췄을 것입니다. 그 거친 폭풍우 같은 시기에도 우리와 함께해준 충실한 주주들께 다시 한 번 감사드립니다. 또한 어려운 주식시장에서 낮은 수익에 대한 최상의 처방은 단기자금이나 다른 고수익 현금상품

에 눈을 팔지 않고 여유를 가지는 것이라는 과거의 조언을 다시 한 번
강조합니다."

빌 루앤의 코멘트

다음은 빌 루앤이 시쿼이어 펀드를 운영하면서 겪은 중요한 순간
과 그에 대한 코멘트이다. 빌 루앤이 단기적인 상승이나 폭발적인 수익
률을 크게 염두에 두지 않는 투자가였음을 잘 알 수 있는 글들이다. 그
는 진정한 의미의 장기투자가였다.

┌ 1971년 7월 ┐

니프티 50 1969년부터 1973년까지 미국 증권시장을 주도했던 최상위 50종
목을 일컫는 말·옮긴이 성장주를 멀리한 시쿼이어는 첫 회계연도에서
시장을 따라잡는 데 실패했습니다.

높은 등급의 보통주 중에서 대표적인 것들을 광범위하게 샀더라면 일
반 시장과 비슷한 실적을 거두었을 것입니다. 그러나 주주 여러분이
우리를 선택한 것은 주식 선택에서의 차별성 때문이라고 생각합니다.
현재 시쿼이어 펀드의 위치는 여전히 뮤추얼펀드 업계에서 가장 보수
적인 편에 속할 것입니다.

┌ 1973년 1월 ┐

시쿼이어는 S&P 500이 19% 오르는 동안 5.5%밖에 뛰지 않은
1972년의 상처를 치유하고 있습니다.

1972년에 주요 기관들이 성장주를 수익의 30, 40, 50, 심지어 100배 (폴라로이드의 경우)에 매입한 것은 여러 가지 면에서 우리에게 금 사재기를 떠올리게 합니다.

시쿼이어 펀드의 일부 주주들은 과거에 버핏이 그들의 돈을 운용하는 행운을 누렸습니다. 이 점에서 1972년은 우리에게 월트 챔벌레인을 연기하는 미키 루니 같다는 느낌이 들게 했습니다월트 챔벌레인은 NBA 역사상 가장 유명한 선수 가운데 하나로 신장이 2미터가 넘는다. 미키 루니는 키가 160센티미터인 영화배우다. 버크셔를 월트에, 시쿼이어를 미키에 비유하면서 시쿼이어 이면에는 버크셔가 있다는 사실을 우회적으로 표현한 것이다·옮긴이.

┌ 1977년 1월 ┐

(시쿼이어는 1976년 72.5%의 수익률을 기록한 후 다시 한 번 경고를 보낸다. 같은 시기 S&P 500의 수익률은 23.9%였다.) 우리는 최근의 결과로 미루어 볼 때 아주 현명한 편도 아니지만, 1973년과 1974년에 우리 회사의 주가가 마치 세상이 끝나기라도 한 것처럼 곤두박질 쳤을 때처럼 바보도 아닙니다.

탁월한 투자자이자
진정한 자선가

루앤은 하버드 비즈니스 스쿨에서 벤저민 그레이엄의 『증권분석』을 읽고 감명을 받았다. 그는 1950년에 컬럼비아대학교에서 열린 벤저민 그레이엄의 세미나에 참석했는데 바로 거기서 버핏과 만났다.

1969년 버핏이 그의 동업자들에게 버크셔 주식을 사든 현금을 받든 선택의 기회를 줬을 때, 현금을 선택한 사람들에게 버핏은 한 펀드 매니저를 소개해주었다. 그 사람이 바로 루앤이었다. 어떤 것을 선택했든 그들 모두는 큰돈을 벌었다.

버핏의 오랜 친구였던 빌 루앤은 폐암 합병증으로 2005년 10월 4일 별세했다. 그의 나이 79세 되던 해였다. 그는 유명한 투자자일 뿐만 아니라 널리 알려진 자선가였다.

도시 빈민 교육에 오랫동안 관심이 있던 루앤은 1992년 할렘의 한 블록을 선정해서 개선사업에 착수했다. 또 뉴욕 소재 공립학교 26개교와 루이지애나주에 있는 여러 학교의 읽기 프로그램 활성화를 위해 기부하는 한편, 10대의 우울증 증상과 자살 요인 등을 조사하기 위해 틴 스크린Teen Screen을 개발했다. 루앤에 대해 버핏은 친구 사이인 캐피털 시티즈 전 회장 토머스 머피에게 다음과 같은 내용의 편지를 썼다.

나는 빌을 54년 전 벤저민 그레이엄의 수업에서 처음으로 만났네. 교실에는 25 내지 30명의 학생이 있었지. 우리는 1주일에 한 번씩 만났다네. 그때 같이 강의를 듣던 급우들의 이름은 거의 모두 내 기억에서 사라져 버렸지만 빌은 예외적인 사람으로 내 기억 속에 남아 있네.
우리는 만나자마자 서로 마음이 통해 바로 친구가 되었고, 세월이 갈수록 우정이 두터워졌지. 우정이 우리에게 주는 가장 큰 기쁨은 파급 효과라네. 많은 빌의 친구들이 내 친구가 되었고, 내 친구가 또 그의 친구가 되었네. 친구가 많아지면 우리의 삶도 풍요로워지는 법이지. 서로 함께 여행도 하고, 즐거운 시간을 보내고, 다양한 경험을 할 수 있으니 말이야.

우리 모두는 하나의 공통된 경험을 가지고 있네. 그것은 루앤이 우리를 위해 노력한 만큼 우리가 그를 위해 무엇을 해주려고 해봐야 쓸모가 없었다는 것이네. 루앤은 나와 내 친구, 그리고 그의 친구들을 돕거나 즐겁게 하기 위해 늘 새로운 방법을 생각해내려고 노력했지만, 우리가 그의 관대함에 보답할 기회는 전혀 주지 않는 사람이었네.

머피도 루앤이 아플 때 그를 위로하려고 전화했다가 오히려 위안을 받은 적이 있음을 떠올렸다. 루앤은 자신의 회사를 경영하던 시절에도 명함에 '빌 루앤, 리서치 애널리스트'라고 쓰는 등 자신을 드러내지 않는 성격의 소유자로, 동료들은 그를 친구 중의 친구라고 불렀다.

잭 맥도널드와
스탠퍼드 경영대학원

캘리포니아에 있는 스탠퍼드 경영대학원은 '효율적 시장Efficient Market'이론의 요새로 알려져왔다. 실제로 두 명의 금융학 교수 빌 샤프와 마이런 숄즈는 시장이 효율적이면 주가는 시장의 모든 정보를 정확히 반영한다는 이론으로 노벨상을 수상했다. 하지만 스탠퍼드 교수진 가운데 잭 맥도널드Jack McDonald는 시장이 항상 효율적이지는 않으며 모순적일 때도 있다고 가르친다. 버핏과 멍거는 "잭 맥도널드는 스탠퍼드에서 외로운 사람"이라고 평했다. 그는 스탠퍼드대학교에서 펀더멘털 투자, 가치투자, 그리고 기업 지향적인 접근방식을 가르치는 유일한 교수였다.

맥도널드는 벤저민 그레이엄의 『현명한 투자자』, 필립 피셔의 『위대한 기업에 투자하라』, 찰스 매케이의 『대중의 미망과 광기』를 교재로 채택하고 있으며, 기업이 지니는 가치상의 차이를 밝혀낼 수 있다고 믿는다. 즉 사업체의 내재가치, 즉 실제 자산을 살펴보고 그것을 해당 시장가격과 비교함으로써 가치상의 차이를 포착할 수 있다는 것이다.

가치투자를 가르치는
유일한 교수

맥도널드는 37년 동안 때때로 지인들의 도움을 받으며 투자학과 금융학을 강의해왔다. 버핏과 멍거, 필립 피셔는 모두 수년에 걸쳐 맥도널드의 강의실에서 강연을 했다. 그들은 시장이 대체적으로는 효율적이지만 항상 효율적인 것은 아니라고 말한다. 버핏은 27년 동안 스탠퍼드에서 맥도널드와 함께 정기적으로 한 반을 가르쳤고, 멍거도 수년 동안 한 학급을 가르쳤으며, 피셔는 2000년 92세의 나이에 맥도널드의 제자들에게 마지막 강의를 했다. 1907년에 출생하여 2004년 작고한 피셔는 1929년에 스탠퍼드 경영대학원을 다녔고 맥도널드와는 오랜 친구 사이였다.

맥도널드는 스탠퍼드 경영대학원에 버핏이 공헌한 바가 크다고 말한다. "1970년대 중반에 나는 〈워싱턴 포스트〉 이사회에서 워런과 함께 일하고 있던 스탠퍼드대학교의 어제이 밀러 학장으로부터 워런과 그의 아내 수전 버핏을 소개받았다. 당시에 워런의 아들 피터 버핏은 스탠퍼드대학교 음악과에 다니고 있었다. … 워런 버핏은 버크셔 해서웨이의 주가가 60달러였던 1976년부터 내 강의실에 나오기 시작했다. 스탠퍼드에서 MBA 과정을 공부했던 학생들 모두 워런의 훌륭한 지혜에 많은 도움을 받았다. 워런이 스탠퍼드에서 나와 함께 강의를 처음 시작한 이후로 버크셔의 주가는 1000배 이상 상승했다. 버핏은 나에게 '우리 둘이서 미국 역사의 10% 이상을 함께 가르치고 있는 중'이라는 농담을 종종 했다."

맥도널드는 멍거에 대해서도 "찰스는 아주 훌륭한 선생이었다. 그는 내가 개설한 투자학 과정에 참여하여 매우 지혜롭고 현실적인 강의를 들려주었다"고 말한다.

맥도널드는 컬럼비아와 하버드대학교의 방문교수이며 풀브라이트 학자미국 정치가 풀브라이트James William Fulbright는 미국 정부가 잉여 농산물을 외국에 공매한 돈을 그 국가와 미국의 교육 교환계획에 충당할 수 있도록 제안한 풀브라이트법에 의거하여 '풀브라이트 장학금'을 확립했다·옮긴이이기도 하다. 캘리포니아주 스톡턴 출신인 맥도널드는 스탠퍼드대학교에서 공학학사 학위를 받았다. 그런 뒤 휴렛팩커드에서 직장생활을 시작했으며 1962년에 스탠퍼드에서 MBA를 취득했다. 그는 25보병사단에서 장교로 군복무를 마친 후 스탠퍼드대학교로 돌아와 1967년에 박사 학위를 받았다.

수년간 맥도널드 역시 성공적인 투자자였다. 1929년도 스탠퍼드 경영대학원 졸업생이자 1929년 대공황을 겪었던 맥도널드의 아버지이며 현재 고인이 된 얼 맥도널드Earl McDonald의 학급 동료였던 필립 피셔는 잭에게 펀더멘털 투자를 전수해주었다. 피셔는 저서 『위대한 기업에 투자하라』가 성공하면서 스탠퍼드대학교에서 투자관리를 가르쳐달라는 제의를 받았다. 피셔는 2년간 스탠퍼드대학교 학생들을 가르쳤고 그때 맥도널드가 운 좋게도 피셔의 수제자가 되었다.

2000년에 맥도널드의 강의실에서 마지막 강연을 할 당시 피셔의 나이는 90대였으며 투병 중이었다. 피셔는 항상 공급자와 고객, 경쟁자들을 지켜보는 것이 중요하다고 강조했으며, 무엇보다 가장 중요한 것은 '탁월한 경영'이라고 말했다. 피셔는 다수의 좋은 주식보다는 차라리 소수의 뛰어난 주식을 선호한다면서, "나는 분산투자를 강하게 신봉하고 있지만 과도한 분산투자는 하지 않는다. 내 기본이론은 훌륭한 소수의 기업을 발견하여 깊이 있게 연구하는 것"이라고 말했다.

재정 운용능력이
가장 중요

1968년부터 맥도널드는 투자관리, 기업금융·주식, 기업재무 등 세 가지 분야에서 MBA 과정과 경영자 과정을 가르쳤다. 이 모두는 세계적인 관점(예컨대 혼다와 포르쉐의 사례연구)에 중점을 두고 가르치고 있다. 일본 산업은행에서 금융학을 가르친 맥도널드는 자신이 가르치는 코스에서 주식투자의 글로벌한 관점을 특히 강조한다. 학생들은 미국, 유럽, 라틴아메리카, 특히 한국과 일본, 중국, 타이완 출신이 많았다. 1989년 맥도널드는 나스닥 주식시장을 소유하고 있는 미국 증권협회 이사회 부회장으로 임명되기도 했다.

그는 투자처를 고르는 데 기업의 재정 운용능력이 가장 우선되어야 한다고 생각한다. "펀더멘털 투자자가 되기 위해 반드시 배워야 할 금융 분석과 기본 툴, 그리고 자제심은 사실상 전혀 새로운 것이 아니다. 비록 그 구성은 계속해서 변하지만 근본은 30년 전과 본질적으로 동일하다. 나는 실제의 경우를 분석하는 방식을 전적으로 신봉하고 있으며, 새롭게 대두된 실제 사례들을 차곡차곡 정리해나가는 작업을 무척 좋아한다. 자산투자자로서 오늘날의 문제는 기술이나 최신의 계량적인 방식에 관련된 것이 아니라, 변화하는 세계 속에서 실제적인 삶을 살아가는 투자자로서 경영의 원리를 배우는 것과 관련되어 있다. 벤저민 그레이엄과 필립 A. 피셔가 수년 전에 강조했던 펀더멘털을, 새롭게 대두된 실제 사례들을 바탕으로 제자들에게 가르치고 있다는 사실이 나는 무척 자랑스럽다. 나는 개인적으로 기업의 재정 운용능력이 가장 우선시되어야 한다고 확신한다. 다시 말해 기업이 어떻게 돌아가는지 이해할 수 있어야 한다는 뜻이다. 우리는 주주들을 위해 가치를 창출하고 사업목표를 달성하기 위해 자금조달과 투자, 그리고 자본할당에 대한 요구들 사이에서 균형을 잡으려고 노력하고 있는 최고경영자 CEO와 최고재무책임자 CFO를 보면서 그 중요성을 이해할 수 있다. 나는 환경이 계속 변할지라도 30년 전의 실제 사례가 근본적으로 오늘날에도 여전히 적용된다고 믿는다."

맥도널드와
버핏의 제자들

톰 루소

1980년대 초반에 맥도널드의 제자였으며 현재 펜실베이니아주 랭커스터에 위치한 가드너 루소 가드너Gardner Russo Gardner의 투자 파트너인 톰 루소Tom Russo는 셈퍼 빅 파트너스Semper Vic Partners를 운영하고 있다. 루소는 자신에게 큰 영향을 끼친 맥도널드 교수의 이론에 대해 다음과 같이 들려주었다.

인터넷 거품이 맹렬하게 끓어오르던 시기에 내가 일종의 단일 매개변수 투자를 피할 수 있도록 가장 많은 도움을 주었던 투자 통찰력은 스탠퍼드 경영대학원의 특별한 투자학 강의를 통해 전수받은 것이다. 맥도널드 교수는 학생들에게 투자분석의 펀더멘털 원리를 가르쳤는데 다른 교수들과는 이론이 아주 달랐다. 스탠퍼드대학교는 포트폴리오 투자 이론가들의 산실로 잘 알려져 있고, 펀더멘털 분석이 무의미한 것이라고 생각한다. 즉 시장이 효율적인데 개별적인 기업을 분석하느라 골머리를 앓을 이유가 없다는 것이다. 반면에 맥도널드 교수는 투자학 강의에서 어떻게 하면 투자자들이 주식시장 붕괴에서 벗어날 수 있는지 가르치려 노력했다. 과거 수년 동안 주식시장 붕괴는 투자자들이 종종 단순한 투자에 집착함으로써 야기되었다.

맥도널드 교수는 투자가 비행기를 조종하는 것과 거의 같다고 일관되게 주장했다. 안전하게 착륙하려면 한곳에만 시선을 고정해서는 안 되며, 모든 계기판의 눈금을 동시에 살펴야 한다는 것이다. 속도계 하나에만 몰두하면 적정속도만을 확인할 수 있을 뿐이다. 동시에 고도계도 살펴봐야 한다. 그러지 않으면 언덕을 향해 곧장 날아가게 될지도 모른다. 나침반을 확인해야 올바른 항로에 있다는 확신을 갖게 되고, 연료 눈금을 살펴야만 연료 부족으로 곤란을 겪지 않을 것이다. 자이로스코프비행기나 선박, 로켓을 안전하게 인도하는 장치·옮긴이는 비행기가 무게중심을 잘 잡고 있는지 확인하는 데 도움이 되지만, 그것만으로는 공중에 떠 있기에 충분할 만큼 비행기가 속도를 유지하고 있는지 알 수 없다. 때때로 계기판 전부를 일람하고 이상 유무를 확인해야 수평선 너머에 도사리고 있을지 모르는 폭풍이나 구름 등의 위협에서 안전을 확보할 수 있다. 계기판 중 어느 하나만으로는 충분치 않다. 모든 계기들을 통틀어 보는 것이 중요하다.

포괄적이고도 세심한 조사는 투자자들에게도 큰 가치를 지닌다. 수익 성장률 하나에만 중점을 두는 것은 속도계 하나만 보는 것과 다를 바 없다. 또 기업들은 장기적인 방향을 염두에 두지 않고는 성장할 수 없다. 더 중요한 것은 자금 상태를 확인해볼 수 있는 대차대조표를 검토하지 않음으로써, 자금이 빠르게 소진되어 결과적으로 기업이 파산에 이르게 되는 경우가 있을 수도 있다는 것이다. 과거에 주가가 천정부지로 치솟았던 수많은 기업들이 재정이라는 연료가 바닥나면서 어려움을 겪은 사례가 얼마나 많았는가.

버핏의 강의,
'두 척의 배'

스탠퍼드대학교에 다니기 전 다트머스대학교를 졸업한 루소는 맥도널드의 강의실에서 버핏을 본 적이 있다. "버핏은 영국에서 출발하는 두 척의 배를 떠올려보라고 말했다. 하나는 노를 젓는 보트이고 다른 하나는 퀸 메리호다. 그 배들이 미국으로 향하는 동안, 노를 젓는 보트는 퀸 메리호로 성장했고, 퀸 메리호는 점점 노를 젓는 보트로 변해갔다. 버핏은 집중력 부족과 경영 부진으로 쇠락한 기업들과, 그와 상반되는 훌륭한 경영과 현명한 투자로 번영을 누리는 기업들을 분석했다. 버핏은 퀸 메리호로 성장한 첫 번째 보트의 예로 토머스 머피의 경영 아래 지속적으로 성장하고 있는 캐피털 시티즈를 들었고, 두 번째 보트로는 점차 시장점유율이 떨어지고 있는 사업체 ABC를 언급했다. 버핏이 두 척의 배에 관해 말한 지 5년이 지난 후 캐피털 시티즈는 ABC를 인수했다."

1984년에 스탠퍼드에서 법학학위를 받고 복수전공으로 MBA를 취득한 루소는 법조인인 것이 좋은 투자자의 자산이 된다고 말한다. 루소는 투자를 하나의 소송사례처럼 다룬다. 사람들은 투자에 관한 기본적인 질문들을 하겠지만, 핵심은 대답을 듣는 기술에 있다. 루소는 거래 중에 언제라도 "잠깐만요. 방금 뭐라고 했죠?"라고 묻고 확인하는 버릇이 있다. 이처럼 법률 공부는 중요한 응답을 주의 깊게 듣는 노하우를 제공한다고 루소는 말한다.

루소는 셈퍼 빅 펀드(250주의 버크셔 주식을 보유하고 있음)에서 수년에 걸쳐 연간 17% 이상의 수익을 올렸다. 루소는 수익을 올리는 근본적인 이유로 맥도널드 교수를 꼽는다. 맥도널드는 루소를 '말하기'보다는 '행동할 수 있는' 사람으로 만들어주었고, 그 스스로도 투자자였다. 또한 맥도널드는 강의실에서 루소를 비롯한 학생들에게 '어리석은 투자'를 허용하지 않는 것만큼이나 성공과 돈에 너무 집착해서는 안 된다고 강조하곤 했다.

맥도널드는 자금 상황과 전 세계적인 유통 시스템이 대차대조표 상에 나타나지 않는다고 알려진 프랑스의 샴페인업체 뵈브 클리쿠오에 투자해 성공을 거뒀다. 맥도널드는 뵈브 클리쿠오의 실제 사례를 루소에게 가르치면서 이렇게 요점을 정리해주었다.

"나는 1960년대에 프랑스에서 뵈브 클리쿠오 샴페인에 관한 투자사례를 조사하고 있었다. 뵈브 클리쿠오는 파리에서 기업공개를 한 3대 샴페인 업체 중 마지막 기업이었다. 첫 번째와 두 번째 기업인 모엣과 멈은 이미 기업공개를 한 상태였다. 나는 1960년대에 파리에서 기업이 공개된 후 뵈브의 주식을 조금 샀다. 나는 프랑스어를 할 줄 알았고 스탠퍼드 교수단에 합류하기 전에 프랑스 경영대학원 HEC에서 학생들을 가르친 적이 있었다. 뵈브 클리쿠오의 사례는 연구대상으로 그만이었다. 비교 가능한 몇몇 훌륭한 기업들이 있었고 전형적인 장기 가치평가 사례였기 때문이다. 샴페인의 본고장인 데다 사치품으로서 지니는 프랜차이즈의 가치, 지속적인 성장 가능성, 훌륭한 경영, 그리고 적정한 주식가치 평가라는 긍정적인 요소들은 뵈브 클리쿠오가 엄청난 '안전마진'을 지니고 있는 훌륭한 장기 보유물로서 손색이 없음을 뒷받침해주었다. 뵈브 클리쿠오는 결과적으로 루이 뷔통 모엣 헤네시 LVMH의 일부가 되었다. 투자자로서 인내심을 발휘한 우리는 20년 이상에 걸쳐 뵈브 클리쿠오에 투자했던 돈의 약 70곱절을 벌어들였다. 그리고 지금 나는 뵈브 클리쿠오의 사례 분석을 가르칠 수 있게 되었다."

해외투자에 관한 맥도널드의 주장을 루소는 굳건히 고수하고 있다. 사실상 루소가 대규모로 가장 오래 보유하고 있는 주식 중 하나는 영국의 시리얼 회사 위타빅스이다. 루소는 위타빅스가 내재가치보다 현저히 낮은 가격에 거래되고 있다고 생각했다. 실제로 개인 투자회사인 힉스 뮤즈 테이트 앤드 퍼스트Hicks, Muse, Tate & Furst는 2003년에 엄청난 프리미엄을 지불하고 위타빅스를 인수했다.

일반적으로 루소는 식품, 음료, 담배, 미디어업계에 투자하는 것을 좋아한다. 그런 업계가 바로 버핏이 맥도널드의 강의실에서 가르쳤던 '역량의 범주'인 셈이다.

루소는 또한 〈워싱턴 포스트〉에 투자해서 성공을 거둔 바 있다. 2002년 루소는 주당 626달러에 거래되고 있는 〈워싱턴 포스트〉에 대해 주당 800달러에서 900달러 사이의 분할가치가 있다고 추정했다. 그는 〈워싱턴 포스트〉가 보수적인 회계비용 옵션을 채택하고 있으며, 대규모로 초과된 연금펀드를 보유하고 있고, 버크셔 주식에 투자하고 있다는 이유로 그 주식들을 높이 평가했다. 또한 루소는 가족 소유의 기업을 선호한다고 말했다. 가족 소유 기업의 경우 일반적으로 자본을 합리적으로 배분하며 관리자들의 이익보다는 소유주들의 이익을 위해 새로운 자금을 전략적으로 잘 투자할 것이라는 게 그 이유였다.

또한 맥도널드는 학생들에게 자신이 저지른 어리석은 투자는 골프라고 말하기도 했다. 그렇다면 톰에게 어리석은 투자는 무엇일까?

"글쎄, 나는 아직 찾고 있는 중입니다. 내 가족일지도 모르지요. 하긴 그건 어리석은 투자라기보다는 내가 지속적으로 추구해야 하는 삶의 가치이죠."

빌 오번도프

오하이오주 클리블랜드 출신의 빌 오번도프Bill Oberndorf는 1975년 윌리엄스 칼리지를 거쳐 1978년 스탠퍼드 경영대학원을 졸업했다.

1971년, 스탠퍼드 경영대학원 출신인 시드 바스, 리처드 레인워터 그리고 존 스컬리가 설립한 텍사스 파트너스는 텍사스 출신의 투자자 로버트 바스가 합류하면서 메인 스트리트 파트너스로 명칭이 바뀌었는데, 오번도프는 대학원을 졸업한 후에 바스 형제가 운영하던 이 회사에서 공적 및 사적으로 주식투자에 조언하는 일에 참여했다. 2001년에 오번 도프는 캘리포니아주 밀 밸리에 소재한 SPO 파트너스의 전무이사가 되었다. SPO는 스탠퍼드 경영대학원의 선배였던 존 스컬리와 빌 패터슨, 빌 오번도프에서 각각 성의 머리글자를 모은 것이다.

텍사스 파트너스와 메인스트리트 파트너스의 1971년부터 2000년까지 30년 동안 투자실적은 30%였다(수수료와 비용들을 제하기 전 수익). 2001년 후반에 설립된 SPO 파트너스는 급격히 하락하는 시장에서도 플러스 수익을 올렸다.

잭 맥도널드의
강의실에서 만난 버핏

오번도프는 버핏이 캐서린 그레이엄, 로버트 맥나마라 등과 더불어 스탠퍼드 경영대학원 고문단의 일원이었다고 회상한다. "버핏은 1978년 봄, 몇몇 학생과 점심으로 샌드위치를 같이 먹곤 했으며, 잭 맥도널드의 강의실에서 열정적인 강연을 했습니다. 그때만 해도 그는 별로 잘 알려진 인물이 아니었습니다. 그는 50센트로 1달러짜리를 매수하는 것이 10센트로 1달러를 벌어들이려 애쓰는 것보다 더 쉬울 수밖에 없는 원리를 설명하고자 애썼지요."

오번도프는 당시에 버핏의 남다른 자세와 탁월한 집중력, 그리고 이미 존재하는 현상을 분석하여 실제 가치와 간격을 좁히는 방법을 찾아내기 위해 열심히 노력하는 모습을 보고 큰 감명을 받았다. 그런 노력이 있었기 때문에 1달러가 2달러, 3달러 또는 4달러가 될 수 있었다는 것이다. 버크셔 주주로서 버핏의 경력을 추종하고 있는 오번도프는 또한 버핏의 인간적인 측면, 즉 명쾌한 말솜씨와 겸손한 태도, 그리고 유머 감각에도 감복했다. 오번도프는 버핏과 동일한 기업에 투자하지는 않지만, 어쨌든 그 둘은 모두 가치투자를 하고 있다는 점에서 공통적이다.

1982년 오번도프가 관여했던 투자 중에 샌프란시스코 부둣가를 대상으로 한 부동산 투자가 있는데, 이는 오늘날에도 성공적인 투자로 인정받고 있다. 1991년 오번도프는 시애틀의 플럼크릭 목재회사 설립에 자본을 참여하기도 했다. 이 회사는 오리건과 몬태나, 아이다호, 워싱턴주의 대규모 삼림지를 소유하는 데 큰 자본을 투입했다. 투자는 조류의 멸종을 염려하는 환경주의자들이 '점박이 올빼미' 보호를 위해 집회를 하고 있는 와중에 이루어졌다. 결국 정부 소유의 목재 판매가 중단되었고, 벌채도 중지되었다. 이에 따라 정부 소유 토지인 전체 삼림의 60%가 규제를 받게 되면서 개인 소유 산림지의 가치가 급격히 상승했던 것이다.

SPO 파트너스는 플럼크릭 목재회사의 지분 7.5%를 매수했으며, 후에 회사를 사들이기로 결정하고, 기업경영권을 획득하기 위해 5500만 달러를 지불함으로써 마침내 회사를 손에 넣었다. 그 후 10년 동안 이사회 임원인 오번도프, 스컬리, 맥도널드, 패터슨의 빼어난 경영능력 덕분에 회사의 가치는 10배가 상승했다. 플럼크릭은 현재 3만 제곱킬로미터 이상의 산림지를 보유한 미국에서 가장 큰 독립적인 목재 소유주이다.

오번도프는 SPO 파트너스가 1년에 오직 네댓 번의 투자만 한다면서, "우리 사업은 자본할당에 관해 의사결정을 하는 것이고 재능 있는 사람들과 함께 일하는 것이다"라고 말한다.

오번도프와 동업자인 존 스컬리는 전임 학장의 이름을 딴 스탠퍼드 경영대학원 어니스트 C. 아버클 상을 받았다. 오번도프와 맥도널드 그리고 참석한 200여 명의 친구와 학생들 앞에서 연설한 스컬리는 이런 말을 했다. "나는 오늘 참석한 학생들에게 1978년에 출간된 빌 오번도프의 고전을 읽어볼 것을 추천합니다. 나는 같은 해에 경영대학원을 졸업한 그를 고용했습니다. 이 책 『봉급을 높게 시작해야 한다는 그릇된 생각, 당신도 푼돈으로 생계를 유지할 수 있다』는 시대를 초월한 역작입니다. 여기에 있는 많은 친구들이 잘 알고 있을 테지만 저는 그 당시에 무척 가난했거든요."

오번도프는 그 책에서 봉급 이야기 부분은 사실상 스컬리가 썼다고 해도 무리가 아니라고 말한다. 오번도프가 스컬리에게서 일자리를 제안받았을 당시, 사실 그는 매킨지 앤드 컴퍼니로부터 두 배 더 많은 봉급 제의를 받았지만 스컬리를 선택했다.

오번도프는 맥도널드나 버핏을 만났든 그렇지 않든 비즈니스 세계에서 나름대로의 방식을 발견할 수도 있었겠지만, 못 만났다면 지금과는 많이 달라져 있을 것이라고 말한다. "맥도널드는 무척이나 많은 사람을 알고 있었고 굉장한 인맥을 쌓고 있었으며 호기심이 넘쳤지요. 그는 정말로 가르치는 것에 애정을 쏟았어요. 가치투자는 나에게도 적용되었죠. 나는 그에게 많은 도움을 받았으며 그중 하나가 버핏을 만날 수 있었던 일입니다. 버핏보다 더 지혜롭거나 더 나은 대인관계 능력을 지니고 있는 사람은 없는 것 같아요. 나 같은 투자자들은 버핏이 보여주는 최상의 윤리적 기준들을 포함한 일련의 숙련된 투자를 모방함으로써 커다란 혜택을 누리고 있는 거지요."

존 브레넌

로드아일랜드주 센트럴 펄스 출신인 존 브레넌John Brennan은 1981년 로드아일랜드대학교 공학대학을 수석으로 졸업했다. 그 뒤 수년간 GE 매니지먼트 프로그램에서 근무하다가 스탠퍼드 경영대학원에 들어갔다. 브레넌은 버핏이 맥도널드의 제자 60명에게 장기투자에 관한 강연을 했던 때를 기억한다.

"그는 우리에게 자신의 투자조합이 기록한 실적을 일부 뮤추얼펀드의 실적과 비교하면서 설명해주었어요. 그 뮤추얼펀드 중에는 내가 후에 몸담았던 매사추세츠 투자신탁도 포함되어 있었죠. 그는 거래 수수료와 세금이 없으면 복리의 효과가 훨씬 더 커진다고 말하면서, 회전율을 낮게 유지하는 것이 얼마나 중요한지 말해주었어요. 1%의 차이조차도 오랜 세월이 지나면 큰돈이 될 수 있다는 거였지요. 그는 더 나아가 벤저민 그레이엄이 그랬듯이 유형 자산을 인수하는 것과 훌륭한 사업체를 타당한 가격에 인수하는 것이 훨씬 더 큰 가치가 될 수 있다는 것을 확실히 인식시켜주었습니다.

버핏은 또한 강연에서 멍거와 함께 일하면서 기업의 항구성과 현금흐름을 파악하여 재투자하는 것이 매우 중요하다는 사실을 깨닫게 되었다고 말했습니다. 그리고 5년 후, 10년 후에도 훌륭한 현금흐름을 갖고 있을 것으로 생각되는 사업체를 찾아내는 것이 큰 수익을 낳는 성공적인 투자로 이어질 수 있다고 덧붙였지요. 그는 1970년대 초반에 저평가되어 있었던 가이코의 사례를 들려주었어요. 워런은 모든 것을 세밀하고 객관적으로 관찰할 수 있는 안목을 지닌 사람이었으며 매우 합리적이었습니다."

버핏은 당시 주식이 거래되는 방법, 주가변동성, 베타 이론의 요소들을 언급하면서 리스크에 관해서도 이야기했다. 하지만 이 모든 것들이 장기투자의 진정한 의미를 이해하는 데는 아무런 도움이 되지 않는다고 말했다.

브레넌은 수년에 걸쳐 버크셔와 웨스코의 연례보고서들을 읽었지만 버핏과 동일한 투자를 해본 적은 없었다. 하지만 브레넌과 버핏은 동시에 2002년 시장에서 상당량의 정크본드신용등급이 낮은 기업이 발행하는 고위험·고수익 채권·옮긴이를 매수하고 있었던 것으로 나중에 밝혀졌다.

브레넌은 맥도널드가 각 영역의 전문가 세 명을 연사로 초청했던 때를 기억한다. 한 명은 투기 전문가, 또 한 명은 도박 전문가, 또 다른 한 명은 투자 전문가였다. 맥도널드는 그들이 그 일을 선택한 이유와 성공을 거둘 수 있었던 요인, 그리고 보통 사람과 차별화할 수 있었던 전문적 기술이 무엇인지 알고 싶어 했다고 한다.

1990년대 대부분의 기간 브레넌은 MFS 증권 리서치 분석가로 일했으며, 보스턴 소재 MSF 캐피털 오퍼튜니티스 펀드를 별 2개 등급에서 모닝스타와 같은 별 5개 등급으로 끌어올린 경력이 있다. 1999년에는 보스턴에서 시리오스 캐피털 매니지먼트를 공동으로 설립하기도 했다. 이 헤지펀드 회사는 5억 달러를 순식간에 모은 후 곧바로 활동을 개시했다.

브레넌은 투매 주식에서부터 미국 정부 채권과 통신주에 이르는 폭넓고 다양한 주식들을 매수하는 투자자이다. 시리오스 펀드는 통신주가 뜨고 있을 때 글로벌 크로싱과 월드콤을 모두 공매한 결과 엄청난 수익을 챙길 수 있었다.

기업의 10-K미국 증권거래위원회에 제출되는 기업의 연례운영보고서·옮긴이와 10-Q미국 증권거래위원회에 등록된 기업들이 제출한 아직 감사를 받지 않은 4분기 재무보고서. 10-Q는 10-K보다 덜 상세하지만 보다 빈번히 제출되는 보고서이다·옮긴이 자료들을 낱낱이 파헤치는 것으로 유명한 브레넌은 펀더멘털이 비틀거리는 것을 확인하고 나서 월드콤 주식을 공매했다.

"우선적으로 월드콤은 경쟁자로부터 심한 압박을 받고 있었다. AT&T, 스프린트, 윌리엄스, 글로벌 크로싱 등과 함께 주가가 계속해서 하락했다. 자본이 자유롭게 흘러 다녔다"고 브레넌은 회상한다. 인터넷주가 미친 듯이 상승하고 있을 때는 그런 일들이 가려져 있었지만 인터넷주에 대한 열광이 사그라지면서 통신주들도 같은 길을 걸었다. 또한 월드콤의 고객들이 무선통신과 여타 경쟁자들 쪽으로 이탈하고 있었다. 대차대조표상으로도 너무 많은 자본지출과 어마어마한 부채가 있었다.

브레넌은 당시 상황을 이렇게 기억한다. "월드콤의 자금 사이클을 감안해볼 때 자본지출이 납득이 가지 않았어요. 자본지출이 120~140억 달러이고 부채는 300억 달러에 달했습니다."

브레넌은 10-K와 10-Q를 분석한 후 이자비용이 고작 3%라는 사실을 알게 되었다. 이는 곧 엄청난 부채가 단기자금이고 나중에 더 높은 이자로 자금을 조달해야만 한다는 것을 의미했다. 위험을 감지한 브레넌은 15%의 수익률로 주식들을 공매했고 제로 포지션을 취함으로써 엄청난 수익을 올렸다. 브레넌은 그 채권들을 공매하고 대신 정부의 장기채권들을 매수함으로써 자신의 포지션을 헤지했다. 월스트리트가 월드콤 채권을 매우 견실한 것으로 보고 있었던 반면 브레넌은 정크본드로 보았던 것이다. 실제로 이 채권의 가격은 90에서 11로 크게 하락했다. 브레넌의 경우처럼 주식이란 매수시기보다 매도시기가 더욱 중요할 때도 많다.

브레넌은 채권이 낮은 포인트에 있을 때 공매 포지션을 계속 유지하면 위험이 증가할 것이라고 생각했다. 그래서 포지션을 정리하고 유사한 채권을 인수함으로써 포지션을 양쪽에 걸어 손실에 대비했다. 이와중에 맥도널드와 브레넌은 스탠퍼드에서 투자학을 강의했으며, 주식공매와 관련하여 글로벌 크로싱과 월드콤을 실제 사례로 제시했다.

팀 블리스

팀 블리스Tim Bliss는 캘리포니아주 카핀테리아의 케이트 스쿨, 하버드대학교, 스탠퍼드 경영대학원을 거쳐 캐피털 그룹에 직장을 잡았다.

스탠퍼드를 졸업할 당시 그에게는 학자금 대출로 받은 3만 달러의 순부채가 있었지만, 오늘날 그 빚은 샌타바버라 투자그룹IGSB과 그가 공유하는 증권의 형태로 수억 달러의 순자산이 되었다. 블리스는 버핏과의 만남을 하나의 충격이었다고 평한다. "잭 맥도널드는 효율적 시장을 옹호하던 사람들과는 다르게 규칙과 펀더멘털 분석, 투자기술을 일관되게 가르쳤습니다. 잭은 시장보다 월등히 높은 수익을 올리고 있던 워런 버핏의 실적을 종종 언급하곤 했지요. … 1978년 어느 날, 버핏이 우리 강의실에 들어왔습니다. 강의실 안에는 25명의 학생이 앉아 있었지요. 잭은 친구인 워런을 미국에서 가장 훌륭한 투자자라고 소개했습니다. 버핏은 나에게 엄청난 충격을 주었어요. 말하는 내용이 모두 합리적이었어요. 버핏은 주가변동성volatility주가의 상승이나 하락의 변동 폭·옮긴이에 관해 쉽고 재미있게 들려주었습니다."

맥도널드 교수의 열렬한 추종자였던 블리스는 스탠퍼드 경영대학원 시절 『현명한 투자자』의 여러 개정판을 비교하면서 신용등급에 관한 연구에 매진했다. 벤저민 그레이엄 이론의 진화를 살펴본 것이 블리스에게는 훌륭한 학습이 되었다.

당시 블리스의 스탠퍼드 동문 선배 중에는 이탈리아 출신으로 리스 두카라는 사람이 있었다. 두카의 아버지는 그가 겨우 11세 때 세상을 떠났고, 일찌감치 그는 가장이 되어야 했다. 두카는 펀더멘털 분석을 공부했고 기업들을 열심히 방문했다. 그는 당시에 뜨거웠던 IPOInitial Public Offering의 약어로 '기업공개'라는 뜻·옮긴이 시장에서 활동하기 시작했고 스탠퍼드를 떠날 때까지 5만 달러의 순이익을 올렸다.

그 5만 달러가 최초의 종잣돈이었다. 두카와 블리스, 그리고 그의 동료들은 1970~1990년대에 그 돈을 수억 달러로 불렸다. 두카는 운용

자본을 투자하여 10% 수익을 올리는 조건으
로 월봉 2000달러에 블리스를 고용했다. 하지
만 시장은 블리스의 편이 아니었다. 그가 운용
했던 50만 달러는 40만 달러가 되었고, 봉급은
월 1600달러로 삭감되었다. 당시 두카는 애초
의 계약을 모두 없던 일로 하고 처음부터 다시
시작해보라고 격려했다. 그리고 블리스에게

연도	수익률(%)
1979	9.8
1980	85.1
1981	23.7
1982	95.5
1983	96.5
1984	6.5
1985	31.5

엄청난 액수의 운용자금을 내주었다. 블리스는 '경주는 이제부터 시
작'이라고 다짐했다.

블리스는 파산을 면한 토이저러스 같은 주식들을 빌린 돈으로 매
수하면서 높은 수익률을 달성해나갔다.

그 기간 동안 블리스는 베스트 프로덕츠(카탈로그와 전시실 판매업
체), 페더럴 익스프레스(국제운송업체), 머큐리 제너럴(자동차보험업체),
에버리스트 앤드 제닝스(휠체어 제조업체), 코모도어 컴퓨터, A. 슐먼(특
수 플라스틱 조립업체), 뉴햄프셔 볼 베어링, ISC 시스템(저축대부조합 산업
을 위한 기업용 소프트웨어 개발업체), 해즐턴 랩스(신약개발, 동물실험 연구
소), 오토데스크(소프트웨어 개발업체), 윌리엄스 소노마(가정용품, 가구 소
매업체), 그린트리 파이낸셜, CPI(시어스 내 사진 스튜디오)를 소유했다.

시간이 흐르면서 투자그룹 IGSB는 개인회사가 되었고(파트너는 두
카, 블리스, 빌 로스, 루이스 펠프스, 마이클 쿠니), 나중에 어드벤트 소프트웨
어와 러닝 컴퍼니 같은 개인회사가 그랬듯이 기업공개를 했다.

두카와 블리스는 고객이나 주주 또는 유한책임 조합원을 두지 않
았지만 크로커 은행에서 대출을 받았던 초창기에는 부채를 갖고 있었
다. 그래서 초기의 훌륭한 실적은 빌린 돈 때문에 과장되어 있었다.

그 후 두 사람은 대출을 중지하고 15년이 넘는 기간 동안 부채 없는 운영을 해오고 있다. 따라서 두카와 블리스는 부채, 고객, 유한책임 조합원, 주주가 없는 상태의 투자자 즉 진정한 의미에서 '자기자본 투자자'들인 셈이다. 맥도널드는 팀 블리스를 근본적인 자기자본 투자자라고 평가하면서 뛰어난 관리자들을 높이 치켜세웠다.

블리스는 2학년 학생들을 맡으면서 늘 바쁜 생활을 하고 있던 맥도널드와 자신 사이에 있었던 재미있는 일화를 들려주었다. 당시 1학년이었던 블리스는 맥도널드를 만나보고 싶은 마음에 교수실로 찾아갔다. 교수실에서 블리스는 맥도널드에게 5월 7일에 주차장으로 가는 동안 약 10분가량 시간을 낼 수 있을 거라는 말을 들었다. 블리스는 그날을 기다려 맥도널드를 만났고, 탠덤 컴퓨터Tandem Computers에 대해 이야기를 나누었다. 탠덤은 고장이 잘 나지 않는 컴퓨터를 만들어냈고 곧 기업공개를 할 예정이었다. 기업공개는 당시로서는 전혀 새로운 개념이었다. 블리스는 당시의 일을 이렇게 기억한다.

"우리는 둘 다 탠덤을 잘 알고 있었고 열띤 토론을 했다. 그 대화를 계기로 교수님과 나 사이에는 오랫동안 지속될 우정이 꽃피었다. 잭은 내가 투자에 엄청난 열정을 갖고 있다는 것을 충분히 인식할 수 있었고, 그날 이후 우리는 절친한 친구가 되었다. 잭은 모든 사람의 의견을 가치 있게 여기며 긍정적이고 낙관적이었다. 나는 경영학 수업에서 빠져 있는 것 중의 하나가 앤드루 카네기나 IBM의 토머스 왓슨 시니어의 일대기라고 생각한다. 모든 일이 항상 유리하게만 전개되는 법은 없으며 계좌의 돈이 바닥났을 때 우리는 극도로 긴장에 휩싸인다. 어려운 시기에 어떻게 대처하느냐는 인간에게 가장 핵심적인 부분이다. 잭은 우리에게 경력을 어떻게 발전시켜나가야 하는지 가르쳐주었다."

블리스는 버핏과 멍거, 피셔가 중요한 인물인 이유는 우리가 더 나은 사람이 되도록 인도하기 때문이라고 말한다. 아울러 버핏이 쓴 글을 읽으면 자신이 더 나은 사람이 되는 듯한 느낌이 든다고 한다. 물론 버핏의 지적 능력에는 의문의 여지가 없지만, 그 너머에 존재하는 인내심과 자제력, 복잡한 것을 단순화하는 출중한 능력을 발견하게 되기 때문이라는 것이다. "사실상 그는 가장 근본적인 변수들을 추구한다. 이를테면 '투자 또는 삶의 근본을 이루는 추진력은 무엇일까?' 하는 것 등이다." 블리스는 버핏이 사물을 보는 냉철한 시각을 지니고 있고 무엇이 가치가 있는지 정확히 꿰뚫고 있다고 단언한다.

또한 맥도널드에 대해서는 "우리 인생의 가장 민감한 시기에 잭은 맥도널드식 자본주의를 가르쳐주었다. 그것은 투자자가 반드시 알아야 할 실용적이고 기업가적인 자본주의였다"라고 추억한다.

버핏을 추종한 가치투자가, 리처드 아자르

카리브해 최남단에 위치한 섬나라, 트리니다드토바고의 리처드 아자르Richard Azar는 버핏에 관하여 세밀하게 공부하면 국적이나 사는 곳을 불문하고 누구든지 성공할 수 있다는 사실을 실증하는 살아 있는 본보기이다.

아자르는 17세 때부터 활발하게 투자를 시작했다. 그의 부친이 당시 10만 달러를 빌려주었는데, 그는 버크셔 주식을 사고 외환거래로 돈을 벌어 빌린 돈을 2년 후에 갚았다. 아자르는 오늘날 상당량의 버크셔 주식을 보유하고 있다.

캐나다와 미국에서 교육받은 아자르는 하버드 경영대학원 입학을 거부당했지만, 그는 그것이 오히려 행운이 되었다고 말한다. 경영대학원에 다녔을 시간에 버핏과 가치투자에 관해 철저하게 공부했을 뿐만 아니라 사업에서도 계속 성공을 거두었기 때문이다. 그는 놀랄 만한 수익을 쌓아 올려 트리니다드토바고에서 최고로 성공한 사업가 중 한 명으로 도약하게 되었다.

만일 아자르가 미국에서 살았더라면 동년배의 미국인 중 가장 부자로 불리고 〈포천〉이 선정하는 40세 이하의 40대 갑부 명단에 올랐을 것이다. 웨스트 인디스 스톡브로커스의 CEO 피터 클라크는 그를 이렇게 평가했다. "말 그대로 아자르는 매년 수백 개의 연례보고서를 읽고 포괄적인 업계 지식을 터득한 덕분에 누구도 따라갈 수 없는 통찰력을 갖게 되었습니다. 그는 서인도제도에서 가장 위대한 개인 투자자입니다."

서인도제도 최고의
개인 투자자

아자르가 처음으로 버핏을 알게 된 것은 피터 린치의 『전설로 떠나는 월가의 영웅』을 읽을 때였다. 아자르는 벤저민 그레이엄이 쓴 책과 수많은 논문을 수집했고 그것을 철저히 공부했다. 더 나아가 가치투자에 관한 책을 사서 집중적으로 파고들었다. 아자르는 1987년 말 블랙먼데이 이후 버크셔 주식을 사기 시작했고, 이때 처음으로 버크셔 연례보고서를 읽었다. 그때의 소감을 아자르는 이렇게 말한다.

"버크셔 연례보고서를 처음 읽었을 때 그것은 하느님이 제게 보내주신 축복처럼 느껴졌습니다. 그로 인해 내 사업이 새로운 행로로 접어들었지요. 이전에는 피터 린치의 철학에 따라 종목을 분산시키는 투자방식을 사용했습니다. 그러나 버핏의 충고를 듣고부터 나는 사업이나 투자거래에서 좀 더 집중된 접근방식으로 전환했습니다. 현재는 4개의 주요 종목이 전체 보유 주식의 85%를 차지하고 있습니다. 내가 특정 주식에 대한 집중도를 높임에 따라, 어떤 주식에 대한 투자를 고려할 때 그것을 뒷받침해줄 수 있는 지식의 양이나 이해의 깊이 또한 급격히 증가하게 되었습니다. 내가 버핏 회장으로부터 배운 교훈은 세계에 존재하는 대부분의 부는 결국 소수의 증권에서 나오는데, 그런 주식의 특징은 주주들이 회사를 철저하게 이해하고, 그 주식을 장기간 보유하고 있다는 사실입니다. 〈포브스〉가 매년 선정하는 미국 최고 부자 명단을 볼 때 그 사실은 더욱 분명해지죠. 처음 버크셔 연례보고서를 읽었을 때, 나는 버핏 회장이 매우 정직하고 존경할 만한 사업가라는 사실을 확신하게 되었습니다. 기업의 일부, 즉 주식을 산다거나 기업 전체를 살 때 그가 보여주는 생각이나 개념은 언제나 명료했고, 어떤 경우든 해당 기업과 경쟁업체의 장단점에 사고의 기반을 두고 있었습니다. 또한 그는 어떤 방식으로 특정 기업으로 하여금 다른 기업에 비해 더 큰 실적을 올리고 투자자들에게 더 큰 수익을 안겨줄 수 있는지 보여주었습니다. 주가가 적정한 수준에 있고 회사의 경영이 제대로 이루어지고 있다면 그런 회사가 매력적인 투자 대상이라는 사실은 아무도 부인하지 못할 것입니다."

아자르의 주식중개인인 빈센트 벨라가 아자르를 처음 만난 것은 그가 부친으로부터 돈을 받고 투자에 관심을 보이기 시작했던 1985년이었다. 그는 당시를 이렇게 떠올렸다. "아자르는 배우는 데 매우 열성적이었고, 주식시장에 관해서 모든 것을 알고 싶어 했습니다. 처음에는 우여곡절을 겪었지만, 교훈을 깨우치고 지식이 늘어감에 따라 아주 현명한 투자자로 변신하기 시작했습니다. 내가 아자르에게 버크셔 해서웨이의 연례보고서를 처음 주었을 때, 그는 그야말로 개안을 했습니다. 그 시점부터 리처드 아자르는 워런 버핏 숭배자가 되더니 투자와 사업을 완전히 다른 시각으로 보기 시작했습니다. 그의 투자기술이나 주식 분석 능력은 기하급수적으로 성장하기 시작했습니다. 또한 자신이 이해할 수 있는 분야로 투자를 집중하면서, 액수가 큰 거래를 하지만 대신 거래를 자주 하지는 않게 되었습니다."

아자르는 트리니다드토바고에 자기 회사를 설립했을 뿐만 아니라 외환거래에서도 큰 수익을 올리고, 오랫동안 성공을 거듭하면서 소액의 자본금을 순가치 아홉 자릿수에 해당하는 자본으로 부풀렸다.

아자르는 1992년 버크셔 주주총회 참석차 처음으로 오마하까지 여행했는데, 보셰임에서 버핏을 만났고, 2004년 같은 장소에서 다시 한 번 만났다. 2004년도 총회에서 아자르는 버핏을 상대로 버크셔의 내재가치를 도출하는 데 사용했던 현금흐름 할인법에 대해서 설명하기도 했다. 그의 설명이 끝나자 버핏은 "당신이 숙제를 철저히 했다는 사실을 분명하게 알게 되었다"고 치하했다. 이어서 엄청난 박수갈채가 이어졌다.

1990년 아자르는 낙농사업체를 설립했는데, 유가공업계에서 분유시장의 50%를 점유하기도 했다. 아일랜드 레이크랜드 데어리의 키어넌 로너건은 "정식으로 낙농 분야의 교육을 받은 적 없는 사람이 업계나 우유에 대해 그토록 세밀하고 폭넓은 지식을 갖고 있다니 놀라울 뿐"이라고 평가했다. 또한 아자르는 트리니다드섬 서부 지역 최대의 쇼핑몰을 소유하고 있다. 그는 한 보험회사의 대주주 지분을 팔았지만, 카리브해 최대 은행인 RBTT 파이낸셜 홀딩스에는 최대의 개인지분을 유지하고 있다.

아자르는 컬럼비아 경영대학원에 지원하는 문제를 고려하고 있을 때 재무와 법학 담당교수인 로웬스타인에게 편지를 보낸 적이 있었다. 로웬스타인은 아자르에게 이렇게 조언했다. "버핏이 즐겨 말하는 것인데, 그레이엄과 도드가 쓴 『증권분석』을 처음 접하는 사람은 다음 두 가지 중 한 가지 반응을 보인다고 하네. 구식 백열전구가 꺼지고 이제까지와 다른 새로운 시각으로 사업이나 금융 현상을 보게 되거나, 아니면 아무리 여러 번 반복해서 읽어봐도 머릿속에 전혀 안 들어가는 경우이네. 명백하게 자네는 첫 번째 그룹에 속하는 사람이고, 그런 사람은 실망스럽게도 극소수에 불과하다네. 나로서는 자네가 왜 경영대학원에 가려 하는지 그 이유를 잘 모르겠네.”

후에 로웬스타인은 아자르를 뉴욕으로 초청했다. 아자르는 뉴욕에서 로웬스타인을 만나서 그가 수집해온 1930년대와 1940년대의 벤저민 그레이엄의 문헌 수집품을 선사했다. 루 로웬스타인은 증정받은 수집품을 아들 로저에게 주었는데, 로저는 『버핏: 21세기 위대한 투자 신화의 탄생』을 저술하면서 그 책에서 아자르를 언급하기도 했다.

투자의 마지막 요소는 용기

아자르에 의하면 버핏과 그레이엄이 제시한 투자의 세 가지 주요 원칙, 즉 진짜 펀더멘털은 시간이 지나도 변치 않는 것이다. 그것은 첫째, 주식 매입을 ‘사업체의 일부’를 산다고 생각할 것, 둘째, 매입 가격과 관련하여 안전을 위한 여유 마진을 유지할 것, 셋째, 시장의 심한 변덕에 항상 경계심을 유지하면서, 거기에 휩쓸리지 말고 단지 참고만 하라는 것이다.

그러나 아자르는, 투자에는 제4의 기둥이 있는데, 버핏이 자주 언급하지는 않았지만 그의 전 생애를 통하여 반복해서 보여주고 있는 교훈이라고 말한다. 그 마지막 요소는 용기이다. 그레이엄 자신도 마지막 성분은 용기라고 했다. 그레이엄은 “반드시 자신의 지식과 경험에서 나오는 용기를 지녀야 한다. 만일 우리가 사실에 근거해 결론을 이끌어내고 우리의 판단이 건전하다는 사실을 알고 있다면, 설사 다른 사람들이 망설이거나 우리와 다른 의견을 가졌더라도 자신의 결론에 따라 행동해야 한다"고 역설했다.

그레이엄의 말은 대중의 의견이 우리와 다르기 때문에 우리가 옳다거나 그르다는 뜻이 아니라, 우리가 사용한 데이터와 사고과정이 올바르면 우리의 생각이 옳다는 뜻이다. 여기에 아자르가 덧붙였듯이, 많은 사람이 가치투자에 대한 관념은 머릿속에 갖고 있지만 아이디어를 행동에 옮기려는 용기는 없다. 아자르의 생각에는 제4의 항목이 여타 세 가지와 더불어 극히 중요한 덕목이다. 그레이엄 또한 방어적인 투자자를 위해 쓴 책, 『현명한 투자자』에서 다음과 같이 언급했다. "증권계에서 적절한 지식과 숙련된 판단력을 갖추었다면, 이제 용기가 최상의 덕목이 된다."

4장
버핏,
삶의 방식과 진실

나는 단순하고도 겸손한 삶의 자세가
모든 이들에게 신체와 정신 모두를 위한
최선의 방법이라고 굳게 믿는다.

_알베르트 아인슈타인

미국 최고의
부자가 되다

1993년, 버크셔의 주가가 치솟은 덕분에 라이벌인 빌 게이츠의 재산을 추월하면서 버핏은 미국 최고 부자 반열에 올랐다. 1993년 10월 18일 자 〈포브스〉는 버핏이 83억 달러의 재산가로 미국 최고 부자라고 보도하고, 63억 달러인 빌 게이츠와 56억 달러의 섬너 레드스톤을 제쳤다고 발표했다. 물려받은 유산 없이 이룬 이 대단한 성취는 버핏이 어떤 인물인지 보여준다.

워런 버핏은 주식 선별과 장기간의 주식 보유로 미국의 최대 부자가 된 사람이다. 〈포브스〉는 "오마하의 현인이 달러 빌Dollar Bill빌 게이츠를 가리킴·옮긴이을 왕위에서 밀어내다"와 같은 요란한 제목을 뽑았다. 당시 〈포브스〉는 버핏이 사망하면 아마도 역사상 최대의 자선재단이 설립될 것이라고 예측했다. 버핏의 자선재단은 록펠러나 포드, 카네기가 남긴 유산이 도리어 작아 보일 정도로 엄청난 규모가 될 것이다. 또한 그간 버핏이 올려온 연평균 22%의 수익률이라면 놀라운 규모의 재단이 탄생하리라는 것은 어찌 보면 당연한 예상이다. 그동안 보유 재산 순위에서 버핏과 게이츠의 경주는 막상막하를 이루어왔다.

통 큰 기부로
더 주목받다

특히 버핏의 세계 최고 부자 등극은 그의 '통 큰 기부' 때문에 더욱 시선을 끌고 있다. 오래전부터 전 재산을 사회에 환원하겠다고 공언해온 버핏은 2006년 "전 재산의 85%를 5개 재단에 기부할 것"이라고 밝힌 뒤 매년 7월 재산의 5%를 자선단체에 증여하고 있다. 그럼에도 버핏의 재산은 주가 상승에 힘입어 매년 늘어나고 있다. 최근까지도 연평균 상승률 20%라는 놀라운 기록을 보여주고 있다.

존 제이컵 애스터와 앤드루 카네기, 존 록펠러의 뒤를 워런 버핏과 빌 게이츠가 잇고 있다. 버핏과 게이츠는 현재 지구상에서 가장 부유한 사람들로, 세월에 따른 인플레이션을 감안하더라도 진정한 최고의 부자라 할 수 있다. 모피 장사와 부동산 개발로 부를 축적한 존 제이컵 애스터, 미국 강철의 4분의 1을 생산하는 카네기 스틸을 소유했지만 "돈을 숭배하는 것보다 더 천한 우상은 없다"고 했던 앤드루 카네기는 모두 그들 시대에 가장 부유했던 사람들이다. 그들은 몇 억 달러의 재산을 소유했다. 그러나 그 두 사람의 재산을 오늘날의 가치로 환산하더라도 버핏은 그들보다 더 부유하다.

자서전 작가 론 처노는 록펠러의 전기 『부의 제국 록펠러』에서 "록펠러의 재산은 1913년 9억 달러로 최고에 이르렀다. 이는 1996년 가치로 130억 달러이며 오늘날 150억 달러에 해당한다. 록펠러의 재산은 그 당시 국가 GNP의 2.5%였다"고 썼다. 록펠러는 재산 형성 방식에 관한 논쟁에도 불구하고 미국 역사상 가장 위대한 박애주의자(그의 자선단체 기부금은 5억 달러로 오늘날의 가치로 80억 달러에 이른다)이며,

수많은 의학적, 교육적 활동도 지원했다. 카네기는 도서관에 많은 기부를 했다. 현재 최고 부자들인 버핏과 게이츠도 그들처럼 기부와 자선활동으로 역사에 남을 것이다.

검소하고 소박한
생활

뿔테 안경을 쓴 버핏은 친절하고 쾌활해 보인다. 키는 약 180센티
미터에 중간 체격, 적당한 몸매, 몸무게는 약 80킬로그램이다. 혈색이
창백한 편인 버핏은 모르는 사람이 보면 사무원이나 회계사, 은행원 또
는 월마트에서 옆줄에 서 있는 평범한 남자일 뿐이다.

1988년 버핏은 ABC 드라마 〈러빙〉에서 바텐더 역을 맡아 대사 없
는 조연으로 출연한 적이 있다. 1991년에는 친구이자 미디어 기업 캐
피털 시티즈의 회장인 토머스 머피와 ABC 드라마 〈올 마이 칠드런〉에
4분간 출연하기도 했다. 버핏은 후에 1991년 방송출연으로 노동조합
규정상 출연료 300달러와 의상비로 10달러를 받았다면서, 그 의상비
가 적절한 금액이었다고 말했다.[36] 버크셔 본사 그의 책상 맞은편 벽에
는 그가 받았던 출연료 명세서와 함께 출연했던 배우 수전 루시, 머피
와 함께 찍은 사진이 걸려 있다. 버핏은 10달러의 의상비 명세서를 보
여주며 "딸은 이게 평소 내가 의상을 구입하는 액수라고 생각합니다"
라고 말했다.

비즈니스계의 웃음거리가 된 옷차림

가끔씩 버핏이 1500달러짜리 이탈리아 정장을 입는다고 보도된

적이 있지만 그건 아주 드문 경우다. 버핏의 딸 수전은 누구보다 아버지의 소탈한 취향을 잘 알고 있다. "어머니와 시내에 나갔을 때의 일입니다. 어머니가 '아버지에게 새 옷을 사주자'고 했어요. 우리는 아버지가 지금도 입고 다니는 30년도 더 된 옷에 신물이 났거든요. 우리는 그저 새 옷을 마련해드리려는 생각으로 모직 코트와 파란색 코트를 사다가 아버지에게 드렸어요. 그런데 아버지는 그것들을 환불해오라고 하시더군요. '모직 코트와 파란 코트는 나한테도 있잖니'라고 말씀하시면서요. 아버지는 정색을 한 채 진지하게 말씀하셨어요. 어쩔 수 없이 환불했죠. 그래도 저는 아버지 모르게 또 옷을 한 벌 골랐어요. 가격표는 보지도 않았고 그저 편안하고 수수해 보이는 것을 찾았어요. 그렇지 않은 옷은 입어볼 생각도 하지 않으실 테니까요. 아버지는 제가 골라온 옷을 입어보셨어요. 편해 보였어요. 가격표는 보지도 않으시더군요. 무척 단순하고 수수한 옷이었거든요. 그제야 아버지는 그런 옷을 몇 벌 더 사셨어요."

수전은 아버지가 그 옷들을 너덜너덜해질 때까지 입으실 거라고 덧붙였다. 버크셔 부회장 찰스 멍거도 "버핏의 옷차림새는 비즈니스계에서 웃음거리가 되곤 한다"고 덧붙였다.

버핏이 돈을 쓰는 데 인색하다는 사실은 이미 모든 이들이 잘 알고 있다. 〈워싱턴 포스트〉의 캐서린 그레이엄은 자신의 경영 선생인 버핏의 절약정신을 자서전에서 이렇게 적었다. "언젠가 『재무제표 분석법』과 벤저민 그레이엄이 투자 초보자를 위해 쓴 책을 읽고 있는 중이었다. 버핏은 벤저민 그레이엄의 책을 서둘러 읽어야 한다고 했다. 오마하 공립 도서관에 책을 늦게 반납해 소액이지만 연체료를 물고 싶지 않다는 게 이유였다."

버핏은 외양만 보면 영락없는 노교수 같다. 그런가 하면 버핏을 곁에서 지켜본 한 사람은 "종종 그는 편하게 대충 옷을 입곤 하는데, 그 차림새가 흡사 특별히 신경 써서 옷을 차려입은 농부 같다"고 말한다.

운동복만 입었으면 좋겠다

그런데 희한하게도 〈포브스〉는 배우 조앤 리버스와 딸 멜리사 리버스의 조언을 바탕으로 2003년에 가장 옷 잘 입는 억만장자 중 한 사람으로 버핏을 꼽았다. 다소 우쭐한 기분은 들었겠지만 버핏은 "나는 정말이지 매일같이 운동복만 입었으면 좋겠다"며 옷에는 신경을 쓰지 않는다고 밝혔다. "사람들은 제 차림새를 호의로 봐주는 겁니다"라는 말도 덧붙였다. 버핏의 비서 데비 보사넥은 〈포브스〉 기사를 보면서 "이게 정말이에요? 농담이겠죠"라며 놀랍다는 반응을 보였다.

만일 버핏이 남자 세 명과 나란히 걸어온다면 아무도 그를 알아보지 못할 것이다. 버핏의 옷차림이 근사하지 못한 것은 사실이다. 넥타이는 너무 짧아 벨트 위로 올라가 있고 신발 뒤축도 거의 닳아 있다. 코트와 넥타이가 따로 노는 것은 기본이고, 양복도 수수한 기성복만 입는다. 가족이 버핏의 옷차림새를 나름대로 신경 쓴다고 하는데도 그렇다. 주말에는 종종 미국 증권거래위원회 로고가 박힌 헐렁한 군청색 스웨터를 입기도 한다. 머리칼은 드라이어나 빗으로 가지런히 정돈하기는커녕 잠에서 막 깨어난 듯 부스스하다.

버핏의 옷에 대한 견해는 다른 대부분의 물질에 대한 관점과 일치한다. 버핏은 "어떤 물건이든 지나치게 많은 것은 원치 않는다"라고 입버릇처럼 말해왔다. 이렇듯 물질적인 욕망은 거의 없는 반면에 버핏의 지적 욕구는 좌중을 긴장시킬 정도로 환하게 빛을 발한다. 각계각층의 사람들은 버핏이 보여준 별나고 명석한 지적 능력이 중요한 투자선택을 할 때 큰 역할을 해낸다고 생각한다. 주변 사람들도 버핏의 지적 능력에 대해서는 "사진 같은 기억력을 가졌다", "그의 머리 자체가 곧 백과사전이다", "엄청난 집중력을 지녔다", "증권분석에서는 그를 따를 자가 없다"는 등의 평가를 내린다.

단순함과 천재성의 독특한 조합

그러나 버핏은 투자 이외의 분야에서는 어린아이에 가깝다. 라디오를 켜는 것도 다른 사람의 도움을 받아야 할 때도 있고, 팩스 사용법을 잊어버리는가 하면 전화를 '보류' 상태로 돌리지 못하기도 한다. 버핏 자신도 "때로 전기 스위치 켜는 법도 헷갈릴 때가 있긴 하다"고 실토한다.

버핏은 뒤축이 닳은 구두를 아무렇지도 않게 신고 다닌다. 글씨를 쓸 때는 값싼 빅 볼펜을 사용한다. 버핏은 세금을 직접 처리하는데, 세금업무는 무척 간단한 일이라고 말한다. 1944년부터 세금환급도 전부 본인이 처리하고 있다. 그의 취향은 단순해 보이지만 그 자신은 결코 단순하지 않다. 버크셔가 진행하는 일들은 간결해 보이고 실제로도 그렇다. 하지만 지금까지 쌓아 올린 성과의 실체가 버핏이 지닌 간결함과 천재성의 독특한 조합으로 이루어졌다는 사실은 주목할 만하다.

오마하에 있는 버핏의 집은 많은 나무와 널찍한 진입로, 잘 다듬어진 정원을 갖추고 있다. 집 안은 1983년에 그가 인수한 사업체인 오마하의 네브래스카 퍼니처 마트의 가구와 물품들로 꾸며져 있다. 라켓볼코트와 운동기구들이 갖추어진 널찍한 집은 조용하고 가로수가 가지런히 늘어서 있는 이웃집들과 잘 어울린다. 그의 집은 화려하거나 요란스럽지 않다.

한번은 〈워싱턴 포스트〉의 캐서린 그레이엄이 버핏의 집을 방문한 적이 있었다. 그때 그레이엄이 "워런, 당신 이 정도밖에 안 되는 사람이에요?"라고 농담을 할 정도로 그는 검소한 생활방식을 추구한다.

절제된 라이프스타일

버핏은 사실상 세상의 유혹과는 일정한 거리를 두고 있는 듯하다. 파티를 거의 즐기지 않고, 담배도 피우지 않는다. 그가 특별히 좋아하는 체리 코크 이외에는 음료수도 거의 마시지 않는다. 그는 어느 정도 절제된 라이프스타일을 유지하고 있다. 버핏은 흡연이나 음주에 대해 특별히 편견을 갖고 있지는 않다. 다만 둘 다 별 흥미를 느끼지 않을 뿐이다.

버핏은 본래 수줍음을 잘 타고 꾸밈이 없으며 솔직하다. 그는 이런 격의 없는 태도 때문에 종종 촌스럽고, 투박하며, 세련되지 못했다는 말을 듣기도 한다. 한번은 버크셔의 비행기를 조종하던 피터 키윗 선의 파일럿이 버핏의 사무실에 전화를 걸어 비행기 탑승 시간과 식사 시간이 겹치므로 점심식사를 할 식당을 예약해놓아야 하는지 물어본 적이 있다. 당시 버핏의 비서실장이던 글래디스 카이저는 그럴 필요가 없다고 대답했다. 버핏은 간단한 도시락을 들고 어머니와 함께 공항에 도착하곤 했기 때문이다.

버핏은 점심식사로 팝콘과 감자 칩, 체리 코크를 즐겨 먹는다. 야구경기장에 가면 크래커 잭팝콘과 땅콩을 캐러멜로 버무린 과자. 미국 야구경기장에서 인기가 좋음·옮긴이 한 상자를 모조리 먹어치우곤 한다. 버핏의 담당 의사는 식단이 염려되는 것은 사실이지만 그는 아주 건강하다고 말한다. 먹는 것에 관한 한 그는 누구의 눈치도 보지 않는다.

버핏은 돈을 지불하는 것에 철두철미한 만큼 지불한 금액에 걸맞은 대가가 돌아오기를 기대한다. 한번은 버핏이 프렌치 카페에서 저녁을 먹고 있었다. 식사를 하기 전에 버핏은 가게 점원 크리스 니시에게 3달러 95센트짜리 할인쿠폰을 제시했다. 니시는 그날 일을 이렇게 기억했다. "그는 '이것도 계산서에 함께 명시해달라'고 했어요. 계산서를 갖다주자 계산서에 할인 내역이 표기되었는지 꼼꼼히 확인하더군요."

1990년 버크셔 주가가 나락으로 곤두박질치고 있던 시절, 버핏은 오마하 시내에 있는 드라이브인 햄버거 가게 브롱코스에 쿠폰을 들고 찾아갔다. 그는 쿠폰을 내밀면서 "상황이 이렇다고 내가 햄버거를 못 먹을 이유는 없지, 안 그렇소?" 하고 농담을 던졌다.

그는 화려한 레스토랑을 꺼리며 저녁식사로 스테이크와 감자를 먹으려고 '고 빅 레드Go Big Red' 간판'나가서 싸워 이겨라Go, God, Go'보다 한 단계 아래인 응원·옮긴이이 달린 오마하의 고라츠 스테이크 전문점에 가곤 한다. 그는 음료로 체리 코크를 주문하고 콜레스테롤 수치와 관련된 경고는 전혀 안중에도 없다는 듯 소스를 듬뿍 친 두꺼운 햄버거와 스테이크를 먹는다. 버핏의 단골 메뉴는 26달러짜리 티본 스테이크였다.

버핏은 카페인을 제외한 모든 중독성 식품은 거절한다. 대신 그는 카페인에 탐닉한다. 코카콜라의 주가에 날개를 달아주려는 열망이 있는지 줄기차게 콜라를 마시고 때때로 씨즈 캔디를 먹는다.

뉴욕에 있는 레스토랑 스테이지 델리카트슨에는 버핏을 기념하는 샌드위치가 있다. 마요네즈를 듬뿍 얹은 쇠고기 구이는 버핏이 가장 좋아하는 음식 중 하나다. 그것은 '오마하의 현인'이라는 이름으로 메뉴에 올라 있다.

그런틸 앤드 컴퍼니의 증권 중개인이자 월스트리트에서 근무하는 마셜 와인버그는 버핏과 함께 뉴욕의 오래된 루벤스 식당에서 식사했던 때를 기억한다. "워런은 큰 사이즈의 햄 치즈 샌드위치를 먹었습니다. 며칠 뒤 우리는 다시 식사를 하게 되었지요. 그는 그 레스토랑에 또 가자고 말했어요. 나는 '바로 얼마 전에 그곳에 갔었잖아요?'라고 말했습니다. 그는 '물론 그랬지요. 그렇다고 해서 왜 다른 식당에서 리스크를 감수합니까? 그곳으로 가면 우리가 먹게 될 것이 무엇인지 정확히 알 수 있는데 말이오'라고 말했지요." 와인버그는 "그런 논리로 우리는 매일 그곳에 가곤 했다"고 말했다. 나중에 와인버그의 얘기를 들은 버핏은 "맞아요. 그곳에서 매일 먹지 않을 이유도 없잖아요?"라고 반문했다.

버핏의 배는 나날이 부풀어 오르고 있지만, 그래도 아직은 15년 연하인 사람의 배와 견줄 만하다. 그는 자신의 식습관과 그리고 부족한 운동이 결코 바람직한 모델은 아니라고 시인한다. 1990년대 초에 살로먼 채권 불법거래 사건이 정점에 달했을 때 버핏은 존슨 앤드 존슨의 전 회장이던 친구 제임스 버크에게 전화를 걸었다. 버핏은 수면 장애를 겪고 있다고 말하면서 버크에게 도움을 청했다. 버크가 존슨 앤드 존슨에서 타이레놀 사건1982년, 존슨 앤드 존슨은 시카고 시민이 독극물이 투여된 타이레놀을 복용하고 사망한 사건이 발생하자 현장에 직원을 급파하고 이 사건을 모두 언론에 공개했다. 이어 2억 4000만 달러의 비용을 감수하며 3100만 개의 타이레놀 병을 수거하여 폐기했으며 이물질을 넣지 못하도록 용기를 새로 제조한 후 시장에 다시 내놓았다. 이런 조치는 결국 소비자의 신뢰를 향상시켜 매출과 주가를 상승시키는 결과를 가져왔다·옮긴이이 있던 시절에 하루 5~8킬로미터씩 뛰었다고 말하자, 버핏은 잠시 머뭇거리더니 "다른 조언은 없나?"라고 물었다고 한다. 그럼에도 버핏은 아직까지는 아주 건강한 모습이고 활력도 여전하다.

청중을 사로잡는 뛰어난 언변

버핏도 누군가에게 늘 불편한 인물일 수 있다. 2002년 〈포천〉은 버핏의 행보에 불만을 느끼는 사람들을 우회적으로 소개한 바 있다. "분명 어딘가에는 이 남자를 좋아하지 않는 사람도 있을 것이다. 분명히 그럴 것이다. 어쩌면 그 명단이 상당히 길지도 모른다. 버핏은 스톡옵션에 반대하며 강력한 로비를 벌였고, 이 때문에 실리콘밸리의 많은 사람이 그를 별로 좋아하지 않는다. 또한 일부 사람은 기업 관리방식에 관해 버핏이 사사건건 잔소리를 해대는 것은 버크셔가 사외이사 부족이라는 문제를 안고 있기 때문이라고 지적한다. 그리고 버핏이 미국 가족계획연맹을 후원하고 있다는 이유로 임신중절금지법을 지지하는 사람들은 그를 싫어한다. 대부분의 투자상담사도 그를 좋아하지 않는다. 월스트리트 분석가들에게도 워런 버핏은 친구가 아니다. 버핏은 그들에게 앞으로도 일말의 지침도 주지 않을 것이기 때문이다. 또한 계속해서 일정한 비율로 시장에서 승리를 거두는 거의 유일한 사람으로서 효율적 시장 이론 신봉자들의 신경을 긁는 존재임에 틀림없다. 더불어 하비 피트전 증권거래위원회 위원장·옮긴이는 그의 종신재직권 수호에 버핏이 별 도움이 되지 않았기에 버핏에게 화가나 있을 수 있다."[37]

버핏은 헝클어진 머리, 구겨진 옷, 중서부 지역 특유의 낄낄대는 큰 웃음소리 등 언뜻 보면 자기 세계에 빠져 있는 우스꽝스러운 외모의 노교수처럼 보인다. 하지만 일단 말을 하기 시작하면 사람들은 그가 보여주는 조리 있는 말솜씨 때문에 단박에 귀를 기울이게 된다. 버핏은 복잡해 보이는 문제를 이해하기 쉽게 요약하고 단순화시켜 하나하나 해결해나가는 재능을 지녔다. 그는 뛰어난 언변과 독특한 문체를 구사하는 노련한 의사전달자이다. 그래서 버핏의 독특한 언변은 이렇게 평가되기도 했다. "세계에서 가장 높은 수익을 올리는 이 투자자는 외관상 얼빠진 교수의 모양새를 하고 있다. 하지만 그가 입을 여는 순간 그런 인상은 말끔히 사라진다. 그가 내뱉는 말은 약동하는 에너지와 함께 그 자신으로부터 분출된다."[38]

버핏이 들려주는 설명을 들으면 청중은 자신이 버핏과 같은 수준의 지적 능력이 있다고 생각하게 된다. 버핏과 함께 어떤 심대한 문제를 함께 추론해나가는 듯한 느낌을 받는 것이다. 청취자 대부분은 버핏의 설명이 복잡하고 어려운 비즈니스 개념을 포함하고 있더라도 충분히 이해할 수 있었다고 말한다. 버핏이 기본적으로 달변가인 덕분이기도 하지만 그보다는 그가 들려주는 생각들이 깊이가 있고 합리적이며 오랜 경험에서 우러나온 것들이기 때문이다. 무엇보다 문제의 본질을 놓치지 않고 단순화시키는 솜씨가 뛰어나며 재치가 넘친다. NBC 계열

회사로 오마하에 소재한 채널 6의 WOWT-TV는 1993년 10월 14일 버핏과의 인터뷰를 방송한 적이 있다. 버핏에게 성공적인 투자자가 되는 방법이 무엇인지 물었을 때, 그는 망설임 없이 "시간이 지나면서 돈이 복리로 불어나기 때문에 오래 사는 것이 한 가지 방법"이라고 대답했다. 복리의 중요성을 다시 한 번 일깨우면서 듣는 이들의 마음에 남을 수 있도록 재치 있게 대답한 것이다.

숫자와 함께 생각하다

버핏은 아주 잘생기지도 않았고 특별히 카리스마가 넘치지도 않는다. 오히려 어딘가 어수룩하게 보인다. 그래서인지 버핏의 투자 스타일을 따르고자 희망하는 사람들도 버핏과 다른 투자자들을 확실히 구분 짓는 가장 중요한 요인을 쉽게 찾아내지 못한다.

그는 숫자에 천재적인 재능을 지니고 있다. 버핏은 '회계는 비즈니스의 언어'라고 즐겨 말한다. 또한 누구도 따를 수 없을 만큼 언변이 유창한데, 이는 그가 경쟁에서 우위를 확보할 수 있었던 엄청난 능력이다.

대개 그가 필요로 하는 것은, 기업이 인수할 가치가 있는지 그 여부를 따져보기 위해 대차대조표를 한번 빠르게 훑어보는 일이 전부이다. 그는 숫자 안에서 우리가 발견하지 못하는 의미를 찾아내는 능력을 지니고 있다. 버핏은 다른 사람과의 이야기 속에서 아이디어를 얻는 법이 없으며 독서와 사고를 통해 혼자서 아이디어를 얻는 편이다. 그의 아이디어를 뒷받침하는 기초 자료는 숫자로 존재한다. 그는 투자하고 있는 기업들의 매출 수치와 영업 실적을 숫자로 기억하고 그 속에 담긴 의미들을 파악하고자 노력한다. 버핏은 2002년 〈포천〉과의 인터뷰에서 "가이코는 매주 화요일에 관련 수치들을 보내옵니다. 인터넷 방문자 수, 인터넷상에서 성사된 비즈니스, 처리 완료된 전화문의 등이죠. 또 쇼 인더스트리스(카펫 제조업체)는 일일 수치들을 팩스로 보내줍니다. 그리고 보석가게와 제과업체들도 그날그날의 매출 수치를 보내주죠"라고 말하며 모든 수치에 각별한 애정을 느낀다고 덧붙였다.

그는 숫자와 관련된 자료들을 읽으면서 하루를 보내는 데 익숙하다. 버핏은 언제나 열심히 일한다. 하지만 버핏은 그가 하는 일이 노동이 아닌 취미라고 말한다. 버핏이 가장 흥미를 느끼는 일은 왕성한 독서로 비즈니스 세계를 연구하는 것이다. 그는 〈아메리칸 뱅커〉와 같은 간행물은 물론 수많은 기업의 연례보고서, 데이비드 리카도와 같은 고전학파 경제학자의 서적들, 그리고 〈월스트리트 저널〉, 〈파이낸셜 타임스〉, 〈밸류 라인〉 같은 신문과 잡지, 〈무디스〉, 〈포브스〉, 〈포천〉, 〈비즈니스위크〉와 같은 주요 비즈니스 잡지들을 읽는다. 그는 특히 〈뉴욕 타임스〉를 즐겨 읽으며, 단 하나의 간행물만 읽어야 한다면 〈뉴욕 타임스〉를 선택할 것이라고 말한 적이 있다. 또한 헨리 에머슨이 발행하는 〈아웃스탠딩 인베스터 다이제스트〉도 구독하고 있는데, 그것을 읽는 이유가 버크셔의 2인자 멍거에게 뒤처지지 않기 위해서라는 농담을 하기도 했다. 주말에는 역시 증권 관련 잡지인 〈배런스〉를 열독한다. 버핏은 이외에도 다양한 분야의 수많은 연례보고서를 탐독한다. 그는 몇 주씩이나 걸리는 증권회사의 느리고 관료적인 복잡한 절차를 통해서가 아니라, 직접 우편을 통해 보고서들을 받아보기 원한다. 실제로 그의 사무실로는 셀 수도 없을 만큼 많은 연례보고서들이 도착하며, 그는 자신의 주요 일과가 다만 읽는 것이라고 누차 말해왔다.

은둔자 기질

어떤 이들은 버핏에게 은둔자 기질이 있다고 말한다. 버핏의 딸 수전은 이 말에 동의한다. "아버지는 모르는 사람들 사이에 둘러싸이면 불편해합니다. 심지어 수줍음을 타기도 하지요. 파티도 별로 즐기시는 편이 아니고요. 아마도 아버지는 〈월스트리트 저널〉과 TV, 코카콜라가 있는 방 한 칸짜리 아파트 안에서 진정한 행복을 느낄 거예요."

이웃들도 그를 만나기 힘들다. 정원 가꾸는 일에도 특별한 취미가 없어 정원에서 일하는 모습도 눈에 띄지 않는다. 물론 정원은 언제나 깔끔하게 잘 손질되어 있다. 대신 버핏은 버크셔의 광범위한 제국을 움직이는 이사회에 참석하거나 집 안에서 독서를 하면서 시간을 보낸다. 그의 사무실로 방문하는 사람도 매우 소수이다. 일주일에 두세 사람 정도가 잠깐씩 그와 만날 뿐이다. 하지만 그들 중에 증권거래인이나 증권분석가들은 거의 포함되어 있지 않다.

그러나 버핏이 수줍음을 탄다 해도, 그것은 자신의 능력에 대한 자신감의 부족을 의미하지는 않는다. 그는 어릴 때부터 자기가 부자가 되리라는 사실을 알고 있었다고 종종 말해왔다. 자신의 집 침실에서 투자조합을 시작한 사람이라면 최소한 자신감은 기본이고 직장을 구하라고 설득하는 다른 사람들의 조언을 무시할 정도의 신념이 있어야 한다. 버핏은 외관상으로는 남의 이목을 끌 만한 구석이라고는 없지만, 일단 그가 입을 열면 사람들은 그가 하는 말을 한마디도 놓치지 않으려고

하던 일을 멈춘다. 사람들을 감전시키는 그의 인간적 매력은 지적인 힘이 반영된 결과다. 월스트리트가 그의 일거수일투족을 주시하고 있다는 것을 잘 알지만 버핏은 매우 겸손하다. 그는 "아무리 눈을 씻고 찾아보아도 나에게는 별로 인상적인 면모가 없다"고 말한다. 또한 버핏은 남들이 자신을 두고 이러쿵저러쿵 이야기를 해도 별로 염두에 두지 않는다.

긍정적인 태도

수년간 그와 함께 일해온 사람들은 버핏이 이성을 잃고 화내는 것을 단 한 번도 본 적이 없다고 말한다. 만일 오자를 찾아내면 그는 "오타를 수정해야겠네" 또는 "내가 단어를 잘못 써준 것 같아"라고 말한다. 회계사들도 숫자가 빽빽한 서류를 제출한 지 얼마 되지 않아 버핏이 "숫자에 문제가 있는 것 같군요"라고 말해 놀랄 때가 한두 번이 아니다. 이 억만장자에게서는 거만하거나 의기소침해하는 모습을 거의 찾아볼 수 없다. 어떤 사안이든 그는 이성적으로 반응한다. 적절하다고 생각한다면 응답은 대개 "네, 당연히 그렇습니다"이다. 반대로 부적절하다면 대답은 "우리는 그게 전혀 필요 없어요"가 될 것이다. 가령 버핏이 "조금 생각해봐야겠는데요"라고 한다면 여러분은 그가 정보를 취합하고 복잡한 계산을 진행하는 동안 기다려야 할 것이다.

신사다운 면모가 몸에 밴 그는 절대 고함을 치거나 화내지 않는다. 그는 간섭과 잔소리를 좋아하지 않는다. 그저 새로운 방향에 대해 아주 약간의 힌트만을 제시할 뿐이다. 힐책할 상황이더라도 "나라면 조금 다르게 했을 것 같은데…" 정도로 끝나는 게 대부분이다. 버크셔의 관리자들은 50 대 50인 거래가 있을 때 조언을 듣기 위해 가끔 그에게 전화를 걸지만, 그런 요청을 받더라도 버핏이 그런 일에 직접적으로 개입하는 경우는 거의 없다.

그는 전체적인 관점으로 세상을 바라보며, 긍정적이고 재치 있는 방식으로 세상에 반응한다. 그는 종종 "당신 회장이 또 한 번 큰 실수를 저지르고 있는 모양"이라는 식으로 자신을 낮추는 유머를 구사하기도 한다.

버핏은 항상 낙관적이고 협조적이며 결코 화를 내는 사람이 아니다. 버핏의 비서 데비 보사넥도 "버핏이 화를 내는 것을 한 번도 본 적이 없어요. 하지만 누군가 거짓말을 한다면 좋아하지 않을 겁니다. 실수를 하더라도 시인한다면 크게 문제 삼지 않겠지만, 거짓을 말한다면 그렇게 하기 어려울 것입니다"라고 말하며 버핏의 스타일은 상대가 스스로 문제점을 파악하게 하는 것이라고 덧붙였다. 이른바 그의 온화한 카리스마 경영은 버크셔 임직원들과 관련 기업의 CEO들에게 긍정적인 영향을 미치고 있음에 틀림없다.

타이거 우즈의
캐디가 된 버핏

버핏은 2001년 골프 선수 타이거 우즈의 캐디가 된 적이 있다. 모든 것은 투자자 론 콘로이의 고향인 실리콘밸리에서 2000년 5월 19일에 개최된 자선경매행사에 수많은 부자와 유명 인사들이 버핏과 함께 참가하면서 시작되었다. 버핏이 전용기 서비스 기업 넷제트를 홍보할 수 있는 기회라 생각하여 올랜도 왕복 항공권과 함께 타이거 우즈와의 골프 시합을 경매행사에 내놓은 것이다. 타이거 우즈는 당시 넷제트의 고객이었다. 넷제트 사장인 리치 산툴리는 버핏 회장이 캐디를 맡을 것이라고 발표했다. 발표가 있은 지 10개월이 지난 2001년 3월 12일 플로리다에 있는 우즈의 집 근처에 있는 아일워스 컨트리클럽에서 가진 시합에서 버핏은 사무실 업무도 접어두고 우즈의 캐디를 했다. 버핏은 등에 '우즈'라고 표시된 캐디 복장을 입기는 했지만 골프 클럽을 직접 끌고 다니지는 않았다. "그렇게 힘들지는 않았습니다. 거의 카트를 타고 이동했으니까요"라고 버핏은 당시를 회상한다.[39]

18번 티에서 세계 최고의 골프 선수는 세계 최고의 투자자에게 내기를 제안했다. 각각 파4홀에서 경기를 한 후 타수가 낮은 사람에게 5달러를 주자는 것이었다. 우즈는 한 수 접어주는 방법으로 자신은 무릎을 꿇은 채로 경기를 하겠다고 했다. 우즈는 무릎을 꿇고 아주 불편한 자세로 경기를 시작했고 첫 번째 샷에서 260야드를 쳤다. 버핏은 첫 번째 드라이브는 무난했지만 두 번째 공이 물에 빠져버렸고, 이후로 쭉 경기가 풀리지 않았다. 결국 내기는 우즈의 승리였다.

버핏은 우즈야말로 성공하는 법을 보여주는 표본이라고 말한다. "사람들은 내가 지금까지 한 번도 손해 본 적이 없다고 말합니다. 그건 맞습니다. 지난 2주 동안 내가 입은 손해는 타이거 우즈와의 내기에서 잃은 5달러가 전부입니다. 타이거 우즈는 아직도 연습 때 하루에 500타를 칩니다. 그는 그야말로 연습벌레이며 연습할 때는 매 타마다 목표를 설정합니다. 항상 마음속에 목표를 가지고 있는 것이죠. 그는 경기를 사랑합니다. 그는 결과가 좋거나 나쁘거나 상관없이 최선을 다해 경기에 임합니다."

65만 달러를 벌어들인 타이거 우즈와의 골프시합이 끝난 후 버핏은 "내가 캐디를 맡은 게 경매 금액에 한 푼도 보탬이 안 되었다"고 농담을 던졌다.

편지 중독자

버핏은 사무실에서 쇄도하는 편지에 간략하면서도 재치 넘치는 답장을 해주고, 전화로 증권거래인과 친구들, 그리고 관리자들과 지속적으로 접촉하면서 업무를 처리한다. 그는 자신에게 도착하는 편지라면 거의 빼놓지 않고 읽는다. 때로는 비서들이 편지를 전달해주기도 전에 직접 우편물을 수거해 모두 읽어버리기도 한다. 출장 중에는 비서 보사넥이 그날그날의 새로운 편지들을 24시간 안에 전달해준다. 버핏은 편지를 받으면 쌓아두지 않고 신속하게 답신을 하는 습관이 있다.

코네티컷주 페어필드의 톰 키건은 버핏이 버크셔의 주식 일부에 대해 주식공매도주식을 소유하고 있는 사람이 그 주식을 사용하지 않고, 자기 보유 주식의 주가하락에서 오는 손실을 보전하기 위해 타인으로부터 주식을 빌려서 매도하는 행위·옮긴이의 가능성을 고려해볼 필요가 있음을 제안하는 편지를 했다. 주식공매도는 주식매매에 부과되는 세금을 미룰 수 있게 해주는 기술이다. 그는 바로 답장을 썼다. "당신의 편지를 잘 받았고 감사하게 생각합니다. 그런데 그 제안을 살펴보니 몇 가지 심각한 문제들이 있더군요. 그런 문제들이 해결될 수 있다면 다시 한 번 고려해보겠습니다."

캘리포니아주 라구나 비치의 린다 홈즈도 버핏의 답장을 받은 사람 중의 하나다. 그녀는 버핏에게 17세 때부터 가이코 보험에 들고 있으며, 씨즈 캔디를 좋아하고, 주주총회도 즐거웠다는 내용의 편지를 보냈다. 버핏은 홈즈에게 "친애하는 홈즈 씨에게. 편지 감사합니다. 당신이 주주총회에 참석했다니 기쁩니다. 또한 차후에는 투자 실적에 관한 어떠한 변명도 용납하지 않겠다는 말씀도 새겨듣겠습니다. 앞으로도 씨즈 캔디 많이 드시고 조심해서 운전하세요. 그럼 몸 건강하십시오"라는 내용의 답장을 보내왔다.

또 다른 주주는 갓 태어난 딸을 위해 버크셔의 A급 주식 한 주를 매수했으며, 이제 그 기업 소유주의 한 명으로서 버핏을 주시하겠다는 내용의 편지를 보내왔다. 버핏은 즉시 "당신이 주시하고 있다는 걸 잘 알고 있으므로, 내가 더욱 열심히 일하고 있다는 확신을 가져도 좋습니다"라고 답장을 썼다. 버핏은 짧더라도 자신의 응답을 기다리는 사람들을 배려하여 되도록이면 답장을 신속하게 보내고자 애쓴다. 비서나 직원의 도움을 받지 않고 직접 답장을 쓴다.

버핏의 신조 중 하나는 마땅한 이유가 없다면 괜히 다른 곳에 눈을 돌릴 필요가 없다는 것이다. 지금 있는 바로 그 자리에서 해야 할 일 대부분을 할 수 있다는 얘기다. 버핏은 "살아 있는 한 오마하에 있을 것"이라고 버크셔의 주주들에게 말한 바 있다. 또 다른 신조는 스스로 일하는 것이다. 그는 1989년 버크셔 주주총회에 손수 차를 몰고 가서 조슬린 미술관 뒤편에 차를 주차시켰다. 총회가 끝난 후 차에 오르려는 순간, 버크셔의 한 주주가 두꺼운 서류 뭉치를 들고 다가와서 그것들을 좀 살펴봐줄 수 있느냐고 부탁했다. 버핏이 그러겠다고 대답하자 그녀는 서류뭉치들을 우편으로 보내야 할지 물었다. "오, 아닙니다. 그냥 지금 가지고 가서 사무실에서 읽어볼게요." 그는 그 서류뭉치들을 받아 들고 1983년형 짙은 푸른색 캐딜락에 올랐다. 그러고는 사무실로 차를 몰고 돌아와 곧바로 그 서류들을 읽기 시작했으며 자신이 내린 결론을 주주에게 바로 응답해주었다.

버핏의 카드 보내기

버핏은 1996년 해학이 넘치는 카드를 발송하기 시작했다. 그해에는 자신이 낙타를 탄 모습을 찍은 사진을 선보이며, 〈오마하 월드 헤럴드〉의 크리스 크리스텐에게 빌 게이츠와 경주를 하고 있었다고 말했다. 그 사진은 크리스마스 카드를 위한 소재가 됐다.

수년간에 걸쳐 버핏은 미키마우스 분장을 한 적도 있고, 미식축구 유니폼을 입기도 했으며, 엘비스 프레슬리의 흉내를 낸 적도 있었다.

종종 카드는 씨즈 캔디 한 상자와 함께 배달되는데, 그 수신자 리스트는 흔히 '캔디 리스트'라고 알려져 있다. 데비 보사넥은 이 리스트가 해마다 바뀐다고 말한 적이 있는데, 어쨌든 매년 125장 내지 150장의 카드가 발송된다. 리스트에 어떤 사람들이 올라가는지 묻자 보사넥은 "그 카드로 큰 기쁨을 얻을 것이라고 워런이 생각하는 사람들"이라고 말했다.

2003년 카드는 영국에서 비즈니스 미팅에 참석한 버핏과 아널드 슈워제네거의 사진이었다. 사진에는 "아널드 슈워제네거 닮은꼴 대회에서 2명의 최종 결승 진출자, 왼쪽이 본인"이라는 제목이 붙어 있었다(버핏이 왼쪽에, 슈워제네거가 오른쪽에서 나란히 걸어가고 있는 사진이다·옮긴이).

버핏에겐 업무지원 팀이 없다

1991년 버핏은 2개의 에어백이 있는 푸른색 링컨 타운 카를 손수 구입했다. 그러나 사실 그 차를 산 것은 버핏이 아니었고 딸 수전이 그 차를 사려고 여기저기 돌아다녀야 했다. "저는 색상이나 제조사 등 일절 아버지와 상의하지 않고 차를 구입했어요. 물론 돈은 아버지가 지불했죠. 안전성과 관련된 에어백이랄지 공차중량 등만 따져보았어요. 어쨌든 그 차는 우박을 맞아 손상을 입었던 것이어서 운 좋게 싸게 살 수 있었어요. 물론 차를 살 때는 손상 부분은 이미 완전히 수리가 된 상태였지만, 그 때문에 판매자는 신차 가격에 팔 수 없었죠."

오마하의 증권거래인 조지 모건은 버핏이 그 차를 구입했던 때를 떠올리며 버핏이 그제야 좀 맘에 드는 자동차를 갖게 되었다고 생각했다고 한다. 모건은 버핏의 차에 관한 또 다른 일화를 들려준다. 1999년 어느 여름날 밤, 네브래스카대학교의 피터 키윗 정보과학 기술공학연구소 개관을 축하하기 위해 큰 행사가 열렸다. 1000명 이상의 오마하 시민이 초청되었다. 그날 저녁에 참석한 사람들을 위해 발레파킹도 당연히 마련되어 있었다. 하지만 행사가 끝났을 때 모건은 버핏이 손수 주차해놓은 링컨 타운 카를 향해 언덕길을 걸어 올라가고 있는 모습을 볼 수 있었다. 주유할 때도 버핏은 셀프서비스 주유소를 이용한다.

소유와 성공, 그리고 인생의 가치에 대해 버핏은 알베르트 아인슈타인의 신조를 따르고 있다. "소유물, 외형적인 성공, 명성, 사치품 등은 항상 나에게 경멸할 만한 것이었다. 나는 단순하고도 겸손한 삶의 자세가 모든 이들에게 신체와 정신 모두를 위한 최선의 방법이라고 굳게 믿는다."

버핏은 주변에 업무보조 팀이나 조언 팀을 따로 두지 않는다. 이미 미국에서 최고의 갑부가 된 후에도 버핏은 워싱턴 D.C. 국제공항에 도착하면 회사 전용기 카운터로 다가가 "어디서 택시를 타죠?"라고 묻는다. 특별히 불편함이 없는 한 그는 위신을 유지하기 위한 별도의 비용을 지출하지 않는다.

한번은 세계에서 가장 부유한 두 사람인 버핏과 게이츠가 스테이크 하우스 고라츠 주차장에서 오도 가도 못했다. 버핏의 차에 시동이 걸리지 않았기 때문이다. 게이츠는 몬트리올 챔피언십에서 브리지 게임을 하러 가던 길에 잠시 오마하에 들른 참이었다. 워런이 오마하를 좋아하는 이유 가운데 하나는 게이츠와 함께 돌아다녀도 사람들이 소란을 떨지 않는다는 것이다. 그런데 버핏의 자동차 운전대 조향장치가 잠기는 바람에 키를 돌려 시동을 걸 수 없게 된 것이다. 버핏과 게이츠는 주차장에서 꼼짝 못 하고 한동안 서성거려야 했다. 결국 그들은 별 수 없이 택시를 잡았다. 버핏은 고라츠에서의 저녁 식대로 현금 35달러를 냈고, 택시비는 예상치 못한 비용이었기에 두 사람 다 몹시 아까워했다고 한다.

GE의 전 CEO 잭 웰치에 따르면 버핏은 바로 외형보다 실질을 중시하는 단순한 방식들 덕분에 미국에서뿐만 아니라 전 세계를 무대로 사업을 하고 있다고 말한다. "레이크일본의 유명 소비자 금융 전문업체·옮긴이를 인수한 후에 나는 워런 버핏과 함께 세미놀에서 골프를 치고 있었습니다. 버핏은 우리가 일본에서 막 성사시킨 거래가 참 마음에 든다고 말했습니다. 나는 가끔씩 빈틈없고 영리한 모습으로 오마하에 앉아 세상을 관조하고 있는 워런을 그려보곤 했습니다. 하지만 그가 그 정도로 세계 경제의 움직임에 민감한지는 미처 생각하지 못했습니다. 버핏은 어느 누구보다 많은 촉수를 뻗쳐놓고 있었습니다. 나는 버핏에게 '도대체 레이크를 어떻게 알지요?' 하고 물었습니다. 버핏은 '그건 내가 본 최고의 거래 중 하나니까요'라고 스스럼없이 대답했습니다. 그러고는 '만일 당신이 그곳에 가지 않았다면 내가 레이크를 차지했을 겁니다'라고 말했습니다."[40]

21만 달러짜리 지갑

버핏은 1999년 3월, 29년간 간직해온 지갑을 경매에 내놓아 21만 달러에 낙찰됐다. 버핏은 그 돈을 걸스Girls Inc. 오마하 지부에 기부했다. 걸스 오마하 지부는 버핏의 딸 수전이 이끌고 있었고, 그 경매 아이디어도 그녀가 생각해낸 것이었다. 아주 낡아 빠진 그 가죽지갑 이야기는 〈월스트리트 저널〉에 실렸다. 기사는 서두에서 "최고급품은 한 번도 산적이 없다"는 버핏의 말을 인용했다.

세상에서 가장 비싼 29년 된 그 지갑은 버핏이 미네소타 호수에서 낚싯배가 뒤집혀서 일행과 개헤엄을 쳐야 했을 때도 잃어버리지 않던 것이었다. 버핏은 지갑에서 신용카드, 운전면허증, 맥도날드 햄버거 무료 이용권 등은 빼고 내놓았다. 그러나 후터 레스토랑 체인점이 달력에 버핏의 생일을 표시할 수 있게 해준 대가로 준 반값 할인권은 지갑 안에 그대로 남겨두었다. 버핏은 저널에 "누가 사든 간에 내가 거래한 주식 종목이 적힌 종이는 남겨 둘 계획"이라고 말했다.

미네소타의 존 모건이 21만 달러에 버핏의 지갑을 낙찰받았다. 모건은 걸스 오마하 지부가 담당하는 지역에서 태어나고 성장했다. 장비 임대회사를 공동 창업하여 성공한 비즈니스맨으로 원마크 CEO인 모건은 아프리카계 미국인 가정 및 교육지원 단체의 이사로도 일했다. 그는 가족 가운데 고등학교를 졸업한 첫 번째 사람이었고 진로 상담교사와 면담한 결과 벽돌공이 되라는 말을 들었다. 그러나 그는 용케도 대학을 졸업했다. 보도에 따르면 모건은 걸스에 1000달러 이상 기부하는 사람에게 버핏이 거래한 주식의 이름을 알려주겠다고 했다.

아이오와주 오클랜드에서 지하수 개발업자로 일하고 있는 프레드 헨리는 걸스에 기부를 하고 모건에게 종목 이름을 받았고, 〈월스트리트 저널〉에 그 주식 종목을 확인해주었다. 모건이 지갑을 낙찰받은 후에 버핏은 그에게 저녁을 대접했다.

버핏의 호사
'넷제트'

버핏은 1986년 처음으로 버크셔에서 쓸 회사용 비행기를 한 대 구매했다. 이후 버핏은 그 제트기를 종종 농담거리로 삼았다. 평소 검소한 생활을 지향하고 무분별한 낭비를 혐오하는 그의 스타일과 개인용 비행기는 사실상 어울리지 않기 때문이다. "내가 그 비행기를 얼마나 좋아하는지 창피할 정도입니다. 말로 표현할 수 없어요. 그 비행기에 완전히 넋이 나가버렸지요. 몇 년간이나 회사 비행기에 반대했던 내가 말입니다. 하지만 사람이란 가끔 원칙을 벗어날 때도 있나 봅니다. 이제는 회장직을 내놓으라는 말보다 비행기를 내놓으라는 말이 더 서운할 것 같습니다. 아무튼 이 문제에 대해서는 나답지 않은 융통성을 보였지요. 몇 년 동안이나 회사가 비행기를 보유하는 걸 반대해오다가 결국 제 업무 때문에 원칙을 저버렸습니다."

버핏이 처음 산 비행기는 20년 된 팔콘 제트기로 구입비는 불과 85만 달러에 지나지 않았다. 그러나 이 비행기는 1년 유지비가 약 20만 달러, 시간당 유지비용은 평균 1500달러가 들었다. 중고 자동차를 잘못 사면 수리비가 더 많이 들듯이 이 비행기도 유지비가 만만치 않았다. 결국 1989년 버핏은 문제 많던 팔콘 제트기를 팔고, 중고이긴 하지만 670만 달러짜리 일급 제트 비행기를 구매한다.

새로 구입한 비행기 캐나데어 챌린저는 늘씬한 흰색 제트기로 10명이 탑승할 수 있었다. 비행기는 애플리의 스카이 하버 격납고에 보관했는데, 버크셔 소유임을 나타내는 표시 같은 건 전혀 찾아볼 수 없었다. 비행기 조종은 대개 오마하에 소재한 피터 키윗의 조종사들이 맡았다. 이들 중 한 조종사가 들려준 이야기에 따르면, 버핏은 보통 조종사에게 인사를 건네고, 함께 탑승한 사람이 있으면 간단히 인사를 나눈 후 비행기를 타고 가는 내내 연례보고서에 얼굴을 파묻고 있었다고 한다. 버핏은 1년에 60일간 여행을 하기 때문에 비행기를 자주 탔는데, 그가 취임한 이사회에 참석하고 버크셔의 자회사들을 방문하는 것이 주된 용무였다. 또 그는 버크셔에 볼 일이 있는 사람들이 있으면 기꺼이 비행기에 태워주었다.

버핏은 사치와는 거리가 먼 사람이었지만, 비행기라는 사치품은 그 편리함 때문에 받아들일 수밖에 없었다. 반면 멍거는 그 비행기를 한 번도 이용하지 않았다. 그는 비행기가 주주들의 이익에 반하는 괴물이라고 농담을 하면서 탑승을 거부했고, 그 존재를 인정하려 들지 않았다. 멍거는 그 비행기를 '탈선'호라고 부르면서, 최근까지도 일반 항공기 2등석을 이용하고 손수 짐을 들고 다녔다. 한 번은 양손에 여행용 가방을 하나씩 든 채 보셰임에 나타난 일도 있었다. 여러 해 동안 멍거는 비행기를 구매하는 것은 완전한 사치라는 입장을 거듭 밝혀왔다. 멍거가 여러 차례 가시 돋친 말을 하자, 버핏은 그 비행기 이름을 '찰스 멍거'라 부르겠다고 농담했다. 하지만 멍거는 사석에서는 "제트 비행기를 가질 자격이 있는 CEO를 꼽으라면 단연 버핏이지요"라면서 버핏에게는 비행기가 충분히 필요한 상황이라고 인정하기도 했다.

회사 비행기에는 처음에 '인디펜서블indefensible(막을 수 없는)'이란 이름이 붙여졌고, 나중에는 '인디스펜서블indispensible(꼭 필요한)'이란 이름이 붙여졌다.

1999년 버핏은 회사 비행기를 팔고 넷제트를 이용하기 시작한다. 전용 비행기의 엄청난 유지비 부담 때문이다. 버핏은 넷제트의 상대적인 저렴함을 강조하면서 "앞으로 돈이 많이 절약될 겁니다. 조종사를 훈련시키고 일정을 조정하고 또 기체점검을 받느라 기다리는 등의 골치 아픈 일이 없어질 테니까요"라고 말한 바 있다.

또한 넷제트에서 제공하는 임대 전용기의 편리함을 두고 "이제 난 '디펜서블defensible(할 말 있는)'호를, 아니 '베리 디펜서블'호를 타고 다니는 셈입니다. 사실 나 혼자 비행기를 100% 소유한다는 것은 말이 안 되지요. 당시에는 다른 선택의 여지가 없다고 생각했지만 말입니다. 하지만 꼭 필요가 없는데도 돈을 들이는 건 말이 안 됩니다. 나는 항상 여러 가지 임무를 수행해야 합니다. 나는 국내에서 단거리 이동을 하기도 하고, 장거리 이동도 하며, 또 저 멀리 유럽까지 가야 할 때도 있습니다. 지금 내가 선택할 수 있는 비행기는 11가지나 됩니다. '인디펜서블'을 이용할 때는 이런 선택권이 전혀 없었죠"[41]라고 말하기도 했다.

버핏은 1999년 〈타임〉과의 인터뷰에서 넷제트를 이용하는 건 그가 누리는 몇 안 되는 사치라고 인정했다. "나도 침대에서 자고 여러분도 침대에서 잡니다. 나도 맥도날드에 가고 여러분도 맥도날드에 가지요. 인생살이 대부분은 부자라고 해서 특별히 좋은 게 그다지 많지는 않습니다. 다만 제 경우 한 가지 큰 차이가 있다면 부자가 되면 효율적으로 이동을 할 수 있고, 덕분에 효율적으로 이동하지 못했다면 불가능했을 여러 가지 일을 하게 되는 것이지요."

버핏의
영향력

격의 없는 태도 때문에 오히려 지위가 높고 권력의 정상에 있는 사람들이 스스럼없이 버핏에게 조언을 구하곤 한다. 1984년 석유재벌 게티 집안이 복잡한 합병 논란에 휩쓸렸을 때 앤 게티는 버핏의 조언을 듣기 위해 오마하까지 비행기를 타고 날아왔다. GE의 CEO 제프리 이멜트도 버핏을 만나려고 오마하를 방문한 적이 있다. 제프리는 "그는 세계에서 가장 기민한 투자자이고 나는 그의 지혜를 얻고자 애쓰고 있는 중"이라고 말했다.

상대방에게 부담을 주지 않는 특유의 편안함을 유지하면서 버핏은 심오한 사상가, 배포 큰 실천가들과 함께 있는 것을 즐긴다. 〈워싱턴 포스트〉의 전 CEO 캐서린 그레이엄의 70번째 생일 파티에서 세련된 검은색 넥타이를 매고 그녀를 에스코트하기도 하고, 로널드 레이건 부부와 식사를 하는가 하면 백악관에서 빌 클린턴과 저녁식사를 하며 사적인 대화를 나누기도 했다.

물론 버핏은 사교모임에 꼭 참석하려고 애쓰지는 않는다. 1993년 9월에 그레이엄은 마타스 바인야드미국의 고급 휴양지·옮긴이에서 열린 빌 클린턴 전 대통령과의 만찬에 그를 초대했지만 버핏은 정중히 거절했다. 하지만 1994년 8월에는 클린턴과 골프경기를 하려고 마타스 바인야드에 모습을 보였다. 그 경기에서 클린턴은 버디를 두세 개 잡고 프런트 나인Front Nine총 18홀 경기의 전반 9홀·옮긴이에서 39타를 기록했다. 버핏에 따르면 클린턴과는 프런트 나인까지만 쳤고, 후반 9홀은 마이크로소프트의 빌 게이츠가 클린턴과 같이 쳤다고 한다. "클린턴 대통령은 83타로 경기를 끝냈어요. 게이츠와 칠 때보다는 나하고 칠 때좀 더 잘한 거죠."

에이즈 퇴치 운동

2002년 12월 1일 버핏은 네브래스카주 링컨에서 에이즈 퇴치를 위해 유명 인사들과 자리를 함께 했다. 버핏과 록그룹 U2의 로커 보노, 배우 애슐리 저드, 사이클링 챔피언 랜스 암스트롱이 의기투합하여 에이즈 퇴치운동을 위해 나선 것이다. DATA-Debt아프리카의 채무, 에이즈, 무역문제 해결을 위한 기구·옮긴이를 이끌고 있던 보노는 링컨을 시작으로 11개 도시 투어에 들어갔다.

버핏은 "보노와 그의 아이디어를 환영한다"고 선언했다. 보노는 이 투어를 계획할 때 버핏의 고견을 구했다. 버핏은 보노에게 "미국의 양심에 호소하지 말고, 미국의 위대함에 호소하라"고 알려주었다. 보노는 버핏에 대해 "버핏은 훌륭한 아이디어에 귀 기울일 줄 아는 깊이 있고 사려 깊은 인물입니다. 이번 투어는 미국이 역사적인 아프리카 에이즈 퇴치 운동을 지지해야 한다는 아이디어에서 비롯되었습니다. 버핏은 미국이 다른 나라들에 어떻게 비칠지 우려하고 있고, 이번 에이즈 퇴치 운동이 그런 인식을 바꾸는 데 도움이 될 것이라 믿고 있습니다"라고 말했다.

선 밸리
앨런 앤드 컴퍼니 콘퍼런스

매년 여름이 되면 투자상담사 허버트 앨런은 아이다호주 선 밸리에서 기자회견을 개최한다. 기자회견 장소는 에버럴 해리먼이 1936년에 지은 호화 별장이다. 버핏은 이 행사에 자주 참석해왔다. 수년에 걸친 행사에 참석했던 사람들 명단에는 J.P. 모건, 피델리티 인베스트먼트, 맥도날드, 코카콜라의 최고경영자들은 물론, 타임워너의 공동회장 제럴드 레빈, 비아콤 인터내셔널의 섬너 레드스톤, 블록버스터 엔터테인먼트의 H. 웨인 후이젠가, 유니버설 픽처스의 톰 폴록, 드림웍스 SKG의 'K'를 상징하는 제프리 카첸버그, NBC의 로버트 라이트, 리버티 미디어의 존 말론, QVC의 배리 딜러 등이 포함되어 있다. 그 외에도 AT&T의 마이클 암스트롱, 아마존의 제프 베이조스, AOL 타임워너의 스티브 케이스, 〈워싱턴 포스트〉의 도널드 그레이엄과 캐서린 그레이엄, 〈플레이보이〉의 크리스티 헤프너, 야후의 제리 양, 방송인 오프라 윈프리, 민주당 전 의장 로버트 스트라우스 등이 있었다. 버핏은 행사에 종종 참석해 인텔의 앤디 그로브 등 다른 많은 참석자와 이런저런 대화를 나누곤 했다.

2001년 콘퍼런스에서는 코카콜라 전 경영자이자 멕시코 대통령인 비센테 폭스가 연설했고, 앨런 앤드 컴퍼니의 투자상담사인 빌 브래들리도 행사에 참석했다. 당시 멕시코에 좀 더 많은 투자금을 유치하기 위해 노력 중이던 폭스는 버핏과 아침식사를 함께하고, 게이츠와는 점심식사를 했다.

안타까운 것은 2001년 7월 14일 콘퍼런스에서 〈워싱턴 포스트〉

발행인 캐서린 그레이엄이 건물 밖 콘크리트 보도에서 넘어져 뇌에 치명적인 손상을 입은 일이다. 그레이엄은 7시간에 걸친 뇌수술을 받았으나 결국 2001년 7월 17일 세상을 뜨고 말았다.

미국 거물급 인사들의 모임, 알팔파 클럽

1999년 10월 9일, 버핏과 제시 잭슨 목사, 상원의원 밥 케리가 주축이 된 행사가 오마하의 더블트리 호텔에서 열렸다. 고등학생들에게 경제 개념을 심어주기 위한 포럼이었다. '파이낸셜 피트니스'라는 이름으로 열린 포럼에서 버핏은 참석한 10대들에게 "성실성을 키우고 신용카드 빚을 지지 마라"고 조언했다. 후에 포럼의 명칭은 네브래스카 교육포럼으로 바뀌었다.

버핏은 알팔파 클럽Alfalfa Club의 회원이기도 하다. 클럽 회원인 225명의 거물급 인사들은 1년에 한 번씩 모여 스카치를 마시며 재기 넘치는 대화를 주고받는다. 1997년, 빌 클린턴 대통령은 대통령 임기를 2회로 제한하고 있는 '수정헌법 22조'를 검토하기 위해 회원들에게 알팔파 클럽 만찬 회의에 참석해줄 것을 부탁했다. 버핏과 콜린 파월, 미국 대법원 판사 윌리엄 렌퀴스트, 디즈니의 마이클 아이스너 그리고 미국 영화협회 대표 잭 밸런티와 같은 유력 인사들이 그날 저녁모임에 참석한 것으로 알려졌다.[42]

미국 기업 대
영국 의회 브리지 게임

1990년 2월 24일, 아버지가 사망한 후 포브스 출판 왕국을 물려받은 스티브 포브스Steve Forbes는, 그의 아버지와 버핏이 좋은 친구였다고 말한다. 기구, 모터사이클, 요트 등을 타고 전 세계를 종횡무진 누비고 다녔던 맬컴 포브스가 심장마비로 절명하기 전날 밤에도 두 사람은 함께 브리지 게임을 즐겼다.

스티브 포브스는 미국 기업 대 영국 의회의 카드 게임을 회상하면서, "우리는 영국에서 영국 의원들과 게임을 벌였다"고 말한다. 미국 기업 팀의 이름은 '미국 기업 6인의 거물CASH, Corporate America's Six Honchos' 이었다. 브리지 게임은 맬컴 포브스의 런던 자택인 17세기 양식의 강변 맨션 올드 배터시 하우스에서 열렸다. 빅토리아 시대 예술품으로 가득한 그 건물은 크리스토퍼 렌 경Sir Christopher Wren17세기 영국의 건축가·옮긴이의 작품으로 잘 알려진 곳이다.

미국 기업 팀은 CBS 전 회장 로런스 티시, 버핏, 맬컴 포브스, 베어 스턴스 회장 앨런 에이스 그린버그였다. 버핏은 그린버그의 저서 『회장님의 메모』에 짧은 서문을 쓴 적이 있다. 버핏은 "그린버그는 거의 모든 일을 나보다 잘한다. 브리지, 마술, 개 훈련 등 삶에서 중요한 모든 것들을 말이다"라고 썼다.

미국 기업 팀은 오전에 하원을 상대로 16판을 벌이고, 오후에는 상원을 상대로 16판을 치렀다. 영국 상원 팀은 미국 기업 팀을 가볍게 이겼고, 미국 기업 팀은 하원 팀을 간신히 이겼다. 두 시합에서 티시는 포브스의 파트너였고 버핏은 길레시피와 함께 게임을 했다. 스티브 포브스는 "아버지의 인생에서 가장 기쁜 순간 중 하나는 돌아가시기 직전에 찾아왔는데, 래리 티시와 워런 버핏과 함께 영국 하원 팀을 상대로 브리지 게임을 했을 때였다. 결과는 미국 팀의 승리였다"고 말한다.

브리지 게임이 끝난 뒤 맬컴 포브스는 양쪽 팀과 친구들, 기자들에게 만찬을 대접했다. "아버지는 다음 날 뉴저지주 파 힐스의 집에 돌아오셨고, 그곳에서 운명하였다"고 포브스는 말한다.

"워런 버핏은 내게 감동적인 편지를 보내 그날 아버지가 얼마나 즐겁게 브리지 게임을 하셨는지, 그런 축제 같은 분위기에 얼마나 들떠 계셨는지 말해주었다. 아버지는 결코 뛰어난 브리지 플레이어라고는 할 수 없었지만 그날 밤에는 스스로 게임을 아주 잘했다고 생각하셨다. 버핏은 탁월한 브리지 플레이어다. 브리지를 직업으로 삼았어도 좋았을 것이다. 게임은 수학이고 카드에 대한 감각인데, 그는 남들이 보지 못하는 것까지 본다. 그는 놀라운 정신의 소유자이다."

포브스는 앨라배마주 버밍햄에서 있었던 인터뷰에서 버핏의 독특한 투자방식에 대해 다음과 같이 치하했다. "워런 버핏은 투자를 통해 재산을 불리는 몇 안 되는 사람들 가운데 하나다. 우리는 버핏을 가치투자자라고 생각하지만 내가 보기에 그는 마켓 타이머주가 조정 시 매수를 기다리는 투자자·옮긴이이기도 하다. 그가 거의 무명이던 1969년에 〈포브스〉와 인터뷰한 적이 있는데 그는 주가가 너무 높다며 주식을 전부 팔아치우고 있었다. 그때 우리는 '하느님 맙소사' 했지만, 결국에는 그가 옳았다."

우리는 버핏을
실망시키지 않는다

버핏의 인간적 매력 때문에 같이 일하는 사람들은 그의 자랑이 되고자 부단히 노력한다. 아마도 버핏이 그들에게 믿음을 주기 때문일 것이다. 그리고 사람들은 그러한 버핏의 믿음에 보답하고 싶어 한다. 버크셔의 사업부 책임자들은 버핏이 자신들을 극진하게 대우를 해주기 때문에 그를 실망시키지 않으려 노력하고 워런도 자신들을 자랑스럽게 여겼으면 좋겠다고 말한다.

오랫동안 버크셔 본사에서 일한 마이클 골드버그는 처음에 보험 사업부에서 일을 시작했고 후에는 특수 프로젝트를 운영했다. 그는 "워런은 같은 업무를 해도 더 열심히 할 수 있도록 사람들을 이끌어나간다. 나는 매일 그런 광경을 목격한다. 그래서 우리는 막중한 책임감을 가지고 업무에 임한다"고 말한다.

버핏의 '칭찬 편지'

미국 기업이 버핏에게 가장 받고 싶은 것이 무엇일까? 간단하다. 바로 '워런 버핏 드림'이라는 편지다. 기업들이 경쟁적으로 과거의 회계 관행을 개선하고자 노력할 때, 투자의 달인 워런 버핏이 보내온 칭찬 편지는 해당 기업의 개선 노력을 승인하는 최고의 보증수표가 된다. GE은 스톡옵션을 회사 비용으로 처리하겠다고 발표한 후, "오랫동안 GE는 우리 삶에 좋은 제품들을 제공해왔습니다. 이제 GE는 기업회계에서도 좋은 관행을 만들었습니다"라고 쓴 워런 버핏의 편지를 받았다.

스탠더드 앤드 푸어스도 새로운 핵심 수익core earnings 미국의 신용 평가기관인 스탠더드 앤드 푸어스가 스톡옵션을 비용으로 처리하는 새로운 영업이익 산출방식. S&P가 도입한 새 영업이익 산출방식은 스톡옵션 비용, 연금투자 이익, 자산매각 이득 등을 제외한 핵심이익만으로 기업을 평가하는 것이 골자이다·옮긴이 체계에 대해 '귀사의 조치는 용기 있고, 올바른 행동'이라고 쓴 버핏의 편지를 받았는데, 스탠더드 앤드 푸어스는 즉시 이 편지를 웹사이트에 게시했다. 그 내용은 다음과 같다.

"친애하는 데이비드, 발표 수익 체계를 바로 잡아 경제 현실을 보다 정확하게 반영하고, 또한 기업간의 비교를 가능하게 하려는 스탠더드 앤드 푸어스의 노력에 대해 경탄해 마지않습니다. 귀사의 조치는 용기 있고 올바른 결정입니다. 귀사의 결단은 미래의 투자자들에게 이정표적인 사건이 될 것입니다. 워런 버핏 드림."

'미래의 투자자들은 귀사의 이번 조치를 이정표를 세운 사건으로 기억할 것'이라는 편지를 받은 기업 가운데는 뱅크 원과 아마존도 있었다. 스탠더드 앤드 푸어스의 애널리스트 로버트 프리드먼은 말한다.

"투자가나 투자기업 가운데 아직까지 명성을 유지하고 있는 유일한 존재가 바로 워런 버핏입니다. 물론 뮤추얼펀드 운용사인 뱅가드 그룹 설립자인 존 보글처럼 아직까지도 신망을 얻고 있는 사람들이 소수 있기는 하지요. 그러나 기업회계에 책임을 져야 한다는 자신의 연설이 얼마나 성공적이었는지 보글이 어떻게 알 수 있었을까요? 보글은 내게 '버핏이 내 연설을 읽고 칭찬이 담긴 편지를 보냈다'고 자랑스럽게 말했어요."

슈워제네거의 캘리포니아 주지사
선거전에 뛰어들다

보디빌더에서 액션 영화배우가 된 후 캘리포니아 주지사 후보로 나선 아널드 슈워제네거는 미국 최대 주의 대표가 되기 위한 선거운동에 워런 버핏을 경제고문으로 영입했다. 공화당원인 슈워제네거와 민주당원 버핏은 잘 어울리지 않는 한 쌍으로 보이지만, 사실은 1990년대 중반부터 친구로 지내온 사이였다.

캘리포니아는 미국에서 가장 부유한 주이기도 하지만, 복잡한 재정문제에 시달리고 있었다. 버핏은 슈워제네거에 대한 지지 연설에서 "수년 동안 아널드와 알고 지내왔고, 훌륭한 주지사가 될 것이라고 믿습니다. 캘리포니아 경제위기를 해결하는 것은 지금 미국의 상황에서 매우 중요합니다. 그가 이 임무를 훌륭히 수행해내리라 생각합니다"라고 말했다.

주지사 투표 결과는 터미네이터의 할리우드식 해피엔딩이었다. 명예와 권력을 꿈꾸며 미국으로 건너온 오스트리아 소도시 출신 소년이 미국 최대 주의 주지사로 선출되는 불가능에 가까운 도전을 이루어낸 것이다. 슈워제네거는 2003년 11월 7일 캘리포니아 주지사에 취임한다.

버핏과 슈워제네거는 2004년 2월 25일 뉴욕에서 만나 점심을 함께하며 150억 달러의 채권 판매계획과 월스트리트를 설득할 방법을 논의했다. 미국 50개 주 가운데 가장 낮은 신용등급이자 남아프리카공화국이나 튀니지의 채권과 같은 BBB 리스크 등급의 채권으로는 모험에 가까운 계획이었다. 이 오찬회에는 골드만삭스, 시티그룹, J.P. 모건 같은 대형 금융기관의 대표들도 참석했다. 월스트리트에서 가장 막강한 임원들 25명이 경청하는 가운데, 슈워제네거는 150억 달러 규모의 채권을 몇 년 만기로 해야 할지 이야기를 시작했다.

한편 캘리포니아 주의회 의원들도 회의 테이블에 앉아 채권을 7년 만기로 할 것인지, 15년 또는 20년 만기로 할 것인지 논의했다. 슈워제네거 주지사가 당시의 상황을 자세히 설명했다. "그래서 나는 말했습니다. '여러분, 나는 여기 있는 우리 모두보다 더 나은 전문가를 한 분 압니다.' 그러고는 바로 수화기를 들고 워런 버핏에게 전화를 걸었지요. 그는 15년 만기 채권이 왜 더 나은지를 5분 만에 설명했습니다. 워런이 상황을 명확히 해주었지요."

2004년 3월 2일, 캘리포니아주는 제안 57호를 통과시켜 사상 최대 규모인 150억 달러 규모의 채권을 발행함으로써 주州가 지고 있던 부채를 상환할 수 있도록 했다. 슈워제네거가 주지사로 취임한 후 버핏은 이렇게 말했다. "그는 이제 막 노르망디 해변에 닿았습니다. 아직 프랑스로 진군을 시작한 것은 아니지만 결과는 같을 것입니다. 오직 승리뿐이지요."

2004년, 슈워제네거는 경제자문위원회라는 새 그룹을 만들어 경제문제에 대해 조언을 구하기 시작했다. 자문위원 16명 가운데 8명은 스탠퍼드대학교 후버연구소의 연구원들이다. 전직 국무장관인 조지 슐츠가 버핏과 함께 경제자문위원회를 이끌었다. 자문위원회 위원에는 멍거를 비롯해 톨레스 앤드 올슨 로펌의 파트너이자 전직 살로먼 투자은행의 회장인 로버트 던햄도 포함되어 있었다.

버핏의
인터뷰

버핏은 언론과의 인터뷰는 되도록 피한다. 그리고 자신의 주식투자도 공개하지 않는다. 자신의 말이 시장과 다른 투자가들에게 미칠 영향을 늘 염두에 두고 있는 버핏은 대對 언론 활동에는 매우 조심스러운 편이다. 여기서는 경제 논평가인 루이스 루카이저, 그리고 오랫동안 버핏의 행보에 큰 관심을 보여온 대표적인 언론 〈오마하 월드 헤럴드〉의 짐 라스무센이 버핏과 만난 이야기를 소개하고자 한다. 버핏의 인간적이면서도 현인다운 면모를 엿볼 수 있다.

루이스 루카이저 '버핏의 방식'

루이스 루카이저는 저명한 경제 논평가이다. 그가 진행하는 〈루이스 루카이저와 함께하는 월스트리트〉는 1970년 시작된 이래, 세계에서 가장 널리 시청되는 돈과 관련된 TV 프로그램이 되었다. 2002년, 루카이저는 이 프로그램을 떠나 CNBC에서 〈루이스 루카이저의 월스트리트〉라는 새로운 쇼를 시작한다. 그는 워런 버핏과 오랫동안 가깝게 지내왔는데 두 사람은 1997년 10월 28일, 오마하에서 함께 점심식사를 했고 루카이저는 그의 베스트셀러 뉴스레터인 〈루이스 루카이저의 월스트리트〉 1997년 12월 호에 이 이야기를 실었다.

최근 핼러윈을 맞아 주식시장이 요동치면서 다우존스 지수가 554포 인트 하락하고, 뉴욕 증권거래소가 거래를 중지하는 일이 두 번이나 발생했다. 이렇게 투자자들을 잔뜩 겁먹게 한 사건이 있은 다음 날 아 침(1997년 10월 28일), 나는 공교롭게도 연설을 위해 오마하에 와 있었 고 워런 버핏과 점심을 함께하기로 약속되어 있었다. 할리우드 영화 라도 이렇게 절묘하게 타이밍을 맞출 수는 없었을 것이다.

67세인 버핏은 미국의 신화가 되었다. 그는 세계에서 가장 성공한 투 자가이며, 지주회사 버크셔 해서웨이를 이끄는 천재 사업가이다. 버 크셔 해서웨이 주식은 현재 주당 4만 5000달러 이상에 거래되는, 주 식시장 역사상 최고가의 주식이다. 워런 버핏은 지난 몇 시간 동안 신 문지상에 오르내린 그렇고 그런 전문가들처럼 주식시장의 혼란에 호 되게 혼나지는 않았을 거라고 생각했지만, 그가 무슨 말을 하는지 듣 고 싶었다.

주식시장에 찾아온 대혼란의 와중에 우리는 아마도 금융계 전체는 아 니더라도, 오마하에서는 가장 침착한 두 명이 아니었을까 싶다. 나는 버핏의 단출한 사무실을 방문했고, 소문으로 듣던 것보다는 첨단기술 을 많이 두려워하지 않는다는 사실을 알았다. 케이블TV의 주식 방송 이 음소거 상태로 켜져 있었다. 버핏은 크게 동요하는 기색 없이, 내 가 들어서자 원격 브리지 게임을 하면서 인터넷 검색을 하고 있었다 고 말했다. 여유 있고 정중한 태도로 버핏은 초기 투자자 시절의 기념 품 몇 개를 보여주면서 스승인 벤저민 그레이엄 이야기를 꺼냈다. 벤 저민 그레이엄은 〈루이스 루카이저와 함께하는 월스트리트〉에 출연 이 예정되어 있었을 당시 이미 큰 병에 걸려 있었다고 버핏은 말했다. 버핏이 살로먼 브러더스(시티그룹 계열사 스미스 바니와 합병 전)의 마지막 이사회 회의에 참석하려고 오후 비행기를 타야 했기 때문에, 우리는 식사를 하러 건물 내에 있는 클럽으로 자리를 옮겼다. 여기서 나는 또 한 번 놀랐다. 절대적으로 확실하다고 들었던 정보 하나는 코카콜라 주식을 대량 보유한 것으로 유명한 그가 마시는 음료는 체리 코크가 유일하다는 것이었다. 그런데 내가 아이스티를 시키자 그도 즉시 "그것 좋겠네요. 나도 아이스티 주세요"라고 맞장구를 쳤다. 그럼 그가 체리 코크만 마신다는 정보는 잘못된 것일까? 아니다. 확실한 건 버핏은 예측하기 어렵지만 좋은 사람이라는 증거일 뿐이다. 하지만 예측불가이고, 사람 좋은 이 두 가지 면이 지금까지 버핏에게 분명 큰 도움이 되어왔을 것이다.

버핏에게 한 웹사이트에 관해 말해줬다. 지금 어떤 웹사이트에서 버핏이 살 만한 주식들을 골라서 '워런 버핏의 선택'이라는 목록을 제공하고 있고, 버크셔 해서웨이가 목록에 있던 인터내셔널 데어리 퀸을 5억 8500만 달러에 매수하겠다는 발표를 했을 때, 웹사이트 운영자가 매우 득의양양했다고 말했다. 버핏은 "그 회사를 주식으로는 절대 사지 않았을 겁니다. 하지만 기업을 통째로 사는 것은 일리 있는 결정이지요. 세금 때문에 주식으로 살 때보다 매수 자금이 3분의 2만 있어도 되니까요"라고 성공한 투자자답게 여유가 넘치는 대답을 했다.

공황상태에 빠진 주식시장에 대한 버핏의 반응은 거의 경멸에 가까웠다. 버핏은 단호한 어조로 "향후 3년 안에 주식시장이 문을 아예 닫을 것을 염두에 두지 않는다면 처음부터 주식을 사지 말아야 한다"고 단언했다. 개미 투자자들이 심장약을 먹어야 할 정도로 변동이 심한 주가를 보고 벤저민 그레이엄은 '미스터 마켓'이라고 불렀다. 미스터 마켓은 주식시장의 속성을 확인시켜주는 또 하나의 증거일 뿐이다. 매일매일의 행동이 변화무쌍한 미스터 마켓은 투자자들이 가능한 한 거리를 두어야 할 히스테릭한 친구다. 버핏은 어떤 주식을 선택할지 고민스러울 때 종잇조각이 아니라 기업의 한 조각을 산다고 생각하라고 거듭 강조한다. 그런 식으로 생각하면 투자자는 보다 건전한 선택을 할 수 있을 것이고 '미스터 마켓'이 주기적으로 히스테리를 부릴 때 인내심과 끈기를 발휘하기가 더 쉬울 것이라고 충고한다.

버핏의 신념은 확고부동하다. 아마도 그 때문에 버크셔 해서웨이 주주들뿐만 아니라, 그의 소박하고 상식적인 충고를 따르는 모든 사람에게 꾸준히 많은 수익을 되돌려주는지도 모른다.

430억 달러 상당의 각종 주식을 보유한 버크셔 해서웨이의 최근 연례 보고서에 버핏은 신문 1면을 채울 만한 값진 발언을 실었다. "시장의 붕괴로 패닉 상태에 빠져 투매할 투자자라면 아예 처음부터 주식을 보유하지 말라. '겁나는' 뉴스 때문에 우량기업의 주식을 파는 것은 잘못된 결정일 가능성이 크다."

워런 버핏은 종종 단순한 사람으로 묘사된다. 자녀들이 태어난 집에서 여전히 살고 있고, 손수 운전하여 출근하고, 미식가도 아니다. 그는 아침으로 맥아분유를 곁들인 아이스크림을 즐겨 먹고, 진수성찬이라면 햄버거와 팝콘, 그리고 체리 코크 정도이다. 하지만 삶의 모든 국면에서 단순함을 지향하기 때문에 자신이 아는 것과 알지 못하는 것을 명확히 구분할 줄 알고, 현재에 머무는 데 만족한다. 흔히 백만장자나 영화배우들이 마치 지구상의 모든 문제를 해결할 수 있는 해답을 갖고 있는 양 말하는데, 이런 기준으로 볼 때 버핏의 단순함은 실로 '심오한 단순함'이라고 할 수 있다.

마지막으로 한 가지 분명한 사실은 투자에 대해서 쉽게 공황상태에 빠지는 것은 어리석다는 것이다. 주식시장은 물론 공황에 빠질 수 있다. 그리고 그 공황은 하나의 흐름으로 존재한다. 그러나 투자가들의 이성은 공황에 빠져선 안 된다. 워런 버핏은 주식시장에 어떤 위기가 찾아와도 결코 겁먹지 않을 것이다. 그러므로 여러분들도 겁먹지 말아야 한다.

루카이저는 1998년 7월 호 뉴스레터에서도 버핏의 투자방식에 대해 다음과 같이 설명한다. 그는 버핏의 성공이 매수 후 장기보유임을 명확히 보여준다.

1만 달러가 어떻게 2억 7200만 달러로 불어났는가? 계속해서 강세를 보일 우량기업의 주식을 매수하여 보유하는 것, 그것이 게임에서 승리하는 길이다. 이는 바로 워런 버핏의 방식이고, 그는 탁월한 방식으로 그 일을 해내고 있다. 그는 〈포브스〉의 부자 리스트에 랭크되어 있는데, 이는 매수와 매도를 오고 가며 시간을 낭비하지 않고 견실한 기업의 주식을 매수하여 오랫동안 '보유'함으로써 가능했다.
1956년 버핏 투자조합을 설립했을 때 1만 달러를 투자하겠다는 판단을 내린 사람들과, 투자조합에서 버크셔 해서웨이로 바뀌었을 때 주식을 계속 보유하겠다는 현명한 결정을 내린 사람들은 오늘날 수수료 및 기타 비용을 계산하고 나서도 2억 7200만 달러의 돈방석에 앉아 있을 것이다. 게다가 이 투자자들은 42년의 보유 기간 동안 소득세가 약 5만 4000달러밖에 되지 않는 행운도 누렸을 것이다. 미국의 우량기업 주식을 매수해서 보유하는 경우 어떤 결과를 얻을 수 있는지 이보다 더 잘 보여주는 예는 없을 것이다.

짐 라스무센
'용기와 힘이 불끈 솟아나는 느낌'

버크셔 회장이 미국 제일의 갑부라는 기사가 〈포브스〉 1993년 10월 호에 실리기 직전, 〈오마하 월드 헤럴드〉의 취재기자 짐 라스무센은 버핏에게 인터뷰를 요청했다. 버핏은 인터뷰를 하는 게 도리라고 하면서, "하지만 먼저 〈포브스〉가 뭐라고 했는지 본 뒤에 합시다"라고 했다.

〈포브스〉에 기사가 나간 후 라스무센은 다시 버핏에게 연락했지만, 버핏은 이번에는 약간 난색을 표하면서 "달리 쓸 게 있을 것 같지 않다"고 말했다. 하지만 버핏은 예정대로 인터뷰에 응했고 10월 27일 컬럼비아대학교 경영대학원 학생들에게 강연하러 가기 전에 만나자고 라스무센과 약속했다.

"세계무역센터에 있는 살로먼 본사 밖에서 그를 만났습니다. 버핏은 거기서 이사회 회의에 참석 중이었거든요. 약속시간은 오후 5시였는데 10분 일찍 도착해 밖에서 기다렸습니다. 인터뷰에 만전을 기하고 싶었거든요. 5시가 되자 버핏이 문 밖으로 걸어 나왔고 우리는 6시 전에 컬럼비아대학교에 도착해야 했습니다. 버핏의 링컨 타운 카에 같이 올라탔죠. 〈포브스〉가 세계 제1위 부자라고 보도한 데 대한 감회를 물었더니 버핏은 버크셔를 위해서는 기쁜 일이라고 말했습니다. 하지만 아무리 자신이 최고 갑부라고 해도 버크셔가 그저 그런 기업으로 다시 돌아간다면 의미가 없다고 말했습니다."

버핏은 그 기사 덕분에 엄청난 양의 편지를 받았고 대부분 돈을 요청하는 편지라고 말했다. "장문의 편지를 보내 1만 달러를 요구한 사람도 있었어요. '차라리 100만 달러를 요구하지 그래요?'라고 말하고 싶었죠."

라스무센이 〈포브스〉에 실린 사진에서 그가 매고 있는 북극곰이 그려진 넥타이가 은연중에 어떤 효과를 노린 것이냐고 물었더니 버핏은 그렇지 않다고 대답했다. 단지 코카콜라 직원들이 캠페인 기념품으로 준 것이라고 말했다. 약속시간이 6시로 되어 있었지만 약속보다 17분 일찍 컬럼비아대학교에 도착했다.

"조금 일찍 도착하여 다행히 몇 분의 시간이 남아 있었습니다. 차를 세우려고 여기저기 자리를 보고 주차하는 도중에도 이야기를 계속 나누었습니다. 버크셔를 제외한 개인 재산에 대해서 질문했더니 순위라는 것은 완벽하지 않은 법이니 다른 재산이나 부채는 조사하지 말라고 하더군요. 버크셔의 주식 수가 아닌 순자산 평가액으로 버핏의 재산 규모를 정확히 알아내려고 애를 썼지만 내가 제시한 수치가 높은지 낮은지 감도 잡지 못했어요. 그나마 그 질문에는 대답하지 않았습니다. 자신이 재산에 대한 질문은 그의 흥미를 별로 끌지 못하는 것 같았죠."

버핏은 라스무센과의 짧은 인터뷰를 마치고 컬럼비아 학생들을 대상으로 2시간 30분 동안 강연을 했다. 라스무센도 강연에 참석했다.

버핏은 본연의 모습을 유지해야 한다는 주제를 강조하면서 첫마디를 시작했다. "다른 강연을 들어보면 내 연설은 재미있는 쪽은 아니더군요. 하지만 내 스타일은 바꾸지 않을 작정입니다."

버핏은 성인보다 학생들을 대상으로 하는 연설을 더 좋아한다고도 말했다. 성인들은 학생만큼 감동하지 않기 때문이다. 라스무센은 "강연이 끝난 뒤 버핏은 학생들에게 둘러싸여 연례보고서에 서명을 해주고 있었다"고 덧붙였다.

80명의 학생들은 40초 동안 버핏에게 우레와 같은 박수를 쳐주었다. 라스무센은 확실히 버핏이 기자들보다 학생들과 있을 때 자신의 내면을 보여주기를 좋아한다는 사실을 깨달았다. 라스무센은 버핏과 함께한 시간을 이렇게 회상한다. "그와 함께하는 시간 내내 용기와 힘이 불끈 솟아나는 느낌이었습니다."

버크셔 해서웨이의
미래

"회장이 혹시 죽기라도 한다면?" 버핏은 이런 골치 아픈 질문을 거의 매년 받곤 한다. 물론 보통은 에둘러 표현을 한다.

우선 버핏은 버크셔를 떠날 계획이 없다고 밝히고 있다. 여기서 어떤 주주들은 쾌재를 부를지도 모르겠다. 그가 버크셔를 떠날 계획이 없는 한 버크셔 주식은 높은 수익을 선사할 것이기 때문이다.

버핏 없는 버크셔는 가능한가

버핏은 1993년 연례보고서에, 자신이 보유한 주식은 죽은 후에도 팔지 않을 것이고, 아내나 재단에 귀속될 계획이라고 밝힌 바 있다. 그리고 유능한 차세대 경영진에 대한 계획도 이미 세워놓았다고 썼다. "제가 죽으면, 그리고 제 아내가 저보다 오래 산다면 제 주식은 모두 아내에게 갈 것이고, 아내가 먼저 죽으면 재단으로 갈 겁니다. 두 가지 경우 모두 세금과 증여 때문에 결과적으로는 주식의 매각이 필요하게 됩니다."

1991년 주주총회에서도 그가 죽으면 버크셔에 무슨 일이 일어날 것 같은가라는 질문에 버핏은 시치미를 떼고 "우리 기업들은 지금도 제가 없는 것처럼 운영되고 있습니다. 그러니 제 몸이 어디에 있느냐는 그리 중요한 문제가 아니지요"라고 대답했다. 버핏은 자신이 없더라도 버크셔 주식에는 아무런 영향도 없을 것이라고 주주들을 안심시켰다.

실제로 그의 주식 거의 대부분은 버핏 재단에 가게 되어 있다. 애덤 스미스가 진행하는 〈머니 월드 쇼〉에서 버핏은 그 이유를 말한다. "제가 이런 일을 할 수 있었던 것은 전부 훌륭한 우리 사회 덕분입니다. 방글라데시나 페루, 혹은 다른 곳에서였다면 저는 한 푼의 가치도 없는 사람이었을 겁니다. 이 일을 하면서 즐거웠고, 재산 중 일부는 자유롭게 쓸 수도 있습니다만 사회에 환원해야 한다는 것이 제 생각입니다. 나는 자신만의 이익을 추구하는 부의 왕조를 세워야 하는 이유를 도통 모르겠습니다."

1990년 연례보고서에서도 재산의 사회 환원에 대한 확고한 견해를 기술한다. "우리 기업들과 매니저들의 운명이 제 건강(지금은 초우량이라고 합니다만) 상태에 의존해서는 안 된다는 생각은 분명합니다. 따라서 그에 맞는 계획을 세웠습니다. 저나 제 아내 모두 집안의 재산을 차지하지 못하게 유언장에 써두었습니다. 저희는 버크셔의 특징을 보존하고 재산을 사회에 돌려주는 것을 목표로 삼고 있습니다. 처분 순서는 누가 먼저 죽는가에 따라 달라집니다. 그러나 궁극적으로는 사회에 돌아가게 됩니다."

1988년 주주총회에서도 버핏은 "저는 운동도 하고 있고, 음식도 몸을 생각하면서 먹고 있습니다. 그렇지만 만일 멍거와 제가 한날한시에 죽는다면 누가 우리의 후계자가 될 것인지는 생각해두고 있습니다. 또한 제가 죽어도 주식은 단 한 주도 팔지 않을 겁니다. 사람들에게 약속했습니다. 저로 말미암아 여러분들이 놀라는 일은 없을 거라고 말이죠"라고 말했다.

1991년 주주총회에서 버핏은 주주들에게 "여러분들이 주주로서 생각해봐야 할 두 가지 질문이 있습니다. 하나는 주인이 주인의 자격으로 다르게 행동할 것이냐이고, 또 하나는 관리자가 관리자의 자격으로 다르게 행동할 것이냐입니다"라고 말하며 자신은 두 질문에 대한 답이 둘 다 '아니오'임을 밝힌 바 있다.

　　"만일 버핏이 내일 죽는다면 회사의 전망이 어느 정도 축소될 것은 확실합니다. 예상되는 시나리오상 자본배치가 지금보다 더 잘 이루어질 수는 없다고 생각합니다. 그렇더라도 버크셔 정도 되는 회사라면 후계자를 찾을 충분한 시간이 있다고 생각합니다. 필요한 건 단 한 명이니까요." 찰스 멍거의 말이다. 버핏은 그 한 명도 많을지 모른다고 덧붙인다. 하지만 멍거는 "이렇게 온전한 기업을 일군 경륜 있는 인물이 후계자를 찾지 못할 거라고 전제할 필요는 없다고 생각한다"고 하면서 "버크셔는 운영하기 쉬운 회사입니다. 그리고 지금의 자본배치도 시간이 흐르면서 결국 잘못될지도 모릅니다. 게다가 앞으로도 계속 다른 사람보다 자본배치를 더 잘한다는 보장은 더더욱 없습니다"라고 말하면서 재능 있는 후계자의 필요성을 역설했다.

　　설사 버핏에게 좋지 않은 일이 생긴다고 해도 그가 현재 투자하고 있는 기업들은 계속해서 살아 있을 것이다. 사람들은 계속 코카콜라를 마실 것이고, 질레트로 면도를 할 것이며, 『월드북』을 사보고, 아메리칸 익스프레스 카드를 사용할 것이다. 버핏이 세상을 떠난다면 버크셔는 필경 약간의 수직 하강기류를 겪을 것이고, 주가의 대폭 하락을 예상하는 일부 사람들은 소위 '버핏 프리미엄'이 큰 타격을 입을 것이라고 말한다.

내가 죽으면 버크셔 주식을 사라

1987년 주주총회에서 버핏은 만일 자기가 떠나게 되면 그때는 멍거가 운영을 맡을 것이고, "우리는 그 이후에 대한 대비책을 갖고 있다"고 말한 후 주목할 만한 발언을 했다. 버핏은 평생 동안 주식에 대한 힌트를 준 적이 거의 없다. 그런데 버핏이 힌트를 준 것이다. "내가 죽으면 버크셔 주식을 사세요." 주가가 잠시 하락할 수도 있기 때문에, 그리되면 버크셔는 정말로 살 만한 물건이라는 것이다.

1986년 주주총회에서도 "내가 없다고 해도 버크셔는 멍거가 운영할 겁니다. 버크셔 보유 주식은 안 팔아요. 온전하게 유지될 겁니다. 캐피털 시티즈, 질레트와 가이코는 계속 갈 겁니다. 경영진에게도 놀랄 만한 일은 없을 겁니다"라고 말한 바 있다.

버크셔의 상이한 여러 부문을 한데 묶는 아교와 같은 존재인 버핏이 떠난다면, 그의 지휘 아래 있을 때와 마찬가지로 하던 일들이 잘 돌아갈까? 그러지 않을 것이다. 버핏은 유일무이한 독특한 인물인 까닭이다. 그러면 정말 일들이 제대로 돌아가지 않을까? 멍거의 표현처럼 "자본배치는 버핏이 지휘할 때와 같지는 않겠지만, 또 그렇게 나쁘지도 않을 것"이다.

어느 버크셔 주주는 "버크셔에서 가장 중요한 문제는 버핏이 죽으면 무슨 일이 일어날 것인가 하는 것입니다"라고 말한다. 멍거는 말한다. "버크셔의 회장은 점점 늙어가지만 자산이야 어딜 가나요. 버크셔의 경영 특성상 잘 굴러가게 하려고 인원을 대규모로 교체할 필요는 없습니다. 우리는 오랫동안 마른 걸레도 다시 짜는 경영을 해왔기 때문에 두세 명의 극히 중요한 인물만 바꾸면 됩니다. 우린 버핏 같은 인물을 기용할 겁니다." 물론 '버핏과 같은 인물' 그것이 바로 문제다.

멍거 이후를 대비해서 버크셔는 어떤 뛰어난 인재를 찾아내어 자본 배치를 맡길 것인가? 물론 그 인물은 아직도 베일에 싸인 채 남아 있다. 1995년 버크셔 연례보고서에서 버핏은 '지금 가능한' 인물로 가이코의 루이스 심프슨을 지목하고, 자신과 멍거에게 무슨 일이 일어날 경우 버크셔의 투자 일을 취급할 능력이 있는 사람이라고 말했다.

버핏의 말에는 항상 그의 깊은 의중이나 진심이 담겨 있다. "내가 죽으면 주식을 사라"는 말이 무슨 의미인지 지금은 아무도 확실하게 모른다. 그렇지만 버핏이 말했으니 그 말 그대로 벌어질 것이다. 한 주주의 말마따나 '그의 죽음으로 버크셔 주가가 크게 하락하면 주식이 과소평가되고, 그러면 매수 물건이 된다는 의미' 그 이상도 이하도 아닐 것이다.

버크셔에서 또 다른 중요한 현안은 워런 버핏의 후계자를 알아내는 것이다. 오랫동안 주주와 기자들이 버크셔의 후계자를 알려달라고 자주 간청했지만 별 성과가 없었다. 버핏도 "참으로 많은 사람이 이 문제를 간과합니다. 전 제 아이들을 위해서라도 차세대 버크셔의 대표가 누군지 알고 싶습니다"라고 말하며 후계자를 찾기 위한 노정이 쉽지 않은 길임을 암시한 바 있다.

앞에서도 얘기했지만 버크셔에 관해서 거의 모든 사람이 예외 없이 던지는 첫 번째 질문은 버핏이 세상을 뜨면 버크셔에 어떤 영향이 있겠는가 하는 것이다. 이런 질문은 버핏이 병석에 누워 임종을 기다리고 있는 것이 아닌데도 계속되어왔다. 버핏은 어쩌면 아주 오랜 후에도 지금 하고 있는 일을 계속함으로써 사람들을 놀라게 할 계획인지도 모른다. '만일 그가 죽는다면'이라는 가정보다 '만일 그가 계속 산다면'

이라는 가정이 더 그럴듯한 질문일 수도 있다. 그는 건강하고, 행복하고, 원기 왕성해 보이므로 다음 분기 손익보고 후에도 지금과 마찬가지로 그대로일지 모른다.

버핏은 자신의 인생에 아직도 써야 할 장chapter이 여럿 남아 있고, 버크셔라는 캔버스에는 그릴 것이 더 남아 있다고 분명하게 말하고 있다. 그 이상은 설명한 것이 없지만 버핏은 자신의 사후 문제를 철저하게 준비해왔고, 자신의 부를 사회에 남기되 버크셔 주주에게 피해를 주지 않는 방법을 취할 것이다.

버크셔가 성과를 올릴수록 재단은 보다 높은 목적을 더 크게 달성할 수 있다. 한 버크셔 주주는 버크셔가 돈보다는 사랑을 나누는 일에 더 많은 관심을 갖고 있다고 말한다.

사회에서 거둔 것,
사회에 돌려줄 것

버핏은 사회에서 얻은 것은 전적으로 사회에 돌려줄 것이다. 버핏은 사회로부터 적게 받고 크게 돌려주는 사람에게 감탄하는 사람이다. 1980년 1월 20일, 〈오마하 월드 뉴스〉에 보낸 편지에서 버핏은 피터 키윗 선의 전 사장인 피터 키윗에 대해 칭송을 아끼지 않았다. 피터 키윗 선은 1884년 피터 키윗과 그의 동생 앤드루가 키윗 브러더스라는 이름의 오마하 벽돌공사 도급조합을 구성하면서 설립되었다.

피터 키윗은 그의 회사에서 소비자가 아니라 생산자였습니다. 이익은 조직의 역량을 키우는 데 쓰였지 주인이 부를 누리는 데 사용되지 않았습니다. 본질적으로 버는 것보다 적게 소비하는 사람은 미래의 사용을 위해 상환권claim checks을 축적하고 있는 셈입니다.

내 짐작으로는 그가 세상을 떴을 때 약 1억 5000만 달러 가치의 상환권을 남겼습니다. 생전에 그와 가족들이 전체 상환권의 3% 정도를 개인적으로 사용했고, 그가 죽을 때 별도로 가족에게 5% 정도를 남겼습니다. 잔여분은 재단을 통해 지역 공동사회에 남겼는데, 재단의 목적은 상환권(실제로는 비축된 소비권)의 상당 부분을 미들랜드 지역민의 편익을 위해 활용하는 것이었습니다.

1920년대의 벽돌장이가 알고 보니 뛰어난 기부금 관리자였던 것입니다. 그의 별세와 함께 1억 5000만 달러로 추산되는 기부금은 재단 수탁자에게 넘겨졌습니다. 재단은 사회로 환원되는 이익을 최대화시키는 키윗식 성과를 달성할 수 있을 것입니다. 키윗이 그보다 나은 방법으로 사회와 동포를 위해 공헌할 수는 없었을 겁니다.

멍거는 1990년 웨스코 주주들에게 보내는 편지에서 일찍이 버핏의 기부에 대한 입장을 언급한 바 있다. "웨스코의 모회사인 버크셔 해서웨이를 이끌고 있는 버핏이라는 인물은 무슨 이유에서인지 축적된 부는 절대로 자신이나 가족을 위해 쓰여서는 안 되고 자선단체에 기부되기 전에 단지 삶에 대한 접근방식의 본보기로서 도움이 되면 족하다고 믿고 있습니다. 개인의 부가 사회를 위해 사용되고, 게다가 삶의 본보기로 사용되는 것이 살아 있는 동안은 물론 사후에도 유일하게 명예로운 것이라고 버핏은 생각하고 있습니다. 이런 특이한 회사의 주주들에게 다음과 같은 경고의 말씀을 드리고 싶군요. 버핏과 오랫동안 교분을 지속하면, 그의 특이한 기행에 전염될 수 있습니다. 만일 버핏이 조그만 우유 판매점이나 운영하는 소박한 현인이었다면 그의 말에 누가 귀를 기울였을까요? 버핏이 쌓아온 부는 버핏에게 그의 아이디어를 전파할 수 있는 토대를 제공합니다. 버크셔는 다방면에서 교훈을 전파하는 장소인 것입니다."**43**

바로 여기에 버핏과 멍거가 일구어낸 영속적인 가치가 있다. 버크셔는 버핏이 운영을 하지 않게 되더라도 유능한 인물에게 인계되어 틀림없이 계속 번창할 것이다. 그리고 버핏은 앞으로도 버크셔를 직접 운영할 계획이다. 한번은 하버드 경영대학원에서 언제 은퇴할 계획이냐는 질문을 받은 적이 있다. 버핏은 "내가 죽고 5년에서 10년이 지나면요"라고 대답했다.

1993년 10월 27일, 버핏은 컬럼비아 경영대학교 학생들 앞에서 다음과 같이 말했다. "버크셔는 운영하기에 비교적 쉬운 회사입니다. 재정적으로 최고의 상태에 있고, 우수한 관리자들이 회사 운영에 포진되어 있습니다. 버크셔를 운영하는 사람은 두 가지 일을 해야 합니다. 기본적으로 관리자들이 현재 담당하고 있는 일을 기쁜 마음으로 할 수 있게 유도하고 유지해야 합니다. 이 말은 개인들이 담당하고 있는 일에 관여하지 않고, 올바른 기준으로 그들을 판단해야 한다는 의미입니다. 그리고 자본을 배치해야 합니다. 부분적으로 자본배치 문제를 해결하는 방법은 중요한 배당금 정책을 우선적으로 수립하는 것입니다. 또 1년에 한 가지씩 자본배치에 관한 좋은 아이디어를 내야 합니다. 그러면 관리하는 일은 매우 단순할 겁니다."

다음은 1996년 6월 버크셔 '투자자 매뉴얼'에 버핏이 쓴 글이다.

멍거와 나는 주로 자본배치와 관리자들의 편익을 돌보는 데 공을 들입니다. 관리자 대부분은 사업 운영에 시시콜콜 관여하지 않으면 일을 더 잘하기 때문에 통상 맡겨두고 있습니다. 모든 운영에 관한 결정의 책임이 그들에게 있고 초과 수익을 본사로 넘겨야 할 책임도 있습니다.

초과 수익을 본사로 보냄으로써, 사업에서 생성되는 현금의 배치 책임이 있는 경우 야기될 수 있는 여러 문제를 방지할 수 있고, 보다 사업에 집중할 수 있게 됩니다. 게다가 관리자들의 경우 투자 기회가 각자의 산업 영역에 국한되지만, 멍거와 나는 더 광범위한 투자 가능성을 접하고 있기 때문이기도 합니다.

대부분의 관리자는 재산에 여유가 있어 굳이 일하지 않아도 되기 때문에, 골프나 낚시에 우선해 버크셔에서 자진해서 일할 수 있는 분위기를 조성해주는 것이 우리의 임무입니다. 따라서 공정하게 대우하면서, 우리가 역으로 그들의 입장이 된다면 바랄 법한 대우를 해줄 필요가 있습니다.

자본배치는 멍거와 내가 즐기는 일이고, 또 유용한 경험도 많이 했습니다. 일반적인 의미로 말하자면 이 분야에서는 흰머리가 성성한 노인이라고 손해 볼 일이 없다는 겁니다. 돈을 움직이는 데 손발과 눈이 척척 맞을 필요도 없고, 탄탄한 근육이 필요한 것도 아닙니다. 정신적으로 이상이 없는 한 멍거와 나는 과거부터 그래왔던 것처럼 계속 일할 수 있습니다.

내가 죽고 나면 버크셔 소유관계에 변화가 오겠지만 붕괴되는 일은 없을 겁니다. 첫째, 내가 소유하고 있는 주식의 1% 정도는 유증과 세금 처리를 위해 매각되어야 합니다. 둘째, 나머지 주식은 나의 아내 수전이 살아 있으면 그녀에게로, 그렇지 않으면 재단으로 가게 됩니다. 두 경우 모두 지금까지 방향을 안내해왔던 철학과 목적의식을 갖춘 지배주주가 여전히 버크셔에 남아 있을 겁니다.

그런 경우 버핏 가족은 기업경영에는 개입하지 않을 것이고, 다만 전문경영자를 선발하고 감독하는 일에만 관계하게 됩니다. 누가 경영의 책임을 맡게 될 것이냐는 내가 죽는 날짜에 달려 있습니다. 그러나 경영진의 체계가 어떻게 될 것이냐는 예상할 수 있습니다. 기본적으로 나의 직무를 두 부문으로 나눠서, 중역 한 명은 투자를 책임지고 다른 한 명은 운영을 책임지게 됩니다. 만일 새로운 사업체 인수가 예상되면 필요한 결정을 내리는 데 두 중역이 협조할 것입니다. 두 중역이 지배주주에게 책임을 지는 이사회에 보고를 하게 됩니다. 지배주주의 이익은 여러 주주의 이익과 일치하게 됩니다.

위에 내가 기술한 경영체제가 급히 필요하게 될 경우, 제 가족과 몇몇 주요 인물들은 내가 누구를 그 두 자리에 앉힐 것인가를 알고 있습니다. 두 사람 모두 현재 버크셔에서 근무 중이며, 내가 전적으로 신뢰하고 있는 사람들입니다.

나는 승계 문제에 대해 내 가족에게 계속 알려줄 것입니다. 버크셔 주식이 실질적으로 나의 전 재산이고, 나의 사후 상당 기간 나의 처나 혹은 재단에서 거의 동일한 지분을 유지할 것이므로 승계 문제를 철저하게 생각했다는 것을 확신할 수 있을 것입니다. 또한 나의 후계자들도 지금까지의 버크셔의 운영 원칙을 계속해서 이어 나갈 것임을 확신해도 됩니다.

마지막으로 우울한 기분을 털어버리고자 한마디 한다면, 내 건강이 그 어느 때보다도 좋으니 안심하십시오. 나는 버크셔를 정말 즐겁게 운영하고 있고, 또 삶을 즐기면 수명이 연장된다고 하니 걱정을 끼칠 일은 없을 것입니다.

2003년 버핏은 버크셔를 운영할 후계자 후보로 네 명을 의중에 두고 있는데, 그들이 오래 활동하기를 바란다면서 모두 나이가 60대가 아니라고 한 적이 있다. 어떤 경우든 버핏이 서둘러 떠나기를 바라는 이도 없겠지만, 사람들은 그가 임원들에게 바라는 것처럼 버핏도 오래 활동할 수 있기를 바란다.

사후에도 버크셔에서 일할 것

버핏과 빌 게이츠가 워싱턴대학교 심포지엄에 참석했을 때, 버핏은 "버핏이 갑작스러운 죽음을 맞게 된다면"이라는 질문에 맞닥뜨렸다. 질문은 버크셔의 성공은 버핏에 의존한다는 전제 아래 아주 직접적으로 제기된 것이었다. 이런 경우 버핏은 때로 농담 반 진담 반으로 "주가가 너무 올라가지는 말아야 할 텐데"라고 대답하곤 한다. 당시 버핏의 대답은 명쾌했다.

"전제가 틀렸어요. 난 죽은 다음에도 5년 정도 더 일할 겁니다. 이사들에게 이미 위저 보드ouija board영혼과 대화를 나눌 수 있게 해준다는 강령술 도구·옮긴이를 나눠줬으니 나와 연락을 할 수 있을 겁니다. 하지만 혹시 위저 보드가 작동되지 않더라도 우수한 인물들이 많으니 내가 하던 일들을 잘 해낼 수 있습니다. 만일 내가 오늘 저녁에 죽더라도, 사람들이 코카콜라를 안 마실 리 없고, 면도를 거를 리 없으며, 씨즈 캔디나

딜리 바 초콜릿을 덜 먹거나 하는 일들이 일어날 리는 없지요. 그 회사들은 빼어난 제품과 우수한 경영자가 있습니다. 버크셔 최고 자리에 필요한 사람은 적재적소에 자본배치가 가능하고, 필요한 관리자들을 휘하에 데리고 있는 그런 사람입니다. 누가 그런 일을 할 수 있는지 파악해놓아야 하고, 우리 버크셔 이사회에서는 이미 그런 사람들을 알고 있습니다. 사실 내가 죽은 후 이행해야 할 사항을 적은 편지는 이미 발송해둔 상태이고, 때가 되면 보낼 또 다른 편지도 준비해두었습니다. 그 편지는 '어제 나는 죽었소'라고 시작되는데, 회사의 계획에 대해 구체적으로 쓰여 있습니다. 편지에 앞으로 어떤 일이 발생할지 설명해놓을 겁니다. 그때가 바로 주주들이 내 말에 정말로 귀 기울일 때이지요."

버핏의 비서 데비 보사넥의 책상에는 실제로 위에서 이야기한 버핏의 편지가 보관되어 있다. 버핏이 자필로 쓴 편지는 "어제 나는 죽었소. 나에게는 의심할 바 없이 나쁜 소식이지만, 우리 사업에는 결코 나쁜 소식이 아닙니다"라고 시작된다.

버핏은 아들 하워드 버핏이 버크셔 회장직을 맡고, 루이스 심프슨이 투자 쪽을 담당할 거라고 암시했다. 그렇다면 누가 최고경영자가 될 것인가? 버핏은 "내 비서의 책상 서랍에 들어 있는 편지 봉투에 이름이 씌어 있는데, 정작 그 사람은 자신이 차기 버크셔 최고경영자가 될 거라는 사실을 전혀 모르고 있습니다. 아마도 내가 죽을 때까지는 모를 겁니다"라고 말한다.

버핏은 자신의 결정이 알려지는 걸 원치 않는데, 이유는 마음을 바꿀 가능성도 있기 때문이다. 아무튼 버핏의 재임기간이 선택에 영향을 줄 것이다. "내가 28년 후에 죽느냐, 28일 후에 죽느냐에 따라 답이 달라질 것입니다. 단 한 사람, 그 비밀의 편지를 본 사람은 찰스 멍거뿐이죠. 나이로 봐서도 멍거는 최고위직 후보는 아니지요. 최근에 멍거는 버크셔의 박애주의 실천에 깊이 관여하고 있어요."

"버핏이 결국 저세상으로 가도 버크셔는 손해를 보지는 않을 겁니다. 승계 계획에 올라 있는 후보 중 한 명은 어떤 면에서는 버핏보다 더 우수합니다." 멍거의 말이다.

버핏의 후계자들

버크셔의 차세대 최고경영자로 오르내린 인물은 재보험 그룹 담당의 아지트 자인, 가이코의 공동 CEO인 토니 나이슬리, 넷제트의 리처드 산툴리, 제너럴 리의 조 브랜든과 미드아메리칸 에너지의 데이비드 소콜이다. 루이스 심프슨은 버크셔의 투자를 담당하는 것으로 오래전부터 거론되어온 인물이다.

신문지상에는 버핏의 은퇴와 승계에 관한 불확실한 이야기가 오간다. 2004년 버크셔 주주총회에서 그런 이야기가 난무하는 가운데 버핏은 또 한 번 승계 계획에 대한 질문을 받았다. 버핏은 웃음을 띠어 보이고는 "지금부터 20년 후에 인터뷰할 겁니다"라며 여유롭게 대답했다.

이런 가운데 2018년 초엔 버크셔 해서웨이 에너지 회장 겸 CEO를 맡고 있는 그레고리 에이블과 아지트 자인이 동시에 버크셔의 부회장으로 임명됐다. 월스트리트를 비롯한 대부분 언론에서는 이번 인사를 버핏의 후계 구도를 공식화한 것이라고 봤다. 버핏도 굳이 부인하지 않았다. 그는 CNBC와의 인터뷰에서 두 사람의 부회장 임명을 "시간을 두고 진행될 후계 작업의 일환"이라고 인정했다.

93번째 생일에 전화하라

신용평가사 피치는 2005년 4월 19일, 버크셔의 트리플 A에 대한 전망을 중립에서 부정으로 바꾸었다. 전 세계의 신문 헤드라인이 "피치가 버크셔 해서웨이의 신용평가를 부정적으로 수정할 것을 고려하고 있다"고 일제히 보도하면서 주식은 바닥을 쳤다. 이런 헤드라인은 드물게 존재하는 AAA의 신용등급이 하향조정될 수도 있다는 인상을 주는 정도가 아니라 문제 많은 기업이 마침내 끔찍한 상황에 처해 있다는 인상을 주었다. 버크셔가 맘만 먹으면 그날 해가 지기 전에 버크셔의 모든 부채를 청산할 정도의 현금을 보유했음에도 불구하고 피치는 버크셔의 핵심 인물이 지닌 리스크에 주목했다. 즉 버핏이 늙어가고 있다는 것이었다.

비록 74세(2021년 지금은 91세)의 버핏이 건강이 양호하고 은퇴할 의사가 전혀 없다 하더라도, 피치는 버핏의 재능을 쉽게 대체할 수 있는 사람이 있을 것 같지 않고, 그의 유고 시 버크셔는 현재의 전략을 지탱할 수 없을 것이라고 믿고 있었다. 피치는 또한 버크셔가 보험 상품 일부와 이동식 주택업체 클레이턴 홈스의 주택임대업 확장에 자금을 대느라 부채가 늘어난 것도 함께 고려했다고 발표했다. 피치의 등급변화는 실제 신용도 강등이 6개월 내에 일어날 수 있다는 것을 시사했다.

버핏의 생애에서 건강은 큰 축복 가운데 하나다. 정신적 에너지뿐만 아니라 신체적인 활력도 그의 트레이드 마크가 되어왔다.

그는 정기검진의 옹호자이기도 하다. 2000년 6월 19일, 정기검진에서 그의 결장에 양성 종양이 있는 것이 발견되었다. 그리고 이틀 후에 버크셔는 이 사실을 언론에 발표했다. "버크셔 해서웨이 회장 워런

E. 버핏은 결장에 있는 양성 종양을 제거할 수술을 하기 위해 다음 달 오마하 병원에 입원할 예정입니다. 종양은 버핏이 정기검진 중인 월요 일에 발견되었습니다. 그 외에 회장의 건강에는 아무런 문제가 없음이 확인되었습니다. 버핏 회장은 수술 때문에 병원에 며칠 입원할 것이며, 퇴원 후에는 곧 임무에 복귀할 것입니다.'

버크셔 해서웨이는 주식시장을 혼돈에 빠뜨릴지도 모를 버핏의 건강에 관한 거짓 루머를 사전에 막기 위해서 이 사실을 공개적으로 발표했다. 물론 주식은 버핏이 뇌수술이라도 받은 것처럼 요동쳤다. 7월 19일, 수술은 성공적으로 수행되어 결장 일부를 잘라내고 종양을 제거했다. 2000년 7월 25일, 버크셔는 언론에 버핏의 퇴원을 발표한 다. "버크셔 해서웨이 회장 워런 E. 버핏은 양성으로 확인된 종양이 있 는 결장의 일부 제거수술을 한 후 집으로 돌아왔습니다. 버핏 회장은 더 이상의 어떤 치료도 필요하지 않아서 기력이 회복된 후 사무실에 복귀할 때까지 자택에서 업무를 처리할 것입니다."

수술 후 집에 돌아온 버핏은 그의 건강과 버크셔의 행운을 빌어준 사람들에게 감사의 편지를 썼다.

저는 지금 집에 있습니다. 상상할 수 없을 만큼 건강한 상태로 말입니 다. 38센티미터가량 결장을 잘라낸 후, 처음 며칠간은 많은 진통제를 복용했습니다. 그러나 최근 며칠 동안 전혀 진통제를 복용하고 있지 않습니다. 인간의 신체는 놀라운 기계입니다. 이런 빠른 회복은 모틀 리 풀Motley Fool주식투자자들의 사이버 모임·옮긴이 게시판에 행운을 빌 어준 여러분 덕분이라고 생각합니다. 모든 게시물을 읽고 그렇게 많 은 사람이 건강을 빌어준다는 사실에 기운을 얻었습니다. 감사드립니다. 저에게 말할 수 없이 커다란 힘이 되었습니다.

추신: 저는 사무실에서만큼 집에서도 능률적으로 일할 수 있다는 것을 알게 되었습니다. 머릿속에 사무실이 있는 사업에 종사한다는 것은 좋은 일입니다.

버핏은 자신의 죽음에 관한 농담을 자주 해왔고, 죽은 후에도 5~10년 동안 버크셔를 운영할 계획이라고 누차 말해왔다.

버핏의 건강을 염려하는 목소리가 있긴 하지만 버핏은 여전히 왕성한 활동을 보여주고 있다. 〈배런스〉가 건강과 관련해 인터뷰를 요청했을 때, 근거 없는 악의적인 기사를 써온 〈배런스〉와는 어떤 인터뷰도 하지 않기로 결심한 버핏은 비서를 통해 "의사가 나보고 건강에 관해 말하자면 내 연령대에서 1% 안에 든다고 하더군요"라고 말했다. 73회 생일이던 2003년 8월 30일 〈오마하 헤럴드〉와의 인터뷰 말미에 버핏은 "난 기자 양반이 내 93번째 생일에도 전화해주기를 바랍니다"라고 말했다.

지금도 버핏은 버크셔의 최고 투자가로서 경영자로서 활발한 활동을 하고 있으며 1930년에 시작된 버핏의 역사는 현재도 계속되고 있는, 아직 끝나지 않은 이야기다.

— 2부 —
워런 버핏의 투자

1장
성공의 철학, 승리의 원칙

절대로 돈을 잃지 마라.
그리고 돈을 잃지 말아야 한다는
사실 또한 절대로 잊지 마라.

_워런 버핏

버핏의 투자관 1:
절약의 원칙

약 60년 전 '버핏 투자조합'의 설립 이래, 워런 버핏은 어떻게 4만 배 이상 돈을 불릴 수 있었을까? 단 몇 개 사업 영역에만 투자하고 있는 버핏이 오늘날 어떻게 그와 같은 천문학적인 수익을 거둘 수 있었을까?

어찌 보면 버핏의 투자원칙은 단순하다. 밑 빠진 독에는 절대 물 붓지 않기! 다시 말해 단단한 독 안에 물을 채우듯 안전하게 돈을 불릴 수 있는 투자 구조를 만드는 것이다.

싸게 사서 팔지 않는다

"우리는 단순한 비즈니스를 선호한다"는 버핏의 말은 바로 투자와 관련된 버크셔의 핵심 철학이기도 하다. 여기서 단순한 비즈니스란 변화무쌍한 제품이 아닌 명백한 경쟁 우위를 지닌 간결한 사업을 뜻한다. 그래서 그토록 많은 수익을 창출해내면서도, 버핏은 오늘날 많은 사업체가 사운을 걸고 투자하는 연구개발R&D에는 상대적으로 소홀한 편이다. 대신 삶과 직접적으로 연결된 것, 가장 단순하고 기본적인 것, 즉 먹고 입고 자는 것에 집중한다.

"우리 기업은 음료 농축액과 시럽 및 완제품 음료들을 제조해서

병과 캔 제조업체들과 액체 저장 용기 도매업체들, 그리고 몇몇 액체 저장 용기 소매업체들에 판매한다." 이는 1999년 코카콜라의 연례보고서에 언급된 내용이다. 이처럼 버핏은 대규모 설비가 요구되거나 변화가 심한 기술 관련 사업체들을 멀리해왔다. 또한 높은 의료비, 대규모 퇴직연금 펀드, 그리고 지속적인 제품 변화가 필요한 사업체들도 피하고 있다.

구성원의 변화도 버핏이 싫어하는 것 중 하나다. 버크셔는 운영업체들의 관리자들을 특별한 경우가 아니면 바꾸지 않는다. 사망하거나 은퇴한 경우를 제외한다면 말이다. 그는 지금껏 버크셔에서 바뀐 것이 아무것도 없다고 농담을 한 적이 있다. 50년 동안 버크셔를 운영해온 그 자신부터가 미국 주요 기업 중 최장수 CEO다.

마찬가지로 그의 개인적인 삶도 거의 변화가 없다. 동일한 도시와 동일한 집, 동일한 차, 동일한 음식, 동일한 친구들을 유지해오고 있다. 일례로 오마하 걸스Girls Inc.의 자선행사를 위해 1999년 자신의 지갑을 경매에 내놓기 전까지, 그는 20년 동안 하나의 지갑만을 사용해왔다. 이에 대한 해명을 들어보자. "그 지갑은 전혀 특별할 게 없다. 물론 그것은 상당히 오래된 것이다. 하지만 내 옷과 지갑, 자동차 모두 낡은 것들이다. 나는 1958년부터 계속 같은 집에서 살고 있다. 나는 물건들을 쉽게 갈아치우는 편이 아니다."

버핏은 곤란을 겪고 있는 기업을 헐값에 사들여 오랫동안 보유한다. 훨씬 더 수익이 좋아질 날을 위해 좋을 때나 나쁠 때나 수년 혹은 수십 년 동안 투자 주식의 대부분을 보유하는 것이다. 투자에 관한 한 버핏은 세계 금융 분야에서 좀 더 큰 파이를 확보하기 위해 계속 뛰고 있는 마라톤 주자. 버핏이 선호하는 투자는 레이업슛농구에서 골대 가까이 뛰어올라 손바닥으로 공을 올려 가볍게 던져 넣는 숏·옮긴이이다. 그는 확신이 드는 곳에 돈을 투자하고 계속 보유한다. 보유하는 기간은 '영원히'다.

『현명한 투자자』에서 벤저민 그레이엄은 장기투자 기간을 25년으로 보았다. 버핏은 이 견해를 충실히 따르고 있다. 지금부터 수십 년 동안 유지될 수 있는 기업들을 매수하려고 노력하는 것이다. 그는 10년을 염두에 두고 진득하게 거래하는 투자자이지 정신없이 사고파는 데이 트레이더가 아니다.

저가에 매수해서 매도하지 말라는 버핏과 버크셔의 원칙은 거래 시장에서 발붙일 틈이 없어 보인다. 현상 유지조차 쉽지 않은 대다수 투자자는 이 원칙을 반신반의한다. 그래서 그들은 수백만 달러, 아니 수십억 달러로도 수백만 달러를 벌어들이지 못한다. 이 모든 상황은 유명 작가 마크 트웨인이 말한 격언과 다소 비슷하다. "소설은 현실보다 훨씬 더 극적이지 않다. 소설은 이치에 맞게 쓰이기 때문이다."

낭비 없이 투자한다

버크셔의 사업체들과 주식, 채권, 현금 등 버핏이 축적한 그 엄청난 재산을 훌쩍 넘어서서 훨씬 더 큰 가치를 지니는 것이 있다. 그건 바로 버핏이 내놓는 의견이다. 분별 있고 단순하며 저렴하게 투자하는 방법에 관한 그의 언급은 그 무엇보다 가치 있다.

그 내용에 신뢰감을 더하는 것은 버핏의 행동이다. 그는 절대로 낭비하지 않는다. 그가 자신의 연봉으로 1000만 달러를 책정한다고 해도 버크셔의 주주 중 반대할 사람은 아무도 없을 것이다.

하지만 버핏은 20년이 넘는 기간 동안 10만 달러의 연봉을 유지했고, 이 액수는 〈포천〉 선정 500대 기업의 CEO 중 가장 낮은 수준이다. 비용 대비 실적을 따져볼 때 지구상에서 최상의 자산운용가라 할 만하다. 뮤추얼펀드의 평균 수수료가 약 1.4%인 반면, 그의 봉급은 대략 0.01%의 수수료에 해당하는 액수다. 버크셔의 A급 주주들을 위해 버핏은 주당 10센트 이하의 돈으로 일하고 있으며, B급 주주들을 위해서는 주당 1센트보다 적은 돈을 받고 있다. 어떠한 뮤추얼펀드도 이 정도의 수수료로는 운영이 불가능하다.

버핏은 주주들의 파트너이고, 그들을 위해 일하고 있다. 그는 주주들의 돈으로 자신을 위한 기념비를 세우지 않는다. 버핏 타워, 버핏 광장, 버핏 공항, 버핏 도로, 버핏 동물원 같은 것들은 존재하지 않는다. 버핏은 달콤한 말로 고객을 유인하는 법이 없다. 오히려 그 반대가 맞을 것이다. 버핏은 과거의 놀랄 말한 수익률을 내세우지 않으며, 다음 해의 수익이 지난해보다 나쁠 수도 있다고 주주들에게 솔직하게 말한다. 버핏의 스타일은 낮춰서 약속하고 높여서 돌려주는 것이다.

주식 액면분할로 외관을 보기 좋게 꾸미려 드는 법도 없다. 버핏은 10달러짜리 지폐 한 장을 1달러짜리 지폐 10장으로 따져보는 행위에 전혀 의미를 두지 않으며, 그러한 사실을 이해하지 못하는 주주들을 원하지도 않는다. 따라서 버핏은 그간 주식의 액면분할을 거부하고 유통 물량을 최소화해왔다. 단기 시세차익을 노리는 투기꾼보다는 장기투자가들이 선호하는 주식으로 만들겠다는 의지를 반영한 것이다.

하지만 1996년에 대형 A급 주식버크셔 A급 주식은 2021년 4월 말 기준 41만 2500달러에 달한다. 시장에서 거래되는 A급 주식은 113만 주 정도에 불과하다고 알려져 있다·옮긴이의 약 30분의 1 가격에 해당하는 '아기 버크셔' 주식 또는 B급 주식B급 주식은 2010년 다시 50대 1로 액면분할해 1500대 1이 되었다·옮긴이들의 탄생과 함께 'DIY식 주식분할'이 발표되었다.

버크셔는 외형적인 목적을 위해 돈을 쓰지 않는다. 일례로 버크셔의 주주인 마이클 아셀의 설명에 따르면, 정기 주주총회에서만 파는 모자와 티셔츠에 새겨진, 달러를 한 움큼 쥐고 있는 주먹을 제외한다면 버크셔에는 회사 로고조차 없다.

또한 버크셔는 스스로를 홍보하려는 노력을 거의 하지 않는다. 버크셔의 걸출한 성공과 버핏의 명성에도 불구하고 월스트리트는 여전히 버크셔를 무시하고 있다. 버크셔의 성공을 분석하는 전문가도 거의 없으며, 펀드매니저들도 투자자들에게 버크셔에 대해 거의 언급하지 않는다. 투자를 고려할 만한 대상으로 게시되는 일도 드물다. 주요 블루칩 기업 리스트에서도 버크셔는 언급조차 되지 않는다. 따라서 여러분은 버크셔를 스스로 찾아내야만 한다.

이러한 버크셔에는 평소 겸손과 절제, 수수함을 미덕으로 여기는 버핏의 삶이 녹아들어 있다. 버핏은 자신의 투자원칙이 '간결함', '장기 보유', '소수'라고 누차 천명해왔다.

그는 일찍이 바닥에서 출발했지만, 그간 쌓아온 일련의 자산들을 딛고 수면 위로 떠올랐다. 또한 이른 출발에도 불구하고 늦게까지 자신의 자리를 지킬 계획이다.

여러분이 자신의 부를 늘리기를 원한다면 정말로 염두에 둘 것이 하나 있다. 그건 바로 복리의 마력이다. 누군가 버핏이 지금껏 거둔 역사적인 수익률의 절반으로라도 계속해서 복리의 이득을 취한다면, 머잖아 전 세계의 가장 거대한 기업 수십 개를 인수할 수 있을 것이다.

짧은 머리의 청년이었던 시절, 버핏은 오마하에 있는 3만 1500달러짜리 집의 2층 침실과 베란다에서 투자조합을 운영하기 시작했다. 그리고 1958년에 네덜란드 이민자 건축 양식으로 지어진 3층짜리 집을 한 채 구입했고, 단 한 번도 이사를 가지 않았다.

버핏은 항상 수입 이하의 생활을 해왔다. 그는 최저의 운영비와 수중의 많은 현금, 그리고 부채가 거의 또는 아예 없는 상태를 강조한다. 일례로 그가 투자조합을 위해 295달러짜리 IBM 타자기를 사들인 것은 백만장자의 자리에 안착한 이후인 20대 후반이었다. 30년간 IBM의 영업사원이었고 뮤추얼 오브 오마하의 부사장을 지낸 윌리엄 오코너는 당시를 이렇게 회상한다. "버핏은 늘 타자기가 전혀 필요 없다고 말하곤 했어요." 그 시절에 오코너는 버핏에게 끈질기게 매달린 끝에 겨우 구매를 성사시켰다. "그것은 IBM의 일반적인 모델인 전동타자기였어요. 좀 더 비싼 업무용 모델도 있었지만, 역시나 저렴한 일반 모델을 구입하더군요."

버핏은 투자조합을 처음 시작할 때와 마찬가지로 세계에서 손꼽히는 부자가 된 지금도 늘 구두쇠를 자처하고 있다. 독자적 판단 아래 불필요하다고 생각하면 절대 비용을 들이지 않는다. 그의 집 차고와 현관 부근에는 평소 즐겨 마신다고 잘 알려진 체리 코크가 쌓여 있다. 그는 12개들이 50상자를 파격적인 할인가로 한 번에 사들인다. 그렇게 함으로써 가게에 들르는 횟수를 대폭 줄인다. 이러한 습관을 통해 그는 자신이 마시는 모든 콜라에 대해 0.1센트 정도씩 버크셔의 매출액에 기여하고 있다.

부채를 최소로 줄인다

월스트리트의 광포한 사람들에게서 멀리 떨어져 사업체를 운영하고 있는 버핏은 약 30년 전 미국 최고의 갑부로 지명되었다. 1993년에 발행된 〈포브스〉 400호는 버핏이 83억 달러의 재산을 지닌 미국 최고의 갑부라고 했다. 1년 뒤인 1994년 〈포브스〉는 93억 5000달러의 재산을 갖고 있는 빌 게이츠에 뒤이어 92억 달러의 재산을 지닌 버핏이 세계 2위 부자라고 발표했다.

2004년 〈포브스〉는 466억 달러를 지닌 게이츠가 여전히 세계 최고의 갑부이며, 429억 달러의 버핏이 세계 2위라고 밝혔다. 2005년에도 세계 최고의 갑부는 재산 465억 달러의 게이츠이고, 440억 달러의 버핏이 그 뒤를 바짝 쫓고 있다고 발표했다2018년 기준 버핏의 재산은 840억 달러로 아마존 창업자 제프 베이조스와 빌 게이츠에 이어 세계 3위의 갑부다•옮긴이.

그럼 여기서 버핏의 부채 내역이 어떤지 잠깐 살펴보도록 하자. 그에게는 부채가 없다. 수년 동안 그의 유일한 부채는 주택담보대출이었고, 그것도 모두 상환한 상태다. 그는 캘리포니아주 라구나 비치에 위치한, 태평양이 내려다보이는 에메랄드 베이에 방 세 개와 욕실 두 개가 딸린 두 번째 집을 구입했는데, 그때 주택담보대출을 받았다. 종종 이곳에서 크리스마스를 보내는 그는 이 집을 주택의 공시지가가 18만 5000달러였을 때 15만 달러에 구입했다.

버핏의 자산 대비 부채 비율은 그가 말하는 투자의 가장 중요한 개념 중 하나인 '안전마진'에 완벽히 들어맞는다. 1991년 9월 13일, 버핏은 증권사인 살로먼 브러더스의 고객들에게 부채에 대한 혐오감을 드러내면서 이렇게 말했다. "여러분은 라구나에 있는 두 번째 집 때문에 7만 달러의 담보대출을 받은 한 사람을 보고 있습니다. 그 대출은 이자율이 낮아서 받았던 것이고, 그것이 그간 살아오면서 내가 진 빚의 전부입니다."

버핏은 계속해서 늘어나는 가족을 위해 라구나에 있는 집 바로 뒤에 또 다른 집을 사들였다. 라구나 비치는 지중해성 기후와 예술적 분위기로 유명하다. 1999년 9월 29일 아이다호주 보이시 근교에 문을 연 가구업체 R.C. 윌리에서 버핏은 직원들에게 다음과 같이 말했다. "나는 지금까지 집을 한 채도 팔아본 적이 없습니다. 나는 41년 동안 같은 집에 살고 있고 그 외에도 네 채의 집을 더 샀지만, 지금까지 한 채도 팔지 않았습니다."

오마하와 라구나 비치에 있는 집 외에 버핏은 샌프란시스코에 두 채의 집을 더 소유하고 있고, 그 집들 역시 주택담보대출을 전혀 받지 않았다. "당신이 현명하다면 빚을 질 필요가 없을 것이다. 불행하게도 그 정도도 현명하지 못하다면 피해를 보게 될 것이다"라고 버핏은 경고한다.

사실상 버핏의 빚에 대한 혐오감은 어떤 면에서 과장되어 있다. 그는 종종 버크셔를 통해 매우 낮은 이율이나 무이자로 돈을 빌린다. 사실상 버크셔의 보험업체는 보험증서 보유자들과 수많은 주식투자자의 자금으로 수십억 달러의 돈을 빌리고 있는 셈이다.

버크셔의 진정한 사업 비법은 이자 대신 수익을 요구하는 전 세계 최고의 투자자들이 이 회사에 투자를 하고 있다는 점이다. 또한 결코 지불될 리 없을 것으로 보이는 '보험부동증권'과 세금 유예는 버크셔의 수중에 어마어마한 무이자 대출을 안겨주고 있다.

대략적으로만 따져보더라도 무이자 레버리지차입금이나 사채 등의 고정적 지출과 기계나 설비 등의 고정비용이 기업경영에서 지렛대와 같은 중심적 작용을 하는 일·옮긴이의 마술이 없다면 버크셔의 수익은 24%가 아닌 약 15%에 불과할 것이다. 따라서 무이자 자본금을 안전하게 운용하는 한, 버핏은 투자 수익에 있어 승수효과를 누릴 수밖에 없다.

절대로 돈을 잃지 않는다

영국의 시인 새뮤얼 버틀러는 "모든 진보는 소득 이상의 삶을 살아가려는 모든 인간의 보편적인 본연의 욕구에 기초를 두고 있다"고 했다. 그러나 버핏은 이러한 버틀러의 법칙에서 예외다. 그는 인간의 과도한 욕심이 주식시장을 혼란에 빠뜨린다고 믿는다.

일례로 1980년대 말 세계 투자은행 5위인 드렉셀 번햄 램버트가 시장에서 퇴출당한 사건을 꼽을 수 있다. 당시 정크본드의 황제로 불리던 마이클 밀켄은 밀거래와 엄청난 부채, 협박, 사기 음모를 활용하다가 결국 정크본드 시장 자체를 붕괴시켜 금융시장의 대혼란을 초래했다. 오마하에 소재한 아메리카 퍼스트 캐피털 어소시에이츠의 회장이자 버핏의 친구인 마이클 야니는 그 시대를 "월스트리트의 탐욕이 지성을 넘어선 시대"라고 불렀다.

그러한 광란의 시대에 버핏은 무엇을 하고 있었을까? 그는 월드북 백과사전, 씨즈 캔디, 버펄로 뉴스 같은 개인업체를 운영하는 중이었고, 지금까지도 보유하고 있는 코카콜라 주식을 매수하고 있었다.

버핏의 투자에 대한 개념은 '매수 후 보유'라기보다는 오히려 '매수 후 끝까지 보유'라 할 수 있다. 막대한 부를 논외로 하더라도 버핏은 미국 내에서 가장 영향력 있는 투자 마인드와 강력한 목소리를 지니고 있다. 버핏이 가장 강조하는 투자의 법칙은 다음과 같다.

첫 번째 법칙 절대로 돈을 잃지 마라.

두 번째 법칙 첫 번째 법칙을 절대로 잊지 마라.

버핏은 코미디언 잭 베니를 연상시키는 외모와 몸가짐으로 무미건조한 농담을 던지면서 사람들을 박장대소하게 만들기도 한다. 버핏이 브리지 게임을 무척이나 좋아한다는 것을 알고 있는 버크셔의 한 주주가, "연기는 나의 직업이고 브리지는 나의 열정이다"라는 말로 유명한 오마 샤리프의 브리지 테이프를 버핏에게 보낸 적이 있다. 이에 버핏은 "내가 귀가 닳도록 그 테이프를 듣는다면, 오마 샤리프만큼 핸섬해질까요?"라는 위트를 섞어 회신을 전했다. 버크셔의 기업인수 정책을 설명하면서, 버핏은 주주들에게 "기업인수는 매우 과학적으로 이루어집니다. 우리는 둘러앉아서 전화가 오기만 기다립니다. 때때로 잘못 걸린 전화도 있기는 하더군요"라고 말한 적도 있다.

버핏은 술수와 음모가 난무하는 월스트리트에서 물리적으로든 심리적으로든 멀리 떨어져 있으면서 독자적인 판단을 내리며 돈을 잃지 않기 위해 바쁘게 살고 있다. 그런 가운데 2006년 6월 그는 깜짝 놀랄 만한 결정을 발표했다. 자신의 전 재산 중 85%에 해당하는 370억 달러(약 41조 원)를 기부하기로 한 것이다. 자신의 사후에 금융 수익의 99% 이상을 사회에 환원하겠다는 뜻을 이미 밝혀놓은 터라, 한 금융 거인의 인생을 둘러싸고 멋진 대단원이 기대되는 상황이었다. 발표 후 얼마 되지 않아 5개 자선단체에 기부가 시작되었는데, 그중 대부분은 빌 앤드 멀린다 게이츠 재단을 상대로 이루어졌다.

인플레이션을 뛰어넘는다

일찍이 버핏이 지닌 믿음은 가격과 가치가 다르다는 것이었다. 이에 대해 그는 "가격은 당신이 지불하는 것이고, 가치는 당신이 확보하는 것"이라고 정의를 내렸다.

현대적 투자 기법을 창시하고 가치투자의 아버지라 불리는 벤저민 그레이엄이 버핏에게 이러한 개념을 가르쳤다. 그레이엄은 "가격은 당신이 지불한 비용과 동일한 가치를 확보한다는 것을 의미하지는 않는다"라고 정의했으며, 버핏은 이를 실천적으로 보여준다.

한편 버핏을 동경하는 조지 모건은 『버핏과 나는 공통점이 없다 Buffett and I Have Zero in Common』라는 책에서 이렇게 썼다. "요기 베라뉴욕 양키즈의 전설적인 포수·옮긴이는 언젠가 친구인 화이티 포드에게 자신이 가치 있는 집을 구입했다고 말했다. 포드는 자기도 그 집을 잘 알고 있는데, 별로 가치 있다는 생각이 들지는 않는다고 대꾸했다. 그러자 요기는 '하지만 내가 가격을 말하면 너도 그 집이 그만한 가치가 있다는 생각이 들 거야'라고 대답했다."

달리 말하자면, 버핏은 할인가격으로 가치 있는 집을 구입하려고 모색하는 인물이다. 버핏과 거래한 경험이 있는 사람들은 그가 가격 문제에 관한 한 상당히 완고하다고 말한다. 그러나 버핏은 언쟁을 좋아하지 않는다. 기업을 인수하거나 매각할 때, 그는 단 하나의 가격만 제시

한 후에 그 이상의 협상이나 흥정은 하지 않는다.

버핏식 접근법에서 놓쳐선 안 될 부분이 또 있다. 대혼란과도 같은 인플레이션이 어떤 현상을 야기할 것인지 명심해야 한다는 것이다. 인플레이션을 능가할 수 없는 투자는 무익하다. 구매할 때 고려해야 할 가장 중요한 포인트는 바로 실제 이익이다.

버핏은 이렇게 말한다. "만일 당신이 열 개의 햄버거를 사는 걸 보류하고, 그 돈을 2년 동안 은행에 넣어둔다면 세금을 낸 후 두 개의 햄버거를 살 수 있는 이자를 받게 될 것이다. 그렇다고 좋아할 필요는 없다. 비록 받는 돈의 액수는 많아졌다 해도 이미 그 돈의 가치는 떨어져 2년 전이나 크게 다르지 않다. 그 돈으로 당신은 더 부자가 된 것처럼 느끼겠지만, 2년 전보다 더 풍요로운 식사를 하지는 못할 것이다."

이 햄버거 비유는 인플레이션이 야기하는 문제점을 쉽고도 명쾌하게 보여준다. 어떤 경제학 교과서나 경제학자의 장황한 설명보다 버핏이 말한 이 몇 줄의 비유가 인플레이션에 대해 더 집약적으로 설명해준다. 버핏은 인플레이션을 배제한 가치 평가는 가장 중요한 요소를 빠뜨린 것과 같다고 평했다.

복리의 마력을 잊지 않는다

버핏이 이해하고 있는 또 다른 내용이 있다면, 그것은 바로 복리의 마력이다. 버핏은 복리에 대해 이렇게 생각한다. "10%의 이율로 45년 동안 1000달러를 투자하면 7만 2800달러가 된다. 이율이 20%라면 그 1000달러는 365만 7262달러가 된다. 생각건대 이러한 차이는 호기심을 유발하며 나를 엄청나게 놀라게 한다."

알베르트 아인슈타인도 언젠가 "인간에게 알려진 가장 위대한 기적은 과연 무엇일까? 그것은 바로 복리다!"라고 말한 바 있다. 버나드 바루크'냉전'이라는 말을 처음 사용한 미국의 정치가·재정가·옮긴이도 "복리는 이 세계에서 여덟 번째 가는 경이로움이다"라고 말했다.

당신이 주당 10달러에 100주를 발행함으로써 사업을 시작한다고 가정해보자. 그 사업체는 1000달러의 가치가 있다. 투자한 첫해에 당신은 200달러의 수익을 얻고, 그 수익은 당신 회사 지분의 20%와 동일하다. 당신은 수익을 회사에 다시 투입하여 이제 지분은 1200달러가 된다. 다음 해에 당신은 지분에 대한 추가적인 20%의 수익을 얻게 될 것이고, 그 수익은 이제 240달러이다. 이는 당신의 전체 지분을 1440달러로 증가시킨다. 이런 식으로 79년이 지나면, 원래의 투자 금액(주주들의 지분)인 1000달러는 18억 달러의 가치를 지니게 된다.

버핏은 1965년부터 자신이 보유한 지분에 대해 20%가 넘는 연평균 수익을 기록했다. 이것이 바로 버핏이 엄청난 실적을 확보할 수 있었던 방식이다. 벤저민 프랭클린도 언젠가 복리에 관해 언급한 적이 있다. "복리는 당신의 모든 광맥을 황금으로 변화시킬 한 개의 돌이다. 돈은 이익을 창출하는 특성이 있다. 돈이 돈을 낳고, 그 돈이 또한 더 많은 돈을 산출한다." 이자율의 비밀을 이론적으로 연구한 책인 『이자율의 역사』를 쓴 시드니 호머도 복리에 대해 명쾌하게 언급했다. "단 8%의 이율로 투자된 1000달러는 400년이 지나면 1000조가 된다. 하지만 처음 100년이 가장 힘든 때다."

복리의 마력은 이와 같이 수많은 학자가 공통적으로 인정하는 돈이 지닌 생리적 특성이다. 버핏은 그런 복리의 마력을 가장 잘 이해하고 있는 사람 중 한 명임에 틀림없다.

차익거래에 힘을 쏟는다

버핏의 투자 행위에서 가장 이해되지 않는 부분 가운데 하나는 그가 차익거래Arbitrage Transaction어떤 상품의 가격이 시장 간에 상이할 경우 가격이 싼 시장에서 매입해 비싼 시장에 매도함으로써 매매차익을 얻는 거래 행위·옮긴이를 이용한다는 점이다. 위험부담 없이 이익을 얻는다는 의미의 프랑스어인 'Arbitrage'는 상이한 시장에서 가격 차이를 통해 수익을 취하는 거래다. 이러한 차익거래는 다양한 분야에 적용되지만, 오늘날에는 합병이나 기업 개편의 성과에 대한 주식거래인들의 베팅에 주로 적용된다.

버핏의 경우는 어떤 거래가 발표된 이후에만 차익거래에 돌입한다. 그는 소문이 아니라 정보에 기대어 움직인다. 그리고 발표된 사안의 가능성을 검토하고, 자금이 묶여 있게 될 기간, 그 자금을 더 효율적으로 이용할 수 있는 기회비용, 발표된 거래가 무산될 경우의 손실 가능성 등을 점검한다.

인수 발표 후, 대상 업체의 주식 가격이 인수 가격 바로 아래까지 오게 되었을 때 버핏은 비로소 주식을 매입해 인수 가격에 다다를 때까지 주식을 보유한다. 이런 방식으로 주식을 거래해 버핏은 비교적 단기간에 만족스런 수익을 얻는다.

1962년 버핏 투자조합은 차익거래로 침체에서 벗어날 수 있었다. 시장은 침체 상황이었지만, 차익거래에서 비롯된 수입으로 투자조합은 상당한 수익을 누리는 한 해를 보냈다. 당시 다우존스 지수는 7.6% 하락했던 반면, 투자조합은 13.9% 상승이라는 놀라운 실적을 올렸다. 시장이 침체된 여러 해 동안 버핏은 성공적인 차익거래로 경쟁력 있는 위치를 점할 수 있었다.

버핏이 했던 차익거래의 실례를 하나 들어보자. 1982년 2월 13일, 베이어크 시가 회사는 법무부의 허가를 받아 담배 사업체를 아메리칸 메이즈 프로덕츠에 1450만 달러, 즉 주당 약 7.87달러에 매각하게 되었다고 발표했다. 베이어크 시가 회사는 또한 청산계획을 발표하고 매각한 돈을 주주들에게 배분할 것이라고 밝혔다. 이런 발표가 있은 직후, 버핏은 57만 2907달러를 들여 주당 5.44달러에 베이어크 시가 회사의 주식 5.7%를 매입했다. 당시 많은 사람이 베이어크 시가 회사의 청산계획은 상당한 시간이 흘러야 완료될 것이라고 예측했다. 그럼에도 버핏은 투자했고, 결과적으로 베이어크 시가 회사의 차익거래는 성공적으로 완료되었다. 만일 그 거래가 많은 사람이 예견한 것처럼 신속하게 완료되지 않았다면, 버핏은 큰 손해를 보았을 것이다. 버핏은 차익거래든, 계약체결이든, 가치투자든, 브랜드 네임의 중요성을 이해하는 일이든 돈을 버는 일이라면 여유 있는 태도를 보인다.

자산운용가인 조지 미카엘리스가 1971년 폐쇄형 펀드투자자가 중도에 환매할 수 없고 펀드 지분의 추가 발행이 제한되는 펀드로서 투자 기간이 정해져 있음·옮긴이인 소스 캐피털에 합류하자, 버핏과 멍거는 버크셔를 통해 폐쇄형 펀드 지분 20%를 매입했다. 버핏과 멍거의 영향을 많이 받은 미카엘리스는 〈포브스〉에 이렇게 말했다. "나는 나 자신을 상당히 훌륭한 사업체에 대한 투자자로 생각하는 반면, 벤저민 그레이엄은 사실상 값싼 자산을 사들이는 구매자였다. 그런 점에서 버핏은 이론가일 뿐인 벤저민 그레이엄에서 상당히 발전한 인물이다."

이에 관해 〈포브스〉는 이렇게 논평했다. "버핏과 미카엘리스 같은 사람들은 유형자산의 범위를 넘어 브랜드 네임이나 신문 혹은 방송국을 가치 있게 만드는 프랜차이즈 같은 무형자산을 중요시한다. 그러한 사업체들은 장부가치에서 높은 수익을 보이는 경향이 있다. 왜 그럴까? 그 이유는 그러한 사업체들이 유형자산뿐 아니라 무형자산에서도 수익을 올리기 때문이다."

전체보다 일부를 매수한다

결국 주식시장에서 버핏이 모색하는 것은 꾸준히 현금흐름을 창출하는 자산을 발견하는 것이다. 버핏은 비교적 저렴한 가격으로 주식을 매입하는데, 그건 회사 전체가 아니라 부분을 매입하기 때문이다. 회사 전체를 인수하려면 경영권에 따른 프리미엄을 지불해야 한다. 왜냐하면 매물로 나온 회사를 모든 사람이 주시하는 가운데 공개적인 거래를 해야 하므로 대체로 최고 금액 입찰자에게 매각되기 때문이다.

하지만 주식시장에서는 상황이 다르다. 누구든지 주식(한 사업체의 일부)을 거의 아무런 경쟁 없이 조용하게 매입할 수 있다. 더 좋은 점은 원하는 시간에 언제든 매입을 결정할 수 있다는 것이다.

버핏이 '한번 휘둘러봐Swing, you bum' 신드롬이라고 지칭하는 것에 합류할 필요는 없다. 버핏에 따르면, 당신은 배꼽 위 5센티미터 지점으로 완벽한 투구가 날아오기를 기다릴 수가 있기 때문이다. "주식투자는 세계에서 가장 대단한 사업인데, 그 이유는 계속 스윙할 필요가 없기 때문이다. 당신은 타석에 서 있고, 투수는 당신에게 제너럴 모터스를 47달러에 던지고, U.S. 스틸을 39달러에 던진다. 아무도 당신에게 스트라이크를 외치지 않는다. 기회를 잃는 것을 빼고는 아무런 벌칙도 없다. 하루 종일 당신은 선호하는 투구를 기다려도 된다. 그런 다음 외야수가 잠든 사이를 이용해 공을 치는 것이다."

이것이 바로 주식시장이 버핏에게 매력적인 이유이다. 이에 관해 버핏의 얘기를 좀 더 들어보자. "주식을 매입할 때면, 나는 마치 어느 거리에 있는 한 가게를 인수하는 것처럼 회사 전체를 인수하는 관점에서 생각한다. 만일 그 가게를 인수하고자 한다면, 나는 그 가게에 관한 모든 정보를 알 필요가 있을 것이다. 예를 들어 1966년 전반기에 나는 월트디즈니에 관심이 있었다. 그래서 주식시장에서 월트디즈니가 어떤 가치가 있는지 계속 주시했다. 주가는 특별히 저렴한 가격은 아니었지만 53달러였고, 이를 기초로 회사 전체를 8000만 달러에 인수할 수 있었다. 〈백설 공주〉와 〈스위스의 로빈슨 가족〉을 비롯해 많은 만화 영화는 상당한 가치가 있었다. 그뿐만 아니라 디즈니랜드와 천재적인 월트 디즈니를 협력자로 얻게 되었다."

식견 있고 영향력 있는 친구들로 이루어진 버핏의 거대한 네트워크 역시 그 과정에 많은 도움이 되었다. 버핏은 독창적인 사색가이지만, ABC 방송의 회장을 역임한 토머스 머피와 텔레비전 방송국의 전망에 관해 논의하고, CBS 방송의 회장 로런스 티시와 주식투자에 관해 수다를 떨며, 화이트 마운틴의 CEO인 잭 번과 보험에 관해 이야기하는 것이 아무런 해가 되지는 않을 것이다. 버핏의 친구들은 그의 투자 인생에서 매우 중요한 역할을 해왔다.

버핏의 투자관 2:
효율성의 원칙

　돈이 모이는 곳에는 잡음과 말썽이 끊이지 않는다. 상식을 벗어난 무모한 투자, 즉흥적인 베팅을 일삼다가 결국 비명을 내지르게 되는 곳이 주식시장이다. 이런 곳에서 오래도록 승승장구하며 놀라운 실적을 거두어온 버핏의 투자 수완은 모든 투자자가 본받고 싶어 하는 최상의 능력이 아닐 수 없다. 남들과 똑같은 투자 조건에서 최대의 효과를 끌어내는 버핏의 투자원칙은 다음 몇 가지로 나눌 수 있다.

원칙에 어긋나는 일은
하지 않는다

　버핏은 독자적인 판단을 외부의 평가나 전망보다 우선시한다. 투자가는 귀가 얇으면 실패하기 십상이라고 생각한다. 치밀한 분석을 했다면 자신감 있게 투자하는 것이, 다른 사람의 말에 휩쓸려 우왕좌왕하는 것보다 훨씬 높은 수익을 낳는다는 것이다. 1966년 7월 22일, 투자조합의 조합원에게 보낸 버핏의 편지에는 이런 글이 적혀 있다. "우리는 다른 사람들이 생각하는 주식시장 전망에 따라 주식을 사고팔지 않는다. 어느 시기가 적절한지에 대해서는 주식시장의 추이가 중요하겠지만, 그보다는 한 회사에 대해 우리가 얼마나 정확히 분석했느냐가 옳고 그름을 결정할 것이다. 달리 말하자면, 우리는 언제 일이 발생할지가 아니라 어떠한 일이 발생할지에 집중한다."

그는 주식투자만으로 〈포브스〉의 부자 명단에 이름을 올린 유일한 인물이다. 다음은 버핏이 1991년 버크셔 주주총회에서 말한 내용의 일부다. "컬럼비아 경영대학원에서 벤저민 그레이엄에게 배운, 결코 잊을 수 없는 한 가지 조언은 바로 이것입니다. 다른 사람들이 당신의 의견에 동의한다고 해서 당신이 옳은 것이 아닙니다. 당신이 옳은 것은 당신이 제시하는 사실이 옳고 당신의 추론이 타당하기 때문입니다. 이것이 당신을 올바르게 만드는 유일한 요소이지요."

버핏은 관료주의적인 형식과 탁상회의보다는 경험에 의한 판단을 선호한다. 그리고 서류뭉치가 아니라 직접 행동하는 것을 즐긴다. 그는 사업을 경영하는 사람들을 좋아할 뿐 그들을 관리하려는 것이 아니다.

성공한 사람들은 자기 관리에 철저하다. 버핏도 예외가 아니다. 화이트 마운틴의 CEO이자 버핏의 친구인 잭 번은 언젠가 내기에 관한 버핏의 일화를 들려주었다. "돈 많은 골프 친구들은 내기를 좋아한다. 그러나 버핏은 내기에는 질색한다. 투자의 마술사인 워런 버핏이 건 10달러와, 3일 동안의 출장경기에서 그가 홀인원을 기록하지 못할 거라는 데 걸린 2만 달러가 그 사실을 입증한다. 우리 여덟 명은 페블 비치에 골프를 치러 가려고 모였는데, 저녁식사를 마치고 와인 두 병을 비운 뒤에 내가 예정에 없던 내기를 제안했다. 단지 잠시 즐기려고 한 일이었고, 다른 친구 여섯 명도 내게 동조했다. 버핏을 제외한 모든 친구가 동조한 것이다. 우리는 그에게 야유를 보내며 그를 구워삶아보려고 갖은 애를 썼다. 그러나 결국 그가 제시한 금액은 단돈 10달러였다. 하지만 그는 충분히 숙고한 결과이며 자신에게 유리한 내기가 아니어서 이런 결정을 내렸다고 말했다. 그는 작은 일에 원칙이 없으면 큰일에도 역시 원칙이 없게 마련이라고 말했다."

번은 그와 비슷한 이야기를 한 토막 더 들려주었다. "그는 일을 추진할 때 엄청나게 열심이다. 그리고 그는 내가 만난 사람들 가운데 가장 놀라운 기억력을 보였다. 워런이 한 회사에 대해 파악하고 있는 내용을 알게 된다면, 당신은 벌린 입을 다물지 못할 것이다. 그는 그 회사가 발행한 주식 수와 미니애폴리스에 있는 소매매장의 면적에 관해서도 말해줄 수 있을 것이다. 그러나 그의 비상한 기억력이 그의 성공에 큰 기여를 했다고 말하기는 어렵다. 중요한 건 기억하고자 하는 의지와 무엇이 중요한지 가려내는 능력, 그리고 장기간에 걸친 고된 노력이다."

이처럼 버핏이라는 인물은 열심히 일을 추진하는 노력가이다. 그의 사무실에서 함께 일하는 사람들은 그가 얼마나 일에 집중하고, 자기 앞에 놓인 업무에 얼마나 정열을 바치는지 잘 알고 있다. 버크셔의 한 직원은 "버핏은 당시 해야 하는 업무에 깊이 집중하고, 그 일을 끝낸 후에는 다음번 업무에 마찬가지 열정을 가지고 주력한다"고 말했다. 또한 그는 "우리의 중요한 사업은 멀리 있는 것을 바라보는 게 아니라 가까이 있는 것을 실천하는 일이라고 했던 토머스 칼라일영국의 비평가 겸 역사가·옮긴이의 말이 생각난다"고도 했다.

버핏은 비즈니스에도 도덕적 가치를 부여하는 투자가이다. 외부의 평가에 흔들리지 않고 스스로가 세운 도덕적 원칙을 지키려 노력한다. 그는 전화에도 잘 응대한다. 그리고 가능한 한 신속히 메일을 보내 사람들이 대답을 기다리게 하지 않는다. 그에게는 가식도, 위선도, 가장도 없다. 그리고 그는 오래된 가치들을 우선시하고, 정직과 품위를 당연시한다.

버핏은 어떤 회사의 주식을 매입하려 할 때 그 회사가 원하지 않으면 주식을 매입하지 않는다. 언젠가 버핏은 한 회사의 지분을 더 갖고 싶다는 의사를 표명했다. 이미 버핏은 그 회사의 지분을 적게나마 보유하고 있었고 더 늘리고 싶어 했다. 그러나 그 회사의 고위간부는 버핏에게 회사 측이 자사주를 매입할 예정이라면서 더 이상 주식을 매수하지 말아 달라고 부탁했다. 이에 버핏은 더 이상 주식을 매수하지 않았다. 원한다면 회사 전체를 인수할 수도 있었지만, 그는 항상 경영진의 의사를 존중해온 자신의 태도를 고수했다.

버핏은 경영진과의 관계에서도 인간이 지켜야 할 기본적인 도리를 지키려고 애쓰며 자신의 명성을 이용해서 시장을 호도하거나 혼란에 빠뜨리지 않도록 조심한다.

효율적인 시장론에 집착하지 않는다

버핏이 완전히 파악한 개념 중 하나는 소위 '효율적인 시장' 이론이다. 이는 주가란 이미 한 회사에 관해 알려진 모든 정보를 종합한 것이기 때문에 공정한 가격이라고 단언하는 이론이다. 이 이론은 새로운 정보를 모색함으로써 얻을 것은 아무것도 없다고 주장한다. 시장가격이 모든 상황을 반영하기 때문에 실제 가치보다 값싼 주식은 없다는 얘기다.

그러나 버핏은 효율적인 시장 이론에 회의적이다. "그들은 시장이 이따금 효율적이 아니라는 사실을 정확하게 알고 있으면서도, 시장이

언제나 효율적이라는 부정확한 결론을 계속해서 내렸습니다." 버핏은
여러 차례에 걸쳐 효율적 시장 이론에 대해 반박하면서 이와 같은 농
담도 했다. "경영대학원에서 배출된 수많은 사람은 시장이 효율적으로
움직인다고 믿고 있습니다. 그러한 가르침이 내게는 결과적으로 많은
도움이 되었지요."

버핏은 더 많은 사람이 효율적인 시장 이론에 찬동함으로써, 시장
이 어디에서 길을 잃는지, 주가 이외의 변수가 무엇인지 이해하려고 노
력하는 투자자들이 점점 줄어들기를 원한다고 농담한다. 그 허점을 이
용해 역발상으로 투자한 사업에서 성공을 거두었기 때문이다.

실제로 버핏은 바로 이 불분명한 영역에서 다른 투자자들이 공포
에 질려 주식을 매도하는 동안 두려움과 불확실성을 이용하여 수익을
올린다. 그는 두려움과 불확실성을 끊임없는 연구와 탐색으로 줄여나
간다. 이것이 바로 버핏을 세계 최고의 투자자로 만든 비결이다.

버핏은 효율적인 시장론을 주장하는 사람들과 달리 시장이 비효
율적일 수 있고 주가가 두려움과 탐욕, 유행, 군중심리(간단히 말해서 일
시적인 광분) 등에 의해 좌우될 수도 있다고 믿는다. 이러한 버핏의 믿음
과 유사한 이야기가 1998년 11월 9일 자 〈비즈니스 위크〉에 실렸다.

시카고대학교 효율적 시장 가설은 시카고대학교 유진 파머 교수가 처음 주
창한 이론이다·옮긴이의 교수 두 명이 거리를 걸어가고 있었는데, 그
중 한 명이 100달러짜리 지폐가 보도에 떨어져 있는 걸 발견했다.
"이것 봐, 저거 100달러 같은데, 잠깐 멈춰서 줍자고."
그의 말에 다른 한 명이 대꾸했다.
"아냐, 그런 짓 하지 마. 저건 진짜 100달러짜리 지폐가 아냐. 만일 진

짜 100달러였다면 이미 오래전에 누군가가 주웠겠지."

버핏은 시장이 항상 틀렸다고 주장하지 않는다. 실제로 시장은 종종 정확하다고 그는 말한다. 비결은 언제 시장이 엉뚱한 방향으로 가는가를 정확히 이해하는 일이다.

"그는 랜덤워크설주가의 변화는 과거의 변화나 어떤 패턴에 제약을 받지 않고 독립적으로 움직인다는 이론·옮긴이의 살아 있는 반증이다"라고 〈뉴스데이즈〉의 앨런 슬론이 말했다. 버핏은 〈배런스〉[44]에 지속적으로 시장의 수익을 능가한 상당수의 가치투자자들이 이루어낸 투자성과를 약술하는 기사를 쓴 적도 있다.

효율적인 시장 이론에 관한 근본적인 의문은 두려움과 탐욕이 월스트리트를 물들일 때 어떻게 모든 것이 효율적일 수 있는가 하는 점이다. 비록 이 이론에 대한 수학적 반증은 아니지만, 이 이론을 논박할 수 있는 확실한 근거가 있다. 평생 동안 끊임없이 시장을 패배시켜온 버핏의 기록을 제시하기만 하면 된다.

1987년 10월 19일 주식시장이 23% 하락했다미국은 우리나라와 달리 가격제한폭이 없다. 대신 주가가 급등락할 경우 시장거래 자체를 일정 시간 정지시키는 서킷 브레이크 제도를 사용한다·옮긴이. 그날 사람들은 주식시장에 맹렬한 비난을 퍼부었다. 하지만 그날 실질적으로 경제가 23%의 변동폭을 보였는가?

버핏은 이렇게 말했다. "주가가 월스트리트 '군중들'의 영향을 받으며 매우 감정적이거나 탐욕스럽거나 의기소침한 사람들에 의해 낙폭이 커지는 것을 보면 주식시장이 언제나 이성적으로 가격을 책정한다고 주장하기란 힘들다. 사실상 시장가격은 종종 부조리하다⋯. 시장이 언제나 효율적이라면, 아마도 나는 양철통을 든 거리의 부랑자가 되었을 것이다."

　효율적인 시장 이론은 여전히 학계에서 커다란 비중을 차지하고 있지만, 1987년의 주가폭락 사태 이후 니컬러스 브래디 전임 미 재무부장관은 〈월스트리트 저널〉에서 "효율적인 시장 가설은 경제이론 역사상 가장 명백한 실수다"라고 말하며 어느 한 이론에 기대어 모든 현실을 설명할 수는 없다고 밝힌 바 있다.

상식에 맞춰
정확하게 투자한다

　버핏은 가치투자자이고, 반대 의견자이며, 거래 체결자이기도 하다. 그는 훌륭한 사업체가 변덕스런 시장에서 제대로 평가받지 못할 때 그 사업체를 매수하는 것으로 정평이 나 있다. 존 트레인은 『대가들의 주식투자법』이라는 책에서 버핏과 한 회사의 경영자를 등장시켜 둘의 차이점을 대비시켜 보여준다.

　버핏은 언젠가 자본집약적인 거대 사업체의 경영자를 만난 적이 있었다. 당시에 그 회사의 주식은 시장에서 4분의 1 가격에 거래되고 있었다. 이를 이상히 여긴 버핏은 그 회사 임원에게 물었다.
"왜 당신은 자사주를 매입하지 않소? 100센트짜리 장비를 새롭게 설치를 하려고 하면서도 100센트짜리가 25센트에 거래되는 자사주를 매입하지 않으니 참으로 이상하군요."

그러자 임원이 대답했다.

"우리가 해야 하는 일은 그런 쪽이 아닙니다."

합리성을 통해 혹은 때때로 합리적이지 않은 사람들을 희생시킴으로써 버핏은 투자행위를 예술행위로 만들었다. 물론 그의 수학적 재능과 상식을 존중하는 삶이 큰 몫을 했지만, 가장 중요한 원동력은 바로 자신이 하는 일을 사랑하는 것이다. 오마하의 주식중개인인 조지 모건은 이에 대해 "버핏은 예술가가 자신의 창작물을 사랑하는 것처럼 투자 과정에 애정을 느낀다"고 표현했다.

실제로 버핏은 자신이 하는 일에 대해 상당히 열정적이다. 그가 입사 면접 시에 선호하는 질문은 "아이큐가 얼마인가?"가 아니라 "당신은 열정이 있는가?"이다. 열정이 없는 두뇌는 녹슬게 마련이고 열정을 가진 자만이 진정한 성공을 이룰 수 있기 때문이다.

또한 버핏은 버크셔가 자사주를 재매입할 가능성에 관해 종종 질문을 받곤 한다. 이에 그는 자사주를 재매입하는 데는 아무런 문제가 없다고 대답한다. 하지만 단지 무계획적으로 주식을 재매입하기보다 상식적인 접근법을 선택한다. 분명한 사실은 매입 대상 주식이 자사주든 아니든 적당한 가격이어야 한다는 점이다. 그리고 만일 버크셔의 주식이 낮은 가격에 거래되고 있다면, 다른 주식도 훨씬 더 낮은 가격에 거래될 가능성이 높다. "우리의 자금을 최대한 유리하게 이용할 수 있다면 우리는 어디든 투자할 것이다"라고 그는 종종 말해왔다.

버핏은 모든 투자자의 카드가 평생 동안 20번만 사용할 수 있는 한도를 지니고 있다고 여러 차례 언급했다. 그는 자신이 성공한 것은 몇 번의 중대한 결정을 내릴 때 정확했던 덕분이라고 말한다.

버핏 역시 작은 실수를 종종 저질렀다. 실수가 없었다면 성공도 없었을 것이다. 다만 그는 실수를 통해서도 가르침을 얻었다. 무엇보다 적절한 시기에 아메리칸 익스프레스, 〈워싱턴 포스트〉, 가이코, 코카콜라 등의 지분을 대규모로 매입하는 획기적인 결정이 없었다면, 단지 평균을 약간 웃도는 실적만을 보여주었을지 모른다.

그는 건초더미를 찾아다니는 것이지 건초더미 속에 있는 바늘을 찾는 게 아니라고 말한 바 있다. 그는 또한 자신이 계속 노력하는 것은 해마다 대단한 아이디어를 제안하기를 원하기 때문이라고 덧붙였다.

주식은 분할하지 않는다

1996년에 버크셔가 새로운 등급의 주식을 추가적으로 발행함으로써 '비밀스런 주식분할'을 한 것은 사실이지만, 버핏은 배당금을 기계적으로 지급하거나 주식을 분할하는 행위는 원칙적으로 이치에 맞지 않는다고 여긴다.

버핏은 주식분할이 무분별한 일이라고 거듭 말해왔는데, 그 이유는 주식분할에 소요되는 행정적 비용이 엄청나고 버크셔 측에 투기를 몰고 올 것이라고 판단했기 때문이다. 또한 주식분할이란 다섯 조각의 피자를 다 먹을 수 없기 때문에 그것을 여덟 조각으로 썰어달라고 부탁하는 것이나 마찬가지라는 게 버핏의 생각이다.

뉴햄프셔주 더럼의 윌리스 게이 박사는 주식을 분할하지 않는다는 버핏의 원칙에 반대하면서 이렇게 말했다. "첫째, 주식을 분할한다고 해서 그에 관한 일을 처리하는 데 비용이 그리 많이 들어간다고 생각하지는 않는다. 그리고 만일 10분의 1로 분할한다고 해도 투기는 생겨나지 않을 것이다. 오히려 주식을 분할하면 잡다한 문제를 더 쉽게 처리할 수 있을 것이다. 우리 아버지는 자식들에게 각각 5000달러를 남겼는데, 그 돈으로 나는 버크셔 주식을 단 한 주도 살 수가 없다."

반면에 버크셔의 주주인 마이클 아셀은 "분할되지 않은 주식이 전체를 처리하는 데 비용이 적게 들어가며, 특히 버크셔 주식처럼 주식 수가 적고 가격이 높은 주식은 시간이 흐를수록 이익이 된다"고 주장한다. 그는 또한 주식이 다루기 힘들게 되는 시점이 올지도 모른다고 믿는다.

아울러 이와 같이 덧붙인다. "희망사항이지만, 만일 버크셔의 주가가 급등하고 주식이 회복할 수 없을 정도로 비유동적으로 보이면 버핏은 주식분할을 재고할 것이다. 하지만 걱정할 필요가 없다. 비록 1주 가격이 1만 달러 이상 나간다 해도현재 버크셔 주식 한 주 가격은 40만 달러 이상이다·옮긴이 그것을 매입할 수 있는 뮤추얼펀드가 언제나 존재하기 때문이다…. 그리고 젊은이들이 버크셔에 간접 투자할 수 있는 적립식 펀드와 같은 상품을 누군가가 개시할지도 모른다. 한번 생각해보라. 아이들이 눈을 치우거나 레모네이드를 팔고 아기 돌보는 일로 번 500달러를 적립식 펀드에 넣는 것을."

실제로 버크셔와 버크셔 관련 주식에 투자하는 새로운 투자 수단이 있을 수도 있다. 그러나 지금으로서는 주식분할이 버핏을 위해 혹은 적어도 버크셔를 위해 그다지 효용성이 있어 보이지 않는다. 버핏이 보기에 주식분할은 특별한 의미가 없는 게임일 뿐이며, 표면적인 행위에 불과할 뿐이다. x라는 가격에 버크셔의 주식 1주를 보유하는 것과 x의 100분의 1 가격에 100주를 보유하는 것이 무슨 차이가 있는가? 주식분할은 주식중개인이 선호하는 것인데, 그 이유는 주식분할이 거래 규모를 증가시키고, 투기꾼들에게 잘못된 에너지를 부여하는 동시에 투자자들에게 마치 부자가 된 것 같은 착각을 일으키기 때문이다.

해마다 버핏은 버크셔 주식의 분할 가능성에 관해 답변을 해야 한다. 1990년 정기 주주총회에서 한 주주가 예견할 수 있는 미래에 주식을 분할하게 될지 물었다. 그러자 버핏은 예견할 수 없는 미래에도 주식이 분할되는 걸 볼 수 없을 것이라고 못을 박았다. 그는 주식분할과 관련해 1987년 정기 주주총회에서도 이렇게 농담을 던졌다. "제게는 나이가 예순인 주주 친구가 있습니다. 그의 생일날에 나는 '버크셔 해서웨이가 주식을 분할할 때까지 살게나'라는 식의 전보를 치곤 하죠."

그러나 1996년 버크셔는 A급 주식가격의 30분의 1 가격에 해당하는 B급 주식을 발행했고, 2010년 이는 다시 50대 1로 분할되었다. 그동안 끊임없이 제기된 주주들의 주식 액면분할 요구를 수용한 조치였으나 버핏은 지금도 분할이 시장을 착각에 빠뜨리고 악용될 소지가 있다는 판단 아래 분할하지 않는다는 소신을 굽히지 않고 있다.

배당금을 지급하지 않는다

보유 주식의 수익이 높은 이율의 복리로 증가하는 상황에서 버핏은 배당금을 나누어주는 일을 탐탁지 않게 생각한다. 1967년 초, 버크셔는 10센트의 배당금을 지급한 적이 있었다. 그 일을 두고 버핏은 나중에 "나는 그때 틀림없이 욕실에 있었을 것이다"라고 말하며 후회하고 있음을 내비쳤다. 그 이후로 버크셔는 배당금을 지급하지 않았다.

2000년 버크셔 정기 주주총회에서 버핏은 배당금을 지불하지 않는 이유에 관해 설명했다. "우리는 커다란 액수의 배당금을 지급하거나 한 푼도 지급하지 않을 가능성이 많다. 그 이유는 우리가 보유하고 있는 모든 달러에 대해 시장가격 이상으로 이윤을 창출할 수 있다고 믿기 때문이다. 만일 우리가 1달러를 보유하고 있고 그 1달러에 대해 그보다 나은 가치를 창출할 수 있다면, 배당금을 지급하는 일은 어리석은 짓이 아닌가. 주주들이 주식을 매도하면 1.1달러 혹은 1.2달러를 확보할 수 있는데 말이다. 다시 한 번 말하지만, 우리는 결코 관례적인 배당금 정책을 적용할 생각이 없다. 수익의 20% 혹은 10%나 30%를 배당금으로 지불한다는 생각은 우리 회사의 특성상 말도 안 된다. 여러분이 배당에 대한 기대를 갖고 있기 때문에 그 기대를 충족시켜줘야 하는 입장에 처할지도 모른다. 그러나 배당을 해야 한다는 주장에는 도무지 납득할 만한 논리가 없다. 다시 말하지만 여러분은 자신이 가진 1달러를 1달러 이상으로 만들 수 있다면 어떻게 하겠는가? 우리가 배당금을 지불하지 않는 이유도 여기에 있다. 그리고 만일 우리가 그러한 가치를 창출해낼 수 없다면 전액을 지불할 것이다."

프로그램 매매를 하지 않는다

버핏은 프로그램 매매일정한 매매조건을 입력한 컴퓨터에 의해 자동적으로 이루어지는 주식거래·옮긴이를 별로 선호하지 않는다. 버핏은 종종 만일 한 무리의 사람들이 어떤 섬에 고립된다면, 몇 명에게는 집을 짓게 하고, 또 몇 명에게는 농사를 짓게 하고, 다른 몇 명에게는 섬에서 탈출할 방법을 강구하게 할 테지만, 몇 명을 따로 뽑아서 다른 사람들이 한 일을 가지고 옵션 거래를 하게 만들지는 않을 거라는 얘기를 해왔다.

버핏이 이런 비유를 들 때, 그 옆에서 멍거는 한술 더 뜬다. "저는 버핏이 그들을 싫어하는 것보다 더 많이 그들을 싫어합니다."

버핏은 옵션과 프로그램 거래 및 파생상품 거래 등의 시장(특히 약간의 레버리지가 상당한 자산을 통제할 수 있는)에 카지노와 같은 환경을 조성하는 일을 비난한다.

1982년 3월, 시카고 상업거래소가 선물을 거래하도록 허용할 것인지 숙고하던 의회 내 관리 및 조사 소위원회 회장인 존 딩겔에게 보내는 편지에서 버핏은 이렇게 썼다.

우리는 주식시장에서 불필요한 수단들을 사용해 많은 사람이 도박을 하거나 주식중개인들이 그런 사람들에게 도박을 하도록 부추기는 것을 원하지 않습니다. 우리가 원하는 것은 한 기업의 장기적인 전망을 바라보고 적절하게 투자하는 투자자들과 조언자들입니다. 우리는 투자자들이 자금을 현명하게 위탁하는 것을 원하지, 레버리지 시장에서 도박을 원하는 게 아닙니다.

버핏의 투자는 솔직하고 숨김이 없으며, 다음 분기의 수익보고서에 따라 무리하게 베팅을 시도하지도 않는다. 그는 정확한 연구와 상식을 바탕으로 보통주를 매입하는 결정을 내린다. 그 회사가 캘리포니아주 소재 보험 회사인 20세기 인더스트리스든, 조지아주 소재 조명 설비 회사인 내셔널 서비스 인더스트리스든, 1985년부터 1987년까지 버크셔가 일부 소유권을 보유한 바 있는 뉴욕 바워리 저축은행 같은 사업체든 다 비슷한 절차를 거친다.

매입 시기를 놓치지 않는다

〈워싱턴 포스트〉의 주식을 매입하기로 결정한 때로 거슬러 올라가보자. 당시 버핏은 현재 오마하에 소재하고 있는 월리스 웨이츠에서 일하는 주식중개인 클리프 헤이스를 만났다. 〈워싱턴 포스트〉 주식을 매입하라는 말을 들은 헤이스가 얼마에 매입해야 하는지 묻자, 버핏은 이렇게 대답했다. "말귀를 못 알아듣는군. 난 단지 사들이고 싶다고."

결국 헤이스는 주식 매입 시에 자신이 가진 최상의 전문적 판단을 활용해야 했다. 그는 하루 동안의 거래량 중 3분의 1이나 2분의 1을 매입하고는 물러날 생각이었다. 왜냐하면 바이어가 대량 주문으로 시장을 혼란시키면 안 되고, 대기 중인 대규모 구매자를 시장이 경계하도록 해서는 안 된다고 생각했기 때문이다. 그러자 버핏은 구약성서 〈전도서〉의 한 구절을 인용하며 말했다. "가격은 부를 때가 있고, 그냥 사들일 때도 있는 법이야."

주식시장에서 상식은 언제나 통하는가? 결코 그렇지는 않다. 헤이스는 당시 상황을 이렇게 회고한다. "우리는 1973년 당시 20달러에 〈워싱턴 포스트〉 주식을 매입하기 시작했지만, 매입을 마칠 무렵에는 12달러에 사들이고 있었다."

비록 버핏은 대규모 구매자였지만, 〈워싱턴 포스트〉의 주가는 꾸준히 하락했다. 장기적으로 매입하는 버핏으로서는 잘된 일이었다. 헤이스의 말을 좀 더 들어보자. "버핏은 현재 살로먼에서 상당수의 주식을 거래하고 있다. 하지만 종종 내게 소규모로 주식을 매입하도록 요구했다. 때로는 2~3년에 걸쳐서 말이다."

헤이스는 하루 동안 거래되는 전체 규모에 비해 상당한 비율을 매입했지만, 시장이 대규모 바이어를 탐지할 수 있는 정도는 아니었다. 그리고 그는 거래의 비밀 엄수 문제와 관련해 모든 사실을 철저히 비밀에 붙여야 한다고 생각했다. 그는 "버핏이 기밀을 유지하라고 직접적으로 말하지는 않았다. 단지 암시했을 뿐이다⋯. 우리는 어떤 상황을 일부러 조작해 거래하지는 않았다"라면서 모든 것이 잘될 것이라고 덧붙였다. 만일 뭔가가 잘못되고 있다면 즉시 버핏에게 말하고 어떤 문제든 곪아 터지지 않도록 하는 것이 최선이라고 헤이스는 판단했다.

언젠가 버핏이 매입하고 있는 종목에 관한 정보가 새어나갔는데, 헤이스는 버핏에게 즉시 그 사실을 보고했다. 그 후에도 그는 수년 동안 버핏을 위해 주식을 거래했다. 하지만 문제점을 버핏에게 즉시 보고하지 않은 다른 주식중개인들은 재기용되지 않았다.

헤이스에 따르면 주식중개인이 거래를 누설하는 일은 매우 드물다. 하지만 주식중개인 사회에서의 정보 누설은 종종 영업부서가 아닌 주식명의개서기명주식이 양도, 상속, 합병 등으로 인하여 구소유자로부터 신소유자로 이전된 경우에 신소유자의 성명과 주소를 회사의 주주명부에 기재하는 것·옮긴이 직원이나 주식거래 과정에 접근 가능한 다른 누군가를 통해서도 발생할 수 있다.

버핏은 혼란스런 뉴욕에서는 주식을 거래하지 않는다는 원칙을 고수하고 있다. 그는 오마하의 정적과 고요 속에서 주식거래를 한다.

프랜차이즈에 투자한다

버핏은 프랜차이즈 비즈니스의 중요성을 일찍이 깨달았다. 프랜차이즈는 한 가지 이유로 인해 사업체가 시장에서 독점적인 지배권을 보유하는 경우를 말한다. 시장을 지배하는 〈워싱턴 포스트〉 같은 독점 신문이나 제너럴 푸드, 최고의 브랜드 네임인 코카콜라가 바로 그런 경우이다.

버핏은 맥스웰하우스 커피, 버즈 아이 냉동식품 등으로 잘 알려진 제너럴 푸드를 1981년 거의 절반 가격으로 사들여 약 두 배를 받고 필립 모리스에 매도했다.

프랜차이즈는 우세하고 경쟁력 있는 위치를 점유한다. 그러한 사업체는 너무나 막강해 경쟁하기를 원하는 회사들이 동종의 사업을 시작하는 일조차 어렵게 만든다.

버핏이 계속해서 노력해온 부분이 있다면 매우 경쟁력 있고 난공불락이지만 잘 알려지지는 않은 프랜차이즈를 보유한 사업체를 찾아내는 일이었다. 버핏은 독점신문사에서 그러한 아이디어의 원형을 발견했다. 그는 이렇게 설명한다.

"프랜차이즈는 상당한 돈을 가진 현명한 사람이 노력한다면 할 수 있는 사업이다. 만일 당신이 내게 10억 달러를 제공하고, 미국 전역에 걸쳐 50명의 뛰어난 관리자들을 붙여준다면 나는 사업 세계와 언론 세계 모두를 완전히 석권할 수 있다. 그러나 만일 당신이 '월스트리트 저널을 분석하라'고 말한다면, 나는 당신에게 그 10억 달러를 되돌려줄 것이다. 내키지는 않지만, 어쨌든 나는 되돌려줄 것이다. 그러나 만일 당신이 내게 그와 동일한 금액을 주고 어떤 사업체의 수익성에 악영향을 미치거나 이를테면 오마하 내셔널 뱅크나 오마하에 있는 선도적인 백화점의 시장 점유율을 떨어뜨리라고 요구한다면, 나는 그들을 어느 정도 힘들게 할 수도 있다. 썩 좋은 일은 아니라고 생각은 하지만, 어쨌든 그들을 궁지로 몰아넣을 수는 있다. 따라서 한 사업체를 진정으로 판단하려면 비록 그 경쟁자가 수익에 둔감하다 하더라도 얼마나 많은 손해를 끼칠 수 있는지를 염두에 두어야 한다. 사업체가 있고 그 주변에 악어와 상어, 피라냐가 헤엄쳐 다니는 매우 커다란 해자垓字가 있다고 가정하자. 그 사업체가 바로 당신이 원하는 그런 종류의 사업체다. 뛰어난 수영선수인 지니 와이즈뮬러가 갑옷을 입었다 해도 그 해자를 건널 수 없는 그런 사업체를 당신은 원한다. 때로 그 사업체들은 규제를 받기도 한다. 만일 내가 오마하에서 유일한 수자원 회사를 보유하고 있다면, 규제하는 사람이 없는 한 나는 잘해나갈 것이다. 당신이 찾고 있는 것은 바로 그런 규제받지 않는 수자원 회사와 같은 대상이다. 비결은 다른 누군가에 의해 아직 포착되지 않은 사업체들을 발견하는 것이다. 당신이 원하는 것은 그 가치를 알아보지 못하도록 위장된 방송국이나 신문사 같은 사업체이다."

독점적인 방송국이나 신문사를 사람들이 선호하는 이유는 대부분의 사업체가 광고를 하기 위해 이러한 사업체를 거쳐야 하기 때문이다. 그래서 버핏은 독점적인 방송국이나 신문사가 다른 사업체의 총매출에 관한 로열티를 받고 있다고 상정한다. 다시 말해 당신이 한 지역에서 하나밖에 없는 신문사나 텔레비전 혹은 라디오 방송국을 보유하고 있다면, 당신은 광고 사업에서 상당한 수수료를 챙길 수 있을 것이다. 이것이 바로 버핏이 〈워싱턴 포스트〉나 〈타임〉, 〈나이트 리더〉, 미디어 제너럴, 멀티미디어, 그리고 〈보스턴 글로브〉를 보유하고 있는 어필리에이티드 출판의 주식을 1970년대에 매입한 주요 이유다.

버핏이 발견한 다른 거대한 프랜차이즈 비즈니스는 바로 대규모 광고 회사들이다. 광고를 하기 원하는 거대 글로벌 기업들이 반드시 찾아가게 되어 있는, 글로벌 차원의 주목받는 대규모 광고대행사들인 것이다.

IBM이나 코카콜라, 제너럴 모터스는 세계적인 광고 캠페인을 고집할 것이고, 100개국에 있는 100개의 각기 다른 광고대행사들을 이용해 무계획적으로 광고하려는 생각은 결코 하지 않을 것이다. 그 대신 유명 회사들은 오길비 앤드 마더나 인터퍼블릭 그룹을 선택할 것이다. 이 두 회사는 그 메리트가 완전히 노출되었다고 버핏이 생각했던 1985년에 매각하기 전까지 커다란 수익을 올린 바 있다.

버핏이 도달한 또 다른 결론은 수익이 저조한 사업체는 피하는 게 상책이라는 것이다. 또한 끊임없이 새로운 기술투자를 요구하고, 경쟁이 심해지는 데다 인건비가 증가하고 더 많은 자본(U.S. 항공을 제외하고)을 요구하는 대규모 중공업 업체들을 멀리해왔다. 대신 새로운 자본이 거의 필요 없고, 경쟁이 거의 없으며, 새로운 대규모 투자가 필요 없는 우수한 사업체들을 찾기 위해 주력한다.

버핏의 투자관 3:
균형과 도전의 원칙

대부분의 투자자는 돈을 벌어도 도로 잃거나 크게 벌지 못한다. 남의 떡이 커 보여서 손을 댔다가 낭패를 보는가 하면, 자신감과 참을성 부족으로 설익은 떡을 먹고 마는 것이다. 되도록 손해를 보지 않으면서 가급적 많은 수익을 거두고 싶은 것은 투자자의 인지상정이다. 균형 잡힌 시각으로 완벽한 기회를 찾아낸 다음 대담하게 도전적으로 베팅하는 버핏의 독창적인 투자원칙은 다음과 같다.

소수의 뛰어난
사업체에 베팅한다

합리적인 행동과 사실상 비범하다고 할 수 있는 일반상식은 버핏을 이끄는 등대와 같다. 일례로 버핏이 코카콜라 주식을 매수했던 가장 핵심적인 이유는 갈증 해소가 인간의 기본욕구이고, 일단 콜라를 마시기 시작하면 사람들이 계속해서 마시게 된다는 사실을 역사가 입증해 보여준다는 점이었다. 그는 간단한 하나의 문장으로 자신의 직업을 설명한다.

"나는 자본을 배분한다." 좀 더 길게 설명하자면, 그의 직업은 '누구와 어떤 가격으로 무슨 비즈니스에 투자할 것인지 밝혀내는 것'이다.

버핏은 버크셔의 사업체 경영자들을 늘 행복하게 해주어야 한다는 사실을 잘 알고 있다. 그들 모두는 매년 버핏이 받는 10만 달러보다 높은 연봉을 받고 있다(버핏 자신은 1980년 이래 급여를 올려본 적이 없다). 그렇지만 비단 돈에 관한 문제만은 아닌 듯하다.

루스벨트 대통령은 "가장 훌륭한 리더는 자신이 바라는 것을 수행해줄 훌륭한 사람들을 뽑기에 충분한 감각을 지니고 있어야 하며, 그렇게 뽑은 사람들이 그 일을 수행하는 동안 전혀 참견하지 않고 멀리 물러나 있을 수 있는 자제력을 지녀야 한다"고 말한 바 있다. 이러한 충고의 연장선상에서 버핏은 경영자들에게 무한한 신뢰를 주고, 그들이 하는 일에 대해 간섭하지 않는다. 버핏은 꽉 짜인 스케줄, 회의, 기업의 의식적인 행사와 사람들을 관리하는 일을 싫어하는 것으로 잘 알려져 있다. 그는 "나는 내 일과 관련해 경영자들을 부르는 법이 없으며 오히려 그들이 나를 부른다"고 말한 바 있다.

2년에 한 번씩 버핏은 경영자들에게 두 쪽이 넘지 않는 서신을 보낸다. 그 내용의 핵심은 자신이 관리하고 있는 비즈니스를 자기 소유인 것처럼 운영해야 하며, "약탈자들이 그 성에 침입하지 못하도록 그들의 사업체 주위에 해자를 만들어낼 방법"을 끊임없이 연구해야 한다는 것이다.

오마하의 단출한 사무실에서 버크셔 전체를 통솔하는 버핏과 로스앤젤레스에서 운영을 맡고 있는 멍거의 손길은 미국 바깥으로까지 뻗어 있으며, 그들은 금융제국 버크셔의 신경중추 역할을 수행한다.

버핏은 스테이크와 옥수수, 평화, 그리고 안식을 떠올리게 하는 미국의 중심부에 눌러앉아 대부분의 시간을 생각과 독서로 보낸다. "우리는 업무 시간의 대부분을 읽는 데 할애한다. 그것이 우리가 하고 있는 일의 거의 전부다"라고 그는 종종 말해왔다.

버핏은 합당한 가격에 멋진 사업체들을 인수하는 것을 좋아한다. 대개는 뛰어난 사업체가 일시적인 오점이나 두려움, 오해에 휩싸였을 때 투자를 한다. 1970년대 중반에 거의 파산 지경까지 몰렸던 자동차 보험 회사인 가이코의 경우가 좋은 사례다. 버핏은 엄청난 가능성을 지닌 기업을 인수했고, 약 40배로 돈을 불렸으며, 지금은 가이코 전체를 소유하고 있다.

버크셔의 핵심 철학은 대규모의 자금을 소수의 사업체에 베팅하는 것이다. 버핏은 이를 일컬어 '역량의 범주Circle of Competence'라고 한다. 그 안에서 투자를 해야 인생에서든 투자에서든 유리한 거점을 확보할 수 있게 된다는 것이다. 유리한 상황이라는 확신이 서고 '안주지대'에 '팻 피치Fat Pitch기업가치에 비해 주식이 저평가될 때까지 기다리는 것·옮긴이' 가 날아들면 외야석을 향해 방망이를 힘껏 휘두르는 것이다.

버핏이 하지 않는 것은 그가 하는 것만큼이나 중요하다. 그는 프로그램 매매를 하지 않는다. 기업의 다가올 분기별 수익에 따라 서둘러 투자하지도 않는다. 그는 협박을 하지 않으며, 적대적 인수에도 참여하지 않는다.

그리고 부채나 낭설에 따라, 또는 승산 없는 시도를 감수해야 하는 투자를 억지로 밀어붙이지도 않는다. 그의 관점에서 돈을 벌어들이는 비결은 위험을 감수하지 않는 데 있지 않고, 위험을 피하는 데 있다. "우리는 용을 죽이기보다는 용을 피함으로써 더 잘해오고 있다"고 그는 강조한다.

끈질기고 세밀하게
쓸 만한 기업을 찾아낸다

버핏은 투자 결정에 포함된 사람들 전부와 수치 자료, 관련 사실, 심지어 가장 상세한 일까지 모두 파악하고 있다. 그는 끈질기고 세밀하게 연구한다. 하지만 버핏의 투자 기술은 속임수나 예감에 의지하는 것이 아니라 가치의 모색을 중심으로 한다. 그는 실적이 저조하거나 그저 그런 사업체에 상당히 낮은 가격으로 투자하기보다는 우수한 사업체에 합리적인 가격으로 투자한다.

버핏은 기초중공업에는 투자하지 않는다. 기초중공업은 고비용이 들어가고 노후화 가능성이 다분하기 때문이다. 그는 실적이 우수하거나 저조한 사업체들에 관해 언급하면서 가설적인 'A 회사와 E 회사'를 예로 들곤 한다. 여기서 A와 E란 곤경Agony과 절정Ecstasy을 뜻한다. 버핏은 두 가지 범주의 회사들을 소유하고 있다. 하지만 그는 곤경에 처한 회사보다는 절정기의 회사를 훨씬 많이 보유하고 있고, 세계에서 가장 절정기에 있는 회사를 운영하는 중이다.

버핏은 한 회사를 인수할 때 그 회사에 나름의 가치를 부여한다. 그 과정에서 회사는 단지 하나의 사업체가 아닌, 버크셔의 사업체로 탈바꿈하게 된다. 투자 자문회사 칸 브러더스를 설립한 가치투자자 어빙 칸에 따르면, 버핏의 기술은 공개될 때 재평가되는 개인 기업을 발견하는 데 있다. 실제로 버핏은 잘 알려지지 않은 사업체를 인수하고는 버크셔 연례보고서에서 단 한 줄로 언급함으로써 그 회사에 후광을 비춰준 적이 여러 번 있었다.

경쟁업체를 살핀다

버핏은 진실한 것과 진실처럼 보이는 것을 구분하는 특별한 능력을 지녔다. 이러한 능력은 훌륭하기는 하지만 그다지 호감이 가지 않는 사업체를 인수함으로써 드러난다.

버핏은 대단한 사업체를, 그의 말을 빌리면 '놀라운 사업체'를 그회사에 대한 일부 부당한 비난과 우려, 오해 때문에 잠시 주가가 하락했을 때 인수한다. 아메리칸 익스프레스와 가이코, 웰스파고의 인수가그 좋은 예다. 그가 아메리칸 익스프레스를 인수한 시기는 그 회사가스캔들에 둘러싸였을 때고, 웰스파고의 경우는 부동산 대출로 손해를입을 것처럼 보였을 때다.

유능한 투자가가 되려면 자신이 소유한 사업체를 잘 관리할 뿐만아니라 경쟁업체들과 함께 보조를 맞춰나가야 한다. 1993년 버크셔 정기 주주총회에서 버핏은 자신이 읽는 연례보고서의 숫자와 관련해서이렇게 말했다. "우리가 소유하고 있거나 앞으로 소유하려고 생각 중인 어떤 사업체뿐 아니라 다른 경쟁업체들의 연례보고서를 읽는 데에도 우리는 관심이 많습니다. 나는 빅Bic의 연례보고서를 입수하고, 쉬크Schick에 관한 정보를 입수하기 위해 워너램버트Warner-Lambert의 연례보고서를 입수할 뿐만 아니라, 펩시코Pepsico의 연례보고서를 입수 하고, 코트 비버리지Cott Beverage의 연례보고서도 입수합니다. 코트 비버리지는 다른 어떤 회사보다 많은 양의 콜라를 생산하고 있습니다. 적어도북반구에서는 말이죠. 나는 경쟁업체들이 무슨 일을 하고 무슨 말을 하는지, 그들이 어떤 성과를 내는지, 그들에게는 어떤 전략이 논리적으로보이는지 알아내기 위해 모든 노력을 다합니다."

냉정하고 정확한 인물평

사업의 내부적 운영에 관한 능력 외에 버핏이 지닌 장점 중 더욱 대단한 점은 인간성에 관한 이해력이다. 그는 존 D. 록펠러가 남긴 명언에 동의한다. "사업을 기초로 세운 우정은 우정을 기초로 세운 사업보다 낫다."

인간의 본성은 다음과 같다는 사실 역시 버핏은 알고 있다. "바보들은 무조건 돌진하지만, 현명한 사람은 거래하기를 주저한다."

버핏은 사람들을 빠르고 정확하게 파악한다. 그들의 능력과 동기, 야망에 대한 그의 판단은 거의 언제나 돈과 연관되어 있다. 그는 눈 깜짝할 사이에 상류층 인간을 알아보고, 그에 못지않게 사기꾼을 분별해낸다.

그중 하나가 오마하의 래리 킹이었다. 버핏은 래리 킹이 지역공동체가 생각하는 윤리적인 인물이 아니라는 사실을 금세 탐지해냈다. 한때 '프랭클린 커뮤니티 연방 신용협동조합'의 관리자이자 재정 책임자였던 킹은 결국 자신의 유죄를 자백함으로써, 프랭클린이 1988년에 파산한 사건 및 예금액 3900만 달러가 사라진 사실과 연관되어 유죄 판결을 받고, 15년 동안 징역을 살아야 했다.

〈GQ 매거진〉은 1991년 12월 호에서 래리 킹을 이렇게 평가한 바 있다. "오마하에서 단 한 사람을 빼고는 래리 킹을 냉대한 이가 거의 없었다. 그 사람은 바로 워런 버핏이었다."

1978년 킹은 수전 버핏에게 그녀의 집에서 자신과 엘리스(킹의 아내)의 결혼 10주년 파티를 열 수 있겠냐고 물었는데, 이는 킹의 생각으로도 몰염치한 제안이었다. 수전은 승낙했지만, 워런이 거부했다. "나는 킹이 가식적인 인물이라는 사실을 알고 있었다. 그리고 이런 사실을 그도 알고 있었다고 나는 생각한다. 오마하에서 그가 돈을 빌려달라고 부탁하지 않은 유일한 사람이 바로 나다."

버핏은 어떻게 그런 사실을 알았을까? "그는 이마에 가식적이라고 분명히 씌어 있는 인간이었다"며 버핏은 당연하다는 듯 말했다.

GE CEO였던 잭 웰치는 버핏을 경영 능력이 뛰어난 인물이라고 평했다. 버핏과 잭 웰치는 여러 해 동안 골프 친구로 지내면서, 그리고 자동차보험을 비롯한 다른 사업을 하면서 서로 알게 되었다.

잭 웰치는 〈비즈니스 위크〉에서 이렇게 말한 바 있다. "당신이 잘 아는 사람 가운데 버핏도 알고 있는 사람이 있다면 버핏에게 한번 물어보라. 그에 관해 매우 분명하게 파악해줄 것이다. 그는 사람들에 대한 훌륭한 평가자인데, 기업을 운영할 때 그런 능력은 매우 중요한 덕목에 속한다."

빨리 가는 코끼리를 잡는다

투자의 길에 들어선 초입부터 버핏은 부채를 활용하는 것에 부정적이었다. 채무의 부담을 지고 있는 투자 세계의 상당수가 새로운 위기에 봉착해 공황 상태에 빠져 있을 때, 버핏은 현금으로 장전된 총으로 무장한 채 '빨리 가는 코끼리를 잡을 태세'에 돌입한다. 빨리 가는 코끼리란 빠른 속도로 성장하는 대기업을 말한다.

부채가 없고 현금을 많이 보유한 덕분에 버핏은 좋은 투자처가 나타났을 때 투자 기회를 놓치지 않는다. 그는 대출을 받기 위해 은행원들에게 전화할 필요가 없다.

1950년대에 버핏은 끈기 있는 조사와 연구 끝에 주당 16달러의 수익을 올린 웨스턴 보험과 내셔널 아메리칸 보험의 주식을 동시에 매수할 만큼 자금이 풍부했다.

버핏은 독서를 하다가 중요한 것을 발견하면, 그 분야에 대한 연구를 비공식적으로 수행하곤 한다. 1965년 그는 캔자스시티에 있는 철도 지대에서 한 달 동안 유조차의 수를 세며 시간을 보냈다.

그러나 철도 주식을 매입하려고 그런 것은 아니었다. 그는 매우 성공적인 휘발유 첨가제인 STP라는 제품으로 오랜 역사를 자랑해왔던 스튜드베이커에 관심을 갖게 되었다. 그런데 그 회사는 제품의 상세 정보를 버핏에게 공개하지 않으려 했다. 하지만 버핏은 STP 제품의 기초 성분이 '유니언 카바이드'라는 것을 알고 있었고, STP 한 통을 생산하는 데 얼마의 비용이 드는지도 알고 있었다. 그런데 그에 대한 매출을 몰라 유조차의 수를 센 것이다. 유조차의 수가 늘어나자 그는 스튜드베이커의 주식을 매입했고, 주가는 18달러에서 30달러로 뛰었다.

때때로 버핏은 오마하의 택시운전사들에게 사업이 잘되고 있는지 묻곤 한다. 그는 사물을 관찰하고 질문하며, 책을 읽고 투자 기회를 모색하는 걸 게을리하지 않는다.

때로 대담하고
독창적으로 행동한다

버핏은 결코 경고를 흘려듣지 않는다. 대개는 집중적인 연구를 통해 전망 좋은 투자 기회를 찾아낸다. 하지만 평소의 보수적이고 완고한 방식에도 불구하고 좋은 기회를 발견하면 놀랄 만한 대담성을 보이기도 한다.

초기에는 자신이 보유한 재산의 상당 부분을 아메리칸 익스프레스와 〈워싱턴 포스트〉에 투입했다. 또한 1988년 그의 나이 50대 후반에 접어들었을 때 10억 달러를 들여 엄청난 양의 주식을 매입했다. 실로 대담한 행동이었다. 이때 버핏이 사들인 코카콜라 주식은 전체 지분 중 7%에 달하는 것이었고, 이는 버크셔의 투자 중 현재까지도 수익성이 높은 투자에 속한다.

버핏은 대담할 뿐만 아니라 독창적이다. 통계 자료가 부족하고 법원 판정이 예측 불가능하기 때문에 기업들이 직원들과 중역들을 책임보험에 가입시켜주어야 한다는 이야기가 나오고 있는 시점에, 그는 산업 간행물에 낸 광고를 통해 버크셔가 이러한 보험을 시작할 것이라고 발표하면서 다음과 같이 말했다. "이 책임보험에 대한 보상으로 100만 달러 이상을 지불하고 있거나 기꺼이 지불하고자 하는 기업들이, 원하는 보상 범위와 보험료를 우리에게 말해주면 우리는 그 제안을 받아들일 것인지를 답변해줄 것입니다."

버핏은 보험 사업에 관여하고 있기 때문에 종종 보험을 판매하는 방법도 제안해왔다. 1989년 미국 주택대부조합이 위기상황에 처하고 은행의 문제점들이 신문 1면을 장식했다. 그때 그는 예금자들의 보험 문제와 관련해 연방정부를 도울 수 있는 한 가지 방법을 제안했다. 바로 개인보험 회사들이 공동으로 보상금을 분담하는 것이었다.

그는 〈워싱턴 포스트〉에서 이렇게 밝혔다. "지금 우리에게 필요한 것은 개인보험 회사들이 리스크를 평가할 수 있는 능력과 정부당국이

리스크를 책임질 수 있는 능력을 결합하는 시스템이다. 은행의 규모에 따라 공동보험에 가입하는 것이 우리가 가야 할 길이다." 나중에 버핏은 버크셔가 그러한 종류의 보험을 시작하길 원한다고 말했다.

수년간 그는 보험 회사부터 R.J. 레이놀즈와 필립 모리스, 압력밥솥과 가정용품 제조업체인 내셔널 프레스토, 내셔널 서비스 인더스트리스에 이르기까지 수십여 개의 회사에 투자를 했다. 그 밖에도 핸디 앤드 하먼, 20세기 인더스트리스, 제너럴 푸드, 어필리에이티드 출판, 인터퍼블릭 그룹, 타임, 비벌리힐스에 있는 은행지주 회사인 시티 내셔널, 맨빌, 소매 및 애완동물 사료생산 업체인 랠스턴 퓨리나에도 투자하는 등 투자를 과감하게 확대해나갔다.

버핏에게도 실수가 있었을까? 초기에는 값싼 회사를 인수하려고 신경을 곤두세웠다. 버크셔의 섬유 사업이 실패한 사실을 한번 상기해보라. 그는 어필리에이티드 출판이 보유한 이동통신 회사 맥코우 셀룰러의 지분을 매도하기도 했다. 이 일을 두고 그는 후일 "휴대폰은 내 역량 밖이기 때문에 나는 그 사업을 놓쳐버렸다"고 회고한다.

버핏은 여전히 자신의 생각에 대한 믿음이 강하다. 사람들은 종종 그에게 투자 아이디어가 있다고 편지를 보내곤 하는데, 그럴 때면 그는 이렇게 답장을 한다. "내 아이디어와 당신의 자본이 결합한다면, 우리는 아무 문제가 없을 겁니다."

버핏은 자신의 경이적인 기록에도 불구하고 여전히 사람들에게 잘 알려지지 않았다. 살로먼의 경영진들이 미국 정부 채권을 불법적으로 거래함으로써 금융시장의 붕괴를 초래할 뻔한 사건인, 살로먼 스캔들을 처리하기 위해 그가 나서기 전까지는 심지어 비즈니스 세계에서도 그를 잘 알지 못했다.

1986년 10월 12일, 〈오마하 월드 헤럴드〉의 기자인 앨런 거스텐은 살로먼 브러더스의 임원에게 전화를 걸어 버핏이 회사 주식의 9.9%를 보유하고 있다고 알려주었다. 그때 임원은 이렇게 되물었다고 한다. "워런 버핏이 누구지?" 버핏이 살로먼의 임시회장이 되었을 때도 사람들은 같은 질문을 던졌다.

사람들은 종종 버핏에게 자문(그리고 돈)을 구하곤 한다. 살로먼이 RJR 나비스코 입찰에 참여할 것인지 고려 중이었을 때, 살로먼 회장인 굿프렌드는 버핏의 조언을 구했다. 그러자 버핏이 말했다. "내가 무슨 이유로 담배 사업을 좋아하는지 말해주겠소. 담배 사업은 제품 생산비는 1페니가 들고, 판매가는 1달러이며, 습관을 만들고, 환상적인 브랜드 로열티가 있는 이상적인 사업이지요." 그러나 굿프렌드가 살로먼과 함께 거래에 참여하기를 원하는지 묻자 버핏은 지금으로서는 죽음을 파는 담배 사업에 적극적으로 참여하고 싶지 않다고 대답했다. 살로먼은 자체적으로 입찰에 참여했지만, 콜버그 크래비스 로버츠가 결국 거대 담배 기업을 차지했다.

비즈니스계의
슈퍼스타를 발굴한다

버크셔가 재보험업체 제너럴 리전 세계 4대 재보험 회사 중 하나로 버크셔의 자회사가 됨·옮긴이를 인수한다고 발표한 직후인 1998년 6월 22일, 애널리스트들의 회의석상에서 버핏은 이번 일로 제너럴 리가 아시아에서 보험 사업을 확장할 수 있는 좋은 기회를 얻게 되었는지 여부에 관해 질문을 받았다. 버핏은 그렇다고 말하면서 지속성 있는 관계를 가능한 한 빨리 구축하는 일이 중요하다고 밝혔다. 그러고 나서 한 남자와 일꾼의 비유를 들었다.

남자가 일꾼에게 나무를 심으라고 하자 일꾼은 나무가 자라는 데는 50년이 걸리므로 천천히 해도 된다고 대꾸했다. 그러자 그 남자는 일꾼에게 "그렇다면 오늘 나무를 심는 게 좋겠소"라고 말했다는 이야기다.

물론 앞날에 대한 예측은 종종 틀릴 수 있고, 거의 모든 경우에 별 효과가 없다. 미국 자동차 회사 크라이슬러 설립자 월터 크라이슬러는 대공황이 시작되었던 1929년 이런 말을 했다. "1929년은 유례없는 번영의 해임에 분명하다. 좋은 시기는 대다수 미국인에 의해서가 아니라, 평화를 누리고 있는 전 세계 사람들에 의해서 만들어진다." 1년도 지나지 않아 미국 경제에 대공황이 들이닥친 사실을 돌이켜보면 어리석은 예견이 아닐 수 없다.

약 50명의 사람이 2002년 버크셔 종가가 최저 7만 5000달러에서 최고 10만 9000달러에 이를 것으로 추측한 일이 있다. 실제 종가는 7만 2750달러였다. 이에 관해 버핏은 연례보고서에서 우회적으로 언급했다. "몇 년 전만 해도 아무도 베트남전쟁의 엄청난 확전과 임금 및 물가의 상승, 두 번의 오일쇼크, 대통령의 사임, 소련의 해체, 하루만에 508포인트 하락한 다우존스 지수, 재무성 단기증권의 수익이 2.8%에서 17.4%까지 급등하리라고 예측하지 못했지요."

버핏은 주식시장에서 근거 없이 예측하는 것은 가장 위험한 발상이라고 꼬집었다. 대신 수많은 자료와 수치를 분석한 후 분명한 결과가 예측된다면 문제점을 하나씩 줄여나가는 데 노력을 아끼지 않는다.

버핏은 어떤 문제를 회피하는 걸 선호하지만, 문제에 대한 정면 대응으로 유명한 존슨 앤드 존슨의 전임 회장이었던 그의 친구 짐 버크를 칭찬해 마지않는다. "나는 짐 버크를 국가적 자산이라고 말하고 싶다. 500마력의 모터를 가지고 겨우 100마력의 소득을 얻어내는 사람들이 수없이 많다. 하지만 짐은 다른 사람들과 동등한 마력을 보유하고도 그 효율성이 100%에 달한다. 그는 문제를 연구하는 걸 좋아하지만 나는 문제를 피하려고 노력한다."

언젠가 버핏은 하루를 어떻게 보내느냐는 질문을 받은 적이 있었다. "글쎄요, 우선 저는 탭댄스를 추면서 출근하죠. 그런 다음에는 자리에 앉아 서류를 읽습니다. 다음에는 7~8시간 동안 전화 통화를 하죠. 그러고는 읽을 것을 집으로 가져온 뒤 저녁에는 다시 전화 통화를 합니다. 우리는 많은 것을 읽고 또 읽습니다. 우리는 우리가 추구하는 것이 무엇인지 잘 알고 있습니다. 우리는 유망한 인물을 탐색하죠. 그게 전부입니다."

버핏은 비즈니스 세계의 슈퍼스타들을 발굴하는 데 하루를 쓴다고 대답했다. 그는 오늘도 슬램덩크를 할 수 있는 '장신'들을 찾아다니고 있다.

2장
도전과 성취의 대장정

복리는 언덕에서 눈덩이를 굴리는 것과 비슷하다.
작은 눈덩이로 시작해서 오랫동안 언덕을 굴러 내려가다 보면,
그 눈덩이에 점성이 생기면서 끝에 가서는
정말 큰 눈 덩어리가 된다.

_워런 버핏

추락의 위기를
상승의 기회로 만들다

버핏의 삶이 늘 순탄하고 상승일로였던 것은 아니다. 그건 겉보기의 화려함일 뿐, 그에게도 난관과 실패에 발목이 잡힌 과거가 있었다. 하지만 난관과 실패는 돌파와 성공의 역사를 불러오는 주문과 같았다. 그는 결코 좌절하거나 물러서지 않았다. 그리고 도전하고 성취해냈다.

오늘날 버핏이 부의 세계에서 최고의 자리를 차지하게 된 것은 추락의 국면 안에서 상승의 동력을 이끌어내고, 위기의 상황에서 반전의 기회를 포착하는 탁월한 능력과 지혜의 결과라 할 수 있을 것이다.

20세기의 마지막을
반 토막으로 장식한 버크셔

1956년에 당신이 만일 버핏에게 투자금으로 1만 달러를 맡겼다면, 그 돈은 오늘날 세후稅後 수익으로 4억 달러 이상 불어나 있을 것이다. 하지만 이런 엄청난 수익이 만들어지는 과정이 그저 순탄하기만 했던 것은 아니다.

버크셔 해서웨이는 주당 약 90달러에서 40달러로 주가가 급락했던 1973~1974년의 극심한 경기 후퇴기에 심각한 타격을 입었다. 또한 약 4000달러에서 3000달러로 주가가 하락했던 1987년의 주식시장 붕괴 당시에도 큰 실패를 경험했다. 1990~1991년 걸프전 이후에도 몇 달간 주가가 8900달러에서 5500달러로 폭락하면서 한 차례 더 타격을 입었다. 그 후 추가적인 하락 없이 시세를 유지하다가, 대규모 재보험 회사인 제너럴 리를 인수한 이후인 1998~2000년 사이에 다시금 급격한 주가폭락이 버크셔를 덮쳤다. 낮은 보험 가격 책정과 예년보다 잦았던 자연재해로 제너럴 리의 실적이 위태로워졌고, 코카콜라와 질레트 등 버크셔의 투자 중 높은 비중을 차지하는 회사들도 심하게 비틀거렸다.

여기에다 이자율 상승으로 버크셔의 대규모 채권 포트폴리오마저 형편없이 주저앉아버렸다. 2001년 9·11 테러 이후 지속된 커다란 폭풍까지 포함해 지난 100년간의 폭풍은 버크셔의 벽을 연속으로 강타했으며, 버크셔가 60%의 가치 손실을 입었던 시기인 1973~1975년 이래 주가를 최악으로 하락시키며 2004년 미국을 강타한 허리케인 '이반'에 맞먹는 손실을 초래했다.

2000년대에 들어서도 버크셔의 주가는 약 50% 정도 폭락한 바 있다. 버크셔는 몇몇 비非인터넷 기업들보다 선전했지만, 버핏은 "상대적 실적이 좋다고 해서 만족할 수 없다"고 말했다. 1998년 중반에 약 8만 달러였던 버크셔의 주가는 2000년 초 4만 800달러로 반 토막이 났다. 잊을 수 없을 정도로 끔찍했던 1999년은 버크셔의 주주들에게 엄청나게 실망을 안긴 한 해였고, 그 이후로 사람들은 그해를 '실망의 99년'이라고 부른다.

버핏의 건강에 관한 무성한 소문들과 인터넷에 유포된 추측성 기사들, 그리고 인터넷 버블 기간 동안 버핏이 분별력을 완전히 상실했다고 주장하는 몇십 개의 언론 기사가 난무하는 가운데, 2000년 초 버크셔의 주식은 정신없이 곤두박질쳤다. 실제로 많은 투자자가 모멘텀본래 물리학 용어로 동력을 말하며, 추진력·여세·타성이라고 한다. 주식시장에서는 주가가 상승추세를 형성했을 경우, 얼마나 가속을 붙여 움직일 수 있는지를 나타내는 지표가 된다. 다시 말해 주가를 움직일 수 있는 자극이 있느냐를 나타내는데, 예를 들면 증자발표나 신사업 진출, 액면분할, 정부의 정책발표 등을 말한다. 주가가 상승하더라도 이 수치가 부족하면 향후 상승추세가 꺾여 하락할 가능성이 크고, 반대로 주가가 하락하더라도 이 수치가 높으면 주가는 상승할 가능성이 크다. 따라서 주가의 변동을 알아내는 기준이 되며, 특히 단기투자에서 유용하게 사용된다·옮긴이과 기술투자 방식을 활용하던 당시, 버핏의 가치투자 방식은 빈축을 사고 있었다.

가치투자에 충실하면서 오랫동안 성공적인 기록을 달성해왔던 줄리안 로버트슨의 '타이거 펀드'도 부진한 실적과 투자자들의 자금 회수로 문을 닫고 말았다.

버크셔에 들이닥친 5급 경보 위기의 순간인 2000년 3월 10일, 버크셔의 주식은 4만 800달러로 몇 년 새 가장 낮은 가격을 기록했다. 월스트리트의 짐 크레이머는 당일 칼럼에서 이렇게 조언했다. "그 주의 말미에 나는 버크셔 해서웨이를 공매도하고 싶은 유혹을 계속 느끼고 있었다. 한때 고가에 팔렸던 브랜드들의 그러한 고가정책은 한몫 제대로 잡기에 적절해 보인다." 크레이머의 스트리트닷컴은 버크셔가 천천히 회복되어가는 동안 실제로 한몫 단단히 챙긴 것으로 알려졌다.

버크셔의 주식이 저가에 머무르던 당시, 일부 사람들은 회사에 '반 토막 난 버크셔Berkshire Halfaway'라는 별칭을 붙이기도 했다. 그 기간 버핏에게 우호적인 것은 아무것도 없는 듯했다. '모건 스탠리 딘 위터'의 전임 투자분석가 앨리스 슈로더에 따르면, 버크셔의 당시 주가 4만

3000달러는 주당 약 3만 8000달러의 회계가치 혹은 장부가치의 고작 1.13배에 달하는 수치였으며, 이는 1.04배였던 1983년 이래로 최저 수치였다. 비록 주가는 급락했지만, 버크셔의 장부가치는 전년도와 거의 동일했다. 많은 분석가가 버크셔의 내재가치가 7만 달러에서 11만 달러 정도 된다고 생각했다.

캘리포니아주에 거주하는 버크셔의 주주 데이비드 헤이든은 1999년도의 버크셔 실적에 관해 이렇게 말했다. "1907년의 경제공황 이래 가히 최악의 해라 할 수 있는 1999년에 대해 말하자면, 버크셔의 장부가치가 상승했다는 사실에 놀라지 않을 수 없었어요. 비록 적은 액수이기는 했지만 말입니다. 보험회사의 참혹한 실적과 포트폴리오상의 극적인 하락, 스탠더드 앤드 푸어스에서 제명된 제너럴 리의 영향, 그림의 떡 같은 기술주 대비 가치주에 대한 형편없는 평가, 그리고 최악의 자연재해에도 불구하고, 그 기업의 잠재적인 가치가 사실상 상승했다는 의미지요. 버크셔는 그 모든 악재에도 불구하고 그해 연초보다 연말에 가치가 더욱 높아졌습니다. 49%의 주가 하락이 과연 정당한 것일까요?" 헤이든은 버크셔의 주식을 이렇게 정의 내린다. "버크셔는 모멘텀 주식이 아닙니다. 배당주식도 아니지요. 또한 뮤추얼펀드를 대신하는 것도 아닙니다…. 그것은 20~30년 동안 투자금에 손대고 싶지 않은 사람들을 위한 최상의 투자 수단입니다."

버핏이 1960년대에 곤경에 빠진 섬유 제조업체를 저가에 인수한 뒤로 또다시 주가 하락의 경험을 2000년에 하게 된다. 당시 버핏은 버크셔의 초저가 투자에 대해 "버크셔는 고작 한 모금 남은 피다 만 담배꽁초"라고 말했다.

항공우표 사재기 해프닝

중개 회사 '트위디 브라운 앤드 냅Tweedy, Browne & Knapp'의 구성원 중 한 명이자, 벤저민 그레이엄의 문하에서 공부했던 투자자 중 한 명인 톰 냅은 1954년도에 발행된 4센트짜리 블루 이글 항공우표를 버핏과 함께 사재기하려 했던 때를 떠올렸다.

1950년대 후반의 일이었다. 벤저민 그레이엄이 위스콘신주 벨로이트대학교에서 열리는 애널리스트들의 모임에서 연설을 하기로 되어 있었다. "워런이 오마하에서 전화를 걸어 애널리스트 모임에 가자고 제안했어요. 벨로이트까지 어떻게 갈 거냐고 묻자, 버핏은 매우 간단하다고 하더군요. 일단 오마하로 오면 자동차를 몰고 갈 텐데, 그곳으로 가는 동안 끝없이 펼쳐진 옥수수 밭을 보게 될 거라고 했어요…. 사실 그곳까지는 자동차로 하루 종일 걸렸어요. 그사이 우리는 여러 투자와 거래에 관련된 이야기를 나누었고, 도중에 제가 〈린의 우표 뉴스〉에서 읽었던 기사를 언급하게 되었죠. 4센트짜리 블루 이글 우표가 5센트짜리 레드 이글 우표로 대체될 거라는 기사였어요."

냅은 버핏에게 블루 이글 우표에 관해 계속 얘기했고, 오마하로 차를 몰고 돌아오는 길에 그 둘은 우표를 사기 위해 우체국 앞에 멈춰 섰다. "한 우체국에 들렀더니 23장의 우표가 남아 있더군요. 워런은 '가서 그것들을 사오게'라고 말했어요. 대박은 덴버에 있더군요." 그 둘은 우편을 통해 덴버에서 약 20만 장의 우표를 사들였다. 그리고 버핏과 냅은 모든 대형 우체국에 편지를 보내 그 우표들이 더 남아 있는지 알아보았다. 그렇게 해서 그들은 모두 40만 장가량의 우표를 확보할 수 있었다. "우리는 그것들을 나누어 가졌고, 몇 년간 보유했어요. 하지만 문제가 발생했죠. 싸구려 접착제 때문에 우표들이 서로 엉겨 붙어버린 겁니다. 제가 롱아일랜드에서 가지고 있던 몇 장의 우표 시트가 들러붙었어요. 오마하에 있는 것은 붙지 않았는데 말이에요."

그렇게 몇 년이 흐르는 동안 냅과 버핏은 그들의 우표에 대해 큰 수요가 없다는 것을 알게 되었다. "워런은 시가를 주시하고 있었고, 시장이 균형을 잡아가고 있음을 알게 되었죠. 그는 전 세계에서 단 한 명의 구매자를 찾아냈어요. 그 구매자는 액면가의 10%밖에 안 되는 금액으로 그것들 대부분을 사갔죠. 저는 몇 장의 우표 시트를 추억으로 남겨 두었습니다." 냅은 그 우표의 쓸모가 아주 없지는 않았다고 말했다. "트위디 앤드 브라운에 있을 적에 우리는 워런에게 핑크시트^{장외시장} 거래 주식들에 대해서 시장 조성자들이 부른 도매 호가 기록·옮긴이를 정기적으로 보내주곤 했고, 우리는 신문지상에 게재되지 않은 시세들을 확인할 수 있었죠. 그는 시세표를 보낼 때 그 우표를 사용하곤 했어요."

프린스턴대학교에서 화학을 전공했으며, 버핏보다 열 살 위인 냅은 자신이 버크셔의 가장 오래된 주주일 거라고 말했다. 풍력발전소 뎀프스터 밀이 청산될 당시, 냅은 그 회사의 지분을 갖고 있었다. "저는 뎀프스터 밀의 보유 유가증권 중 하나였던 버크셔 주식을 받았어요. 취득 원가는 주당 5~10달러였지요. 저는 그것을 단 한 주도 팔지 않았고, 가족을 위해 몇 주 더 샀어요. 가족들도 좋아했고요. 버크셔보다 나은 회사는 없다고 생각했거든요."

제2차 세계대전에서 복귀한 뒤, 냅은 한동안 해변에서 시간을 보내며 지냈다. 그러던 어느 날 그는 데이비드 도드가 야간에 컬럼비아대학교에서 투자학을 강의한다는 것을 우연히 알게 되었다. 냅은 그 과목을 수강하면서 투자에 큰 흥미를 느끼게 되었고, 컬럼비아 경영대학원에 진학해 MBA를 땄다. 그곳에서 그는 도드의 강의를 한 번 더 들었으며, 벤저민 그레이엄의 강의도 수강했다. 그레이엄의 또 다른 문하생이었던 에드 앤더슨과 냅은 1968년 트위디 브라운 파트너Tweedy, Browne Partners의 설립을 도왔다.

우표를 사재기할 당시의 냅은 30대였고, 버핏은 20대로 혈기 왕성한 청년들이었지만, 냅은 이렇게 말했다. "버핏은 명백히 모든 이를 앞서갔어요. 그의 이해력과 집중력은 정말이지 믿을 수 없을 정도였죠. 그리고 그의 성실성은 100%입니다. 그는 모든 것이 완벽하게 일렬로 정렬되어 있기를 바랐답니다."

4센트짜리 블루 이글 우표에 투자했던 것이 가치 있는 일이었을까? 40여 년 뒤에 톰 냅이 쓴 다음의 편지를 보면, 그렇지 않은 듯하다.

친애하는 데이비드 레이브에게,

워런이 4센트짜리 블루 이글 항공우표에 관한 자네의 편지 사본을 나에게 보내주었네. 특히 우표에 관한 최신 동향이 가장 흥미롭더군.

40년의 투자 기간 동안 마이너스 수익을 거두길 원하는 사람이 행여 있다면, 그 사재기야말로 딱 적합할 걸세. 우리는 몇 년간 그 우표들을 보유하다가 구매자를 찾기 위해 주변을 뒤졌네. 워런은 우표 사업에 도통한 딜러 한 명을 찾아냈지.

그 딜러는 갓 발행된 우표를 대량으로 구매하고(액면가에서 할인된 금액으로), 가장자리에 일련번호가 인쇄된 우표 시트를 처분하며(대개 액면가에 프리미엄을 얹어서), 그 외에 남는 것들은 편지를 부칠 때 사용한다네. 또한 이미 소인이 찍힌 우표들을 그에게 되돌려주는 우편물 수령인들도 여럿 두고 있네.

정리하자면 그 딜러의 수익은 ① 구매 시점에서 액면가의 1차적인 할인, ② 우표 시트에 대한 프리미엄, ③ 회수된 소인 찍힌 우표들의 판매로 구성되는 것이지.

자네가 이 편지 봉투의 우표를 보면 알겠지만, 나에게는 아직도 C-48(블루 이글 우표)의 일부가 남아 있다네.

훌륭한 기업이
비틀거릴 때를 주목한다

1960년대 초 버핏의 훌륭한 의사결정 중 하나는 아메리칸 익스프레스에 대규모 투자를 한 일이었다. 웰스파고에서 갈라져 나와 19세기 말에 설립된 이 기업은 1958년 신용카드를 도입하면서 유명해지게 되었다.

그런 가운데 1963년 말 앤서니 드 안젤리스의 샐러드 오일 스캔들이 터졌다. 아메리칸 익스프레스의 자회사가 뉴저지주 베이온의 저장 탱크에 들어 있는 샐러드 오일에 대해 창고증권창고업자가 화물을 맡아 보관하고 있음을 나타내어 임차인에게 발행하여 주는 유가증권·옮긴이을 발행했는데, 알고 보니 그 안에는 샐러드 오일이 없었다. 사기에 말려든 것이다.

기업 사기꾼 앤서니 드 안젤리스는 샐러드 오일을 보유하고 있는 것처럼 조작해 신용사기 사건을 계획했고, 이를 담보로 돈을 빌렸으며, 식물성 기름 선물에 투자해서 그 돈을 모두 날린 것이다. 그 기름 저장 고는 대부분 물로 가득 차 있었다. 물보다 기름의 비중이 낮다는 점을 이용하여 50센티미터 높이로 채운 물 위에 15센티미터 두께의 샐러드 오일을 얹는 속임수를 쓴 것이다. 아메리칸 익스프레스는 문제의 저장고들을 담보로 금융 결제 수단으로 거래될 수 있는 증권을 발행한 터였다.

아메리칸 익스프레스는 엄청난 금액의 사기를 당했지만, 그 사건과 무관한 제3자가 피해를 보는 일은 없을 거라고 분명하게 밝혔다. 수억 달러를 책임져야 하는 처지에 놓이게 되었다. 그 위기는 일대 파란을 일으켰다. 주주들의 자산을 모두 날리고 순자산이 마이너스로 돌아설 수도 있는 상황이었기 때문이다.

하지만 버핏은 그 사건이 주주들에게 돌아가는 배당금의 일회성 손실을 야기할 뿐이라고 생각했고, 회사 자체는 견실하다고 판단했다. 버핏이 항상 강조했듯이 "훌륭한 사업체가 일시적으로 어렵지만 해결할 수 있는 문제에 직면했을 때가 바로 훌륭한 투자 기회"였던 것이다.

프랜차이즈 사업을 궁극적으로 지지하는 버핏은 아메리칸 익스프레스의 신용카드와 여행자수표 사업이 마음에 들었고, 그들의 강점은 회사가 고난을 뚫고 나아가기에 충분할 만큼 확고하고 강력하다는 결론을 내렸다.

버핏은 '타인의 돈'이 지니고 있는 힘의 원리를 이미 꿰뚫고 있었다. 그는 아메리칸 익스프레스가 여행자수표에서 발생하는 거대한 '유동자금'을 보유하고 있기 때문에 안정된 기업이라고 판단했다. 버핏은 저금리 대출이나 다름없는 그 유동자금의 가치를 알고 있었다. 그래서 그는 아메리칸 익스프레스를 둘러싸고 있는 일시적인 어려움으로 인해 핵심 사업이 타격을 입지는 않았는지 확인하는 작업에 곧바로 착수했다.

버핏은 오마하에 있는 그의 단골 스테이크 전문점과 여타 점포에서 사람들이 여전히 아메리칸 익스프레스 카드와 수표를 사용하고 있는지 살피기 위해 금전등록기 뒤에 서서 손님들이 식대를 지불하는 것을 엿보았다. 가게 주인들은 여전히 이 카드를 받고 있었다. 해당 카드들은 여전히 인정받고 있었고, 아메리칸 익스프레스 제국은 손상되지 않은 상태로 건재했던 것이다.

1964년 버핏은 투자할 가치가 충분하다는 확신을 가지고 조합원들의 동의 아래 투자조합의 원칙을 깨는 일에 착수했다. 버핏 투자조합 순자산의 40%, 즉 1300만 달러 정도를 아메리칸 익스프레스에 투자했던 것이다. 버핏은 주당 65달러에서 35달러로 폭락한 그 회사의 주식 5%를 매수했다. 아메리칸 익스프레스를 매수함으로써 버핏은 하나의 투자에 조합 자금의 25% 이상을 투자하지 않는다는 자신의 원칙을 어겼다. 하지만 그는 훌륭한 기업이 일시적으로 흔들릴 때 그 기업을 매수한다는 새로운 투자원칙을 세웠다.

그 후 2년 동안 아메리칸 익스프레스 주식은 세 배로 뛰었고, 버핏 투자조합이 2000만 달러의 수익을 낸 그 주식을 매도했다는 보도가 나왔다. 신문 보도에서는 버핏이 2년 뒤 주식을 매도한 것으로 알려졌지만, 1991년 그는 그 주식을 4년 동안 보유하고 있었다고 말했다. 따라서 버핏 투자조합은 분명 훨씬 더 많은 돈을 벌어들였을 것이다. 그것은 굉장한 투자였다. 5년 동안 주가가 35달러에서 189달러까지 올라 다섯 배가 되었기 때문이다.

여기서 확인할 수 있는 버핏의 투자 교훈은 훌륭한 기업이 비틀거릴 때를 주목하라는 것이다.

위험을 무릅쓰고
대소동에 투자하다

1983년과 1984년 사이에 버핏은 워싱턴 전력공사WPPSS, Washington Public Power Supply System의 저가 채권인 프로젝트 1, 2, 3을 1억 3900만 달러를 주고 은밀하게 매입했다.

1984년 버크셔 연례보고서에서, 버핏이 워싱턴 소재 핵발전소 건설업체 WPPSS가 발행한 채권을 매입했다고 밝히자 버크셔 주주들은 몹시 놀랐다. 당시 WPPSS는 두 개의 핵발전소 4호기와 5호기를 감가상각 처리하는 등 문제가 너무나 많아 '대소동Whoops'이라고도 불리는 발행 채권에 대한 이자도 지급하지 못하고 있었기 때문이다. 게다가 WPPSS가 프로젝트 4와 5에 자금을 조달하기 위해 발행한 22억 달러 상당의 채권에 대한 채무를 불이행했다는 버핏의 설명에 사람들은 더욱 충격을 받았다.

그러나 버핏은 실패한 프로젝트들로 인해 채권을 터무니없는 할인가에 매입할 수 있었다. 당연히 채권에 대한 신용도 평가는 상당한 위험 수준까지 내려갔다.

"우리는 신용평가를 기준으로 판단을 내리지 않는다. 만일 우리가 무디스나 스탠더드 앤드 푸어스로 하여금 우리의 자금을 운용하게 할 수만 있다면, 우리는 기꺼이 그들에게 돈을 맡길 것이다." 1985년 4월 14일 〈오마하 월드 헤럴드〉에 실린 버핏의 말이다.

위스콘신주 매디슨 소재 '월맨 인베스트먼트 카운셀' 사장인 스티브 월맨은 이를 두고 다음과 같이 평한 바 있다. "우리는 조금도 대중을 거스르는 일을 하지 않는다. 우리가 어떤 일에서든 대중들과 얼마나 협력하고 동조하느냐에 따라 우리의 성공이 결정된다. 그러므로 대중과 대립하거나 심리학자들이 말하는 '사회적 증거자신의 독자적인 판단보다는 다른 사람들의 행동에 따라 어떤 행동이 옳은 것인가를 결정하는 법칙·옮긴이'라는 개념을 무시하는 일은 바로 우리의 원칙을 거스르는 것이다. 가치투자가 어렵다는 사실은 전혀 놀랍지 않다. 그래서 가치투자를 활용하는 사람이 적은 것이다. 대다수 사람은 WPPSS의 1, 2, 3 프로젝트 같은 저가 채권에 따르는 부정적 견해의 부담을 이겨낼 심리적 능력이 없는 상태다."

실제로 버핏이 위험을 무릅쓰고 사들인 채권은 특별한 매력이 있었다. 16.3%의 고정된 세후 경상수익률과 투자에 따르는 2270만 달러의 연수익을 제공한 것이다. WPPSS의 프로젝트들은 잘 진행되었고, 워싱턴 전력공사는 위기상황을 잘 타개했다. 세후 수익은 정확하게 버크셔의 계좌에 들어왔다.

버크셔의 '대소동' 채권의 일부는 상환이 청구되었지만, 버크셔는 아직도 그 채권 가운데 일부를 보유하고 있다. 채권에 대해 그다지 매력을 느끼지 못하는 버핏이지만 특별한 상황에서는 매입을 한다.

버핏은 과거에도 곤경에 처한 회사들의 채권을 매입한 적이 있었다. 1970년대에 크라이슬러가 거의 붕괴 직전 상황일 때도 채권을 매입했고, 철도가 폭파된 후 위기에 닥친 운송 회사 '펜 센트럴' 채권을 달러당 50센트에 매입하기도 했다. 이로써 두 회사는 어려운 상황에서 벗어나게 되었고, 버핏 또한 그 투자를 통해 수익을 얻었다.

너무 비싸서
오히려 무시당하는 주식

버크셔의 A급 주식 한 주로 마음에 드는 집을 한 채 장만할 수는 없을 테지만, 집 한 채의 보증금 정도는 낼 수 있을지 모른다2021년 현재, 버크셔 A급 주식 한 주는 한화로 4억 원이 넘는다. 2006년 주당 10만 달러를 넘기고, 2014년 20만 달러를 넘겼으며 2018년 30만 달러를 돌파했다. 그리고 2021년 40만 달러를 넘겼다·옮긴이. 아니, 어쩌면 성 한 채의 보증금이 될 수도 있을 것이다. 1990년대 말에 어떤 고객이 주식중개인에게 전화를 걸어 2500달러로 버크셔의 주식을 사고 싶다고 말했다. 그러자 주식중개인은 "고객님, 동그라미 하나가 부족합니다"라고 대답했다는 우스갯소리도 있다.

많은 주식중개인이 "버크셔 주식을 추천해줄 수 없다"고 말한다. 투자자들이 버크셔를 매수해선 안 된다고 제안하는 이유들은 다음과 같다.

"내 피 같은 돈에 비해 그 주식은 너무 비싸다."

"배당금이 없는 주식이다."

"그는 주식분할을 하지 않는다."

과거 뉴욕 증권거래소의 리스트를 훑어보면, 많은 주식이 주당 30달러 또는 40달러에 거래되었다는 것을 알 수 있다. 그런데 버크셔의 주식은 다섯 자리를 넘어 여섯 자리 숫자에 거래되고 있다.

버크셔 해서웨이의 주식이 〈월스트리트 저널〉에 처음으로 게재되던 날, 버핏은 전화 한 통을 받았다. 전화를 건 사람은 가까운 미래에 주식분할을 할 계획이 있는지 물었고, 만일 그러한 계획이 있다면 지금 알려주면 고맙겠다고 말했다. 버크셔의 주가를 싣기 위해 네 자리 숫자까지 쓸 수 있는 주식 시세란을 다시 만들어야 했기 때문이다. 버핏은 절대로 주식을 분할하는 일은 없을 거라고 대답하면서, 신문 지면의 칸을 넓히는 작업을 계속하라고 조언했다. 〈월스트리트 저널〉의 그 편집자는 버크셔의 주가가 급등하고 있기 때문에 만일을 대비해서 다섯 자리 숫자를 처리할 수 있도록 프로그램을 수정할 계획이라고 말했다.

버크셔는 주가 그 자체만으로 투자자와 주식중개인들을 놀라게 했다. 그들은 "도대체 버크셔란 회사가 어떤 회사야? 틀림없이 뭔가 실수가 있었을 거야!"라는 말을 되풀이했다. 거기에 대한 대답으로는 "글쎄, 내 컴퓨터에 약간 문제가 있는 것 같은데…" 정도가 가능할 것이다.

버크셔의 주주 리치 록우드는 다음과 같은 일화를 들려주었다. "메이저급 증권 회사에 수습사원으로 들어갔을 때입니다. 나는 2주간 리서치를 수행하고 그 일이 끝나면 내 상사에게 주식을 하나 추천하라는 업무 지시를 받았습니다. 조사를 마친 후에 나는 버크셔를 추천했죠. 그러자 상사는 버크셔는 워런 버핏 때문에 가치가 부풀려진 주식이라고 말했습니다. 게다가 그는 버핏을 믿지 않는다고 덧붙이며, 알 던랩*인원 감축 위주의 구조조정으로 유명해진 선빔의 회장·옮긴이과 버핏을 결부시키기까지 했죠. 결국 그 상사는 12달러에 철강주인 LTV 주식을 매수했습니다. 그러고는 LTV가 버크셔를 능가할 거라면서 나에게 내기를 제안했죠. 그 뒤 버크셔는 20% 정도 상승했고, LTV는 55% 하락했습니다. 나는 내기에서 이겼지만, 그 상사에게 새로운 주문이 들어오지 않는 바람에 직장을 잃고 말았죠."

버크셔와 유사한 주식은 없다. 많은 주식중개인이 그 주식을 모르고 있을 뿐이다. 대부분의 증권회사는 버크셔 주식을 연구하거나 분석하지도 않는다. 주식중개인들이 조사 결과를 회사에 보고하고 확신을 주지 못하는 한, 버크셔 주식의 매수를 권유할 수는 없다. 주식중개인이 버크셔에 관한 보고서를 작성하기 위해 증권회사에 자료를 요청하면 '오류' 내지는 '확인 불가능', 혹은 '자료 없음' 같은 결과가 출력될 것이다.

버크셔의 주식에 붙는 거래 수수료가 이례적으로 매우 낮기 때문에 주식중개인들은 버크셔 주식을 고객에게 추천할 필요를 느끼지 못한다. 버크셔 주식은 뉴욕 증권거래소에서 가격이 가장 높고, 거래량이 가장 적은 주식 중 하나이다. 버크셔의 주식은 가격이 높기 때문에 단 몇 주만으로도 큰 거래가 된다. 한 주당 100달러를 넘지 않는 중개 수수료는 주가와 주식 거래량을 고려해 책정되는데, 버크셔 주식의 경우는 수수료가 몇 푼 되지 않는다.

할인증권 회사를 찾으면, 38.50달러 또는 그 절반밖에 안 되는 수수료로 100주의 버크셔 주식을 매수할 수 있다. 가격이 낮은 다른 주식을 그 정도의 액수만큼 거래한다면, 수백 달러에 달하는 수수료를 지불해야 한다.

그리고 만일 포괄적인 편의를 제공하는 증권회사라면 수천 달러의 수수료가 붙을지도 모른다. 그러한 증권회사에서 1~100주 정도의 버크셔 주식을 거래하는 경우, 약 100달러의 수수료가 붙는다.

버핏은 1965년부터 지금까지 버크셔 해서웨이 주식을 매수해서 보유하라고 추천한 주식중개인은 고객들을 엄청난 부자로 만들어주었을 거라고 즐겨 말한다. 1965년 12달러였던 버크셔 해서웨이 주식 한 주는 2002년 4월 7만 1000달러의 가치를 지녔다. 하지만 그렇게 말한 주식중개인은 배를 곯고 있을 것이다.

버핏은 1950년대 초 네브래스카주 오마하에 소재한 아버지의 증권회사에서 일하는 동안 다음과 같은 가르침을 받았다. "주식중개인은 고객의 친구가 아니다. 그들은 약을 복용하는 횟수와 관련해서 환자들을 책임지는 의사와 비슷하다. 의사는 환자의 질병을 잘 치료하는 약보다는 병원의 재정에 도움이 되는 약을 팔아야 더 많은 봉급을 받는다."

버밍햄의 주식중개인 팀 캘러핸은 "버크셔는 뮤추얼펀드 같은 것이고, 수수료 부담이 거의 없는 주식이다"라고 평한다. 사실상 버크셔는 정말로 비용이 아주 적게 들어 부담 없는 펀드이다. 투자자들은 일단 버크셔에 투자하고 나면, 팔지 않고 계속해서 보유한다. 그래서 주식중개인들은 매도 수수료도 챙길 가능성이 거의 없다.

오하이오주 클리블랜드의 변호사 채드 브레너는 "나는 버크셔 주식을 1981년부터 1987년까지 매수했다"고 말한다. 그는 버핏의 우수한 경영 능력과 장기적 안목, 그리고 일관성이 자신을 매료시켰다고 고백한다. 또한 자신이 매도에는 별 소질이 없어서 한 번도 주식을 팔아본 적이 없으며, 그의 자식들은 버크셔 주식을 물려받게 될 것이라고 말한다.

버핏에 따르면, 5년 이상 중장기 투자자가 버크셔 주식의 90% 이상을 차지하고, 그들 중 95% 이상은 투자 금액의 절반 이상을 버크셔 주식에 투자했다. 이처럼 버크셔의 주주들은 충성도가 높은 집단으로, 자신의 순자산 중 큰 비중을 버크셔에 할당하고 있다.

버크셔의 주식은 거래량이 무척 적고 거래 빈도도 매우 낮다. 뉴욕 증권거래소 객장에 있는 짐 맥과이어의 자리에서 버크셔의 주식거래가 한두 시간에 한 번 정도 이루어진다는 사실을 확인할 수 있었다. 수년 전 그 시간 간격은 하루였다.

저소득층 주택 공급
사업에 투자하다

1990년 버크셔는 저소득층의 주택 공급에 자금을 대기 위해 비영리 단체인 내셔널 이쿼티 펀드National Equity Fund에 2500만 달러를 투자했다. 그리고 1991년 저소득층 주택 공급 사업에 2000만 달러를 균등 분배해 내셔널 이쿼티 펀드와 엔터프라이즈 펀드에 투자했다.

1994년에는 8000만 달러 이상을 저소득층 주택 공급 활동에 투자했는데, 그중에는 네브래스카주식투자 펀드의 소규모 금액도 포함되어 있었다. 그 돈은 휴스턴, 로스앤젤레스, 디트로이트, 시카고, 버핏의 고향인 오마하 등 몇 개 도시의 저소득층에 주택을 공급하는 데 사용되었다. 버핏은 1991년 다음과 같이 언급했다. "저는 이 사업을 친親 사회적인 측면에서 투자로 간주합니다. 박애주의의 맥락으로 보고 있는 것이 아닙니다."

버핏이 재정 및 사회적 책임이 있다고 한 이번 투자는 10년에 걸쳐, 1986년 세법 개정의 일부였던 '저소득층 주택 공급 세금 공제 프로그램'을 통해 창출된 세금 공제액의 형태로 15%에서 20%의 수익을 내야 했다.

처음 4년 동안, 이 기금은 62개 도시에서 1만 4000채의 주택을 지을 수 있는 6억 2000만 달러를 조성했다. 버핏의 투자액이 이번 기금에 포함된 액수 중 최대일 것이라고 사람들은 생각했다.

버핏이 여기에 투자하게 된 목적의 일부는 다른 기업이 자신과 같은 투자를 하도록 유도하는 것이었다. 실제로 살로먼이 버핏과 비슷한 액수인 1000만 달러를 이 프로그램에 투자하겠다고 공언했고, 아메리칸 익스프레스도 적은 액수지만 투자에 동참했다.

버크셔의 투자는 '월드북'이란 자회사를 통해 이루어졌는데, 그 회사의 백과사전은 버핏에 따르면, 모든 소득 계층에 속한 '수백만 미국인 가정이' 소장하고 있는 책이었다.

세금 공제를 규정하는 법에 관해서 버핏은 다음과 같이 언급했다. "제가 보기에 이 법은 기업계와 지역사회개발기구 사이의 훌륭한 결합인 것 같습니다. 이번 결합의 목적은 저소득 집단에 적정가의 주택을 공급하는 것입니다."

역마차 은행을 사들이다

한때 포니 익스프레스1860년 미국의 대륙횡단 전신체계가 설립되기 전까지 조랑말을 타고 우편물을 배달한 기업·옮긴이를 소유했던 캘리포니아 은행 웰스파고는 1990년 10월 24일 버핏이 주식 500만 주를 사들임으로써 최대 주주가 되었다고 발표했다. 회사의 트레이드 마크인 콩코드 역마차는 '신뢰와 고난을 헤치고 거둔 성공'을 상징한다. 상징에 걸맞게 웰스파고는 창사 이래 매년 수익을 내왔다. 버크셔가 살로먼을 통해 처음 지분을 매입한 이후, 회사는 은행으로서 그 위치를 꾸준히 확장시켰고, 이는 버핏의 주식 보유량이 거의 7300만 주로 늘어나는 결과를 낳았다.

1996년 웰스파고가 퍼스트 인터스테이트First Interstate를 인수함에 따라 버크셔는 신규 결합된 주식의 약 8%를 소유하게 되었다. 2004년 말까지 버크셔는 30억 달러 이상의 비용을 들여 추가로 5450만 주를 취득했다. 또한 일부 버크셔 직원들을 위한 확정급여제도사업주가 근로자와 사전에 퇴직금으로 지급받을 급부 금액을 확정하고 적립하는 형태·옮긴이에서 웰스파고의 주식 28만 주를 보유했다.

버핏의 은행에 대한 투자는 많은 사람에게 괘씸하게 비쳐졌다. 버핏이 투자한 1990년대는 공교롭게도 은행들이 시련을 겪고 있었던 시기였기 때문이다. 그때 '은행'이라는 단어는 일시적 해고, 부동산 대출 대손, 대폭 감소된 배당금, 그리고 주택대부조합의 파산과도 같은 뜻이었다. 아울러 일부 전문가들은 부동산의 거품 붕괴는 은행 시스템을 무너뜨릴 것이라고 예측했다.

버크셔가 투자하기로 했다는 소식이 처음 전해진 날, 웰스파고의 주가수익률PER은 형편없었다. 그러나 2003년 훨씬 커진 웰스파고 은행은 신용평가 회사 무디스에서 트리플 A를 받아, 신용등급이 미국에서 가장 높은 은행이 되었다. 웰스파고는 오랫동안 훌륭한 평판을 누려 왔다. 은행의 경영에 대한 평판이 매우 좋아서 다른 은행원들이 파견을 나와 교육을 받을 정도였다.

골드러시 때부터 웰스파고는 미국 서부 지역과 캐나다, 그리고 멕시코 일대에 마차와 열차로 은행 서비스와 특급 여객선, 승객 운송, 우편, 금은, 그리고 화폐 업무를 담당해왔다. 그 덕분에 서부의 상업 발달에서 중요한 입지를 차지했다. 웰스파고는 1905년 은행 업무와 특급배달 업무를 분리시켰고, 이때부터 다른 은행을 사들이는 역사가 시작되었다. 웰스파고는 전자 금융 거래에 과감하게 뛰어들었고, 노력 끝에 두세 명의 은행원과 ATM만을 갖춘 소규모 지점을 개설하기에 이르렀다. 또한 컴퓨터를 이용해 소액의 기업대출 신청 과정을 합리화했다.

웰스파고는 1986년 크로커 내셔널Crocker National, 1988년 캘리포니아의 바클리 은행Barclays Bank, 1990년에는 그레이트 아메리칸 뱅크의 캘리포니아 지점망을 비롯해 기타 은행들을 사들였다. 45년 동안 150회의 합병을 성사시키기도 했다.

죽은 오리가
백조로 변신하다

버핏이 1989년 웰스파고의 주식을 조금씩 사들일 당시, 유명한 공매 회사인 페시백 브러더스Feshback Brothers를 포함해 영리한 투자가라면 누구라도 주식을 공매하기 시작했다. 다시 말해서, 주가가 하락할 것이라고 다들 장담하고 있었다는 뜻이다.

페시백 브러더스의 자산관리사인 톰 바튼은 당시 이렇게 말했다. "웰스파고는 죽은 오리야. 그 회사를 파산 후보라고 부르는 것이 옳다고 생각하지는 않지만, '십대'임에는 분명해." 그가 십대라고 발언한 것은 주가가 10달러대로 하락할 수 있다는 뜻이었다. 1990년 11월 1일 〈월스트리트 저널〉도 "웰스파고는 어떤 은행보다도 부동산 대출의 위험에 가장 취약한 은행"이라고 말했다.

어떤 면에서는 공매도자들의 말이 틀린 것은 아니었다. 곧 배당금은 대폭 감소했고, 부실 부동산 대출 준비금은 현저히 증가했다. 1990년 10월 29일, 〈배런스〉의 존 리시오는 버핏의 은행 주식이 바닥을 기지만 않는다면, 버핏은 자신의 재산을 누가 더 오래 탕진할 것인가에 대해 걱정할 필요가 없을 것이라고 했다.

그렇다면 그 당시 웰스파고의 수익은 어떠했는가? 정말로 괜찮은 편이었다. 그러나 1991년 상업 지역 부동산 가격이 계속 하락하면서, 웰스파고의 대손충당금 설정액은 계속 늘어나고 있었다. 샌프란시스코의 투자가 짐 맥클러스키는 "그처럼 지독히 어려운 상황에서도 웰스파고는 금세기 들어 매년 수지가 맞았습니다. 심지어 대공황의 여파가 극심한 가운데서도 여전히 이윤을 남겼습니다"라고 말했다.

버핏은 자신이 거시경제를 거의 고려하지 않는다고 입버릇처럼 말하곤 하지만, 웰스파고의 경우에는 거시 경제적 결정을 내린 것이다. 버핏은 캘리포니아를 세계 최대의 산업동력 중 하나로 보았고, 은행 통합도 미리 내다보았다. 캘리포니아 지역 은행들은 다른 여느 은행들과 마찬가지로 현지 경제에 크게 의존했다.

캘리포니아는 미국에서 경제 규모가 가장 큰 주로, 미국 전체 GDP의 약 14퍼센트를 차지한다2021년 현재 역내 GDP가 약 3조 달러에 달한다·옮긴이. 그만큼 인력 고용 규모도 크며, 프랑스 경제보다 덩치가 커서 세계 5위의 경제 규모를 자랑한다.

어떤 이는 버핏이 웰스파고의 주식을 보유할 수 있었던 것은 환태평양지대의 경제 붐 덕분이라고 하고, 어떤 이는 버핏이 훌륭한 경영진을 알아보고 인정해준 덕분이라고 한다. 어쨌든 웰스파고는 1986년과 1987년에 제3세계의 부실 채권을 최초로 인식한 은행이었다. 그리고 예전부터 전국에서 가장 수익이 높고 능률적인 은행이라는 평가를 받아왔다. 웰스파고의 수익 마차는 약탈을 피하면서 수많은 악지惡地를 지나 달려왔다. 웰스파고의 배당금은 점점 증가하고 있으며, 버핏은 미국의 주요 기업의 지분 중 상당량을 획득하는 여정을 멈추지 않을 예정이다.

패닉 상태에서 건져낸 진주

1991년 공매매에 직면해 웰스파고 주식은 회복되었고, 부분적으로는 버핏의 집중 매입 때문에 주가가 치솟았다. 일부 공매매자들은 버핏을 공공연히 비난하는 티셔츠까지 입고 다니기도 했다.

이번에도 역시 거의 모두가 패닉으로 우왕좌왕하는 동안 버핏은 대박을 터뜨린 셈이었다. 웰스파고 매입과 관련해 멍거는 "순전히 경영진을 보고 한 투자였다. 우리는 경영진이 남들보다 더 빨리, 더 잘 문제를 해결할 것이라고 생각한다"라고 이유를 설명했다.[45]

웰스파고에 대한 버핏의 관심은 지속되었다. 1991년 버핏은 자신의 웰스파고 지분을 두 배로 늘려 최대 22%까지 보유하게 해달라고 연방준비제도이사회에 청원했다. 8월 초 청원은 받아들여졌다. 연방개정관리법은 은행 보유 회사 주식의 10% 이상을 보유하려면 연방준비제도이사회가 구매 요청을 검토해야 한다고 규정하고 있었다.

버핏이 웰스파고의 주식을 더 사고 싶어 했던 이유는 싼 가격으로 일부를 매입할 수 있다는 사실을 알았기 때문이다. 1991년 말, 대출 손실액이 무려 7억 달러에 달하게 되자 버핏은 완벽한 구매 기회라는 걸 알아차렸다. 웰스파고의 주가는 버핏이 처음 투자했을 당시 수준으로 떨어졌다가 은행 통합 움직임이 전국을 휩쓸 무렵에 차츰 회복되었다.

버핏의 2차 주식 매입은 1992년 8월 4일부터 8월 10일에 걸쳐 7달러에 못 미치는 가격으로 이루어졌다. 1992년 말, 버핏은 웰스파고 주식에 3700만 달러를 추가로 투자했다고 밝혔다. 반면에 프루덴셜의 세일럼은 웰스파고가 얼마나 끔찍한 주식인지 모르겠다며, 1992년 말 매도를 가속화했다. 세일럼은 워런 버핏에게 돈이 바닥나면 주가는 폭락할 것이라면서, 버핏이 좋은 일에 기부하는 것이 나을 것이라고 덧붙이고는 웰스파고 주식은 공매도를 하는 것이 나은데도 버핏만이 성숙하지 못한 태도를 보이고 있다고 비난했다.

1993년 1월 7일, 웰스파고는 버핏이 1992년 12월 말 주당 74.46달러에서 75.43달러 사이의 가격으로 다량의 주식을 추가로 구매함으로써 총 보유 주식이 약 680만 주가 되었다고 보고했다. 세일럼은 다시 한 번 비판의 수위를 높였다. "우리는 웰스파고 주식에 대한 매도량을 다시 평가합니다. 궁극적으로 하락 위험이 상당한 것으로 나타나고 있습니다. 아마도 60달러나 그 밑으로 형성될 것 같습니다."

예상되는 인하 때문에 주가가 50% 급락할 것이라는 공매도자들도 있었지만, 웰스파고 주식은 확고하게 주당 100달러를 넘었다. 그럼에도 세일럼은 자신의 잘못된 예측을 인정하지 않았다. 다만 '이제껏 내가 맡았던 주식 중 가장 이상한 주식'이라면서, 웰스파고에 대한 평가를 중단했을 뿐이다.

세일럼에게는 안 좋은 일이지만, 웰스파고의 주가는 계속해서 올랐다. 그로부터 2~3주 후, 사람들의 시선은 21억 달러의 대손충당금을 위한 준비금뿐만 아니라, 웰스파고에 10억 달러의 초과준비금이 있다는 사실에 집중되었다. 이는 이후에도 계속 이윤으로 이어질 수 있는 돈이었다.

웰스파고는 버핏의 기대를 저버리지 않았고, 그러한 보은은 계속되었다. 1995년 10월 18일, 웰스파고는 버핏의 승인을 받아 라이벌인 퍼스트 인터스테이트 뱅코프의 적대적 인수에 착수했다.

적대적 인수를 좋아하지 않는 버핏에게서 웰스파고가 어떻게 승인을 받아낼 수 있었을까? 도덕적으로 비열한 행동을 하지 않는 버핏은 소유주에 대해 최우선적으로 책임을 지는 경영진을 지지한다. 적대적 인수 과정에서 제시된 매수 호가는 웰스파고 주식으로 약 100억 달러였는 데, 이는 그 당시 은행 역사상 최고 액수였다.

웰스파고와 퍼스트 인터스테이트 뱅코프의 합병은 미국에서 여덟 번째로 큰, 자산 규모 1000억 달러의 은행을 탄생시켰다. 웰스파고는 캘리포니아 3위 은행이었고, 퍼스트 인터스테이트 뱅코프는 뱅크 오브 아메리카의 뒤를 잇는 2위 은행이었다. 게다가 퍼스트 인터스테이트 뱅코프는 지점 수가 1200여 개로, 전국 최다 지점망을 가지고 있었다. 서부와 텍사스에서 대규모 은행으로서 위용을 자랑하던 이곳은 웰스파고에 매각되기 전, 종업원을 약 2만 6000명 고용한 상태였다.

웰스파고는 캘리포니아 안의 중복되는 영업소를 폐쇄해 8억 달러의 비용을 절감하겠다고 밝혔다. 이와 관련해 퍼스트 인터스테이트의 회장 윌리엄 시아트William Siart는 웰스파고가 환영받지 못하는 조처를 취한 데 대해 깊이 실망한다고 언급했다. 그러고는 웰스파고와의 결합을 중단하고 시애틀의 더 작은 은행인 미니애폴리스의 퍼스트 뱅크 시스템과의 합병을 추진했다.

그러나 상황은 급변했다. 웰스파고의 주가가 퍼스트 뱅크의 주가보다 더욱 빠르게 상승함에 따라, 웰스파고의 제안에 점차 구미가 당기게 되었던 것이다. 또한 퍼스트 인터스테이트 뱅코프에 대해 2년 동안 자사주 매입 중단을 명령한 증권거래위원회의 판정 때문에 퍼스트 인터스테이트 뱅코프의 주주들은 이번 거래를 더욱 꺼렸다.

그 후 퍼스트 인터스테이트 이사회는 곧장 윌리엄 시아트에게 웰스파고의 헤이즌과 합병 회담을 시작할 것을 명령했다. 1996년 1월 24일, 웰스파고는 퍼스트 인터스테이트 뱅코프와의 적대적 인수 싸움에서 승리를 거두었다. 웰스파고는 시아트를 포함해 7000여 명의 일자리를 없애기로 계획했다. 이 계획으로 결국 8900명이 일자리를 잃었다. 그리고 인터스테이트 주식에 대해 주가의 3분의 2를 지불했다. 최종 인수 가격은 113억 달러였다.

퍼스트 인터스테이트 뱅코프와 웰스파고의 통합 빛 전환은 1996년 말에 완료될 예정이었는데, 이는 대규모 은행 합병의 완료 일정으로는 초고속이었다. 물론 모든 것이 완벽하게 진행되지는 않았다. 회계 오류, 긴 대기 줄, 종업원 부족을 촉발했다. 그런데도 웰스파고는 서부 최강의 은행이 되었고, 캘리포니아의 경제는 번영의 조짐을 보이고 있었다. 그러나 1997년 8월 21일 버크셔가 웰스파고의 지분을 전량 매각했다는 텔레비전 뉴스가 전해지자 웰스파고의 주식은 급락했다. 나중에 이 뉴스는 버크셔가 증권거래위원회에서 웰스파고의 보유량을 비밀로 유지할 수 있도록 허가를 받았기 때문인 것으로 드러났다.

버크셔는 웰스파고의 중요한 투자자로 남았다. 1998년 6월 8일, 웰스파고와 미니애폴리스 기반의 노르웨스트Norwest Corp는 미 서부에 초대형 은행을 만들기 위해 합병하기로 동의했다. 노르웨스트가 웰스파고를 매입한 것이었지만, 웰스파고의 이름은 유지되었다. 버핏은 나중에 웰스파고와 노르웨스트는 호적수지만 합병은 순조롭게 이루어졌다고 평가했다.

웰스파고는 현재까지 미국 4대 은행 중 하나로, 〈포천〉 500대 기업에 30위로 랭크되기도 했으며, 총수익은 세계에서 가장 큰 것으로 알려져 있다. 또한 미국 내 아홉 가구당 한 가구씩 자금을 대준 것으로 추정되는 웰스파고는 미국에서 가장 큰 주택자금 대출 은행으로, 역시 미국에서 가장 큰 독자적 손해보험 회사인 어코디어를 자회사로 거느리고 있다.

살로먼 제국의 구세주로
이름을 알리다

1991년 8월 16일은 대규모 증권회사 살로먼의 채권 거래 스캔들에 관한 뉴스로 온통 떠들썩했던 날이다. 스탠더드 앤드 푸어스는 살로먼에 주의를 요하는 등급인 마이너스 등급을 매겼다는 뉴스가 흘러나왔고 몇 분 후 스캔들에 관한 뉴스가 퍼져나가면서 살로먼의 주식과 채권이 폭락하고 있다는 뉴스가 이어졌다. 곧이어 "살로먼의 굿프렌드 회장이 사임을 준비하고 있다"는 또 다른 기사가 터졌다.

오후 2시 27분, 살로먼이 붕괴되고 있다는 뉴스와 동시에 또 하나의 뉴스 속보가 이어졌다. 버핏이 살로먼의 임시회장이 될 것이라는 발표였다. 사람들은 이구동성으로 말했다. "워런 버핏이 누구야?"

일생 동안 버핏은 "도대체 워런 버핏이 누구야?"라는 질문을 받아왔다. 1995년 후반 한 기자의 "그가 미국인입니까?"라는 질문에서 알 수 있듯이, 당시만 해도 그는 대중적인 관심권 밖에 있었다. 버핏은 투자자들 사이에서는 엄청난 유명세를 누리고 있었지만, 소박한 라이프 스타일과 인터뷰 기피 성향 때문에 사람들에게 널리 알려진 것은 아니었다.

그런 버핏을 대중적 주목의 대상으로 만든 것은 살로먼의 채권 거래 스캔들이었다. 불법 거래 행위들을 사실대로 보고하지 않아 촉발된 스캔들로 살로먼은 버핏에게 넘어갈 수밖에 없었다. 기업과 고객들, 미국 정부와 감독기관들, 조사위원들, 전 세계 투자자들이 살로먼을 정상화시킬 수 있다고 믿은 단 한 명이 바로 버핏이었다. 버핏은 이미 살로먼 이사회의 일원으로 활동하고 있었다.

살로먼에서 임시회장직을 맡았던 기간 동안, 버핏은 전용기의 연료비를 모두 자비로 충당했다. 그는 이 전용기의 별칭을 처음에는 '인디펜서블(막을 수 없는)이라고 했다가 후에 '인디스펜서블(꼭 필요한)'로 바꾸었다. 버핏은 이 전용기를 타고 오마하에서 뉴저지주 테터보로로 날아간 후, 거기에서 살로먼 본부가 있던 뉴욕시의 세계무역센터로 향하곤 했다. 그 건물은 후에 9·11 테러 공격으로 피해를 입은 건물 중 하나다.

살로먼의 거래인들이 국채 입찰에서 법적 제한선 이상으로 채권을 매수했다는 사실이 폭로되자 살로먼이 소유했던 주식이 폭락했다. 살로먼의 문제는 최고경영진이 그러한 채권 거래 부정을 몇 달 동안 알고 있었음에도 그 사실을 관계당국에 통보하지 않았기 때문에 더욱 복잡해졌다. 이러한 은폐로 인해 이 문제는 완벽한 스캔들이 되어버렸고, 일부에서는 사건이 너무나 크게 확대되어 강력한 증권제국 살로먼조차도 무너뜨릴 수 있을 거라고 생각했다.

사실 버핏이 살로먼을 구해냈던 것은 이번이 처음은 아니다. 1987년에 정크본드의 제왕 마이클 밀켄에게서 자금을 조달받고 있던 기업인수 전문업체인 레블론의 회장 로널드 페렐먼이 살로먼을 인수하겠다고 협박하던 당시, 버핏은 7억 달러의 현금을 들고 발 빠르게 살로먼 문제에 개입한 적이 있었다. 당시 살로먼에 대한 버핏의 투자는 결과적으로 썩 좋지 않았다. 1987년 10월 19일 이후 3주 동안 주식시장의 붕괴가 계속되었기 때문이다. 그러한 주식시장의 붕괴는 살로먼의 치명적인 주가폭락으로 이어졌다.

살로먼을 살리기 위한 버핏의 두 번째 노력 역시 '불법 거래'라는 험난한 위험에 봉착했다. 1991년 버핏은 고객의 변절과 금융 공황의 와중에 살로먼의 중역들에게 살로먼의 명성이 바닥을 기고 있으며 살로먼의 진정한 미래는 명성을 살려내느냐에 달려 있다고 경고했다. 명성을 되살리지 못하면 살로먼도 살아날 수 없고, 살로먼의 모든 직원도 일자리를 잃게 될 것이라는 말도 덧붙였다.

아울러 버핏은 벌금, 소송 등과 관련해 처리해야 할 일도 엄청나게 많으며, 그는 새로운 최고경영자를 새로 임명할 것이라는 말과, 1991년 8월 18일 일요일에 있을 긴급이사회 직후 기자회견을 열 것이라는 말도 했다. 버핏이 기자회견을 열거나 인터뷰를 허락한 것은 매우 이례적인 일이었다. 버핏의 직설적인 접근 방식에 무척 고무된 살로먼 경영진은 그에게 박수갈채를 보냈다.

버핏은 일요일에 열린 긴급이사회에서 범법 행위를 알고 있으면서도 관계당국에 통보하지 않은 살로먼의 최고경영진, 즉 한때 '월스트리트의 왕'이라는 명성을 얻었던 회장 존 굿프렌드, 사장 토머스 스트라우스, 살로먼 브러더스의 부회장 존 메리웨더의 사임을 받아들였다. 그리고 이사회가 끝난 후 몇 시간도 되지 않아, 본사 건물 주 통로에 위치한, 유리로 둘러싸인 이사회 명부에는 스캔들과 연루된 최고 간부들의 이름이 삭제되었고, '워런 E. 버핏'이라는 새로운 이름이 추가되었다.

또한 버핏은 채권 거래 부서에 있는 직원 두 명을 해고했고, 살로먼의 법률 회사와 계약을 취소했으며, 최고경영자를 새로 임명하면서 좀더 엄격한 내부 통제 체제를 갖추었다. 그리고 재무장관 니컬러스 브래디를 만나 살로먼의 수익성 높은 정부증권 거래에 대해 심각한 손해를 끼칠 것으로 보이는 '다섯 시간 거래 금지'의 일부를 축소해달라고 설득했다. 이로써 살로먼은 고객의 주문은 여전히 금지되었지만, 자신의 계좌로 정부 채권 공매에 계속 참여할 수 있게 되었다.

굿프렌드의 43층 사무실에 이미 새로운 전화선을 놓고 완전히 자리를 잡은 버핏은 언론 간담회를 하기 위해 밖으로 나갔다. 그는 다음과 같은 말로 일순간에 기자들을 제압했다. "저는 법조계 사람들을 한 번도 마주 대해본 적이 없는 사람입니다. 이런 제 모습 그대로 여러분의 질문에 성실히 답변하겠습니다. 시간은 충분히 드리겠습니다."

이어지는 세 시간 동안, 버핏은 꾸밈없는 특유의 언변으로 모든 것을 허심탄회하게 털어놓았다. "우리가 두 명의 직원을 해고했듯이 여러분과 내가 은폐라고 여기기에 전혀 무리가 없는 일들이 벌어졌습니다…. 몇몇 사람들은 대범하다고 하겠고, 다른 이들은 호탕하다고 말할 것입니다. 나는 동일한 일들이 수도원에서는 일어나리라고 생각하지 않습니다."

다음 날 버핏은 감독관들을 만나기 위해 워싱턴으로 이동했으며, 살로먼을 구하기 위해 발 빠르게 업무를 처리해나갔다. 약 1주일 후, 그는 전 세계의 살로먼 사무실에 있는 영업사원들에게 15분짜리 격려의 말을 전달했다. "나는 법적 제한선을 넘어서서 행동하는 사람을 원하지 않습니다. 여러분은 법의 한가운데서도 얼마든지 잘해낼 수 있습니다. 만일 여러분이 잘못된 의사결정으로 회사에 손실을 초래했다고 해도, 나는 이해하고 넘어갈 것입니다. 하지만 어떤 식으로든 회사의 명성을 실추시킨다면, 그때는 용서하지 않겠습니다."

버핏은 고객의 이탈을 막을 최상의 방법과 직원들의 근무태만을 잠재울 방법, 그리고 살로먼의 채권자들과 정부를 안심시킬 방법 등에 관해 신속한 판단을 내려야 한다는 압박에 시달렸다. 이러한 위기의식 속에서 버핏은 살로먼의 경쟁력을 확보하고 운영자금을 조달하기 위해 살로먼 주식 약 400억 달러어치를 매도하는 결단을 내렸다. 정부는 버핏의 리더십에 안심하는 듯 보였다. 투자자들과 고객들도 안도의 한 숨을 내쉬었다. 고난을 겪는 동안, 약 3분의 1의 가치 손실을 입고 있던 살로먼의 주식은 서서히 안정을 되찾았고, 반등하기 시작했다(살로먼 스캔들에 관한 좀 더 자세한 투자적 맥락은 450쪽 참조).

도전으로 성취하고
응전으로 승리하다

어떤 이들은 버핏이 세상에서 가장 재미있는 사람일 뿐 아니라, 최고로 똑똑한 사람이라고 말한다. 또한 정직과 인간적 매력, 레이저 같은 집중력, 명쾌함, 눈부신 신속함으로 대변되는 그의 특징들은 세계적인 인명사전 『후즈 후』의 한 면을 차지하기에 전혀 모자람이 없다고들 한다. 도전과 응전, 성취와 승리로 다져진 버핏의 발자취를 따라가다 보면 우리도 어느 정도 작은 성공을 이룰 수 있지 않을까 싶다.

주가가 4만 배 높아지다

주주들의 순자산으로 순위를 따진다면, 버크셔는 미국 내에서 최고라고 해도 과언이 아니다.

45년 전쯤 누군가 버핏 투자조합에 투자했다면, 버크셔 해서웨이라는 섬유 제조업체에 재투자하는 선택을 했을 것이다. 물론 버핏도 한동안 그 섬유 제조업체를 운영했다. 그리고 그 누군가는 아주 운이 좋았다면, 혹은 '통찰력'이 있었다면, 다우존스 지수가 겨우 10배 상승했던 시기에 4만 배 이상의 어마어마한 수익을 손에 쥐었을 것이다. 만일 버크셔가 주당 9만 달러 정도에 거래된다고 할 때 과거 1만 달러를 버크셔에 투자했다면 약 4억 달러까지 불어났을 것이다. 이 액수는 애초의 투자조합에 있었던 소액의 수수료를 지불하기 이전의 수치지만, 투자 소득세는 모두 지불하고 난 후의 금액이다. 따라서 수수료와 세금 모두를 감안하지 않는다면, 처음의 1만 달러는 5억 달러를 훨씬 뛰어넘는 액수가 되어 있을 것이다.

반면에 S&P 500 지수에 1만 달러의 투자금을 유치해두었다면, 그것은 현재 약 50만 달러가 되어 있을 것이다. 문제는 S&P를 능가하는 투자자가 극히 소수라는 점이다. S&P는 1997년 12월 13일 마감일 기준으로 16년 동안 모든 주식 뮤추얼펀드의 91%를 능가했다.

1965년, 버핏이 버크셔를 인수할 당시 버크셔 주가는 두 자릿수에 불과했으며, 다우존스 지수는 1000포인트에 가까웠다. 1983년에는 버크셔의 주가와 다우존스 지수가 둘 다 약 1000대였다. 그리고 2004년 다우존스 지수는 1만 이상이었지만, 버크셔 주가는 한동안 9만 달러를 넘어섰다. 또 다른 기준으로, 1971년에 창설된 나스닥은 당시 약 100에 거래되었다. 그해 버크셔의 최고치는 74였다. 1965년 버핏이 버크셔를 인수할 시점에 버크셔의 매출액은 4900만 달러였고, 장부가치는 2400만 달러였다. 2006년 기준 버크셔의 장부가치는 500억 달러 이상이며, 시장가치는 약 1400억 달러에 이른다.

투자조합을 통해 그리고 나중에는 버크셔를 통해 버핏은 그 누구도 꿈꾸지 못한 금융제국을 건설했다. 버핏과 버크셔는 코카콜라 지분을 포함해 세계적인 기업의 지분을 다수 보유하고 있다.

물려받은 유산이 한 푼도 없었던 버핏은 많은 운영 사업체들을 포함해 방대한 주식, 채권, 현금, 그리고 여타 자산을 지닌 투자 지주회사인 버크셔의 주식 30% 이상을 소유한 상태다. 버핏이 버크셔 내에 갖고 있는 거대한 지분을 볼 때, 그는 곧 버크셔인 셈이며, 버크셔는 명백히 그의 창작물이라 할 수 있다.

자신의 견해를 밝히는 것에 다소 인색한 편인 버핏은 한 잡지와의 인터뷰에서 자신의 일에 대한 애정을 이렇게 드러냈다. "나는 내 일이 무척 좋습니다. 매일 아침 사무실로 향할 때마다 나는 그림을 그리러 로마교황의 예배당에 가고 있는 듯한 기분이 듭니다. 이보다 더 재미있는 게 어디 있겠습니까? 그것은 마치 아직 완성되지 않은 그림 같거든요. 내가 그 캔버스에 파랑 또는 빨강을 칠하고 싶다면, 나는 그렇게 할 수 있습니다. 그것을 비난할 사람은 없지요. 그 그림을 좋아하지 않는 사람도 있겠지만, 누가 뭐래도 나는 내 그림이 좋습니다."

여담이지만, 2000년에 버핏이 페인트 제조업체인 '벤자민 무어 페인트'를 인수했던 이유 중 하나도 아마 훨씬 더 큰 캔버스를 위해 더 많은 페인트와 더 많은 색상이 필요했기 때문이 아닐까.

금융계의 존경을 한 몸에 받고 있는 이 사나이는 일종의 명작을 창작해내기 위해 그림을 가득 그려왔다. 버핏은 자신의 캔버스에 관해 이렇게 말한 바 있다. "나는 그것이 훗날 사람들이 기를 쓰고 모방하려 드는 기업 행위의 실례가 되었으면 합니다."

버크셔 소유의 '군침 도는 경제력'을 지닌 사업체들은 최상의 예술 작품 컬렉션을 보여준다. 버핏은 가장 뛰어난 비즈니스 갤러리들을 세우고 있다. 버크셔의 기록은 미국의 비즈니스계에서 어떠한 것에도 뒤지지 않는다. 하지만 금융계 내에서 엄청난 유명세를 타고 있는 버핏도 1991년 월스트리트의 대표 증권회사 살로먼의 기업회생 작업에 발을 들여놓기 전에는 그리 많이 알려지지 않았다.

그는 지리적으로 미국의 중심부에 위치한 네브래스카주 오마하의 별다른 특징도 없는 건물 내부의 작은 사무실에서 미국의 가장 큰 기업 중 하나를 경영하고 있다. 수년에 걸쳐 그 사무실에 앉아 수많은 자료를 읽고 심사숙고하는 동안, 버핏은 수십억 달러의 주주가치를 창출해냈다. 그 덕분에 수백 명 이상의 평범한 백만장자들과 수십 명의 초기 투자자들이 억만장자의 반열에 올라섰다. 버크셔의 주식은 뉴욕 증권거래소에서 거래되는 다른 어떤 주식들보다 높은 가격에 거래되고 있다. 1965년 당시 12달러라는 헐값에 비하면 그야말로 하늘을 찌를 만큼 높은 가격이다.

다음은 2004년 7월 제이슨 즈웨이그가 〈머니〉에서 했던 말이다. "버핏이 버크셔 해서웨이를 인수하던 날인 1965년 5월 10일 주가는 18달러였다. 만일 다우존스 지수가 그 이후에 버핏의 수익을 그대로 따라잡았다면, 그 지수는 2004년 4월 실제 수준인 10,226이 아닌 4,832,777에 마감되었을 것이다."

위험과 수익은 비례한다

1993년 4월 2일, 필립 모리스는 상표 없는 담배들과 경쟁하기 위해 말보로의 가격을 20% 인하한다고 발표했다. 이른바 '말보로 금요일' 발표가 나간 후, 코카콜라를 비롯해 유명 상표의 주식들이 하락했다.

이에 버핏은 이례적인 조치를 취했다. 그는 원래 옵션을 싫어했는데도, 1993년 4월(당시 코카콜라 주식은 40달러 초반에서 거래되고 있었다) 300만 주의 코카콜라 주식을 사기 위해 외가격 풋옵션자산 가격이 행사 가격보다 높은 풋옵션을 말하며, 여기서 풋옵션이란 매수자가 지정된 통화 및 금융을 사전에 계약된 환율로 특정한 기간 내 혹은 특정일에 강매할 권리를 가리킴·옮긴이을 옵션당 1.5달러에 발행했다.

옵션의 만기일은 1993년 12월 17일이었고, 그때까지 주당 약 35달러에 권리 행사가 가능했다. 이것은 버핏이 코카콜라 주식을 주당 35달러 정도에 300만 주를 매입하는 데 동의했음을 의미한다. 버핏은 주가가 일정 수준 이하로 떨어지지는 않을 것이라고 예상했다. 만일 주가가 35달러 이하로 떨어지면(이런 일은 일어나지 않았다), 그는 주식을 공개시장 가격보다 높은 가격으로 매입해야 했다. 버핏은 1993년 4월 버크셔의 정기 주주총회에서 이 안을 승인했고, 비슷한 방법으로 그의 포지션에 200만 주를 추가할 것이라고 밝혔다.

이는 버핏이 선행 투자할 돈을 현금으로 750만 달러 갖고 있었으며, 만일 주가가 당시 거래금액이었던 주당 40달러에서 35달러 정도로 하락할 경우 500만 주의 코카콜라 주식을 대략 그 가격인 35달러에 매입해야 한다는 것이었다. 이미 주당 1.5달러를 받았기 때문에 그의 유효비용은 약 33.5달러가 되는 셈이었다. 주가가 그 이하로 떨어졌다면, 버핏은 장부상 손실을 입었을 것이다.

이 풋옵션 계약에서 버핏이 감수했던 단 하나의 리스크는, 만일 12월 중 코카콜라 주가가 33.5달러 밑으로 떨어질 경우에 당시 시장에서 코카콜라가 얼마나 낮은 가격에 팔리고 있든지 간에 주당 35달러를 치러야 한다는 점이었다. 만일 주가가 더 낮았어도 어쨌든 그는 더 많은 주식을 매입했을 것이다. 35달러에 매입할 의사가 있었기 때문이다. 버핏에게 이것은 어떻게 해도 현금과 코카콜라 주식을 함께 얻을 수 있는 '윈윈 상황'이었다. 옵션 전략은 효과가 있었고, 그는 750만 달러를 챙겼다. 그러나 경험이 풍부한 투자가가 아니라면, 이 방법을 쓰는 것은 바람직하지 않다. 버핏은 자신이 40년 동안 옵션을 사고팔았다고 밝혔다.

2002년 S&P 500에 대한 풋옵션을 매입하면서, 그해 6월 3일 그는 S&P 지수가 1150 이하로 떨어질 것으로 예견했다. 이 예견이 맞아떨어지면서 버크셔는 옵션 덕분에 6000만 달러를 벌어들였다. 이 6000만 달러는 다음에 벌어들일 10억 달러의 서곡이었다.

재보험 사업으로
복리의 이익을 맛보다

1993년 11월 9일 〈파이낸셜 월드〉는 버크셔의 재보험 분야 사업 확장을 자세히 보도했다. "버크셔 해서웨이가 재보험 부문에서 오랫동안 활동해오고 있는 것은 사실이지만 그 규모는 1988년까지 보잘것없었다. 그해에 버핏은 재보험 사업의 손해와 상해보험 및 책임보험 모두를 상당히 공격적으로 확장하기 시작했다. 버크셔의 재보험료 수입은 1988년에 겨우 8300만 달러이던 것이, 1992년에는 6억 7600만 달러로 급속히 늘어났다. 현재 재보험료는 버크셔 순보험료의 거의 4분의 3에 달한다. 1988년 이래로 손해보험업체들은 보험료 1달러당 10센트씩을 잃어왔다. 그러나 같은 기간 동안 버크셔 해서웨이는 보험료 수입 3억 7900만 달러에 3억 1200만 달러의 보험 청구액을 지불했다. 그 기간 동안, 비용을 제하기 전의 5년간 평균 수익률은 17.8%였다."

하지만 버핏의 탁월한 수완은 상해보험에서 명백해진다. 손해보험 청구액들과 달리, 상해보험 청구액들은 종종 지불이 완료되는 데 수년이 걸린다. 버핏은 청구된 보험액이 다 지불되기 전에 세금 면제와 유동자금 둘 다를 활용하는 확실한 수익을 보장하는 사업을 하고 있는 것이다.

〈파이낸셜 월드〉는 이에 대해 다음과 같이 설명한다. "상해 재보험 부문에서 버크셔의 실적은 끔찍하게 보일지도 모르겠다. 지난 5년에 걸쳐 버크셔는 평균적으로 벌어들인 보험료 대비 138%의 손실을 초래해왔다. 여기에 5% 안팎의 비용이 추가되므로 손실은 막대하다. 그렇다면 왜 이와 같은 상해 재보험을 계약할까. 바로 유동자금 때문이다. 미국의 상해 재보험업체들은 5년 또는 좀 더 긴 기간 동안 미래의 손실에 대비해 비과세 보유 금액을 활용해 복리의 수익을 올린다. 이 지점이 바로 주식시장과 관련된 버핏의 탁월한 능력이 드러나는 부분이다. 주식을 통해 현금을 굴리면서 그는 경이적인 비율로 돈을 증가시킬 수 있었다. 실제로 지난 28년 동안 연간 24%의 비율로 증가시켜왔다. 그 비율로 계산해보면, 1억 달러의 보험료는 5년이라는 기간 동안 2억 8800만 달러가 된다. 이는 엄청난 보험 청구액도 지불하기에 충분할 만큼 많은 돈이다."

〈파이낸셜 월드〉의 기사는 일반적인 손해 및 상해 보험업체는 79%의 자본금을 유지하고 있으며, 그 돈을 높은 등급의 회사채와 정부채권들에 넣어두고 재난이 닥칠 때 현금화해 손실 없이 사용할 수 있다고 말하면서 그런 일반적인 업체들과 버크셔가 어떻게 다른지 설명한다. "하지만 버크셔 해서웨이는 그러한 방식을 전혀 필요로 하지 않으며, 버크셔의 자산을 버핏의 방식대로 빠르게 축적할 수 있었다. 버핏은 늘 하는 방식대로 유동자산의 85%를 보통주의 형태로 보유했다. 실제로 버크셔의 보험계리인들은 복리로 증가하는 훨씬 더 많은 자산을 보관할 더 큰 보유고를 구축하기 위해 그들의 손실을 과대평가하고 있을지도 모른다. 이것이 대부분의 상해 재보험업체들이 버크셔를 따라잡지 못하는 이유이다."

B급 주식을 제공하다

"주주들이 원한다면 자체적으로 분할할 생각입니다."

이례적인 이 주식분할 선언은 버핏이 원해서가 아니라 단위형 투자신탁각 투자신탁 계약마다 1개의 독립된 단위를 설정하고, 각 단위마다 한 종류의 수익증권만 발행하는 형태의 투자신탁·옮긴이들에 화가 나서 하게 된 조치이다.

단위형 투자신탁들은 버크셔의 성공에 편승하고, 버핏의 명성을 이용해 버크셔 및 버크셔 관련주들을(높은 수수료와 운용비를 받으며) 단위당 1만 달러에 팔아왔다. 이제 버크셔의 주식 중 A급 주식이 된, 원래 주식 가격의 30분의 1인 B급 주식을 제공함으로써, 버핏은 단위형 투자신탁보다 싼 가격으로 B급 주식을 내놓았다. 뿐만 아니라 버크셔 주식을 개인연금계좌IRA에 넣든가 자녀들에게 물려줄 때 더 많은 융통성을 발휘할 수 있게 되었다.

버크셔가 주식분할을 하지 않는 이유는 투기적인 성향의 투자자들이 들어오지 못하게 하기 위해서라고 버핏은 누차 설명해왔다. 버핏은 B급 주식 발행으로 인해 새로운 투자자들이 정보를 충분히 제공받지 못하거나 비현실적인 기대를 하지 않기를 원했다.

주식 발행에 대한 수요가 많으리라는 걸 알았던 버핏은 다른 주식 발행의 경우보다 이번 B급 주식의 발행에 관한 '로드쇼'가 적을 것이라고 농담을 했다. "지금까지 주식 공모를 할 필요성을 전혀 느끼지 않았습니다…. 많은 사람을 끌어들일 생각도 없었지요. 그저 우리에게 관심을 갖는 사람들만 끌어모으면 됩니다."

처음에 버크셔는 10만 주를 발행할 계획이었으나, 투자자들의 지대한 관심을 알아채고 25만 주, 35만 주, 그리고 결국에는 45만 주를 발행하기로 했다. 그리고 버크셔는 5억 6500만 달러를 벌어들였다.

BRKB라고 표시된 B급 주식은 1996년 5월 9일에 1110달러에 거래되기 시작했다. 버핏은 B급 주식을 제공하기에 앞서 다음과 같이 말했다. "정말 기쁩니다. 우리는 주식공개에서 파격적인 목표를 세우고 있었고, 이를 살로먼에 설명했습니다. 그리고 살로먼에서 목표 달성을 위한 적합한 방법을 파악해냈습니다. 어쩌면 살로먼은 우리가 원하는 바로 그 부류의 투자자를 보유하고 있었을지도 모릅니다. 우리는 끝까지 함께할 투자자들을 원합니다. 또한 이런 종류의 시장에서 주식공개를 도모하고자 하는 투자자를 원합니다. 기업공개 시장이 뜨거운 요즈음, 이러한 투자자들을 끌어들이는 데는 살로먼의 역할이 큽니다."[46]

살로먼을 증권 인수사로 이용함으로써 총 인수 비용은 끌어들인 자본의 약 1.5%인 780만 달러밖에 들지 않았다(그러한 발행은 평균적으로 7%가 들기 때문에, 이례적으로 적은 금액이다). 버핏은 1996년 6월, 투자자 매뉴얼에 B급 주식 가격을 두고 다음과 같이 썼다. "B급 주식을 발행했을 때 버크셔 주식은 과소평가되지 않았다고 말한 사실에 무척 놀란 사람이 많다. 하지만 그건 이치에 맞지 않는 반응이다. 차라리 우리 주식이 과소평가되어 있을 때 주식을 발행하는 경우에 놀라는 것이 이치에 맞다. 공모발행 때 자사 주식이 과소평가되어 있다고 말하거나 암시하는 경영진은 대개 진실을 모두 말하지 않거나, 기존 주주들의 돈을 낭비하는 경우이다. 경영진이 실제 가치 1달러의 자산을 고의로 80센트에 판다면, 주주들은 불이익을 당하는 것이다. 우리는 그런 종류의 범죄를 최근에 있었던 공모에서 저지르지 않았고 앞으로도 그럴 것이다."

1996년에 5120주의 A급 주식이 B급 주식으로 전환되었고, 1997년에는 1만 48주의 A급 주식이 B급 주식으로 전환되었다. 2004년 12월 31일 자를 기준으로 A급 주식은 126만 8783주, B급 주식은 809만 9175주가 발행되어 있었다. 1998년 9월 16일, 버크셔 특별회의에서 버핏은 "C급 주식은 발행하지 않아도 되겠다"고 말했다.

B급 주식은 때로는 A급 주식 가격의 30분의 1 가격 미만으로도 거래되었다. 후에 버핏은 A급 주식과 B급 주식의 상관관계를 자세히 설명한다. "B급은 절대로 A급 주가의 30분의 1 가격보다 높은 가격에 거래될 수 없습니다. 30분의 1보다 더 오르면, 차익거래가 일어나서 누군가(아마 뉴욕 증권거래소의 전문가)가 A급을 사서 B급으로 전환할 테니까요. 그러면 가격은 다시 1 대 30의 비율이 될 것입니다. 반면에 반대 방향으로는 전환이 일어나지 않으므로, B급은 A급 가격의 30분의 1 가격 미만에는 팔릴 수 있습니다. 이 모든 것은 B급 주식 발행에 곁들인 안내서에 분명하게 명시되어 있습니다. (공급에 비해) B급 주식에 대한 수요가 A급에 대한 수요보다 더 많을 때, B급은 A급 주식 가격의 약 30분의 1에 팔릴 것입니다. 반면 B급의 수요가 더 적을 때는 할인이 적용될 것입니다. 내 생각으로는 대부분의 경우에 B급 주식의 수요가 많아서 A급 가격의 약 30분 1 가격에 거래될 것 같습니다. 하지만 때로는 수요와 공급의 차이로 B급이 할인된 가격에 팔리리라 봅니다. B급이 2% 이상 할인될 경우에는, A급보다 B급을 매수하는 편이 더 유리할 것입니다. 하지만 수급 불균형이 없을 때는, B급 주식 30주를 사는 것보다 A

급 주식을 사는 편이 더 나을 것입니다."

대형 지진이냐, 대형 수익이냐?

1996년 말 버크셔는 캘리포니아의 주립 지진 보험 에이전시와 4년 동안 15억 달러를 보장하는 재보험 계약을 체결했다. 4년의 보장 기간 동안, 이 보험 에이전시는 버크셔에 5억 9000만 달러의 보험료를 분할 납부해야 했다. 이 보험은 1997년 4월 1일부터 효력이 발생했다.

버크셔는 2001년 3월 31일 전까지 캘리포니아에서 대규모 지진이 발생하지 않을 것이라는 데 베팅하고 있었다. 만일 그 이전에 지진으로 인한 손실이 주택 소유자의 보험 청구액으로 50억 달러가 넘어선다면, 버크셔는 보험 청구액 15억 달러를 지불해야만 했다. 물론 대규모 지진이 발생하면, 버크셔는 큰 타격을 입을 거였다. 그래서 2001년 3월까지 캘리포니아에 큰 지진이 발생하지 않을 것이라는 가정은 엄청난 도박이었다. 다행히 그 베팅은 버크셔에게 큰 수익으로 돌아왔다.

캘리포니아 지진 당국의 보험회계사 존 드레넌은 통계상 지진이 일어날 가능성이 1.27%에 불과하지만, 그렇더라도 버크셔가 거액의 보험료에 대한 반대급부로 마지막 동전 한 푼까지 모두 내놓아야 할 상황에 처할지도 모른다고 지적했다. 80년 동안 딱 한 해에 70억 달러를 넘어서는 손실이 발생할 가능성이 있다는 사실을 예상해야 하는 것이다. 따라서 4년 안에 그런 지진이 일어날 가능성은 1.27%의 20분의 1인 셈이었다.

하지만 비록 일어날 확률이 미미하다 해도 내일 당장 발생할 수도 있었다. 그래서 보험료가 비싸기는 했지만, 보도에 따르면 캘리포니아 정부 관료들은 지진 당국이 애초에 지진 피해 복구를 위해 팔 계획으로 쌓아두었던 채권에 이자를 지불하는 것보다는 차라리 보험료가 더 저렴할 것으로 판단했다.

70억 달러라는 수치는 지진 당국이 보상해야 할지도 모를 손상액과 관련이 있었다. 1994년 노스리지에서 지진이 발생했을 때, 보험회사들은 주택 손상 청구액으로 85억 달러를 물어주어야 했다. 주 당국은 대규모 손실에 대한 보장을 좀 더 늘리고 당국의 보상한도를 줄이기 위해 법률을 개정하면서, 주택 이외의 것들에 대한 보상에 새로운 책임한도를 추가했다. 일례로 차고, 수영장, 담장은 보장 대상에서 제외시켰고, 공제액도 15%로 인상시켰다. 이러한 개정안을 적용한다면, 노스리지 지진 규모에 해당하는 지진이 일어날 경우, 주 당국이 보상해야 할 금액은 85억 달러가 아니라 40억 달러가 될 것이었다.

노스리지 지진이 초래한 공적·사적 시설물에 대한 총 피해액은 270억 달러였다. 〈로스앤젤레스 타임스〉에 따르면, 270억 달러 중 절반을 약간 넘는 금액은 보험업체가 감당했으며, 나머지 금액은 연방정부가 지불했다. 노스리지 지진 이후에 보험업체들은 주택 소유자 보험을 주 단위의 에이전시에서 취급토록 함으로써 자신들의 위험 노출을 줄였다.

지금껏 지진 보험은 캘리포니아에 발생했던 모든 지진 중 단 한 번을 제외하고 모두 보험회사에 수익을 안겨주었다. 하지만 그 한 번의 지진으로 인한 손실이 그때까지 받았던 보험료를 훨씬 초과했다. 결국 향후 지진이 버크셔에 영향을 주려면 상당한 규모가 되어야 할 것이다. 물론 그런 일은 얼마든지 일어날 가능성이 있다.

한편 투자은행 모건 스탠리가 한창 지진 당국의 채권을 홍보 중이었음에도 불구하고, 지진 당국은 15억 달러의 채권 발행을 포기했다. 그 에이전시는 버크셔에서 갑자기 더 나은 조건을 제시받은 후, 채권을 제공하기로 했던 것을 무기한 연기했다. 지진 당국의 국장인 그레그 버틀러는 이렇게 말했다. "채권 거래는 너무 많은 비용이 들 수 있다. 우리는 버크셔의 재보험으로 1년에 2000만 달러에서 4000만 달러까지 절약할 수 있었다."

이에 대해 버크셔의 아지트 자인은 다음과 같이 말했다. "채권 거래의 문제점은 투자자들이 주식투자와 달리 고정 수익을 받게 된다는 점이다. 우리는 위험을 감수하고, 그에 대한 준비금을 마련해놓기 때문에 비용을 더 낮출 수 있고, 그로 인해 더 높은 수익을 올릴 수 있다."

버크셔는 엄청난 자본력과 속도, 그리고 노련한 사업 수완의 이점을 보여주었다.

버핏은 캘리포니아 보험과 관련해 1996년 버크셔 연례보고서에 이렇게 적었다. "그러한 보험을 제공함으로써 우리가 얻는 것은 무엇일까? 우리도 모른다. 그렇다고 해서 컴퓨터 공식들이 우리에게 도움을 줄 거라고는 생각하지 않는다. 컴퓨터들이 산출한 수치가 근거 없는 환상이라고 생각하기 때문이다. 사실상 그러한 결과치가 의사결정권자들을 현혹시켜 그릇된 판단을 하게 할 수 있고, 그래서 정말로 큰 실수를 저지를 가능성이 높아질 수 있다. 우리는 이미 보험과 투자 양쪽에서 그러한 실수를 목격한 적이 있다. 1987년 시장이 폭락했을 때 '포트폴리오 인슈어런스portfolio insurance포트폴리오의 헤지수단으로서 풋옵션을 구입하는 방법에서 시작되어 동적 자산배분전략이나 주가지수선물이 주류를 이룸·옮긴이'를 보면서 당시 많은 사람이 컴퓨터가 믿을 수 없는 도구라는 것을 목격했을 것이다."

버크셔는 또한 플로리다의 허리케인 피해를 보장하고 있던 올스테이트와도 계약을 맺었다. 캘리포니아 계약 보장 금액의 절반 정도의 규모였다. 버핏은 1996년 연례보고서에서 이렇게 말했다. "초대형 재난의 보상 범위가 아무리 크다고 해도, '최악의 경우'의 손실이 아마도 6억 달러가 넘지 않을 것이고, 그 금액은 우리 장부가치의 3% 미만, 즉 우리의 시장가치의 1.5%에 그칠 것이다."

2001년 보험감독기관의 발표에 따르면, 버크셔는 캘리포니아 지진에 대한 최대 책임보상액이 35억 달러로 책정되어 있는 상태였다. 반면에 버크셔는 그에 대한 준비금으로 감독기관이 요구하는 것보다 더 많은 40억 달러를 보유하고 있었다.

200억 달러를 넘어선 채권 수익

버크셔의 1997년 연례보고서에서 버핏은 이렇게 밝혔다. "연말에 버크셔의 최대 규모인 이례적 포지션은 미 재무부의 장기 무이표채권이자를 지급하지 않는 채권·옮긴이에 대한 채무로, 상각후가액 46억 달러였다. 1997년에 이자율이 하락했기 때문에 우리는 미실현 세전 수익 5억 9880만 달러로 한 해를 마감했다."

이는 석유와 은에 대한 '이례적인' 투자를 공개한 다음의 일이었다. 수년 동안 버크셔는 주식뿐 아니라 채권도 계속해서 매입해왔다. 버크셔는 가이코를 인수했을 때 확정금리부 증권으로 30억 달러를 받았고, 1997년 채권에 대한 지분을 상당 규모로 늘렸으며, 1998년에는 제너럴 리를 인수하면서 대규모의 채권도 인계받았다. 미 재무부 채권에서 앨라배마주 버밍햄의 '산업 수자원 위원회 채권', 앨라배마주 스콧스보로의 '수자원 및 가스 채권'까지 다양한 채권을 매입했다. 그리고 로스앤젤레스 카운티에서 뉴욕 서포크 카운티까지의 '하수 지구 관련 채권', 텍사스주 크리플 크릭의 '수자원 및 하수 처리 수익채권', 유타주의 '주택공사 채권', 일리노이주 피오리아의 '경제개발 채권', 매사추세츠의 '도로공사 채권' 등도 매입되었다.

버핏은 5000달러에서 수백만 달러에 이르는 다양한 액수의 채권을 보유하고 있다. 기한도 1년 이하부터 20년 이상에 이르는 여러 종류의 채권을 보유해왔다. 수익률도 1%에서 15%까지 매우 다양했다.

하지만 1987년과 1992년 사이에는 채권 매입이 거의 없었다. 살로먼과 질레트의 경우처럼, 버핏은 전환우선주의 매수가 가능했을 때는 평범한 채권에 관심을 보이지 않았다. 어쩌면 그는 채권이 주식에 대한 매력적인 대안이 되기에는 이자율이 지나치게 낮다고 생각했을지도 모른다.

버크셔는 확정금리부 투자발행시에 결정된 일정 이자가 상환시까지 지급이 약속된 유가증권에 투자하는 것·옮긴이로 300억 달러 이상의 증권을 보유하고 있다. 1997년 9월 8일 〈포브스〉는 버핏이 20년에서 23년 만기의 무이표채권을 대규모로 매입했다고 보도했다. 또 그해 9월 15일 〈월스트리트 저널〉에 따르면, 버크셔는 액면가 100억 달러의 미 국채를 20억 달러 정도에 매입했다. 기사는 거의 정확했다. 보도된 규모는 실제 규모보다 조금 작았다.

월스트리트의 증권회사들은 미 국채의 원금과 이자를 분리함으로써 제로 쿠폰채쿠폰 금리 없이 발행가격을 이자율에 의거, 할인하여 발행하는 할인식 채권·옮긴이를 만들어냈다. 이 투자채권은 원금 규모에 비해 터무니없는 할인가격에 매도된다. 월스트리트는 채권이 만기가 될 때까지 이자를 지불하지 않고, 만기시에 원금만 지불한다.

매년 채권 보유자의 원가 기초는 세금 용도로 증가한다. 비록 그 소득이 수령되지 않았다 해도, 이러한 원가 기초의 증가는 보유자에게 과세 가능한 소득을 의미한다. 사실상 수령하지 않아도 과세 가능성이 존재하므로 '유령소득'이라고도 불린다. 만일 무이표채권을 만기가 될 때까지 보유한다면, 채권 보유자의 원가 기초는 액면가로 증가할 것이다. 그러므로 양도소득은 발생하지 않는다. 양도소득은 투자자가 만기 전에 증가된 원가 기초 이상으로 채권을 매도했을 경우에 발생한다. 반대로 채권이 증가된 원가 기초 이하로 매도된다면, 그 차액은 자본손실이 된다고 하겠다. 무이표채권은 가변적이고 이자율의 변화에 따라 반응하며 결과적으로 그 가치가 변한다. 이자율이 상승하면 무이표채권은 인기가 떨어지는데, 그 이유는 투자자들이 새로이 더 높은 이자율에 재투자할 수 있는 이자를 지급받지 못하기 때문이다.

반면에 이자율이 하락하면 고정된 재투자 수준은 무이표채권이 다른 확정금리부 증권의 실적을 능가하는 데 도움을 준다. 무이표채권은 재투자의 위험을 제거하는데, 그 이유는 이자가 투자자에게 지급되는 게 아니라, 만기수익률로 자동적으로 재투자되기 때문이다. 만일 이자율이 상승하면 모든 채권의 가치는 감소하겠지만, 디스인플레이션과 디플레이션 상황에서 이자율이 하락할 때 채권은 매력적인 투자 대상이 된다. 인플레이션이 통제되고 이자율이 하락할 가능성이 많다고 생각될 경우에, 사람들은 무이표채권을 매입한다.

1997년의 버크셔 연례보고서에서 버핏은 버크셔 주식의 약 5%

를 매도했다고 밝혔다. 이러한 주식 매각은 각 시장에서 발견되는 상대적 가치에 대한 반응으로 채권과 주식 비율을 적절하게 변화시키면서 1998년부터 계속해왔던 재편성 작업의 일환이라는 설명이 뒤따랐다.

1998년 2/4분기 수익보고에서, 버크셔는 장기 무이표채권으로 짜인 전체 포지션을 매도했고 당 분기의 투자 수익인 8억 6400만 달러 중 대부분을 매각하게 될 것이라고 발표했다.

1999년 2/4분기에는 버핏이 약 100억 달러를 현금 포지션에서 확정금리부 포지션으로 이동함으로써 확정금리부 포지션이 300억 달러를 넘어서게 되었다. 그것이 어떤 종류의 확정금리부 증권인지에 관해서는 아무런 설명도 없었다. 다만 국채일 거라는 추측이 내려졌다.

버크셔의 확정금리부 투자에는 정부 채권으로 약 15억 달러, 주와 지방자치단체의 채권으로 약 35억 달러, 외국 정부의 채권으로 약 70억 달러, 기업 채권과 상환 가능한 우선주로 약 65억 달러, 주택저당 증권으로 약 20억 달러가 포함되어 있었다.

원래 버핏은 1998년 웨스트 엔드 캐피털West End Capital의 밸류 캐피털에 자금을 제공했고, 4년 동안 그 자금을 계속 유지시키기로 계획했다. 웨스트 엔드 캐피털이 고객을 다변화하고 있는 데 주목하면서 〈블룸버그〉는 "만일 버핏이 떠나더라도 그들에게는 다른 투자자들이 여전히 존재할 것이다"라고 한 헤지펀드 전문가의 말을 인용했다. 밸류 캐피털 펀드는 관련 있는 확정금리부 증권의 가격 차이에 투자를 함으로써 2003년도 첫 5개월 동안 채권 차익에서 6.6%의 수익을 얻었다.

2000년 12월 29일 〈월스트리트 저널〉은 버핏이 피노바 그룹과 콘세코의 정크본드를 매입했고, 어려움을 겪고 있는 이 회사들의 채권에 수억 달러를 투입했다고 보도했다. 피노바는 애리조나주의 스코츠데

일에 있는 기업 대부업체로, 파산 위기에서 벗어날 수 있는 방도를 강구 중이라고 발표함에 따라 회사의 신용등급이 하향 조정되었다. 이런 가운데 버핏이 액면가의 60% 정도에 이 회사의 채권을 매입한 사실을 밝힌 것이다. 그리고 인디애나주 카멜에 소재한 보험 및 금융 회사 콘세코는 버핏의 투자 당시 신임 CEO인 게리 웬트의 지휘 아래 사업을 재건하는 중이었다.

그런데 2001년 2월 19일 〈포천〉은 버핏이 콘세코를 제외한 피노바의 정크본드만을 매입했다고 보도했다. 〈포천〉의 보도 내용은 버크셔의 데비 보사넥에 의해 확인되었다.

버핏은 버크셔의 2000년도 연례보고서에서 이 문제에 관해 상세히 언급했다. "12월 29일 자 〈월스트리트 저널〉에 실린 버크셔의 활동에 관한 보도 내용은 명백한 실수다. 이 유감스런 사실과 달리 〈월스트리트 저널〉은 내가 평생 동안 유익하다고 생각해온 훌륭한 신문이다. 〈월스트리트 저널〉은 간단한 뉴스를 실었는데, 거기에는 명확한 용어로 우리 회사가 콘세코와 피노바 채권을 매입하고 있다고 밝혔다. 또한 아무런 증거도 없이 버크셔가 콘세코와 피노바의 채권을 매입하고 있다고 보도했고, 버크셔가 두 회사에 '수억 달러'를 투자했다고 덧붙였다. 기사 말미에 와서야 약간 변명의 여지를 남기며, 우리 회사의 콘세코 채권 매입이 '이 문제에 관해 잘 알고 있는 사람들'에 의해 공개되었다고 밝혔다."

버핏은 이에 대해 누차 자신의 입장을 밝혔다. "진실은 우리가 피노바의 채권을 사고 은행 채무를 인수했다는 겁니다. 하지만 오늘까지도 버크셔와 나는 콘세코의 주식이나 채권을 하나도 매입한 적이 없습니다."

멍거는 2002년도 웨스코 정기 주주총회에서 버크셔가 채권을 매입하는 방식에 관한 세부 사항을 일부 공개했다. "버크셔는 두 가지 방식으로 채권을 보유합니다. 한 가지 방식은 보험 회사의 포트폴리오로 채권을 보유하는 것인데, 이렇게 하는 이유는 주식이 충분히 매력적이지 않기 때문입니다. 그러므로 채권이 그 대안이 되는 것입니다. 대체로 우리의 기본적인 선택은 지난해에는 주택저당 채권이었습니다. 따라서 대부분의 채권이 그러한 범주에 있습니다. 우리는 또한 미 정부 채권도 매입합니다. 때로는 소규모의 정크본드까지 매입합니다. 이는 호감이 가는 주식을 발견하지 못할 때, 자금을 투자하는 하나의 방법입니다. 채권에 투자하는 또 다른 방식은 버크셔의 금융계열사에서 내가 '워런 버핏의 잡다한 금융활동'이라고 부르는 것의 일환입니다. 워런의 투자방식에 대해 나는 찬성하는 입장입니다. 별다른 위험이나 문제점 없이 우리는 수년 동안 수억 달러의 세전 수익을 벌어들였습니다."

2003년도 2/4분기에 채권시장이 절정을 이루고 있을 때, 버핏은 놀랍게도 약 90억 달러의 미 정부 장기채권을 매도했다. 이는 사실상 버크셔의 전체 포지션이었다. 타이밍은 적절했고 자본이득은 약 6억 달러에 이르렀다.

버크셔의 은빛 시대

1998년 2월 3일, 버크셔는 1억 270만 온스(287만 5600킬로그램)의 은을 샀다고 밝혔다. 실로 엄청난 양의 은이었다. 당시 버핏은 그 금속에 빠져들었다. 그가 산 은의 가격은 온스당 4.32달러에서 5.47달러 사이였다.

은은 650년 만에 최저가로 거래되고 있었다. 매입 발표 당시, 온스당 5달러였던 6억 5000만 달러의 가격에서 단번에 2억 달러나 상승하여 8억 5000만 달러어치의 귀중한 백색 금속이 되었다.

그러나 2004년 은 가격이 도로 내려가 그 투자는 거의 본전이 되었다가, 마침내 2004년 말에 온스당 6달러대로 들어섰다. 버크셔는 매년 세계 은 생산량의 20%에 이르는 은을 매수했다. 지구상에 존재하는 은 재고의 30%를 차지하는 그 보물을 단단한 블록에 녹여 붓는다면, 8×8×8미터의 공간을 차지할 것이다.

1998년 2월 10일 자 〈뉴욕 타임스〉는 이를 두고 다음과 같이 보도했다. 그 은괴는 현재 런던의 금괴 은행 중 하나에 보관되어 있다. 버크셔는 그 은행에 보관료로 절도 보험을 포함해 하루 1000온스당 5센트를 내고 있다. 일단 버크셔가 모든 은을 인수하면, 12만 9710여 개의 은괴를 갖게 될 것이다. 아마 버핏은 상당한 할인을 받을 수 있을 것이다.

그러나 그렇지 않다면, 저장 비용만 하루 6485.50달러가 들게 될 것이다. 그 비용을 피하기 위해 버크셔는 창고를 인수할 수도 있다. 하지만 그렇게 많은 은을 저장할 장소를 찾기란 쉽지 않을 것이다.

1000온스의 은괴(은은 트로이 형량으로 달기 때문에 실제로는 1097온스임)는 크기가 32×15×10센티미터다. 그 모든 은을 천장 높이가 2.7미터에 달하는 건물에 쌓는다면 원룸 아파트 두 개를 채울 크기가 된다.

버크셔의 1998년 3월 연례보고서 발표를 앞두고 은 가격에 관한 거래업자들의 문의가 쇄도하자 버크셔는 은을 팔 계획이 없다고 발표했다. 버크셔는 은괴의 재고가 최근에 떨어졌고, 생산보다 수요가 압도

적이어서 약 6억 5000만 달러어치의 은을 다시 사들였다. 버핏은 수요가 공급을 초과하면 가격이 오를 것이란 관습적인 결론을 내렸다.

1997년의 은 공급이 5억 8600만 온스인 데 비해 수요는 8억 온스였다. 버크셔의 언론 발표에 따르면, 1997년 여름에 버핏과 멍거는 공급과 수요의 평형이 약간 높은 가격에 형성될 것 같다는 결론을 내렸다. 버핏은 "예상 인플레이션은 은의 가치에 어떤 역할도 하지 못하고 있다는 데 주목해야 한다"고 의견을 내놓았다.[47]

비록 치솟는 물가로 은의 가격이 높아질지 몰라도 은의 진정한 수요는 주로 보석과 은세공, 사진과 전자 장비에서 나왔기 때문이다.

버크셔는 런던에서 중개업체 피브로를 통해 은을 샀다. 그 업체는 트래블러스 그룹의 '살로먼 스미스 바니'라는 중개상이었다. 그 회사는 한 번도 옵션을 구사하지 못했고 구매가격도 신고가에 이르지 못했다. 모든 구매가격이 내려간 뒤에 이루어졌기 때문이다. 그것은 버핏의 독특한 구매 방식이었다.

버크셔의 은 보유량은 헌트 형제가 1980년 은 시장을 최고가에서 독점하려 한 혐의로 피소된 이후 최대 양이었다. 넬슨 벙커 헌트와 윌리엄 허버트 헌트는 당시 돈을 빌려 전 세계 공급량의 절반이나 되는 은을 사재기해 은값을 폭등시켰다. 하지만 헌트 형제가 마진콜고객의 손실액이 일정 수준을 초과해 증거금이 수준에 미달할 때, 중개 회사가 고객에게 즉시 적절한 수준까지 증거금을 충당하도록 요구하는 것·옮긴이을 마련하지 못하면서, 은 가격이 온스당 50달러에서 10달러로 떨어졌다. 그 때문에 헌트 형제는 약 10억 달러의 손해를 보았다.

버크셔는 거래소 창고에서 구할 수 없을 정도로 많은 은을 보유하고 있었지만 시장을 조작하지는 않았다. 버크셔는 1998년 연례보고서에서 다음과 같이 발표했다. "만일 어떤 매도자가 시기적절한 배달을 하는 데 어려움을 겪으면, 버크셔는 적절한 비용을 지불하는 조건으로 기꺼이 기간을 연기해주려 합니다. 우리는 시장을 교란할 만큼의 구매를 원하지 않습니다. 우리는 조금도 헌트의 좋지 않은 전철을 밟을 생각이 없습니다."

멍거는 이를 두고 다음과 같이 말했다. "은 보유량은 버크셔 자본의 2%에 불과합니다. 이런 상황은 버크셔의 미래에 워런이 하는 브리지 게임 정도의 영향을 미칠 겁니다. 우리에겐 사건도 아니지요."

버크셔는 언론 발표를 통해 버핏이 30년 전에 은을 샀다고 했다. 당시는 미국 정부가 은화 제조를 중지하고, 금속으로 달러 지폐를 뒷받침하는 일을 그만두었을 때였다. 그때부터 버핏은 은에 관한 기본적인 업무에 관여해왔지만, 그가 관리하는 어떤 곳에서도 그 사실을 드러내지 않았다. 만일 그것이 주식이었다면 지분을 보고해야 했겠지만 은의 구매에는 그런 규칙이 없었다.

1998년 버크셔 연례보고서에 버핏은 이렇게 적었다. "여러분은 다음의 숫자를 보면, 알 수 있을 겁니다. 총수요는 투자가와 기본적인 사용 유형으로 볼 때 1년에 8억 온스 남짓인데, 매년 5억 온스가량 생산되고 있습니다. 다음 2~3년 동안 좀 더 생산되겠지만 말이죠. 동이나 납이나 아연 같은 금속 채굴 과정에서 대부분의 은이 부산물로 생산됩니다. 은은 부산물이기 때문에 가격 변화가 별로 일어나지 않습니다. 최근 몇 년 동안 1억 5000만 온스나 물량이 부족했는데 그 부족분은 지상의 은괴 재고로 채워졌습니다. 물론 몇 년 전에는 대략 19~20억 온스가 부족할 때도 있었습니다. 의문의 여지없이 은괴 재고는 상당히 고갈되었습니다. 그것은 곧 현재의 은 가격으로는 새로 채굴

되는 은과 재사용 은을 합쳐도 수요를 충족시킬 수 없다는 뜻입니다. 그리고 결국 변화가 일어날 것입니다. 나는 그것이 사용의 축소나 공급 증가나 가격 변화일 것이라고 생각합니다. 비록 일부 새로운 생산이 이루어지고, 은을 사용하는 디지털 이미징이 생겨난다 해도 그런 불균형은 중요합니다. 우리는 새로운 가격이 형성되어야 그 부족분이 평형을 유지할 수 있을 정도로 재고 은괴가 고갈되었다고 생각합니다. 우리는 그 가격 변화가 작을 거라고 생각하지 않습니다."

버핏은 1998년 연례보고서에서 회사의 은 보유량을 변화시킬지에 대해서는 언급하지 않았다. 다만 그는 "작년에 논의된 일부 포지션을 정리하고, 다른 것을 추가했습니다"라는 말만 했을 뿐이다. 멍거는 버크셔가 은에서 일부 포지션만을 유지했다는 언급을 했다. 2000년 주주총회에서 은에 관한 질문이 나왔을 때, 그는 "그건 정말 따분한 게임이었지요"라고 대답했다.

버크셔의 입장에서는 은 이야기가 두고두고 나올 것이다. 그러니 여러 가지 예측을 해보지 않을 수 없다.

은의 새로운 사용법이 개발될 것인가? 인플레이션이나 거대한 무역 적자가 은의 가격을 치솟게 할 것인가? 환경주의자들이 은의 채굴을 어렵게 만들거나, 배기가스 무배출 차량을 위해 은·아연 연료전지를 요구할 것인가? 아시아에서 은의 수요가 증가할 것인가? 중앙은행이 화폐 소요의 위험에 대비하고자 은을 사들일 것인가? 투자자들이 금본위 제도에 은을 포함시킬 것인가? 또는 버핏이 말한 대로, 관례에 따라 공급과 수요의 평형이 좀 더 높은 가격으로 자리를 잡을 것인가? 모든 의문은 결국 시간이 말해줄 것이다.

3할을 웃도는 28년치 주가 실적

1998년 7월 24일, 10대 시절 버핏의 사업 파트너였던, 윌슨 자판기 회사의 이사인 돈 댄리는 AOL 버크셔 게시판에 다음과 같은 메시지를 올려놓았다.

나는 버크셔의 과거 주가 실적에 관한 여러 가지 수치들을 보았습니다. 명백히 그 수치는 언제 것이냐에 따라 큰 차이가 있습니다. 얼마나 과거로 돌아가느냐에 달려 있습니다. 다음에 나온 표는 1997년 종가를 최종 수치(46000)로 사용해 과거 28년 동안 기하급수적으로 증가한 평균 수익률입니다. 지난 5년 동안 평균 증가율은 31.5%이고, 지난 10년 동안 증가율은 31.6%입니다. 그리고 28년 동안의 평균은 28.4%입니다. 이런 평균은 1998년 경험한 대폭적인 상승을 반영하지 않은 것입니다. 주가의 전체적인 수익률은 30% 남짓이라고 보면 무방합니다. 아주 훌륭합니다!

연도	버크셔 종가(달러)	평균가격상승률(%)
1969	42	
1970	40	28.4
1971	48	29.8
1972	78	30.2
1973	80	29.1
1974	50	30.3
1975	40	34.5
1976	94	37.8
1977	134	34.3

1978	158	33.9
1979	320	34.8
1980	420	31.8
1981	560	31.8
1982	775	31.7
1983	1,310	31.3
1984	1,275	28.9
1985	2,480	31.8
1986	2,820	27.6
1987	2,950	28.9
1988	4,700	31.6
1989	8,675	28.8
1990	6,670	23.2
1991	9,050	31.8
1992	11,700	31.1
1993	16,320	31.5
1994	20,400	29.6
1995	32,100	31.1
1996	34,100	19.7
1997	46,000	34.9

최고의 수익,
독보적 가치를 이루다

버크셔의 주식도 횡보할 때가 있고, 하락할 때가 있다. 때때로 장기간 주식을 보유했던 버크셔 주주들도 주식을 팔아치우는 경우가 있다.

그러나 버핏은 장기 보유를 통해 놀라운 수익과 가치를 창출해왔다. 그것은 투자 세계에 거주하는 모든 이들의 추앙을 받기에 충분하다. 거친 자본주의 시장 속에서 살아남아 투자자로서 최고의 위치에 올랐다고 평가받는 버핏의 어제와 오늘은 어떻게 다를까?

여섯 자릿수의 주가

버크셔의 주가는 노련한 투자자들까지도 나가떨어지게 했다. 평생을 투자자로 살아온 한 변호사는 버크셔의 보고서를 읽고 그 주가에 대한 정보를 계속해서 입수해오고 있었다. 1988년 어느 날 그는 덕분에 쉽게 돈을 벌었다고 말했다. 당시 버크셔의 주가는 4200달러였다. 몇 년 뒤 그는 1만 6000달러에 버크셔 주식 하나를 추가 매수했다.

펜실베이니아주 와이오미싱의 펀드매니저 톰 웨이크는 1985년 한 젊은 회계사가 2500달러를 들고 그를 찾아왔던 때를 떠올렸다. 당시 우연히도 버크셔는 정확하게 그 가격대에 거래되고 있었다. 그 모든 돈을 주식 한 주에 투자하라고 며칠을 설득해, 그 회계사는 버크셔 주식을 한 주 매수했다.

1970년대 버크셔 주식이 주당 200달러에 거래되던 때부터 지방 신문에 버크셔에 관한 기사를 써왔던 웨이크는 그렇게 매수 추천을 한 후 얼마 지나지 않아, 로터리클럽에 잠깐 들렀다. 그때 버크셔에 관해 쓴 그의 칼럼 중 하나를 읽은 친구가 그에게 말했다. "세상에, 나라면 그 가격에 주식을 매수하지는 않을 거네."

그 친구 옆에는 자신이 버크셔 주식을 사라고 권해 버크셔 주식을 산 그 회계사가 서 있었다. 버크셔에 관한 확신이 있었기 때문에 그다지 당황하지 않았지만, 그 회계사는 저녁 먹은 걸 소화시키기 힘들 만큼 곤란해했다.

버크셔가 약 4800달러에 거래되고 있던 1988년에도 비슷한 일이 있었다. 한 여성이 웨이크에게 "누가 버크셔의 주식을 사려고 할까요?"라고 물었다. 그러자 그는 "글쎄요, 은퇴 후를 생각해서 지금 매수하는 게 좋을 것 같습니다"라고 대답했다.

버지니아주 알링턴의 브래독 캐피털 파트너의 집행위원 찰스 에이커는 1995년 9월 20일 그의 조합원에게 다음과 같은 편지를 보냈다.

1977년 주식중개인으로 일할 때, 나는 리서치하는 도중 버크셔 해서웨이를 우연히 알게 되어, 120달러에 한 주를 매수했다. 그 후 4년 동안에 걸쳐 나는 그 주식을 조금씩 매수하면서 총 40주를 모았다. 1970년대 후반에 나는 부동산 개발에 손을 대기 시작했다. 1981년에는 '콘도 컨버전' 프로젝트에 한창 투자 중이었다. 투자 자금은 21%의 금리로 대출을 받았는데, 대출 기관에 상환해야 할 때가 다가왔다. 이를 위해 나는 주당 500달러에 39주를 매도했다. 내가 지금도 가지고 있는 처음 산 주식 한 주는 오늘날 첫 매수가의 241배인 2만 8900달러라는 놀라운 가격에 거래되고 있다.

에이커는 브래독 캐피털 파트너에서 버크셔와 인터내셔널 스피드웨이에 모든 자금을 투자함으로써 그의 실수를 만회했다.

버크셔의 주식을 처음 접하는 투자자들은 일반적으로 그 가격에 당황하고, 배당금이 없다는 이유로 투자를 꺼린다. 버크셔 주식은 내재가치가 높고, 주식분할을 하지 않기 때문에 당연히 가격이 높을 수밖에 없다. 버핏이 주식분할을 하지 않는 이유는 그런 행위가 겉꾸미기에 지나지 않고, 서류 작업이 따르며, 기업의 가치를 따지는 투자자들보다는 무의미한 주식분할 따위에만 관심이 있는 투자자들을 불러들일 소지가 높기 때문이다. 버핏이 바라는 사람은 투기꾼이 아닌 투자자다.

배당금을 받으면 물론 당장은 기분이 좋을 것이다. 하지만 배당금은 기업에서 한 차례 세금을 지불하고 난 후의 돈인데도, 개인이 세금을 지불할 때 또다시 세금을 내야 한다. 배당금이 좋아 보이고 기분도 좋게 해줄지 모르지만, 버핏은 겉보기나 기분을 좋게 해주는 것에 신경을 전혀 쓰지 않는다. 배당금이 없는 게 합리적일 수 있다. 특히 버핏이 여러분 돈의 관리자이고 현명하게 재투자를 하고 있는 경우라면, 배당금 정도는 없어도 좋다.

버크셔의 투자자는 버핏이 연평균 22%의 복리로 재투자를 하고 있는 기업 내에 유보된 수익의 주인이다. 그런데도 3%의 배당금을 더 선호하겠는가? 게다가 그 배당금에 또 세금이 부과되지 않는가.

뉴욕의 투자자 존 슬레이터는 425달러에 버크셔의 주식을 처음으로 매수했다고 말했다. "나는 연례보고서를 우편으로 신청해놓았고,

투자금은 그 연례보고서의 평생 구독료로 적절하다고 생각합니다.”

그는 친구 길먼 건의 갓 태어난 아들 길 건에게 버크셔의 주식 한 주를 선물로 주었다. “그의 두 번째 아이가 태어난 시점에 버크셔의 주가는 1000달러였고, 내가 선물하기엔 부담이 되는 가격이었습니다. 그래서 둘째 아이를 위한 주식은 친구가 사야 한다고 말했죠.” 세계적으로 저명한 투자자인 길먼은 당시 친구의 조언을 따르지 않았지만 후에 버크셔의 주주가 되었다.

버크셔의 주가는 1998년 초 치솟기 시작해 1998년 6월 22일 최고점에 도달했다. 그날 버크셔는 8만 3000달러에 시작해 당일 최고치인 8만 4000달러까지 올랐으며, 2000주가 거래되면서 7만 7500달러에 마감되었다. 버크셔의 주가가 8만 달러를 넘기까지는 5년 반이라는 세월이 걸렸다. 2003년에는 8만 4250달러로 장을 마감했고, 그 뒤 한 달이 채 지나기도 전에 9만 달러까지 치솟았다.

하지만 버크셔의 주가는 2004년 말에 다시 8만 7900달러로 조정되었다. 버크셔 주식이 10만 달러를 갱신하게 될 날에 대한 대비로, 뉴욕 증권거래소는 컴퓨터에 단위 한 자리를 추가해야 하는 불상사를 피하기 위해 2004년 봄 버크셔가 1센트가 아닌 10센트 단위로 거래되도록 조정했다. AP통신의 주식시세표 편집자인 마티 로젠은 신문들이 다섯 자릿수를 표시해온 공간에 여섯 자리의 버크셔 주가를 넣을 준비를 하고 있다고 밝혔다(버크셔 해서웨이 A급 주식은 2021년 40만 달러를 넘어섰다).

고수익 고위험 금융상품으로
돈을 불리다

버크셔에는 '금융 및 금융상품 사업'이라 불리는 사업 영역이 있다. 이 분야의 사업에 대해서는 그리 알려진 바가 없지만, 버크셔의 대차대조표상에서는 점점 더 두각을 나타내는 분야이기도 하다. 이러한 여러 가지 분야의 사업들과 특수한 상황, 대출, 그리고 버핏의 개인적인 거래 전략 등으로 말미암아 버크셔의 2002년도 수익은 10억 달러에 이르렀고, 회사의 재정 상태는 호조를 보였다. 몇 년 전까지 이 사업은 '스콧 펫처 파이낸셜 그룹'과 '버크셔 해서웨이 신용회사', 그리고 네브래스카의 '버크셔 해서웨이 생명보험사'로 구성되는 사업 단위로 운영되었다.

1998년 버크셔의 연례보고서에서는 이렇게 기술하고 있다. "버크셔의 금융 및 금융상품 사업은 기본적으로 제너럴 리의 금융상품 사업과 스콧 펫처 파이낸셜 그룹의 금융 사업, 그리고 생명보험의 부속물인 연금상품 판매 사업으로 구성되어 있다. 제너럴 리의 금융상품 사업은 '제너럴 리 파이낸셜 프로덕츠GRFP' 그룹과 투자와 보험, 재보험, 부동산 관리와 중개 서비스 등을 제공하는 사업들로 구성되어 있다."

이 사업 영역에는 소규모의 상업용 부동산 운영을 비롯해 이제 갓 시작된 연금 사업 등이 포함되어 있다. 2002년도 연례보고서에서는 이 사업 단위의 구성을 '특허권 거래, 부동산 금융, 운송장비 임대, 기업 및 소비자 대부, 위험 관리 상품' 등으로 기술하고 있다.

'제너럴 리 파이낸셜 프로덕츠'는 파생상품 거래업체로서 1998년 말 제너럴 리를 매입함으로써 획득한 회사이다. '스콧 펫처 파이낸셜 그룹'은 스콧 펫처와 커비, 그리고 월드북 상품의 판매에 필요한 자금을 조달하고 있다.

1993년에 설립된 버크셔 생명보험은 개인 상해로 인한 보상 청구자들에게 정기적으로 돈을 지급하는 '구조적 결제 연금 상품'을 판매하고 있다. 버크셔의 '특수 사업'을 이끄는 마이크 골드버그가 이 사업에 관여하고 있다. 이 사업은 가끔 플로리다의 토지 공채를 매입한다거나, 부동산 사업에 자금을 조달한다는 소문이 나돌기도 하지만, 거의 알려진 바가 없기 때문에 마치 '수수께끼에 둘러싸인 미스터리'와도 같은 사업이다.

버크셔의 2001년도 연례보고서에서 버핏은 이 사업에 대해 다음과 같이 적고 있다. "우리의 금융 및 금융상품 사업은 이제 기업정보와 제너럴 리 시큐리티스, 그리고 비교적 소규모의 몇몇 사업체 등을 포함하고 있다. 그러나 이 사업 분야의 자산과 부채 대부분은 내가 관리하고 있는, 상당히 유동적이지만 최고의 신용등급(AAA) 관련 유가증권을 포함한 몇몇 고정 수입으로부터 얻어진 것이다. 특정한 시장 관계가 존재할 경우에만 가능한 이러한 금융 활동은 지금까지 괜찮은 수익을 창출해왔으며, 향후 1~2년 동안에도 그러한 수익성이 지속될 것으로 전망된다."

밸류 캐피털 L.P.에 대한 버크셔의 지분도 버크셔의 금융 사업 부문으로 귀속된다. 이에 관해 버크셔의 2002년도 연례보고서에서는 다음과 같이 밝히고 있다. "유한책임 조합인 밸류 캐피털 L.P.는 1998년 7월 1일부터 운영을 시작했다. 버크셔가 전액 출자한 자회사는 밸류 캐피털의 유한책임 조합이다. 조합의 투자 목적은 고정수입 투자에 대한 투자와 매매를 통해 수익과 자본의 성장을 추구하는 것이다. 현재 버크셔는 지분법에 의거해 이와 같은 투자에 대한 책임을 갖는다. 사업 개시를 한 뒤 버크셔가 조합에 투자한 금액은 4억 3000만 달러이고, 무한책임 조합원을 포함한 다른 조합원들의 투자 금액은 2000만 달러이다. 조합의 이익과 손실은 각 조합원의 투자 금액에 근거해 배분된다. 2002년 12월 31일 버크셔의 누적 이익금 1억 7300만 달러를 포함한 6억 300만 달러의 장부가액은 금융 및 금융상품 사업의 기타 자산에 포함되었다. 버크셔는 밸류 캐피털의 금융 활동에 대해 어떠한 경영권도 소유하고 있지 않으며, 조합에 의무적인 자금 지원을 제공하지 않는다. 유한책임 조합이기 때문에 버크셔의 손실에 대한 위험은 투자 금액의 이월 가치에 한정된다."

2004년 2/4분기 말, 밸류 캐피털에 대한 버크셔의 투자 금액은 6억 3800만 달러에 이르렀다. 버크셔의 2004년도 2/4분기 보고서에는 다음과 같이 나와 있다. "2004년 6월 30일, 금융 및 금융상품 사업의 자산은 총 490억 달러였고, 그보다 앞선 2003년 12월 31일에는 283억 달러였다. 2004년 6월 30일 부채 총계는 422억 달러였고, 2003년 12월 31일에는 220억 달러였다. 금융 자산과 부채는 2004년 1월 1일부터 시작된 밸류 캐피털의 합병을 반영하고 있다. 2004년 6월 30일자 밸류 캐피털 총자산과 부채 총액은 각각 241억 달러와 234억 달러였다. 2004년 6월 30일 현재 밸류 캐피털 소유의 자산에는 주로 고정 금리 만기상환 증권거래용 투자 자금(69억 달러)과, 전매 계약 아래 매입된 증권(159억 달러)이 포함되어 있다. 한편 부채에는 주로 매도되었으나 아직 매수되지 않은 증권(139억 달러)과 재매입 계약 아래 판매된 증권(87억 달러)이 포함되어 있다."

버핏은 버크셔의 2003년도 연례보고서에서 이렇게 적고 있다.

"엔론을 비롯한 다른 기업들의 회계 부정으로 말미암아 새로운 규정이 곧 발표될 것이다. 이 새로운 규정은 밸류의 자산과 채무를 버크셔의 대차대조표에 통합시키도록 요구할 가능성이 높다. 보통 200억 달러를 웃도는 밸류의 부채 규모를 고려할 때, 우리는 이러한 요구 사항이 부적절하다고 판단하고 있다. 시간이 흐르면서, 다른 투자자들이 밸류의 조합원으로 합류하게 될 것이다. 조합원의 수가 충분할 경우, 밸류를 통합해야 한다는 필요성은 사라지게 될 것이다."

2004년 밸류 캐피털은 새로운 유한책임 조합원의 투자를 허용했고, 버크셔의 투자 금액 중 1억 2500만 달러를 회수했다. 결과적으로 버크셔가 밸류 캐피털에 관해 가지고 있던 경제적 수익률은 90%에서 62%로 감소했다. 2004년 말, 밸류 캐피털에 대한 버크셔의 투자 금액은 5억 300만 달러였다. 버핏은 2001년도에 과감한 투자를 단행해 채권을 매입했다. 그리고 2002년 다시 채권 매각을 통해 수익을 올리기 시작했다.

〈블룸버그〉는 기사를 통해 당시 저금리가 적용된 차입 자본에 의한 투자가 이와 같은 거래 전략을 성공적으로 만든 요인이 되었다고 밝히고 있다. "미국 증권거래위원회의 자료에 따르면, 버크셔 해서웨이의 금융 사업부인 '버크셔 해서웨이 파이낸스'에서는 프레디 맥이나 연방 저당권협회와 같은 정부 특허 회사에 의해 매각된 미국 재무부 및 기관 채권을 매입함으로써 작년도 자산을 두 배 이상으로 증가시켰다. 차입 자본을 이용한 매입은 버크셔 해서웨이 파이낸스의 거래를 주도하고 있는 버핏으로 하여금 환매 계약을 통해 자금조달 비용과 국채 이윤율 사이의 격차를 이용할 수 있도록 해주었다. 소위 '환매조건부 거래'라 불리는 계약은 채권 판매자가 특정한 가격과 날짜에 채권을 다시 매입하는 것을 조건으로 하는 계약이다. 몇몇 환매조건부 거래의 요율은 1% 미만으로 떨어지기도 했다. 연방준비위원회에서 기준 이자율을 41년 만에 최저치로 낮춘 이후 기준이 된 재무부 10년 만기 어음의 이윤율 4.07%의 4분의 1에도 미치지 못하는 수준이었다. 버크셔의 2002년 연례보고서에 따르면, 2002년도 금융 및 금융상품 그룹의 세전 소득액이 4억 9700만 달러(95.8%)에서 10억 1600만 달러로 증가했다. 버크셔 해서웨이 파이낸스의 2002년도 세전 소득액은 4억 2500만 달러로, 2001년에 비해 크게 증가했다. 그 주요 원인으로는 실현 투자 수익이 1억 5200만 달러 상승한 것뿐만 아니라, 단기 요율의 하락으로 이자 비용이 낮아진 것을 들 수 있다."

다시 말하자면, 2002년도 금융 분야의 세전 이익은 10억 달러를 달성했다는 얘기다. 2003년 10월 하버드 경영대학원 학생들과의 대담에서 복합 금융상품에 대한 질문을 받고, 버핏은 다음과 같이 말했다. "사실 나는 최근 두 건의 복합 금융상품 거래에서 5억 달러를 벌었습니다. 하지만 한 가지 문제가 있다면, 상품 자체가 가지고 있는 위험성이 너무 크기 때문에 사업성이 떨어진다는 것입니다."

보유 주식의
비밀 유지에 실패하다

버크셔는 '오토매틱 데이터 프로세싱ADP' 보유 사실을 비밀에 부치는 문제를 두고, 2003년 증권거래위원회와 벌인 논쟁에서 패배했다.

뉴저지주 로즈랜드에 소재한 문제의 회사는 중개업체와 같은 기업들에 기술 기반의 솔루션을 제공하면서 임금 및 세금 신고 업무를 처리해주는 업체이다. 보통의 경우, 증권거래위원회는 버크셔의 주식 보유에 관해 당분간 비밀을 유지해달라는 요청을 들어주었다. 그러나 이번에는 달랐다. 증권거래위원회는 버크셔가 보유 주식을 더 적시에 공개해야 한다고 판단했다.

버크셔 같은 대규모 투자가들은 보유 주식을 사들이거나 팔 때 자신들의 의도가 드러나지 않기를 바란다. 왜냐하면 기회주의자들이 시장가격을 부풀릴까 염려하기 때문이다. 버핏은 자신의 투자전략이 지적소유권과 동일시되어야 한다고 주장한다.

일반적으로 주식시장에 1억 달러 이상 투자하는 매니저는 '13F'라는 서류로 증권거래위원회에 보유 주식을 신고해야 한다. 다만 '비밀 취급'을 요청하는 것은 가능하다. 하지만 ADP의 경우, 증권거래위원회는 버크셔의 보유 주식공개가 자사에 해가 될 수 있다는 경위를 제시하지 않았다고 생각했다. 월스트리트에서 완전히 공개해달라고 요청하면, 사실상 증권거래위원회는 비밀로 해달라는 요청을 들어주지 않는 경향이 있다.

어마어마한 현금을 보유하고 있는 버크셔는 어느 때보다도 영향력이 있고, 투자자들도 규모가 더 큰 투자자를 모방할 이유가 갈수록 늘어나고 있다.

ADP 주식에 대한 버크셔의 비밀 요청을 증권거래위원회가 거부한 것은 시장에서 버핏의 움직임을 둔하게 만들 수 있다. 그리고 그것은 버핏으로 하여금 동일한 공개 규칙을 따르지 않아도 되는 비非상장 회사를 더 선호하게 할 가능성이 있다.

실제로 버핏은 최근 들어 주식시장에 상장된 회사보다 비상장 회사에 더 많은 투자를 한다. 그러나 기본적으로 그것은 최근의 주식시장에 투자하기보다는 회사 전체를 사들임으로써 거래를 더 잘하려는 것이다. 어쨌든 ADP 주식을 사들인 것도 이미 논란이 되기 전 일이다.

버핏의 개인 포트폴리오

버핏은 버크셔의 30% 이상 지분에다 개인적으로 상당한 주식을 보유하고 있다. 자신의 개인 포트폴리오에 무엇을 숨기고 있는지는 오직 버핏만이 알고 있다.

1967년 1월 25일, 버핏 투자조합원에게 보낸 편지에서 버핏은 조합에 대한 자신의 투자가 가족 재산의 90% 이상을 뜻한다고 했다. 그렇다면 버핏의 개인적인 투자는 처음에는 조합에서, 나중에는 버크셔의 주식 쪽에서 이루어진 것이 분명해 보인다.

1977년 3월 31일 자 〈월스트리트 저널〉의 조너선 라잉 기자와의 인터뷰를 보면, 버핏의 개인 보유 주식 포트폴리오는 3000만 달러 가치에 다다르지만, 그 돈의 대부분은 '디버시파이드 리테일링'과 '블루칩 스탬프'에 투자한 것이었다(이 회사들은 후에 버크셔의 자회사가 되었다). 따라서 버핏의 말대로, 그의 재산 거의 전부가 버크셔에 들어 있다고 해도 무방하다. 실제로 그는 앵커 테드 코펠과의 인터뷰에서 자기 재산의 99.75%가 버크셔에 투자되었다고 밝혔다.[48]

1986년 말, 버핏은 개인 포트폴리오용으로 약 3800만 달러를 일리노이주의 서비스마스터에 투자한 사실이 알려졌다. 서비스마스터는 병원 청소, 세탁, 음식물 준비, 메이드 서비스를 병원, 사무용 빌딩, 대학, 공장 등에 제공하는 회사이다. 이후 버핏은 그 지분을 매각했고, 서비스마스터 간부는 그의 지분이 매각되었음을 확인했다. 서비스마스터에 대한 투자가 세간에 알려진 것은 버핏이 해당 주식을 5% 살짝 초과해 매입하는 바람에 공시요건에 해당되었기 때문이다. 버크셔가 그 주식을 매입했는지 여부를 둘러싸고 혼란이 생기자, 버핏은 주주들에게 자신의 개인 포트폴리오용이지 버크셔용이 아니라고 해명했다.

어떤 주주가 서비스마스터 주식을 버크셔를 위해 매입했으면 좋았을 거라고 말하자, 버핏은 세금 문제 때문에 개인 계좌에 더 적합한 투자였다고 답했다. 또한 버핏은 수년 동안 오마하의 퍼스트티어 은행FirstTier Bank과 네브래스카 커뮤니티 은행, 그리고 마이너리그 야구 팀인 오마하 로열스에 개인적으로 소규모 투자하기도 했다.

1990년대 중반 이후 버핏은 부동산 투자 회사에도 관심을 갖기 시작했다. 1996년 4월 15일, 매사추세츠주 보스턴 소재의 부동산 투자신탁 회사인 프라퍼티 캐피털 트러스트는 버핏이 자사 지분 6.7%, 총 61만 800주를 주당 9달러에 매입했다고 발표했다. 프라퍼티 캐피털 트러스트는 몇 년에 걸쳐서 부동산 투자 부분을 매각할 계획이었다. 1997년 보도에 따르면, 버핏은 자신의 계정으로 추가 매입했고 프라퍼티 캐피털 트러스트의 지분은 총 8.9%인 83만 1600주에 달했다.

1998년에는 보스턴의 다른 부동산 신탁회사인 MGI 프로퍼티스MGI Properties의 지분 5.1%에 해당하는 70만 주를 매입했다. 그 후 1999년에는 버핏이 MGI의 지분을 8.3%인 114만 1300주로 끌어올렸고, 1999년 4월 1일에는 10.3%인 142만 주로 늘렸으며, 5월에는 26만 4000주를 추가로 매입했다.

또한 1999년 초 개인적으로 노스캐롤라이나주 그린즈버로에 소재한 탱거 팩토리 아웃렛 센터스의 지분 5.3%에 해당하는 41만 7100주를 매입했다. 그 지분은 2000년에 13.5%까지 증가했다가, 후에 5.3%로 낮아졌다.

리츠에 대한 버핏의 개인적 투자는 계속해서 이어졌다. 이번에는 타운 앤드 컨트리 트러스트의 지분 5.1%, 79만 7200주를 매입했다. 타운 앤드 컨트리 트러스트는 리츠 회사로, 메릴랜드주 볼티모어에 소재하고 있다. 버핏의 지분은 2000년에 6.7%로 공시되었고, 후에 2.33%로 낮아졌다.

1999년 8월 2일 자 미국 증권거래위원회 자료에 따르면, 버핏은 베이커 펜트리스 앤드 컴퍼니Baker, Fentress & Co.의 지분 5.3%(후에 5.2%로 감소)인 206만 주를 매입했다. 시카고에 소재한 베이커 펜트리스 앤드 컴퍼니는 비非분산 폐쇄형 뮤추얼펀드로 주로 주식에 투자하는 회사였으나, 보유 증권의 매각을 계획 중이었다. 베이커 펜트리스는 콘솔리데이티드 토모카 랜드의 지분 80%를 소유하고 있고, 콘솔리데이티드 토모카 랜드는 플로리다, 데이터너 비치 지역에 1급 부동산 약 6475만 제곱미터를 소유하고 있다. 1999년 9월 버핏이 가진 이 회사의 지분은 5.7%인 36만 2729주였다.

여기서 버핏은 펀드의 주가와 전매 후의 포트폴리오 가치 사이의 차액을 노리는 차익거래를 통해 수익을 주주에게 돌려주려고 했다. 리츠 투자와 베이커 펜트리스에 대한 투자는 마치 전매 게임을 하는 듯 단기간에 이루어졌다.

이 밖에도 버핏은 2000년 3월 24일, 뉴욕 소재 부동산 회사로 주택가 쇼핑센터에 투자하고 있는 이지스 리얼티의 지분 5.05%(나중에 7.1%로 올림)를 취했다. 댈러스의 스트립몰 개발 회사인 P.O.B. 몽고메리에 대한 매수 계획도 발표했다. 하지만 이후에 버핏이 형편없는 거래라고 비난했다. 자산 가치에 비해 할인가로 팔릴 가능성이 높았기 때문에 결국 2억 300만 달러짜리 매수 계획은 취소되었다. 버핏은 또한 애틀랜타 소재의 리츠인, JDN 리얼티의 지분 5%를 보유하고 있음을 밝혔다.

　　PMC 캐피털의 지분도 5.1%(7.7%로 올렸다가, 나중에 7.07%로 조정됨) 보유하고 있었는데, PMC 캐피털은 직접 대부업체로, 미 중소기업청을 지원하고 통상적인 융자도 하는 댈러스 소재의 리츠이다.

　　2000년 말에는 HRPT 부동산 신탁의 지분 5.7%인 750만 주에 투자했음이 알려졌다. HRPT는 매사추세츠 뉴턴 소재의 리츠로, 상업용 건물이 주된 투자처이다.

　　2001년 4월 〈클라리온 CPA 세큐리티 뉴스레터〉는 버핏이 일곱 개의 리츠에 약 1억 5500만 달러를 투자했고, 그 가치는 1억 8000만 달러로, 그의 개인 포트폴리오의 약 절반에 해당된다고 보도했다.

　　2004년 버크셔 정기 주주총회에서 버핏은 개인 포트폴리오에 리츠 포지션은 더 이상 보유하지 않는다고 밝혔다. 그의 개인 포트폴리오의 운명은 투자자라면 누구라도 흥미를 가질 법한 부분이다.

　　1991년 정기 주주총회에서 개인 포트폴리오에 대한 질문을 받자, 버핏은 못 알아들은 척했다. 그는 자신의 진짜 밑천은 버크셔에 있고, 어떤 경우에서든 자신의 재산 대부분은 궁극적으로 사회에 환원될 거라고 말했다.

　　1996년 6월, 그가 주주에게 보낸 '투자자 매뉴얼'에는 다음과 같이 적혀 있다. "멍거 가족은 90% 정도의 자기자본을 버크셔 주식으로 지니고 있습니다. 수전과 나는 99% 이상입니다. 내 누이와 사촌 등 친지들도 자기자본의 대부분을 버크셔 주식으로 갖고 있습니다."

버핏은 가장 큰 버크셔 주식 지분의 소유자이다. 버핏의 아내 수전은 3만 4000주(2.2%)를 소유하고 있었다. 그녀는 생전에 의결권과 투자 권한을 남편과 공유했다. 하지만 버핏 부부는 일부 주식들을 기부 형태로 이미 처분한 바 있다. 회사의 최고경영자들 대부분은 버크셔 내 순자산의 상당 부분을 보유하고 있다. 이는 "우리는 스스로 요리한 것을 먹는다"는 버핏의 말로 설명된다.

20만 2100달러짜리 점심식사

젊은 시절에 버핏은 지역 보이스 클럽이나 미국 가족계획연맹 같은 단체를 위한 몇몇 시민위원회에서 봉사를 했다. 나이가 든 후에는 자선활동을 많이 하지 못한 지난날에 대해 개인적으로 상당한 책임감을 느끼며, 좀 더 많은 자선활동에 자발적으로 참여해야겠다는 생각을 하게 된 것으로 보인다.

하지만 버핏은 지역 자선단체 유나이티드 웨이United Way 교육 부문에서 자선활동을 해왔으며, 에이즈 교육 부문에도 어느 정도 기부금을 내왔다. 또한 오마하에서 열리는 여러 기금 모금 활동을 후원해왔다.

예를 들어 북극곰 넥타이 경매에 참여해 4만 4000달러에 낙찰을 받았다. 그 넥타이는 피터 키윗의 회장 월터 스콧이 헨리 둘리 동물원의 1997년도 기금 마련 행사에 경매로 내놓았던 것이다. 첫 입찰가는 5000달러였지만, 버핏이 자비를 털어 입찰에 나서면서 그 액수는 4만 4000달러까지 치솟았다. 2년 후 헨리 둘리 동물원을 위해 개최된 기금 모금 행사인 주파리의 1999년도 기부금이 약 100만 달러로 상승했다.

당시 열렸던 경매에 대한 이야기를 일부 들어보자. "이 경매에서 월터 스콧은 5만 9000달러에 자신의 북극곰 넥타이를 버핏에게서 되샀다. 그 넥타이는 지난번 주파리에서 버핏이 그로부터 구매했던 것이었다. 그런 뒤, 버핏은 그 자리에서 스콧이 매고 있던 또 다른 동물무늬 넥타이를 5만 9000달러에 구매했다. 이 경매를 지켜보던 군중은 이를 열렬히 환영하며 박수갈채를 보냈다."

한번은 네브래스카 퍼니처 마트에서 유방암을 이겨낸 사람들이 유방암 환자를 위한 기금 모금 행사를 연 적이 있다. 그 행사에서 가장 인기를 끌었던 경매 물품은 버핏과 빌 게이츠가 자필 서명한 2달러짜리 지폐들이었다.

2000년 가을에는 샌프란시스코의 빈곤퇴치 자선단체 글라이드 재단 자선 모금 행사에서 버핏과의 점심식사권이 2만 5000달러에 낙찰되었다. 저소득 가구를 위한 글라이드 재단 사회봉사 활동을 지원하는 그 연례행사의 수익금은 약 40만 달러까지 상승했다. 그 경매의 낙찰자이자 인터넷 백만장자인 피트 버드롱은 그 행사의 공동 주최자였던 코미디언 로빈 윌리엄스를 비롯해 몇몇 친구도 함께 초대해 버핏과 식사를 즐겼다.

그렇다면 버핏과의 점심식사는 과연 얼마 정도의 가치가 있을까? 2만 5000달러, 3만 2000달러, 아니면 25만 100달러? 지난날 사람들이 버핏과의 점심식사권을 따내기 위해 경매에 지불했던 이 모든 수익금은 자선단체에 돌아갔다.

경매는 버핏과 두 시간짜리 점심식사권을 따내기 위해 최고가를 경신하는 치열한 입찰이 진행된다. 2003년에는 2004년을 위한 점심식사권을 놓고 이베이에서 새로운 형식의 라이브 경매가 열렸다. 거기에서 낙찰된 사람은 점심식사에 친구들을 동행할 수 있었다. 첫 입찰가는 1만 달러였으며, 141개의 입찰이 몰리면서 가격은 곧바로 10만 달러 이상으로 치솟았다. 버핏과 점심식사권을 두고 열렸던 이 경매는 이베이에서 처음 열린 것으로, 수전 버핏이 후원하고 있는 자선단체 글라이드의 직원들이 내놓은 아이디어였다.

2003년에 열린 경매에서 최고 입찰가 25만 100달러를 부른 사람은 뉴욕의 머니매니저 데이비드 아인혼이었다. 그는 인터뷰를 거절했지만, 그 점심식사가 좋은 일을 할 수 있는 계기가 되었고, 투자의 달인에게 큰 가르침을 얻을 수 있는 기회였다고 말했다. 아인혼과 버핏은 맨해튼 중심가의 유명인들이 자주 찾는 레스토랑 마이클스에서 2004년 5월 6일 식사를 했다.

점심식사 경매에 관한 CNBC와의 전화 인터뷰에서 버핏은, 글라이드의 CEO 윌리엄스 목사는 거의 망해가는 교회를 이어받아 힘들게 살아가는 사람들을 돕고 있는 이 시대의 진정한 영적 지도자라며 칭찬을 아끼지 않았다. 그리고 점심식사를 하면서 무슨 말을 해야 할지 생각해놓을 것이라고 말했다. 경매에 낙찰된 사람이 레스토랑을 택할 수 있지만, 자신에게 선택권이 있다면 데어리 퀸을 택할 거라는 말도 덧붙였다. 물론 점심값은 자신이 지불할 거라고 말했다. "그들이 나와 함께 햄버거와 체리 코크를 먹을 필요는 없지만, 아무튼 그 식사 공간은 하나의 작은 교실이 될 겁니다2007년에는 65만 100달러에 낙찰되었다. 낙찰된 사람은 5년에 걸쳐 이 경매에 참가해온 파브라이 인베스트먼트 펀드 공동 운영자인 모시니 파브라이였다·옮긴이."

기네스북도 탐낼 만한
독보적 장부가치

다음은 여러 해 동안 버크셔의 주당 장부가치의 증가 내역을 기록한 것이다. 그리고 배당을 포함한 스탠더드 앤드 푸어스 주가지수와 그 내역을 비교했다. 버크셔의 주주 에드 프렌데빌은 이렇게 말했다. "그 기록은 대단합니다. 그리고 버핏이 모험을 하지 않은 것을 감안한다면, 아마 독보적일 기록일 것입니다."

연도	버크셔 해서웨이(%)	S&P(%)	차이
1965	23.8	10.0	13.8
1966	20.3	11.7	32.0
1967	11.0	30.9	19.9
1968	19.0	11.0	8.0
1969	16.2	8.4	24.6
1970	12.0	3.9	8.1
1971	16.4	14.6	1.8
1972	21.7	18.9	2.8
1973	4.7	14.8	19.5
1974	5.5	26.4	31.9
1975	21.9	37.2	15.3
1976	59.3	23.6	35.7
1977	31.9	7.4	39.3
1978	24.0	6.4	17.6
1979	35.7	18.2	17.5
1980	19.3	32.3	13.0
1981	31.4	5.0	36.4
1982	40.4	21.4	18.6
1983	32.3	22.4	9.9

1984	13.6	6.1	7.5
1985	48.2	31.6	16.6
1986	26.1	18.6	7.5
1987	19.5	5.1	14.4
1988	20.1	16.6	3.5
1989	44.4	31.7	12.7
1990	7.4	3.1	10.5
1991	39.6	30.5	9.1
1992	20.3	7.6	12.7
1993	14.3	10.1	4.2
1994	13.9	1.3	12.6
1995	43.1	37.6	5.5
1996	31.8	23.0	8.8
1997	34.1	33.4	0.7
1998	48.3	28.6	19.7
1999	0.5	21.0	20.05
2000	6.5	9.1	15.6
2001	6.2	11.9	5.7
2002	10.0	22.1	32.1
2003	21.0	28.7	7.7
2004	10.5	10.9	0.4
연평균 수익 (1965~2004)	21.9	10.4	11.5
총수익(1965~2004)	286,865	5,318	

* 옅은 글씨는 손실임

700억 달러어치의 유동자산

버크셔는 상당한 현금을 보유하고 있다. 2005년 1/4분기 말, 버크셔가 금융상품 분야에서 현금 및 그와 유사한 형태로 보유하고 있는 자금은 440억 달러였다(이는 현금으로 약 20억 달러 정도를 여분으로 보유하고 있는 것을 계산하지 않은 수치다).

2003년 9월, 〈포지티브 패턴스〉의 밥 하워드는 버크셔에 관해 기사를 쓰면서, 버핏이 포스터 브룩스보다 유동자산이 많다고 밝혔다. 실제로 버핏의 유동자산이 브룩스보다 훨씬 많은데, 그 이유는 버크셔가 현금과 채권으로 약 700억 달러를 보유하고 있기 때문이다. 버크셔의 밑천 자금에 의해 창출되는 기회는 매우 경이적이며 이례적이다. 이러한 자금이 가치가 저하되지도 않고, 차입금을 이용하지도 않은 채 축적되고 있다. 자본주의 역사상 이런 경우는 없었다.

그러나 2005년 허리케인 카트리나가 걸프 해안을 강타했을 때 버크셔는 큰 피해를 입었다. 카트리나로 인해 400억~600억 달러의 보험금 지급이 예상되었다. 이는 홍수로 피해를 입은 지역을 재건하기 위해 정부가 지원할 2000억 달러는 고려하지 않은 금액이었다.

버크셔는 다음과 같은 성명서를 발표했다. "허리케인 카트리나로 생겨난 엄청난 피해에 따른 손실이 어느 정도인지 추정하기 매우 어려운 상황이며, 이 시점에서 그 손실을 추정할 의향도 없습니다. 하지만 버크셔 해서웨이는 허리케인 카트리나와 같은 재해로 발생할 회사 손실이 전체의 3~5% 정도 되는 것으로 예상하고 있다고 발표한 적이 있습니다. 버크셔는 이 예상이 실제로도 그럴 것이라고 믿고 있으며, 그렇게 기대하고 있습니다."

실제로 허리케인으로 인한 회사의 손실이 실제 29억 9000달러, 즉 세후稅後 20억 달러 정도 되는 것으로 드러났다. 카트리나에 뒤이어 허리케인 리타가 텍사스와 루이지애나 접경 지역을 강타했다. 보험 산업에 60억 달러의 손실을 끼칠 것으로 예상되었다. 그 후 허리케인 윌마가 플로리다를 급습했다.

2004년 플로리다에 강타한 네 번의 허리케인 중 찰리와 이반은 각각 보험업계에 70억 달러 이상의 손실을 끼쳤다. 2004년 버크셔는 네 번의 허리케인 급습에 따른 보험 손실 220억 달러 중 12억 5000만 달러를 보상해야 했다. 그리고 2005년의 허리케인으로 34억 달러의 손실을 입었다. 이들 허리케인으로 입은 직접적인 피해 외에 수많은 보험금 청구로 인해 버크셔는 화이트 마운틴과 가이코 같은 보험회사들이 큰 손실을 입었다.

버핏은 버크셔의 2005년 연례보고서에서 "우리는 카트리나로 25억 달러의 손실을, 리타와 윌마로 89억 달러의 손실을 예상하고 있다"고 보고했다. 하지만 2006년 허리케인 시즌에 가장 규모가 큰 보험 계약을 한 회사는 어디인가? 물론 버크셔다.

그런데 세계에서 가장 큰 카지노 회사인 하라스 엔터테인먼트가 버크셔가 책임져야 할 손해 및 상해 보험료의 50% 이상을 지불해주었다. 이 회사는 2005년 허리케인으로 침수된 40개의 자산 중 네 곳에 대해 18억 달러의 보상금을 지불할 회사를 찾고 있었다. 하라스의 대변인은 "버크셔는 우리가 찾고 있는 능력을 지니고 있다"고 밝혔다.

버크셔의 일부 보험료는 2006년에 비해 20배나 올랐다고 한 보험회사가 밝혔다. 간혹 버크셔는 보험 목적물 가치의 50%를 보험료로 받았다. 물론 버크셔는 허리케인이 보험에 부보된 자산에 피해를 주면, 수십억 달러의 손실을 입을 수 있는 터였다. 이제 버크셔는 수십억 달러의 보험 목적물에 계약을 하고 있다.

주당 10만 달러의
고지에 올라서다

2006년 10월 5일 오후 매수세가 확산되면서 버크셔 주식이 오랫동안 꿈꾸어오던 10만 달러에 거래되었다. 10만 100달러까지 올라갔다가 내내 그 수준에서 매도가 지속되더니, 9만 8995달러에 장을 마감했다.

이후 버크셔의 주가는 10만 달러 선을 유지했다. 40주가 10만 달러에 거래되다가, 30주가 10만 100달러에 거래되었다. 10만 달러 고지를 찍던 날, 뉴욕 증권거래소 객장의 버크셔 거래 포스트에서 환호성이 터져 나왔다.

어떤 주주는 메시지 보드에 "버크셔 A급 주식이 지금 막 10만 달러를 돌파했다. 그리고 1분 후에 10만 100달러가 되었다. 2006년 10월 5일 오늘이 그날이 되었다. 그 가격으로 장이 마감을 하든 안 하든 나는 관심이 없다. 10만 달러가 되었다는 게 중요하다. 오늘 밤 나는 80달러짜리 버번 위스키를 마실 것이다"라며 가슴 벅차 했다.

또 어떤 사람은 이렇게 썼다. "오래 기다렸지만 기다릴 만한 가치가 있었다. 오늘 밤 축하를 하기 위해 나는 데어리 퀸에서 다이어트 코크 2리터를 마시고, 저녁 후에 디저트를 먹을 것이다. 사무실의 모두가 나에게 와서 나를 축하해줄 것이다(나에게 돈을 빌려도 좋다). 10만 달러를 넘다니!"

버크셔의 주가는 1992년 1만 달러를 돌파했고, 2003년 9만 달러를 넘어섰다. 10만 달러는 다우존스 지수가 신고점에 도달하고, 2006년 허리케인 시즌이 닥치고 있을 때 넘어섰다.

조지아주의 앨퍼레타에 사는 마이클 케인은 주가가 10만 달러에 다다랐을 때 주문을 한 첫 번째 투자자 중 한 사람이었다. 그는 A급 주식 6주를 팔았다. 총 60만 달러였다. 매우 큰 금액인데도 수수료로 단지 33.42달러만을 지불했다. 거래가 주가를 기준으로 하는 게 아니라, 주식의 수로 이루어지기 때문이다. 그는 6년 전에 주당 6만 9800달러에 주식을 샀다.

1956년 버핏이 그의 투자조합을 결성한 이후 오랜 세월이 흘렀다. 그리고 1만 달러가 지금 몇억 달러의 가치를 지니게 되었다. 버크셔는 미국에서 가장 비싼 주식으로 기록되었다.

20세기 최고의
매니저가 되다

버핏은 특유의 가치지향과 마라톤 투자로 세계 최고의 부자에 이름을 올렸다. 13년 동안 버핏 투자조합은 몇 가지 악재가 시장에 도사리고 있었는데도 단 한 해도 손실을 입지 않았다. 누차 말하건대 버크셔의 연간 약 25% 주가 상승은 장부가치 22% 수익을 계속해서 넘어섰다. 1976년에는 최고치인 59%의 수익을 달성했다. 2001년까지 버크셔는 주주의 자산에 한 번도 손실을 입히지 않았다.

하지만 그 기록은 9·11 테러 공격으로 끝이 났다. 또한 보유 중이던 코카콜라와 아메리칸 익스프레스 주가의 폭락은 오랜 기간 승승장구하던 흐름에 제동을 걸었다. 버크셔 주식은 사실상 약 7% 수익을 냈으나, 장부가치는 6.2% 하락했다. 그렇지만 이 수치는 11.9% 하락한

S&P보다 여전히 월등했다.

2002년에 버크셔의 장부가치는 61억 달러나 성장했다. 그해의 10% 수익은 22% 하락했던 S&P를 압도적으로 앞질렀다. 버크셔에 최악의 해였던 1973년과 1974년에도 장부가치는 각각 4.7%와 5.5% 성장했다. 이 수치가 별것 아닌 것처럼 들리겠지만, S&P는 그해에 각각 14.8%와 26.4% 하락했다. 따라서 시장과 비교해보자면, 각각의 실적은 1973년에 19.5%, 1974년에 31.9% 성장했다고 할 수 있다. 머니매니저의 90% 이상이 시장에서 패배하던 당시로서는 그야말로 획기적인 성과였다.

머니매니저들의 평균 실적은 시장의 평균 수준에 머물러 있었고, 수수료 등의 마찰가격을 감안하면 사실상 평균 아래였다. 버핏의 주장에 따르면, 결국 대부분의 머니매니저들은 평균적인 주식 실적과 비교해볼 때 사실상 장부에 새로운 가치를 전혀 창출하지 못했다.

반면에 가치투자를 통해 주식을 차곡차곡 쌓으면서 얻게 된 버핏의 신용등급 트리플 A의 명성은 계속 올라가고 있다. 그는 경영 일선에서 손을 떼게 되더라도 주주들과 계속해서 연락을 취하겠다고 약속했다. 그리고 자신의 무퇴직 정책을 반영하면서 작가인 애덤 스미스에게 이렇게 말한 적이 있다. "나는 살아 있는 한 버크셔를 운영할 겁니다. 그리고 사후에도 강신술기도나 주문으로 귀신이나 영혼을 부르는 주술·옮긴이의 힘을 빌려 계속 일할 생각입니다." 워런 버핏의 이런 농담이 진담이길 바라는 것이 대부분의 주주와 투자자들의 마음일 것이다.

1997년 11월 〈배니티 페어〉는 버핏을 세계에서 가장 영향력 있는 사람 중 하나로 지목했다. 이 잡지는 기사에서 "그의 가장 큰 업무는 자신의 영향력을 관리하는 것이 되어가고 있다"고 언급했다.

비록 몇몇 사람은 버핏과 버크셔를 일시적인 현상으로 간주하지만, 일부 사람들은 그것이 영원히 지속될 것이라고 생각한다.

2005년 〈포천〉 조사에 따르면, 버크셔는 미국에서 가장 사랑받는 10개 기업 중에서 2위를 차지했다. 그 10개 기업은 델, GE, 스타벅스, 월마트, 사우스웨스트 에어라인, 페덱스, 버크셔 해서웨이, 마이크로소프트, 존슨 앤드 존슨, 프록터 앤드 갬블이다.

작은 꽃에서 자본주의의 거목이 된 버크셔는 무디스에서 신용등급 트리플 A를 받은 몇 개 안 되는 기업 중 하나이기도 하다. 신용등급 트리플 A를 받은 그 밖의 기업은 아메리칸 인터내셔널 그룹, 엑슨 모빌, GE, 존슨 앤드 존슨, 머크, 화이자, UPS, (버크셔가 투자하고 있는) 웰스파고이다.

버핏은 1999년에 버크셔가 "공매자들에게 가장 사랑받는 기업 리스트에 올랐다"고 농담을 던진 바 있다. 사실상 그는 1999년 300명의 투자 전문가들을 대상으로 한 전국 규모의 조사에서 20세기 최고의 머니매니저로 지목되었다. 스탠더드 앤드 푸어스의 주식투자전략 팀 간부인 데이비드 브레이버만은 버크셔 해서웨이가 20세기 투자 성공 스토리의 본보기라고 말한 바 있다.

2004년 4월 26일 〈타임〉은 버크셔가 '역사상 가장 성공적인 투자 매체'라고 발표했다. 이보다 앞선 2002년에는 〈비즈니스위크〉가 버핏을 미국에서 가장 믿을 만한 CEO라고 지목한 바 있다. 또한 2003년에는 〈포천〉이 버핏을 미국에서 가장 영향력 있는 CEO로 지명했다.

이후 듀크대학교 MBA 졸업생들을 대상으로 가장 존경하는 인물이 누구인지 알아보는 조사가 벌어졌다. 그때 조사 참가자들은 아버지 다음으로 버핏을 가장 많이 꼽았다. 그에 앞서 〈포천〉은 버핏을 '모든 것의 현인'이라고 부른 바 있다. 그리고 2004년 11월 〈애틀랜틱〉은 버 핏을 '미국을 대표하는 보통 사람'이라고 표현했다. "그는 선거에 영향을 미치고, 많은 사람에게 활기를 불어넣어주며, 미국인들의 부의 저변에 깔려 있는 시스템에 관해 그들이 어떻게 느끼고 있는지 정의할 수 있는 능력을 지니고 있다."

아널드 슈워제네거를 부추겨 캘리포니아에서 정치인으로서 삶을 살게 했든 그러지 않든 간에, 스탠퍼드 경영대학원 학생들에게 영감을 주었든 그러지 않든 간에, 워런 버핏은 커다란 발자취를 남기고 있다. 버핏의 뛰어난 실적은 버크셔 해서웨이를 거대한 기업으로 만들었다. 그는 기업 관리와 국가의 공공정책에도 영향력을 발휘하고 있다. 또한 그는 2006년, 재산의 85%에 해당하는 374억 달러 상당의 주식을 자선단체에 기부하였으며, 이는 사상 최고의 기부액으로 기록되었다.

부패한 공룡 기업
살로먼을 구출하다

1987년 9월 28일, 월스트리트의 근시안적 성향과 오류를 평생에 걸쳐 비난해온 버핏이 월스트리트의 거대 증권회사 살로먼의 우선주에 7억 달러를 투자했다. 그것은 대단히 이례적인 투자였고, 몇 년 후 엄청난 문제를 야기하게 될 결정이었다.

주주들의 충격과 우려 속에서 시작된 버크셔와 살로먼의 연대는 1991년 정부 채권 입찰 과정에서 촉발된 살로먼 스캔들로 씁쓸하고 고약한 결별을 맞게 되었다. 이는 당시까지 내로라하는 투자계의 거물이면서도 대중적으로는 은둔자에 가까웠던 버핏이 세인의 이목이 쏠린 마운드에 구원투수로 올라서게 했다.

버핏은 회사 제트기에서 화려한 응접실에 이르는 월스트리트의 지나친 과시욕뿐 아니라, 단기거래에 대한 집착 성향을 오랫동안 비난해왔던 인물이다. 그런 사람이 왜 살로먼을 선택했을까? 공격적이고 교활한 데다가 민첩한 거래로 악명이 자자했던 회사에 왜 투자했던 것일까? 그리고 멸망을 목전에 둔 공룡을 어떻게 다시 일으켜 세울 수 있었을까?

경악할 만한 투자 결정

"투자은행 사업을 소리 높여 비난하면서도, 우리는 왜 살로먼에 7억 달러를 투자했을까요? 속죄가 그 해답이라고 생각합니다." 1991년 버크셔 정기 주주총회에서 버핏은 이렇게 말했다. 하지만 사실상의 해답은 그가 세계적인 프랜차이즈에서 멋진 거래를 해냈다는 것일지 모른다.

1910년 설립된 살로먼은 미국 최대 규모인 데다 수익성이 뛰어난 주식중개업체 가운데 하나였다. 1996년 살로먼은 47개국의 발행자들에 대한 확정소득증권 공개모집을 통해 3100억 달러 이상의 자금을 관리했다.

버핏과 살로먼의 계약을 살펴보기 전에 그 타이밍에 관해 알아보자. 돌이켜보면, 타이밍이 그보다 나쁠 수는 없었다. 1987년에 있었던 주식시장 붕괴는 단지 3주 동안 계속되었을 뿐이지만, 하루 동안 508포인트, 즉 거의 23%가 하락한 사실은 현대 역사상 가장 최악의 손실이라고 볼 수 있었다. 주식시장 붕괴는 거의 모든 주식을 폭락하게 만들었다. 그리고 지속적인 불황을 유발했고, 살로먼의 주가 역시 그와 함께 하락했다. 버핏이 우선주를 매입했을 때, 살로먼의 보통주는 주당 약 32달러에 거래되고 있었다. 그러던 것이 주식시장 붕괴 이후, 주당 16달러의 최저 가격으로 하락했다.

버핏과 당시 살로먼의 회장이었던 존 굿프렌드는 버크셔가 새로 발행된 우선주를 매입하는 데 합의했다. 우선주는 살로먼의 재정수단으로 사용하고, 살로먼 주식을 매입하는 대신에 버크셔는 9%의 연간 배당금을 지불받기로 했다.

보통주는 한 회사의 소유권을 나타내는 유가증권으로, 사업이 잘 되고 있을 때는 보통주를 가진 주주들이 가장 많은 이득을 보기는 하지만, 사업이 어려우면 우선적으로 위험을 떠안게 된다.

반면에 하이브리드 투자로 주식과 채권의 특성을 모두 포함하고 있는 우선주의 경우, 주주들은 보통주 주주들보다 먼저 배당금을 지급받는다. 만일 회사가 파산하면, 우선주 주주들은 보통주 주주들보다 자산에 대한 우선권을 가진다. 버핏이 우선주를 매입한 후에 살로먼의 보통 주가 수년 동안 약세를 보이기는 했지만, 버크셔는 투자 금액에서 한 푼도 손해를 보지 않았던 것도 우선주를 매입했기 때문이다. 버크셔는 살로먼에 대한 우선주 투자를 통해 파산에 대해 방패막이를 해놓은 것이었다. 버핏은 이러한 투자를 '복권이 첨부된 국채'라고 지칭했다. 그리고 버크셔에 지불되는 살로먼의 9% 배당금은 대부분 법인세가 면제되었는데, 이는 우선주에 대한 배당소득의 70%는 기업들이 세금을 낼 필요가 없었기 때문이다.

어쩌면 버핏에게 가격 상승의 가능성에 대한 심각한 계산착오일 수도 있었던 행동을 하도록 유도한 것은 바로 이 거래의 매력이었을 것이다. 버크셔 주주들은 경악했다. 버핏이 수년 동안 월스트리트를 조롱하는 걸 들어왔기 때문이다.

굿프렌드는 살로먼 이사회가 버크셔에 유리한 거래에 착수하도록 열심히 설득해야 했다. 1987년 살로먼은 레블론의 회장 로널드 페렐먼에게 적대적 인수 위협을 받고 있었다. 페렐먼은 살로먼 주식 14% 지분을 매입하려고 애를 썼다.

살로먼은 남아프리카공화국의 오펜하이머 일가가 소유한 버뮤다 소재 회사인 미네랄 리소시즈가 운영하고 있었다. 결론적으로 버핏은 투자에 성공했고, 페렐먼은 물러났다. 그리고 살로먼은 미네랄 리소시즈의 지분을 재매입했다.

이 인수 건을 포함해 실제 인수되었거나 인수 위협을 받았던 질레트, U.S. 항공, 챔피언 인터내셔널의 우선주 지분 매입으로, 버핏은 인수 대상 기업을 구제하는 '백기사'로 널리 알려지게 되었다.

굿프렌드와 사교계 명사인 그의 부인 수전의 사치스런 생활은 뉴욕 5번가에 있는 600만 달러 상당의 복층아파트를 수리하는 데 2000만 달러를 들였다는 신문 기사와 함께 밝혀졌다. 뿐만 아니라 그들은 파리에 있는 주택에 수백만 달러를 지출하기도 했다.

사실상 버핏은 굿프렌드에 관해 한 번쯤은 재고해야 했을 것이다. 1992년 2월 16일 〈로스앤젤레스 타임스〉 기사에 따르면, 버핏은 1990년 10월 굿프렌드가 살로먼의 이사회 보상위원회에서 회사가 곤경에 처했는데도 보너스를 1억 2000만 달러나 인상하자는 계획을 내놓았을 때, 화가 나서 길길이 뛰었다고 한다. 버핏은 굿프렌드에게 보너스 규모를 줄이라고 요구했지만, 굿프렌드는 오히려 1억 2700만 달러를 요구함으로써 그에 대응했다. 버핏은 이 계획에 반대표를 던졌으나, 어쨌든 인상안은 통과되고 말았다.

살로먼은 심지어 경영 문제에서조차 과잉 팽창, 과대한 보너스, 뉴욕시에 빌딩 건축 및 보유 등의 지나치게 야심에 찬 프로젝트들을 방만하게 추진했다. 그러다가 계획을 파기하기로 결정함으로써 약 1억 달러의 손해를 보았다. 1991년 2월, 살로먼은 원 뉴욕 플라자에서 세계무역센터로 이전했다.

살로먼의 투자 가운데 상당수는 그 성과가 형편없었다. 파산 절차를 밟게 된 레브코Revco와 사우스랜드Southland에 대한 LBO식 기업인수에 투자하기 위해 자사의 자금을 이용해 종합금융 회사에 공격을 가한 것도 어리석은 행동이었다.

결국 세계적이고 전문적인 사업 기술과 우수한 직원들의 역량에도 불구하고, 살로먼은 주주들을 위해서 한 일이 별로 없었다. 살로먼의 주가는 10년 전에 비해 거의 변동이 없었지만, 그동안 장부가치는 세 배 이상이 되어 주당 11달러에서 50달러로 증가했다.

버핏은 단지 버크셔를 위해 살로먼 방식의 사업을 상당수 그만두었다. 살로먼과 버크셔는 상당한 규모의 유가증권을 서로 사고팔았다. 1996년 버크셔와 가이코를 포함하는 계열사들은 살로먼으로부터 약 40억 달러의 유가증권을 매입했고, 37억 달러의 유가증권을 매도했으며, 약 1040만 달러를 수수료로 지불했다. 버크셔와 살로먼은 오랫동안 거래해왔다. 1973년 살로먼은 버크셔에 일부 채권을 매도한 적이 있으며, 심지어 그전에도 버크셔와 거래가 있었다. 버핏은 주식중개인이 필요할 때 살로먼에 전화를 했다.

발각당한 부정행위

1991년 8월 9일 주로 정부 채권을 거래하는 월스트리트의 최강팀 살로먼은 모든 금융시장에서 가장 중요한 재무부 채권 입찰과 관련해 '부정행위와 규칙위반'을 발견했다는 사실을 밝혔다. 바야흐로 살로먼 스캔들이 진행되고 있었다. 이는 정부의 부채에 자금을 조달하기 위해 판매되는 채권인 재무부 채권 입찰에서 살로먼이 정당하고 합법적인 몫 이상을 매입한 사건이었다.

살로먼은 권한이 부여되지 않은 회사들 명의로 입찰을 했고, 한 명의 바이어가 시장을 독점하는 것을 막는 규제장치인 35% 한도를 고의적으로 위반했다고 밝혔다. 비록 살로먼이 위반 행위를 스스로 공개하고 직원 네 명을 해고했지만, 공개 과정은 그다지 솔직하지 않았다. 5월에 있었던 2년 만기 재무부 채권 입찰에서 벌어진 '부정'에 관해 정부가 6주에 걸쳐 진상을 조사한 이후에야 살로먼이 사실을 공개했던 것이다.

일단의 바이어들이 불균형적으로 대규모의 유가증권을 매입하고, 나중에 다른 바이어들로 하여금 그 유가증권에 대해 더 많은 돈을 지불하도록 강요함으로써 시장의 공정성을 손상시킬 경우, 부정행위가 발생한다. 이 사건으로 살로먼은 '독점행위'에 관해 조사를 받기는 했지만, 책임을 추궁당하지는 않았다.

정부 차원의 조사는 살로먼이 5월에 판매된 122억 6000만 달러의 채권 가운데 지나치게 많은 부분을 손에 넣었고 가격을 올림으로써 경쟁업체들을 압박했다는 불평이 있은 후에 시작되었다. 돌아가는 상황을 판단할 시간이 있었지만, 살로먼의 굿프렌드 경영 팀은 자사의 책략 가운데 일부분만을 공개했다.

8월 14일, 살로먼은 회장 굿프렌드와 사장인 토머스 스트라우스, 부회장인 존 메리웨더를 포함한 자사의 고위간부들이 이전에 있었던 불법적인 입찰에 관해 4월경부터 알고 있었지만 당국에 보고하지 않았다고 밝혔고, 연방 차원의 조사에 직면할 때까지 아무것도 공개하지 않았다. 이사회 수준에서 정보가 통제되고 있다는 사실을 버핏에게 경고한 사람은 다름 아닌 멍거였다.

살로먼은 다소 의심스런 거래로 고객들에게 국채 11억 달러를 매입했고, 서투른 장난의 결과로 10억 달러의 채권에 대한 유령 입찰이 우연찮게 실시되었다고 밝혔다. 후에 살로먼 임원들은 국채 거래 책임자 폴 모저가 가짜 입찰을 하도록 한 고객을 부추겼고, 그 고객이 주문이 이행되지 않은 사실을 불평하도록 했다고 실토했다. 문제의 고객은 곧 은퇴할 판매 직원에게 전화해서 괴롭히고, 모저는 이 직원을 조롱할 계획이었다. 하지만 조롱은 모저에게 돌아왔다. 비록 모저가 입찰 건을 삭제했지만, 어느 직원이 취소된 사실을 알지 못하고 서류를 제출해버린 것이다. 웃지 못할 일이었다.

수일 만에 살로먼의 주가는 주당 36달러에서 25달러로 하락했고, 1991년 9월 최저가인 20달러로 폭락하고 말았다. 신용평가기관들이 신용등급을 하향 조정하겠다고 위협하자, 살로먼의 채권 가격도 하락했다. 일부 대규모 투자자들은 살로먼과의 거래를 중단했고, 수많은 기업들이 인수 업무를 경쟁업체에 넘겼다.

1991년 8월 18일 재무부는 국채시장에서 살로먼의 주요 거래업체 지위를 박탈했다. 그러나 같은 날, 몇 시간 후에 살로먼은 주요 거래업체로서의 역할을 계속 할 수 있게 되었다. 하지만 국채 입찰에서 고객들을 위해 입찰서류를 제출하는 업무는 일시적으로 정지되었다. 다음 날 〈뉴욕 타임스〉 톱기사는 다음과 같이 시작되었다.

"재무부는 살로먼 브러더스를 문책한 다음, 사임과 해고를 중지하고(이 와중에 버핏이 회장이 됨), 버핏이 재무부장관인 니컬러스 브래디에게 호소한 결과 회사의 파산을 막았다…. 특별 조치로 재무부는 어제 월스트리트의 거래 및 투자업체 가운데 최대 규모의 하나인 살로먼 브러더스가 국채 입찰에 참여하는 것을 중지시켰다. 그 이유는 국채시장에서 있었다고 추정되는 살로먼의 입찰과 관련된 스캔 때문이었다.

하지만 수 시간 후, 재무부는 그 결정을 철회했다. 어제 있었던 극적인 주말 이사회에서 스캔들로 얼룩진 회사의 새 CEO이자 회장으로 임명된 워런 E. 버핏이 재무장관 브래디에게 개인적으로 호소한 것이 유효했던 것으로 보인다.”

버핏은 재무부의 살로먼에 대한 규제가 살로먼을 즉각적인 파산 신청이 불가능할 정도의 위험에 빠뜨릴 것으로 판단했다. 더욱이 살로먼의 붕괴는 세계 금융 시스템을 근본적으로 뒤흔들 것으로 믿었다.

버핏은 브래디에게 깊은 우려를 표명하며 “닉, 오늘은 내 인생에서 가장 중요한 날입니다”라는 말을 덧붙였다. 브래디의 답은 “걱정하지 마십시오, 워런. 우리는 이 문제를 타개해나갈 수 있을 겁니다”였다.

살로먼의 운명이 걸린 회의에서 연방준비제도이사회 회장인 앨런 그린스펀은 다음과 같이 언급했다. “불행하게도 문제는 주요 거래업체로서 그들의 지위를 일시적으로 중지시킬 수 없다는 사실입니다. 그것은 마치 어떤 사람을 법적으로 사형시킨 후 다시 소생시키는 일이나 마찬 가지거든요.”

스캔들과 관련한 전면적인 조사가 진행되면서 살로먼에는 여전히 위기감이 감돌았고, 법원에는 수많은 소송이 접수되고 있었다.

굿프렌드는 살로먼의 고위간부들이 불법적인 입찰에 관해 알고 있다는 내용의 〈월스트리트 저널〉 기사가 마치 자신의 사망 기사처럼 느껴졌다고 동료에게 실토했다. 그는 버핏에게 전화를 걸어 자신과 스트라우스가 사임하려 한다고 말했다. 그날 아침 늦게 버핏은 굿프렌드에게 전화로 자신이 회사를 잠정적으로 총괄하겠다는 뜻을 전했다. 그리고 즉시 뉴욕행 비행기에 몸을 실었다.

버핏은 후에 이렇게 밝혔다. “믿지 않을지 모르지만(왜냐하면 나는 그렇게 우둔하게는 보이지 않으니까), 나는 임시회장직을 자원했다. 내가 하고 싶은 일은 아니었지만, 일이 잘 처리될 때까지 내가 계속해야 할 일임에는 분명해 보였다."

최악의 상황에서도
순서를 지키다

1994년 10월 10일 네브래스카주립대학교 학생들을 대상으로 한 강연에서 버핏은 이렇게 말했다. "미국 내에서 살로먼은 대형 은행인 시티코프를 제외하고는 다른 어떤 기관보다 부채가 많습니다. 살로먼의 총 부채는 1500억 달러가량이죠. 이 금액은 그해에 뉴욕 증권거래소에 상장된 회사들 전체의 수익에 해당합니다. 더욱이 문제는 1500억 가운데 거의 전액이 2주 내에 지불해야 한다는 사실이었어요. 우리는 이 돈이 전 세계를 대상으로 한 채무이기 때문에 금요일과 그 다음 주 월요일에 약 1400억 달러 혹은 그에 상당하는 금액을 상환하라는 요구에 직면하게 되리라는 걸 알고 있었습니다. 이는 결코 쉬운 문제가 아니었지요."

버핏은 투자자와 고객을 달래고 수사관들을 다루며 순리대로 일을 처리해나갔다.

버핏은 세계무역센터에서 살로먼의 전무이사들을 급히 만나 단지 규칙을 준수한다는 것만으로는 살로먼의 평판을 더 이상 유지하지 못할 것이라고 말했다. 버핏은 그들에게 모든 것을 밝히겠다고 했고, 살로먼은 벌금과 소송비용을 처리하는 막대한 자금을 필요로 했다.

〈배런스〉의 앨런 애블슨을 포함한 모든 기자가 이 기삿거리로 표지를 장식했고, 앨런 애블슨은 늘 그렇듯이 풍자적으로 이렇게 말했다. "굿프렌드와 스트라우스가 떠난 후, 살로먼을 관리하도록 지명받은 회장 대행자는 외지인으로, 정확하게 말하면 네브래스카주 오마하 출신이고, 섬유 회사를 운영하고 있다. 하지만 그는 빨리 업무를 배울 것으로 예상되므로, 의심의 여지없이 증권 사업에 관해 많은 것을 알게 되는 한편, 거래담당자들이 몰래 방에 들어가 라켓볼을 치거나, 오후 3시에 〈터미네이터 2〉를 시청하지 못하도록 할 것이다."

1991년 8월 18일 일요일 오후, 버핏이 한 일은 다음과 같다.
- 굿프렌드, 스트라우스, 메리웨더의 사임을 받아들였다.
- 토머스 머피와 국채 거래 책임자인 폴 모저를 해고했다.
- 기자회견 수 분 전에, 전임 도쿄 지점 살로먼 브러더스 아시아 회장이었던 데릭 모건에게 살로먼의 CEO가 될 거라고 말했다.
- 재무부장관인 니컬러스 브래디에게 호소해, 국채 입찰에서 살로먼의 거래에 대해 정부가 몇 시간 동안 내린 금지령을 부분적으로 풀게 했다.

모건은 1994년 버크셔의 정기 주주총회에 앞서 있었던 보세임의 총회에서 버핏이 그를 발탁할 것이라는 사실을 알았느냐는 질문에 대해 자신은 몰랐다고 대답했다. "그는 우리 열두 명을 각각 10분 동안 불러들여 누가 회사를 운영해야 할 것인가를 각자에게 물어보았다. 그에게 나는 미국 국적도 아니고 거래담당자도 아니라고 말했다. 우리는 엘리베이터를 함께 탔다. 그가 버튼을 누르더니, '데릭, 당신이 적임자야'

라고 말했다." 그 대화가 이루어지고 2분 후 그들은 기자들을 만났다.

1991년 8월 18일, 버핏과 모건은 약 3시간 동안 보도진을 만나 재무부가 국채 입찰의 문제점에 관해 알고 있다는 내용의 편지 사본을 모저가 받았을 때인 4월경에, 불법적인 거래 행위가 살로먼에 의해 처음으로 감지되었다는 사실을 밝혔다.

연방감시위원이 보낸 편지가 한 고객에게 전달되었다. 이 고객은 살로먼 측이 입찰을 하기 위해 이름을 도용했던 바로 그 사람이었다.

버핏은 모저가 메리웨더에게 접근해 모저 자신을 곤경에 빠뜨릴 게 분명한 편지를 보여주었다고 말했다. 그리고 최고경영진은 변호사들과 함께 이 문제를 논의하고, 정부당국에 알리기로 결정했음을 밝혔다. 하지만 일은 그렇게 진행되지 않았다.

버핏은 자신이 오랫동안 굿프렌드를 존경해왔지만 경영진의 조치에 대해 많이 고민했다고 덧붙였다. "정부에 보고를 하지 않은 것은 나로서도 설명할 수 없고, 변명의 여지도 없는 일입니다."

1991년 9월 3일, 버핏과 굿프렌드는 조사가 진행되는 동안 어떠한 대화도 나누지 않았다.

스캔들을 폭로하다

버핏은 스캔들을 폭로하고 살로먼의 평판을 개선하기로 마음먹었다. 그 당시는 국제적으로 어수선한 때였다.

살로먼은 위기상황이 진행되는 동안 심각한 압력을 받으면서도 맡은 바 업무에 충실했다. 살로먼의 대변인인 베이커는 버핏이 뉴욕과 오마하를 분주히 왕복하면서도 살로먼을 새로운 방향으로 이끌어가기 위해 노력하고 있음을 언론에 밝혔다.

위기가 계속되는 동안 버핏은 1주일에 며칠 동안은 뉴욕에서 지냈고, 시간이 지나면서 1주일에 하루나 이틀 정도만 뉴욕에 오는 방향으로 방침을 바꾸었다. 그 모습을 보며 베이커는 버핏이 오마하에서도 일을 잘 처리할 수 있다는 사실을 알게 되었다고 한다. "워런은 살로먼에 전략적인 방향을 제시했습니다. 그는 감독기관과 자본 구조에 계속 관심을 두었습니다."

버핏은 워싱턴에서 일어나는 일들을 주시했다. 한편 베이커는 "잘못 처신하는 사람들은 사라지고 만다는 것이 우리의 믿음입니다. 새로운 경영진은 그러한 문제를 매우 신속하게 처리했죠. 워런은 폐습을 없애버렸습니다. 정부가 우리로 하여금 문을 닫게 할 아무런 이유가 없다는 사실을 나는 알고 있습니다. 우리는 정부당국과 긴밀하게 협력하고 있지요. 월스트리트 역사상 어느 경우보다도 가깝게 우리는 서로 협력하는 중입니다"라고 돌아가는 상황을 밝혔다.

살로먼의 사업은 세계은행과 매사추세츠주 같은 고객들의 복귀로 재기에 나서기 시작했다.

이는 베이커의 말을 통해서도 짐작할 수 있다. "우리의 채권 인수 상황은 급속히 호전되고 있습니다. 우리는 여전히 2~4개월의 준비 기간이 필요하기에 일부 채권 인수에 약간의 문제가 있기는 합니다. 그러나 일부 고객들은 불확실한 상황이 계속되는 걸 원하지 않습니다. 그렇게 되면 우리가 어떤 새로운 사업에 착수하는 데 지장을 줄 것이 틀림없을 테니까요."

살로먼 스캔들이 발생한 이후에, 버핏은 살로먼의 최고 변호사인

도널드 포이어스테인을 해고하고 그 자리에 로버트 데넘을 앉혔다. 로버트 데넘은 1971년도 하버드 로스쿨 졸업생으로, 멍거가 설립한 '멍거 톨스 앤드 올슨 로펌'의 공동경영자였다. 버핏은 후에 데넘이 로스쿨 신입생 시절에 우등생이었고, 자신이 선택할 수 있는 유일한 인물이었다고 설명했다. 17년 동안 데넘은 버핏과 함께 일하며, 스콧 펫처 같은 기업의 인수와 아메리칸 익스프레스, 챔피언, 살로먼 같은 기업에 대한 투자를 담당했다.

얼마 지나지 않아 버핏은 살로먼의 판매사원들에게 이렇게 말했다. "과거의 문제를 처리하는 것은 내가 할 일입니다. 그러나 미래를 키우는 것은 여러분의 일이고, 그 미래는 엄청난 것이 될 수 있습니다…. 모두가 친절한 직원이 되어야 합니다. 여러분이 하는 일도 신문 제1면에 실릴 수 있습니다."

심지어 버핏은 살로먼의 외부 변호인단으로 수년 동안 살로먼을 대표하며, 1987년 굿프렌드가 버핏을 투자자로 받아들이는 데 일조하는 등 높은 평가를 받아온 '워치텔 립톤 로젠 앤드 카츠 로펌'이 일을 그만두겠다는 제안을 받아들였다.

살로먼이 직면한 엄청난 소송의 숫자에 관해 버핏은 이렇게 말했다. "이 해가 가기 전에 나는 어쩌면 미 법조협회에서 올해의 인물로 추천될지도 모릅니다."

버핏은 보너스를 삭감했으며, 현금보다 주식의 형태로 지불했다. 또한 부채를 줄이고 모든 국채 입찰을 적어도 두 차례 비교 검토했다. 그는 살로먼의 피브로 에너지 사업부에 피브로의 주요 고객인 '마크 리치 앤드 컴퍼니'와 모든 관계를 끊으라고 지시하면서 살로먼은 마크 리치와 앞으로 거래하지 않을 거라는 사실을 분명히 했다. 마크 리치는 나중에 클린턴 대통령에게 사면을 받은 미국 망명자이다.

이러한 위기 가운데에서 과연 버크셔는 어떻게 되었을까? 이에 대해 버핏이 말했다. "사람들의 말에 따르면, 버크셔는 내가 없어도 아주 잘 굴러가고 있다고 합니다…. 버크셔는 살로먼보다 덜 복잡한 사업체입니다. 1주일에 5시간 일하면서도 버크셔를 꾸려나갈 수 있다고 나는 늘 말해왔습니다. 어쩌면 우리는 그게 사실인지 시험해볼 수도 있을 것입니다. 하지만 나는 그 시험 기간이 너무 길지 않았으면 합니다."

살로먼에 위기상황이 발생했을 때, 버핏은 마침 일거리를 찾고 있었다고 말했다. 그 이유는 버크셔의 경영자들이 그를 위해 일을 너무나 잘 처리하고 있었기 때문이다. 이에 관해 버핏은 이러한 농담을 하기도 했다. "내가 존재한다는 유일한 증거는 다른 사람들이 내게 수표를 보내올 때 봉투에 쓰는 이름입니다. 나는 필요한 만큼의 시간을 마음대로 쓸 수 있습니다. 살로먼 문제를 처리하고 나면, 아마도 다른 곳에서 커다란 문제가 생길지도 모릅니다."

버핏은 살로먼의 모든 직원에게 통합을 요구하면서, 난국에 대처해가기 시작했다. 그리고 1991년 9월 4일, 의회 에너지 및 통상 재무 소위원회에서 끝으로 증언하고자 하는 내용을 1분 길이로 요약해서 발언하라는 요청을 받았다. 이에 대한 버핏의 대답은 "제가 할 말은 통합이 최고라는 겁니다"였다. 1991년 9월 11일, 버핏은 의회에서 살로먼의 과오를 다시 한 번 사과하는 것으로 증언을 시작했다.

1주일 전 의회 소위원회에서 증언할 때, 저는 우리를 여기 모이게 한 살로먼의 잘못된 행동에 대해 사과하는 것으로 증언을 시작했습니다. 보통 저는 반복하는 걸 싫어합니다. 하지만 제 생각으로는, 이런 특별한 메시지는 여러 차례 반복해야 한다고 여겨집니다.

국가는 규칙과 법규가 준수되기를 기대할 권리가 있으나, 살로먼은 이러한 의무에 부응하지 못했습니다. 우리 고객들 역시 자신들의 이름이 어떤 불공정한 계획에 도용되지 않기를 기대할 권리가 있습니다. 그러므로 저는 여러분과 그들, 미국 국민에게 제 자신을 포함한, 정직하고 예의 바른 살로먼 직원들을 대표해 사과하는 바입니다. 저는 또한 이토록 시의적절하게 이런 공청회를 연 데 대해 회장에게도 감사를 표합니다.

여러분과 미국 국민은 살로먼 브러더스에서 무슨 일이 진행되고 있었는지에 관해 알 권리가 있고, 저는 현재까지 알고 있는 대로 모든 진실을 밝히고자 이 자리에 나왔습니다. 제가 더 많은 사실을 알게 된다면, 그 내용은 즉시 당국에 제공될 것입니다. 수십 년 전 J.P. 모건은 자사의 목표에 관해 진술한 바 있습니다. "최고의 방식으로 운영되는 최고의 비즈니스." 저는 이보다 더 나은 목표를 듣고 싶습니다. 그러한 목표는 살로먼 브러더스를 운영하는 제게 지침이 될 것이고, 그러한 판단 척도로 우리의 미래 행동을 평가해주길 바라는 바입니다.

위기 탈출

1991년 10월 29일, 살로먼은 이례적으로 두 쪽 분량의 신문광고를 약 60만 달러의 비용을 들여 〈월스트리트 저널〉과 〈뉴욕 타임스〉, 〈워싱턴 포스트〉에 실었는데, 여기에는 요약된 살로먼의 대차대조표와 함께 주주들에게 보내는 버핏의 편지가 게재되었다. 광고가 나간

날, 살로먼 주식은 8% 상승했고, 그 후 즉시 세계은행이 살로먼과의 거래 관계를 재개한 사실은 살로먼한테는 최고의 희소식이었다.

하지만 버핏의 휘하에서도 살로먼은 여전히 손실의 나날을 보내고 있었다. 1992년 3월 25일, 한 직원이 1100만 달러의 주식을 매도하라는 고객의 지시를 1100만 주, 즉 약 5억 달러의 주식을 처분하라는 지시로 받아들여 착오를 일으켰다. 거래 당일의 마감시간에 있었던 이 엄청난 매도는 다우존스 지수 12포인트 반등을 모두 깎아먹고 1포인트 손실로 장을 마감하게 만들었다.

하지만 버핏이 거짓 없는 실수에 대해서는 용서한다고 말했다는 사실을 기억하자. 그 직원은 해고되지 않았다. 버핏은 그 실수가 거짓 없는 실수라고 보았다.

1992년 5월, 세 시간 동안 진행된 살로먼 정기 주주총회에서 에블린 데이비스워싱턴 출신의 주주활동가·옮긴이는 버핏에게 위기상황이 진행되는 동안 오마하에서 뉴욕으로 가는 회사 전용비행기 이용비 15만 8000달러를 살로먼에 청구한 사실을 어떻게 정당화할 수 있느냐고 물었다. 버핏은 자신이 살로먼에서 연봉 1달러를 받으며 일하고 있다고 대답했다. 그리고 나서 자신은 저렴한 대가로 일을 하지만, 여행에는 비싼 대가를 지불한다고 말했다. 또한 스캔들을 처리하기 위한 살로먼의 법률 비용 2500만 달러가 너무 많은 액수가 아니냐는 질문에, 버핏은 무표정한 얼굴로 대답했다. "나도 당신이 그들과 협상해주면 좋겠소, 에블린. 그리고 그런 사실을 언급만 하더라도 약간의 조정을 이끌어내기에 충분하다고 생각합니다."

1992년 5월 20일, 살로먼은 정부당국과 2억 9000만 달러로 합의에 도달했다. 살로먼은 국채 입찰에서 있었던 사기 행위와 관련해 벌금으로 1억 9000만 달러를 지불하는 데 동의했고, 잘못된 행위의 결과로 돈을 잃은 피해자들에게 1억 달러의 자금을 보상해주기로 했다. 합의의 일환으로 살로먼은 1992년 8월 1일까지 두 달 동안 연방준비제도와의 거래가 중지되었다. 또한 재무부는 살로먼에 부과된 제재가 곧 풀릴 것이라고 말했고, 살로먼으로 하여금 고객들을 위해 입찰하는 일을 재개하도록 허용했다.

이러한 합의는 증권업계의 범죄 행위로는 최대 규모였음에도 형사상 책임에서 벗어나게 되었다는 희소식을 살로먼에 선사했다. 이에 관해 버핏은 말했다. "우리는 살로먼에 대한 엄격한 관리와 집중적인 조사가 종료되었다는 것을 믿고 있다. 이제 우리는 앞을 향해 나아가면서, 높은 윤리적 기준과 의미 있는 수익이 서로 양립하는 대상이 아니라, 오히려 서로를 보완해줄 수 있는 관계라는 것을 분명히 보여주어야 할 것이다."

포브스 출판왕국 회장이자, 1996년과 2000년 공화당 대통령 후보로 출마한 바 있는 스티브 포브스는 "워런 버핏이 없었다면 살로먼은 파산했을 것이다. 그가 살로먼을 구했다는 사실에는 의심할 여지가 없다"고 말했다.

살로먼의 재무담당 수석책임자로, 자산 500억 달러의 매각과 대차대조표의 총체적 재편성을 감독했던 돈 하워드도 이러한 견해에 동조했다. "우리가 성공하지 못할 거라고는 결코 생각한 적이 없다. 하지만 나는 도대체 어떤 방식으로 우리가 난국을 타개해나갈지 솔직히 의문스러웠다." 그는 살로먼이 임시회장직을 내부인물에게 맡겼다면 결코 살아남지 못했을 거라면서 이렇게 덧붙였다. "워런의 명성이 시장의 신뢰를 가져왔다. 그는 기민하고, 자신이 원하는 게 무엇인지 잘 알고 있다. 그에게는 뛰어난 이해력과 문제의 본질에 재빠르게 접근하는 능력이 있다."

수년 동안 사람들은 '워런 버핏이 누구지?'라는 질문을 해왔다. 이제 세상은 알게 되었다. 결국 버핏이 살로먼을 구해낸 것이다. 그는 낡은 경영진을 축출하고 새로운 경영진으로 회사를 정비하면서, 위험감수와 허세보다는 윤리와 개방성, 유연성을 강조했다. 로버트 데넘의 법률 팀이 정부와 활발히 협상하는 것을 감독하면서, 살로먼이 무릎을 꿇게 만들 수도 있었던 형사상의 처벌을 피함으로써 버핏은 역경을 딛고 가까스로 살로먼을 이끌어나갈 수 있었다.

사실상 2억 9000만 달러에 민사상 문제가 타결되면서, 살로먼은 부분적으로 정부 조사관들과의 협력을 통해 형사상의 책임을 지는 사태를 막을 수 있었다.

1993년 말, 모저는 1991년의 국채 입찰에서 30억 달러에 달하는 두 건의 불법적인 입찰에 관해 거짓 진술한 자신의 죄를 인정했다. 모저의 벌금과 처벌은 버핏에게는 저지른 죄에 비해 가벼운 것으로 보였다. "모저는 30만 달러를 지불하고, 4개월 동안 감옥신세를 지게 되었다. 나를 포함한 살로먼의 주주들은 2억 9000만 달러를 지불하고, 나는 10개월 동안 CEO 자리를 맡는 처벌을 받았다." 1994년 1월 10일 〈포천〉에 실린 버핏의 말이다.

한편 오마하의 주식중개인 조지 모건은 다음처럼 말했다. "만일 버핏이 회사의 이미지를 바꾸어주지 않았다면, 정부와의 협상에서 아무것도 얻지 못했을 것이다."

사실상 버핏의 나무랄 데 없는 평판이 재무부와 증권거래위원회, 그리고 법무부와 벌일 수 있었던 격렬한 논쟁을 완화하는 데 일조했다.

그들보다 더욱 보수적인 입장에서 자산 500억 달러를 매각함으로써, 버 핏은 살로먼의 대차대조표를 축소하고, 엄청난 부채를 줄일 수 있었다.

버핏은 살로먼의 재정 상황이 이례적이고, 시장변동에 의해 상당 히 가변적이라는 사실을 지적했다. 1700억 달러 규모의 대차대조표는 극적으로 변할 수 있었다. 시장상황에서 0.1%의 변동이 살로먼의 재 무제표에서는 1억 7000만 달러 규모의 변동을 가져올 수 있었다. 보너 스를 삭감함과 동시에, 버핏은 더욱 공정한 보수 기준을 확립했다. 그 리고 주식거래를 축소하고, 회사가 유명해지게 된 근거인 채권 거래를 다시 확대했으며, 살로먼의 주식 및 채권 거래 사업부를 개혁했다. 그 는 모든 사람이 새로워진 살로먼을 기대하도록 하는 한편, 사업 거래 에 최고의 기준을 설정함으로써 고객과 직원, 주주, 정부를 모두 만족 시켰다.

이 부분에서 그는 우리에게 윤리의식과 높은 수익은 손을 잡고 함 께 간다는 사실을 알려주었다. 문제의 당사자인 살로먼은 값비싼 교훈 을 얻었고, 윤리적이고 수익성 있는 회사로 거듭나게 되었다.

버핏은 조사가 완료될 때까지 회사에 계속 남겠다는 약속을 끝까 지 지켰다. 더 좋은 일은 그가 기업을 변모시키고 명성을 재건하겠다는 약속도 함께 지켰다는 사실이다. 그는 살로먼 주주들에게 이런 내용의 편지를 썼다.

우리는 자사自社가 자랑스러운 역사와 전도유망한 미래를 계속 보유 하도록 할 수 있습니다. 그리고 앞으로 사업을 이끌어가면서 여러분 에게 계속 신뢰를 받을 수 있도록 최선을 다할 것을 약속합니다.

하지만 그러한 과정에서 버핏은 좌절을 겪었다. 회사 측의 의무 불이행이 많았고, 버핏이 위험한 게임을 하려고 하지 않는다는 일부 불평도 있었다. 그의 '아주 평범한' 방식과 월스트리트의 쉽게 돈 버는 방식에 관한 그의 무신경한 반응을 사람들은 조롱했다. 그러나 결국은 부드럽고 정직하며 결단력 있는 중서부 출신이 살로먼의 무모하고 쉽게 가려는 성향에 제동을 걸었다. 국채시장 입찰의 조작이나 부정행위의 은닉이 아니라, 확고한 거래 관계와 이해가 강조되었다.

버핏은 개방과 공정성을 강조함으로써, 살로먼의 기업문화를 변모시켰다. 그 결과, 살로먼은 명예를 회복했고, 주가는 꾸준하게 상승했다. 결코 안이한 태도를 취해서는 안 된다고 버핏은 굳게 믿었다. 그리고 윤리적으로 논란의 여지없이 일을 처리해야 했다. 만일 신문의 제1면에 등장하더라도 곤란을 겪지 않을 방식으로 일을 처리해야 하며, 선량한 인간이 되기 위해 노력해야 한다는 것이 버핏의 생각이었다.

버핏은 정직한 인간이 한 기업에 진출함으로써 월스트리트의 관행을 정화시킬 수 있다는 사실을 보여주었다. 그는 정직과 근면, 좋은 인간관계, 개방이 유익한 것이며, 한몫을 한다는 사실을 증명했다. 그는 많은 활동과 실적을 올리는 직원에게가 아니라, 회사를 위해 정직하게 돈을 버는 직원에게 보상하는 보수 계획을 제안했다.

데넘에게 바통을 넘기다

버핏이 살로먼의 회장으로 누구를 지명할 것인지 추측이 난무했다. 버핏이 추천한 인물은 살로먼이 위기를 겪을 때 그에게 훌륭하게 봉사한 변호사 로버트 데넘이었다. 데넘의 주 업무는 살로먼에 대한 소송을 관리하는 것이었지만, 버핏은 데넘의 업무가 살로먼 계열사들의 성과 평가, 이사들의 보수 조정, 법규 준수 확인, 자본 분배, 과도한 위험 회피 등을 포함할 것이라고 밝혔다. 그러한 업무를 명확하게 확인시킨 뒤, 버핏은 오마하로 돌아와 버크셔에 대한 자신의 의무를 수행했다.

1993년에 있었던 살로먼의 정기 주주총회에서 데넘은 버핏의 1달러 보수를 소개하며, 분배 기준으로 보면 버핏이 79센트를 받아야 하지만, 어쨌든 버핏이 1달러를 마땅히 받을 만하다고 말했다. "성과급을 생각해볼 때, 나는 우리가 그에게 1달러를 온전하게 제공해야 한다고 생각합니다."

그러자 버핏은 이렇게 응수했다. "이걸 성과급이라고 생각할지 모르겠지만, 나는 지연되기는 했지만 응당 받아야 할 이자라고 생각합니다. 21센트가 4개월 동안 모이면 80%의 이자가 되고, 이는 최상의 신용거래에서만 내가 베풀 수 있는 이자율입니다."

살로먼 스캔들이 발생한 지 2년 후, 버크셔는 살로먼에 대한 지분을 증가시킬 계획이라고 발표했다. 이 계획은 우선주 투자를 통해 지분을 14.3%에서 15%로 증가시키는 것이었다.

버크셔는 연방당국이 살로먼 주식 24.99%를 매입하도록 허가해주기를 바라고 있다고 말했다. '하트 스콧 로디노 독점 금지 개선법'에 의거해 기관투자자들은 투자 목적으로 회사 지분 15% 이상을 매입하기 전에 허가를 받아야 했다. 그런데 버크셔는 연방당국에서 살로먼 주식을 매입할 수 있는 허가를 곧 받아냈다.

버핏은 살로먼의 회생 작업에 관계하고 있을 때 더 많은 주식을 매입하는 일이 공정하지 않다고 느꼈기 때문에 지분을 늘리는 일을 가

능한 한 미루었다.**49**

버핏은 후에 살로먼의 지분을 20% 조금 상회하도록 늘렸다. 이로 인해 버핏은 살로먼 우선주 투자에 관한 세제상의 특전을 제공받았다.

하지만 이 살로먼 주식은 1994년 크게 하락했다. 후에 버핏은 "이 투자는 훌륭한 결정이 아니었다"고 밝혔다. 실제로 살로먼 회장인 로버트 데넘은 1994년 연례보고서를 "여러분, 회사는 엄청난 실패를 겪었습니다"라는 말로 시작했다.

살로먼은 전 세계 주식시장 붕괴로 타격을 입었다. 1996년 버핏이 우선주를 보통주로 전환하지 않을 거라는 말이 떠돌았다.

버핏은 현금으로 1억 4000만 달러를 받은 다음 이렇게 말했다. "1억 4000만 달러라는 돈을 오늘 주가가 38달러인 살로먼 보통주에 투입할지, 아니면 이 돈으로 버크셔가 달리 할 수 있는 어떤 용도가 있는지에 관해 결정을 내리려 한다. 주식시장은 매일 버크셔에 코카콜라나 질레트, 살로먼, 혹은 다른 회사 수천 곳의 주식을 매입할 수 있는 옵션을 제공한다. 올 들어 지금까지 버크셔는 앞서 언급된 세 회사 중 어느 한 군데의 주식을 매입하는 옵션도 행사하지 않았다. 버크셔가 코카콜라나 질레트의 주식을 더 많이 매입하는 시장 옵션을 행사하지 않았다는 사실이, 내가 이 회사들에 대해 부정적이라는 사실을 의미하지는 않는다. 또한 더 많은 살로먼 보통주를 매입하는 기업 옵션을 행사하지 않은 사실에 관해서도 그러한 해석이 내려져서는 안 된다는 것을 분명히 하고자 한다."

1996년 버크셔는 우선주 일부분을 살로먼 보통주로 전환했다. 여전히 버핏은 자신의 옵션을 개방적인 상태로 남겨두었다.

1996년 말, 버크셔는 4억 4000만 달러 상당의 5년 만기 채권(살로면의 보통주로 교환 가능한 버크셔 채권)을 발행했다. 이는 살로먼에 대한 그의 투자 일부를 현금으로 받을 수 있는 한 방법이었다. 버크셔는 4억 달러의 채권을 발행할 계획이었지만, 투자 수요는 5억 달러를 요구했다. 이 채권은 살로먼의 보통주를 받을 수 있는 보험증서와 동등했다. 이를 통해 버핏은 3년 후 살로먼의 주식 일부를 처분하고 현금을 손에 넣을 수 있었다.

그러나 살로먼이 채권 거래 스캔들에서 완전히 회복된 것은 아니었다. 버핏의 살로먼 지분에 대한 최종적인 결정은, 그가 자신의 지분을 보험·증권을 주로 취급하는 금융 그룹인 트래블러스에 매도하고, 살로먼의 주식을 트래블러스의 주식과 교환한 1997년에 이루어졌다.

카네기홀 위원회에서 함께 근무한 적이 있었던 살로먼의 모건과 트래블러스의 CEO 샌디 웨일은 살로먼의 매각을 논의하기 시작했고, 이 이야기는 데넘에게 전달되었으며, 버핏에 의해 수락되었다. 트래블러스와 은행 업무와 신용카드 업무를 주로 취급하는 시티코프는 1998년에 시티그룹에 합병되었다. 2004년 모건과 시티그룹의 이사들은 일본에 소재하는 시티그룹의 개인 금융 업무에 관련된 스캔들이 일어나 축출되었다.

2001년 12월 31일, 버크셔는 시티그룹 주식을 모두 매도했다. 전임 코카콜라 사장이자 버핏의 친구 돈 커우는 살로먼의 위기가 다른 어떤 사건보다 진정으로 버핏을 확인할 수 있는 계기가 되었다고 말했다.

3장
버핏의 CEO 친구들

사업을 기초로 세운 우정은
우정을 기초로 세운 사업보다 더 낫다.

_존 데이비슨 록펠러

찰스 멍거,
버크셔 해서웨이 부회장

"우리는 경험을 통해 오랫동안 인정받아온 원칙 하나를 알고 있습니다. 일생일대의 호기가 찾아왔을 때 균형을 잘 잡아 신속하게 포착할 준비가 되어 있으면 평생을 통해 거둘 수 있는 재정적 결실에 극적인 변화가 생긴다는 사실 말입니다. 다가온 절호의 찬스를 확실하게 붙잡을 수 있는 기회는 보통 다양한 변수를 즐겨 따져보고 호기심의 촉수를 뻗친 채 꾸준히 모색하며 기다리는 사람에게 돌아가는 법입니다. 그럼 승산이 확실할 때 필요한 것은 이제까지 신중함과 인내심을 발휘한 결과로 쌓인 자원을 송두리째 판에 내놓는 대담한 의지뿐입니다." 찰스 멍거가 1998년 웨스코 연례보고서에 쓴 말이다.

버핏의 친구이자 스승,
부하이자 상사

버크셔의 부회장 찰스 멍거는 씨즈 캔디에 투자한 것이 버크셔의 전환점이 되었다고 믿는다. "씨즈 캔디는 장부가치 이상의 프리미엄을 주고 매입했는데도 성공적이었습니다. 반면 백화점 체인 혹스차일드 콘은 할인가에 매입했는데도 성공적이지 못했습니다. 이 두 가지 일을 겪으면서 우리는 좀 더 양질의 사업을 손에 넣으려면 고가를 지불해야 한다는 사실을 깨닫고 사고를 전환하게 되었습니다."

씨즈 캔디를 계기로 버핏과 멍거는 가격결정력의 진정한 교훈을 배울 수 있었다. 씨즈는 장부가치의 3배에 매입했는데, 이는 버핏과 멍거가 일반적으로 지불하는 것보다 훨씬 비싼 가격이었다. 그러나 씨즈 캔디는 양질의 상품과 서비스를 갖추고 있어서 여러 해 동안 버크셔에 뛰어난 수익률을 안겨주었다.

멍거는 버크셔가 〈워싱턴 포스트〉와 코카콜라에 투자한 경우처럼, 막대한 자본을 투자해 높은 수익률을 돌려받을 수 있을 때 진정으로 회사에 이득이 된다고 말했다. 멍거는 "〈워싱턴 포스트〉는 당시 우리에게 상당한 금액의 가용 자본을 들이게 했지만 결국 높은 수익률로 보답했다"고 덧붙였다.

멍거는 버크셔가 궤도를 벗어날 뻔한 적은 한 번도 없었다면서, 본인도 버크셔가 잘될 줄은 알았지만 이 정도일 줄은 몰랐다고 말한다. 그는 벤저민 그레이엄이 투자하던 시기에는 기본적으로 증권 가격이 터무니없이 싸서 매우 평범한 회사의 주식을 사더라도 적어도 20%의 수익을 가져다주었다면서,[50] 값싼 주식만 찾아 나서는 그레이엄의 투자방법론을 도입한 버핏의 투자방식에 대해 다음과 같이 꽤 비판적으로 평가했다.

"워런은 이런 시스템 밑에서 교육받은 대로 돈을 벌었으므로, 제가 터득한 아이디어, 즉 돈을 버는 최상의 방법은 장기간에 걸쳐 투자 자본 대비 높은 수익을 돌려주는 우량 사업들을 사들이는 거라는 생각에 도달하기까지는 시간이 좀 걸렸습니다. … 우리는 아직도 그레이엄의 기본 개념들을 적용하고 있긴 하지만, 이제는 단지 값싼 주식에 주목하는 것이 아니라 가치 절하되고 있는 큰 기업들을 찾으려고 노력하고 있습니다. 벤저민 그레이엄은 이런 생각과는 거리가 멀었죠. 워런은 벤저민 그레이엄이 없었다면 오히려 더 위대한 투자가로 변모했을 것입니다. 그는 그레이엄보다 더 위대한 투자가입니다. 그가 다른 누군가의 영향을 받지 않았다면 더 위대해졌을 거란 얘기입니다. 뛰어난 지적 능력과 수학적 머리, 그리고 위험을 감수하는 태도 등은 어떤 분야에서든 그를 독보적인 존재로 만들었을 겁니다. 아, 물론 발레에서는 성공하지 못했겠지요."

버핏은 찰스 멍거에 대해 이렇게 말한다. "벤저민 그레이엄은 제게 반드시 헐값의 주식을 사야 한다고 가르쳤습니다. 하지만 멍거는 생각이 조금 달랐습니다. 반드시 헐값이 아니어도 살 수 있다고 나를 설득했습니다. 이것이 멍거가 내게 미친 진정한 영향력이었죠. 나를 그레이엄의 제한적 시각에서 탈피하게 만들려면 강력한 힘이 있어야 했습니다. 바로 찰스가 그런 강력한 지성의 힘을 지닌 존재였습니다. 그는 내 사고의 지평을 확실히 넓혀주었습니다."

버핏은 멍거가 자신에게 끼친 영향이 '막대하다'고 늘 강조한다. "멍거는 언제나 '정말로 훌륭한 사업을 사들이자'고 주장했습니다. 나는 담배꽁초를 만지작거리며 뜸을 들였죠. 나는 매도가격이 크게 떨어진 사업에만 눈길을 주는 일이 너무 잦았어요. 멍거는 그런 게임이 어떤 방식으로 전개될지 잘 알았고, 그것은 우리가 나아갈 방향이 아니라고 여겼죠. 내가 그 방식에서 벗어나는 데 멍거의 부단한 노력이 중요한 역할을 했습니다."

놀라운 지력과
선천적인 기억력

2000년대에 들어 버핏과 멍거가 대화를 나누는 시간이 줄어들었다는 언론 보도가 있었다. 두 사람의 관계가 소원해졌을지 모른다는 관측이 투자자들 사이에 돌기도 했다. 그러나 곧 사실이 아닌 것으로 밝혀졌다. 다만 두 사람이 집중하고 있는 분야가 그 전과 달라진 것이다. 이와 관련해 〈비즈니스 위크〉가 보도한 내용은 다음과 같다.[51]

당사자들과 주변 모두의 의견을 종합해볼 때 멍거와 버핏은 사이가 나빠진 게 아니다. 다만 버핏이 버크셔에 전념하는 반면, 75세의 멍거는 이제 비영리 병원의 이사장직이나 사립 고등학교의 이사직을 맡아 일하며 시간을 보낼 뿐이다. "멍거는 저보다 관심의 폭이 넓습니다. 그는 이제 버크셔에 저만큼 열의를 쏟지 않아요. 자기 자식처럼 여기지는 않는다는 말이죠"라고 워런은 말한다. 이 말에 멍거도 동의한다. "워런은 자기 자신을 송두리째 버크셔에 쏟아붓고 있습니다."

그럼에도 불구하고 버핏은 "우리 관계는 지난 40여 년과 다름없이 여전하다"고 밝혔다. 버핏은 멍거를 다룬 재닛 로의 저서 『찰리 멍거 자네가 옳아!』의 서문에서 멍거에 대해 이렇게 표현했다.

멍거를 특별하게 만드는 것은 그의 품성이다. 게다가 그의 지력은 탄복할 정도다. 그는 내가 만나본 그 어느 누구보다 명석하고, 또 죽여서라도 빼앗고 싶은 탁월한 기억력을 갖고 있다. 그에겐 선천적으로 타고난 능력들이 있다. 하지만 내가 멍거를 그토록 높이 사는 건 그가 그런 능력들을 발휘할 때 보여주는 결연한 모습 때문이다. 지난 41년간 나는 찰스가 누군가를 이용하는 것을 본 적이 없고, 자신이 하지 않은 일에 대해 조금이라도 공을 내세우는 일도 본 적이 없다. 실은 정반대다. 그는 애써 나나 다른 이들의 몫을 더 챙겨주었고, 일이 어긋났을 때는 응당 받아야 할 비난보다 더 많은 비난을 짊어졌으며, 공이 더 많이 돌아가야 할 때에도 자기 몫은 항상 덜 차지했다. 그는 아량이 매우 넓고, 사리사욕으로 공정함을 그르치는 일이 없었다. 세상의 평판에 목말라하는 인간 군상과 다르게 멍거는 오로지 내면의 잣대로 자신을 심판했다. 자신에게 가혹한 심판자였다.

좋은 시기에는 부하,
나쁜 시기에는 상사

두 사람은 오랜 세월 투자에 대해 의견을 같이했는데, 특히 보수적인 일 처리 방식이나 부채 없이 대차대조표를 말끔히 유지하는 것 등에서 일치했다. 초기에 버핏은 자산을 가급적 저렴하게 매입하는 것에 집착했는데, 이런 그에게 돈을 조금 더 지불하더라도 장기간의 수익을 내줄 양질의 사업을 매입하는 것이 중요하다고 여러 해에 걸쳐 강조한 이가 바로 멍거였다.

버핏은 멍거의 조언으로 자신이 그레이엄식 염가 지하매장 전략 bargain basement tactics에서 다소 탈피하게 된 것을 두고 이렇게 말한 적이 있다. "벤저민 그레이엄은 모든 것이 수치상 염가가 되기를 원했습니다. 그러나 저는 미래 현금흐름을 고려했을 때 수치상 염가가 되는 것을 원했죠."

멍거는 그레이엄이 오랜 기간 실행에 옮겼던 면밀한 가치투자가 나은지 아니면 양질의 사업에 조금 더 지불하는 것이 나은지의 문제에 천착하여 집중적으로 연구한다. 그러고는 버핏이 무조건 가격이 저렴한 물건에서 탈피하여 가격결정력이나 브랜드 네임, 품질, 프랜차이즈의 지속성 등에 돈을 더 얹을 수 있도록 버핏의 사고를 전환시킨다. 이에 대해 멍거는 "우리는 전체적인 흐름을 예측하려 하지 않는다. 다만, 현재 상황이 어떻게 돌아가는지 알려고 기를 쓴다"고 말한 바 있다.

멍거는 미래의 프리미엄에 대한 자신의 투자 시각을 다음과 같이 피력했다.

"가격 모멘텀이 아닌 고유 가치를 참고해 주식을 사고팔 때 개인 소유주에게 부여되는 가치나 동기 유발 등의 의미는 시간이 아무리 흘러도 퇴색하지 않을 겁니다. 그러나 벤저민 그레이엄도 미처 보지 못한 부분이 있었습니다. 그는 몇몇 사업들이 미래에 더 큰 프리미엄을 지급받을 만한 가치를 지니고 있다는 중요한 사실을 간과한 것이지요.

『현명한 투자자』의 한 각주에서 그레이엄은 오랫동안 가치투자 시스템을 실행해 아주 엄청난 기록을 세웠다고 겸연쩍은 듯 짧게 언급했지만, 사실 그가 부자가 될 수 있었던 건 하나의 성장주에 투자한 덕분이었습니다. 그가 쌓은 부의 반 이상이 단 하나의 투자, 즉 가이코에서 나왔기 때문입니다. 그레이엄은 사실 특정 기업의 주식을 장기간 보유하는 것만으로 훌륭한 투자가 될 수 있다는 사실을 충분히 인식하지 못하고 있었습니다. 심지어 그 회사의 주식이 장부가치보다 몇 배나 높게 팔리고 있을 때조차 말입니다. 코카콜라의 주식을 일례로 들어봅시다. 그것은 현 가격에 비해 장부가치는 훨씬 낮은 상태입니다. 여러분은 우리가 그레이엄과 도드가 정립한 가치투자의 정석을 그대로 따르고 있지는 않다는 사실을 알게 될 겁니다. 워런과 저는 가끔 우리가 경품권이나 알루미늄, 원단 회사 대신 더 양질의 사업들로 출발했더라면 무슨 일이 벌어졌을까 생각해봅니다. 한번은 풍차 회사를 보유한 적도 있었습니다. 사실 우리가 여기까지 생각이 미치게 되기까지는 긴 시간이 걸렸습니다."[52]

멍거는 버핏의 친구이자 동조자였고, 서로 보완적인 파트너이자 사업상 동료였다. 버핏은 멍거가 "좋은 시기에는 부하이고 나쁜 시기에는 상사"였다고 말하곤 한다. 기자들은 버핏을 만나기 힘들면 가끔 버핏의 소견을 구하려고 멍거를 방문하는데, 그러면 멍거는 "워런은 자기 일은 심각하게 생각하면서, 자기 자신은 심각하게 생각지 않는다"고 말한다.

책벌레 멍거

멍거는 시력에 문제가 있다. 1980년대 초에 왼쪽 시력을 잃은 그는 유난히 테가 두꺼운 검은 뿔테 안경을 쓰고 있다. 1970년대 초에 백내장 수술을 잘못 받은 탓이다. 그때 손상된 시신경으로 인해 극심한 고통과 구토 증상이 생겨 왼쪽 눈을 적출해야 했다. 멍거는 "이건 그리 대단한 장애가 아닙니다. 저는 골프도 치고 테니스도 치니까요"라고 대수롭지 않게 말한다.

멍거는 하루도 빠짐없이 독서를 하는 엄청난 책벌레이다. 탐독가인 그가 추천한 책에는 『부의 제국 록펠러』, 『게놈』, 『이기적 유전자』, 『설득의 심리학』, 『빙하기』 등이 있다. 그는 아침식사를 마치고 〈로스앤젤레스 타임스〉나 〈뉴욕 타임스〉, 〈월스트리트 저널〉 등의 신문을 본다. 〈포브스〉, 〈포천〉, 〈비즈니스 위크〉 등의 잡지는 물론 여러 학구적인 글들과 전기문, 그리고 잡문도 많이 읽는다.

그는 "나는 대단한 독서가가 아닌데, 독서 없이 자기 삶을 철저히 사는 사람을 아직 보지는 못했다. 요즘은 『페르마의 마지막 정리』를 탐독하고 있다"고 밝힌 바 있다. 또한 독서의 중요성을 강조하면서 "평생 동안 저는 독서를 하지 않으면서 현명한 사람을 단 한 번도, 단 한 사람도 만나본 적이 없습니다. 워런의 독서량을 보면 여러분은 놀랄 겁니다. 제 자식들은 저를 다리 둘 달린 책으로 여깁니다"라고 웃으며 말하곤 한다. 멍거는 대단한 서적광이기도 하다.

멍거는 버핏이 자신보다 재능 있는 사람이란 걸 인정한다. 그렇다고 멍거가 허수아비 신세라는 뜻은 아니다. 멍거가 없었다면 오늘날 버핏이 이룬 성공도 없었을 것이다. 멍거는 그만큼 버핏의 지난날에 중요한 존재였다.

가장 존경하는 인물은 벤저민 프랭클린

버핏과 달리 멍거는 버크셔 주식 수천 주를 계속 매각하거나 처분해왔으며, 또 로스앤젤레스의 착한 사마리아인 병원이나 미국 가족계획연맹, 스탠퍼드 법과대학, 하버드 웨스트레이크 스쿨 등의 기관에 수백 주를 기부했다. 멍거는 "우리가 투자 일에 필사적으로 달려들 때 위험한 건 파산이 아니라 이성을 잃는 것"이라고 종종 말해왔다.

멍거는 본받고 싶은 인물로 벤저민 프랭클린을 꼽으면서 "저는 서투른 방식으로나마 프랭클린의 삶을 닮으려고 노력해왔습니다. 프랭클린은 42세에 사업을 그만두고, 작가이자 정치가, 자선가, 발명가, 과학자로서의 삶에 좀 더 치중했지요. 제가 관심사를 사업에서 딴 데로 돌리려고 하는 이유가 바로 여기 있습니다"라고 말한다.

멍거에게 닥친 비극은 벤저민 프랭클린이나 벤저민 그레이엄이 겪은 사건들과 비슷하다. 프랭클린과 그레이엄 가문의 장남이 일찍 죽었듯이 멍거의 장남 테디도 백혈병으로 일찍 사망했고, 초혼이 이혼으로 끝나면서 재정적으로 큰 곤란을 겪어야 했던 것도 비슷하다. 2002년 웨스코 정기 주주총회에서 멍거는 프랭클린에 대해 이렇게 평했다.

"업적 면에서 프랭클린에게 필적할 만할 사람을 우리 모두 본 적이 없다고 저는 단언합니다. 그는 자신의 조국에서 최고의 작가였고, 최고의 과학자였으며, 최고의 발명가였습니다. 그리고 그는 분명 미국 최고의 정치가 중 한 명이었고, 미국 최고 의원 중 한 명이었으며, 미국 최고의 자선가 중 한 명이었습니다. 그 외에도 많습니다. 그는 악기를 네 가지나 연주할 수 있었습니다. 그는 제가 지금 쓰고 있는 이중 초점 안경 등 수많은 새로운 것도 발명했습니다. 물론 삶의 여러 사건을 통해 위대한 국가의 창설에 참여하기도 했지요."

프랭클린은 번개를 잡은 과학자로도 유명하다. 프랭클린은 미국 보험계의 개척자이기도 했다. 그는 미국 최초로 법인조직 형태의 화재 보험을 만들어 체계적인 위험부담 수단을 개발해냈다. 화재 대비 주택

보험 필라델피아 출자자 모임이 그것이다.

프랭클린은 또한 "돈을 빌려준 사람이 돈을 빌린 사람보다 더 잘 기억하는 법이다", "이 세상에 죽음과 세금만큼 확실한 것은 없다" 등의 신랄하면서도 유머러스한 화법으로 유명하다. 한번은 당시 대유행하던 열기구를 어떤 용도로 쓸 수 있겠느냐는 질문을 받자 프랭클린은 "이제 막 태어난 아기를 뭣에 쓰겠습니까?"라고 대꾸했다고 한다. 인쇄업자이자 필라델피아 공공도서관의 설립자였고, 『가난한 리처드의 달력』을 저술하기도 한 프랭클린은 '말보다 중요한 것은 행동'이라는 경구로도 잘 알려져 있다. 멍거는 벤저민 프랭클린의 흉상을 20개나 제작하여 절친한 친구들에게 나누어준 일도 있다.

누구나 동료가 필요하다

멍거는 성장기에 유니테리언 교회에 다녔으나 지금은 성공회 신자이다. 그는 자신이 '특정한 의미에서' 신을 믿으며, 자신이 받아들이고 있는 건 전문적 신학이 아닌 자신이 다니는 교회의 '훈육 정신'이라고 말한다. "여러분은 프랭클린이 미사 성찬에 예수의 몸이 정말로 임하는지 아닌지 따위에 관심이 있었다고 생각하십니까?"라고 멍거는 물으며 "그런 것은 프랭클린의 관심 밖이고, 저 역시 마찬가지로 관심 밖입니다"라고 강조한다.

그리고 자신의 종교관과 관련하여 "워런과 저는 현실에서 사업을 운영하고 자본을 할당하는 면에서 약간 차이가 납니다. 존 메이너드 케인스John Maynard Keynes 영국의 경제학자로 정부의 재량적인 정책에 의한 유효수요의 증가를 강조하는 케인스 경제학의 이론을 창시하였다·옮긴이는 대학교 학비를 스스로 벌고 군 입대를 하는 방법으로 포트폴리오를 관리한 죄악을 속죄했습니다. 저는 외부 활동을 통해, 그리고 워런은 성공적인 투자로 위대한 스승이 됨으로써 속죄를 하고 있는 셈입니다"라고 말한 바 있다.

멍거와 버핏은 둘 다 고상한 안목과 금주 습관이 있으며 생각조차 비슷하다. 멍거는 "이제 워런은 제가 어떤 생각을 하는지 하나부터 열까지 다 압니다. 하지만 저도 가끔은 그에게 도움이 될 만한 뭔가를 알게 되기는 하겠지요"라고 겸손하게 말한다.[53] 두 사람의 모습은 문간에 걸터앉아 예리하고 현실적인 눈으로 불완전한 세상을 바라보면서 세상을 어떻게 하면 최대한 활용할 수 있을지 즐기며 궁리하는 현인군자를 연상시킨다. 버핏과 멍거는 지난 세월 거의 매일 이야기를 나누어왔다. 최근에는 둘 다 스케줄이 꽉 차서 그럴 기회가 줄어들기는 했지만.

둘에게는 서로가 필요하다. 멍거는 "복잡한 일을 하는 사람일수록 누구든 동료가 필요한 법입니다. 누군가와 함께 생각을 정돈하는 과정만으로도 아주 큰 도움이 되지요"라고 말하며 사업상의 동료가 얼마나 가치 있는지 강조한다. 버핏 또한 "월스트리트의 그 누구와 이야기해도 멍거와 이야기를 나눈 시간의 100분의 1에도 미치지 못하는 것 같다"고 말한다.

멍거에 따르면, 몇 군데 큰 투자만 하고 편히 자리에 앉아 있기만 하면 되는 직위에 오른 사람에게는 몇 가지 막대한 이점이 있다. 무엇보다 중개인들에게 지불할 돈이 줄어들고 허튼소리도 덜 듣게 된다. 더욱이 투자가 성공을 거두면 정부의 세금제도가 커다란 걸 또 한 가지 안겨준다. 바로 복리 효과가 있는 연 2.3%의 세금이다. 주식을 장기간 보유하고 있으면 매년 세금을 내지 않아도 되기 때문이다.

멍거는 여러 가지 면에서 버핏에게 훌륭한 보호막이 되었는데, 특히 두 사람이 정기 주주총회를 지휘하며 연단에 있을 때면 멍거의 존재가 더욱 두드러져 보인다. 버핏이 복잡해 보이는 사안에 대한 설명으로 약간의 곤란을 겪으면 멍거가 간결하고도 명쾌한 답변으로 상황을 종결짓는가 하면 버핏의 물음에 줄곧 재치와 철학이 담긴 대답을 보내며 주주총회를 솜씨 좋게 이끌어나간다. 〈워싱턴 포스트〉는 멍거를 버핏의 "신랄하고도 지적인 동지"라고 평가한 바 있다.[54]

언제나 우리보다 일을 더 잘하거나 더 빨리 돈을 버는 누군가가 있게 마련이지만 그런 것에 너무 마음 쓰는 것은 부질없는 일이라고 멍거는 말한다. "질시는 7대 죄악에 속합니다. 우리가 범해서는 안 되는 죄악 중 하나지요." 멍거는 그저 '질서에 따라 삶을 헤쳐 나가는 것'이 자신의 스타일이라고 단언한다.

언젠가 한 학생이 버핏과 멍거가 지혜를 나눠야 할 책임을 다하고 있는지 묻자 그는 다음과 같이 자신 있게 말한 바 있다. "물론입니다. 버크셔 해서웨이를 보세요. 나는 그 자체를 최고의 교습이라 부릅니다. 워런은 결코 돈을 낭비하는 법이 없고, 그 돈을 사회에 환원하려 하지요. 그는 지금 사람들이 자신의 생각을 들을 수 있도록 연단을 세우고 있는 겁니다. 말할 것도 없이 이는 매우 훌륭한 아이디어입니다. 그리고 그 연단 역시 그리 나쁘지 않아요. 물론 여러분은 우리만의 방식에 집착하는 워런과 내가 비현실적이라고 주장할 수도 있겠지만요."[55]

멍거주의

멍거는 세상을 보는 지혜 면에서 많은 투자가를 앞서 있다. 그는 투자가라기보다 아카데믹한 학자 혹은 사상가에 가깝다. 그가 투자나 인생과 관련하여 남긴 중요하고도 독자적인 주장들이 많지만 여기서는 몇 가지 핵심적인 것들만 살펴보겠다. 이런 멍거의 인생철학들은 멍거주의라 일컬어진다.

멍거는 금융 세계에서 가장 필요한 자질로 지능보다 기질을 꼽는다. 이에 대해 그는 다음과 같이 명쾌하게 설명한 적이 있다.

"각자 대학원을 나온 직후, 워런 버핏과 저는 비즈니스 세계에 들어와 극도로 비이성적인 상황 속에서 예측 가능한 패턴들을 밝혀내고자 노력했습니다. 비이성적인 것들을 명확히 하는 것은 분명 우리가 이루고자 하는 일에 중요했지만, 우리를 가르친 교수님들은 그에 대해 언급한 적이 없었습니다. 그건 분명하지도 않고 쉬운 길도 아니었습니다. 저는 제 뜻과 반대로 인간이 저지르는 판단착오의 심리학에까지 도달하게 되었습니다. 저는 그것을 거부했었어요. 하지만 그러면 많은 대가를 치러야 할 뿐 아니라 제가 사랑하는 모든 일에 도움을 줄 수 있는 능력이 줄어든다는 걸 깨닫게 되었지요. 버핏과 저는 군중이 무심코 흘려보내는 것들을 거의 자동적으로 의심합니다. 그러한 기질을 가지면 매우 성공적일 수 있다는 사실을 일찍이 깨닫고, 저는 그 기질을 '강화'시켰습니다. 금융 세계에서 IQ보다 훨씬 더 중요한 것은 기질입니다. 그 세계는 천재를 원하지 않지만 적절한 기질은 필요로 합니다."

멍거는 미래에 당연히 '일어나야 하는' 일이 아닌, '일어날지 모르는' 일에 베팅해야 한다고 주장한다. 또 하나의 멍거주의는 복리에 관한 것으로 그는 "복리의 이익이 가진 힘과 그것을 얻기 어렵다는 사실을 둘 다 깨닫는 것이 많은 일을 이해하는 핵심이자 요체"임을 누차 강조했다.

멍거주의를 몇 가지 더 들어보자.

- 몇 가지 생각들이 완전하게 몸에 흡수될 때 인생의 큰 획을 그을 수 있다.
- 인생은 순전히 기회비용의 연속이다.
- 아주 기초적인 수준의 수학을 몸에 익혀 일상적인 생활에 활용해야만 한다. 골퍼가 되겠다는 사람이 혼자 나름대로 터득한 스윙을 사용할 수는 없는 법이다. 특별한 그립방법을 배운 후에 골퍼로서 자신의 잠재력을 발휘하게 해줄 다른 방식으로 스윙을 해야만 한다.

이와 관련하여 멍거는 "기초적인 확률을 다루는 정도의 기본적인 수학조차 익혀두지 않으면, 외다리 남자가 엉덩이 차기 대회에 나간 것처럼 허송세월을 보내게 된다. 그건 다른 이들에게 엄청나게 유리한 고지를 내주는 셈이다. 나와 수십 년을 함께 일해 온 버핏의 강점 중 하나는, 의사결정 순서도나 순열 조합의 기초적인 수학에 입각해서 자동적으로 사고한다는 것"이라고 말한 바 있다.

이외에도 멍거가 남긴 독특한 인생 철학들이 있다.[56]

- 체계화된 상식으로 큰 점수를 따라.
- 사람들은 계산은 너무 많이 하면서 생각은 너무 적게 한다.
- 우리는 성공한 사업가 중에 지구상에 진정한 친구가 하나도 없는 사

람을 많이 알고 있는데, 충분히 그럴 수는 있다. 하지만 그것은 인생
을 살아가는 방법이 아니다.
- 자신 있는 영역 circle of competence 이는 버핏이 강조하는 잘 아는 것에 투자
  하라는 '역량의 범주'와 같은 개념이다 · 옮긴이에 대하여 자신 안에 바
  구니 세 개가 있다고 생각하라. 거기에는 각각 '할 수 있는 일', '할
  수 없는 일', '너무 어려운 일'이라는 딱지가 붙어 있다. 이 중 많은
  것을 '너무 어려운 일' 바구니에 던져 넣어라.

멍거는 버크셔가 성공을 거두었음에도 미국 기업들이 이에 대해
거의 연구하지 않는다고 꼬집은 바 있다.[57] 버크셔의 성공 요인으로 멍
거는 정보수집에 대한 꾸준한 노력과 단순한 기업 시스템을 꼽는다. 버
크셔의 자산이 본사에서 지속적인 정보수집을 안 해도 될 정도로 최선
을 다해 정보를 취합해온 데 있다는 것이다.[58] 그리고 "사람들은 몇 가
지 단순하지만 큰 개념들의 중요성을 과소평가한다. 나는 버크셔 해서
웨이가 사고의 올바른 시스템을 가르치는 교훈적인 기업이며, 그 사고
시스템이 정말로 효과적이라는 사실을 버크셔라는 회사가 몸소 보여
주고 있다고 생각한다. 나는 우리가 가진 사고의 여과장치들이 매우 단
순했기 때문에 이제까지 성공적으로 작동해왔다고 생각한다"고 피력
한 바 있다.[59]

인터넷에 대해서는 인류를 위한 대단한 기술적 진보들이 반드시
대단한 투자로 판명되는 것은 아니라고 일축했다.[60] 그는 인터넷을 철
도나 냉장고, 라디오, 텔레비전, 그리고 에어컨 등에 비유했는데, 그것
들이 경이로운 진보였지만 종종 투자 대상으로서는 적은 관심을 끌었
다는 것이다.

현명한 투자법에 관해 멍거는 다음과 같이 밝혔다. "투자를 할 때 가장 중요시해야 할 점은 주식을 일종의 사업 소유로 보고, 경쟁적 우위의 상황에서 사업의 질이 지속적으로 유지되는지 판단하는 것입니다. 현재 지불하고 있는 것이 아닌 미래의 현금흐름이라는 견지에서 더 많은 가치를 찾으십시오. 이익이 확실할 때만 움직이십시오. 이건 가장 기본적인 것입니다. 승산을 이해해야만 하고, 유리할 때만 베팅하는 훈련을 해야 합니다."[61]

2002년 버크셔의 정기 주주총회에서 그는 이에 대해 더 분명히 언급하는데 그 내용은 "현명한 투자는 모두 가치투자다. 여러분이 지불한 것보다 더 많이 얻는 것이다. 투자란 몇 군데 훌륭한 회사를 찾아내어 그저 엉덩이를 붙이고 눌러앉아 있는 것이다"라는 몇 마디로 요약할 수 있다.

버핏과 함께한 투자인생

멍거는 오마하 소재의 공립학교들을 거치며 교육을 받았는데, 던디 초등학교를 나와 센트럴 고등학교를 1941년에 졸업한 후 오마하를 떠났다. 그 후 미시간대학교(1941~1942년)를 다녔고, 캘리포니아 공과대학을 다니던 도중 공군에 입대했으며 제2차 세계대전에 참전하여 기상장교로 복무했다.

그는 참전군인 특례입학 프로그램의 일환으로, 학부학위 없이 1946년 하버드 법대에 입학을 허가받았다. 대학 재학 2학년 말에는 과에서 2등을 하여 시어스에서 400달러의 장학금을 받았다. 멍거는

1948년 하버드 법대 335명의 졸업생 중 졸업 우등상을 받은 12명 안에 들었는데 후에 예일대학교 학장이 된 킹먼 브루스터도 당시 멍거의 급우였다.

1949년에 멍거는 캘리포니아 변호사단에 입회를 허가받았고, 뮤직 필러 앤드 개럿의 전신인 라이트 앤드 개럿 법률회사에 들어갔다. 그곳에 있던 몇몇 변호사들과 의기투합한 멍거는 1962년에 독립해서 기업 업무를 취급하는 멍거 톨레스 힐즈 앤드 리커쇼서Munger, Tolles, Hills & Rickershauser를 설립했다. 회사 설립자 7명 중에는 멍거, 르로이 톨레스, 미국 증권거래위원회SEC의 임시 사장이던 로드릭 힐즈, 그리고 나중에 미국 통상대표가 된 로드릭의 아내 칼라 힐즈 등이 끼어 있었다. 이후 하버드 법대 교수이던 로드릭 힐즈는 1971년에 로버트 던햄을 회사에 영입했다.

이제는 그 법률회사의 파트너가 아니지만 멍거는 아직도 그곳에 사무실을 두고 있다. 멍거 톨레스 앤드 올슨 법률회사Munger, Tolles & Olson는 〈아메리칸 로이어〉에 로스앤젤레스 최고의 엘리트 법률회사로 소개된 바 있다. 당시 103명의 변호사 중 13명이 전 미국 대법원의 사무원들이었다. 파트너인 론 올슨은 1997년 캘리포니아에서 가장 영향력 있는 변호사로 지명되었다. 1992년 4월 〈아메리칸 로이어〉는 "타인 자본도 마케팅도 없는 곳. 실적에 의한 합의 보상제로 운영되며, 경영은 경멸하는 곳. 멍거와 톨레스의 법률회사가 불황을 헤치고 순풍 행진을 하는 비결"이라는 제하의 기사를 실었다. 〈아메리칸 로이어〉는 이 법률회사의 보상 시스템을 다음과 같이 소개했다.

매년 1월 각 파트너는(현재 52명이 있음) 모든 파트너의 이름이 올라 있는 리스트에서 각 이름 밑의 빈 칸에 투표를 한다. 전년 대비 회사의 순이익이 하단에 인쇄되어 있다. 그러면 각 파트너는 각각의 파트너들이 받아야 할 돈의 액수를 적어넣는데, 그 숫자들을 순합계로 더하기만 하면 될 뿐 다른 규칙은 없다. 점수제도, 분배도, 연공서열도, 아무것도 없다.

이 법률회사는 1970년대 초부터 버크셔의 수석 자문회사로 일했다. 1974년 이후 이따금 버크셔의 일을 맡았던 로버트 던햄이 회장이 되었고, 그는 살로먼이 트래블러스에 매각될 때까지 일했다. 던햄은 살로먼에서 일정 기간 일한 후 다시 법률회사로 돌아왔다. 그는 인수합병 자문, 기업 지배구조 문제, 위기관리 등의 업무를 집중적으로 다룬다.

던햄은 자신의 업무에 대해 다음과 같이 말했다. "어떤 훌륭한 회사가 암초에 부딪혔을 때는 일단 그 암초에서 벗어나게 하는 일이 중요합니다. 성공 여부는 일자리, 생계, 주주의 부와 긴밀하게 엮여 있습니다. 특히 시간이 관건이 되는 사안이면, 막대한 에너지와 엄청난 스트레스를 요구하는데 그것이 제 일입니다. 이를테면 살로먼에서 일 처리 기간을 1년 반이 아닌 9개월로 단축시킨 것이 아마도 이 기업의 사활을 가름했을 것입니다."[62]

버핏과의 만남

멍거는 변호사이자 사업가로, 그리고 교육자이자 투자자로서 두각을 나타내왔다. 그의 투자 실적은 오로지 버핏의 실적과 비교했을 때만 뒤처진다.

찰스 멍거는 연방판사의 손자이자 오마하 지역 변호사의 아들로 1924년 1월 1일 오마하에서 출생했다. 그는 놀랍게도 현재 버핏의 집에서 90미터 정도 떨어져 있는, 기업가 피터 키윗의 소유였던 집에서 성장했다. 버핏과 멍거의 가족들은 아는 사이였지만, 정작 멍거와 버핏은 1959년에 두 사람의 친구인 에드윈 데이비스 박사 부부의 소개로 만나고 나서야 실제로 친분이 생겼다.

두 사람의 만남을 주선한 이는 데이비스 박사로 초기에 버핏은 투자조합의 자금을 구하러 오마하의 많은 의사들을 방문했는데, 어느 날 밤 데이비스 박사를 방문하게 되었다. 버핏이 자신에게 투자하겠다는 결심을 어떻게 그렇게 빨리 굳히느냐고 묻자 박사는 버핏을 보니 멍거 생각이 나서 그렇다고 대답했다.

멍거는 버핏과의 만남에 대해 "워런만 빼고는 그의 가족을 모두 알고 있었다"고 회상한다. 멍거는 한때 버핏의 할아버지 소유인 버핏 앤드 선 식료품점에서 토요일마다 일한 적이 있다. 그 조그만 상점은 외상과 배달 서비스를 모두 겸했기 때문에 대형 슈퍼마켓이 등장했을 때도 여러 해 동안 살아남아 있었다. 멍거는 버핏의 이름을 들어본 적이 있었지만 별다른 인물일 거라고는 생각하지 않았다. 1959년 7월 버핏과 멍거는 오마하의 조니스 카페에서 주식시장을 화제로 환담을 나누며 저녁 시간을 함께 보냈다. 멍거는 버핏을 만나자마자 그 자리에서 버핏의 뛰어난 능력을 알아보고 깊은 인상을 받았다.

멍거는 "그저 그런 인상을 받은 게 아니었습니다. 아주 깊은 인상을 받았죠"라고 회고한다. 이때부터 버핏과 멍거는 '정신적 파트너'가 된다. 한 인터뷰에서 멍거는 버핏이 성공과는 거리가 먼 외양을 하고 있었음에도 자신이 버핏의 능력을 알아본 공은 인정받아야 한다고 말한 바 있다. "워런은 군인처럼 머리를 짧게 깎고 있었죠. 자기 집 온실에서 일하고 있었고, 음식 취향은 펩시콜라나 짭짤한 견과류 같은 것을 좋아하고 야채는 안 먹는 스타일이었죠."

투자의 길로 들어서다

둘이 처음 가진 저녁식사 시간에 나눈 얘기는 증시가 중심이었지만, 다른 대화도 많이 나누었다. 두 사람은 순식간에 친구가 되었고 버핏은 멍거에게 투자가 변호사업보다 더 빨리 부자가 될 수 있는 길이라고 계속 설득했다. 확신이 선 멍거는 변호사업에 한쪽 다리를 걸쳐놓은 채 오랫동안 버핏과 함께 성공적인 투자 실적을 올리다가 1965년에 마침내 변호사업을 그만두게 된다.

멍거는 자신이 투자를 택한 이유에 대해 "언제부터인가 돈을 위해서가 아니라 독립을 위해서 부자가 되기로 결심했습니다. 저는 누군가가 기대하는 것을 말하는 대신 제 스스로의 생각을 말하는 것을 좋아하는 성격이었습니다. 워런처럼 저도 페라리를 원해서가 아니라 독립을 원했기 때문에 부자가 되려는 커다란 열정을 품고 있었습니다. 절박하게 그것을 원했죠. 저는 누군가에게 소송장을 보내야 하는 일을 고귀하지 않은 일로 여겼습니다. 어디서 비롯되었는지는 잘 모르지만 은연중에 그런 생각을 품고 있었죠"라고 말한다.

1962년부터 1975년까지 멍거는 버핏으로부터 독립하여 퍼시픽 코스트 증권거래소 빌딩 안에 있는 간소한 사무실에서 투자회사 휠러 멍거를 차린다. 거기서 멍거는 경상이익으로 연 19.8%라는 꽤 높은 수익을 올렸다. 그러나 비록 그가 1962년부터 1969년까지 우수한 실적을 올린 건 사실이지만, 이는 1970년대 초반 시장에는 미치지 못하는 수준이었다. 또한 멍거는 1973~1974년의 주식 급락으로 타격을 받는다. 버핏과는 이미 투자조합을 접은 상태였다. 하지만 버크셔도 1973~1974년 주식 급락 때 50%나 가치가 떨어졌다.

그렇다면 멍거는 왜 변호사에서 투자가로 변신했을까? 앞에서도 언급한 바 있지만 멍거는 이에 대해 "저는 대가족의 가장이었어요. 낸시와 저는 8명의 아이를 기르고 있었어요. 투자업은 갑자기 번창했지만, 변호사업은 그렇게 될 것 같지 않았죠. 투자업을 떠난 직후 변호사업에 큰돈을 투입했죠. 그런데 1962년 무렵 거의 파산 지경이었어요. 1965년 무렵엔 완전히 거덜이 났죠. 매우 오래전 일이 되었지만 말입니다"라고 털어놓는다. 멍거는 자신의 독립적인 성향에서 나온 결정이라고도 설명한다.

"저는 어떤 일에 결정을 내리고, 베팅하는 것을 좋아했습니다. 대개 고객보다 어떤 식으로든 더 많이 안다고 생각하는데, 왜 사람들 뜻대로 하게 내버려두겠습니까? 일면 자기주장이 강한 성격이 작용한 것이고, 또 한편으로는 독립을 가져다줄 자원을 얻고자 하는 열망이 강했던 거지요. 고객들 태반이 굉장한 분들이었죠. 저는 자산가들이 지닌 독립성을 좋아했습니다. 또 일종의 도박 기질을 지니고 있었죠. 저는 계산해서 베팅하는 것을 좋아했습니다. 그래서 그저 자연스럽게 마음 내키는 대로 일을 한 겁니다."

언젠가 하버드 법대에서 강연할 때 멍거는 "저는 독립적인 인간이 되고 싶어서 부자가 되려고 했고, 그래서 심리학과 경제학의 교차점에서 일을 할 수 있었습니다. 저는 부의 축적에만 완전히 집착하는 것은 원치 않았습니다"라고 말한 바 있다.

1960년 중반에 드디어 버핏과 멍거는 함께 투자에 나선다. 하지만 중간에 약 10여 년간 독립적으로 투자를 하다가 1976년 멍거가 버크셔의 간부로 일하게 된다. 그 후 버크셔와 디버시파이드 리테일링이 합병한 1978년 이래 멍거는 줄곧 부회장직을 맡고 있다. 멍거는 1970년대 말, 그의 투자처인 디버시파이드 리테일링과 블루칩 스탬프가 버크셔에 합병되면서 버크셔의 거대 주주가 된다. 그리고 나서 5년 후에 웨스코 파이낸셜의 주주가 된다.

멍거는 계속 로스앤젤레스에 거주하고 있는데, 그는 변호사들을 위한 〈로스앤젤레스 데일리 저널〉과 캘리포니아를 위시한 서부 주들에 소재한 수십 개 소규모 법률신문사들의 발행처인 데일리 저널 코퍼레이션의 무급 회장직을 맡고 있다. 1800년대 말에 설립된 〈로스앤젤레스 데일리 저널〉과 〈샌프란시스코 데일리 저널〉은 데일리 저널이 간행하는 최대의 신문이었다. 데일리 저널은 이 신문들 외에도 온라인 정보 사이트를 운영 중이며 파산정보지, 잡지 〈캘리포니아 로이어〉 등도 펴내고 있다.

데일리 저널은 신문사업에서 특수한 틈새를 점유하고 있다. 직원이 약 300명인 이 회사의 소유주는 멍거와 제럴드 샐즈먼이며, 2004년에 약 230만 달러의 흑자를 기록했다. 멍거는 데일리 저널 주주들에게 보내는 한 연례 서신에서, 회사가 소유한 〈캘리포니아 로이어〉가 낸 30만 달러의 세전 손실에 대해, 평소에 보여주는 그 간명한 방식으로 다음과 같이 설명했다.

"그 모험적인 잡지는 첫째, 사회질서를 위한 일종의 기여이고, 둘째, 변호사협회와 그 구성원들 간의 최상의 커뮤니케이션 스타일을 확립해주는 수단이며, 셋째, 회사의 광고주들을 위해 일을 잘 해내고 있습니다. 그러나 경제적 효과는 소유주의 입장에서는 늘 불만족스러웠습니다."

멍거는 이 장외기업의 주식 중 39%를 관리하는데, 멍거와 그의 가족이 최대 소유자인 캘리포니아 유한 파트너십인 멍거 마셜Munger, Marshall & Co.을 통해 보유하고 있다. 또한 멍거의 절친한 친구인 J.P. 게린과 그의 가족이 주식의 약 17%를 소유하고 있다. 멍거나 게린 둘 다회사업무 차원의 일에 대해 보상을 받지 않는데, 멍거는 제럴드 샐즈먼사장보다 자기 급여가 낮다고 시인한다.

버핏만큼이나 주주들의 돈에 전적으로 신중한 멍거는 여러 해 동안 해외에 나갈 때면 짐을 직접 짊어지고 이코노미 클래스를 탔다. 물론 넷제트버크셔 산하의 자회사·옮긴이를 탈 때는 좋은 대접을 받았지만말이다. 또한 멍거는 가끔 주주들의 편지를 받으면 그 위에다 직접 자필로 글을 써서 답장을 해준다. 그것이 종이와 시간을 아끼는 버크셔식이기 때문이다.

소비제품 유통의 혁명,
코스트코

1977년에 멍거는 시애틀 근처를 본거지로 삼아 회원제로 창고를 운영하는 소매회사 코스트코 컴퍼니의 이사회에 임명되었다. 코스트코는 프라이스 컴퍼니와 코스트코 홀세일이 1993년 합병하면서 생겨난 회사이다.

멍거는 소매 분야에서 코스트코가 이뤄낸 혁신에 감탄을 금할 수 없다며 코스트코가 소비제품의 유통에 혁명을 몰고 왔다고 경탄했다. 1998년 코스트코 연례보고서에 따르면 멍거는 코스트코의 주식 9만 1884주를 보유했다. 멍거는 또한 코스트코 같은 임차인들에게 부동산을 대여해주는 부동산회사 프라이스 엔터프라이즈의 우선주를 5% 이상 소유하고 있다. 프라이스 엔터프라이즈는 1999년 말에 엑셀 레거시에 매각되었다.

1997년 8월 11일 자 〈포브스〉에서 멍거는 코스트코가 몰고 올 혁명을 알고 있었다고 밝힌 바 있다. 다음은 그 기사의 일부다.

올해 초 버크셔 해서웨이의 부회장은 73세의 고령에도 코스트코 이사회에 합류했다. … 멍거는 코스트코와 관련해 투자가 입장이 아닌, 고객의 입장에 서 있다. 1달러에도 감사할 줄 아는 멍거는 고기나 와인에서부터 사무실 집기에 이르기까지 모든 것을 그 창고에서 구입한다. 손목시계까지도 거기에서 구입했다.

"제 평생 인간의 행복 증진이라는 선을 위해, 그리고 고객을 위해 소매업 세계를 뒤바꾸려고 그토록 많은 일을 한 사람들을 보지 못한 것 같습니다"라고 멍거는 말한다. 샘 월튼을 포함해서 하는 말이냐고 묻자 멍거는 고개를 끄덕였다. 사실 멍거는 '사람들'이라고 하지 않고 '두 사람'이라고 했다. 한 명은 코스트코의 사장이자 CEO인 제임스 시네걸이고, 다른 한 명은 시네걸의 멘토인 샌디에이고의 솔 프라이스다. 프라이스는 페드마트라는 최초의 혁신적 대량 할인점을 모방해 창고 개념의 프라이스클럽 체인점을 만든 인물이다.

멍거와 버핏은 '절친' 사이

멍거는 종종 자신만의 중요하고 상식적인 교훈을 경구 형식으로 말하기를 즐긴다. 이를테면 "어리석은 대부로부터 손실을 피하기 위한 첫 번째 기회는 대부받는 일 자체를 피함으로써 확보할 수 있다. 두 번째 기회란 없다"라는 식이다.

멍거는 충실한 공화당원이고, 버핏은 민주당원이다. 멍거는 호수 낚시를 좋아하고 알래스카강에서 큰 연어들에 살금살금 다가가는 것을 즐기는데, 버핏은 낚시에는 별로 관심이 없다. 그럼에도 두 남자는 투자와 관련해서는 거의 모든 것에 대해 관심과 의견이 일치한다. 버핏은 두 사람의 '필터'가 비슷해서 그들 중 한 사람이 받아들인 무언가는 두 사람이 받아들인 것이나 다름없다고 말한 적이 있다. 멍거와 버핏은 일을 신속하고 효율적으로 처리하며, 매우 오랫동안 함께 일해 왔기 때문에 서로의 사고방식을 잘 알고 있다.

버핏은 멍거와 자신이 돼지 세 마리가 꿀꿀거리는 혼잡함 속에 있어도 전화상으로 4페이지나 되는 메모를 처리할 수 있다고 농담한 적이 있다. 또한 "멍거와 저는 사업적 결정을 할 때 서로의 역할을 바꿀 수도 있습니다. 우리는 멀리 떨어져 있어도 거리에 전혀 구애받지 않습니다. 우리는 언제나 반나절씩 걸리는 회의보다 좀 더 생산적인 전화를 이용하곤 합니다"라고도 말했다.[63]

버핏은 의사결정에 어려운 문제가 있으면 가장 먼저 자문을 구할 사람으로 멍거를 찾는다. 버핏은 의사결정 과정의 단순함을 이렇게 묘사한다. "찰스는 제가 하는 일이 어처구니없다고 말합니다. 멍거가 그렇게 말하면 저도 그렇다고 여깁니다."

버핏은 자신에게 가장 큰 영향을 미친 사람으로 아버지, 벤저민 그레이엄, 그리고 멍거를 꼽는다.[64] 버핏은 아버지가 자신에게 신문 1면에 대문짝만하게 날 일은 하지 말라고 가르쳤으며 자신이 가장 존경하는 인물은 아버지임을 종종 말해왔다. 그레이엄에 대해서는 자신에게 투자에 필요한 지적인 틀을 제공해주고, 뒷전에 서지 않고 대중에게 영향을 받지 않으며 주식이 하락해도 두려워하지 않는 능력을 가르쳐준 인물이었다고 평한다.

그리고 멍거에 대해서는 "멍거는 제가 막강한 성장세와 수익력을 보이는 사업이 갖는 장점에 집중하도록 만들었습니다. 수익이 불확실한 텍사스 인스트루먼트나 폴라로이드의 경우와 달리, 수익을 확신할 수 있을 때만 말입니다. 멍거는 저와 달리 사업에 자기 자신을 몰입시키지 않으면서도 사업을 완벽하게 이해합니다. 어쩌다 의견이 불일치할 때도 있지만, 우리는 본질적으로 다툼이 없는 사이입니다"라고 말한다.

멍거도 버핏에 대해 공적인 버핏과 사적인 버핏이 동일한 인물이며 늘 변함이 없고 어떤 일에나 선을 긋고 행동하지 않기 때문에 함께 일하면 매우 유쾌한 사람이라고 종종 말한다. 둘 사이는 떼려야 뗄 수 없는 그야말로 절친 사이다.

위대한 사업은 시련을 견딘다

한때 마이크로소프트의 CTO(최고기술책임자)였던 네이던 미어볼드 박사와 같은 이들이 친구라고 부르는 멍거는, 1993년에 순수익 3억

6500만 달러로 400대 부자에 올랐을 때 〈포브스〉에 이렇게 말했다. "제가 오랫동안 워런과 연관되어 왔기 때문에 덩달아 따라 올라간 것 같습니다. 내 인생의 목표는 그 리스트의 커트라인 아래로 내려오는 겁니다."

1997년 웨스코 정기 주주총회에서 멍거는 "위대한 사업이 아름다운 건 시련을 견딜 수 있기 때문"이라고 말한 바 있다. 그는 경영을 잘 못하는 바람에 어려움을 겪은 한 광산을 예로 든 다음 "잘못된 경영을 견디고 바로잡으려 하지 않으면, 그건 진정한 사업이 아니다"라고 자신의 사업관을 펼쳤다. 또한 고전적인 주식 선택방식에 대해 언급하면서, 이득이 확실하지만 가격이 잘못 매겨진 주식을 다방면에 걸쳐 훈련받은 접근법을 통해 찾기만 하면 된다고 충고했다. 멍거는 그것 외에 다른 건 필요 없다고 단언한다. 멍거는 항상 좋은 가격에 주식을 매입하기 원한다는 당연한 말로 끝을 맺었다. "우리는 어떤 주식이든 그 고유 가치 이상으로 값을 지불하지 않습니다. 워런 버핏 같은 사람이 책임자로 있는 극히 예외적인 경우를 빼고는 말이죠. 물론 매우 드물기는 하지만 장기적인 이익을 얻으려면 좋은 사이를 유지하기 위해 돈을 약간 더 들일 가치가 있는 사람들도 있는 법이죠."

생각하는 게임에선
주춤거릴 필요가 없다

멍거는 준비하는 자세의 중요성을 역설하면서 2003년 버크셔 정기 주주총회에서 다음과 같이 말했다. '준비된 마음'이란 그가 수차례 강조해온 개념으로 삶에서나 투자에서나 반드시 필요한 덕목으로 꼽는 것이다. "우리는 탐나는 기회들이 덧없이 지나가버린다는 생각을 자주 하면서 삽니다. 그러므로 우리 각자에게 정말로 좋은 투자 기회는 그리 자주 오지 않고, 오더라도 그리 오래 머물지 않는다는 점을 생각하면, 이 짧은 기간에 행동을 취할 수 있도록 스스로를 '준비시켜야' 합니다. 준비된 마음이 필요합니다. 아주 간단한 일이지요."

2003년 10월 3일, 멍거는 〈학문으로서의 경제학: 연계 학문에서의 필요성을 고려한 장점과 단점〉이라는 제목의 강연을 했는데 강연 제목을 보면 현실과 상관없는 고담준론 같지만 실제는 전혀 그렇지 않다. 실제적인 시장에서 필요한 미덕이 무엇인지 비유적으로 보여주는 재미있는 내용이다.

제가 학문으로서의 경제학이 지니는 장점과 단점을 논함에 있어 여러분이 마땅히 알아야 할 한 가지 재미있는 사실은, 저는 경제학 수업을 받은 적이 없다는 것입니다. 이렇게 자격이 한참 모자란 상태에서 제가 이런 강연을 하러 여기에 올라올 정도로 철면피라는 사실에 놀랄지도 모르겠습니다.

… 버크셔의 전체 실적은 효율적 시장 이론과는 전혀 상관없이 성취된 것입니다. 그리고 버크셔는 그런 이론에서 유래한 것들, 즉 경제학에서 유래하여 기업 금융의 세계로 들어가 자본자산 가격결정 모델 CAPM이라는 아주 그럴듯한 허울을 뒤집어쓴 것들에 조금도 관심을 기울이지 않았습니다. 저는 여러분이 이빨요정_{어린아이가 빠진 이를 베개 밑에 넣어두고 자야 요정이 찾아와 그 이를 가져가고 대신 돈을 두고 간다는 전설·옮긴이}을 믿는다면 변동성이 높은 주식에 투자해 연 7%의

수익률을 올리면서 시장보다 우수한 기량을 발휘할 수도 있다고 생각합니다.

… 결국 남다른 개인사를 겪은 저는 오늘날 이 자리에 설 만큼 배짱이 좋은 성격인데, 적어도 어릴 때 재주가 전혀 없는 사람이 아니었기 때문입니다. 하버드 법대에서 1년간 공부하는 동안 저는 약 1000여 명이나 되는 급우 중 2등을 했는데, 언제나 저보다 월등히 똑똑한 사람들이 많이 있어도, 저는 생각하는 게임에서는 조금도 주춤거릴 필요가 없다고 여겼습니다.

… 저는 경제학자들이 아인슈타인에게 좀 더 관심을 기울이면 훨씬 잘살 수 있다고 생각합니다. 음, 아인슈타인은 아주 쉽습니다. 그는 "모든 것은 가능한 한 단순하게 만들어야 하는데, 그러니까 단순하기만 하면 된다"는 말로 유명하지요. 이 경구는 동어반복이지만 지금의 복잡한 상황에서 매우 유용합니다.

버핏과
게이츠

버핏은 비즈니스, 정치, 문학, 공공정책에 관해 몇 시간이고 이야기를 할 수 있는 지적인 사람이다. 하지만 일전에 버핏은 게이츠에게 자신에게 테크놀로지에 관해 설명하는 것은 일종의 시간 낭비라고 했고 게이츠도 "침팬지들과 이야기를 나누는 게 더 나을 것"이라고 말한 적이 있다. 그럼에도 지금도 여전히 워런 버핏은 '정보세계의 최극단에 닿아 있는' 빌 게이츠와 이야기를 주고받으며 많은 시간을 보낸다.

〈워싱턴 포스트〉 사설란 편집자 멕 그린필드는 1991년 7월 5일 자 신문에 게이츠의 부모 집에서 피크닉을 즐기는 억만장자들에 관한 사설을 실었다. "두 명의 제왕은 그 여정 동안 무엇을 토의했을까?"라는 제목이었다. 그 이후 곧바로 이어진 만남에서 버핏은 IBM이 직면하고 있는 변화와 도전에 관해 게이츠의 의견을 물었고 게이츠는 버핏에게 "그런 질문을 해줄 누군가를 애타게 기다리며 숨죽이고 있었다"면서 많은 이야기를 들려주었다고 한다.

두 사람은 네브래스카와 워싱턴의 미식축구시합을 함께 관람하고, 세계정세를 논하기 위해 2년마다 회동하는, 버핏과 가까운 친구들의 모임인 '버핏 그룹'에 참석한다. 또한 두 사람은 1993년 가을 다른 비즈니스 리더들과 함께 버뮤다에서 일주일을 보내기도 했다. 마이크로소프트를 여러 차례 방문한 버핏은 게이츠를 부추겨 벤저민 그레이엄에 관해 공부하라고 조언하기도 했다. 가끔 버핏과 게이츠는 하루 종일 인터넷상에서 브리지 게임을 함께 하기도 한다.

투자 천재와 컴퓨터 황제

빌 게이츠는 "마이크로소프트 외부에 있는 CEO 중 가장 좋아하는 사람이 누구입니까?"라는 질문을 받은 적 있다. 억만장자 빌은 서슴없이 워런 버핏이라고 대답했다. 게이츠는 "그분은 생각을 하거든요. 나는 생각하는 사람을 무척 좋아합니다. 그들은 일반적인 통념에 얽매이는 법이 없으니까요"라고 덧붙였다.

버핏은 게이츠와 자신이 '특이한 커플'이라고 말한다. 버핏은 게이츠를 이렇게 평가한다. "내가 그의 기술적 능력을 판단할 재간은 없지만 비즈니스 실무 능력만큼은 굉장히 뛰어나다고 생각한다. 만일 빌이 길거리에서 핫도그 파는 장사를 시작한다면 세계 제일의 핫도그 왕이 될 것이다. 어떤 사업을 하든 그는 성공을 거둘 것이다. 그는 내가하고 있는 사업도 능숙히 해낼 수 있을 것이다. 하지만 나는 그가 하고있는 일을 잘해낼 자신이 없다."[65]

버핏은 기업보고서를 얻기 위해 게이츠를 만난 날 개인적으로 마이크로소프트 주식 100주를 매수하기도 했다.[66] 하지만 버크셔와 마이크로소프트가 함께 사업을 하게 된다는 의미는 아니었다. 버핏은 컴퓨터에 대해 아는 바가 없다면서 다음과 같이 말했다. "나는 PC와 함께 생활하고 있지만 그것이 나를 속일지도 모른다는 두려움을 느끼곤 한다. 그래도 컴퓨터가 쉽다고 생각할 때가 딱 한 번 있다. 내가 그 기계를 제대로 활용하는 유일한 순간은 브리지 게임을 할 때뿐이다." 그렇다면 최소한 컴퓨터는 공통의 취미를 갖고 있는 세계 최고의 갑부 두 명을 위해서는 꼭 필요한 기계임에 틀림없다.

버핏은 〈나이트라인〉의 테드 코펠에게 마이크로소프트의 주식을 사게 된 경위를 들려주었다. "게이츠는 나에게 9시간 동안이나 마이크로소프트에 관해 설명해주었어요. 이 세상에 그보다 더 나은 선생은 없을 것이고, 나보다 더 바보 같은 학생은 없었을 겁니다. 하지만 그 일을 계기로 나는 아직까지도 그가 설명해준 내용의 상당 부분을 이해하고 있습니다. 그가 정말로 훌륭한 선생이었기 때문입니다. 그의 이야기를 모두 듣고 나서 나는 마이크로소프트 주식 100주를 매수했습니다."

빌 게이츠는 기술 부문에 거의 문외한인 버핏을 독자로 삼아 그의 저서 『미래로 가는 길』을 썼다고 말한 바 있다. 이 책에서 빌 게이츠는 버핏에 대해 이렇게 적었다. "뛰어난 투자기법으로 저명한 워런 버핏은 나의 좋은 친구이다. 수년 동안 나는 그가 개인용 컴퓨터를 활용할 수 있게 하는 방법을 생각하느라 고심했다. 나는 심지어 당장 비행기를 타고 날아가 컴퓨터를 제대로 활용할 수 있게 해주겠다는 제안을 한 적도 있다. 그가 컴퓨터에 흥미를 보이기 시작한 것은 온라인 서비스를 통해 전국 각지의 친구들과 브리지 게임을 할 수 있다는 사실을 알게 된 이후였다. 처음 6개월 동안 그는 퇴근 후 곧장 집에 돌아가 몇 시간이고 브리지 게임을 하곤 했다. 그가 기술과 기술투자에 별 관심을 두지 않았음에도 불구하고, 일단 한번 컴퓨터에 손을 대고부터는 완전히 매료된 것이다. 요즘 버핏은 여러 주에 걸쳐 온라인 서비스를 나보다 더 많이 이용하고 있다."[67]

게이츠는 버핏과의 우정을 다음과 같이 표현한다. "우리는 최근에 부부 동반으로 중국에서 휴가를 보냈다. 나는 버핏의 농담이 재미있다.

나는 햄버거를 즐겨 먹고 콜라를 좋아하는 그가 대단하다고 생각한다. 간단히 말해 나는 그의 팬이다. 워런과 함께 있으면 그가 자신의 일에 얼마나 애착을 가지고 있는지 알 수 있다. 그걸 여러 면에서 느낄 수 있다. 그는 어떤 것을 설명할 때 '여보게, 나는 이거라면 모르는 게 없네. 자네는 틀림없이 큰 감명을 받게 될 거야'는 식으로 접근하는 법이 절대로 없다. '이건 무척 흥미로워 보이지만 실상은 무지하게 쉽다네. 자네에게 곧바로 설명해주겠네. 그러고 나면 자네는 내가 얼마나 바보인지 알게 될 거야. 그렇게 쉬운 걸 알아내는 데 엄청나게 긴 시간이 걸렸거든' 이런 식이다. 우리는 서로에게 상당히 솔직하며 결코 적대적이지 않다. 비록 그의 『월드북 백과사전World Book Encyclopedia』이 『마이크로소프트 엔카르타 백과사전Microsoft Encarta』과 경쟁관계에 있기는 하지만, 실제로 비즈니스 분야에서 우리의 관심사는 거의 일치하지 않는다. 워런은 10년 후에 승자를 예상할 수 있는 분야(기술 관련 분야에서는 거의 불가능하다)에 투자하기를 좋아하기 때문에 기술 관련 기업들과는 거리를 두고 있다."[68]

〈타임〉은 게이츠에 관한 커버스토리[69]를 쓰면서 버핏에게 인터뷰를 요청하는 전화를 걸었다. 버핏의 비서는 미안해하면서 버핏은 요즘 인터뷰를 일절 하지 않고 있으며 현재 출장 중이라고 말했다.

하지만 인터뷰 요청이 있었다는 얘기는 버핏에게 반드시 전달하겠다고 약속했다. 그런데 세 시간도 안 되어 〈타임〉은 버핏으로부터 전화를 받았다. 맨해튼에서 모임이 있는데 중간에 잠시 시간이 나서 타임 라이프 빌딩에 들렀다며 인터뷰에 응할 수 있게 되어 기쁘다는 전화였다. 게이츠에 관해 말하기를 즐기는 버핏의 일면을 엿볼 수 있다.

버크셔, 빌 게이츠를
이사회 멤버로 임명

21세기에 발맞춰 나가려는 노력의 일환으로 버크셔는 2004년 12월 14일 마이크로소프트의 설립자 빌 게이츠를 이사회 멤버로 임명했다. 버핏과 게이츠는 오랫동안 친구로 지내고 있으며, 서로의 집을 오가고, 함께 여행을 했으며, 여전히 온라인 브리지 게임을 함께 즐기고 있다. 게이츠는 또한 오랫동안 버크셔의 주주로 등재되어 있다. 게이츠는 버핏의 아내 수전이 2004년 7월 29일 세상을 뜬 뒤 공석이 된 이사회의 빈자리를 채웠다.

여러 신문에서 다룬 진부한 내용은 차치하고 버크셔의 보도자료를 살펴보자. "2004년 12월 14일 버크셔 해서웨이의 이사회는 현재의 빈자리를 채우기 위해 윌리엄 H. 게이츠 3세를 선임하는 투표를 실시했다. 게이츠는 버크셔 해서웨이의 오랜 주주이며 마이크로소프트의 설립자이고, 1981년 이 회사가 법인이 된 이래 회장을 맡고 있다. 게이츠는 2000년 1월까지 마이크로소프트의 CEO로 일했으며, 그 뒤 CEO에서 사임하고 최고 소프트웨어 설계자의 자리를 맡고 있다."

게이츠는 버크셔 이사로 임명된 이후 그의 보유지분을 공개해야 했다. 게이츠는 3580주의 버크셔 A급 주식을 소유하고 있다고 밝혔다.

게이츠는 수년간에 걸쳐 보유 자산을 다양화하고 자선단체에 돈을 기부하기 위해 마이크로소프트 주식을 꾸준히 매각해왔다. 아직 약 10억 주의 마이크로소프트 주식을 소유하고 있는 게이츠는 그의 개인적인 투자 수단인 케스케이드 인베스트먼트 LLC에 수익의 일부를 쏟아 넣었다. 이 벤처투자 업체는 캐나다 내셔널 철도회사와 케이블 기업 콕스 커뮤니케이션을 포함해 14개 기업의 주식 30억 달러어치를 보유하고 있다고 보고한 바 있다. 게이츠는 발기부전 치료제 시알리스를 합동 개발한 제약회사 ICOS의 이사회에서 일했고 그곳에도 투자지분을 갖고 있다. ICOS는 게이츠가 버크셔의 이사회에 집중하고 싶다며 2005년 초 ICOS의 이사회를 떠났다고 발표했다. 게이츠는 "워런과의 우정뿐 아니라 어떤 방식으로든 그에게 최대한 도움을 주고 싶기 때문에 이제 자신은 버크셔 이사회를 위해 집중적으로 일할 것"이라고 말했다.

캐서린 그레이엄과
〈워싱턴 포스트〉

〈워싱턴 포스트〉 회장으로 퓰리처상을 받은 캐서린 그레이엄은 『캐서린 그레이엄 자서전』에 이렇게 적고 있다.

> 1973년 워런 버핏은 버크셔 해서웨이를 통해 우리 회사의 B급 주식을 10% 정도 매수했다. 나중에 버핏은 우리가 꼭 주식을 공개해야 할 필요가 있다고는 생각지 않았지만, 아무튼 주식공개를 했을 때 기뻤다고 말했다. 비록 주식을 공개함으로써 필연적으로 따르게 마련인 책임감이 부담스러웠지만, 주식을 공개하게 되어 사실은 나도 기뻤다. 우리가 주식을 공개함으로써 얻은 단 하나의 긍정적인 결실은 워런이 우리 일에 개입하게 되었다는 점이다. 주식공개 날짜는 6월 15일로 잡혀 있었다. 미국 증권거래소 객장에서 열린 주식공개 행사에서 나는 24달러 75센트에 첫 주식을 매수했고, 26달러에 주식을 공개했다.

하지만 그레이엄이 처음부터 워런 버핏에게 호감을 가졌던 것은 아니다. 아주 오래전 그레이엄은 오마하에서 온 워런 버핏의 정체가 몹시 궁금했다. 그레이엄은 알 만한 사람에게 급히 달려가 "그가 누구지? 우리에게 위험한 존재일까?"하고 물었을 정도다.

처음에 버핏은 환영받는 손님이 아니었다. 그레이엄 가족과 친하게 지내고 있던 안드레 마이어(그레이엄의 부모인 유진 마이어와 아그네스 마이어와는 전혀 관계가 없는 인물임)는 버핏이 상당량의 〈워싱턴 포스트〉 주식을 보유하고 있다는 사실을 불만스럽게 생각했다.

그레이엄은 당시를 다음과 같이 회상한다. "그는 미국에서 가장 성공한 개인 투자자 중 한 명인 워런 버핏이 상당량의 〈워싱턴 포스트〉 지분을 갖고 있다는 것을 알고 화를 냈다. 다른 누군가가 별다른 의도 없이 그렇게 했더라도 마이어는 버핏에게 그랬던 것처럼 동기를 불순하게 생각했을 것이다. 안드레는 워런 버핏에 대해 계속 주의를 기울였다. 그는 주식을 매수하는 낯선 불청객들을 모두 위협적인 인물로 간주했다. 하지만 나는 워런에 관해 좀 더 자세히 확인한 후, 그가 경영에 간섭하는 것을 싫어하고 존경할 만한 사람이라는 것을 알게 되었으며 우리가 큰 행운을 잡았다는 판단을 내렸다."

하지만 만일 버핏이 그레이엄에게 자신이 믿을 수 있는 사람이라는 확신을 주었더라도, 마이어는 "배후에서 당신을 움직이고 있는 사람이 누구야?"라고 계속해서 물어보았을 것이다.

버핏은 〈워싱턴 포스트〉에 투자한 뒤 그레이엄에게 편지를 썼다. 당시 그녀는 상당량의 〈워싱턴 포스트〉 주식을 매수한, 정체를 알 수 없는 투자자의 존재를 여전히 크게 우려하고 있던 터였다. 버핏은 그레이엄에게 보낸 편지에서, 자신은 그녀의 자리를 위협하는 사람이 아니며 그녀가 A급 주식을 소유하고 있고 그것을 바탕으로 회사를 장악하고 있음을 잘 알고 있다고 적었다. 버핏은 편지에 이렇게 적었다. "저는 〈워싱턴 포스트〉가 그레이엄에 의해 지배되고, 그레이엄에 의해 관리되는 회사라는 사실을 익히 잘 알고 있습니다."

버핏의 제안을
거절한 그레이엄

딱딱했던 두 사람 사이의 분위기를 한결 부드럽게 해준 일화가 있다. 버핏이 25년 전 〈워싱턴 포스트〉 신문배달부로 일한 적이 있다는 사실을 그레이엄에게 말해준 것이다. 버핏은 1940년대 어린 나이였음에도 신문배달을 통해 투자에 뛰어드는 데 필요한 종잣돈의 절반 정도를 벌어들였다. 그레이엄은 이 사실을 알고 버핏에게 호의를 품기 시작했다.

이 일이 있기 전인 1971년, 버핏은 그레이엄과 잘 알고 지내던 찰스 피터스에게 그녀를 소개해달라고 부탁한 적이 있었다. 버핏이 그레이엄을 만나고 싶어 한 특별한 이유가 있었다. 버핏은 〈뉴요커〉의 주식을 소유하고 있었고 머지않아 이 잡지사 인수 작업이 진행될 거라고 생각했다. 버핏은 〈워싱턴 포스트〉야말로 이 잡지사를 인수하기에 적격이라고 말하면서 캐서린이 이 회사에 관심을 가져주기를 바라고 있었다. 하지만 그레이엄은 버핏의 제안을 거절했다.

그 이후 두 사람은 1973년 로스앤젤레스의 〈타임스〉 사무실에서 다시 만났다. 버핏이 〈워싱턴 포스트〉의 주식을 인수한 이후의 일이었다. 그날의 우연한 만남으로 버핏에 대한 믿음을 굳힌 그레이엄은 버핏에게 워싱턴에서 저녁식사를 함께하면서 〈워싱턴 포스트〉를 잠시만 살펴봐달라고 부탁했다. 이를 계기로 버핏은 그레이엄의 비즈니스 멘토가 되면서 깊은 우정을 맺게 되었고 서로에게 도움을 주는 관계로 발전하게 되었다.

다음은 그레이엄의 자서전에 기술된 내용으로 버핏의 굳은 심지와 듬직한 친구 같은 면을 엿볼 수 있는 대목이다.

1974년 6월 말, 나는 로스앤젤레스에서 열린 애널리스트 회의에 참석하게 된 김에 워런과 수전을 만나기 위해 라구나 비치에 있는 집에 들렀다. 나의 방문으로 워런의 집안은 웃음의 도가니가 되었다. 왜냐하면 버핏 가족은 1962년부터 라구나 비치에서 휴가를 보냈지만 버핏은 한 번도 물 근처에는 얼씬도 하지 않았는데, 나를 좀 더 즐겁게 해줘야겠다는 생각에 직접 비치 파라솔과 수영복을 구입했기 때문이다. 버핏은 나에게 이렇게 말했다. "이번 일은 우리 집안에 엄청난 이야깃거리와 즐거움을 안겨주었어요. 가족들이 봐왔던 것과 전혀 다른 굉장히 보기 드문 일이 일어났기 때문입니다." 나는 그곳에서 알차고 행복한 이틀을 보냈다. 그사이 우리는 버핏이 포스트 이사회에서 일하게 될 가능성을 비롯해 많은 이야기를 주고받았다.

1974년에 버핏은 포스트의 이사회에 임명되었고 재정위원회 회장이라는 적절한 직책을 얻었다. 꾸준히 의사소통이 이루어지면서 내가 계획한 많은 일에 워런의 조언이 결정적인 영향을 주었다. 특히 버핏은 자사주 매입의 이점에 대해 확신을 심어주었다. 처음에는 그의 아이디어가 미심쩍었다. 오늘날 주식환매는 흔한 일이 되었지만, 1970년대 중반까지만 해도 극소수의 회사만 그런 일을 하고 있었다. 나는 만일 우리가 자사 주식을 사들이는 데 돈을 모두 써버린다면 성장이 불가능해질 것이라고 생각하고 있었다. 워런은 나를 옆에 앉히고 계산을 해나가면서, 자사주 매입이 장기 혹은 심지어 단기적으로도 회사에 어떤 이로움을 주는지 설명했다. 버핏은 포스트 주식이 실제 가치에 비해 얼마나 낮게 평가되어 있는지, 그리고 우리가 몰두하고 있던 많은 일보다 주식환매가 어째서 더 나은지 재차 강조했다. 그는 천천히 요점을 조목조목 간추려주었다. 만일 우리가 지금 포스트 주식의 1%를 매수한다면 아주 낮은 가격에 우리 회사 지분을 더 많이 소유하는 셈이라는 것이었다. 버핏의 이야기를 듣고 나서 나는 그렇게 해야 할 필요가 있다는 생각이 들었다.

… 1979년 어느 주말에 워런과 나는 차를 몰고 글렌 웰비로 향하고 있었다. 워런은 최대한 조심스럽고 부드러운 어투로 심각한 이야기를 꺼냈다. 그와 가까운 친구이자 투자자인 빌 루앤과 샌디 고츠먼이 이전에 매수했던 수백만 달러어치의 포스트 주식을 이번에 처분할 예정이라는 소식이었다. 그들은 자신과 고객들을 위해 포스트 주식을 매수해왔다. 루앤은 시쿼이어 펀드를 운영하고 있었고 고츠먼은 퍼스트 맨해튼 컴퍼니에서 집행위원회 위원으로 일하고 있었다. 이러한 투자 기업들이 보유하고 있던 포스트 주식의 전부 또는 절반을 곧 매도할 계획이라는 거였다.

워런은 그 소식을 최대한 듣기 좋게 전달하기 위해 고심했고, 갖은 방법을 동원해 조금이라도 긍정적으로 얘기하려고 애썼다. 하지만 나는 그 이야기를 듣자마자 그만 눈물을 왈칵 쏟고 말았다. 소식의 골자는 다름 아닌 굉장히 명석한 판단력으로 명성이 자자한 투자자들이 더 이상 우리에게 신뢰를 주지 않겠다는 것이나 다름없었다. 다른 사람들도 그들을 따라 떠나버릴 게 자명했다. 나는 그런 움직임이 내 경영 능력에 가하는 채찍질이라고 생각했고, 명백히 내가 자초한 일이라는 자책감이 들었다.

워런은 나를 위로하기 위해 최선을 다했다. 그는 빌이 포스트 주식으로 꽤 많은 수익을 올렸고 그 때문에 그의 포트폴리오가 너무 비대해졌다고 생각하기 때문에 그런 결정을 내린 거라고 설명했다. 워런 자신은 주식을 계속해서 보유할 것이라고 말하면서 나를 안심시키려고 노력했다. "당신은 월스트리트를 잘 몰라요. 그 사람들은 장기적으로 생각하지 않아요. 회사의 주가가 100달러가 되면 월스트리트는 포스트 주식을 매수하게 될 겁니다." 나는 그가 단지 내 기분을 좀 나아지게 하려고 애쓰는 것뿐이라고 생각했다. 주가가 100달러가 되리라는 말은 정말이지 터무니없어 보였기 때문이다. 그러니 그 말이 위로가 될 턱이 없었다.

당연하게도 워런은 빌과 샌디의 움직임에 대해 나와는 완전히 다른 견해를 갖고 있었다. 워런은 포스트의 장래에 그것이 엄청난 플러스가 될 거라고 전망하고 있었다. 마치 타임스와 헤럴드가 합병이라도 하는 것처럼 말이다. 비록 워런은 그런 견해에도 불구하고 내가 완전히 좌절 직전이라는 것을 알고 있었다. 하지만 워런은 그들이 주식을 매도함으로써 포스트가 차후 수익으로 얼마나 많은 혜택을 보게 될 것인지 즉각적으로 인지하고 있었다. 그는 그들이 매도한 주식을 우리가 매수해서 보유해야 한다고 나를 설득하면서 이렇게 말했다. "걱정하지 마세요. 우리는 단지 그들이 매도한 것을 다시 매수하기만 하면 됩니다. 분명히 우리에게는 좋은 일이 있을 것이고 그들은 후회하게 될 겁니다." 걱정이 완전히 가시지는 않았지만, 우리는 빌과 샌디가 두 번의 주식분할 전에 6달러 50센트에 매수했던 그 주식들을 평균 가격인 21달러 91센트에 사들였다.

그 일이 있고 나서 훨씬 나중에 워런과 나는 경영상의 문제로 울음을 터뜨리는 사람들을 이야기하면서 글렌 웰비로 향하던 차 안에서 있었던 일을 그에게 상기시켰다. 그는 웃으며 말했다. "그때 우리는 수억 달러를 벌어들였죠. 다음번에 올 일이 생기면 나한테 제일 먼저 전화하세요. 그 일을 이렇게 생각해봐요. 만일 당신이 그 주식들을 매수하지 않았다면 아마도 내가 눈물을 터뜨렸을 겁니다. 그러니 우리 중 한 명은 반드시 울 수밖에 없는 상황이었던 셈이죠."

1987년 버핏은 뉴욕의 커뮤니케이션 센터에서 연설하면서 〈워싱턴 포스트〉의 성공에 관해 자세히 이야기한 적이 있다. 버핏은 그곳에 모여 있던 사람들에게 그레이엄의 책상 위에서 '자산은 왼쪽에, 부채는 오른쪽에'라고 적힌 메모지를 본 적이 있다고 우스갯소리를 했다. 버핏은 포스트가 휴대전화 자산을 매각하려는 의사결정을 하는 데 그가 얼마나 영향력이 없었는지 언급하면서, 포스트에서 자신이 얼마나 미미한 존재인지 모르겠다고 말했다. 1987년 버크셔 정기 주주총회에서도 "〈워싱턴 포스트〉가 휴대전화 자산을 매각할 때 나의 유일한 역할은 매각 금액의 5분의 1 가격에라도 그 자산을 다시 매입해서는 안 된다고 조언하는 것이었다. 그것이 그들이 나에게 물어본 마지막 질문이었다. 그들은 그 당시에도 내 말에 별로 관심을 기울이지 않았고 그 이후에도 다시는 묻지 않았다"고 너스레를 떨었다.

워터게이트 스캔들

워터게이트 스캔들1972년 6월 대통령 닉슨의 재선을 획책하는 비밀공작반이 워싱턴의 워터게이트 빌딩에 있는 민주당 전국위원회 본부에 침입하여 도청장치를 설치하려다 발각, 체포된 정치적 사건으로, 이 사건은 〈워싱턴 포스트〉기자인 밥 우드워드와 칼 번스타인의 용기로 세상에 밝혀졌다. 이 사건으로 1974년 8월 8일 닉슨은 대통령직에서 물러난다 · 옮긴이은 〈워싱턴 포스트〉에 적잖은 재정적 타격을 입혔다. 또한 1975년에 신문사에서 벌어졌던 파업은 더 심각한 결과를 초래했다. 워터게이트 사건으로 어려움을 겪고 있던 와중에 새로운 골칫거리가 생긴 것이었다. 노동조합과의 관계가 악화되어, 1975년 말 노조가 파업에 돌입했다. 파업이 극에 달했을 때는 파업 노동자들이 기자실을 닥치는 대로 부수기도 했다. 파업으로 포스트는 막대한 재정적 손실을 입었고 저력 있는 신문사로서의 자존심에 심각한 타격을 입었다.

그레이엄은 특히 〈스타〉와 경쟁 중인 포스트가 파업에 맞서 최후까지 버티는 것이 얼마나 위험한 일이 될지 크게 불안해했다. 반면 파업을 계기로 버핏과 그레이엄의 관계는 더욱 공고해졌다. 포스트에서 근무했던 직원들에 따르면 어디에나 존재했던 버핏은 그 파업의 와중에 본인이 했던 역할을 겸손하게 과소평가했다. 버핏은 "나는 그저 주변에 머물러 있었을 뿐"이라고 말했다. 그레이엄의 말을 들어보자.

"〈스타〉가 잘 운영되고 있는데 우리 회사에 파업이 진행 중이라는 사실이 재정적으로 얼마나 위험한 일이 될지 생각하니, 정말이지 끔찍하기 그지없었다. 버핏은 '위험하다는 생각이 들면 곧장 당신에게 말해줄게요'라고 말했다. 그의 말이 큰 힘이 되어주었다."

당시 버핏과 그레이엄은 포스트의 우편물실에서 밤늦게까지 일했다. 그들은 때때로 일요신문을 때맞춰 찍어내기 위해 새벽 3시까지 작업실에 머무르기도 했다. 그레이엄은 『캐서린 그레이엄 자서전』에서 당시의 급박했던 상황을 이렇게 적고 있다.

그것은 힘겨운 작업이었다. 일을 마치고 나면 우리는 먼지와 땀, 풀로 뒤범벅이 되었다. 우리는 신문을 갈색 포장지로 하나하나 포장한 뒤 주소 라벨을 붙이고 그것을 또다시 하나로 묶어 작업대 옆에 있는 커다란 자루에 던져 넣었다. 그러고 나서 신문이 가득 찬 자루를 다른 곳으로 질질 끌고 가 마지막에 우체국으로 보냈다. 그때 나는 상당량의 〈포스트〉를 워싱턴 이외의 도시까지 배달했던 것을 처음으로 후회했다. 작업은 너무 지겹고 한도 끝도 없었다. 워런 버핏은 우편물실에서 우리와 함께 그렇게 몇 차례의 토요일 밤을 보냈다. 그 일로 버핏은 일요신문의 가격을 재고해보게 되었다고 말했다. 어떠한 가격을 매겨도 충분치 않은 듯했다.

11월 4일 밤, 우리 모두는 포스트 건물에 있었다. 인쇄공들과 기자들이 총을 들고 들이닥친다는 소문까지 돌아 그날 밤은 긴장감이 극에 달했다. 버핏과 아내 수전은 우리 신문사 바로 맞은편 메이슨 호텔에 머물고 있었다. 다음 날 우리 집에 저녁식사 초대도 받았고, 〈워싱턴 포스트〉에서 벌어지는 일을 가까이서 지켜보기를 원했기 때문이다. 그들은 밤새도록 창가에 머물며 그날 있었던 소동과 어지러운 조명, 텔레비전 카메라 등을 지켜보았다. 이 새로운 주주들에게는 〈워싱턴 포스트〉에서 벌어지고 있는 사건을 낱낱이 지켜보는 것이 그다지 유쾌한 일은 아니었다.

우리는 기자들을 기자실 안으로 다시 되돌려 보내는 큰 실수를 저질렀지만, 놀랍게도 그들은 비조합원들과 함께 콜드 타이프cold type 납활자가 아닌 컴퓨터를 사용하여 지면을 디자인하는 조판 방법·옮긴이 방식으로 완벽한 신문을 인쇄해놓았다. 그 불법파업wildcat strike조합원 일부가 승인 없이 하는 파업·옮긴이으로 조합원들과 경영진 모두 큰 교훈을 얻었다. 그런데도 인쇄공들은 생산 중단과 태업을 되풀이했다.

그날 새벽 6시경에 집으로 돌아온 나는 완전히 녹초가 되어버렸다. 바로 그때 내가 버핏 부부를 위한 저녁식사에 40명가량의 사람을 공식적으로 초대했다는 사실을 깨달았다. 밤을 꼬박 새웠기 때문에 취소할까도 생각해보았지만, 그냥 예정대로 하는 게 더 나을 거라는 생각이 들었다.

다음 날 우리는 포스트에서 점심식사를 했다. 워런은 신문사 경영진과 편집진 양측의 다양한 사람을 만나볼 기회를 가졌다. 우리는 기업 인수에 관해 이야기를 나누었다. 그때 누군가가 선의의 애모티제이션_{amortization}부채의 할부 상환·옮긴이의 문제점을 거론했다. 즉 의도가 좋을지라도 회계상의 영향으로 인해 우리와 같은 기업에는 불이익이 된다는 요지였다. 그때 활동적이지만 장난이 심한 편인 하워드 사이먼스가 나를 쳐다보면서 물었다. "캐서린, 선의의 애모티제이션이 어떤 것인지 알고나 있나요?" 순간적으로 대화가 잠시 중단되었다. 잠시 후 워런이 이렇게 말했다. "마치 아인슈타인의 상대성이론을 복잡한 수식으로 증명해달라는 부탁이라도 받은 표정이군요. 드디어 제가 영웅이 될 기회가 왔습니다. 제가 최대한 쉽게 설명을 해드려도 되겠습니까?" 워런이 설명을 마치자, 나는 하워드를 돌아보며 "바로 내가 하려던 설명 그대로네요"라고 말했다.

버핏은 그레이엄에게 끊임없이 용기를 불어넣었고 경영에 관해 많은 것을 알려주었다. 그레이엄은 "워런은 내가 경영에 얼마나 문외한인지 잘 알고 있었다. 그는 25~30부 정도의 연례보고서들을 갖고 와서는 그것들을 모조리 샅샅이 훑어보게 했다"고 말했다. 파업 같은 떠들썩한 사건들이 벌어지는 동안에도 버핏은 굳건히 〈워싱턴 포스트〉의 곁을 지켰고 결국 엄청난 투자수익을 벌어들일 수 있었다. 1984년 버핏은 그레이엄에게 다음과 같은 편지를 썼다.

"버크셔 해서웨이는 1973년 봄과 여름에 걸쳐 〈워싱턴 포스트〉의 주식을 매수했습니다. 당시 우리의 투자금은 1060만 달러였고 현재의 시장가치는 약 1억 4000만 달러가 되었습니다. 만일 우리가 동일한 시기에 1060만 달러를 다른 미디어 기업에 투자했다면, 현재 다우존스의 경우 6000만 달러, 개닛의 경우 3000만 달러, 나이트리더의 경우 7500만 달러, 〈뉴욕 타임스〉의 경우 6000만 달러, 〈타임스 미러〉의 경우 4000만 달러의 가치를 지니게 되었을 겁니다. 그러니 백만 번 감사하다는 말 대신에 6500만~1억 1000만 달러 사이의 어딘가에서 감사를 드려야겠군요."

그레이엄은 선 밸리에서 열린 앨런 앤드 컴퍼니의 콘퍼런스에 참석했다가 발을 헛디뎌 넘어지는 바람에 뇌 손상을 입었다. 그녀는 병원 치료를 받다가 결국 2001년에 세상을 떠났다. 그때까지도 버핏과 그레이엄은 좋은 친구로 지내고 있었다. 버핏은 "그 신문, 아니 그 회사는 그녀의 전 생애에서 항상 가장 중요한 것이었다. 이는 인생이라는 긴 춤의 한 스텝이 아니라, 전체가 하나로 구성된 멋들어진 쇼였다"고 추모했다.

워런은 2001년 포스트 연례보고서에 그녀를 기리는 글을 적어 보낸 바 있다. 추모사 옆에는 허블록실명은 허버트 L. 블록이지만 허블록이란 필명으로 더 잘 알려져 있는 〈워싱턴 포스트〉의 유명한 시사만화가·옮긴이의 만화가 그려져 있었다. '캐서린 그레이엄'이라는 굵은 글자가 천국으로 들어가고 있는 그림으로 "호레이스 그릴리, 조 퓰리처 등을 불러 모아 그녀가 여기에 왔다고 말해주어라"라는 설명이 붙어 있었다.

　그레이엄의 최소 2700만 달러에 이르는 상속세는 그해 워싱턴 D.C.의 재정 흑자보다 많았다고 전한다.

해리 보틀,
버핏의 해결사

1956년 버핏 투자조합은 뎀프스터 밀 매뉴팩처링의 주식을 매입하기 시작했다. 회사는 풍차와 농기구 제조업체로 오마하에서 남쪽으로 160킬로미터 떨어진 네브래스카주 비트리스에 있었다. 비트리스는 인구 1만 2000명이 사는 작은 소도시였다. 뎀프스터 밀에 대한 투자는 '일반 주식투자저평가된 주식을 장기 보유하는 것·옮긴이'로 분류되어 있었다. 왜냐하면 주식은 주당 18달러에 팔렸지만 장부가치는 72달러였기 때문이다.

뎀프스터에 대한 투자전략은 장부가치의 4분의 1 정도의 가격에 회사를 사고, 투자할 자금을 만들기 위해 장부가치의 상당 부분을 청산하며, 추가 투자를 위해 차입이 없는 회사를 담보로 돈을 빌려서 핵심 비즈니스를 창출하는 것이었다.

버핏은 5년 동안 뎀프스터 주식을 소량으로 계속 사들였다. 1961년 중반에 버핏 투자조합은 이 회사의 지분을 70% 이상 소유했다. 그러나 뎀프스터의 운영은 평탄치 않았다. 그때 버핏은 경영의 귀재 해리 보틀Harry Bottle을 불러들여 이 회사를 운영하게 한다.

버핏과 보틀은 경비 삭감을 단행한 후 종업원 100명을 해고하고 결국 이 회사를 퍼스트 비트리스에 매각했다. 수입과 일자리에 관심이 있던 비트리스의 유지들이 퍼스트 비트리스가 자금을 조달하는 데 도움이 되었다. 1963년 버핏은 버핏 투자조합의 조합원에게 보내는 편지에 다음과 같이 썼다.

1962년 성과 측면에서 중요한 점은 우리가 뎀프스터 경영권을 장악했다는 것입니다. 우리는 뎀프스터 지분의 73%를 갖고 있습니다. 뎀프스터는 주로 농기구, 지하수 시스템, 배관 설치 등에 종사하는 업체입니다. 주목할 것은 과거 10년간 판매 정체, 낮은 재고회전율로 투자자본 대비 이익이 거의 없는 상태라는 것입니다.

우리는 1961년 8월 주당 28달러를 주고 경영권을 인수했습니다. 일찍이 주당 16달러를 주고 이 회사 주식을 매수한 적도 있습니다. 그러나 대다수는 8월에 30.25달러를 주고 샀습니다. 분명히 우리가 회사의 경영권을 인수할 때 가장 중요하게 여기는 것은 실질적인 자산가치이지 명목상의 시장가격이 아닙니다.

우리는 구 경영진과 자본의 효율적 이용, 영업이익 확대, 총경비의 삭감 등을 위해 협력했습니다. 하지만 그런 노력은 완전히 허사였지요. 명백히 구 경영진은 6개월을 허송세월로 보내고, 능력이 없는 것인지 의지가 없는 것인지 말만 무성할 뿐 아무것도 이루지 못했습니다. 따라서 변화가 필요했습니다. 말로만 떠벌리는 것을 별로 좋아하지 않는 성실한 내 친구가 이 문제를 해결할 사람으로 해리 보틀을 강력하게 추천했습니다. 1962년 4월 17일 나는 로스앤젤레스에서 해리를 만나 목표를 성취할 경우 보상하겠다는 제안을 했고, 마침내 해리 보틀은 4월 23일 퍼스트 비트리스 사장직에 취임하였습니다.

해리는 의문의 여지 없이 올해의 인물입니다. 우리가 해리에게 설정한 목표는 모두 달성되었고 모든 일이 놀랍게도 일사천리로 진행되어 왔습니다. 그는 불가능할 것이라던 일들을 하나하나 차분하게 처리했으며, 무엇보다도 힘든 일을 최우선으로 처리했습니다. 운영비용은 반으로 줄였고, 정체 상태이거나 회전율이 느린 재고는 팔아치우거나 폐기했으며, 마케팅 절차를 간소화했고, 수지가 맞지 않는 시설들은 매각했습니다.

버핏 투자조합에 정말 중요한 사실이 한 가지 있습니다. 우리는 지금 장래의 경영권 인수에 큰 도움을 줄 수 있는 뛰어난 경영자와 관계를 맺고 있다는 것입니다. 해리는 취임하기 6일 전까지 농기구 회사를 운영하리라고는 꿈에도 생각하지 않았다고 합니다. 그는 활동적이고 근면해서 일단 세운 목표는 반드시 실행하고 마는 타입입니다. 또한 그는 일을 잘해서 보수를 더 많이 받기를 좋아하는 사람입니다. 나는 중역 화장실에 도금할 궁리나 하는 사람들을 좋아하지 않습니다. 해리와 나는 서로를 좋아하며 그와 버핏 투자조합과의 관계는 우리 모두에게 이익이 될 것입니다.

보틀이 뎀프스터의 경영을 정상화하고 수익을 내고 있는 동안 버핏은 자신의 일을 하고 있었다. 돈을 증권으로 전환하는 일이었다. 버핏은 투자조합에 "우리는 회사를 별 볼 일 없는 제조업에서 잘 나가는 비즈니스(증권)로 전환했습니다"라는 보고서를 보냈다.

병든 회사의 의사

해리 보틀은 버핏과의 첫 만남을 이렇게 회상했다. "멍거는 1960년대에 패서디나에 있는 트랜스포머 엔지니어링의 이사로 있었지요. 멍거가 버핏을 소개해주겠다고 제안을 했고 그래서 로스앤젤레스에서 버핏을 만나게 된 겁니다." 보틀도 1959년까지 그 회사에 몸담고 있었기 때문에 멍거는 보틀을 잘 알고 있었다. 버핏은 즉각 보틀에게 뎀프스터를 운영해달라고 요청했다. 보틀은 당시에 받은 버핏의 인상을 다음과 같이 들려주었다. "물론 고용계약은 비밀이었지만 내용은 아주 간단했어요. 근본적으로 뎀프스터의 이익과 성과에 따라 보수를 받는 방식이었지요. 버핏은 매우 지적이고 유머 감각이 있었어요. 지적인 사람이 모두 유머 감각이 있는 것은 아니잖아요? 게다가 버핏은 매우 호의적인 사람이었어요."

보틀은 버핏의 제의를 수락하고 며칠 내로 병든 회사를 회생시키는 조치를 취하기 시작했다. 보틀이 회사를 그만둔 이후로는 서로 대화를 나눌 일이 별로 없었지만 보틀과 버핏은 오랫동안 친구로 남아 있었다.

한창 활동할 때 보틀은 남부 캘리포니아에 있는 문제 회사 25곳의 해결사로 일한 경력이 있다. 그들 가운데 버크셔의 뎀프스터와 K&W 프로덕츠라는 자동차 화학약품 회사도 있었다. 보틀은 친구들에게 '나는 병든 회사의 의사'라고 말하곤 했다.

워싱턴 타코마에서 태어난 보틀은 제2차 세계대전 동안 공군으로 차출되어 위생병으로 일했다. 전쟁이 끝나자 포틀랜드주립대학교에서 회계학 학사학위를 받았다. 나중에 남부 캘리포니아로 이사해 여러 회사에서 일했고, 멍거가 중역으로 있던 착한 사마리아인 병원에서 자원봉사자로 일하기도 했다. 다음은 보틀이 말한 뎀프스터 시절 이야기이다.

워런에게 나를 소개한 사람은 1951년에서 1959년까지 캘리포니아 패서디나에 소재한 변압기 회사에서 함께 일한 찰스 멍거였다. 1959년에서 1962년 사이에 나는 로스앤젤레스에서 기업회생 컨설턴트로 일했고 그러는 동안 병든 회사를 살리는 데 상당한 전문적 식견을 쌓을 수 있었다.

멍거는 1962년 4월 초, 나를 워런에게 소개했다. 그가 네브래스카에 소유하고 있던 농기구 제조회사의 경영자를 찾고 있다는 말을 했을 때, 우리는 함께 의논하고 난 뒤 즉각 상호 고용계약을 맺었다. 그러고 나서 나는 이틀 후에 비트리스로 떠났다. 아내와 딸은 석 달 후에 왔는데 고등학교 3학년인 딸은 환경 변화를 쉽게 받아들이지 못했다.

지금 봐도 뎀프스터는 잠재력이 우수한 좋은 회사였다는 게 확실하다. 그렇지 않다면 워런이 관심을 갖지 않았을 것이다. 이런 사실이 우리에게 특히 나에게 아주 큰 힘이 되었다. 노력만 하면 회사가 회생하고 워런의 투자성과를 아주 극적으로 끌어올릴 수 있었기 때문이다. 물론 이런 벤처사업에 다른 사람들도 함께했다. 워런과 찰스 멍거, 그리고 당시 외부 회계감사였던 빌 스코트와 번 매켄지가 그들이다. 그들 모두 합심해서 아이디어를 내놓아 내 임무를 더 쉽게 만들어주었다.

한 가지 아이디어를 워런과 멍거가 냈다. 판매가격 구조를 조사할 때 우리는 부품교체비와 부속품 가격을 완제품 가격과 균형이 맞도록 가치를 평가하고 있었다. 그러나 정확한 가격책정을 할 수 있는 데이터가 없자 두 사람은 모든 부품을 단순히 다음과 같은 세 가지 항목으로 분류할 것을 제안했다.

· 완전 독점품목으로 우리 회사 이외에는 구입할 수 없는 부품은

500% 인상할 것

- 부분적 독점품목은 200%에서 300% 인상할 것
- 비독점품목은 0에서 100% 인상할 것

우리는 30만 달러로 추정되는 재고를 200만 달러 이상의 가치로 끌어올렸다. 다행히도 우리의 이런 가격전략에 대해 반대도 별로 없었고 판매저항도 없어서 높은 가격으로 부품을 팔 수 있었다. 물론 또한 이것이 다른 가격 책정에 영향을 주어 지속적으로 가격 인상을 할 수 있게 해주었다. 아울러 원가 데이터 시스템이 구축되고 관리되기 시작했다.

구조조정을 할 때 초기에는 어느 정도 어려움을 겪었다. 왜냐하면 회사에는 서로 경쟁하는 두 개의 노동조합이 있었을 뿐만 아니라 핵심 고용원들은 눈치나 봐가면서 품질에 무책임하고 솔선수범이 전혀 없는 태도로 일을 하고 있었기 때문이다. 그래서 우리는 우선 상당수의 종업원 감원을 포함하여 구조조정 작업에 착수했는데, 이는 노동조합이나 지역 주민들에게 달갑지 않은 일이었다.

전반적으로 보아 나는 뎀프스터를 회생시키려던 우리의 노력이 지역 주민에게 아주 유익했다고 생각한다. 워런 버핏이 개입하여 시름시름 앓는 병든 기업을 치료하여 건강하게 만들었고, 지속적인 운영을 위해 지역 유지들에게 주식을 팔았기 때문이다.

한번은 회사 영업부에서 워싱턴시의 평화봉사단에서 전화 한 통을 받았다. 당시 프랑스령 소말리아에 수도 펌프장을 건설하는데 우리 회사가 풍차를 제공할 의향이 있는지 묻는 전화였다. 우리 대답은 "2년 전에 보낸 풍차는 어떻게 했느냐?"는 거였다. 그들은 전혀 알지 못했다. 하지만 우리는 그 풍차의 행방을 추적하여 소말리아 정부 창고에 방치되어 있다는 사실을 밝혀냈다.

영업부에 내가 내린 지시는 우리가 비영리 단체가 아니라는 것, 만일 평화봉사단이든 어떻든 우리 제품을 공급받기 원한다면 일반 고객과 동일한 가격과 조건을 제시하라는 것이었다.

그 직후 나는 주지사 비서에게 전화를 받았는데, 주지사는 평화봉사단의 요청이 어떻게 되었는지 알아보는 중이었다. 나는 평화봉사단에 우리가 할 수 있는 최선의 조건을 제시하겠으나 주주의 재산을 무료로 제공할 수는 없다고 통보했다. 단, 상사와 의논을 하고 내 결정에 어떤 변화가 있으면 다시 연락하겠다고 덧붙였다. 말할 것도 없이 워런과 의논을 한 뒤 나는 다시 전화할 필요를 느끼지 못했다.

때때로 경영진이 사용하는 수단들은 원시적이거나 아주 간단해야 한다. 한번은 합리적인 수익률을 낼 수 있을 정도로 재고를 줄이려고 했으나 좀처럼 쉽게 되지 않았다. 그래서 낙담한 나머지 페인트공을 불러 가장 큰 창고 내벽에 3미터 정도의 높이로 빙 둘러 15센티미터 두께의 흰 선을 그리게 했다. 그러고는 공장 감독관들을 소집해놓고 내가 여기 들어와서 흰 선 위로 올라간 박스 더미를 보게 되면 그 선 아래로 내려갈 때까지 배송부서를 제외하고 누구든지 해고하겠다고 경고했다. 그 이후 점차로 재고가 아래로 내려가더니 만족스런 재고회전율에 이르게 되었다.

버핏은 해리 보틀에 대해 다음과 같이 말한다. "해리를 고용한 것은 내가 지금까지 내린 결정 가운데 가장 잘한 것이었다. 뎀프스터는 2명의 전임 경영진 아래서 큰 골치를 앓고 있었다. 은행은 우리를 잠재

적 파산자로 취급하고 있었다. 만일 뎀프스터가 파산했다면 내 인생과
재산은 그 후로 아주 많이 달라졌을 것이다."

잭 링월트,
내셔널 인뎀니티 창업자

버핏은 내셔널 인뎀니티는 설립자 잭 링월트Jack Ringwalt에게 리스크를 감수하는 철학을 배웠다. 버핏은 링월트가 단 몇 분이라도 남아 있는 주차시간 자동표시기를 찾곤 했으며, 그런 면에서 자기와 비슷한 유형의 사람이었다고 말한 적이 있다. 링월트는 보험에 가입할 수 없었던 오마하의 두 택시회사를 위해 1940년에 내셔널 인뎀니티를 설립했다. 버핏은 1967년 내셔널 인뎀니티를 인수했는데, 이 회사는 여전히 승용차 사업 부문에 큰 비중을 두고 있다.

버핏,
내셔널 인뎀니티를 인수하다

오마하 소재 헤이더 와이츠 파트너의 무한책임조합원인 찰스 헤이더는 링월트에게서 1000만 달러에 내셔널 인뎀니티를 매각했으면 한다는 전화를 받았다. 헤이더는 친구인 버핏에게 전화를 걸어 이 사실을 알렸고, 버핏은 흥미가 있다고 말했다. 헤이더가 언제 이야기를 나누면 좋겠냐고 묻자, 버핏은 "오늘 오후가 어때?"라고 대답했다.

헤이더는 워런이 내셔널 인뎀니티를 마음에 들어 했고, 몇 년 동안 관심을 가져왔다는 걸 알고 있었다. 그는 당시를 이렇게 회상한다. "워런은 잭 링월트가 매우 이지적인 인물이라고 생각하고 있었고, 잭이 사무실을 나서기 전에 모든 전등이 꺼졌는지 확인하는 것을 보고 존경심이 더욱 확고해졌다. 나는 워런이 보험사업, 특히 내셔널 인뎀니티가 보유하고 있는 '유동자금'의 가치를 인식하는 것에서 시대를 앞서 나갔다고 생각한다."

링월트의 자서전에 의하면 링월트는 버핏이 20세일 때 처음 만났다. 버핏은 공동투자를 시작하기 위해 여러 사람에게서 10만 달러를 모금하고 있었다. 링월트가 1만 달러를 내겠다고 제안했지만 버핏은 5만 달러 이하는 받지 않겠다고 말했다. 링월트는 1만 달러의 제안마저 취소해버렸다. 다음은 링월트가 자서전에서 버핏과의 만남을 회고한 내용이다.

나는 버핏에게 말했다. "만일 자네 같은 풋내기에게 내 돈 5만 달러를 굴리게 할 거라고 생각한다면, 자네는 내가 생각했던 것보다 훨씬 더 미친 사람이네." 그러고는 1만 달러의 제안마저 취소해버렸다.

내가 그 당시에 버핏이 바라던 대로 5만 달러를 내놓았다면 20년 후에는 세금을 제하고도 200만 달러를 회수할 수 있었을 것이다. 나는 내셔널 인뎀니티 사업은 꽤나 잘했지만 그 판단은 옳지 못했다.

… 어느 날 지방의 한 투자회사로부터 한 통의 전화를 받았다. 그 주식 중개인은 주식공개를 위해 내 주식의 일부를 매수하고자 했다. 특별히 큰 관심은 없었지만, 주식의 일부를 판다면 재정적으로 조금 더 나아질 수 있을 거였다. 만일 주식의 시장가치가 높아서 투자회사들이 매수에 관심을 갖고 있다면 추후에 내 자산을 청산하기가 좀 더 수월해질 거라는 생각도 들었다.

주식중개인은 청산가치의 20%를 제안했지만 나는 말도 안 되는 낮은 금액이라고 대꾸했다. 우리는 한동안 설전을 벌이다 전화를 끊었다. 그 후 몇 년 동안 그 회사와는 더 이상 진전이 없었다. 그러던 중 나는 그 회사에서 일하던 찰스 헤이더에게서 전화를 받았다. 그는 내가 받은 마음의 상처를 위로해주었고, 그래서 나는 크게 감동했다. 헤이더는 내 주식의 상당량에 대해 공정한 가격을 제시하도록 회사를 설득했다.

그러고 나서 얼마 뒤 워런 버핏이 전화를 걸어왔다. 버핏은 내가 주주들에게 보냈던 동일한 정보를 자기에게도 보내준다면 정말 고맙겠다고 말했다. 그 말을 듣자, 내가 어떤 주식들을 매수하고 있는지 버핏이 무척이나 큰 관심을 갖고 있다는 생각에 우쭐한 기분이 들었다. 내가 하는 대로 따르기보다는 내 자료를 보고 나름대로 판단을 하기 위해서였을 것이다. 나중에 나는 버핏이 내 주식매매 활동을 연구하고 있었으며, 수년 동안 그 결과를 계속해서 분석해왔다는 사실을 알게 되었다.

1967년 1월, 워런 버핏이 전화를 걸어 함께 저녁식사를 하자고 했다. 나는 다음 날 플로리다에 가야 하니까 돌아온 뒤 만나자고 했다. 그는 의논하는 데 15~20분이 넘지 않을 테니 집에 가는 길에 잠시 들러달라고 나를 설득했다. 우리는 만나서 바로 대화를 나눴다.

워런 지금껏 회사를 매각하지 않은 이유가 뭐죠?

링월트 사기꾼이나 파산한 사람들이 인수를 원했으니까요.

워런 다른 이유도 있나요?

링월트 내가 스스로 받을 수 있는 것보다 다른 주주들이 주당 더 낮은 금액을 받게 할 마음은 없소.

워런 또 다른 것은요?

링월트 내 직원들을 배신할 마음도 없어요.

워런 그 밖에는 없나요?

링월트 내 직원들이 직장을 잃게 될 걱정을 하는 게 싫으니까.

워런 또 다른 것은요?

링월트 오마하에 있는 내 회사를 무척 자랑스럽게 여기고 있고 앞으로도 계속 오마하에 남아 있기를 바라기 때문이오.

워런 또 다른 것은요?

링월트 모르겠소. 그걸로 충분치 않소?

워런 주식가치가 어떻게 되죠?

링월트 〈오마하 월드 헤럴드〉에 따르면 시장가격은 주당 33달러이지만, 주당 50달러의 가치는 있소.

워런 제가 인수하겠습니다.

나는 그가 내 주식을 매수하는 데 관심이 있었다는 것도 그렇고, 막상 나도 팔겠다는 확신이 서지 않았기 때문에 다소 말문이 막혔다. 하지만 나는 버핏이 최소한 정직하다는 평가를 받고 있고, 책임감이 있으며, 그다지 나쁜 제안은 아니라고 생각했다. 또한 내가 플로리다에 있는 동안 버핏이 마음을 바꿀 수도 있다는 생각이 들었다. 하지만 내가 오마하로 돌아왔을 때 버핏의 대리인은 서류를 준비하고 주식을 인수하기 위해 미국 내셔널 뱅크에 자금을 예치해놓고 있었다.

나는 우리 대화가 불과 15분에 걸쳐 이루어졌다는 것과 우리 사이에 50달러 이외의 금액은 거론되지 않았다는 사실이 정말 믿기지 않았다. 물론 내가 60달러나 75달러를 언급했다면 일이 어떻게 되었을지 궁금하긴 하지만, 그랬다면 아마도 버핏은 분명히 그 자리에서 결정을 내리지 않았을 것이다.

결국 버핏이 이사회 회장이 되었고, 나는 이 회사에 30일 이상 머물러 있을 생각이 전혀 없었지만 어찌하다 보니 은퇴할 나이를 훌쩍 넘긴 65세가 될 때까지 6년 이상이나 그 회사에 남아 있었다.

내셔널 인뎀니티는 링월트 이후 필 리시가 회사를 운영했고 그다음에 롤리 밀러, 댄 워스터가 경영을 맡았다.

잭 번과
화이트 마운틴 보험그룹

2000년 9월 25일, 영국의 가장 큰 보험업체인 CGNU Commercial General Norwich Union PLC는 곤란을 겪고 있는 미국의 손해·상해보험 사업부인 CGU를 장부가치의 70%인 26억 달러에 화이트 마운틴 보험그룹(구 펀드 아메리칸 엔터프라이즈 홀딩스)에 매각하는 데 합의했다고 발표했다. 버크셔는 거래에 참여하여 화이트 마운틴 전환주 3억 달러어치를 인수하기로 결정했다.

이로써 버크셔는 보험전문업체인 화이트 마운틴의 거대 지분을 소유하게 되었다. CGU의 인수로 화이트 마운틴은 손해·상해보험 부문에서 메이저급 기업이 되었다. 화이트 마운틴과 파트너들은 순자산 30억 달러의 CGU를 단 17억 달러어치의 주식으로 인수한 것이다.

거래를 발표하는 기자 간담회에서 잭 번은 버핏과 처음에 얘기된 것은 2억 달러였지만 마지막 순간에 3억 달러가 필요했다고 말했다. 잭 번은 가이코를 운영하던 시절부터 버핏과 오랫동안 친구였으며, 화이트 마운틴의 CEO이자 훗날 알리안츠에 넘어간 파이어맨즈 펀드에서 전성기를 누렸던 사람이다. 잭 번은 버핏의 과감함에 놀랐다면서 다음의 일화를 소개해주었다.

"밤 11시에 워런에게 전화를 걸었습니다. 그는 온라인 브리지 게임을 하고 있었죠. 내가 1억 달러가 더 필요하다고 하니까 버핏은 단번에 좋다고 말하고는 다시 브리지 게임을 하더군요. 이런 모습이 아마도 버핏을 '세계가 지금껏 보아온 사람 가운데 가장 놀라운 비즈니스맨'이라고 부르는 이유일 겁니다."

마찬가지로 버핏도 번의 능력을 높이 사고 있다. 버핏은 번에 대해 그는 마치 닭장 안으로 타조 알을 굴려 넣으며 "닭들아, 이게 경쟁자가 하고 있는 일이란다"라고 말하는 농장주 같다고 익살스럽게 말한 적이 있다.

버핏은 번이 가이코의 수장이 되었을 때 번을 일컬어 보험계의 베이브 루스미국에서 가장 인기가 많았던 프로야구 선수로 메이저리그를 대표하는 홈런 타자·옮긴이라고 불렀다. 화이트 마운틴의 경영진들은 '사장처럼 생각하라Think Like Owners', '총수익을 위해 투자하라Invest for Total Return', '전략적으로 매수하라Strategic Purchases'라는 버핏의 경영지침을 숙지하고 있다.

잭 번, 보험계의 베이브 루스

번은 화이트 마운틴의 거래를 위한 자금조달을 현금과 은행 대출로 진행했다. 리먼 브러더스는 세 개의 은행, 즉 뱅크 원, 플리트보스턴, 뱅크 오브 아메리카에서 10억 달러의 대출을 받았다. 경영진과 다른 투자자들은 18%의 화이트 마운틴 주식에 대한 대가로 새롭게 설립된 인수회사에 3억 달러를 끌어들였다. 또한 그 거래에서 버크셔의 내셔널 인뎀니티는 12억 5000만 달러의 보험료에 CGU의 예전 보상책임에 대해 25억 달러까지 재보험을 해주겠다고 합의했다. 이 보상책임은 정리되는 데 수년이 걸리는 일이었다.

2000년 초 모기업 CGNU는 CGU와 노리치 유니언 합병의 일환으로 CGU U.S. 손해·상해 보험사업을 매각하기로 결정했다. 거래대금은 애초에 40억~50억 달러가 될 것으로 예상되었다. 하지만 CGNU는 미국에서 사업을 완전히 정리하기 위해 더 낮은 가격을 받아들였고, 번이 이끄는 조직이 자금을 조달하는 것이므로 믿을 수 있다고 말했다. 인수한 사업부들은 수년 전에 계약했던 보험들로 인해 여전히 석면과 납 중독에 대한 대규모 보험청구액을 안고 있었다.

화이트 마운틴은 석면과 환경에 대한 보험청구액을 감당하기 위해 버크셔의 내셔널 인뎀니티와 협의를 했다. 그 자리에서 합의된 계약에서 버크셔는 1987년 이전에 계약했던 보험들에 대한 모든 위험과 1993년 이전에 계약된 석면에 대한 보상 요구, 그리고 1996년 이전에 계약했던 보험에 대한 책임을 보장해주기로 했다. 그리고 버크셔의 제너럴 리와는 지속적으로 지원을 해주겠다는 합의를 이끌어냈다. 이로써 버크셔는 전환 우선주를 인수했을 뿐만 아니라 앞으로 전개될 보상청구액에 대한 방어벽의 역할도 했다.

시쿼이어 펀드의 조너선 브란트는 2001년 시쿼이어 주주총회에서 이 거래를 두고 이렇게 평했다.

"이런 거래들에 경쟁은 별로 없었다. 나는 유럽의 대규모 재보험회사 중 한 업체와 이러한 소급 보험 계약으로 경쟁을 벌이지는 않았는지 물어보았다. 그러자 그들은 그 당시 약 30명으로 이루어진 분석가 팀을 구성해 버크셔에 양도되는 서류들을 살펴보았으나 이미 버크셔와 재보험을 계약한 상태였다고 했다. 이 사례를 통해 여러분은 워런의 순발력을 간단하게나마 간파할 수 있을 것이다."

보스턴에 기반을 두고 있는 CGNU의 미국 사업부는 보험시장에서 16번째로 규모가 크며 7000명의 직원을 두고 있었다. 1999년에 이 회사가 유치하고 있던 보험금은 42억 달러였다. 본질적으로 버크셔는 오늘 1달러를 받고 미래에 2달러를 지급해야 할지도 모르는 위험을 지니고 있지만, 그 이상의 위험은 아무것도 없었다. 만일 지급 날짜가 빨리 닥친다면 불리한 거래가 된다. 하지만 아주 먼 훗날 지급해도 된다면 좋은 거래가 될 것이며, 만일 결과적으로 2달러보다 더 적게 지불해도 된다면 더욱더 훌륭한 거래가 될 것이다. 그런 보상책임은 아무도 감당하려 들지 않을 것으로 보이겠지만, 사실상 그것은 돈의 시간가치에 베팅을 하는 것이다. 물론 그 보험들은 막대한 손실을 내재하고 있지만, 버크셔는 보험료 수익으로 그 손실들을 극복할 수 있으므로 수익을 낼 수 있는 충분한 시간을 바라면서 보험청구액이 늦게 지불될 것에 베팅한 것이었다.

버크셔가 3억 달러를 투자한 화이트 마운틴 전환주는 9%의 표면이자를 제공하며 주당 175달러에 화이트 마운틴의 보통주로 전환할 수 있었다. 2003년 이 주식은 전환가격의 두 배 이상으로 매매되었다. 거래가 발표되면서 화이트 마운틴의 주가가 상승했기 때문에, 버크셔의 전환주 가치도 높아졌다. 하지만 4년 동안 전환될 수 없는 전환주들이었다.

한 기자 간담회에서 번은 화이트 마운틴에 대해 투자자들이 얻을 수 있는 정보는 오직 법적으로 공개가 요구되는 정도까지라고 말했다. "우리에게서 3~4년간은 아무 얘기도 듣지 못할 겁니다. 우리는 주식시장을 뚫어져라 지켜보지 않습니다. 분기별 수익을 추구하지도 않습니다." 번은 이 회사가 보험 계약과 장기적인 수익 실현에 주력할 것이라고 밝혔다.

CGU 인수를 발표한 지 약 2주 뒤 화이트 마운틴은 이슈어런스라는 인터넷 보험 벤처기업을 인수할 계획이라고 발표했다. 얼마 지나지 않아 화이트 마운틴의 사업부 중 하나인 폭스 아메리카는 샌프란시스코 소재 온라인 보험 판매업체를 인수하는 데 합의했는데 그 총액은 공개되지 않았다. 이 회사는 자동차보험을 전문적으로 취급하며 미국 주의 절반 이상에서 보험을 판매하고 있다.

이슈어런스는 2004년에 2억 100만 달러의 보험료를 거둬들였다. 이슈어런스는 고객들에게 온라인 자동차보험 견적을 제공하는 보험 포털 이빅스닷컴ebix.com과 계약을 맺고 있다. 이슈어런스는 온라인 서비스를 통해 자문과 견적 비교, 그리고 보상 범위 즉석 상담과 보험금 청구 업무를 처리하고 있다.

화이트 마운틴의 계열사에는 뉴욕의 폭스 아메리카, 뉴햄프셔주 킨의 메인 스트리트 아메리카, 델라웨어주 윌밍턴의 아메리칸 센테니얼 보험회사, 메릴랜드주 솔즈베리의 페닌슐러 보험회사 등이 있다.

화이트 마운틴 주식을 100만 주 이상 보유하고 있는 번은 2000년도 화이트 마운틴 연례보고서를 "2000년은 세상을 깜짝 놀라게 한 해였다. 행운의 여신이 우리 회사에 미소를 보내주었다"는 말로 시작하는 편지를 썼으며 "여러분이 우리 조합원이어서 정말 기쁘다"는 말로 끝을 맺었다.

화이트 마운틴은 2001년 6월 1일 CGU 인수 작업을 마무리 짓고 CGU라는 이름을 원비콘 보험그룹으로 바꾸었다. 원비콘은 미국에서 가장 오래된 손해·상해 보험업체 중 하나다. 이 회사는 자동차보험을 처음으로 시작했던 역사를 지니고 있다. 또한 샌프란시스코의 대규모 지진과 타이태닉호 침몰 보험금도 지불했고, 미국 대통령들과 보험을 계약한 적도 있다.

2001년 7월 5일 주주들에게 보낸 편지에서 번은 "원비콘 거래는 새우가 고래를 집어삼킨 것과 같았다"고 말했다. 이 회사는 화이트 마운틴에 인수된 이후에 보험료를 인상했고 수익성 없는 보험 계약에서 발을 뺐다. 그 결과 새로운 보험 계약 건수는 줄어들었다. 2001년 화이트 마운틴의 주주총회에서 번은 회사가 좀 더 많은 기업을 인수하는 것이 가능하다고 말했다. 그렇다면 필요 자금은 어떻게 조달할까? 번은 버핏이 항상 우리 가까이 있으며 그는 곁에 두기에 가장 좋은 파트너라고 말했다.

화이트 마운틴과 9·11 테러

화이트 마운틴은 2001년 9월의 테러 공격으로 엄청난 손실을 입었다. 세계무역센터 길 건너에서 근무하던 폭스 아메리카 직원들은 이틀 후 스태튼섬에 있는 임시 건물에서 업무를 재개했다.

테러 이후 화이트 마운틴은 치솟는 보험료를 효과적으로 이용하기 위해 재보험사업부를 창설했다. 버뮤다에 기반을 둔 재보험사업부는 런던 로이즈에서 일하던 앤서니 테일러가 이끌었다. 번은 그 사업부의 회장으로 활동했다.

2002년 초 원비콘은 원비콘 프로페셔널 파트너스라는 이름으로 이사와 간부들, 그리고 전문가들을 위한 책임보험 시장에 진입했다. 또한 2002년 초, 화이트 마운틴에서 2억 달러의 투자를 받아 설립된 버뮤다 소재 재보험회사 몬트필리어 리는 10억 달러의 자본금으로 사업을 시작했다. 몬트필리어 리는 2002년에 주식을 공모해 약 2억 달러를 끌어들였다.

화이트 마운틴은 이 회사의 지분 27%를 갖고 있다. 번은 몬트필리어 리의 회장이고 앤서니 테일러는 CEO이다. 번은 2002년 화이트 마운틴 연례보고서를 이렇게 시작했다. "우리에게 2002년은 훌륭하고 건설적인 해였다. 주당 장부가치는 15%나 성장했고 사업 가치는 그보다 더 성장했다. 정말 기쁘다. 내가 할 일이라고는 직원들에게 박수갈채를 보내는 일뿐이다." 다음은 워런 버핏이 잭 번에게 보낸 편지이다.

친애하는 잭에게

자네가 올해 보험사업부의 총책임자로 지명되어 말할 수 없이 기쁘네. 이제야 자네가 지난 22년간 연습해왔던 수락연설을 할 수 있게 되었군. 레이건 대통령의 최근 선거를 잊지 말고 참고하게나.

그 상에 상금도 딸려 있기를 바라네. 알고 있겠지만 자네가 일구어낸 수익의 20%는 내 몫이네. 마지막으로 배당을 받은 게 꽤 오래전인 것 같군.

그 상을 받을 수 있는 자격이 워낙 까다롭다 보니 올해는 자네와 솔 스타인버그만 경합을 벌인 것으로 알고 있네. 근소한 차이였지만 자네가 상을 받게 되어 참 기쁘네. 솔과 자네가 접전을 벌이던 상황에서 레이 바레트의 동전 던지기로 간신히 자네 쪽으로 기울긴 했지만 말일세. 이제 지명위원회가 후보자 명단에 오를 수 있는 자격기준을 낮췄으니, 내년 수상자는 분명 마틴 프랭켈이 될 거야.

잭, 자네가 보험에 관해 알고 있는 모든 것을 나에게 가르쳐주었던 1976년을 돌아보며 나는 항상 자네에게 고마움을 느끼고 있다네. 그날의 일이 아직도 뇌리에 또렷하네. 가이코 플라자에서 커피를 마시며 잠시 쉬던 중이었지.

다행히도 나는 훗날 행크 그린버그, 론 퍼거슨, 토니 나이슬리를 만났고 지금은 보험에 대해 어느 정도 식견을 넓혔다네.

상을 받게 된 것에 대해 미리 축하인사를 전해야겠네. 축하하네.

2002년 1월 8일

워런 E. 버핏

돈 커우와
코카콜라

워런 버핏이 코카콜라 주식에 10억 달러를 쏟아부으면서 주식시장 역사에 길이 남을 투자를 하기 바로 직전, 코카콜라 사장 돈 커우Don Keough는 버핏에게 전화를 걸었다. 커우는 안부 인사를 건넨 후 물어보았다. "워런, 자네 코카콜라 주식을 한두 주라도 사고 있나?"

커우는 그때를 회상하면서, "워런은 그렇다고 아주 열정적으로 대답했습니다. 내가 그에게 전화를 한 후 얼마 지나지 않아 워런이 코카콜라 주식을 매수하고 있다는 발표가 나왔습니다. 우리도 누군가가 주식을 사고 있다는 것을 알고는 있었습니다"라고 말했다. 커우는 회사 주식의 거래 패턴을 추적하다가 그 같은 결론을 내렸다고 한다.

1987년 주식시장 붕괴 후 주가가 회복되기 시작했을 때, 상대적으로 눈에 잘 띄지 않는 중서부의 위탁매매에서 과도한 움직임이 발생했다. 1988년 가을 어느 날, 전 코카콜라 회장 로베르토 고이주에타Roberto Goizueta와 커우가 코카콜라 주식의 움직임을 살피다가 커우에게 갑자기 어떤 생각이 번뜩 떠올랐다. 그는 고이주에타에게 말했다. "워런 버핏 같아."

커우는 워런이 1985년에 출시된 체리 코크의 일등 팬이라는 사실이 하나의 단서였음을 인정하면서 말했다. "우리는 버핏이 코카콜라에 관심이 많다는 것을 알고 있었습니다. 워런은 우리 회사를 정말 잘 이해하고 있고 훌륭한 이사회 멤버입니다. 그는 정말 경제의 흐름을 잘 알고 박식한 사람이지요. 버핏은 세계적인 상표의 고유한 가치를 분명하게 알고 있습니다."

버핏이 코카콜라 주식을 산 후 커우는 버크셔 해서웨이의 주주가 되었다. 커우는 30년 전에 버핏 투자조합에 투자할 기회가 있었지만 버핏의 초대를 거절했다. 커우는 그때 투자했다면 좋았을 것이라고 말한다.

커우는 버핏이 자신의 투자조합에 동참하도록 간청한 많은 사람 가운데 하나였다. 버핏과 투자를 같이하는 데는 늦었지만 커우는 500만 주의 코카콜라 주식을 보유하고 있다.

돈이 아니라
가치를 이야기하는 사람

커우는 어떻게 버핏을 만나게 되었는지는 정확히 기억나지 않지만 오마하에서 이웃이었다고 한다. "우리가 어떻게 알게 되었는지는 기억이 안 납니다. 워런이 스물다섯, 나는 서른쯤 되었었지요. 워런은 지금 모습 그대로였습니다. 지금과 똑같은 가치관을 갖고 있었지요. 사실 워런은 지금이나 그때나 돈 얘기를 하는 것이 아니라 가치에 대해 말하죠. 사람들은 워런이 말하는 가치가 무엇인지 알아야 합니다. 1991년 버크셔 주주총회에서 직업 선택을 묻는 질문에 버핏이 한 대답이 모든 것을 말해주고 있지요. 워런은 자신의 일을 즐기고 자신이 존중하는 사람들을 위해 일하라고 했습니다."

후에 버핏은 코카콜라에 그토록 크게 투자하게 된 이유 중 하나가 커우의 뛰어난 인격 때문이었다고 말한 바 있다.

오랫동안 골초였던 전 코카콜라 회장 고이주에타는 1997년 10월 18일 폐암 합병증으로 사망했다. 〈애틀랜타 저널 컨스티튜션〉은 그의 삶을 기려 전면을 할애했는데 여기서 버핏은 고이주에타 회장은 기업의 장래 지도자를 선택하고 양성하는 노하우를 위대한 유산으로 남겼다고 추모했다.

고이주에타가 사망한 직후 M. 더글러스 아이베스터가 코카콜라 회장 겸 CEO로 취임했다. 그는 더글러스 대프트가 뒤를 이을 때까지 2년간 재임했다. 2000년 10월 23일 코카콜라는 커우가 최고경영진 고문으로 회사에 복귀했음을 발표했다. 대프트는 기자회견에서 커우가 1993년 은퇴는 했지만 자신은 회사의 광범위한 문제점들에 대해 그와 계속해서 논의를 해왔다고 말했다. 2004년 대프트는 연말에 은퇴할 것임을 밝혔고, 커우는 이사회에 다시 합류했다. 당시 코카콜라는 77세였던 커우를 이사회에 복귀시키기 위해 74세 이상은 이사로 선출될 수 없다는 회사규약을 변경해야 했다. 이 같은 연령제한 변경으로 당시 73세이던 버핏 역시 이사회에 남을 수 있었다.

커우는 옆에서 조언하는 입장에서 벗어나 평생을 바쳐 사랑했던 회사의 심장부로 복귀했다. 그는 분명히 은퇴를 별로 생각하지 않고 있다. 일을 즐기는 커우는 다음과 같이 말하며 평생이라도 일할 뜻을 비쳤다. "내가 생각하는 지옥은 술을 마시려고 사교장에 가서 죽치고 앉아 칵테일 아워를 기다리는 것이다."

버핏과 멍거의 거래인, 아서 로셀

"1963년경 워런 버핏을 위해 주식거래를 하기 시작했습니다. 멍거의 친구이자 초기 버크셔 투자자인 릭 게린을 통해 버핏을 알게 되었지요." 캘리포니아 엔시니타스에 사는 아서 로셀Arthur Rowsell의 말이다. 버핏이 누군지도 전혀 모를 때 아서는 워런 버핏을 대신하여 일리노이 내셔널 뱅크의 예금으로 지불할 거라며 주식을 대량으로 주문했다.

상사는 도대체 워런 버핏이 누구냐고 물으며 그를 조사해보라고 했다. 아서는 일리노이 내셔널 뱅크에 전화하여 거기에 버핏의 계좌가 있는지 문의했다. 전화를 받은 사람은 "글쎄요. 참 당황스런 질문이네요. 버핏 씨는 이 은행의 소유주입니다"라고 말했다.

사람들은 대부분 주가가 올라가고 있을 때 주식을 산다. 그리고 주가가 내려가면 두려움에 사로잡히기 시작한다. 버핏과 멍거, 게린은 지구에서 유일한 주식 구입자가 되더라도 살아남을 수 있는 사람들이다. 워런은 다른 사람들과는 아주 많이 달랐다. 사람들은 주식 10만 주의 구입을 원하면 주문을 내고 그만큼의 수량을 가져가기만 한다. 그렇게 하면 결국 가격이 오를 때 사게 된다. 하지만 버핏은 시장이 자신에게 다가오기를 원한다. 아주 참을성 있게 기다리기 때문에 항상 가격이 내려갈 때 주식을 사게 되는 것이다.

버핏이 원하는 것은 시장에 참여하는 것이지 시장을 움직이는 것이 아니다. 버핏은 시세보다 약간 낮은 가격에 주문을 하며 원하는 양은 말하지 않는다. 이는 그 가격이나 더 좋은 가격으로 구입할 수 있는 모든 양을 원한다는 의미이다. 한번은 아서 로셀이 게린에게 원하는 주식 수를 물은 적이 있었는데, 그는 "이봐, 나는 이사회에 들어갈 수 있을 만큼 충분히 주식을 얻고 싶고 돈도 엄청나게 벌고 싶어"라고 대답했다.

아서가 이 사람들에게 이런 종류의 질문을 한 것은 그것이 마지막이었다. 아서는 버핏도 게린과 마찬가지라고 했다. 살 수 있는 만큼 샀더라도 마지막 주식까지 몽땅 다 팔리기 전까지는 계속 구입한다는 것이다. "그가 제시한 가격에 어떤 회사의 주식을 전부 살 수 있다고 말하면 버핏은 그렇게 주문서를 내라고 말할 겁니다. 살로먼이나 웰스파고 주식 전체를 자신이 제시한 가격으로 구입할 수 있다면 두말할 필요 없이 그렇게 하는 거죠." 로셀의 말이다. 버핏은 원칙과 기준이 분명한 사람이어서 결코 뉴스 보도나 분기별 이익 보고서를 보고 주식을 구입하지 않기 때문이다.

더 내려갔을 때
더 싸게 구입하라

매매거래부를 총괄하던 로셀은 버핏의 주식 구매방식에 대해 다음과 같이 결론지었다. "나는 주식투자 전문가이고 버크셔에서는 선두에 선 큰손이었다. 그래서 알게 된 버핏의 구매방법은 다음과 같다. 가령 어떤 종목이 30에서 30.4 사이에 있다고 내가 말을 했다고 치자. 그러면 버핏은 최선을 다하라고 말한다. 하지만 최선을 다하라는 이 말은

30.4라는 가격을 지불하고 주식을 구입하라는 의미가 아니다. 더 내려가게 되면 더 싸게 구입하라는 뜻이다." 로셀은 버핏이 늘 자율성을 강조했다고 덧붙였다.

로셀은 수년간 헤이든 스톤과 도일 오코너 그리고 캔터 피츠제럴드에서 일했다. 개인 투자자가 되기 이전에 그는 버핏을 위하여 아메리칸 익스프레스, 캘리포니아 워터, 소스 캐피털, 블루칩 스탬프, 도일 데인, 인터퍼블릭 그룹, 제너럴 푸드, 어필리에이티드 출판을 비롯해 많은 주식을 대신 구입해주었다.

특히 어필리에이티드의 경우를 살펴보면 흥미롭다. 퍼스트 보스턴은 1970년대 초 하락장세 중에서도 최저점으로 곤두박질쳤을 때 주식 50만 주를 상장했다. 당시 주가는 주당 13달러였다. 매각하는 주주들은 〈보스턴 글로브〉 설립주의 가족이었다. 2~3개월 후 뉴욕 증권거래소에 주식을 상장했을 때쯤 워런은 발행주식 50만 주 중 35만~40만 정도의 주식을 구매했다. 버핏은 몇 년 후 1대 2로 분할한 뒤 주당 100달러 정도에 이 주식을 매각했다. 그가 매각하고 난 다음 주식은 8달러로 떨어진 채 매각되었다.

로셀은 버핏을 위해 장외와 차익거래를 많이 했다. 로셀은 버핏이 거래를 엄청나게 했다고 말한다. 수년 동안 하루를 마감하면서 당일 기록을 들고 글래디스 카이저에게 전화하는 것이 로셀의 습관이 되기도 했다.

로셀은 "몇 년간 나는 버핏과 수천 번이나 이야기를 나누었습니다. 진짜 구매에 집중하고 있을 때는 하루에도 다섯 번에서 여덟 번 정도 대화를 나누었지요"라고 말하며 버핏이 얼마나 일에 집중하는지 시사했다.

버핏이 정말 위대한 투자자라는 사실을 로셸이 깨달은 것은 라구나 비치에 있는 버핏의 집 근처 구내에서 함께 테니스를 치고 있을 때였다. 네 사람이 펩시콜라를 마시면서 둘러앉아 있을 때 누군가가 던킨 도넛 이야기를 꺼냈다.

당시 로셸은 던킨 도넛을 누구보다 잘 알고 있다고 생각했다. 던킨 도넛에 대한 연구를 열심히 해왔기 때문이다. 그런데 버핏이 던킨을 몇 차례 살펴봤는데 이 회사가 부동산 부문을 부동산 투자신탁으로 분리하는 편이 더 가치를 높일 수 있으며, 현재 같으면 주당 80센트밖에 이익을 남기지 못할 거라는 이야기를 했다. 놀랍게도 버핏은 던킨 도넛에 대한 모든 사실을 구석구석 정확하게 꿰뚫고 있었던 것이다. 로셸은 즉시 갖고 있던 던킨 도넛 주식을 팔고 주당 300~500달러 가격으로 버크셔 주식을 매입했다.

로셸은 워런의 지적인 능력과 기억력을 높이 산다. 방대한 양의 사실을 흡수하여 단순하고 효과적으로 결정을 내리는 능력이 탁월하다는 것이다. 버핏의 주변 사람들 중 로셸이 만난 후 지적이라고 이야기할 수 있는 인물은 텔레다인의 헨리 싱글턴 정도가 유일했다고 한다. 로셸은 버핏의 인간적 특징을 이렇게 묘사했다. "두 사람의 차이점을 비교해보면 아주 재미있습니다. 싱글턴은 지적인 힘이 기세등등하게, 정제되지 않은 상태에서 뚝뚝 묻어나온다면 버핏은 오래된 신발처럼 아주 편안합니다. 버핏은 싱글턴만큼 지적이지만 아주 부드럽게 자신을 표현하니까요."

어느 날 로셸이 버핏에게 스탠더드 앤드 푸어스에서 발행하는 인쇄물 전체와 2500페이지의 〈워커스 매뉴얼〉을 수시로 읽는다고 말하자 버핏은 〈워커스 매뉴얼〉을 뒤에서부터 읽고 있다고 말했다. 로셸은 당시를 이렇게 기억한다. "버핏은 듣도 보도 못한 주식 관련 이야기를 많이 알고 있더라고요. 어떤 회사의 1주당 이익이 1달러 85센트라고 생각하고 있을 때 버핏이 1달러 82센트라고 말한다면 버핏의 말대로 1달러 82센트라고 믿는 편이 낫습니다. 그게 정확한 수치일 테니까요."

살로먼의 전 주식 거래인이었던 마크 퍼킨스는 버핏의 질긴 인내심이 성공의 원동력이라고 단언한다. 그는 다음과 같은 일화를 소개해주었다.

살로먼에서 일할 때 버핏과 거래를 하곤 했습니다. 1970년대 초로 거슬러 올라가면 버핏은 살로먼의 고객이었으니까요. 1971년인가 버핏이 성장하는 은행도 아닌 별 볼 일 없는 은행의 주식을 구매했던 기억이 납니다. 또한 해리스 트러스트 주도 구입했습니다. 그러자 하노버 트러스트에서 매각할 주식이 대량으로 있다고 전화가 왔습니다. 버핏의 오마하 사무실에는 빌 스코트라는 주식거래인이 있었습니다. 우리는 빌 스코트에게 전화를 걸어 해리스 트러스트 주식이 많다고 말했지요. 주식 시가는 49달러 정도 되었는데 스코트가 이렇게 말했습니다. "47달러 지불하지요."
우리는 매니 해니에게 다시 전화하여 버핏이 47달러에 사겠다는 말을 전했지요. 그들은 말했습니다. "우습네요. 겨우 2달러 차이인데 말도 안 됩니다." 물론 해리스 트러스트는 그리 많은 거래가 이루어지지 않은 주식이었던지라 구매하려는 사람은 버핏이 유일했습니다. 그래서 우리는 다시 스코트에게 전화하여 말했지요. "시가 아래로는 안 판답니다. 48.5달러에 판매한다는군요." 그랬더니 버핏의 대답은 "관심 없다고 말해요"였어요. 그래서 우리는 매니 해니에게 또다시 전화해서 말했죠. "입찰 안 한답니다", "입찰을 안 한다니요? 그럼 47달러에 팔겠다고 해주세요." 그러자 버핏의 주식거래인이 말했습니다. "이제는 47달러로도 안 되겠는데요. 우리는 다른 종목을 알아봐야겠습니다. 이제 관심이 없어졌어요." 이제 매니 해니는 대단하긴 하지만 마음이 떠나버린 사람을 믿고 있을 수는 없었습니다. 그래서 월스트리트의 모든 사람에게 전화하여 판매를 시작했고 어느 사이에 주가는 44달러 근처로 내려와 있었습니다. 그는 우리에게 다시 전화하여 물었습니다. "지금은 구매할 수 있습니까?" 버핏에게 다시 전화를 했더니 그가 하는 말이 "42달러라면 사겠소"였습니다.

이것이 바로 완벽한 버핏의 거래 스타일입니다. 강철같이 질긴 자제심 말입니다. 자신의 지식과 능력을 믿는 사람은 시간이 오래 걸리더라도 결국은 살아남는 법입니다.

버핏도 버크셔 주식 매도

로셀은 버핏에 관한 오래전의 이야기를 아직도 기억하고 있다. 일례로 버핏 가족들이 버크셔 주식을 1주도 팔지 않았다는 말은 사실이 아니라고 한다. 로셀은 버핏이 에메랄드 베이에 집을 구입했을 때를 다음과 같이 회상한다.

"수전이 샌프란시스코에 가 있던 어느 날 워런이 전화를 했습니다. '버크셔 주식 몇백 주 정도 매각하고 수전 대신 내부적인 일을 좀 처리해주겠어요? 집을 사고 싶어 하네요.' 2주 후 버핏이 전화를 하여 다시 말했어요. '주식을 몇백 주 더 팔아야겠네요. 수전이 집 같은 집을 사고 싶어합니다'."

로셀은 라구나와 에메랄드 베이에 대한 기사가 실린 지방신문을 버핏에게 보내주곤 했다. 하루는 로셀이 버핏에게 그 근처 집값이 급속도로 오르고 있다고 귀띔해주었다. 워런은 "그래요. 내가 그 집을 살 때 보니 팔려고 내놓은 집이 많더라고요" 하면서, "몇 채 살까 생각해보기도 했지만 주식시장이 훨씬 더 쉬운데 부동산을 갖고 골치를 썩일 필요가 뭐 있나 싶더라고요" 하고 응수했다.

로셀은 물론 워런에게야 주식시장이 쉬운 일일 테지만, 대다수의 다른 사람들한테는 어디 그게 쉬운 일이냐고 반문한다.

버핏은 늘 특이한 주식이 좋다고 말한다. 〈워커스 매뉴얼〉의 편집인 겸 발행인인 해리 아이젠버그는 버핏이 〈워커스 매뉴얼〉을 읽고 있다는 사실을 직접 들어 알고 있으며 버핏으로부터 편지를 받은 적도 있다. 다음은 그 내용이다.

해리 선생님,

이 매뉴얼과 연결지어 저를 생각하다니 대단하십니다. 오늘 아침에 얼핏 훑어보기만 했는데 좀 더 정독해야 되겠다고 생각했습니다. 혹시 당신은 사고 싶지 않은 '잠자는 미녀아직 기업인수 시도의 대상이 되진 않았지만 잠재적으로 아주 유망한 인수대상 기업을 일컫는 은어·옮긴이'를 시장에서 보게 되면 팩스로 좀 알려주세요. 매뉴얼을 재빨리 검토해본 뒤 소장용으로 구입할 수도 있거든요. 나는 특이한 주식이 좋답니다.

진심을 다하여

워런 E. 버핏

아지트 자인,
보험사업의 귀재

1951년에 인도에서 태어난 아지트 자인과 버핏은 절친한 사이다. 그들은 자인이 선두에서 지휘하고 있는 버크셔의 초대형 참사 재보험 사업부에 관해 의논하느라 매일같이 전화를 한다.

1999년 버크셔 연례보고서에서 버핏은 아지트의 존재에 대해 이렇게 말한 바 있다. "버크셔에서 아지트의 가치가 얼마나 되는지 평가하는 것은 무조건 불가능합니다. 그는 밑바닥부터 시작해 독보적으로 재보험사업을 일으켜왔으며, 회사는 현재 63억 달러의 유동자금을 보유하고 있습니다."

또한 2002년 연례보고서에서도 아지트가 이룬 성과를 치하한다. "2001년 유동자금에 대한 비용이 그렇게 낮을 수 있었던 것은 주로 아지트 자인의 재보험사업부 덕분이었습니다. 만일 버크셔 연례보고서에 사진 한 장을 붙이게 된다면 그것은 아지트의 사진이 될 것입니다. 물론 컬러 사진으로 말입니다. 아지트는 134억 달러의 유동자금을 유치했습니다. 이는 극소수의 보험업체만이 올릴 수 있는 실적입니다. 그는 1986년에 시작해 이런 업적을 달성했고, 지금도 단지 20명의 직원만 두고 있습니다. 가장 중요한 점은 그가 보험 계약으로 큰 수익을 올리고 있다는 사실입니다. 만일 여러분이 주주총회에서 아지트를 보게 된다면, 깊이 고개 숙여 인사해주길 바랍니다."

버크셔의 재보험 초대형 참사 부문은 1993년 이래 연 43~44%의

놀라운 수익률을 기록하였다.[70] 버핏은 자인을 '착한 관리자 중 한 사람'이라고도 표현했다.[71]

버크셔의 홈스테이트 보험사업부들은 네브래스카주, 콜로라도주, 캘리포니아주에 거점을 두고 여타 많은 주에서 지점을 운영하고 있다. 이 보험업체들은 워싱턴 D.C.와 미국 전역에 있는 보험중개인들을 통해 거의 모든 종류의 손해보험과 상해보험을 취급하고 있다.

보험그룹의 주된 사업은 자동차보험 판매이며 전체의 약 절반 정도를 차지한다. 또한 버크셔 보험회사들은 트럭 수송, 근로자 수당, 주택 소유자, 화재 그리고 심지어 기업의 간부와 이사로 일하는 사람들을 위한 보험도 팔고 있다. 수년 동안 버크셔는 오마하에서 택시운전자를 위한 보험을 취급한 적도 있지만 지금은 하지 않는다.

보험그룹은 또한 농장 소유주, 사업체 소유주, 창고 소유주, 고급 승용차, 선박사고, 지진, 화물손상, 그리고 강도에 대비한 보험도 보유하고 있다. 또 개인용과 사업용 패키지 보험도 팔고 있다. 버크셔가 소유하고 있는 씨즈 캔디는 때때로 버크셔를 통해 할인된 금액에 직원들에게 산업재해보상보험을 판매하고 있다.

버크셔 보험업체들은 다른 보험회사가 계약한 보험의 위험과 보상을 보장해주는 재보험사업도 많이 하고 있다. 이러한 재보험사업은 코네티컷주 스탬퍼드에 위치한 내셔널 인뎀니티의 사무실에서 아지트가 이끌어가고 있다.

아지트 자인은 인도의 뉴델리에서 성장했고 유명한 인도 공과대학에서 공학학위를 받았다. 대학 졸업 후 자인은 인도 지사가 폐쇄될 때까지 IBM에서 일했다. 자인은 IBM을 떠나 하버드 경영대학원에 다녔으며 공부를 마친 뒤 인도로 돌아갔다. 그 후 아지트 자인은 컨설팅

회사 매킨지 앤드 컴퍼니에서 일하기 위해 다시 미국으로 왔다. 그러다 1986년 마이크 골드버그의 부름을 받아 버크셔에 합류했다. 마이크 골드버그와 아지트 자인은 매킨지에서 함께 일한 적이 있었다. 골드버그는 1981년 매킨지를 떠나 버크셔에 합류한 상태였다.

아지트는 당시를 이렇게 회고한다. "버크셔에 합류할 당시 나는 보험이나 재보험이라는 단어의 철자도 쓸 줄 몰랐다. 하지만 버크셔는 내셔널 인뎀니티의 재보험사업 부문에서 일할 사람으로 나를 채용했다." 아지트는 철자는 익혔지만 계산기를 하나 구입한 뒤로 덧셈하는 법도 까먹었다계산기만 가지고도 보험 일을 잘해나갔다는 의미·옮긴이.

상해보험 역사상
최고 기록

언젠가 버크셔 주주총회에 참석한 사람들이 자인의 지적 능력을 높이 평가하자, 자인은 "우리 조직에는 오직 한 명의 두뇌만 있을 뿐"이라고 대답했다. 버핏은 "나는 아지트 자인과 매일 밤 재보험 거래에 관한 이야기를 나눈다. 그것은 무엇보다도 즐거운 일이다. 그는 내가 없더라도 지금처럼 재보험사업을 잘 운영할 것이다"라고 치하했다. 한편 자인은 "워런과 나는 30초 혹은 30분 동안 대화를 나누는데, 그는 내가 해온 모든 사업과 연관되어 있으며 모르는 게 없다"고 평했다.

2000년 버크셔 연례보고서에 버핏은 이렇게 적었다. "우리의 소급보험사업은 대부분 내가 매년 칭찬을 아끼지 않는 아지트 자인에 의해서 이루어지고 있습니다. 버크셔에게 아지트가 얼마나 소중한지는 아무리 과장해도 지나치지 않습니다. 내 건강은 염려 말고, 그의 건강을 걱정하십시오. 작년에 아지트는 영국 대기업을 소급해서 보장하는 보험을 통해 아마도 역사상 가장 많은 금액인 24억 달러의 재보험료를 본사로 가져왔습니다. 그 후 아지트는 알렉스 로드리게스텍사스 레인저스 야구 선수·옮긴이가 영구 장애인이 될 가능성에 대비해 텍사스 레인저스를 보호하는 거액의 보험을 계약하기도 했습니다. 스포츠팬들이 알고 있듯이, 로드리게스는 기록적인 2억 5200만 달러의 연봉계약을 맺었지요. 그 보험 계약을 통해 아마도 상해보험 역사상 최고 기록을 세웠을 것입니다."

조셉 로젠필드와
그리넬대학교

아메리칸 익스프레스에 투자한 지 얼마 지나지 않은 1968년, 버핏은 아이오와주 그리넬에 있는 그리넬대학교의 이사회 임원이 되었다. 당시 그리넬대학교의 기부금 보유액은 약 1200만 달러에 달했다. 버핏은 곧 대학에 몇 가지 훌륭한 투자 조언을 해주었다. 첫 번째 원칙은 신속하게 행동하라는 것이었고, 두 번째 원칙은 원하는 것을 다른 사람이 갖고 있다면 그 회사의 일부를 사라는 것이었다.

그리넬대학교와 버핏의 관계는 그리넬 투자위원회의 멤버인 조셉 F. 로젠필드와의 우정을 통해 발전되었다. 그는 투자자이며 변호사로서 윤커스 브러더스에서 회장으로 은퇴해 디모인에 살고 있었다.

버핏은 마틴 루서 킹 주니어 목사가 그리넬대학교에서 연설한 1967년에 로젠필드를 만나 유대관계를 맺었다. 이후 그들은 긴밀한 우정을 나누는 관계가 되었다. 버핏이 "만일 아버지 사후에 내가 조셉을 양아버지로 삼을 수 있었다면 그렇게 했을 것"이라고 말할 정도였다. 버핏은 로젠필드의 끈질긴 요청으로 그리넬의 이사회 멤버가 되었다. 1968년 그리넬 기부금운영위원회에 버핏을 끌어들인 것도 로젠필드였다.

버핏의 비즈니스 마인드를 굳게 믿고 있던 로젠필드는 1967년 그리넬 투자위원회를 설득해 기부금 펀드로 주당 17달러 50센트에 버크셔 주식 300주를 매수했다. 당시의 투자금 5250달러는 현재 수백만 달러의 가치가 되었다. 로젠필드는 "우리는 300주의 주식을 매수했고 그 중 100주를 5500달러에 매도했다. 그 이후 다시 그 주식을 좀 더 매수했지만 얼마나 매수했는지는 정확한 수치를 밝힐 수 없다. 물론 다시 매수할 때는 가격이 더 높았다"고 말한다.

로젠필드는 1968년부터 세상을 떠난 2000년까지 1,100만 달러를 10억 달러로 탈바꿈시켰는데 대부분 그리넬대학교와 관련된 것이었다. 로젠필드도 1925년 그리넬대학교를 졸업했다. 영화배우 게리 쿠퍼는 로젠필드가 졸업한 한 해 뒤에 그리넬대학교를 졸업했으며, 유명한 재즈연주가 허비 행콕도 이 대학 출신이다. 또한 아이오와대학교 법과대학 1928년도 졸업생인 로젠필드는 법과대학을 위한 조셉 F. 로젠필드 대학발전기금을 설립하기 위해 아이오와 로스쿨 재단에 90만 달러 상당의 재산을 증여하기도 했다.

로젠필드는 물론 다른 투자에도 관여했다. 그는 메이저리그 소속 프로야구 팀인 시카고 컵스 구단의 지분 3%를 소유했으며, 팀이 월드시리즈에서 또다시 우승의 영광을 안는 그날까지 살아 있겠다고 맹세했다. 그러나 그의 맹세를 고려해볼 때 2000년 6월 7일 96세의 나이에 별세한 것은 너무 조급한 것이었다.

방송국 인수는
버핏의 아이디어

1976년 신문의 수익성을 주제로 뉴올리언스에서 열린 콘퍼런스에 참석하는 동안 버핏은 AVCO가 TV 방송국을 매각하기로 결정했다는 사실을 알게 되었다. 연방통신위원회 FCC 규정상 버핏은 버크셔의 이름으로 방송국을 인수할 수 없었다. 〈워싱턴 포스트〉가 이미 다수의 TV 방송국을 보유하고 있었기 때문이다. 버핏은 로젠필드에게 전화를 걸어 AVCO가 재정상 다소 곤란을 겪고 있으므로 그리넬대학교가 TV 방송국을 인수할 수 있을 것이라고 제안했다.

버핏의 첫 선택은 신시내티에 있는 TV 방송국을 인수하는 것이었지만, 그리넬 이사회가 자금조달을 놓고 너무 시간을 끄는 바람에 결국 그리넬이 아닌 멀티미디어가 1600만 달러에 방송국을 인수했다. 버핏의 조언에 따라 그리넬은 31만 5000달러어치의 멀티미디어 주식을 매수했고, 그 주식은 폭등했다.

그리넬대학교를 위한 버핏의 두 번째 투자선택은 AVCO의 데이튼 소재 TV 방송국 WDTN이었다. 이번에는 그리넬도 자금조달 문제로 인한 지체 없이 방송국 매출액의 2.5배에 해당하는 1290만 달러에 입찰했다. 1970년대 말 로젠필드는 그리넬을 위해 이 방송국을 인수했고 1984년 말 4900만 달러를 받고 허스트에 매각했다. 다시 없는 큰 행운을 거머쥔 셈이었다.

그 거래를 통해 1984년 그리넬의 기부금은 약 1억 2000만 달러로 불어나 기존의 두 배가 되었다. 로젠필드는 생전에 "지금 생각해도 그 일은 정말 잘한 일이었다"고 말한 바 있다. 버핏은 그리넬 이사회를 위해 조언을 할 때마다 대개는 먼저 로젠필드에게 전화를 걸었다. 로젠필드는 버핏에 대해 이렇게 말했다. "나는 버핏을 매우 자주 만난다. 그는 여전히 그리넬 이사회의 일원이다. 그는 한동안 이사회 회의에 참석했지만 얼마 지나자 나오지 않았다. 버핏은 정말로 회의를 싫어한다. 그는 오래 지속되는 지루한 회의에는 별 취미가 없다."

그리넬의 이사들은 버핏이 연결해준 빌 루앤의 시쿼이어 펀드와도 손발을 잘 맞춰나갔다. 그리넬은 시쿼이어 펀드와의 투자에서도 꽤 많은 수익을 냈다. 1978년부터 1981년까지 로젠필드는 그리넬 기부금의 3분의 1인 1000만 달러를 시쿼이어 펀드에 유치해두기도 했다.

1996년 설립 150주년을 맞은 그리넬대학교는 시쿼이어 펀드의 지분 14%를 보유한 대주주인데, 시쿼이어 펀드는 총자본의 29%를 버크셔에 투자하고 있다. 이 대학의 이사들이 대학교 이름을 그리넬 칼리지 앤 뱅크로 바꿀 것을 고려해볼 정도의 규모이다.

1968년 버핏은 그리넬대학교의 종신이사가 되었다. 버핏은 1997년 버크셔 주주총회 도중 그리넬의 투자 중 흥미로운 사례 하나를 언급했다.

"인텔의 두 설립자 중 한 명인 밥 노이스는 그리넬에서 성장했습니다. 그는 그 지역 목사의 아들이었으며 그리넬대학교를 졸업했고, 내가 1960년대 말 그리넬 이사회 일원이 되었을 때 이사회 회장이었습니다. 그리고 노이스가 고든 무어와 함께 인텔을 설립하기 위해 페어차일드를 떠났을 때 그리넬은 인텔의 사모私募 10%를 매수했고, 그것이 사실상 인텔을 위한 초기자본이 되었습니다. 그래서 우리도 그리넬을 위해 그 최초 발행주의 10%를 매수했지요. 하지만 그리넬 투자위원회를 운영했던 한 천재는 몇 년 뒤 어리석게도 그 주식들을 매도해버렸습니다. 그 천재의 이름은 밝히지 않겠습니다. 당시 매도했던 주식들이 오늘날 얼마의 가치가 되었는지 따져봐야 속만 상할 뿐이니까요."

아서 클라크,
버핏과 버크셔를 말하다

처음 아서 클라크Arthur Clarke가 버핏에게 관심을 가진 것은 자금이 필요해서였다. 물론 개인적인 자금이 아니라 1970년대 그가 법인기부금 담당을 맡고 있던 시카고대학교에 필요한 자금 때문이었다. 클라크는 보스턴에서 자신의 이름을 딴 투자회사 아서 D. 클라크 앤드 컴퍼니를 경영하여 1985년 이후 연간 복리 수익률 17.6%를 기록해왔다.

버핏이 클라크에게 모금활동에서 어떤 면이 좋으냐고 질문한 적이 있었다. 클라크는 돈 있는 사람은 쉽게 찾아낼 수 있지만, 그 사람에게 접근하는 방법을 찾아내는 일은 쉽지 않아서 한번 도전해볼 만한 일이라고 대답했다. 그러자 워런이 눈을 빛내며 말했다. "정말 재미있을 것 같네요." 클라크는 재미가 지속되려면 그 목적을 깊이 이해하고 기부에 대한 명확한 태도를 가져야 한다고 덧붙였다.

클라크가 탐정처럼 돈 있는 사람을 찾고 있던 어느 날, 미국 증권거래위원회의 내부거래에 관한 월간 간행물 〈증권거래에 대한 공식요약〉 최신호를 훑어보다가 클라크는 눈이 번쩍 띄었다. "당시에는 우리가 그 간행물을 구독하는 유일한 회사였을 겁니다. 그런데 버크셔가 〈워싱턴 포스트〉에 투자했다는 기사가 실려 있었어요." 클라크는 눈앞에 일순 번갯불 같은 섬광이 지나가는 느낌이었다고 한다.

버핏은
소크라테스 같은 인물

당시 트위디 브라우니 앤드 냅을 공동 경영하던 시카고대학교 동창 에드 앤더슨이 클라크에게 그간 버핏이 걸어온 행적을 알려주었다. 클라크는 그때를 이렇게 회상했다. "에드는 내게 애덤 스미스의 책 가운데 워런에 대한 장을 읽어보라고 권했습니다. 나는 곧바로 책을 손에 들었고 정신없이 빠져들었습니다. 비범한 방식으로 자신의 삶을 결정한 사람이 그 책 속에 있었거든요. 이상하게 들리겠지만 나는 워런과 밀턴 프리드먼과 소크라테스를 동급으로 봅니다. 이들은 모두 이성이 안내하는 대로 움직이기 때문이지요. 감정은 잘못된 기대를 부르고 결국은 실망을 주거나 분수에 맞지 않는 자만심을 갖게 합니다."

클라크는 버핏을 자신의 역할모델로 삼았다. 버핏이 시카고대학교에 관심을 가질 만한 단서를 엄청난 추진력을 동원하여 찾았던 이유도 바로 여기에 있었다. "〈워싱턴 포스트〉 주식을 버크셔가 구입하고 있다는 것, 그게 내가 찾던 핵심이었습니다. 사람들은 대부분 이 부분을 간과할 겁니다. 하지만 나는 버크셔 뒤에는 워런이 있고 〈워싱턴 포스트〉 뒤에는 캐서린 그레이엄이 있다는 사실을 알고 있었지요."

캐서린 그레이엄은 클라크와 대학 동창이고 당시 시카고대학교 이사로 있었다. 이 두 사람을 연결하자 클라크는 자신이 찾고 있던 실마리를 찾은 느낌이었다. 클라크는 다음 날 바로 앤더슨에게 전화를 걸어 워런과 그레이엄 사이에 어떤 관련이 있느냐고 물었다. 앤더슨은 "관련이 있는지는 어떻게 알아냈어?" 하며 깜짝 놀란 반응을 보였다.

얼마 지나지 않아 클라크는 기금 모금을 위해 대학교를 떠나 워싱턴 D.C.에 있는 고급 두뇌집단인 어번 인스티튜트로 갔다. 그 연구소에 대해서는 전혀 들어본 적이 없었지만 그레이엄뿐만 아니라 워런까지도 이사로 있다는 사실이 흥미를 불러일으켰다. 그렇게 하여 결국 그는 워런을 만나게 되었다.

클라크는 버핏을 만나 시카고대학교 때의 이야기를 했다. "인생에서는 산술적 계산이 어려운 것은 아니라는, 워런이 자주 쓰는 말에 절절히 감명을 받았던 경험을 이야기했습니다. 2+2=4라는 것을 우리는 일찍부터 배웁니다. 어려운 것은 현실에서 2가 함께 오는 경우가 거의 없다는 사실입니다. 정말로 주의를 기울이지 않으면 답이 4가 되는 몇 안 되는 순간을 놓치고 맙니다. 물론 모든 사람은 4도 모자라 5를 찾아 헤맵니다. 그러나 결국 실망하게 될 뿐이지요. 워런은 합리적이고 그래서 현명합니다. 이런 면에서 그는 행복한 사람이지요."

버핏이 떠나면
무슨 일이 일어날까

2003년 연례보고서에서 클라크는 자신의 주식 중 가장 비중이 높은 버크셔 주식에 대하여 이후에 벌어질 일을 다음과 같이 예상했다.

버핏은 성공이란 언젠가는 멈추게 되는 법이라고 수년간 주주들에게 경고해왔다. 물론 이런 경고가 때 이른 감이 없진 않지만 버크셔가 규모 이상의 영향력을 행사하고 있다는 얘기는 사실인 것 같다. "버핏이 트럭에 치이면 어떡하지?"라는 질문을 수시로 해가며 나는 25년을 한

결같이 이 주식을 보유해왔다. 올 여름이 되면 그는 74세가 되고 언젠가는 그도 명을 달리할 것이다. 시장은 언젠가 일어날 이 결말을 별로 고려하지 않는 듯 보인다.

최근 몇 년간 버크셔의 기업가치는 가격에 비하여 더 빠르게 성장해왔다고 생각한다. 반대의 상황보다는 낫다. 하지만 이렇게 가치가 평가절하되어 있으면 단기적으로 주주들이 곤란한 상황에 빠질 수도 있다. 이런 상황은 이 주식을 보유하면서 가끔 겪어오던 일이다. 또한 주기적으로 저가에 매입할 수 있는 혜택이 주어지기도 한다. 하지만 기업가치의 성장이란 장기적으로 결정되는 법이다. 벤저민 그레이엄은 이를 잘 포착하여 경구로 표현해냈다. "주식시장은 단기적으로는 인기투표이고 장기적으로는 대형 계량기이다."

버핏이 떠나면 무슨 일이 일어날 것인가? 버핏은 누구와도 견줄 수 없는 두 가지 능력을 버크셔에 선사하고 있다. 하나는 자본을 배분하는 능력이고 또 하나는 유별나게 많은 관리자가 자신에게 직접 보고하고 싶도록 만드는 능력이다. 매사추세츠주 뉴베드퍼드에 있는 변변찮은 섬유회사를 인수하여 연간 20% 이상의 성장률을 보이는 회사로 탈바꿈시킨 것은 첫 번째 능력 덕분이고, 이 회사의 규모를 버핏과 멍거가 예상했던 것 이상으로 키우고 확대할 수 있었던 것은 두 번째 능력 덕분이다. 워런이 사망하면 이런 능력은 그와 함께 사라질 것이다. 하지만 '이사들이 허락한다면' 2~3년 동안은 무덤에서 일어나 회의를 해가며 버크셔를 경영할 생각이라고 한 버핏의 농담이 의미하듯 버크셔의 문화도 한동안은 지속될 것이다. 워런은 아들 하워드가 경영하지 않는 회장이 될 거라고 언명하고 있다.

자본배분의 책임은 몇 년 동안 탁월한 성적으로 가이코의 포트폴리오를 운영해온 심프슨이 맡게 될 것이다. 사업경영 부문의 책임자는 발표하지 않을 작정이다. 물론 버핏이 10년을 더 산다면 이 사람들의 면면은 바뀔 가능성이 크다. 자본을 분리해 배분하고 운용하는 계획은 가이코에서 지난 10여 년 동안 성공적으로 사용해왔던 방법이다. 가이코는 사업을 현금창출 부문과 현금투입 부문으로 깔끔하게 분리하고 있으며, 버크셔는 어마어마한 현금을 창출하는 부문으로 분류된다. 이런 변화를 통하여 버크셔는 다른 노선을 준비하는 것으로 추측해볼 수 있다. 대규모 현금자금(2003년도 초기 9개월 동안 60억 달러)을 계속해서 재투자하는 대신 버크셔는 상당량의 현금 배당을 시작하게 될 것이다. 1960년대 중반 이후 배당이 이루어지지 않았기 때문에 A급 주식 1주당 배당금은 연간 수천 달러는 족히 될 것으로 보인다. 또한 코카콜라, 질레트 등 시장성이 있는 대규모 주식들을 분리하도록 결정할 수도 있다.

이런 전면적 변화가 단기적으로는 혼란을 초래할 수도 있으므로 미리 준비해둘 필요가 있다. 시간이 지나면 시장은 버핏 사망에 대한 충격으로부터 서서히 헤어나게 되고 오히려 한 발 앞서 나가게 될 것이라 예상한다. 언젠가는 버크셔가 현금을 창출하는 기계라는 사실을 시장이 깨닫게 될 것이다.

주가가 극도로 하락할 경우에는 이사들이 주식을 되사는 계획을 세울지도 모른다. 하지만 중대한 뉴스를 발표한 후 주식을 재매입할 수 있는 시점을 제한하면 매각할 마음을 먹고 있던 사람들도 주춤하고, 주식의 생리를 이해하는 사람들이 군침을 흘리는 가격대가 형성되는 이른바 에어포켓*비행 중인 비행기가 함정에 빠지듯이 하강하는 구역. 공중의 기류 관계로 공기가 희박하기 때문에 일어나는 것이 보통이며, 비행기가 여기에 들어가면 속력을 잃고 불안정하게 됨·옮긴이과 같은 시장이 형성 될 수도 있다. 현명한 매입자들은 이런 일이 일어나기를 기다리고 있을지도 모른다는 글을 최근에 읽었다. 사실 우리도 매입자가 될 수 있다. 이 소식이 사전에 시장에 얼마나 영향을 미치느냐에 따라 다르겠지만 10~20% 이상의 단기적 하락은 예상하고 대비해야 한다고 생각한다. 그런 상태가 오래 지속된다면 그건 놀랄 만한 일이지만.

언젠가는 발생할 이 필연적 사실 때문에 전체 투자 규모의 20~25% 이상을 버크셔 주식으로 소유할 수 없다. 하지만 몇몇 사람들 특히 수전과 나는 훨씬 더 높은 비율로 소유하고 있다. 버크셔는 현저히 다각화된 업체이며 해마다 1톤이나 되는 현금을 거둬들이고 있다. 또한 신용등급 AAA를 획득한다는 두 보험회사 중 하나이다. 버크셔는 현재약 300억 달러의 현금을 깔고 앉아 있다. 또한 주인의식을 가진 사람이 경영하고 있으며, 수많은 부서의 관리자들에게 주인의식을 갖고 부서를 운영하도록 동기를 부여하고 있다. 나는 현재 버크셔의 규모와 유사한 또 하나의 버크셔가 나타나기를 희망하고 있다.

버핏을 잇는 탁월한 투자가,
루이스 심프슨

　　버핏은 1995년 연례보고서에서 가이코의 루이스 A. 심프슨Louis A. Simpson이 버크셔의 후계자라고 암시했다. 보고서에는 "그의 존재는 만일 멍거와 나에게 무슨 일이 일어날 경우, 투자 일을 즉시 담당할 수 있는 비범한 전문가가 버크셔에 있음을 의미한다"고 씌어 있다.

　　심프슨은 1936년 12월 23일생으로 미 주택청과 바우어리 저축은행 이사회에서 버크셔를 대표했고, 살로먼 이사회의 일원이었으며, 오랫동안 버핏의 신임을 받아왔다. 그는 또한 가이코의 공동 최고경영자로서 투자책임을 맡고 있다.

　　심프슨은 하루 12시간씩 그리고 주말에도 일한다. 또 독서에 많은 시간을 보낸다. 심프슨은 "이상적인 하루란 사무실에 있는데 주식시장은 쉬고, 걸려오는 전화도 없고, 하루 종일 독서할 수 있는 날이지요"라고 말한다.

　　그는 과거에 미디어원의 이사로 재직하다가 AT&T가 인수한 후 AT&T 이사회의 이사 14명 가운데 1명으로 지명되었다. 심프슨은 AT&T 케이블의 매수 이후 컴캐스트 이사회로 옮겼고, 이 케이블 거인이 디즈니에 대한 적대적 인수합병에 착수하기 직전에 컴캐스트 이사회를 떠났다.

　　심프슨은 플라자 인베스트먼트 매니저의 사장으로 있으면서 퍼시픽 아메리칸 인컴 쉐어, LM 인스티튜셔널 펀드 어드바이저, 포토맥 전력 회사, 사이언스 인터내셔널, 그리고 새로운 인터넷 주식시장인 디렉트 스톡 마켓DSM.com의 이사직을 맡았으며, 페어 아이작과 합병한 HNC 소프트웨어의 이사직도 겸임했다.

심프슨은 로스앤젤레스 로욜라대학교의 이사이고, 오하이오 웨슬리안대학교의 기금위원회 위원이다. 또한 그의 아들이 다닌 사립 명문 기숙학교인 케이트 고등학교, 캘리포니아대학교, 샌디에이고 재단, 어번 인스티튜트의 재단이사로 봉사했고, 스컵스 해양학협 의회의 회장을 지내기도 했다.

독자적인 판단력의 소유자

1990년대 초, 심프슨은 살로먼 이사회에서 활동했으며, 1991년 살로먼 채권 거래 스캔들 이후 회사 재무 수치의 정확성을 감독하는 감사위원회 위원장을 지냈다. 심프슨이 가이코의 자산관리를 시작한 이후 17년 동안 자산은 S&P 지수의 연평균 수익률인 17.3%를 능가하는 24.7%라는 놀라운 수익률을 보였다.

〈포브스〉에 따르면, 1999년 심프슨의 예상 수익률은 17%였으며, 2000년 보유 주식은 8종이었다. 던 앤드 브래드스트리트, 퍼스트 데이터, 프레디 맥, 가텍스, 그레이트 레이크 케미컬, 존스 어패럴, 쇼 커뮤니케이션스, U.S. 뱅코프가 그것이다.

심프슨은 투자하는 회사의 경영자와 잘 알고 지내며, 버핏처럼 주식을 선별하여 장기 보유한다. 가이코의 전 최고경영자 잭 번은 심프슨에 대해 "그의 가장 중요하고 특별한 기질은 놀라울 정도로 독자적인 판단력에 있다"고 평했다.

심프슨이 선별한 주식 중에는 프레디 맥, 나이키, 마텔, 맨파워, 벌링턴 노던 산타페가 있다. 그의 개인적인 주식 선택의 폭은 매우 다양하다. 예를 하나 들자면, 심프슨은 인터내셔널 디스펜싱의 주식 230만 주를 소유하고 있다. 이 회사는 물과 음식의 신선도를 유지하는 밸브를 생산한다. 그가 개인적으로 보유하고 있는 주식에는 또한 아파치 메디컬 시스템, 콜라제넥스 제약회사와 코어가 있고, 벤처캐피털 회사인 페어팩스 파트너-벤처펀드 오브 워싱턴에도 관심을 갖고 있다.

심프슨은 캐슬 크릭 캐피털의 자문위원직을 맡고 있는데, 이 회사는 비상장 회사로 은행의 흑자전환 사업이 전문이다. 또한 사이언스 어플리케이션스 인터내셔널의 한 단위 사업체인 SAIC 벤처 캐피털 이사회 이사로도 등재되어 있으며, 우드로 윌슨 전국장학재단의 고문으로 있다.

버핏은 종종 심프슨이 '투자에 적격'인 인물이라고 평가했다.[72] 버핏은 1996년 버크셔의 주주총회에서 "가이코의 현 시가총액이 약 50억 달러인데, 투자 결정은 과거에도 그러했고 현재에도, 또 미래에도 심프슨이 담당할 것"이라고 말했다. 또한 2001년 버크셔 연례보고서에서 버핏은, "우리에게는 또 다른 조그만 차이가 있습니다. 바로 최근 몇 년간 심프슨의 실적이 나의 실적보다 훨씬 좋다는 겁니다"라고 쓰기도 했다. 세간에는 잘 드러나지 않지만 루이스 심프슨이 얼마나 버크셔에 중요한 존재인지 시사하는 일례다.

심프슨은 웨슬리안대학교에서 회계학과 경제학학위를 받았다. 프린스턴대학교에서 경제학 석사학위를 취득했고, 한때 프린스턴에서 경제학 강사를 지냈다. 그 후 심프슨은 시카고의 스타인 로 앤드 판햄

투자회사에 입사했다. 그리고 로스앤젤레스에서 펀드 바람이 한창일 때 셰어홀더스 매니지먼트에 들어갔다. 그러나 약세시장으로 프레드 카가 운영하던 펀드 회사는 큰 타격을 입었고, 카는 심프슨이 입사한 한 달 후에 회사를 떠났다.

루이스 심프슨을 선택한 가이코

1971년 심프슨은 로스앤젤레스 소재 웨스턴 뱅코퍼레이션의 자회사인 웨스턴 에셋 매니지먼트의 최고경영자가 되어 머니 매니지먼트를 했다. 1979년 루이스 심프슨은 가이코의 수석 부사장으로 최고투자책임자의 일을 맡아달라는 전화를 받았다. 당시 버크셔는 가이코의 지분 30%를 보유하고 있었다.

가이코는 새로운 최고투자책임자를 물색 중이었고, 존 번 회장은 후보자를 4명으로 압축해놓은 상태였다. 최종 후보자들은 오마하로 날아가서 버핏과 만나게 되어 있었다. 버핏은 가이코에 다년간 각별한 관심을 갖고 있었다. 존 번이 그때를 회상하면서 말했다.

"나는 4명 중 3명을 버핏에게 보냈지요. 심프슨과 4시간 동안 인터뷰한 후에 버핏이 전화를 했어요. '이 친구야, 이제 그만 보내도 되겠어'." 심프슨은 가이코에서 매우 뛰어난 성과를 보였고, 버핏은 앞서 말한 것처럼 자신이 무대에서 사라질 경우, 심프슨이 버크셔의 투자 일을 담당할 거라고 말해왔다. 버핏은 "후계 계획이라고 할 것도 없습니다. 그냥 내가 오늘 저녁에 죽으면 투자를 담당할 친구는 심프슨이라는 거지요"라고 분명히 말했다.

심프슨이 선택된 이유는 세 가지, 곧 지능, 인격, 기질이었다. 버핏은 기질 때문에 영리한 사람이 제 역할을 못할 수도 있다고 말한다. 버핏의 후계자로 지명된 것에 대한 심프슨의 반응은 예상대로 담담했다. 심프슨의 한 친구는 "심프슨은 그 문제에 매우 신중했으며, 그런 가정이 실제로 일어날 가능성은 거의 없다고 말했다"고 전했다.

캐서린 그레이엄 또한 심프슨을 15년 이상 알고 지내면서 그에게 매우 감탄하게 되었다고 말했다. 그레이엄은 심프슨이 선별적 투자에 있어 어느 정도 익명성을 유지하기를 바라는 것을 이해할 만하다고 했다. 그레이엄은 1970년대 초 버핏이 〈워싱턴 포스트〉 주식을 매입했을 당시를 회상하면서, "그때는 버핏이 별로 알려지지 않았어요. 심프슨은 매우 출중했습니다. 역시 널리 알려진 인물은 아니었지만 장래가 유망했지요"라면서, "버핏처럼 심프슨도 대단한 독서가로 연례보고서, 신문과 잡지를 탐독해요. 심프슨은 연달아 15개 회사의 보고서를 꼼꼼히 읽는 것이 가장 만족스러운 하루라고 합니다"라고 심프슨에 대해 평한 적이 있다.

우리는 같은 길을 가고 있다

버핏의 사후에 심프슨이 버크셔를 운영하게 될지 최종 결정은 이사회에 달려 있다. 버핏은 최근 인터뷰에서 자신이 죽고 나면, 버크셔의 운영은 이사회의 손에 달려 있다고 말했다. 그는 자신의 바람을 기술한 편지를 10통이나 가족 앞으로 썼다고 한다. 버핏과 심프슨은 매주 한두 번은 전화로 대화를 나눈다. 주로 가이코의 투자에 대해 의논하는 전화다. 개인적인 거래에 대해서는 이야기하지 않는다. 그러나 비슷한 철학을 갖고 있는 만큼 "우리는 확실히 같은 길을 가고 있다"고 버핏은 말한다.

버크셔 1997년 연례보고서에서 버핏은, "우리가 보고하는 포지션은 가이코의 심프슨이 투자한 내용이 반영된 경우가 많습니다. 심프슨은 독자적으로 약 20억 달러의 주식 포트폴리오를 운영하는데, 때로는 내가 관리하고 있는 포트폴리오와 겹치기도 하고, 또 어떤 때는 나와는 다른 움직임을 보이기도 합니다"라고 쓴 바 있다.

버핏은 버크셔 2004년 연례보고서에서 심프슨의 장기실적을 칭찬했는데, 다음은 보고서에 제시된 차트이다.

• 루이스 심프슨

연도	가이코 보유 주식의 수익률(%)	S&P 수익률(%)	차이
1980	23.7	32.3	8.6
1981	5.4	5.0	10.4
1982	45.8	21.4	24.4
1983	36.0	22.4	13.6
1984	21.8	6.1	15.7
1985	45.8	31.6	14.2
1986	38.7	18.6	20.1
1987	10.05	5.1	15.1
1988	30.0	16.6	13.4
1989	36.1	31.7	4.4
1990	9.9	3.1	6.8
1991	56.5	30.5	26.0
1992	10.8	7.6	3.2
1993	4.6	10.1	5.5
1994	13.4	1.3	12.1

연도			
1995	39.8	37.6	2.2
1996	29.2	23.0	6.2
1997	24.6	33.4	8.8
1998	18.6	28.6	10.0
1999	7.2	21.0	13.8
2000	20.9	9.1	30.0
2001	5.2	11.9	17.1
2002	8.1	22.1	14.0
2003	38.3	28.7	9.6
2004	16.9	10.9	6.0
연수익률 (1980~2004)	20.3	13.5	6.8

* 옅은 글씨는 손실임

4장
투자 세계의 본부, 버크셔

수익을 내라. 훌륭한 사업체를 인수하라.
그리고 그것을 반복하고 영원히 지속하라.

_워런 버핏

버크셔 해서웨이
인터내셔널

1965년부터 1985년까지 버핏의 투자는 다양한 분야에서 이루어졌다. 초기 투자 기업의 면면을 들여다보면 씨즈 캔디, 〈워싱턴 포스트〉, 가이코와 같이 전적으로 미국 기업에 국한된 상태였다. 그러던 버크셔가 국제기업으로서 면모를 드러낸 것은 코카콜라와 질레트(2005년 프록터 앤드 갬블이 인수함)에 투자하기 시작한 1990년대의 일이었다. 두 회사 모두 미국 기업이긴 했지만 지금처럼 당시에도 해외에서 왕성하게 활동하는 브랜드들이었다.

버크셔가 투자한 해외기업은 대부분 유럽계 회사들이었는데, 영국 식품 소매기업인 테스코와 기네스 맥주를 판매하는 디아지오 등을 들 수 있다. 또한 세계에서 세 번째로 큰 제약 회사이자 파리에 본사를 둔 사노피 아벤티스에도 버크셔의 지분이 약간 있다. 그 밖에도 버크셔는 미국 최대 맥주 회사인 안호이저 부시, 석유 회사 코노코필립스, GE, 존슨 앤드 존슨, UPS, 월마트 등의 다국적 기업에 투자했다.

버크셔가 운영하는 기업들은 대부분 해외 지분을 보유하고 있는 회사들이다. 예를 들면 버크셔의 미드아메리칸 에너지는 영국에서 세 번째로 큰 전기 회사의 지분을 대규모로 보유하고 있다. 1998년에는 전 세계적으로, 특히 유럽 시장을 장악하고 있는 거대 보험기업인 제너럴 리를 사들였다. 그리고 2003년에는 아시아뿐만 아니라 유럽에서도 투자자들을 끌어들이고 있는 에너지 기업 페트로차이나의 주식을 대량으로 매수했다2007년 매도했다·옮긴이.

　　주식 매수 외에도 버핏은 달러 가치가 하락하고 미국 경상수지와 무역적자가 달러화 하락에 지대한 영향을 끼칠 것으로 예상해 2000년대 초부터 다양한 외화를 사들였다. 그는 달러화가 하락할 것이라고 말하면서 수익의 대부분을 해외에서 벌어들일 수 있는 증권을 매수하는 것이라고 밝혔다.[73]

　　2006년에는 해외 주식투자가 더 많이 이루어졌다. 그해 이스라엘의 '이스카 메탈워킹 컴퍼니'를 매입한 것은 버크셔가 국제적인 기업으로 부상하는 계기가 되었다. 공작기계 제작 회사인 이스카 메탈워킹은 이스라엘 내에서뿐만 아니라 해외에서도 사업을 하는 기업으로, 이스카와 버크셔의 합병은 금속 절단을 하는 기업과 여러 분야의 기업을 보유한 버크셔 사이의 복합기업 탄생을 의미한다.

　　버크셔는 해외기업을 매수했을 뿐만 아니라 좀 더 유리한 조건에서 경쟁하기 위해 일부 사업체를 해외로 이전했다. 버크셔가 국제무대로 진출함에 따라 주주들의 기반도 점차 국제적으로 확대되었다. 2006년 버크셔의 정기 주주총회에 참석한 2만 4000명의 주주 중에는 500명 이상의 해외 주주들이 포함되어 있었다. 버크셔가 공식적으로 국제화된 것은 2006년 6월 버핏이 자신의 재산 대부분을 빌 앤드 멀린다 게이츠 재단에 기부하겠다고 발표했을 때이다. 이 재단은 전 세계적으로 에이즈와 싸우고, 제3세계 국민들의 건강 증진을 위해 노력하고 있다. 버핏이 기부 약속을 지켜나간다면, 그는 자신이 벌어들인 돈을 미국뿐만 아니라 전 세계를 위해 사용하는 게 되는 셈이다.

　　버핏이 다국적 기업을 성공적으로 운영함으로써 그와 많은 주주가 인류를 상대로 큰 기여를 할 기회를 얻게 되었다. 따라서 그의 기부 발표는 영원한 가치를 지닌 영광스러운 금자탑을 쌓아 올린 사건이라 할 수 있다.

실제 버핏은 2006년 기부 발표 이후 매년 자선단체에 기부금을 내놓고 있다. 2018년엔 34억 달러(약 3조 8000억 원)를 기부금으로 책정했고, 이 금액은 대부분 빌 앤드 멀린다 게이츠 재단에, 나머지는 고인이 된 부인 수전의 이름을 딴 셔우드 재단, 딸이 운영하는 하워드 G. 버핏 재단, 그리고 지금의 아내가 운영하는 노보 재단 등에 기탁했다.

한편 세계에서 가장 큰 재보험 거래로서 런던에 본사를 둔 세계적인 보험회사 런던 로이즈의 잔존 책임보험을 70억 달러에 인수한 버크셔는 '버크셔 해서웨이 인터내셔널'이라고 불러도 별 손색이 없게 되었다.

버크셔 본사에는
경제학자가 없다

버핏은 오마하 도심지에 있는 버크셔의 자그마한 본사에 '월드 헤드쿼터(세계 본사)'라는 이름을 붙였다. 본사는 임대 사무실 공간을 확장해 929제곱미터를 점하고 있다. 2002년 11월 14일 버핏이 조지타운 MBA 학생들에게 말한 것을 보면 버크셔가 어떤 모양새인지 쉽게 알 수 있다.

"우리는 전략부서도 없을 뿐만 아니라 전략도 없다. 버크셔는 경제학자를 고용하지 않으며, 만일 경제학자가 고용된 사업체를 인수한다고 해도 그 경제학자가 떠나버릴 것이다."

실제로 버크셔의 관제센터에는 별다른 사명이나 선언문이 없다. 군이 있다면 사명이라고 하기에는 좀 그렇지만 다음과 같이 정리할 수 있기는 하다. 이것도 버크셔의 주주인 켄 먼로가 간략히 정리한 것이다. "수익을 내라. 훌륭한 사업체를 인수하라. 그리고 그것을 반복하고 영원히 지속하라."

수년간 버핏은 키윗 플라자 14층의 소박한 본사에서 조용히 사업체를 운영해왔다. 그러다 2003년 갑자기 씀씀이를 늘렸고, 버핏 재단이 차지하고 있는 영역을 제외한 14층 전부를 빌려서 본부를 크게 확장했다. 실제로 본사는 리놀륨 바닥과 양탄자가 깔려 있는 공간으로 묘사되어왔다. 약간 과장되게 말하자면, 그것은 마호가니 벽으로 마감한 호화로운 개인 사무실과는 확실히 다르다. 현관 밖에는 '약속한 분 외에는 출입금지'라는 문구가 적힌 간판이 걸려 있을 뿐이다.

버크셔와 연계된 몬트필리어 리의 부사장이자 재보험 부문 최고임원인 러스 플래처는 1980년대 중반 어느 토요일, 버크셔의 마이클 골드버그와 버크셔 사무실에서 만나기로 약속했다. 플래처는 그날의 일을 이렇게 회상했다. "안으로 들어갔는데 버핏이 자기 비서의 책상 뒤편에 앉아 이메일을 확인하고 있더군요. 그는 청바지와 터틀넥 셔츠 차림이었어요. 우리를 본 그가 '안녕하세요'라고 인사를 건넸고 몇 마디 담소를 나눴어요. 그는 매우 겸손했죠."

1988년 버크셔를 방문한 바 있는 마이클 오브라이언도 이런 말을 했다. "내가 그곳에 간 것은 남성잡지 〈에스콰이어〉에 실을 사진을 찍기 위해서였죠. 나는 버핏에게 주식시장이 급락하면 두렵지 않느냐고 물었습니다. 그는 아니라고 대답했죠. 오히려 만일 주가지수가 500포인트 더 급락한다면 헐값 매수의 기회가 될 것이라고 말하더군요."

버핏의 '세계 본사'는 작은 회의실과 적은 인원이 업무를 처리하기에 충분한 공간으로 이루어져 있다. 버크셔는 보험업체의 복잡한 재정을 꼼꼼히 살피기 위해 오마하의 다른 곳에 데이터를 처리하는 빌딩과 보험업체들을 맡아 처리하는 회계사 사무실을 보유하고 있다.

버핏의 옆은 에메랄드빛 사무실에는 버핏의 아내가 선물한 작은 자기 장식판이 있다. 그 장식판에는 "바보와 그의 돈은 어디에서든지 항상 환영을 받는다"는 문구가 새겨져 있다. 그리고 1929년 주식시장 폭락의 기록을 비롯해 주식시장의 추억거리들이 풍부하다. 황소와 곰 조각품들이 곳곳에 널려 있고 벽에는 폭락하던 시기의 주식시세표, 버핏 아버지의 초상화, 그리고 벤저민 그레이엄의 사진이 걸려 있다. 책장에는 금융 관련 서적들과 1934년도에 출간된 벤저민 그레이엄과 데이비드 도드의 『증권분석』 초판본과 몇 권의 재판본이 꽂혀 있다.

버핏의 책상은 깨끗하지도 지저분하지도 않다. 〈월스트리트 저널〉과 〈오마하 월드 헤럴드〉 등 잡지와 신문이 수북이 쌓인 조그마한 책상에서 버핏은 버크셔 제국을 운영하고 있다. 뉴스광인 그는 종종 소리가 나지 않는 상태로 텔레비전을 켜두고, 관심을 끄는 장면이 나오면 볼륨을 키운다. 책상은 언제나 "핵전쟁이 발발할 경우에만 이 메시지를 무시하시오"와 같은 다양한 메시지가 적힌 메모철로 뒤덮여 있다.

2003년 확장을 하고 리모델링을 한 이후에도 버크셔는 예전처럼 경제적으로 운영되고 있다. '세계 본사'는 버크셔 해서웨이의 기업 활동의 본거지다. 하지만 정작 본사에는 버크셔라는 것을 나타내는 간판이나 로고가 하나도 없다. 키윗 플라자에서 멀지 않은 한 평범한 빌딩에 자리 잡은 버크셔의 한 보험업체도 '내셔널 인뎀니티'라는 작은 간판만 하나 얌전히 달고 있을 뿐이다. 내셔널 인뎀니티를 통해 버핏이 엄청난 투자를 하고 있는데도 말이다.

버크셔 본사를 움직이는
소수의 사람들

버핏의 집에서 20블록 떨어진 곳에 있는 본사는 소규모 인원으로 운영되고 있다. 1995년 버크셔 연례보고서에서 버핏은 그해 기업인수로 1만 1000명의 새로운 직원들을 인계받았지만, 본사 직원은 11명에서 12명으로 늘어났을 뿐이라고 밝혔다. 1998년까지 본사 직원은 12.8명이었다. 그는 연례보고서에서 다음과 같이 말했다.

"우리는 '월드 헤드쿼터'의 직원을 12명에서 12.8명으로 늘렸습니다(0.8명은 나나 찰리를 가리키는 게 아닙니다. 회계 부문에 일주일에 4일만 일하는 직원이 있습니다). 이러한 소수의 인원에 들어가는 비용은 세금공제 후 약 350만 달러입니다. 이는 우리가 관리하는 자산의 0.01% 이하에 해당하는 금액입니다."

2000년에는 버크셔 본사의 직원이 13.8명으로 늘었다. 버핏은 "찰리와 나는 작년에 약간 여유를 부려 본사 직원을 한 명 더 고용했습니다. 찰리는 감사하게도, 작은 구멍이 거대한 배를 침몰시킬 수 있다는 벤저민 프랭클린의 조언을 절대 잊지 않게 해주었지요"라고 밝혔다. 현재 버크셔 본사에는 25명의 직원이 근무하고 있다.

단순하고 소박한 사무실,
철두철미한 경영

본사에는 버핏이 일일이 응대하기 어려울 만큼 기고나 도움을 청하는 편지들이 쇄도한다. 버핏은 거절할 수밖에 없는 상황에 상당히 괴로워한다. 물론 인터뷰 요청이라고 해서 전부 다 받아들일 수도 없는 입장이다. 그런 것에 꽤 예민한 그는 비서에게 거절당한 사람들의 반응을 조심스럽게 묻곤 한다. 또한 강연을 해달라는 수많은 요청에 예의를 갖춘 메모로 답변한다. "너무나 많은 초청을 받아들이기엔 시간이 정말 없습니다. 메일을 처리하는 것만으로도 저한테는 굉장히 벅찬 일이지요."

버크셔 본사에는 빈둥거리는 직원이 없다. 벽에는 200여 개의 철제 사물함이 세워져 있고, 그 안에는 벤저민 그레이엄의 서신을 비롯해 버핏이 보낸 편지들의 복사본들과 연례보고서들로 가득 차 있다.

1990년 정기 주주총회 이후에 방송되었던 〈머니 월드〉 쇼를 위해 애덤 스미스가 버핏을 인터뷰한 적이 있었다. 이 인터뷰는 버크셔 본사의 비좁은 사무실에서 작고 평범한 의자에 마주 앉아 진행되었다. 세계적인 갑부와 인터뷰하는 것치고는 초라하기 짝이 없었지만 그와 인터뷰 하는 것은 행운이 아닐 수 없었다.

버핏의 사무실에는 극소수의 사람만 출입이 허용된다. 버크셔를 운영하는 최고 관리자 중에도 오마하에 있는 본사에 한 번도 가본 적이 없는 이가 대부분이다. 버핏은 일주일에 단 몇 사람만 만나며, 인터뷰도 거의 하지 않는다.

버핏에게 만나고 싶다는 편지를 보내는 사람들 1000명 중 실제로 그를 만나게 되는 사람은 1명 이하이다. 버핏은 엄청난 경쟁률을 뚫고 그를 만나게 된 사람들에게 특유의 유머를 섞어가며 투자와 인생에 관한 조언을 들려준다.

이처럼 극소수의 사람을 제외하고 본사의 출입은 철저하게 봉쇄되어 있다. 그래서 그런지 밖으로 정보가 새어나가는 일은 거의 없다. 더욱이 버크셔의 벽에는 이를 단적으로 드러내는 경구가 걸려 있다. "당신이 이곳을 떠날 때는 이곳에서 본 것과 말한 것을 이곳에 남겨두십시오."

소수의 방문객만 만나는 버핏은 주로 책상에서 간식을 먹으면서 업무에 파묻혀 지낸다. 사무실 안에는 버핏의 필수품인 하와이안 포테이토칩과 체리 코크, 씨즈 캔디 등이 구비되어 있다.

버핏은 점심식사로 콜라를 곁들인 햄버거와 감자 칩을 먹고, 저녁식사로는 해시브라운 2인분과 덜 익힌 스테이크를 먹는다. 이는 그가 꾸준히 먹어온 것들이다. 간식거리로는 플랜터스 땅콩과 하겐다즈 딸기 아이스크림을 즐긴다. 점심식사가 끝나면, 버핏은 블라인드가 쳐진 조용한 사무실에서 여러 신문과 잡지, 책을 읽으며 전화 업무를 다시 시작한다. 그야말로 단순함의 극치라 할 만하다. 그러나 이러한 단조로움 속에서 그는 철두철미한 경영계획을 수립해나간다.

버크셔의 1996년 연례보고서에서 그는 다음과 같이 지적했다. "우리의 본사 지출은 순자산과 비교해볼 때 0.02%보다 적은 액수입니다. 그런데도 찰리는 그것이 내가 버크셔의 기업 전용기 인디펜서블을 사용하기 때문이라고 비난하면서, 지출 비율이 지나치게 높다고 말했습니다."

1998년 버크셔 정기 주주총회에서는 이렇게 말했다. "우리의 운영비는 자본금의 0.05%까지 낮아졌습니다. 반면에 지금 운용되고 있는 대다수 뮤추얼펀드는 1.25% 수준입니다. 이는 그들의 총비용 비율 (자본 총액 대비 총비용)이 우리보다 250배나 높다는 것을 뜻합니다."

2000년도 연례보고서에는 비용 최소화를 위해 각별히 애쓰는 버핏의 일면이 드러난다. "이 작은 집단은 기적을 만들어내고 있습니다. 2000년에 본사는 여덟 번의 기업인수와 관련된 세부적인 모든 일을 처리했고, 대규모의 규제와 세금 관련 업무를 처리했으며(우리의 납세신고서는 4896페이지나 됩니다), 2만 5000장의 초청장이 발행된 정기 주주총회를 순조롭게 진행했습니다. 또한 주주들이 선정한 3660개의 자선단체에 돈을 정확히 분배해주었습니다. 아울러 400억 달러의 자금과 30만 명 이상의 주주를 지닌 한 기업이 유발하는 모든 일상적인 업무들을 처리했지요."

이는 버핏이 아니고서는 불가능한 일이다. 그의 철저한 준비성은 다음 글로 익히 알 수 있다. "준비하는 것은 대단히 중요하다. 노아가 방주를 만들기 시작한 것은 비가 한창 내리고 있을 때가 아니다."

버크셔 이사회와
주주총회

버크셔는 버핏과 소수의 몇 사람에 의해 굉장히 단순한 방식으로 운영되고 있다. 그래서 가끔 다른 기업들이 경영 모델로 삼기도 한다. 이사회는 상임위원회를 두지 않을 뿐만 아니라 외부의 조언도 거의 받지 않는다. 이러한 경영체제에 대해 〈포천〉은 다음과 같은 기사를 실었다.

"주주의 권리 행사에 관해 연금과 뮤추얼펀드를 대상으로 조언을 해주고 있는 ISSInstitutional Shareholders Services기관투자가들의 의결권 행사 방향을 권고하는 영향력 있는 자문업체·옮긴이는 버크셔 해서웨이의 대리권을 분석했다. 그들은 주주들이 두 명의 고집불통 이사들인 CEO 워런 버핏과 부회장 찰스 멍거로부터 그들의 의결권을 보호해야 한다고 공식적으로 결론을 내렸다. ISS는 버크셔 이사회에 독립적인 외부인을 충분히 두지 않는 것이 잘못이라고 주장했다."[74]

이에 비해 버크셔 정기 주주총회는 행복한 축제라고 할 수 있다. 전 세계 각지에서 온 투자자들은 버크셔 정기 주주총회를 위해 강당 문이 열리면 저마다 좋은 자리를 차지하려고 걸음을 재촉한다. 마치 록 콘서트와 같다. 어떤 사람들은 이 행사를 두고 종교 부흥회와 대학생 동아리 파티를 뒤섞어놓은 것 같다고 표현한다. 버핏은 이 정기 주주총회를 '자본가 버전의 우드스탁'이라고 부른다.

평가는 최저, 실적은 최고

버크셔는 외부 이사가 턱없이 부족해 분기마다 비난을 받았다. 결국 기업 이사회의 독립성을 확대하라는 권고를 받아들여 2003년 새로운 이사 두 명을 임명했다.

새로운 이사는 토머스 머피와 돈 커우였다. 토머스 머피는 캐피털 시티즈·ABC의 전 회장으로 A급 주식 1137주를 보유하고 있었고, 돈 커우는 코카콜라의 전 사장이자 투자 회사 DMK 인터내셔널과 투자금융 회사인 앨런 앤드 컴퍼니의 회장으로 A급 주식 70주를 보유하고 있었다.

그리고 2003년 11월에 다시 이사회의 인원이 두 명 더 늘어났다. 그들은 퍼스트 맨해튼 컴퍼니의 경영 파트너이자 A급 주식 1만 8936주와 B급 주식 3만 5383주를 보유하고 있는 억만장자 데이비드 S. 고츠먼과 워싱턴대학교 메디컬 스쿨과 병원연합 이사인 샬럿 가이먼이었다.

버크셔의 이사회에는 버핏과 멍거, 맬컴 G. 체이스도 포함되어 있다. 체이스는 개인투자자이자 지방은행인 로드아일랜드 은행의 회장으로, 그 은행에 대규모 투자 지분을 가지고 있다. 그는 1992년 부친의 자리를 물려받아 이사가 되었다. 2001년 초 400주를 팔았지만, 여전히 체이스 집안은 1만 3000주가량의 버크셔 주식을 보유 중인 것으로 보인다. 2005년 기록에는 A급 주식 1574주만 나와 있다.

또한 버핏의 아들 하워드 G. 버핏과 월터 스콧 주니어도 이사이다. 월터 스콧은 오마하에 소재한 대형 건설업체인 피터 키윗 선의 명예회장으로 어렸을 때부터 버핏과 친구로 지내왔다. 1997년에는 로스앤젤레스에 소재한 법률 회사 멍거 톨레스 앤드 올슨의 파트너 로널드 L. 올슨이 이사에 임명되었다. 올슨은 미국법률가협회에서 연방사법부 소송분과위원회의 의장직을 역임했다. 그의 전문 분야는 상업 소송과 기업 지배구조에 관한 자문으로, 2003년 〈워싱턴 포스트〉의 이사로 임명되기도 했다. 한편 마이크로소프트의 설립자 빌 게이츠도 2004년 7월 29일 세상을 뜬 수전 버핏의 자리를 대신해 2004년 12월 14일 버크셔 이사로 임명되었다.

그러나 버크셔의 이사가 된다 해도 대단한 혜택을 누리는 것은 아니다. 오히려 이사회에서 일하는 것은 곧 청빈을 맹세하는 것이나 다름없다. 이사들은 1년에 고작 900달러의 보수를 받을 뿐 책임보험을 비롯해 어떠한 것도 제공받지 않는다.

〈치프 이그제큐티브〉는 버크셔 이사회가 미국의 기업 중 '최악의 이사회'라고 보도했다. 1994년 5월 6일 〈USA 투데이〉도 최고와 최악의 기업 이사회들을 발표했는데, 버크셔가 최악이라고 보도했다. 그 이유는 버크셔의 이사회가 소규모이고, 가족 지향적이며, 실질적인 외부 이사들이 없다는 거였다.

이에 관해 투자자 기리 보가벨리는 다음과 같이 반박했다. "이사회를 평가할 때 고려해야 할 가장 중요한 요소는 기업 지배구조와 주주가치의 증대다. 기업 지배구조에 관한 한 버크셔의 기록은 흠잡을 데가 없다. 기업 지배구조를 연구하는 학자들은 버크셔를 자신들의 이론을 실전에 적용할 수 있는 하나의 기회로 여겨도 될 것이다. 주주가치의 증대에 관해 말하자면, 버크셔의 실적을 따라잡을 수 있는 미국 기업은 극소수에 지나지 않는다. 더욱이 중요한 것은 이러한 실적이 명확한 원칙과 최상의 윤리적 잣대 아래에서 이루어졌다는 점이다."

CEO 승계와 이사회의 역할

버핏은 향후 들이닥치게 될 버크셔의 CEO 승계 문제와 이를 책임지고 해결해야 할 이사회의 역할과 관련해 주주들에게 다음과 같이 발표한 바 있다.

여러분이 오너라면 당연히 자신이 나이가 들었을 때 CEO로서 계속 자리에 남아 있을 것인지, 그럴 경우에 이사회가 그 문제를 어떻게 다룰 것인지 고심하게 될 것입니다. 여러분은 오늘 밤 내가 세상을 떠난다면 회사가 어떻게 될 것인지 알고 싶을 것입니다.

두 번째 문제는 답변하기가 좀 쉽습니다. 우리 사업체의 대부분은 시장에서 우월적인 지위를 누리고 있고, 훌륭한 관리자들로 구성되어 있습니다. 그리고 독특한 버크셔 문화가 우리 자회사에 이르기까지 뿌리 깊이 자리 잡고 있기 때문에 내가 죽더라도 회사 운영에는 조금도 문제가 없을 것입니다.

그 외에도 버크셔에는 CEO가 될 자질이 충분한 세 명의 젊은 경영자가 활동하고 있습니다. 경영자 관점에서 볼 때, 세 명 모두 나보다 훨씬 나은 사람입니다. 내가 우려하는 유일한 것은 그들 모두 사업 분야에서나 투자 분야에서 풍부한 경험을 갖추고 있지 못하다는 점입니다. 물론 그 문제는 조직 내에 유가증권을 취급할 사람을 따로 두면 해결될 일이지요. 새로운 CEO가 그 업무를 맡을 능력 있는 사람을 구하는 데는 별 어려움이 없을 것입니다. 우리는 26년 동안 가이코에서 그렇게 해왔고, 그 결과는 기대 이상이었습니다.

버크셔의 이사회는 세 명의 CEO 후보자들과 충분히 대화를 나눴고,

내 후임이 될 사람에 관해 만장일치로 합의를 보았습니다. 하지만 이사들은 이 주제에 관해 계속 관심을 두고 지켜보고 있으며, 상황이 변하면 그들의 관점도 변경될 수 있습니다. 새로운 스타가 언제라도 나타날 수 있기 때문이지요. 중요한 것은 이사들이 미래에 무엇을 해야 하며, 어떠한 필요성이 대두될 것인지 알고 있다는 것입니다.

여기에서 언급해야 할 또 다른 문제는, 내가 아직도 경영을 지속할 만큼 똑똑하다고 오판할 정도로 노쇠해버린 경우, 이사회가 이에 대처할 준비가 되어 있느냐는 것입니다. 이 문제가 나에게만 국한된 것은 아닙니다. 찰리와 나는 버크셔의 자회사에서 때때로 이러한 문제에 봉착해왔습니다. 인간은 늙는 속도가 사람마다 다르지요. 하지만 어떤 경우라도 인간의 재능과 기력은 쇠퇴하게 마련입니다. 어떤 경영자들은 80대까지 원기 왕성하게 업무에 임합니다. 찰리가 그렇지요. 그렇지만 어떤 사람들은 60대만 되어도 눈에 띄게 쇠약해집니다. 그중에는 능력이 쇠퇴할 때 스스로 자신을 평가할 수 있는 사람들이 있습니다. 하지만 대부분의 경우, 다른 사람이 지적을 해주어야 합니다. 나 역시 그때가 오면 우리 이사회에서 승계를 위한 조치를 취해야 할 것입니다. 내가 알기로, 미국 어디에도 우리 이사회처럼 주주들의 이익을 위해 일하는 이사회는 없을 것입니다. 어쨌든 개인적으로 친구나 다른 사람에게 "당신은 더 이상 능력이 없소"라고 말하는 게 무척 어려운 일일 것입니다.

하지만 내가 그런 상황이 되면 우리 이사회가 그러한 메시지를 나에게 전달할 것으로 믿습니다. 그때가 되면 내가 보유하고 있는 버크셔 주식은 자선단체로 갈 것입니다. 나는 내 기부금으로 이 사회가 좀 더 나은 사회로 도약하기를 바랍니다. 따라서 내 직원들이 자신들의 책임을 회피함으로써 내 기부금이 효과적으로 쓰이지 못한다면, 매우 슬픈 일이 될 것입니다. 하지만 그런 걱정을 할 필요는 없을 것입니다. 회사에 훌륭한 이사진이 있기 때문이죠. 의심의 여지없이 그들은 항상 주주들을 위해 아낌없는 노력을 기울일 것입니다.

버크셔 주주총회

버크셔 주주총회에서는 해마다 영화를 상영한다. 회사의 주요 행사와 회사 제품에 대한 유머러스한 영상이 주 내용이다. 영화에는 버핏은 물론 빌 게이츠와 아널드 슈워제네거 같은 명사들이 등장한다. 이러한 저예산 영화는 버크셔의 재무담당자인 마크 햄벅이 수년간 제작해왔고, 이제는 버핏의 딸 수지가 그 일을 관장하고 있다. 이 비디오는 저작권 문제 때문에 시중에 배포되지 않는다.

해마다 봄이 되면 열리는 버크셔 정기 주주총회는 세계 각국 언론의 스포트라이트를 받고 있다. CNN을 비롯해 CNBC, 브라질·독일·영국·스위스·프랑스·일본·캐나다 등의 언론사와 32개국에서 온 주주들이 참가한다.

1992년 주주총회에서 버핏과 씨즈 캔디의 척 허긴스는 씨즈 캔디 로고가 새겨진 모자를 쓰고, 씨즈 캔디를 담은 작은 상자를 주주에게 나눠주었다. 버크셔 주주총회에 참석한 순례자들은 캔디 상자를 들고 버핏과 멍거가 출연하는 행사장으로 자리를 옮겼다. 그러고는 자신들이 흠모해 마지않는 경영진에게서 금융에 관한 숨겨진 지혜를 얻기 위해 귀를 곤두세웠다.

버크셔 정기 주주총회는 초창기만 해도 참석하는 사람들이 별로 없었다. 1960년대 버크셔의 섬유 사업 근거지인 뉴베드퍼드시에서 열린 정기 주주총회 때 참가한 사람은 10여 명에 불과했다. 얼마 뒤에는 오마하의 버크셔 내셔널 인뎀니티 사무실이 있던 빌딩 4층 자동판매기가 늘어선 카페테리아에서 총회가 개최되었는데, 참가한 사람은 10~30명이었다. 그러다가 점점 늘어나 1985년에는 레드 라이언 인에서 열렸는데, 250명의 주주가 모였다.

1979년 말 백화점 체인 디버시파이드가 버크셔에 합병되었을 때, 전체 주주는 약 1000명이었다. 1992년에는 1900명, 1993년에는 2900명이 되었는데, 대부분은 자회사인 블루칩 스탬프의 합병과 함께 주주에 편입된 사람들이었다. 이제는 약 30만 명의 주주 중 약 1만 2000명이 참가한다. 1996년에는 미국 50개 주뿐만이 아니라 오스트레일리아와 그리스, 이스라엘, 포르투갈, 싱가포르, 스웨덴, 스위스, 영국 등 해외 각지에서 주주들이 몰려와 더 큰 회의 장소를 마련해야 했다.

매년 오마하를 찾는 주주들은 그 긴 행렬을 멈출 생각이 없는 것처럼 보인다. 그들은 "주주총회에서 얻는 지혜만으로도 참석할 만한 가치는 충분하다"고 말한다. 주주총회에 참석해 버핏과 함께 주말을 보낸 주주들 간에 끈끈한 동료애가 생겨나는 것은 물론이다. 그들은 버크셔 주주가 된 사연을 이야기하면서 말문을 튼다. 물론 주주 경력이 길면 길수록 대화하기 좋은 것은 말할 것도 없다.

버핏과의 대화도 주주총회에서는 자연스럽게 이루어진다. 버핏의 행동은 처음 보는 사람들에게 신선한 충격을 준다. 다른 기업들의 정기 주주총회처럼 회장이 단조로운 어조로 연설하고 나서, 장밋빛 전망으로 회사 상황을 과장하기 일쑤인 그런 회의가 아니기 때문이다. 주주들은 불경기 때문에 실적이 실망스럽게 나왔다는 변명이나 혹은 다음 회계연도는 어떻게 멋지게 전개될 것이라는 등의 허망한 이야기 따위는 들을 수가 없다. 또 회장의 봉급을 문제 삼거나 하는 에블린 데이비스 같은 귀찮은 존재도 없다.

버크셔 주주총회는
비민주적이다

총회가 시작되면 먼저 버핏과 멍거가 연단으로 걸어간다. 버핏의 손에는 코카콜라가 들려 있다. 버크셔 2인조는 씨즈 캔디가 놓인 평범한 탁상용 의자에 앉는다. 버핏은 보통 한두 마디 농담을 건네고 나서 연설을 시작한다.

버크셔 주주총회에서 투표는 의미 없는 일이다. 버핏이 대량의 지분을 소유하고 있고, 가족과 친구들이 전체 지분의 50%를 넘게 갖고 있기 때문이다. 1997년에 버핏은 이렇게 말했다. "현안에 찬성하시는 분은 찬성이라고 말씀해주세요. 그리고 반대하시는 분은 '난 떠나요'라고 말하시고요."

주주들은 사업에 대한 지루한 설명이나 논쟁이 필요 없는 사항, 예를 들어 전년도 연례보고서의 낭독 따위를 생략하는 것에 찬성한다. 버핏에 따르면, 버크셔 주주총회는 근본적으로 민주적일 수 없다고 한다. 덕분에 주주총회의 주요 진행 절차는 5분에서 10분밖에 걸리지 않는다. 그래서 버크셔 주주총회에 처음 참석한 사람들은 놀라곤 한다.

그 먼 길을 와서 참석했는데 순식간에 회의가 끝나다니, 황당하기도 하고 한편으로는 정말 끝난 것인가 반신반의하게 된다. 물론 실질적으로 끝난 것은 아니다. 정작 흥미로운 것은 그때부터이다. 버핏은 몸을 약간 뒤로 젖히며 묻는다.

"질문 있으십니까?"

그러고는 속도와 깊이, 독창성에서 사람들을 경탄하게 만드는 버핏의 답변이 이어진다. 젊은 투자자들이 투자에 대해 조언을 부탁하면 버핏은 이렇게 말한다. "주식을 하나의 사업체로 바라보고, 당신이 잘 이해하고 있는 분야에서 신뢰할 만하고 편안하게 대할 수 있는 사람이 운영하는 사업체를 찾아보세요. 그리고 되도록 오랫동안 그 사람들이 하고 싶어 하는 대로 내버려두세요."

점심시간이 될 때까지 질문은 장장 세 시간 가까이 이어진다. 15분간의 점심 휴식 시간이 지난 뒤 다시 세 시간 동안에 걸쳐 질문이 이어진다. 버핏은 마다하지 않고, 자신을 향해 던지는 질문 하나하나에 일일이 대구한다. 이때 멍거는 조연 역할을 담당한다.

주주총회가 끝난 후에 대다수 주주는 오마하를 떠나는 비행기를 타기 전에 네브래스카 퍼니처 마트나 보셰임으로 달려간다. 보통은 버핏이 교통 편의를 제공하는데, 에어컨도 없는 낡은 학교 버스를 빌린 것이다. 1989년 주주총회 때 버핏은 두 대의 낡은 학교 버스를 100달러에 빌렸다. 뭐니 뭐니 해도 버핏은 영업과 총무, 관리 비용을 최저로 유지하고 싶었던 것이다.

때로 버핏은 주식시장의 위험성을 일깨움으로써 사람들을 긴장시킨다. 1988년 정기 주주총회에서 그는 "만일 짧은 기간 내에 보유 주식 가치가 50% 하락해서 심한 고민을 하게 된다면, 우리는 주식을 갖고 있지 말아야 한다"고 말했다.

1992년 정기 주주총회 후에 주주 폴 캐시디는 이런 말을 했다. "그는 위대한 교육자입니다. 나는 그가 말하는 방법을 사업에 적용하려고 애씁니다. 그리고 아이들에게 장기 보유 투자자가 되라고 말합니다. 아이들은 코카콜라 주식을 사고 있습니다. 그것이 대학교에 진학하는 데 도움이 될 걸로 믿고 있지요. 우리 가족은 버핏 덕분에 많이 웃고 즐거워합니다."

1996년 정기 주주총회를 앞두고 버핏은 그래니트 은행 회장 존 포라인즈를 오마하 메리어트 근처에서 만났다. 이전에 그들은 단지 편지만 몇 번 교환한 사이였을 뿐이다. 포라인즈 회장에게 버핏은 "그래니트 은행의 보고서 검토를 모두 마쳤다"고 말했다.

이어서 버핏은 정기 주주총회 중에 그래니트 은행에 관해 언급했다. 그래니트 은행이 전 미국 내에서 비슷한 규모의 은행 중 가장 수익이 높은 은행이라고 말한 것이다. 그리고 은행의 1/4분기 보고서에 기록된 숫자들을 인용하기 시작했다. 이 모습을 본 포라인즈는 매우 놀랐다. "아주 정확했어요. 난 참으로 놀라고, 또 한편으론 감격했지요…. 우리 연례보고서에 대한 요청이 멀리 홍콩에서도 왔어요."

그래니트 은행은 총 250건의 요청이 들어와서 연례보고서를 추가로 인쇄해야만 했다.

투자자들의 우드스탁

버핏은 버크셔 정기 주주총회가 즐거운 행사이기를 바란다. "회의가 편리하고 흥미 있기를 바랍니다. 사람들이 총회를 즐기기 바랍니다.

야구장에서나 고라츠버핏이 즐겨 찾는 스테이크집·옮긴이에서, 혹은 보셰임에서 대다수 주주가 웃고 있는 걸 보셨을 것입니다. 그들이 공항으로 향하면서 웃고 간다면, 1년 후에 다시 그들을 보게 될 것입니다."

해를 거듭하면서 정기 주주총회의 규모가 커지고 문화적인 행사로 커나가자, 버핏은 엄청난 군중을 수용할 방도를 마련하느라 애를 써야 했다. 2004년 5월 1일, 버크셔의 정기 주주총회는 예년에 비해 훨씬 큰 장소인 오마하에 있는 퀘스트 센터에서 개최되었다. 그곳은 면적만 4만 4686제곱미터인데, 그중 1만 8208제곱미터가 전시장 용도로 쓰이고 있다. 그러고 보면 버크셔 회의 장소로서는 그때까지 역대 최대인 셈이었다.

그날 1만 9500명의 인파가 회의장에 도착해서 1만 7000개 좌석을 채우고, 넘치는 인원은 새로운 오마하 컨벤션 센터에 수용되었다. 세계 최다 참가자의 정기 주주총회였다. 주주들은 전시장을 돌면서 각양각색의 버크셔 계열사 부스에서 전시품들을 구경하다가 해마다 어김없이 상영되는 유머 넘치는 버크셔표 영화를 흥미롭게 관람했다.

버핏
재단

버핏은 자신이 죽으면 재산을 버핏 재단에 기부하겠다는 뜻을 일찍부터 밝혀왔다. 평생을 바쳐 이룬 장기투자의 결실인 그의 재산은 그런 방식으로 사회에 환원될 예정이었다. 적어도 버핏의 부 가운데 대부분이 빌 앤드 멀린다 게이츠 재단에 기부될 거라는 발표가 나온 2006년 6월 이전까지는 말이다.

버핏 재단은 록펠러 재단과 포드 재단마저도 훌쩍 뛰어넘는 최대 재단이 될 것으로 예상했다. 그러나 버핏은 미국 내 최대 재단인 빌 앤드 멀린다 재단에 날개를 달아주었다.

기부에 가이드라인은 없다

재산을 사회에 일찍 환원하는 것이 좋은지 아닌지에 관한 논쟁은 계속되어왔다. 이 문제에 대한 버핏의 언급이 기사화되기도 했다. "버핏은 게이츠가 이제까지 기부를 미뤘던 것은 잘한 일이라고 말했다. '만일 재산의 90%를 10년 전에 기부했다면 사회에는 막대한 손실로 작용했을 것입니다. 그랬다면 결과적으로 세계는 1000억 달러를 잃는 꼴이 되었을 것입니다. 하지만 지금은 반대로 세계 최고 실적의 기부펀드를 운영하고 있지 않습니까.' 여기에 반대하는 의견은 자선 기부금에도 시간 가치가 존재한다는 것이다. 만일 게이츠가 어떤 질병의 퇴치를 위해 5000만 달러를 10년 전에 기부했고, 그 돈으로 치료 방법을 발견해서 10만 명의 생명을 구했다면 건강관리 비용 10억 달러를 절감하는 것은 논외로 치더라도 그 가치가 얼마나 되었겠는가? 물론 정답은 없다."[75]

게이츠 역시 버핏과 비슷한 발언을 했다. "자녀들에게 수십억 달러를 물려주는 것은 건설적이라고 생각하지 않습니다…. 물론 내 아이들이 안락하게 생활할 수 있도록 신경은 쓸 것입니다."

게이츠의 재산 대부분은 자녀들에게 가는 대신 주로 보건과 교육, 복지 분야에 자선기금으로 쓰이게 될 것이라고 한다. 이미 인도의 에이즈 퇴치 사업과 예방접종 사업 같은 다양한 분야에 막대한 금액이 기부됐다. 버핏은 빌 게이츠의 자선에 찬사를 보냈다.

"수년 전, 빌과 멀린다 게이츠 부부는 어떻게 하면 좀 더 많은 사람의 삶에 큰 도움을 줄 수 있을지 자문했다. 그러고는 과거의 자선활동 때 출연했던 돈보다는 좀 더 많은 돈을 새로운 아이디어에 지원하기 시작했다. 처음부터 게이츠 부부는 어떠한 주변의 찬사나 인정에 흔들리지 않고, 또한 수혜자의 인종이나 피부색, 믿음에 구애받지 않고 자선활동을 하기로 약속했다. 전 세계인의 생명과 생존에 관련된 일에 역점을 두고 자금을 투입하기로 방침을 정했다. 그리고 지구촌의 건강과 교육 문제에 집중함으로써 생각을 현실로 빠르게 바꾸어놓았다. 1999년 게이츠 부부의 재단은 어린이용 백신 개발에 7억 5000만 달러를 기부하기로 했는데,[76] 이는 사상 최대 액수였다."

버핏은 자신의 재산을 '미활성 펀드'라고 부른다. 버핏 재단은 기부의 초점을 가족계획과 핵전쟁의 위험 감소 노력, 그리고 교육에 맞추어왔다. 1999년 연간 약 1100만에서 1200만 달러를 기부했으며, 대부분이 낙태 및 가족계획 서비스에 쓰였다. 기부금은 오마하시에 일부 이루어진 것을 제외하고는 대체적으로 국내외의 인구 통제와 가족계획에 집중되고 있다. 재단은 2003년 약 700만 달러의 자산을 보유하고 있었으며, 같은 해에 3000만 달러를 기부했다.

재단은 기부에 관한 가이드라인을 가지고 있지는 않다. 원칙이 있다면 네브래스카주립대학교 학생에게 장학금을 제공하는 대학 장학금 프로그램은 예외이며, 재단은 그 외의 기부금 신청을 받지 않는다는 것이다. 재단의 기부금은 체계적으로 운영된다.

"6월 30일 종료 회계연도 기준으로 버핏 재단이 기부한 총 1760만 달러 중 대략 380만 달러가 가족계획연맹으로 갔다. 이로 인해 버핏 재단은 연맹의 3대 기부재단에 들게 됐다. 그렇지만 재단을 더욱 돋보이게 하는 것은 전국적으로 지방 지부(1999년에만 17개소)에 계획적인 기부를 시행하여, 의료센터와 직접 기부 관계를 맺는다는 점이다."[77]

기부 반대자 설득하기

2001년 가족계획연맹에 대한 기부를 반대한 한 주주가 위임장을 버크셔에 제출해서 유사한 종류의 기증 행위를 중지할 것을 요청했다.

주주인 글로리아 J. 패트릭은 위임장과 함께 제출한 진술서에서 "자기 마음대로 자선행위를 하라고 다른 사람들이 회사에 투자한 것이 아니다"라고 주장했다. 오하이오주 웨스트 밀튼에 거주하고 있는 패트릭은 B급 주식 2주를 소유하고 있는데, 임신 중절 권리를 지원하는 가족계획연맹에 버크셔가 기부하는 것을 반대한다고 밝혔다. 버크셔는 이 제안에 반대투표를 하도록 권유하면서, 버크셔의 주주들은 자선 행위에 대한 회사의 재량권을 인정하고 있으며, "주주들의 결정으로 다양한 철학을 담은 기부를 많이 해왔다"고 말했다.

다음은 버크셔의 2001 연례보고서에 버핏이 쓴 글이다. "가족계획연맹에 대한 버크셔의 기부 행위를 비난하는 편지를 매주 몇 통씩 받고 있습니다. 대개 그 편지들은 버크셔 제품이 보이콧되기를 바라는 기관들이 사주하고 있습니다. 공손하면서 진지한 내용들입니다만, 편지를 작성한 사람은 중요한 점을 깨닫지 못하고 있습니다. 바로 기부를 결정하는 것은 버크셔가 아니라 버크셔의 주인들이고, 그들의 의견은 그야말로 각양각색이란 점입니다. 예를 들어 낙태 문제만 해도 주주들의 의견이 찬반으로 갈리고, 아마 미국 전체 찬반 비율과 비슷할 것입니다. 회사는 주주들이 가족계획연맹을 지정하든, 임신중절반대협회를 지정하든 그 지시를 따를 것입니다. 물론 501(c)(3) 자격연방소득 세법상 비영리법인의 세금 면제 자격과 관계된 규정·옮긴이을 지닌 기관이어야겠지요. 이건 우리가 배당금을 지급하고 그 배당금을 주주가 기부한 것과 마찬가지입니다. 다만 우리의 지급 방식이 세금 면에서 좀 더 능률적입니다."

〈배런스〉는 인구 과잉 외에 다른 문제들에도 버핏이 관심을 기울여야 한다고 제시하면서 버핏의 말을 인용했다. "저는 인구 문제와 여성의 출산 권리를 중요한 문제로 생각하고 있고, 언젠가는 그에 관한 글을 쓸지도 모릅니다. 하지만 그때까지는 이와 같은 문제에 대해 언급을 하거나, 대변인이 될 생각은 없습니다. 그랬다가는 하루 50여 통에 달하는 편지를 받게 될지도 모릅니다. 그러면 생활이 굉장히 번잡해질 것입니다."

1999년 3월 2일, 버핏은 〈나이트라인〉의 테드 코펠과의 대담에서 다음과 같이 말했다. "저는 사회를 위한 기부금 펀드를 조성하는 것이 즐겁습니다. 그 과정 자체가 참으로 기쁨을 줍니다. 여기서 생각해볼 것은, 만일 15년 전에 이 모든 기부를 행했다면 사회에 돌아간 돈은 수억 달러였을 테지만, 만일 내가 오늘 죽는다면 300억 달러에 달하는 금액이 환원될 것입니다. 그리 시원찮은 금액은 아니죠. 우리 회사에는 매우 현명하고 우수한 여섯 명의 인재가 있고, 지하에 잠들어 있는 나보다 지상에 있는 그들이 훨씬 나은 판단을 할 것입니다. 몇 가지 지침을 내리긴 했지만, 그렇다고 행동을 구속하는 것은 아닙니다. 그 친구들이 기금 후원자가 없고, 정부가 쉽게 해결할 수 없으며, 일반적으로 자선단체에서 다루지 않는 문제들에 관심을 갖고 다루었으면 합니다. 부딪혀서 시도하고 무언가를 이루어냈으면 합니다."

버핏은 재산 증식이 자신의 생활에 별다른 영향을 주지 않는다고 말했다. "아무런 차이도 없어요. 내가 죽고 나면, 재단의 규모에는 영향이 있겠지요. 하지만 개인적으로는 어떤 결과든 마찬가지일 것입니다."[78]

1999년 12월 27일, 버핏은 자신과 아내가 당시 시가로 1억 3400만 달러에 상당하는 A급 주식 2500주를 익명의 자선단체에 기부했다고 발표했다. 이를 밝히는 이유는 이것이 주식 매도가 아니라는 것을 투자자들에게 알리기 위해서라고 했다. 그는 이미 한차례 소동을 겪었다.

언론에서 버핏이 기부하기 위해 주식을 매도했다고 보도했고, 이에 대해 버핏 부부는 버크셔 주식을 판 적이 절대로 없다고 해명해야 했던 것이다. 또한 주식을 기증받은 자선단체는 기부받은 1주일 동안에는 10주 이상 팔지 않기로 동의했다고 한다.

버핏은 자녀들과 애스트리드 멩크스에게 작은 규모의 셔우드 재단을 관리하게 했다. 이곳은 1993년 7월 30일, 연도 말 기준으로 58만 4000달러의 자산을 보유 중이며, 약 37만 달러를 기부했다. 버핏은 매년 50만 달러를 셔우드 재단에 기부해서, 자녀들과 멩크스가 스스로 매년 총 10만 달러 정도를 기부할 수 있도록 했다. 버핏은 기부가 어떻게 이루어지는지 확인하지 않는다.

1999년 말경 버핏의 세 자녀가 공동으로 운영하는 셔우드 재단을 대신하는 별도의 재단을 설립했다. 하워드 버핏 재단은 수전 버핏이 선물한 500주의 A급 주식을 보유하고 있다. 〈오마하 월드 헤럴드〉에 따르면, 하워드 버핏 재단은 위원회를 통하지 않고 개인적으로도 기부할 수 있도록 허락하고 있다고 말했다.

"별로 변한 것은 없습니다. 새로운 재단에서는 각자가 좀 더 독립적으로 일할 수 있을 뿐입니다. 그게 전부입니다."

버핏은 자신의 기부금 가운데 대부분이 '환경보존 사업과 교육 사업, 그리고 어린이를 위한 사업'에 돌아갈 것이라고 말한 바 있다. 그 수혜자 중에는 환경보존 그룹인 에코트러스트, 세계 야생생물 재단, 남아프리카의 디 월트 치타 보호구역, 그리고 일리노이주 디케이터의 우수 교사 프로그램 등이 포함되어 있다.

또한 버핏 재단은 프랑스산 유산 약물인 'RU-486'을 미국 시장에 들여오는 데 필요한 검사 비용을 첫해 절반 이상 부담했다. 1996년 4월 21일 〈오마하 월드 헤럴드〉는 이 사실을 이렇게 보도한다. "버핏 재단은 미국 내에서 '미페프리스톤'이라 불리는 약의 임상실험을 위한 자금으로 1994년 200만 달러를 지원했다. 그 돈은 뉴욕에 소재한 비영리 연구 단체이자 약의 미국 특허권을 보유하고 있는 인구위원회로 갔다. 버핏 재단은 1994년 한 해 동안, 임상실험용으로 기부한 200만 달러 외에도 인구 증가를 억제하기 위한 사업을 펼치는 여러 기관에 500만 달러 이상을 기부했다."

〈배런스〉는 1997년 12월 8일 "버핏 재단이 1997년 가족계획 운동에 800만 달러를 기부했다. 아울러 버핏 재단은 1988년 이후로는 인구 증가 억제에 주로 집중했다"고 보도했다.

존 트레인은 자신의 저서 『대가들의 주식투자법』에서 "버핏 재단은 모스크바와 워싱턴의 리스크 완화센터에 20만 달러를 지급, 팩스와 전화를 구비해서 위급 상황일 때 서로 통신이 가능토록 했다"고 밝히기도 했다.

버핏 재단은 2000년에 '가족건강국제연맹'에, 비외과적 불임 약물인 '퀴나크린'의 시판 허가를 받기 위한 비용으로 200만 달러를 기부하기도 했다. 그리고 2003년 6월 30일, 버핏 재단의 990-PF 보고서는 2900만 달러 이상이 되는 기부 명단을 발표했다. 물론 버핏 재단과 그의 자녀들이 운영하는 재단들은 앞으로도 끊임없이 지속적인 기부를 해나갈 것이다.

부록

오늘 어떤 사람이 그늘에 앉을 수 있는 이유는
오래전에 누군가 나무를 심어놓았기 때문이다.

_워런 버핏

버핏의 기고문, 편지, 광고문

버핏의 팬들이 탐독하는 베스트셀러 목록에는 버크셔 연례보고서 외에도 버핏이 쓴 기고문이나 편지, 광고문과 같은 글들이 들어 있다. 청년 시절의 버핏이 꿰뚫어본 보험사 가이코의 투자 가치나, 투자조합 원들에게 들려주는 채권 관련 이론, 회계 문제에 간섭하는 입법자들의 웃기는 행태, 사업적 위기에 효과적으로 대처하는 버크셔의 자세, 버크셔에 대한 투자를 권유하는 내용 등을 담은 다양한 형식의 문서들을 읽는 것도 커다란 기쁨이다.

젊은 버핏이 꿰뚫어 본
가이코의 진면목

1951년 12월 6일 버핏은 뉴욕 간행물 칼럼에 '내가 가장 좋아하는 주식'이라는 제목의 글을 썼다. 비범한 21세 청년의 눈에 비친 가이코의 모습이다.

완전 고용과 급격한 수익 증가, 기록적인 배당금 지불 등은 주가가 하락한다면 엄두도 낼 수 없는 일들이다. 대부분의 산업은 '간혹 바닷물의 흐름을 방해하는 약간의 잔물결이 없진 않았지만' 지난 5년 동안 이러한 호황의 물결을 타고 급성장해왔다.

그러나 자동차보험 사업은 이러한 호경기의 덕을 보지 못했다. 전쟁 직후 압도적인 손실을 입은 뒤, 1949년부터 제자리를 찾기 시작했다. 상해보험 회사들의 최근 수익보고서, 특히 자동차보험 부문에서 대규모 보험 계약을 달성한 회사들의 수익보고서는 그들의 주식을 급상승시켰다. 평균 수익과 자산 요소들에 기초해서 판단할 때, 이 회사들의 대부분 주식은 저평가되어 있는 것으로 보인다. 이 산업의 특성은 급격한 경기 변화에 크게 영향을 받지 않는다는 점이다. 다수의 보험 계약자들은 자동차보험을 필수적인 것으로 인식하고 있다. 자동차보험 계약은 운전 경력에 따라 일정 비율로 매년 갱신해야만 한다. 자동차 가격이 가파르게 올랐던 1945년부터 1951년까지의 시기에는 불리한 점이 있었지만, 디플레이션적인 요소들이 꿈틀거리기 시작하는 경우, 비용을 감안해 보험료가 수익성 있게 책정되어 있는지 반드시 확인해야 한다. 이 사업의 이점은 재고 소진, 노동과 원료 문제 등이 없다는 것이며, 상품이 진부해질 위험도 없다.

가이코는 전국적으로 다음과 같은 자격 요건을 갖춘 사람들에게 자동차보험을 제공하기 위해 1930년대 중반에 설립되었다.

① 연방, 주, 시 공무원, ② 현역과 예비역 군 장교와 군 하사관으로 세 달 이상 복무 중인 사람, ③ 현역일 때 자격이 되었던 퇴역군인, ④ 이전의 보험 보유자, ⑤ 대학, 전문대학, 학교 교직원, ⑥ 국방 부문에서 일하는 대對정부 계약업체 직원, ⑦ 주주들

이 회사는 보험 대리점이나 지점들을 두지 않는다. 결과적으로 보험 계약자들은 기준 보험료보다 30% 할인된 보험료에 자동차보험을 계약한다. 보상 청구는 전국에서 활동 중인 대략 500명의 대리인을 통해 즉각적으로 처리된다.

연도	계약된 보험 금액(달러)	보험 계약자 수(명)
1936	103,696.31	3,754
1940	768,057.86	25,514
1945	1,638,562.09	51,697
1950	36.0 8,016,975.79	143,944

'성장기업'이라는 용어는 경쟁자들의 일반 수익과 가격의 인플레이션보다 약간 높은 수준으로 매출이 상승한 기업들에 지난 몇 년 동안 제멋대로 적용되었다. 다음의 기록에 기초해볼 때 가이코는 합리적인 성장기업으로서의 자격이 있다.

물론 오늘의 투자자는 어제의 성장에서 수익을 내지 않는다. 가이코의 경우, 성장 가능성이 보장된다고 믿는 이유가 있다. 1950년 이전에 이 회사는 워싱턴 D.C.와 하와이를 포함한 50개 주 중 15개 주에서만 사업을 했다.

그해 초 뉴욕주에 3000명 이하의 보험 계약자가 있었다. 하지만 인구가 적은 지역에서 50달러의 보험료를 25% 줄인 것보다 뉴욕에서 125달러의 보험료를 25% 줄인 것이 잠재고객의 확보 측면에서 수익이 더 컸다.

경기 후퇴기에 중요하게 나타나는 징후로서 비용 경쟁이 심화되는 경우, 가이코의 보험료가 지니는 매력은 친척이 운영하는 보험회사라 해도 등을 돌리게 만들 것이다. 인플레이션으로 인해 보험료가 높아지는 경우에 25%의 보험료 차이는 금전적인 측면에서 더 커질 것이다.

미심쩍은 계약 신청자로부터 서류를 받아야 하거나 형편없는 리스크들을 갱신해야 하는 보험 영업사원들로 인한 압박도 없다. 요금 구조가 부적절한 주들에서는 신규 계약자 모집이 불가능할지도 모른다.

아마도 가이코의 가장 큰 매력은 수익 마진의 이점을 누리고 있다는 점이다. 가이코가 1949년에 벌어들인 보험료에 대한 보험 계약 수익률은 27.5%였다. 이에 반해 베스츠보험사 등급 평가 서비스 회사·옮긴이가 정리한 133개 상해보험 회사들의 수익률은 6.7%였다. 1950년 최악의 상황을 경험했던 시기에 베스츠의 총 수익 마진은 3.0%까지 하락했고, 가이코는 18%로 하락했다.

가이코는 모든 상해보험을 취급하지는 않는다. 신체 상해와 재산 손실 부문은 가이코에게 모두 중요한데, 이것들은 가장 수익성이 없는 부분이었다. 가이코는 1950년에 수익성 있는 충돌사고 보험 계약 부문에서 대규모 보험 계약을 이루어냈다.

1951년 상반기 동안 실질적으로 모든 보험업체는 가장 수익성 없는 신체 상해를 포함한 상해 부문과 재산상의 손해 부문에서 적자를 기록했다. 반면에 가이코의 수익 마진은 9%를 약간 웃돌 정도로만 떨어졌다. 매사추세츠의 본딩 앤드 인슈어런스는 16%의 손실을 냈고, 뉴 암스테르담 상해보험은 8% 손실을 냈으며, 스탠더드 액시던트 인슈어런스는 9%의 손실을 냈다.

가이코는 빠른 성장 때문에 현금 배당금이 낮게 유지되어야 했다. 주식 배당금과 25대 1 주식분할로 발행주식이 1948년 6월 1일 3000주에서 1951년 11월 10일 7만 5000주까지 늘어나게 되었다. 계열 회사들의 주식에 출자하기 위한 유가증권도 발행되었다.

벤저민 그레이엄은 1948년 투자신탁을 통해 대규모 주식들을 매수한 이후 해당 이사회의 회장직을 맡아왔다. 그리고 창립 이래로 가이코의 성장을 견인하고 있는 레오 굿윈은 매우 능력 있는 사장이다. 1950년 말 10명의 이사회 임원들은 발행 주식의 약 3분의 1을 소유하고 있었다. 1950년의 수익은 1949년 4.71달러와 대비되는 3.92달러로 집계되었다.

이러한 수치들은 두 해 모두 상당히 많았던 보험금 보유액의 상승을 포함하지 않은 것이다. 1951년의 수익은 1950년보다 좀 더 낮았다. 그해 여름에 파도치듯 인상된 보험료는 1952년의 수익으로 집계되었기 때문이다. 그럼에도 회사 자산의 성장으로 인해 1947년과 1950년 사이의 투자소득은 네 배나 증가했다.

투자조합원에게
들려주는 채권론(1970)

조합원 여러분에게,

이 편지는 세 종류의 면세채권에 관해 아주 기초적인 교육 내용을 담고 있습니다. 특히 채권의 만기와 유형을 중심으로 다음 달의 매입과 관련해 조합원에게 도움이 되기를 기대하고 있습니다.

일부는 조금 어려운 부분도 있고, 일부는 지나치게 단순화한 부분도 있을 것입니다. 100쪽짜리 책의 내용을 단 10쪽으로 줄여서 부족한 점이 없지 않습니다만, 재미있게 읽으시기를 바랍니다.

┌ 면세채권의 역학 ┐

우리의 도움을 희망하시는 분께는 전국적으로 활동하고 있는 지방채^{Municipal Bond지방정부 혹은 그 소속기관이 발행하는 채권, 소득세가 면제됨·옮긴이} 딜러와 직접적으로 채권의 구매가 이루어지도록 하고, 채권의 판매 결과도 직접 확인하여 통보될 수 있도록 주선하겠습니다. 채권 판매 확인은 세무상 기본 자료로 보존되어야 합니다.

여러분은 수표를 딜러에게 보내실 필요가 없습니다. 딜러는 채권과 함께 지급명세서를 여러분의 거래은행에 제시하며, 은행은 여러분의 계좌로 청구하고 지급을 받게 됩니다.

유통시장(이미 발행되어 거래 중인)에서 매입한 채권의 경우 결제일은 통상적으로 확인일로부터 1주일이지만, 신규 발행 채권의 경우에는 결제일이 1개월 후일 수도 있습니다. 결제일은 확인표(신규 채권의 경우에는 발행된 때의 예비표가 아니라 제2표와 마지막 표일 것임)에 분명하게 명시되어 있고, 여러분은 그 결제일에 지불 가능하도록 은행에 예치금을 준비해두어야 합니다.

만일 미 재무부 증권을 현재 보유하고 있다면, 수일 전의 통보로 은행이 그 증권을 매각할 수 있으므로 적시에 돈을 준비하는 데에는 문제가 없습니다. 채권 딜러가 은행에 채권 인도를 늦게 하는 경우에도, 이자 부과는 결제일로부터 시작됩니다.

채권은 양도 가능한 형식으로, 이른바 무기명 형식으로 화폐처럼 유통 가능하도록 이자표coupon 액면가로 채권을 발행하고 표면이율에 따라 연간 지급해야 하는 이자를 일정 기간 나누어 지급하는 채권을 이표채라고 하며, 이 채권의 권면에는 이자표가 붙어 있다·옮긴이가 첨부되어 인도됩니다. 통상적으로 채권은 액면 5000달러 단위이며, 기명채권과 교환이 가능합니다. 물론 조건에 따라 상당한 비용을 부담할 수도 있습니다.

기명된 채권은 양도 거래가 불가능하고, 명의개서 대리인 장부에 등록된 소유자의 양도 위임이 있어야 거래가 가능합니다. 채권은 거의 무기명으로만 거래되며, 기명채권은 무기명으로 전환하지 않으면 실질적으로 매도가 불가능합니다. 그러므로 대량의 채권을 현물로서 보유하려는 것이 아니라면, 무기명으로 채권을 유지하기를 추천합니다. 그러려면 채권을 안전한 장소에 보관해야 하고, 매 6개월마다 이자표를 떼어내야 합니다. 떼어낸 이자표는 수표와 마찬가지로 여러분의 은행계좌에 예금할 수 있습니다.

만일 채권으로 25만 달러를 보유하고 있다면, 50장(액면 5000달러)의 채권증서가 될 것이고, 1년에 6~8번 정도 은행 대여금고에 가서 이자표를 떼고 은행계좌에 입금하게 될 것입니다.

또한 은행에 채권 예탁 계정을 열어서, 약간의 비용으로 채권을 보관시켜 이자를 수령하고, 기록을 유지할 수도 있습니다. 예를 들면 25만 달러 포트폴리오 기준으로 연간 약 200달러에 예탁 서비스가 가능할 것입니다. 관심이 있다면 은행 담당 임직원에게 해당 서비스와 비용에 대해 문의하시면 됩니다. 그렇지 않을 경우에는 대여금고를 사용하면 됩니다.

┌ 과세 ┐

면세채권에 붙는 이자표의 저축으로 수령하는 이자에는 연방소득세가 물론 없습니다. 바꿔 말해, 30% 상위 연방소득세 계층이라면, 면세채권으로 발생하는 6% 수익은 과세 대상 채권에서 발생하는 8.5%의 수익과 대등합니다. 그래서 조합원 대부분에게, 미성년자와 일부 은퇴한 분을 빼고 과세 대상 채권보다는 면세채권이 좀 더 유리합니다.

상당한 자산을 지니고 있으나 임금소득이나 배당소득이 없는 분은 과세채권과 면세채권을 조합해야만 최고의 세후 소득을 기대할 수 있습니다. 해당되는 분이 있을 경우에는 그러한 균형을 달성할 수 있도록 우리가 같이 작업을 해드리겠습니다. 주州소득세와 관련된 상황은 좀 더 복잡합니다. 네브래스카의 경우에 주소득세는 연방소득세의 백분율로 계산되며, 면세채권의 이자에는 주소득세가 부과되지 않습니다. 내가 이해하기로 뉴욕과 캘리포니아주의 법률에 따르면, 주 내부 발행자의 면세채권은 주소득세가 부과되지 않지만, 타 주의 면세채권은 주소득세의 부과 대상입니다. 또한 뉴욕시 소득세법에 따르면, 뉴욕 주 내부에서 발행된 면세채권에 대해서는 시市소득세가 면제되지만, 타 주의 면세채권에 대해서는 과세합니다.

나는 주소득세 전문가가 아니므로 여러 주나 다양한 시에서 일어나는 변화에 대해서 잘 안다고 할 수 없습니다. 그러므로 여러분이 계신 지역 세무 상담사의 의견을 참조하시기 바라며, 단지 여기서 말씀드리는 것은 일반적인 경우이니 문제의 소지가 있을 수 있다는 것에 주의하시기 바랍니다.

네브래스카에서는 세후 소득 계산 시에 지역적인 사항을 고려할 필요가 없습니다. 주 밖에서 발행된 채권이 지역의 과세 대상일 경우에는 여러분이 속한 주나 도시의 실질적인 비용은 연방소득세의 수익에서 받은 혜택으로 절감됩니다. 물론 여러분 개인의 경우에 따라 사정이 다를 수 있습니다. 추가로 일부 주에는 무형 재산에 대해 다양한 세금이 부과되는데, 그 조항이 모든 면세채권이나 혹은 주 밖의 발행자 채권에만 해당하는 경우도 있습니다. 불행히도 나는 다른 주에 대해서는 조언을 할 수가 없습니다.

할인채의 경우 채권을 액면가에서 할인된 가격으로 매입하고 후에 매각하거나 기간 만료로 지급받았을 시에는 수입과 비용의 차액은 자본

이득 혹은 손실도 처리가 됩니다(여기에는 사소한 예외가 있고, 투자와 세금에 대한 일반적인 사항에도 마찬가지로 예외가 있습니다. 우리가 추천하는 유가증권에 해당 사항이 있을 때는 여러분에게 알려드리겠습니다).

끝으로 가장 중요한 사항을 말하자면, 법은 명시해놓지 않았지만 현재 여러분이 일반 용도의 은행 채무 혹은 다른 채무가 있거나 대출을 받을 계획일 경우, 면세채권을 보유할 생각은 하지 말아야 합니다. 법은 융자금에서 발생하는 이자, 혹은 융자금으로 계속해서 면세채권을 매입하거나, 오래도록 보유해 생기는 이자에 대해서는 공제 가능성을 배제하고 있습니다. 그리고 이 법규에 대한 해석은 해가 갈수록 그 적용 범위가 확대되고 있습니다.

예를 들면 부동산 담보 융자금(단, 지방채를 사기 위해 발생한 부채가 아닐 것)에 대한 이자를 연방소득세에서 공제하는 것은 무방하다고 생각합니다. 설사 그와 동시에 면세채권을 소유하고 있다 해도 말입니다. 따라서 나 같으면 면세채권을 소유하기 전에 은행 융자금을 먼저 갚아버릴 것입니다.

그러나 이 문제에 대한 상세한 검토는 여러분과 여러분의 세무 상담사에게 남겨놓습니다. 나는 단지 문제의 가능성을 염두에 두라고 언급하는 것입니다.

┌ 시장성 ┐

면세채권은 글자 그대로 수십만 건의 채권 발행이 이루어지고 있고 대부분 별로 보유자가 없다는 점에서 보통 주식이나 회사채와는 실질적으로 다릅니다. 이 점이 활발한 시장의 형성을 가로막고 있습니다. 뉴욕시나 필라델피아시는 기금을 마련할 때마다 20, 30, 혹은 40가지의 서로 다른 유가증권을 매각합니다. 그때마다 이 증권들은 그만큼 다양한 상환기일로 발행이 됩니다. 1980년 만기인 뉴욕의 연리 6% 채권은 1981년 만기인 뉴욕의 연리 6% 채권과는 다른 물건입니다. 그 물건은 서로 교환할 수 없으며, 물건의 소지자는 그 특정 물건의 원매자를 찾아내야 합니다. 뉴욕이 1년에 서너 번 채권을 발매하는 걸 감안하면, 이 한 도시가 발행한 채권이 왜 1000가지 정도가 되는지 알 수 있을 것입니다.

네브래스카주와 그랜드아일랜드시는 75개의 발행 건수를 갖고 있습니다. 매번 발행 평균 금액은 10만 달러이고 평균 소지 지수는 발행 건수당 6~8명입니다. 그러므로 모든 발행 채권에 대해 전 시간에 걸쳐서 시세를 알 수 있는 시장이 존재한다는 것은 절대적으로 불가능하고, 매도 금액과 매수 금액 사이의 폭도 매우 클 수가 있습니다.

어느 날 아침에 자신이 선택한 특정한 그랜드아일랜드 채권을 살 수도 없습니다. 그 이유는 어디에서건 어떤 가격에서건 매도 제시가 없을 수도 있고, 설사 하나의 매도자를 발견하더라도 그가 제시한 조건이 비슷한 수준으로 제시된 다른 물건과 비교해 현실적일 거라는 근거도 없어서입니다.

반면에 단일한 발행 채권으로, 예를 들어 오하이오 유료 고속도로나 일리노이 유료 고속도로 등과 같이 2억 달러 이상의 금액을 발행해서 수천 명의 채권 소지인이 동일한 교환 가능 채권을 소지하고 있는 경우도 있습니다. 명백하게 이런 경우 시장성이 매우 높다고 하겠지요. 시장성이란 일반적으로 다음과 같이 세 가지 기능을 가지고 있습니다.

1. 채권의 규모

2. 발행자의 규모(오하이오주의 10만 달러 발행 채권이 오하이오주 포딩
   크시의 10만 달러 발행 채권보다 시장성이 더 높을 것입니다)

3. 발행자의 우량성

   단연코 새로 발행되는 채권을 판매하기 위해 힘을 쓸 것입니다. 일
   주일마다 평균 2억 달러 이상의 신규 발행 채권이 시장에 나오며,
   채권의 많고 적음을 불문하고 시장은 채권 판매를 적극적으로 지원
   합니다. 신규 발행 채권은 일단 초기 판매가 끝난 뒤에는 수익률이
   벌어질 수 있습니다. 채권의 매도 제시 가격과 매입 제시 가격의 폭
   이 15%나 되는 경우도 있기 때문입니다.

그러나 그렇게 큰 차이의 가능성을 염두에 두면 채권을 살 필요가 없
고, 우리도 여러분을 위해 그런 채권은 매입하지 않을 것입니다.

우리가 구입을 예상하고 있는 채권의 스프레드(해당 채권 매입 시에 지
불할 순가격과 동일 시점에 해당 채권을 판매할 순거래 가격과의 차이)는
2~5% 정도로 보고 있습니다. 그런 스프레드는 해당 채권을 당장 매
도하려고 시도한다면 손해를 보겠지만, 장기투자자에게는 문제가 되
지 않을 것이라고 봅니다.

중요한 것은 아주 제한된 시장성을 갖고 있는 채권을 멀리하는 것인
데, 그런 채권은 전형적으로 지역 채권 딜러들에게 금전적인 인센티
브가 가장 큽니다.

┌ 특정 매입 분야 ┐

우리는 다음의 분야에 매입을 집중할 것입니다.

1. 대규모 수입을 유발하는 공적 기관(예를 들면 유료도로 관리 기관, 전력 기관, 상수도 기관 등)이 발행하는 채권

   이런 채권은 높은 시장성을 지니고 있고 계량적 분석의 대상이 되며, 때로는 호의적인 감채기금채권의 발행자가 만기상환 시의 과중한 자금 부담을 덜기 위해 정기적으로 일정액씩 기업 내부에 유보하는 특별기금·옮긴이을 보유하고 있습니다.

2. 산업개발공사 채권

   부동산에 대한 소유권을 지니고 있는 공공기관이 사기업체에 부동산을 임대해줄 때 발행하는 채권입니다.

   예를 들면 오하이오주 로레인시는 U.S. 스틸이 담당한 8000만 달러 공사의 소유권을 가지고 있습니다. 산업개발공사 이사회는 공사 대금을 지불하려고 채권을 발행하고, 그 채권의 지급을 감당하기 위해 U.S. 스틸과 임대계약을 체결했습니다.

   그 도시나 시의 신용은 그 채권과 상관이 없으며, 리스 당사자인 회사가 전적으로 책임을 집니다. 세법의 변경 때문에 새로운 채권이 소액(사업당 500만 달러 이하)으로만 발행되고 있을지라도 많은 최우량 기업들이 수십억 달러 가치의 채무를 뒷감당하고 있습니다. 한동안은 그러한 채권 발행에 상당한 편견도 있어서 본래의 신용 상태에 걸맞지 않은 상당히 높은 수익률에 판매해야 했던 경우도 있었습니다.

   그러한 선입견은 상당히 해소되어 수익률 프리미엄은 줄어들었지

만, 여전히 가장 매력적인 분야로 생각됩니다. 우리 보험회사는 이 범주에 속한 채권을 대량으로 보유하고 있습니다.

3. 공공주택청의 면세채권

실제로 이 채권은 미국 정부의 보증을 받아 신용등급이 AAA로 최상급입니다. 주 내부의 채권 구매에 세법상 프리미엄을 부여하고 있는 주의 경우에는, 만일 위에 대한 수요를 채우지 못할 경우에 나는 내용도 모르는 신용 상태의 채권을 선택하느니 공공주택청의 채권을 선택하기를 권합니다. 만일 여러분이 자기 출신 주의 채권을 사야 한다면, 상당한 분량의 주택청 채권을 사기를 바랍니다. 그런 채권 종류는 다양화할 필요가 없을 정도로 모두 최상위 신용등급을 유지하고 있습니다.

4. 직접 혹은 간접 성격을 띤 주 발행 채권

여러분은 내가 대도시 발행 채권을 사지 않는 데 주목했을 것입니다. 나는 뉴욕, 시카고, 필라델피아 채권을 어떻게 분석해야 할지 알 수가 없습니다.

내 친구가 해준 이야기지만, 뉴어크가 환상적인 수익률로 채권을 팔려고 애를 쓸 때, 자신들이 욕을 먹고 있다며 마피아가 황당해했다고 합니다.

뉴욕시 채권에 대한 여러분의 분석이나 나의 분석이나 마찬가지일 것입니다. 뉴욕 시민들이 장기간 동안 청구된 공공대금을 지불하지 않는다는 것은 상상하기 힘든 일입니다. 여러분이나 나나 분석하기 힘든 것은 마찬가지입니다.

내가 채권을 다루는 방법은 주식을 다루는 것과 아주 흡사합니다. 뭔가 이해를 할 수 없으면 전혀 신경을 쓰지 않습니다. 내가 이해하지 못하는 것은 설사 누군가가 예리하게 분석해내고 이익을 볼지라도 흘려보내는 것이 아깝지 않습니다.

여러분 중 대부분에게는 5~10장의 채권을 구입해 드립니다. 2만 5000달러 규모 이하의 구입은 삼갈 것이며, 타당하다면 더 큰 규모를 추천하겠습니다. 작은 뭉텅이의 채권은 통상적으로 재판매할 때 불리하고, 경우에 따라서는 대단히 손해를 봅니다. 채권 판매인은 1만 달러 규모의 채권을 판매할 때는 그런 이야기를 하지 않겠지만, 후에 그에게 1만 달러 규모의 채권을 되팔 때는 자세한 설명을 할 것입니다.

규모가 작은데도 매도 제시 가격이 특별히 유리한 조건일 경우, 예외적으로 작은 규모 단위로 유통시장에서 매입할 수도 있습니다.

┌ 수의상환채권 ┐

채권 발행인이 자신에게 대단히 유리한 계약 조건으로 도중에 상환할 수 있는 권리를 보유한 채권은 매입하지 않겠습니다. 5~10년 뒤에 상환할 수 있는 권리를 지닌 40년 만기의 채권을 극소의 프리미엄 조건에 매입하는 사람이 있는 걸 보면 놀라울 따름입니다. 그러한 계약의 의미는 기본적으로 발행인에게 유리하고 자신에게는 불리한 40년짜리 거래를 한 것이고, 그 최초의 계약이 자신에게 유리하고 발행인에게 불리하면 5년짜리 거래가 된다는 것입니다.

이처럼 터무니없는 계약이 존재하는 이유는 채권 투자자가 그러한 계약 형식에 내포된 조건을 철두철미하게 생각하지 못하고, 채권 딜러는 자기 고객들을 위해 더 나은 조건을 추천하지 않기 때문입니다.

대단히 흥미 있는 사실은 극히 매력적이지 못한 수의상환 조건부 채권이, 수의상환 조건이 없지만 그 밖에는 동일한 조건의 채권과 실질적으로 같은 수익률에 팔리고 있다는 것입니다. 대부분의 네브래스카 채권은 대단히 불공정한 상환조건을 지니고 있음을 지적해야겠습니다. 계약 조건이 불리하다고 해서 좀 더 공평한 조건의 다른 채권보다 높은 수익률을 제시하는 것도 아닙니다.

이 문제를 회피하는 방법은 수의상환 조건이 전혀 없는 채권을 구입하는 것입니다. 다른 방법은 발행자의 수의상환권부 채권을 사되, 매입비용을 충분히 웃돌게 할인된 가격으로 사서 수의상환이 의미가 없어지도록 만드는 것입니다.

103에 수의상환이 가능한 어떤 채권을 60에 매입하면, 발행인이 조기에 계약을 종결짓는 권리(여러분에게는 없는 권리)를 부여하는 데 들어간 실제 비용은 그다지 중요하지 않습니다.

이렇게 뻔한 이야기를 장황하게 늘어놓는 것은 그러한 채권이 계속적으로 판매되고 있는 것으로 보아 많은 투자자들이 자신들에게 불리한 상황이 전개되리라는 것을 눈곱만치도 모르는 것 같아서입니다. 그리고 채권 판매인들도 그런 사실을 밝히지 않기 때문이고요.

┌ 채권의 만기와 수학 ┐

많은 사람이 채권 구입 과정에서 얼마나 오랫동안 그 채권을 보유할 것인가, 혹은 얼마나 오래 자신이 살 수 있을 것인가 등을 고려해 만기를 선택합니다. 그것이 어리석은 방법은 아니지만, 가장 논리적인 것도 아닙니다.

만기 선택의 기본적인 결정 요소는 ① 수익률 곡선의 형태, ② 기대하는 미래 예상 수익률 수준, ③ 여러분이 감당할 수 있거나 이익을 볼 수 있다고 여겨지는 시세의 변동폭이 되어야 합니다. 물론 ②번 항목이 가장 중요하지만, 합리적으로 거론하기가 가장 어려운 사항이기도 합니다.

우선 수익률 곡선yield curve을 다뤄보기로 하겠습니다. 다른 조건이 동일하다면, 채권의 제시 기간 기준에 따라 지급 이자율에 차이가 있을 것입니다. 예를 들면 현재 제시되는 최상급 채권의 경우 6~9개월 만기에 4.75%의 수익률, 2년 만기에 5.00%, 5년 만기에 5.25%, 10년 만기에 5.50%, 20년 만기에 6.25%입니다.

장기 이자율이 단기 이자율보다 실질적으로 높을 때는 강하게 긍정적인 곡선(우상향)을 보인다고 말합니다. 미국 정부채 시장에서는 최근의 이자율이 부정적인 수익률 곡선(우하향)을 보이는 경향이 있습니다. 다시 말해서 지난해에 장기적인 정부채는 단기적인 채권에 비해 수익이 일관되게 낮았다는 것이지요. 때로는 수익률 곡선이 매우 평탄한 적도 있고, 때로는 10년까지는 상승하다가 다시 평탄해지기도 합니다.

여러분이 이해해야 할 것은 수익률 곡선은 변화한다는 사실이고, 그 폭이 클 때도 있다는 것과 과거의 기준으로 볼 때 현재의 기울기가 높은 상승곡선 범위에 속한다는 것입니다.

이는 장기채가 더 가치가 있다는 뜻이 아니라 만기가 길 때 수익이 더 커진다는 의미입니다. 만일 수익률 곡선이 여러 해 동안 일정하다면, 의도하는 보유 기간에 상관없이 단기보다는 장기채권이 유리합니다.

만기 선택의 제2요소는 미래수익률에 대한 기대치입니다. 이 분야에서 예측을 많이 행한 사람은 바보처럼 보이기 일쑤입니다. 나는 1년 전에 수익률이 매력적이라고 간주했다가, 내 생각이 틀렸음을 즉시 확인받은 적이 있습니다. 현재의 수익률이 매력적이라고 믿지만, 또다시 바보가 될지도 모릅니다. 그럼에도 불구하고 결정은 해야 하고, 지금 단기 유가증권을 사더라도 실수할 가능성은 마찬가지인 데다, 수년간 재투자 수익률은 상당히 낮았습니다.

마지막 결정 요소는 시세 변동에 대한 허용 범위와 관계가 있습니다. 이 부분은 수학과 연관되어 있어서 약간 이해하기 어려울지도 모릅니다. 그래도 일반적인 원리를 파악하는 것이 매우 중요합니다.

여기서 잠깐 완전하게 평탄한 수평의 수익률 곡선과 중도상환 불능 채권을 가정해봅시다. 또 현재의 수익률이 5%이고 만기 2년과 만기 20년 두 가지 채권을 구입한다고 가정해봅시다.

이제 1년 후에 신규 발행 채권의 수익률이 3%가 되었고, 여러분은 보유 중인 채권을 팔려고 합니다. 시장 스프레드, 수수료 등을 제외하고 여러분은 본래 2년짜리 1000달러 채권(현재 잔존기간 1년)에서 1019.60달러, 19년짜리 채권(본래 만기 20년)에서 1288.10달러를 받게 됩니다.

이 가격에서 매입자는 그가 지불한 프리미엄을 상각하고 두 가지 채권에 붙어 있는 5% 이자표를 현금화하면 정확하게 3%를 갖게 됩니다. 매입자에게는 여러분의 19년짜리 5% 채권을 1288.10달러에 사는 것이나 신규 3% 채권을 1000달러에 사는 것이나 차이가 없는 일입니다.

반면에 수익률이 7%가 되었다고 가정합시다. 수수료 할인에 대한 양도차익세 등은 또 무시합시다. 매입자는 잔존 기간 1년짜리에 981달러만 지불하고, 19년 잔존기간의 채권에 791달러만 지불합니다.

그는 신규 발행 채권에서 7%를 취할 수 있으므로, 1000달러에 7% 이

자료 대비 여러분의 5% 이자표에서 경제적으로 동일한 이익을 받을 수 있도록 부가할인이 충분하게 반영된 할인가격이라야 사게 됩니다. 원리는 간단합니다. 이자율의 진폭이 크면 클수록 또 만기 기간이 길면 길수록 만기 이전의 중간 기준으로 채권의 가치는 더 큰 폭으로 상승 혹은 하락할 수가 있습니다.

여기서 지적하고 넘어갈 것은 첫 번째 예에서 이자율이 3%로 올라간 경우, 우리의 장기채권이 수의상환 채권으로 5년 액면가 상환 조건이라면 겨우 1070달러로 평가되었을 것이라는 점과 7%의 이자율일 경우에도 마찬가지 정도로 내려갔을 거라는 점입니다.

이는 수의상환 조건이 본래부터 얼마나 불공정한가를 여실히 보여주고 있습니다. 20년이 넘도록 면세채권상의 이자율은 계속 상승했고, 장기채의 구입자들은 계속 손해를 감수했습니다. 그 의미는 지금 장기채를 사는 게 나쁘다는 것이 아니라, 사람들은 높은 이자율에서 오는 하락 리스크에만 민감해졌지 낮은 이자율에서 오는 상승 가능성에는 둔감하다는 점입니다.

만일 일반적으로 미래 이자율과 수익률 곡선이 상당히 긍정적일 확률이 50%라면, 단기보다는 장기의 수의상환 불가 채권의 구매가 더 유리합니다. 이것이 현재 내가 내린 결론이고, 따라서 나는 10~25년 범위의 채권을 매입하려고 합니다.

만일 여러분이 20년짜리 채권을 사기로 결정하고 그대로 계속 보유한다면 누적된 이자를 받게 됩니다. 그러나 일찍 매도하면 좋든 나쁘든 내가 설명한 수학적 원리에 준한 상황에 직면하게 됩니다.

채권 가격은 시간에 따라 가격이 변하는 특성이 있습니다. 그렇지만 면세 채권 분야는 이자율의 일반 구조상의 변화가 주는 영향에 비해서는 대수롭지 않을 뿐만 아니라 앞으로도 중요하지 않을 것입니다.

┌ 할인채권 대 이표채권 ┐

앞에서 여러분은 7% 수익률의 19년 만기 채권을 구입하고 싶으면 신규 발행 채권의 19년짜리 7% 이표채권이나 혹은 5% 이표채권을 선택해서 791.6달러에 살 수 있음을 보았습니다. 이 경우에 여러분은 19년 후에 1000달러를 지급받을 것입니다. 그리고 어느 것을 매입해도 반년마다 정확하게 7% 복리의 수익을 얻을 수 있습니다. 수학적으로 그 두 채권은 동일합니다.

그러나 면세채권의 경우에는 계산식이 복잡해지는데, 70달러의 이자표는 전적으로 면세인데, 할인 가격으로 매입한 채권의 경우 연 50달러의 소득은 면세이고, 19년 후에 얻게 되는 추가소득액 208.40달러는 면세가 아니라는 점입니다.

현행 세법 아래에서는 할인으로 얻은 소득이 19년차에 유일한 과세대상일 경우, 양도소득세가 매우 크고 그에 대한 세금이 70달러가 넘는 금액에 대해서는 명목세를 부담해야 합니다. 여기에 추가적으로 양도소득에 대해 주세州稅를 부담할 수도 있습니다. 명백하게 이러한 상황에서는 여러분은 5% 이자표에 791.60달러를 지불하려 들지 않을 것이고, 1000달러에 7% 이자표가 낫다고 느낄 것입니다. 다른 사람도 마찬가지입니다.

그러므로 동일한 만기를 가진 동일한 특성의 유가증권이라면, 현재의 높은 이자표를 유지하는 것보다 낮은 이자표에 할인가격일 때, 더 높은 총수익률에 판매되는 것이죠. 흥미로운 것은 대부분의 납세자에게는 그런 높은 총수익이 실제 부담하는 세금을 더 많이 보상한다는 점입니다. 이것은 몇 가지 요소에 기인합니다.

첫째, 아무도 채권이 만기가 될 때 세법이 어떻게 될지 모른다는 점입니다. 아마 지금보다 세율이 더 엄격해질 거라고 가정하는 게 자연스럽고 타당할 것입니다.

둘째, 만기 19년에다 791.60달러에 매입한 1000달러짜리 5% 이표채권이 같은 기간의 액면가 1000달러에 매입한 7% 이표채권과 가격이 같지만, 사람들은 현재 더 높은 소득을 수중에 넣기 원한다는 것입니다. 5% 이표채권의 소유자는 자신의 791.60달러에 대해 6.3%의 현재 수익을 갖게 되고, 7%에 이르는 차액은 기말에 추가로 찾는 208.40달러에서 얻게 되는 것입니다.

끝으로 가장 중요한 요소로, 1969년도 조세개혁법에 따른 은행 세금 처리 규정의 개정으로 할인 면세채권의 구입자 자격을 상실한 은행이 채권시장에서 제외되었다는 것입니다. 이는 할인채권 가격에 현재 영향을 주고 있고 앞으로도 계속 영향을 줄 요소입니다.

은행은 역사적으로 면세채권의 최대 구입자이면서 소유자였기 때문에 시장에서 은행을 배제한다는 것은 면세채권 시장의 수요 공급 상황에 극적인 영향을 제공할 것입니다. 이는 할인 면세채권 시장에서 개인들에게 어느 정도의 이점을 줄 것이고, 특히 채권이 만기가 도래하거나 팔렸을 때에 세금을 많이 내지 않아도 되는 사람들에게는 이점으로 작용할 것입니다.

만일 매우 높은 실질적인 세후 수익률을 얻을 수 있는 경우, 여러분의 미래 세율을 합리적으로 추정할 수 있다는 가정 아래 나는 여러분에게 할인채권을 구입해 드릴 생각입니다. 다만 앞에서 거론된 복잡한 사항들 때문에 단순히 어떤 채권을 구입할 것이라고 말할 수 없다는 점을 아셔야 합니다. 면세채권 시장은 증권시장보다 부동산시장과 유사점이 더 많을 수도 있습니다. 수십만 건의 다양한 비교 대상이 있는데, 매도자가 없는 채권과 매도자가 망설이는 채권, 그리고 적극적인 매도자가 있는 채권 등입니다.

어떤 것이 가장 좋은 구입 대상인지는 제시된 채권의 성질, 여러분의 필요와 적합성, 그리고 매도자의 열성에 달려 있습니다. 비교의 기준은 언제나 매주 평균 수억 달러 가치의 채권이 팔려야 하는 신규 발행 채권에 있습니다.

그렇지만 제2의 유통시장의 기회(기존에 발행되어 유통 중인 것)가 신규 발행분보다 매력적일 수 있고, 우리가 매수할 준비가 되어 있어야만 비로소 해당 채권이 얼마나 매력적인지 알아볼 수 있습니다.

행복한 구역에서
홈런 치기

마이크로소프트가 반독점법 소송에 휘말리는 와중에 일반인들에게 공개된 이메일이 하나 있다. 그 메일을 통해 우리는 버핏이 대중에 비치는 모습과 개인적인 모습이 동일하다는 것을 알 수 있다.

1997년 당시 마이크로소프트의 경영자 제프 레익스는 버핏에게 소프트웨어 기업에 투자하는 것을 고려해보라는 조언했고, 버핏은 다음과 같이 이메일 답장을 보냈다. 이 서신에서 우리는 이메일을 자주 확인하지 않았던 버핏의 옛 모습을 살짝 엿볼 수 있다. 네브래스카 미식축구를 언급한 부분도 흥미로우며, 자신의 사업체를 보호해야 한다는 굳건한 의지도 드러나 있다. 오자도 간간이 눈에 띄는 버핏의 이메일은 그도 역시 실수를 저지르는 인간이라는 사실 또한 보여준다.

잘 지내는가, 제프?

내 주위에는 이메일을 사용하는 친구들이 워낙 적어서 나는 일주일에 한 번 정도만 이메일을 확인해본다네(그래도 도착한 메일이 거의 없는 편이네). 그래서 답변이 늦었네. 무척 미안하게 생각하네. 그리고 나는 타이핑이 꽤 빠른 편이지만, 철자의 정확도는 떨어지는 편이네.

하지만 내가 주로 편지를 쓰는 상대는 잘못된 문장이나 철자를 해독하면서 쏠쏠한 재미를 느끼는 친구들이네. 그러다 보니 오타를 고치기보다는 그냥 계속 써내려가는 게 더 쉽다는 걸 깨닫게 되었다네. 내 생각에 자네가 어려운 상황에 처해 있는 듯해서 걱정이네. 우리에게 기적이 필요한 상황이지.

내가 왜 마이크로소프트에 투자를 해야 하는지에 관한 자네의 분석은 돈에 관한 것 이상으로까지는 나아가지 못한 것 같네. 사실상 그 회사는 커뮤니케이션 분야에서 사용료를 받고 있으며, 그 사업이 계속 성장 중이라는 걸 알고 있네. 그것은 마치 작은 물줄기에서 시작되지만 그 지류들이 아마존강으로 흘러 들어가면서 불어나는 모든 물에 대해 돈을 받고 있는 셈이나 마찬가지라고 할 수 있지.

가장 어려운 문제는 가격을 인상하는 것이라네. 나는 지난해 12월 모임 이후 그 문제에 관해 빌에게 편지를 보냈네. 벨전화기 발명가 알렉산더 그레이엄 벨·옮긴이은 빌(빌 게이츠)을 예상해, 전화 기반 시설 부문에 다른 누군가를 심어놓았어야 했어. 빌이 시시각각으로 방방곡곡에서 영구하게 돈을 끌어모으지 못하도록 말이지.

코카콜라는 사람들이 한 모금 마실 때마다 돈을 벌고 있네. 한 사람이 하루 두 번을 마시면 하루에 72억 번을 마시게 될 거네. 나는 콜라가 암을 유발하지 않는 한 이러한 경향은 100% 지속되리라는 확신을 100% 가지고 있네(어쩌면 실수일지도 모르지만). 빌은 훨씬 더 나은 수입을 얻고 있지. 나는 빌과 반대되는 베팅은 절대로 하지 않을 것이네.

하지만 나는 마이크로소프트의 가능성을 산정할 만한 능력이 내게 있다는 생각은 하지 않네. 예외적인 경우로, 총을 내 머리에 대고 굳이 추측을 해보라고 협박하는 정도의 상황에 놓인다면 모르겠지만 말일세. 그러나 나의 확신이 80%인지 아니면 55%인지 20년간의 운영 기간을 두고 저울질한다는 것은 우매한 짓일 거야. 만일 내가 그런 의사결정을 해야만 한다면 최선을 다할 것이지만, 나는 놓쳐버리는 스트라이크가 없는 게임과 같은 투자를 설계해놓고 홈런성 투구를 기다리려고 하네.

전에 케이블 방송에 테드 윌리엄스메이저리그 마지막 4할 타자로 명성을 얻은 미국 출신의 야구선수·옮긴이가 나오는 것을 보았는데, 그때 그는 『타격의 과학』이라는 책 한 권을 소개했고, 그 뒤 나는 그 책을 찾아보았네.

책에는 윌리엄스가 쇼 프로에서 말했던 작은 네모 칸으로 이루어진 그림이 많이 나온다네. 그 모든 네모 칸들은 스트라이크 존이지. 그는 자신이 선호하는 구역에서 4할을 기록했는데, 그것은 그가 위쪽 영역으로 오는 투구들에 방망이를 휘둘러야만 칠 수 있으리라고 예상했던 것이 딱 맞아떨어진 것이었네. 스트라이크 존 안에는 있지만 낮고 외곽으로 빠지는 투구의 경우에는 기록이 2할 6푼으로 떨어졌지. 만일 그가 두 개의 스트라이크를 이미 놓쳐버린 상황이라면 물론 그 2할 6푼짜리 투구에 방망이를 휘두르겠지만, 그렇지 않은 한 그는 자신이 말한 '행복한 구역' 안으로 들어오는 투구를 기다렸을 것이네.

이와 동일한 접근법을 투자에도 적용할 수 있다고 생각하네. 자네가 지금껏 사업을 하며 경험했던 것과 매일 보는 것, 자네가 지닌 근본적인 재능 등 때문에 자네의 '행복한 구역'은 나의 것과 다를 거야.

또한 내가 자네의 '행복한 구역'에서 공을 칠 수 있는 것보다 자네가 내 '행복한 구역'에서 공을 더 잘 칠 수 있으리라 확신하네. 내 구역 안에 있는 공들이 일반적으로 홈런 가능성이 더 큰 투구들이기 때문이지.

나중에 만나게 되면 이것에 관해 좀 더 이야기를 나누어보자고. 이메일 초보자라 그런지 나는 이메일을 보내고 나면 항상 그것이 공기 중으로 사라져버릴지도 모른다는 생각이 든다네. 내가 알고 있는 모든 것에 그런 일이 생기는 게 싫은데 말이야. 싸워 이겨라, 콘허스커스네 브래스카 축구 팀의 별칭·옮긴이!

회계 문제에 매달리는
웃기는 입법자들

다음은 스톡옵션 문제와 관련해서 버핏이 〈워싱턴 포스트〉에 기고한 글이다.

역사를 통틀어 입법부가 저지른 가장 멍청한 수학적 실수는 1897년 인디애나주 하원이 원주율을 3.14159가 아닌 3.2로 바꾸는 안건을 만장일치로 통과시킨 일이었다. 덕분에 인디애나주의 학생들은 잠시 동안 단순해진 삶을 즐기게 되었다. 그러나 보다 냉철한 머리의 인디애나주 상원은 그 법안을 절제위원회에 회부했고, 결국 법안은 사멸되고 말았다.

이 에피소드를 언급하는 이유는 과거 인디애나주의 어이없는 짓을 미국 하원에서 모방해 현재 요상한 법안을 검토하고 있기 때문이다. 문제의 법안은 첫째, 선망의 대상이 되는 기업의 급여 형태인 스톡옵션이 최고경영자와 네 명의 차기 상위 중역들에게 발행될 경우에 비용으로 간주하되, 다른 직원들에게 발행될 시에는 비용으로 간주되지 않는다고 정하고 있다.

둘째, 최고경영자를 포함한 다섯 명의 임원들에게 발행되는 스톡옵션의 비용 계산 시, 법안은 주가의 변동이 없다는 전제 아래에서 정하는 것으로 되어 있다. 그 상상력과 아부 점수에서 법안 입안자에게 A를 주어도 아깝지 않을 정도이다. 그러나 논리 점수에서는 낙제점인 F를 받아 마땅하다.

스톡옵션 제공에 대해서는 전혀 반대하지 않는다. 기업은 종업원들에게 크게 동기 부여가 된다면 어떤 형태의 보상이건 사용해야 한다. 현금 보너스든 하와이 여행이나 제한적 주식 제공 혹은 스톡옵션이든 간에 말이다.

그러나 스톡옵션 이외에 직원들에게 부여되는 다른 모든 가치 항목은 비용으로 기록된다. 모든 직원에게 발행되는 스톡옵션 가운데 임원 다섯 명의 것만 비용으로 처리한다는 법안이 통과되었을 때 쏟아질 비웃음이 상상이 가는가? 하지만 법안은 바로 그와 같은 내용을 담고 있다.

중역 다섯 명의 스톡옵션 가치를 평가할 때 주식에 유동성이 전혀 없다고 가정할 것을 요구하는 조항 역시 터무니없다. 나는 62년 동안 투자를 해왔지만, 아직까지 주가가 유동적이지 않은 주식은 본 적이 없다.

법안에 이상한 나라의 앨리스식의 가정이 들어가는 유일한 이유는 의회가 스톡옵션의 가치를 상당히 과소평가하기 때문이다. 스톡옵션의 가치를 과소평가하게 되면, 경영진은 급여에 대해 거짓말을 하고 회사의 수익을 뻥튀기할 수 있게 된다. 혹자는 스톡옵션을 정확하게 평가할 수 없다고 주장한다. 그래서 어떻단 말인가? 회계에는 어림잡은 수치들이 가득하다. 소프트웨어나 회사 전세기, 장비 기계 등이 얼마의 가치를 지니는지 누가 정확히 알겠는가? 연금비용은 더욱 애매하다. 왜냐하면 미래 사망률과 임금 인상, 투자 수익의 추정치가 요구되기 때문이다. 이런 추정치는 대부분 틀릴 수밖에 없고, 어떤 경우에는 차이가 크게 나기도 한다.

그러나 내재적인 불확실함이 있다고 해서 기업이 이런저런 비용의 추정치를 정확하게 산정해야 할 책임이 없다는 뜻은 아니다. 확실하게 틀린 수치보다는 대략이라도 맞는 수치가 훨씬 낫다는 것을 의회는 명심해야 한다.

만일 하원이 이런 논리를 무시하고, 다섯 명분은 비용처리를 하고 수천 명분은 비용처리를 하지 않는 법을 제정하려 한다면, 107년 전 인디애나주의 경우처럼, 상원이 이런 어리석은 법의 제정을 막을 것임에 틀림없다.

앨라배마주 공화당 의원인 리처드 셸비 상원 금융위원회 의장은 회계법은 회계사들이 정하는 것이지 입법자들이 정해서는 안 된다고 선언했다. 그렇다 해도 훗날 역사의 비웃음을 면하고 싶은 의원들은 상원이 조치를 취하기 전에 법안을 자체적으로 소멸시켜야 한다.

의원들이 정말로 현실 문제에 참견해야만 한다면, 1파운드(약 454그램)를 24온스(약 680그램)1파운드는 16온스다·옮긴이로 개정함으로써 비만 문제를 해결할 수 있을지도 모른다. 만일 이렇게 느슨하게 바뀐 기준에도 불구하고 선거구민들이 감내하지 못한다면, 몸무게 측정치 발표 등을 할 때 각 선거구 내 유권자 가운데 가장 뚱뚱한 다섯 명만을 측정하는 법안을 만들든지 하라.

1990년대 후반 들어, 많은 경영자가 우수한 경영보다 회계 조작을 통해 수익을 손쉽게 증가시킬 수 있다는 것을 깨달았다. 그러나 인디애나주의 학생들이 정직한 수학을 배웠던 것처럼 옵션을 발행하는 경영진들은 정직한 회계로 살아가는 법을 배워야 한다. 지금이야말로 각오를 새로이 다져야 할 때다.

위기에 대처하는 버크셔의 자세

9·11 사태 이후, 버핏은 자사의 관리자들에게 다음과 같은 편지를 보냈다.

지난 몇 주는 우리 모두의 삶에, 그리고 우리 대다수 관리자에게 힘든 시기였습니다. 버크셔의 9월 11일 보험 손실은 22억 달러에 달합니다. 하지만 이 수치는 하나의 '추측'일 뿐입니다. 우리는 이를 추측이라고 부르고자 합니다. 확실한 손실액을 알기 위해서는 아직도 오랜 시일이 필요할 것입니다.

미국 보험회사들에게 가장 높은 비율의 손실이 발생했으며, 독일과 영국 회사들이 그 뒤를 이었습니다. 우리는 많은 액수의 소득세를 정기적으로 정부에 납부해왔기 때문에 손실의 65%를 부담하고 정부가 35%를 부담할 것입니다. 이와 같은 방법으로 손실을 줄일 수 있는 보험회사들은 많지 않을 것이며, 일부는 살아남지도 못할 것입니다. 대부분의 손실은 곧바로 보상이 되겠지만, 부채 상환을 해결하는 데 상당한 시간이 걸릴 것으로 보입니다.

세금 환급 문제에서도 우리의 손실은 막대합니다. 그럼에도 버크셔는 이 상황을 쉽게 헤쳐나갈 수 있을 것입니다. 우리는 오랫동안 수익성 좋은 사업에 종사해왔습니다. 그리고 위급한 일이 발생했을 때 정신적으로나 물리적으로 대처할 수 있는 준비가 되어 있습니다.

이것이 마지막 위기도 아닐 것이며, 미래에 또 다른 재난이 닥친다면 그것이 인재가 아니고 자연재해이기를 희망합니다(또한 우리는 그 재해들의 규모가 크지 않기를 희망합니다).

여러분은 업무를 수행하면서 어떠한 일을 해야 합니까? 항상 그렇듯이 영역을 넓히고, 경쟁적 우위를 점하며, 고객을 만족시키고, 비용을 절감해야 합니다. 보험 견적과 보상 범위를 제외하고는 한 달 전에 타당했던 모든 경영상의 의사결정들이 오늘에도 타당해야 합니다.

저는 사세를 계속해서 확장하고 보유 자원을 최대한 활용해 버크셔가 금융계의 확고부동한 회사로 남아 있도록 할 것입니다. 우리는 경제적으로 어려운 시기에 처해 있으며, 이 상황은 오래 지속될 게 분명합니다. 그러나 이는 우리 삶의 일부분이며, 우리는 그에 대처할 수 있는 준비가 되어 있습니다.

간단히 말해 여러분은 경영만 잘해주시면 되고, 저는 이러한 상황에 대처하는 데 최선을 다하겠습니다. 그것은 과거에도 우리가 적용했던 분업 형태이며, 미래에도 이와 같은 노동 분담이 계속될 것입니다. 저의 업무를 용이하게 해주는 여러분 모두의 노력에 대해 언제나 감사 드리고 있습니다.

버크셔의
식구가 되시렵니까?

1980년대 중반 버핏은 다음과 같은 광고를 내보냈다.

우리는 1986년 12월 31일 이전에 1억 달러 이상의 가치를 지닌 기업체를 매입하고자 합니다. 이와 같은 기업을 소유하신 분은 어째서 매각 검토를 해야 하는지, 그 중요한 이유를 알려드리겠습니다.

44일 안에 기업체 매각에 대한 세금이 52.5%로 급등할 가능성이 있습니다. 연방 양도소득세율이 20%에서 28%로 변경되는 것은 다들 알고 계실 것입니다. 대부분의 경우, 양도소득세에 대한 주 세율도 실질적으로 증가합니다.

두 번째로 말씀드릴 세무상 고려할 점은, 덜 알려져 있지만 때로는 훨씬 중요한 사실로 대두될 때가 많습니다. 1월 1일 부로, 제너럴 유틸리티 원칙이 폐지됩니다. 이 변경으로 사업체의 매각에 대해 52.5% 상당의 연방 양도소득세 세금이 발생할 수 있습니다. 이런 변화가 여러분께 어떤 영향을 미칠지 변호사나 회계사, 투자은행에 문의해보십시오. 제너럴 유틸리티 원칙의 변경은 12월 31일까지 완료된 거래에 대해서는 적용이 안 됩니다. 다른 조건들은 동일하니, 뒤로 미루기보다 31일 전에 매각을 종결지으신다면 더 큰 수익을 거둘 수 있습니다. 버크셔 해서웨이는 12월 31일 마감일까지 거래를 문제없이 완료시킬 수 있습니다. 돈은 준비되어 있고, 신속하고 정확한 행동을 취할 수 있습니다. 여태까지 매수 거래는 대부분 기업주와 한 번 회의를 갖는 것으로 성사되곤 했습니다.

귀사의 일반적인 사업 내용과 원하시는 거래 종류에 관해 전화를 주시면, 즉시 관심 여부에 대해 알려드릴 수 있습니다. 우리가 관심을 갖는 경우, 즉각 협의를 개시할 수 있습니다. 자세한 내용은 다음을 참고하십시오. 다음의 기준에 맞는 사업주나 대표께서 연락 주시길 기다리고 있습니다.

- 대규모 매입(해당 사업이 우리의 기존 사업에 맞지 않으면 최소 7500만 달러의 세전 수익이 있을 것)
- 일관성 있는 수익력(미래에 대한 추정치나 흑자 전환기 같은 상황은 관심 사항이 아님)
- 부채 없이 자기자본수익률이 좋은 사업일 것
- 제 역할을 하는 경영진(우리는 경영진 공급이 불가함)
- 단순한 사업일 것(복잡한 기술은 이해하지 못함)
- 제안 가격을 제시할 것(준비 단계일지라도 거래 가격을 모르는 상태로 우리나 매각자의 시간 낭비를 원치 않음)

이러한 기준에 부합하는 사업체만 연락 주시기 바랍니다. 매각을 원하는 기업은 과거 우리와 매각을 진행한 어느 곳이든 연락해서 우리에 대해 확인하기를 권합니다. 분명 다르다는 것을 아시게 될 것입니다.

우리는 사업을 계속적으로 유지하려고 매입하는 것이지 구조조정 같은 것은 없습니다. 자회사의 경영진이 과거에 운영하던 방식을 미래에도 유지하도록 그대로 둡니다. 또한 자회사의 소유 구조와 경영 구조는 향후 수십 년 동안의 예측이 가능합니다.

관심 있으시면 전화를 주십시오. 저나 아니면 카이스트 여사를 같은 번호로 찾으시면, 버크셔 해서웨이의 최신 연례보고서를 특급 배달해 드리겠습니다. 또한 문의에 관해서는 완전 비밀이 유지됩니다. 우리는 직원을 쓰지 않고, 대상 사업체에 대해 컨설턴트나 투자은행, 은행가들과도 논의하지 않습니다. 오로지 버크셔의 부회장인 찰스 멍거, 그리고 저하고만 거래합니다.

관심 있으시면 바로 전화 주십시오. 기회를 놓치면 20%의 세금이 28%에서 52.5%가 됩니다.

워런 E. 버핏

4만 7000달러짜리 광고치곤 별 소득이 없었지만, 버핏 개인적으로는 적어도 100통의 전화를 받았다.

한 파키스탄 출신이 전화해서 뉴욕의 18만 5000달러짜리 신문잡지 판매소에 관심이 있는지 알고 싶어 했다. 하지만 버핏의 기준에 미치지 못했다. 다른 전화는 미시시피주의 잭슨시에 사는 사람에게 왔는데, 그녀는 남북전쟁 전의 저택을 팔고 싶어 했다. 버핏은 정중하게, 그러나 재빨리 거절했다. 또 다른 전화들은 농장이나 소도시 사업체들로부터 온 것이었다.

1986년 버크셔는 〈비즈니스 인슈어런스〉에 또 다른 광고를 세 번

게재했다. 표제는 "버크셔 해서웨이는 보험금 100만 달러 이상인 재산 상·인명상의 리스크를 보고 싶습니다"였다. 총 광고비용은 2만 달러였는데, 버크셔 보험 계열 자회사들은 약정 보험료 기준 연 1억 달러의 신규 매출을 올렸다.

1993년 버크셔 정기 주주총회에서 버핏은 〈나이틀리 비즈니스 리포트〉의 린다 오브라이언에게 짤막한 인터뷰를 허용한 적이 있다. 그녀의 질문 중 하나는 버핏이 여전히 사업체를 매입하려고 애쓰는가에 관한 것이었는데, 그는 새로운 사업체를 항상 찾고 있다고 대답했다. 그러면서 누구든지 텔레비전 방송 분야의 20억 내지 30억 달러짜리 사업체를 매각할 사람은 수신자 부담으로 연락하라고 슬쩍 광고성 발언을 흘리기도 했다.

그 후 진행된 광고에서 버핏은 30억에서 50억 달러 정도 되는 코끼리만한 규모의 회사를 매수하려 한다고 밝혔다. 이와 관련해 그는 1997년 연례보고서에 이렇게 적었다. "규모가 크면 클수록 우리의 관심은 커집니다. 우리는 50억에서 100억 달러 범위의 매수를 하고 싶습니다."

50억에서 100억 달러로 매수 가격의 범위가 이전보다 훌쩍 늘어났다. 보고서에는 다음과 같은 내용이 덧붙여졌다. "미국 내의 어떤 큰 회사라도 이름만 대면 우리는 5초 이내에 그 회사가 파악 가능한 범위 내에 있는지 말할 수 있습니다. 그리고 그런 경우라면, 우리는 이미 어느 정도 파악을 하고 있을 것입니다. 한 분야마다 수백 개의 기업이 있을 터인데, 오늘 당장 그중 한 군데에서 전화를 해 자신이 누구인지를 밝히기만 하면 우리의 관심 여부를 바로 확인할 수 있습니다."

이처럼 버크셔의 관심은 늘 외부에 열려 있다. 이제 미국뿐만 아니라 세계 각국의 기업에 촉수를 드리우고 있다. 이익을 내는 회사가 저평가되었다면 언제든 투자할 자세로 임하고 있다. 물론 그들은 매우 예민하게 기업을 재단하고 꼼꼼하게 그 산업의 미래를 전망한다.

버크셔 해서웨이
계열사들

- · Acme Brick Company
- · Applied Underwriters
- · Ben Bridge Jeweler
- · Benjamin Moore & Co.
- · Berkshire Hathaway Automotive
- · Berkshire Hathaway Energy Company
- · Berkshire Hathaway GUARD Insurance Companies
- · Berkshire Hathaway Homestate Companies
- · Berkshire Hathaway Specialty Insurance
- · BH Media Group
- · Boat U.S.
- · Borsheims Fine Jewelry
- · Brooks
- · Buffalo NEWS, Buffalo NY
- · BNSF
- · Business Wire
- · Central States Indemnity Company
- · Charter Brokerage
- · Clayton Homes

- CORT Business Services
- CTB Inc.
- Duracell
- Fechheimer Brothers Company
- FlightSafety
- Forest River
- Fruit of the Loom Companies
- Garan Incorporated
- Gateway Underwriters Agency
- GEICO Auto Insurance
- General Re
- Helzberg Diamonds
- H.H. Brown Shoe Group
- HomeServices of America
- International Dairy Queen, Inc.
- IMC International Metalworking Companies
- Johns Manville
- Jordan's Furniture
- Justin Brands
- Kraft Heinz
- Larson-Juhl
- LiquidPower Specialty Products Inc.(LSPI)
- Louis-Motorcycle & Leisure
- Lubrizol Corporation

- Marmon Holdings, Inc.

- McLane Company

- MedPro Group

- MiTek Inc.

- National Indemnity Company

- Nebraska Furniture Mart

- NetJets®

- Oriental Trading Company

- Pampered Chef®

- Precision Castparts Corp.

- Precision Steel Warehouse, Inc.

- RC Willey Home Furnishings

- Richline Group

- Scott Fetzer Companies

- See's Candies

- Shaw Industries

- Star Furniture

- TTI, Inc.

- United States Liability Insurance Group

- XTRA Corporation

워런 버핏 연보

1930__워런 E. 버핏은 네브래스카주 오마하에서 하워드와 레일라 버핏 부부 사이에 태어났다.

1936__6세 인생 최초의 사업을 시작했다. 6개들이 코카콜라 한 팩을 25센트에 구입해 한 개에 5센트씩 받고 이웃에게 팔아 20%의 수익을 남겼다.

1938__8세 아버지 하워드 버핏이 보고 있던 주식시장에 관련된 책들을 탐독하기 시작했다.

1941__11세 아버지 하워드가 주식중개인으로 있던 해리스 업햄에서 주식정보 정리, 차트 작성 등을 하면서 주식시장에 흥미를 가지게 되었으며 주식을 매수하기 시작했다. 처음으로 매입한 주식은 석유회사 시티 서비스로 3주를 주당 38달러에 샀다. 얼마 후 주식이 27달러로 떨어졌고, 다시 40달러로 오르자 팔아버렸다. 그러나 나중에 시티 서비스의 주가는 200달러까지 치솟았다.

1943__13세 친구와 가족들에게 30세에 백만장자가 될 것이며 그렇지 않으면 오마하의 가장 높은 빌딩에서 뛰어내릴 것이라고 장담했다.

35달러에 산 자전거 구입비를 경비로 처리하면서 처음으로 소득세 공제를 신청했다.

1944__14세 〈워싱턴 포스트〉 배달로 벌어들인 1000달러의 수입으로 세금을 내기 시작했다.

1945__15세 벌어들인 돈 1200달러를 투자하여 네브래스카 농지 약 16만 제곱미터를 사들였다.

친구 돈 댄리와 함께 윌슨 핀볼 게임기 회사를 시작했다. 25달러에 구입한 중고 게임기를 수리한 후 대여하는 사업이었다. 그들은 핀볼 게임기 세 대를 이발소에 성공적으로 설치했다.

1947__17세 윌슨 핀볼 게임기 회사를 퇴역 군인에게 1200달러에 팔고, 아버지 하워드의 권유로 펜실베이니아대학교 와튼 경영대에 등록했다.

1949__19세 와튼 경영대 3학년 때 네브래스카대학교로 편입했다.

1950__20세 네브래스카대학교를 졸업하고 하버드 경영대학원에 지원했다가 거절당한 버핏은 컬럼비아 경영대학원에 등록했다. 훗날 그의 스승이 된 전설적인 투자가인 벤저민 그레이엄과 데이비드 도드가 그곳에서 학생들을 가르친다는 것을 알고 난 후의 일이었다.

1951__21세 버핏은 벤저민 그레이엄이 가이코 보험회사 이사회의 일원이라는 것을 우연히 알게 되었다. 그는 뉴욕에서 워싱턴까지 기차를 타고 가서 수위가 문을 열어줄 때까지 가이코 본사의 정문을 두드렸다. 거기에서 그는 부사장인 로리머 데이비슨을 만났다. 그는 버핏에게 오랫동안 영향을 끼쳤고, 훗날 평생 친구가 되었다.

버핏은 컬럼비아 경영대학원을 졸업한 후 월스트리트에서 일하기를 원했다. 그래서 벤저민 그레이엄에게 급료를 받지 않고 일하겠다고 제의했지만 거절당했다. 그는 투자를 목적으로 주유소를 매입해 사업을 시작했지만 순자산의 20%를 잃는 실패를 경험했다. 당시 그는 주식중개인으로도 일하면서 데일 카네기 대중연설 과정에 다녔다. 그는 자신이 실전 투자를 하면서 배운 것을 바탕으로 네브래스카대학교에서 '투자 원리' 수업을 강의했다. 버핏이 가르친 학생들의 나이는 그보다 평균 2배 이상 많았지만 학생들은 그의 강의에 매료되었다.

1952__22세 수전 톰슨과 결혼했다. 부부는 65달러짜리 임대 아파트에서 신혼생활을 시작했다.

1954__24세 벤저민 그레이엄이 버핏에게 자신의 투자조합인 그레이엄 뉴먼 투자회사에서 일할 수 있도록 해주었다. 그의 초기 연봉은 1만 2000달러였다. 여기서 그는 저명한 가치투자자 월터 슐로스와 함께 일했다.

1956__26세 벤저민 그레이엄이 은퇴했고, 그의 투자조합은 해체되었다. 버핏 개인의 저축액이 14만 달러를 넘어섰다.

오마하의 집으로 돌아와 '버핏 어소시에이츠'를 설립했다. 총 10만 5000달러가 출자되었고, 조합원은 7명(가족 4명과 친구 3명)이었다.

1957__27세 3개의 투자조합을 운영했다.

3만 1500달러를 주고 오마하에 침실이 5개가 있는 아담한 주택을 구입했다.

1958__28세 5개의 투자조합을 운영했다.

1959__29세 6개의 투자조합을 운영했다.

평생을 함께할 사업 파트너 찰스 멍거를 만났다. 멍거는 훗날 버크셔의 부회장이 되었다.

1960__30세 7개의 투자조합을 운영했다.

버핏은 자신의 투자조합에 1만 달러를 투자할 의향이 있는 의사들을 찾아보라고 조합원인 한 의사에게 요청했고, 11명의 의사들이 투자에 동참했다.

1961__31세 10개까지 늘어난 투자조합의 명칭을 기존의 버핏 어소시에이츠에 서 '버핏 투자조합'으로 통합·변경했다.

여러 산업 분야에 지도를 제작·공급하는 샌본 지도회사가 투자조합 자산의 35%를 차지하고 있다고 밝혔다.

버핏은 1958년 샌본 지도회사 투자 포트폴리오의 가치가 주당 65달러일 때 주당 45달러에 팔렸다고 설명했다. 이는 매수자들이 샌본 지도회사의 가치를 주당 20달러 저평가했다는 것을 의미했다. 버핏이 샌본 지도회사 이사회의 일원이 되었다고 발표했다.

1962__32세 1월, 버핏 투자조합들의 총 투자자금은 717만 8500달러가 넘었다. 그중 버핏의 몫은 102만 5000달러에 달했다.

자신의 모든 투자조합을 하나의 투자조합으로 통합했다. 섬유 제조회사인 버크셔 해서웨이를 알게 되었고, 그의 투자조합은 이 회사의 주식을 주당 7달러에 사들이기 시작했다.

1964__34세 샐러드 오일 스캔들로 아메리칸 익스프레스의 주식이 35달러까지 떨어지자 이 회사의 주식을 매입하기 시작했다.

1965__35세 버핏 투자조합은 버크셔 주식을 적극적으로 사들였다. 그 당시 버크셔의 자본(자산에서 부채를 뺀 것)은 주당 19달러로 고정자산인 공장과 설비를 포함하지 않은 것이다.

이사회에서 버크셔의 경영권을 장악하게 되었고, 신임 사장으로 켄 체이스를 임명했다. 1964년에 매입한 아메리칸 익스프레스의 주식이 2배로 뛰어올랐다.

1966__36세 상황이 변하지 않는 이상(추가적인 자본투자로 수익이 증가할

수 있을 때), 또는 새로운 조합원이 단순한 투자가 아니라 엄청난 자본을 투입하는 경우가 아니라면 투자조합에 더 이상 조합원을 받아들이지 않겠다고 조합원들에게 보내는 편지에 썼다. 조합 설립 10주년이 되었고, 볼티모어에 본사를 둔 개인 소유의 백화점 혹스차일드 콘을 사들였다고 발표했다.

1967__37세 버핏은 처음이자 마지막으로 주당 10센트의 배당금을 지급했다.

1969__39세 투자조합을 해체하고 조합원들에게 투자자금을 돌려주었다. 투자자금을 돌려줄 때 조합에서 운영하고 있던 디버시파이드 리테일링과 버크셔의 주식을 제공하고, 현금으로도 찾을 수 있게 했다.

1970__40세 버크셔 해서웨이의 회장으로서 주주들에게 매년 편지를 써서 보내기 시작했다. 훗날 이 편지들은 세계 최고 투자자 버핏과 버크셔 해서웨이의 트레이드 마크가 되었다.

1973__43세 〈워싱턴 포스트〉의 주식을 사들이기 시작했다. 매수 과정을 거치면서 이 회사의 경영권을 장악하고 있는 캐서린 그레이엄과 가까운 친구가 되었고 이사회의 일원이 되었다.
주가 하락으로 인해 버크셔의 주식 포트폴리오의 가치가 떨어지기 시작했다. 버핏의 개인 자산도 50% 이상 감소했다.

1977__47세 버펄로 뉴스의 주식을 3400달러에 매입했다.

수전 버핏이 독립적인 삶을 위해 샌프란시스코로 이사했다. 그들은 이혼하지는 않고 가족 행사와 버크셔 정기 주주총회에도 함께 참석했다.

1978__48세 수전이 버핏에게 애스트리드 멩크스를 소개해주었고, 그들은 함께 살게 되었다.

1979__49세 ABC의 주식을 매입하기 시작했다. 이 주식이 주당 290달러에 거래되면서 버핏의 순자산은 1억 4000만 달러에 달했다. 하지만 연봉은 5만 달러에 불과했다.

버크셔의 주식이 연초에 주당 775달러에 거래되기 시작하더니 연말에 1310달러까지 치솟았다. 버핏의 순자산은 6억 2000만 달러에 달했다. 이때 처음으로 〈포브스〉 400대 부자 명단에 올랐다.

1985__55세 버크셔 해서웨이가 적은 수익을 이유로 섬유사업에서 철수했다. 버핏이 손실을 경험한 몇 안 되는 거래로 기록되었다. ABC와 캐피털 시티즈의 합병을 성사시켰다. 월드북으로 유명한 스콧 펫처를 매입했다.

1987__57세 월스트리트의 거대 증권회사 살로먼 브러더스에 7억 달러를 투자했다.

1988_58세 코카콜라 주식을 매입하기 시작했다. 그 결과 10억 2000만 달러에 이 회사의 지분 7% 정도를 사들이게 되었다. 버크셔의 투자 중 가장 수익성이 높은 투자였다.

1989_59세 버크셔 주식이 주당 4800달러에서 8000달러 이상으로 올랐다. 버핏의 개인 재산은 38억 달러를 넘어섰다.

1992_62세 살로먼 브러더스의 회장으로 일하면서 대부분 뉴욕에 머물렀다. 불법 채권 거래 사건을 해결하고 회사를 회생시키는 데 온 힘을 쏟았다.

1993_63세 〈포브스〉의 세계 최고 부자에 선정되었다. 2위는 빌 게이츠였다.

1999_69세 컨설팅 기업 카슨 그룹의 조사에서 버핏은 피터 린치와 존 템플턴을 앞서는 20세기에 가장 우수한 펀드 매니저로 선정되었다.

2001_71세 버크셔 해서웨이 보험 사업부는 9·11테러 공격으로 약 22억 달러의 손실을 보았다.

2002_72세 110억 달러 규모의 통화선물계약을 체결했다. 이 계약으로 2006년 4월까지 20억 달러 이상의 수익을 올렸다.

2004_74세 아내 수전 버핏이 사망했다. 그녀는 26억 달러의 재산을 남겼는데, 대부분 버크셔 주식이었다.

2005_75세 버크셔 해서웨이 보험 사업부는 카트리나 등의 허리케인으로 약 25억 달러의 손실을 보았다.

2006_76세 2006년 7월부터 시작하여 5개의 자선재단에 자신이 소유하고 있는 재산 520억 달러 중 370억 달러 정도를 기부하겠다고 발표했다. 그중 가장 규모가 큰 기부금은 빌 앤드 멀린다 게이츠 재단으로 20년에 걸쳐 분납되어 지급될 것이다.

2007_77세 주주들에게 보내는 편지에 자신의 투자사업을 운영할 후계자, 특히 젊은 후계자를 찾고 있다고 밝혔다.

2008_78세 3월 6일, 총재산 620억 달러로 〈포브스〉 선정 세계 최고의 부자가 되었다.

2011_81세 오바마 대통령에게 '2010 자유의 메달' 수상자로 메달을 받았다.

2015_85세 5월 15일, 버크셔 CEO가 된 지 50주년이 되다. 이는 미국의 주요 기업의 CEO 중 최장수를 기록한 것이다. 버핏은 85번째 생일을 맞은 소감을 묻는 언론 인터뷰에서 "나는 심호흡을 크게 했다. 그리고 85세에도 아직 살아 있다는 걸 발견했다. 나

는 오랫동안 해왔던 매일의 일상을 계속 해나갈 것"이라고 밝혔다.

2016_86세 트럼프가 대통령 선거에서 승리한 뒤 CNN 인터뷰에서 "나는 미국에 대해 100% 희망적이다"라고 말했다. 그는 대선 기간 힐러리를 지지했다.

12월 13일, 버크셔의 주가가 한 주당 25만 달러를 돌파하다. 주가 상승 흐름으로 볼 때 버핏의 100번째 생일인 2030년엔 버크셔의 주가가 1주에 100만 달러에 이를 것으로 전망됐다.

2017_87세 1월 19일, 뉴욕 현대미술관MOMA에서 피터 쿤하트Peter Kunhardt의 다큐멘터리 영화 〈워런 버핏 되기Becoming Warren Buffet〉가 상영됐다. 세계적인 갑부인 버핏이 여전히 오마하라는 작은 도시의 평범한 집에서 살아가고 있는지, 그리고 고령의 그가 어떻게 변함없이 투자자의 일상을 살고 있는지를 보여주었다.

글을 마치며

이 책의 시작부터 끝까지 일관된 하나의 입장이 있다면 그건 바로 버핏이란 특별하고 예외적인 사나이에 대한 관심이다. 지난 30년이 가까운 세월 동안 나는 버핏과 그의 주변을 겨냥한 채 지속적인 탐구를 해왔다. 탐구의 주제를 한마디로 요약하자면 바로 '가치투자'이다.

가치투자는 버핏이 존경하는 스승 벤저민 그레이엄에 의해 창시되었다. 그리고 버핏에 의해 실천적으로 완성되었다. 버핏은 자신의 풍부한 지력과 열정과 자금을 동원해 가치 있는 기업들을 끌어당긴다. 그리고 버크셔란 이름의 거대한 투자제국을 만들어냈다. 좋은 기업, 즉 내재된 가치에 비해 저평가된 기업에 대한 버핏의 사랑은 끝이 없다. 따라서 제국의 영토는 시시각각 확장되어가는 중이다.

버핏의 손끝에서는 투자 대상 기업과 관련해 기업분석가와 세무사와 법률 전문가 등이 처리해야 할 번거롭고 복잡한 문제들이 매우 간단하게, 때로는 거짓말처럼 빠르게 해결되곤 한다. 마치 고전음악을 완성한 베토벤처럼 버핏은 투자의 세계를 지휘하는 최상의 마에스트로로 우뚝 서 있다.

오늘날의 버핏을 만든 동력은 과연 무엇일까? 물론 버핏 자신에게서 찾아야 하겠지만, 그 스스로 입버릇처럼 존경의 뜻을 바치는 대상인 그레이엄을 빼놓고는 투자 천재 버핏의 이야기를 마무리하기 어렵다.

가치투자의 창시자인 벤저민 그레이엄은 1894년에 태어나 1976년에 죽었다. 여든 하고도 두 해를 더 살다간 그는 증권분석에 전 생애를 바치다시피 한 사람이다. 그는 세상을 떠나기 2년 전인 1974년

한 세미나에서 다음과 같이 말했다. 이는 투자자가 갖추어야 할 요건을 가장 핵심적으로 보여주는 말이다.

"수많은 강세장과 약세장에서 풍부한 경험을 한 이 80대 베테랑의 조언을 몇 마디 들어보십시오. 무엇보다 분석가로서 여러분이 잘할 수 있다고 판단하는 것만을 하십시오. 차트와 점성술, 그리고 여러분 자신의 독특하고 가치 있는 재능으로 증시의 수익률을 앞지를 수 있다면 그것이 여러분이 추구해야 할 길입니다. 향후 12개월간 높은 수익을 올릴 수 있는 종목을 잘 선별할 수 있다면 그 일에 노력을 기울이십시오. 미래의 경제와 기술, 소비자 성향 등을 예측할 수 있다면, 그리고 여러 가지 자산가치를 평가할 수 있다면 그러한 특별한 활동에 집중하십시오. 하지만 각각의 경우에 솔직한 자기 분석과 꾸준한 실적 평가를 통해 값진 결과를 도출하는 데 필요한 능력을 갖추도록 노력해야 합니다."

그레이엄은 가치 있는 기업을 찾아가는 여정을 즐겼고, 그 안에서 행복을 느꼈으며 후세의 가치투자자들에게 가장 기억에 남을 스승이 되었다. 그는 테니슨의 〈율리시스〉를 좋아해서 종종 암송했고, 자신의 묘비에도 시의 일부를 새겨 넣었다. 그 구절을 소개하는 것으로 이 책의 갈무리를 대신하는 바이다.

친구여, 어서 가자.
새로운 세계를 찾을 시간의 여유는 있다.
어서 빨리 길을 떠나자.
질서정연하게 자리를 잡고 파도치는 바다를 헤쳐 나가자.
내 목적을 위해 저녁놀이 진 수평선과 서쪽 하늘의 별들을 넘어
내가 죽을 때까지 항해를 계속하자.

파도가 우리를 집어삼킬지도 모른다.

아니면 행복의 섬에 도착해 우리가 알고 있는

위대한 아킬레우스를 만날 수도 있다.

많은 노력을 기울일지라도,

우리가 지금은 과거에 우주를 움직이던 힘을 갖고 있지 못할지라도,

영웅적 기질이 시간이 감에 따라 약화되고는 있지만

우리의 의지는 여전히 강해 분투하고 추구하고 찾으며

절대 포기하지 않을 것이다.

옮긴이의 말

'오마하의 현인'이라 불리는 워런 버핏은 주식투자만으로 세계 최고의 부자 반열에 오른 인물이다. 자선 경매에 오른 그와의 점심식사권을 얻기 위해 기꺼이 수억 원을 바치는 사람들이 줄을 섰다는 이야기는 버핏에 대한 세상 사람들의 관심이 얼마나 큰지를 잘 보여준다.

관심이 큰 만큼 그간 버핏에 관한 책들이 우리나라는 물론이고 세계 곳곳에서 출간되었고 또한 많이 팔려나갔다. 그 모든 책이 한결같이 버핏에 관한 사실들을 확인하고자 할 때 원본으로 삼아왔다는 이 책 원서를 처음 받아보았을 때, 그 방대한 분량에 놀라지 않을 수 없었다. 그리고 번역하면서는 버핏에 관한 거의 모든 것을 담았다고 해도 좋을 만큼 빈틈없이 공들여 취재한 저자의 장인정신에 또 한 번 놀랐다. 저자의 지독한 성실성과 끈기는 책에 대한 신뢰도를 높여주었다. 모름지기 노력이 대가를 만들고 땀방울이 명품을 빚는 법이니.

하지만 그와 동시에 묵직한 부담감도 안겨주었다. 버핏의 크고 작은 공식적·비공식적 활동은 물론 그의 미세한 숨소리마저도 다 담아낸 이 책을 과연 제대로 번역할 수 있을까. 그리하여 비상한 능력에다 인간적 매력까지 물씬 풍기는 버핏의 진면목을 독자들에게 생생하게 전달할 수 있을까. 아니 무엇보다도 이 엄청난 양의 번역 작업을 무사히 끝마칠 수나 있을까. 그런 고민에 짓눌리기 시작한 것이다.

더구나 현재 살아 있는 인물, 그것도 성공적으로 활동 중인 사람의 이야기를 다루고 있다는 점에서 이 책은 또 다른 고민을 덤으로 제공했다. 명석한 두뇌와 강한 추진력, 도덕적 책임의식, 놀라운 절제력, 그리고 뛰어난 유머 감각 등을 두루 갖추었을 뿐 아니라, 자연인으로서도 투자가로서도 모두의 부러움과 존경을 받고 있는 버핏의 거짓말 같은 삶이 자칫 독자들에게 거부감을 안겨주지 않을까 염려되었던 것이다.

하지만 책 속에 담긴 버핏의 인생과 사업, 그리고 그가 이끌고 있는 투자 제국 버크셔 해서웨이와 관련된 모든 이야기에는 단 한 줄의 거짓말도 섞여 있지 않다. 모든 것은 있는 그대로의 진실이다. 저자가 이 점에 더욱 주목하여 단지 사실만을 쓰고자 노력한 점이 돋보인다.

또 한 가지 진실을 말하자면, 사람들은 어떤 분야에서든 최고의 경지에 오른 인물에게 강한 호감을 느낀다. 그리고 적극적으로 본받고 싶어 한다. 그런 점에서 버핏만큼 사람들에게 호감을 주고 본받고 싶은 욕구를 불러일으킬 수 있는 인물은 드물다고 본다.

이런 확신 내지 믿음으로 고단한 번역에 매달렸다. 꼬박 1년 넘게 걸렸다. 그사이에 버핏에게도, 킬패트릭에게도 많은 것을 느끼고 배웠다. 그렇게 얻는 성과를 떠올리면 고단함은 어느덧 잊어버린다.

버핏의 인생철학과 라이프스타일, 여가생활, 그리고 대인관계에서는 사람들의 눈과 귀를 시원하게 열어주는 각성제 같은, 엔도르핀 같은 열정의 힘을 느끼고 배웠다.

11세 때 주식투자에 입문하고, 13세 때 첫 사업을 시작했으며, 25세 때 투자조합을 설립해 운영을 마감할 때까지 10여 년 동안 매년 평균 29.5%라는 높은 수익을 올렸던 버핏의 특별한 투자인생은 전문 투자자들에게도 유익한 자극제가 되어줄 것이다. 또한 버핏을 몰랐던 사람들에게는 재미와 감동을 주는 읽을거리가 될 것이다.

개인적으로는 이 책을 투자를 직업으로 하는 사람들보다 인생의 출발점에 선 젊은이들에게 추천하고 싶다. 월스트리트가 아닌 고향으로 돌아와 자신의 집에서 투자조합을 결성하고 지금의 어마어마한 부를 일구어낸 버핏의 젊은 시절을 들려주고 싶다. 나아가 겉으로 드러나는 성과에만 주목할 게 아니라 버핏의 도덕성과 합리적 성격, 꾸밈없는 태도에 관심의 주파수를 맞추었으면 한다.

2008년 5월 3일 네브래스카주 오마하에서 열린 정기 주주총회에는 워런 버핏의 투자 비법을 듣기 위해 3만 명 이상의 주주들이 참석했다. 버크셔 해서웨이의 주가는 1965년 이후 1만 배 이상 불어났다. 과연 이 행진은 어디까지 이어질까.

워런 버핏은 2021년 91세가 됐다. 하지만 아직 후계자가 명확하게 정해지지 않았다. 과연 그의 능력을 능가할 수 있는 사람이 나타날까? 어쨌든 그가 오랫동안 현직에 머물러 비범한 활동상을 계속해서 보여줄 수 있기를 희망한다.

책의 분량이 방대한 만큼 많은 이가 번역 작업에 도움을 주었다. 그분들께 특별히 감사드리며, 모쪼록 독자 여러분 모두 흥미로운 인생사를 즐기며 투자의 비법을 전수받기 바란다.

안진환, 김기준

주
―

1 〈뉴잉글랜드 저널 오브 메디신〉, 2006년 9월 14일

2 2001년 버크셔 정기 주주총회

3 1948년 5월 6일 자

4 1989년 버크셔 연례보고서

5 〈포브스〉, 1969년 11월 1일

6 〈뉴욕 타임스 매거진〉

7 〈미러〉, 2003년 5월 13일

8 〈포브스〉, 1991년 10월 21일

9 〈포브스〉, 1993년 10월 18일

10 『어느 미국 자본가의 성공 과정』, 로저 로웬스타인

11 〈뉴욕 타임스 매거진〉, 1990년 4월 2일

12 〈뉴욕 타임스〉, 2000년 6월 11일

13 〈포브스〉, 1993년 10월 18일

14 〈포천〉, 2005년 3월 21일

15 1992년 버크셔 정기 주주총회

16 〈오마하 월드 헤럴드〉, 1996년 8월 1일

17 1998년 버크셔 정기 주주총회

18 〈뉴욕 타임스〉, 2000년 9월 3일

19 〈로스앤젤레스 타임스〉, 1991년 4월 7일

20 〈워스〉, 1996년 4월

21 〈워스〉, 1999년 10월

22 『대가들의 주식투자법』, 존 트레인

23 〈뉴욕 매거진〉, 1985년 4월 22일

24 〈포브스〉, 1998년 10월 12일

25 〈인텔리전트 인베스터〉, 1973년 4차 개정판

26 〈오마하 월드 헤럴드〉, 1998년 7월 12일

27 조합원들에게 보내는 편지, 1968년 1월 24일

28 조합원들에게 보내는 편지, 1968년 7월 11일

29 조합원들에게 보내는 편지, 1969년 1월 22일

30 『100대 부호』, 마이클 클레퍼·로버트 건서

31 1998년 버크셔 정기 주주총회

32 〈뉴욕 타임스〉, 1995년 11월 19일

33 〈포브스〉, 1999년 10월 18일

34 『동지들』, 데이비드 캘러핸

35 〈포브스〉, 1999년 10월 18일

36 1992년 버크셔 정기 주주총회

37 〈포천〉, 2002년 11월 11일

38 〈미러〉, 2003년 5월 13일

39 〈오마하 월드〉, 2001년 3월 18일

40 『잭 웰치, 위대한 승리』, 잭 웰치

41 〈타임〉, 2002년 9월 28일

42 〈워싱턴 포스트〉, 1997년 1월 27일

43 〈U.S. 뉴스 앤드 월드 리포트〉, 1994년 6월 20일

44 〈배런스〉, 1985년 2월 23일

45 〈포브스〉, 1991년 4월 15일

46 〈배런스〉, 1996년 5월 13일

47 1997년 버크셔 연례보고서

48 〈나이트라인〉, 1999년 3월 2일

49 〈포브스〉, 1993년 10월 18일

50 2002년 웨스코 정기 주주총회

51 〈비즈니스 위크〉, 1999년 7월 5일

52 1991년 웨스코 정기 주주총회

53 〈포천〉, 2002년 11월 11일

54 〈워싱턴포스트〉, 1998년 3월 2일

55 〈아웃스탠딩 인베스터 다이제스트〉, 1998년 3월 13일

56 2002년 웨스코 정기 주주총회

57 1995년 버크셔 정기 주주총회

58 1996년 버크셔 정기 주주총회

59 1997년 버크셔 정기 주주총회

60 1999년 버크셔 정기 주주총회

61 2001년 〈하버드 로 불레틴〉과의 인터뷰

62 〈로스앤젤레스 타임스〉, 1997년 6월 10일

63 『마이다스의 손』, 존 트레인

64 〈포브스〉, 1993년 10월 18일

65 〈포천〉, 1992년 12월 29일

66 1995년 버크셔 정기 주주총회

67 『미래로 가는 길』, 빌 게이츠

68 〈하버드 비즈니스 리뷰〉, 1996년 1~2월 호

69 〈타임〉, 1997년 1월 13일

70 〈모건 스탠리 보고서〉, 2003년 10월 20일

71 2003년 버크셔 연례보고서

72 〈인스티튜셔널 인베스터〉, 1986년

73 2005년 버크셔 연례보고서

74 〈포천〉, 2001년 5월 28일

75 〈포천〉, 1999년 3월 15일

76 〈타임〉, 2004년 4월 26일

77 〈비즈니스 위크〉, 1999년 10월 25일

78 〈파이낸셜 타임즈〉, 1999년 5월 17일

지은이 앤드루 킬패트릭 Andrew Kilpatrick

1965년 워싱턴 앤드 리 대학교를 졸업했다. 인도 평화봉사단에서 활동했으며 버몬트대학교에서 영어학 석사학위를 받았다. 버밍햄에서 20년 동안 신문기자 생활을 했고 비즈니스 리포터로 8년간 활약했다. 현재 버밍햄에 있는 와코비아 증권에서 주식중개인으로 활동 중이다. 1년에 364일은 버핏에 관한 자료 수집과 집필에 시간을 할애하고 1일은 버크셔 해서웨이 주주로서 주주총회에 참석한다는 그는 평생 버핏만을 연구해온 버핏 전문가이다.

옮긴이 안진환

경제경영 분야에서 활발하게 활동하고 있는 전문 번역가. 1963년 서울에서 태어나 연세대학교를 졸업했다. 저서로 『영어 실무 번역』, 『Cool 영작문』 등이 있으며, 역서로 『가치의 모든 것』, 『디즈니만이 하는 것』, 『글로벌 그린 뉴딜』, 『팀 쿡』, 『넛지』, 『스티브 잡스』, 『스틱!』, 『전쟁의 기술』, 『부자 아빠 가난한 아빠』, 『마켓 3.0』, 『괴짜경제학』, 『주식시장을 이기는 작은 책』 등이 있다.

김기준

중앙대학교 영어영문학과와 고려대학교 경영대학원을 졸업하고 현재 경영컨설턴트, 전문번역가, TESOL 영어 강사, 통역가로 활동 중이다. 역서로는 『워렌 버핏의 포트폴리오 투자 전략』, 『버핏톨로지의 비밀』, 『존 템플턴의 가치 투자 전략』, 『워렌 버핏 부의 진실을 말하다』, 『업적평가』, 『주식 투자전략』, 『빌 게이츠와 스티브 발머의 마이크로소프트 재창조』, 『워런 버핏의 가치투자 전략』, 『릴리 선장 이야기』, 『월스트리트에서 가장 성공한 펀드매니저』 등이 있다.

워런 버핏 평전

투자의 신

펴낸날 초판 1쇄 2008년 7월 1일
　　　　개정판 1쇄 2021년 8월 30일
　　　　개정판 2쇄 2021년 9월 10일

지은이 앤드루 킬패트릭

옮긴이 안진환, 김기준

펴낸이 이주애, 홍영완

편집3팀 박효주, 유승재, 장종철, 김애리

디자인 윤신혜, 박아형, 김주연, 기조숙

마케팅 김미소, 김태윤, 박진희, 김슬기

해외기획 정미현

경영지원 박소현

펴낸곳 (주)윌북 출판등록 제2006-000017호

주소 10881 경기도 파주시 회동길 337-20

전자우편 willbooks@naver.com **전화** 031-955-3777 **팩스** 031-955-3778

블로그 blog.naver.com/willbooks **포스트** post.naver.com/willbooks

페이스북 @willbooks **트위터** @onwillbooks **인스타그램** @willbooks_pub

ISBN 979-11-5581-394-2 03320